Prisma
Voorzetsels

Prisma Voorzetsels

dr. Riemer Reinsma en drs. Will J.B. Hus
m.m.v. drs. Corriejanne Timmers

Prisma Woordenboeken en Taaluitgaven
Postbus 2073
3500 GB Utrecht

Auteurs: dr. Riemer Reinsma en drs. Will J.B. Hus
Omslagontwerp: K. Hoeve, Amsterdam
Zetwerk: Meijster Design B.V., Vijfhuizen
Druk: Bercker, Kevelaer
Eerste druk: 1997
Tweede, herziene druk: 1999
Derde druk: 2005

ISBN 90 274 1615 X
NUR 627

www.prismawoordenboeken.nl

Inhoud

Voorwoord

Een woordenboek dat speciaal over het gebruik van voorzetsels gaat, lijkt geen luxe meer. De opkomst van de massamedia brengt met zich mee dat iedereen tegenwoordig wordt geconfronteerd met een groot scala van taaluitingen: afkomstig van een veelheid van personen en uit een veelheid van streken. Bovendien beleven we momenteel de opbloei van een vorm van massacommunicatie waaraan meestal geen professionele redactie meer te pas komt: internet. Berichten worden meestal ongeredigeerd de wereld in gezonden, met het gevolg dat er meer persoonlijke variatie aan te treffen valt in het taalgebruik dan vroeger het geval was. Ook – en vooral – waar het gaat om het gebruik van voorzetsels. Dit leidt tot een toenemende onzekerheid bij het publiek over de manier waarop deze gebruikt moeten worden.

De *Prisma Voorzetsels* geeft niet alleen informatie over de juiste vorm van voorzetselbepalingen maar vertelt ook of een voorzetselbepaling weglaatbaar is, en welke soorten zelfstandige naamwoorden er in de bepaling kunnen staan.

Bij het samenstellen van dit boek hebben wij van vele kanten hulp gehad. Grote erkentelijkheid willen wij betuigen aan wijlen de heer Luc Geysels (Leuven), die zo vriendelijk is geweest, zijn materiaalcollectie over voorzetselgebruik af te staan aan Riemer Reinsma. Jarenlang had de heer Geysels dit materiaal verzameld met het oog op een uit te geven woordenboek. Door zijn slechte gezondheid heeft hij van dit plan moeten afzien.

De redacties van de bladen TEKSTNET (Amsterdam) en TREFWOORD (Amsterdam) boden ons de gelegenheid een oproep te plaatsen voor meldingen van fout of dubieus gebruik van voorzetsels. Het vragenmateriaal dat wij ter inzage kregen van De TAALLIJN (Amsterdam) vormde een rijke bron van inspiratie. Ook de Taaladviesdienst van het Genootschap Onze Taal leverde waardevol, 'uit-het-leven-gegrepen' materiaal. Veel dank verdient voorts Monique Bullinga (Ooij), die ons zeer regelmatig van opmerkelijke gevallen van voorzetselgebruik voorzag. Materiaal kregen wij ook van Gerla Aerts (bureau Klare Taal, Nieuwegein), Yvonne Geiss (Amsterdam) en Felix van de Laar (Amsterdam).

Verder gaat onze dank uit naar Erica van Rijsewijk (Amsterdam), Jeanne Weenink (Amsterdam) en Dick Wortel (Leiden), die ieder enkele gedeelten van het alfabet bewerkt hebben.

Bijzonder erkentelijk zijn wij ook een groep deskundige 'meelezers', die geheel belangeloos onze concepttekst van commentaar voorzag: Harry Cohen, Wim Daniëls, Rob Doeve, Willem Hendrikx, Frank Jansen, Jaap de Jong, Henk Jonker, Fons de Meersman, Jan Noordegraaf, Jan Renkema, Peter Smulders, Erik van der Spek, Willy van de Weghe en Carel van Wijk.

Het spreekt overigens vanzelf dat de eindverantwoordelijkheid voor de tekst bij de samenstellers van dit boek berust.
Wij hopen dat deze *Prisma Voorzetsels* zijn weg zal vinden naar een geïnteresseerd publiek van actieve taalgebruikers. Een uitgebreidere versie van dit voorzetselboek wordt uitgebracht bij Uitgeverij Auctor onder de titel: *Voorzetselwijzer.*

De samenstellers

Verantwoording

De *Prisma Voorzetsels* geeft informatie voor het juiste gebruik van voorzetsels. Daarbij stonden ons de volgende aspecten van voorzetselgebruik voor ogen:

Het gebruik van een voorzetsel is facultatief bij sommige woorden of woordgroepen. Het is bijvoorbeeld niet verplicht bij 'onderzoek': men kan zeggen *hij heeft jarenlang onderzoek gedaan*, maar ook: *hij heeft onderzoek gedaan* ***naar*** *de achtergronden van het conflict*. In andere gevallen is het voorzetsel echter wel verplicht. Als voorbeeld kan gelden 'gespitst'; dit woord vormt één geheel met 'op': *hij is erg gespitst* ***op*** *die baan*.
Sommige woorden kunnen verschillende soorten voorzetselbepalingen bij zich hebben. Zo kan men bij 'aandringen' een voorzetselbepaling zetten waarin een persoon wordt genoemd (*aandringen* ***bij*** *iemand, een instantie*) en/of een voorzetselbepaling waarin een zaak wordt genoemd (*aandringen* ***op*** *spoed*).
Wanneer een voorzetsel en een hoofdwoord een min of meer vaste uitdrukking vormen en deze groep gevolgd wordt door een voorzetsel, spreekt men van een 'voorzetseluitdrukking'; type: ***naar*** *aanleiding* ***van***. Zo'n voorzetseluitdrukking fungeert zelf weer als voorzetsel.

Taalnormen

Normatief of descriptief? We komen hier op een delicaat onderwerp: taalnormen. Bij sommige voorzetselconstructies die niet algemeen geaccepteerd zijn, is moeilijk uit te maken of we met foutief taalgebruik te maken hebben of met een opkomende nieuwe norm. Daarom hebben wij 'foutief' voorzetselgebruik in dit boek niet willen signaleren. Het einde zou snel zoek zijn, en niemand lijkt ermee gediend.

Als basis om de algemeen aanvaarde norm vast te stellen zijn we uitgegaan van woordenboeken, met name van het *Woordenboek der Nederlandsche Taal*; Van Dale, *Groot Woordenboek der Nederlandse Taal*; A. Abeling, *Woordenboek Nederlands*; en Th. Vindevogel, *Het juiste voorzetsel*. Rijke bronnen vormden ook kranten, tijdschriften, boeken en gedrukte commerciële teksten. Aan deze teksten is immers in beginsel betrekkelijk veel zorg besteed; ze zijn vaak geschreven door professionele auteurs en in veel gevallen heeft ook een eindredacteur er aandacht aan gegeven. Niet-gedrukte bronnen zoals interne memo's en brieven beschouwen we niet als representatief voor de norm, omdat de schrijvers van deze teksten zich over het algemeen minder ingespannen zullen hebben voor de stilistische verzorging.

Opnamecriteria

Opgenomen zijn alleen gevallen van voorzetselgebruik die van het voorspelbare afwijken. Wij hebben getracht ons voor te stellen wat een gebruiker zou willen opzoeken. Dan vallen heel wat gevallen vanzelf af: ***op*** *een stoel zitten*, ***om*** *tien uur*, ***naar*** *Amsterdam* enz. Het gaat hier om die voorzetsels die een duidelijk ruimtelijke, plaatselijke, instrumentele, finale enz. betekenis hebben, en voorzetsels die voorafgaan aan een weglaatbaar meewerkend voorwerp. De grens tussen 'wel probleem' en 'geen probleem' is overigens niet gemakkelijk te trekken. In enkele gevallen vraagt men zich wellicht af waarom een (schijnbaar probleemloos) woord wordt vermeld. Dat risico hebben wij blijmoedig genomen.

Veel woordcombinaties met voorzetsels kunnen ook figuurlijk worden gebruikt. Daar is als regel geen aandacht aan besteed: met *het ligt* ***op*** *het puntje van mijn tong* is vanuit het perspectief van voorzetselgebruik niets bijzonders aan de hand. Maar soms doen zich subtiliteiten voor die opname vereisen: ***op*** *bed liggen* is iets anders dan ***op*** *het bed liggen* en ***van*** *tafel vegen* betekent wat anders dan ***van*** *de tafel vegen*. De 'bijzondere' gevallen (***op*** *bed liggen*, ***van*** *tafel vegen*) hebben wij zo veel mogelijk geregistreerd.

Meewerkende voorwerpen kunnen worden voorafgegaan door ***aan*** of ***voor***. Wij hebben dit type voorzetselgebruik alleen vermeld wanneer het meewerkend voorwerp verplicht (niet weglaatbaar) is. Zo wordt bij *toevertrouwen* het meewerkend voorwerp ingeleid door ***aan***. Het feit dat het meewerkend voorwerp ook zonder voorzetsel kan worden aangeduid, veronderstellen wij bekend. We hebben doorgaans alleen willen aangeven dat een meewerkend voorwerp als zodanig verplicht is, en welk voorzetsel men dan kan gebruiken – ***aan*** of ***voor***:

je kunt dit ***hem*** *best toevertrouwen*
je kunt dit best ***aan*** *hem toevertrouwen*

Om ruimte te besparen hebben wij onvermeld gelaten dat de woordcombinaties, bestaande uit ***tot*** + zelfstandig naamwoord dat een activiteit uitdrukt, en ***tot*** *het* + onbepaalde wijs, altijd kunnen worden vervangen door ***om te*** + onbepaalde wijs; zoals in de volgende zinsneden:

de mogelijkheid ***om*** *in* ***te*** *grijpen*
de mogelijkheid ***tot*** *ingrijpen*

Wel hebben we de constructie met ***om te*** steeds vermeld als die niet weglaatbaar is, zoals in *staan* ***te*** *trappelen* ***om te*** (+ onbep. wijs).
In alle gevallen waar ***tussen*** + meervoudsvorm van een naamwoord gebruikt wordt, kan ook ***tussen ... en ...*** en ***van ... en ...*** worden gebruikt. Die laatste mogelijkheid hebben we niet vermeld. We gaan ervan uit

dat dit voor zich spreekt. Voorbeeld:
consistentie
..., met **tussen** (zaken)

Ook veronderstellen wij bekend dat een voorzetselbepaling met *van* dikwijls vervangen kan worden door een tweede naamval:
de zaak werd geregeld tot genoegen ***van*** *ieder*
de zaak werd geregeld tot ***ieders*** *genoegen*

Trefwoorden die synoniem zijn, worden vaak verbonden met dezelfde voorzetsels: *een overdaad* ***aan*** of ***van***; *een overmaat* ***aan*** of ***van***. Toch hebben wij ervan afgezien, in zulke gevallen verwijzingen aan te brengen: dit zou de lezer dwingen tot veel bladeren.

Spreekwoorden hebben wij niet opgenomen. Onder spreekwoorden verstaan we taaluitingen die de waarde van een zin hebben, en die geen enkele variatie toelaten. Een voorbeeld: ***aan*** *de vruchten kent men de boom*; hier kan 'vruchten' niet worden vervangen door het enkelvoud, en 'boom' kan niet worden vervangen door *plant*.

Het trefwoord

De aandacht gaat in dit boek vooral uit naar bijzonder voorzetselgebruik. Wij gingen ervan uit dat wie twijfels koestert over het juiste voorzetsel in een gegeven combinatie, niet bij het voorzetsel zal gaan zoeken: de vraag is immers welk dat zijn moet. De lijst is derhalve opgebouwd rond de woorden die samen met een of meer voorzetsels een combinatie vormen.

Idiomatische bouwsels, zoals ***ter*** *sprake*, en voorzetseluitdrukkingen, zoals ***in*** *verband* ***met***, zijn te vinden bij het hoofdwoord ervan, dus bij *sprake* en *verband*. De reden hiervoor is tweeledig: er is geen scherpe grens te trekken tussen gefixeerde voorzetselgroepen en gelegenheidsconstructies. Bovendien zou een dergelijke scheiding van de lezer eisen dat die precies weet of het al dan niet om een voorzetselgroep gaat.

Betekenisomschrijvingen

De betekenisomschrijvingen bij de zelfstandige naamwoorden, werkwoorden enz. waarvan de voorzetsels afhankelijk zijn, hebben wij uitsluitend toegevoegd om aan te geven welke betekenis van het behandelde woord aan de orde is. De omschrijvingen zijn dan ook summier gehouden: ze dienen slechts ter globale oriëntatie. Ook geven we alleen de betekenisomschrijvingen die te maken hebben met het gebruik van voorzetsels. Zo is 'order' alleen in de betekenis 'bevel, opdracht' opgenomen (*order* ***tot*** *iets*), en niet de betekenis 'bestelling'.

Aanwijzingen voor het gebruik

Het trefwoord

Van zelfstandige naamwoorden wordt als regel het enkelvoud gegeven. In veel gevallen kan in het lemma ook het meervoud voorkomen:

gebod
...
onder (de) geboden staan, in ondertrouw zijn

Om de lengte van de lemmata beperkt te houden, is in sommige gevallen een lemma gesplitst in een trefwoord in het enkelvoud en een trefwoord in het meervoud:

hand
aan de ~ **van** (gegevens), uitgaande van ...
...
handen
in ~, aan de geadresseerde persoonlijk te overhandigen ...

Naamvalsvormen vallen onder de nominatiefvorm van het zelfstandig naamwoord:

gebrek
...
in gebreke stellen/blijven e.d. ...

Elders wordt in dat geval verwezen naar de nominatiefvorm:

gebreke zie **gebrek**

Bij homografen (d.w.z. woorden met gelijke spelling maar verschillende uitspraak) is voor alle duidelijkheid de ligging van de klemtoon aangegeven:

bedelen [b*e*delen]
bedelen [bed*e*len]

Bij homofonen (woorden met dezelfde spelling maar behorend tot verschillende woordsoorten) is, ter vermijding van misverstand, grammaticale informatie toegevoegd. Deze staat tussen vishaken:

sterven <zn>
• **op** ~ liggen ...

sterven <ww>

∗ DOODGAAN, met **aan** (ziekte e.d.) ...

Weglaatbaar voorzetsel

Wanneer de betekenisomschrijving wordt gevolgd door 'met **<voorzetsel>**', betekent dit dat het gebruik van een voorzetsel facultatief is; het is 'weglaatbaar'. Dit wordt aangegeven met een asterisk (∗).

onderzoek

∗ HET BEPROEVEN OP EIGENSCHAPPEN OF DEUGDELIJKHEID, met **van** (iets): *de keuringsdienst voor het onderzoek van waren*

Soms worden in het lemma gelijkwaardige, d.w.z. onderling verwisselbare voorzetsels vermeld. In de bijbehorende voorbeeldzin wordt echter veelal slechts één van die varianten geïllustreerd:

aanloop

∗ VOORBEREIDING, BEGINFASE, met **tot** of **voor** (iets): *de aanloop tot verdere bezuinigingen*

In sommige gevallen vindt u bij een gegeven voorzetsel meer dan één voorbeeldzin. Dit dient veelal om nader te illustreren welke klassen van voorzetselobjecten er mogelijk zijn: abstracte zaken, concrete zaken, personen, instellingen enz., in aanvulling op de omschrijvingen die tussen ronde haken gegeven zijn:

inleiding

∗ GESCHRIFT DAT DE LEZER VERTROUWD MAAKT MET EEN TENTOONSTELLING E.D., met **op** (expositie e.d.): *een inleiding op Heidegger; een inleiding op de expositie*

Zijn er meerdere typen voorzetselbepalingen in een en hetzelfde zinsverband mogelijk, dan is dit aangegeven met de formule 'en/of met **<voorzetsel>**':

bidden

∗ EEN GODHEID OF HEILIGE E.D. AANROEPEN, met **tot** (godheid, heilige e.d.) en/of met **om** (iets): *bidden tot de Heilige Maagd om genezing*

Wanneer het trefwoord echter kan worden verbonden met voorzetselbepalingen die *niet* in hetzelfde zinsverband kunnen voorkomen, dan is dit aangegeven met de woorden 'of met **<voorzetsel>:**'

actie
∗ (PROTEST)HANDELING, met **tot** (iets): *een actie tot loonsverhoging* of met **voor** of **tegen** (iem., iets): *zij voeren actie voor het behoud van de Waddenzee/tegen het regeringsbeleid*

Wanneer er van een trefwoord meer dan één betekenis behandeld wordt, krijgt elke betekenis een asterisk:

garantie
∗ VRIJWARING VAN KOSTEN, met **op** (iets): *een garantie op mogelijke fabricagefouten; er zit nog garantie op dit apparaat*
∗ WAARBORG, met **voor** (iets): *mooi weer is nog geen garantie voor een geslaagd feest*

Wanneer een vaste woordcombinatie meerdere betekenissen kan hebben, worden deze door middel van cijfers van elkaar gescheiden:

opwachting
∗ zijn ~ maken, 1 officieel bezoeken, met **bij** (iem.) [...]; 2 voor het eerst optreden, met **als** (functie) [...]

Hetzelfde geldt voor combinaties met 'zich'.

Vast voorzetsel

Gaat het om een voorzetsel dat niet weglaatbaar is, dan wordt dit aangegeven door middel van een bolletje (•). In het lemma wordt het trefwoord gerepresenteerd door een tilde, plus (vet gedrukt) voorzetsel:

gespitst
• ~ **op** (iets), attent op, scherpe aandacht hebben voor: *die leraar was gespitst op spiekbriefjes*

Wanneer een woord(groep) twee of meer niet-weglaatbare voorzetsels bij zich heeft, worden deze opgesomd in de alfabetische volgorde van die voorzetsels:

aankijken
• ~ **op** (iets), verdenken van: *nu kijken ze mij erop aan*; ~ **tegen** (iem., iets), vinden van: *hoe kijk je daartegen aan?*

Bij veel trefwoorden vindt men een opsomming van vaste verbindingen. Er worden twee typen vaste verbindingen onderscheiden:

1 Verbindingen waarin het trefwoord altijd wordt **voorafgegaan** door een voorzetsel, zoals in ***bij** kennis, **buiten** kennis, (iemand) **in** kennis brengen **met**.*

2 Verbindingen waarin het voorzetsel op het trefwoord **volgt**, of er althans op kan volgen: *de koers richten* ***naar*** *(bestemming), ...*

Wanneer er bij een vaste verbinding meerdere betekenissen worden onderscheiden, worden deze met cijfers weergegeven:

delen
[...]
• ~ **in** (zelfstandig gebruikt telwoord.), 1 splitsen: *een brood in tweeën delen;* 2 een deel krijgen van: *we delen in de winst* (...)

Combinaties

Wanneer in een lemma meerdere categorieën worden behandeld, wordt de volgende volgorde aangehouden:

1 het trefwoord of een woordgroep waarin het betreffende trefwoord voorkomt, met weglaatbaar voorzetsel (gemarkeerd met een *)
2 het trefwoord of een woordgroep waarin het betreffende trefwoord voorkomt, **voorafgegaan** door een vast voorzetsel (gemarkeerd met een •)
3 het trefwoord of een woordgroep waarin het betreffende trefwoord voorkomt, **gevolgd** door een vast voorzetsel (gemarkeerd met een •)

aanleiding
* FEIT DAT TOT IETS KAN LEIDEN, met **tot** of **voor** (iets): *de aanleiding tot de twist was niet duidelijk*
• **bij** de minste of geringste ~, overdreven snel; **naar** ~ **van** (iets), als reactie op
• aanleiding vinden **in** (iets), ~ zien **tot** (iets), als reden aangrijpen

Wanneer een woord of woordgroep voorafgegaan wordt door een voorzetsel én gevolgd wordt door een voorzetsel, wordt de informatie gegeven bij het vooropgeplaatste voorzetsel. Wanneer een voorzetsel op het trefwoord kán volgen, wordt de informatie gegeven bij het achtergeplaatste voorzetsel.

Objectrestricties

Bij veel voorzetselvoorwerpen kan niet een willekeurig naamwoord aan het voorzetsel verbonden worden. Dikwijls zijn er beperkingen. Zulke restricties worden steeds vermeld. De omschrijving van mogelijke voorzetselobjecten is tussen ronde haken gezet:

aankijken
~ **op** (iets), verdenken van: *nu kijken ze mij erop aan*; ~ **tegen** (iem., iets), vinden van: *hoe kijk je daartegen aan?*

Geslachtsgebonden verwijswoorden

Overal waar in de betekenisomschrijvingen en in vaste verbindingen het persoonlijk voornaamwoord 'hij' of het bezittelijk voornaamwoord 'zijn' staat, moet dit sekseneutraal worden opgevat. Zo wordt de uitdrukking *uit zijn woorden komen* geacht óók van toepassing te zijn op een vrouw.

Afkortingen

Gebruikte afkortingen en aanduidingen:

bn	bijvoeglijk naamwoord
bw	bijwoord
iem.	iemand
instelling	(overheids)instelling, instantie, bedrijf
onbep. wijs	onbepaalde wijs
ww	werkwoord
zn	zelfstandig naamwoord

De opbouw van een lemma

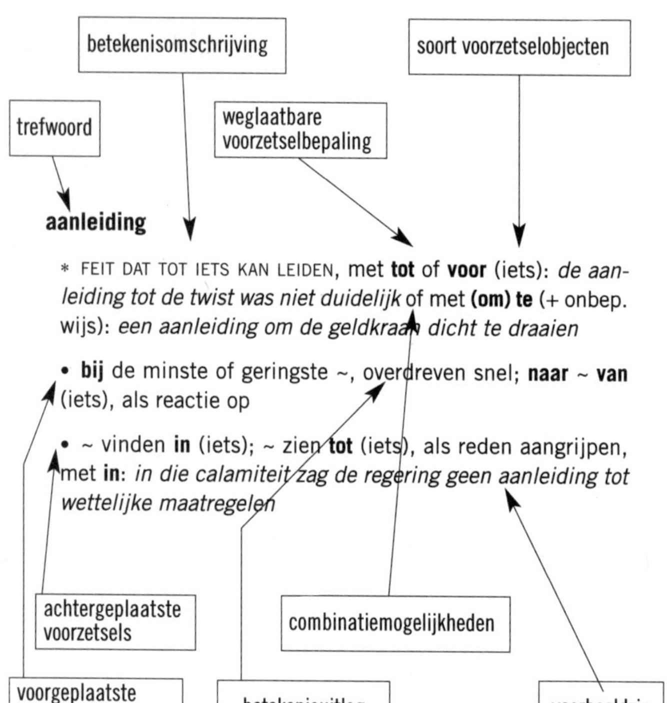

betekenisomschrijving
soort voorzetselobjecten
trefwoord
weglaatbare voorzetselbepaling
aanleiding
* FEIT DAT TOT IETS KAN LEIDEN, met tot of voor (iets): de aanleiding tot de twist was niet duidelijk of met (om) te (+ onbep. wijs): een aanleiding om de geldkraan dicht te draaien
• bij de minste of geringste ~, overdreven snel; naar ~ van (iets), als reactie op
• ~ vinden in (iets); ~ zien tot (iets), als reden aangrijpen, met in: in die calamiteit zag de regering geen aanleiding tot wettelijke maatregelen
achtergeplaatste voorzetsels
combinatiemogelijkheden
voorgeplaatste voorzetsels
betekenisuitleg
voorbeeldzin

A

aanbelanden
• ~ **bij** (onderwerp), er in het gesprek op komen
• ~ **in** (stad, dorp e.d.), er reizend komen
• ~ **op** (dak, plein e.d.; punt, niveau), reizend resp. pratend enz. aankomen

aanbellen
∗ EEN DEURBEL DOEN OVERGAAN, met **bij** (iemand, een huis): *hij belde bij ons aan*

aanbetalen
∗ HET EERSTE GEDEELTE VAN EEN BETALING DOEN, met **op** (iets): *zij betaalde 10% aan op de bestelling*

aanbevelen
∗ INTERESSE OPWEKKEN VOOR IETS OF IEMAND, met **bij** (iem.): *hij heeft ons product al bij vele klanten aanbevolen,* of met **(om) te** (+ onbep. wijs): *zij beval ons aan vroeg te vertrekken*

aanbeveling
∗ VOORSPRAAK, met **aan** (iem.): *de directie kwam met een aanbeveling aan de werknemers om af te zien van de collectieve verzekering* en/of met **over** of **omtrent** (een probleem): *over die zaak heeft de commissie geen aanbeveling gedaan* of met **tot** of **voor** (een oplossing) of met **(om) te** (+ onbep. wijs die een oplossing uitdrukt): *de fabrikant deed de aanbeveling eventuele ondeugdelijke onderdelen onmiddellijk te vervangen; een aanbeveling tot het uitzenden van mariniers*
• **op** ~ **van** (iem.), op voorspraak van: *zij werd benoemd op aanbeveling van haar chef*

aanbieding
• **bij** ~, vooruit: *bij aanbieding bestellen* (boekenbranche); **in** de ~, tegen een speciale prijs aangeboden: *waspoeder is in de aanbieding*

aanblik
• **bij** de eerste ~, bij het eerste zien: *bij de eerste aanblik zag het er alarmerend uit*

aanbod
∗ UITNODIGING, met **tot** of **voor** (deelname e.d.): *een aanbod tot deelname in de projectgroep*
∗ DAT WAT AANGEBODEN WORDT, met **aan** of **van** (iets): *het aanbod aan drugs is overstelpend*

aanbouw
• **in** ~, gebouwd wordend: *er zijn twaalf paviljoens in aanbouw*

aanbrengen
∗ AANGEVEN, AANWIJZEN, met **bij** (iem., instelling): *een oplettende winkelier bracht de dief van de boekenbonnen bij de politie aan*

aandacht
• (iem., iets) **in** iemands ~ aanbevelen, aanraden op (iem., iets) te letten: *mag ik dit rapport in uw aandacht aanbevelen?;* (iem., iets) **onder** iemands ~ brengen, iemand op (iem., iets) wijzen: *fijn dat u dit onder mijn aandacht hebt gebracht*
• ~ besteden **aan** (iem., iets), met (iem., iets) bezig zijn: *ouders moeten veel aandacht besteden aan hun kinderen;* de ~ vestigen **op** (iem., iets), iemand op (iem., iets) opmerkzaam maken: *ik wil vooral de aandacht vestigen op dit punt;* ~ hebben **voor** (iem., iets), op (iem., iets) letten: *hij heeft veel aandacht voor details*

aandeel
∗ HET DEELNEMEN, met **aan** (handeling): *aandeel hebben aan een misdaad*
∗ BEWIJS VAN DEELNAME (AAN BEDRIJF E.D.), met **aan** (toonder): *een aandeel aan toonder*
∗ PORTIE, met **in** (iets): *een aandeel in de winst*
• een maatschappij **op** aandelen
• winst **per** ~, per aandeel in het eigen bedrijf

aandeelhouder
∗ EIGENAAR VAN AANDELEN IN EEN BEDRIJF, met **in** of **van** (bedrijf): *de Telegraaf is de grootste aandeelhouder in deze dagbladcombinatie*

aandenken
∗ TASTBARE HERINNERING, met **aan** (iem., iets): *het horloge was een aandenken aan zijn moeder*

aandikken
∗ IN WAARDE STIJGEN, met **tot** (bedrag): *de dollar dikte aan tot 106 yen*
∗ OVERDRIJVEN, met **tot** (iets): *de auteur had de ongemakken aangedikt tot gruwelen*

aandoening
∗ ZIEKTE, met **aan** of **van** (lichaamsdeel): *een aandoening aan het centrale zenuwstelsel*

aandrang
∗ DRUK, met **op** (iem.): *we hebben enige aandrang op hem uitgeoefend* en/of met **(om) te** (+ onbep. wijs): *de aandrang om de handen uit de mouwen te*

steken was groot

• **na** of **op** ~ **van** (iem., instelling): *op aandrang van hogerhand trok hij zich terug*

aandrift

∗ STERKE BEHOEFTE, met **tot** (iets): *een plotselinge aandrift tot zuinigheid* of met **(om) te** (+ onbep. wijs): *de aandrift om het onbegrijpelijke op een rationele manier te verklaren*

aandrijven

• ~ **tot** (iets), aansporen: *iemand aandrijven tot grote prestaties*

aandringen

∗ DRUK UITOEFENEN, met **op** (iets): *hij drong aan op spoed* en/of met **bij** (iem., instelling): *hij drong sterk bij de gemeente op spoed aan*

• **na** (lang, enig) ~: *na enig aandringen wilde hij nog wel kwijt dat ...*

• **op** ~ **van** (iem.): *op aandringen van de directeur stemde hij toe*

aaneensluiten

∗ zich ~, met **in** (groepering): *de vijf partijen sloten zich aaneen in het Democratisch Blok*

aanfluiting

∗ IETS WAT TE SCHANDE MAAKT, met **van** (iets): *de Sisde gold als een aanfluiting van wat een geheime dienst zou moeten zijn*

aangaan

∗ (EEN OVEREENKOMST E.D.) SLUITEN, met **met** (iem., bedrijf e.d.): *zij ging een huwelijk met hem aan*

aangetrokken voelen

• zich ~ **tot** (iem., iets), positieve gevoelens koesteren: *hij voelde zich meteen al tot haar aangetrokken*

aangifte

∗ OFFICIËLE REGISTRATIE VAN EEN MISDAAD E.D., met **van** of **wegens** (iets): *aangifte doen van diefstal; aangifte doen wegens mishandeling* en/of met **bij** (iem., instelling): *hij deed aangifte van de vermissing bij de politie* en/of met **tegen** (iem., instelling): *hij deed aangifte tegen de reporter wegens smaad*

∗ OFFICIËLE REGISTRATIE VAN BELASTBARE INKOMSTEN OF ZAKEN, met **voor** (soort belasting): *aangifte doen voor de inkomstenbelasting*

• **op** ~, volgens de aangifte: *op aangifte betalen*

aangorden

∗ zich ~, zich wapenen, met **voor** of **tot** (strijd e.d.): *zich voor/tot de strijd aangorden* en/of met **tegen** (iem., iets): *zich aangorden tegen de vijand*

aangrenzend

∗ (VAN GROND) TEGENAAN LIGGEND, met **aan:** *aangrenzend aan de weide ligt een perceel bos*

aanhaken

• ~ **bij** (iem., iets), nader ingaan op: *zij haakten aan bij de vorige spreker; aanhaken bij een eerdere opmerking*

aanhangig

∗ IN BEHANDELING, met **bij** (iem., instelling): *een zaak bij het gerecht aanhangig maken*

aanhangsel

∗ AANHANGEND VOORWERP, EXTRA INFORMATIE ACHTER IN EEN BOEK, met **van** (iets): *de appendix is een aanhangsel van de dikke darm*

aanhikken

• ~ **tegen** (iets), tegenop zien: *ik hikte al dagen tegen dat karwei aan*

aanhoren

• **ten** ~ **van** (iem.), waar (iem.) getuige van is: *hij zei het ten aanhoren van de hele familie*

aanhouden

• ~ **op** (richting, bestemming), varen/gaan naar: *we hielden op Harderwijk aan*

aankijken

• ~ **op** (iets), verdenken van: *nu kijken ze mij erop aan;* ~ **tegen** (iem., iets), vinden van: *hoe kijk je daartegenaan?*

aanklacht

∗ BESCHULDIGING, met **tegen** (iem., instelling): *een aanklacht tegen de verhuurder* en/of met **wegens** (misdrijf): *een aanklacht wegens laster*

aankloppen

• ~ **bij** (iem., instelling), om steun e.d. komen vragen, met **voor** (steun e.d.): *ten slotte moest hij bij vrienden aankloppen voor hulp*

aanknopen

∗ (EEN GESPREK, RELATIE) BEGINNEN, met **met** (iem.): *een gesprek met iemand aanknopen*

• ~ **bij** (iets), aansluiten bij: *aanknopen bij de recente ontwikkelingen*

aanknopingspunt

∗ PUNT WAAR IETS AANSLUIT, met **voor** (iets): *dat biedt nieuwe aanknopingspunten voor verder onderzoek*

aankomen

• ~ **met** (iem., iets), voor de dag komen: *aankomen met een nieuwe kandidaat/nieuw voorstel;* ~ **op** (iem., iets), afhangen van: *het komt vooral op nauwkeurigheid aan; nu komt het op jou aan;* het **erop** laten ~, bewust riskeren: *hij laat het erop aankomen dat* *iemand zijn faillissement aanvraagt*

aankunnen

• ~ **op** (iem., iets), kunnen vertrouwen: *je kunt op mij aan*

aanleg

∗ BEGAAFDHEID, met **voor** (vak, vaardigheid e.d.): *aanleg hebben voor wiskunde*

∗ GENEIGDHEID, met **tot** (eigenschap): *hij heeft aanleg tot zwaarmoedigheid*

• **in** eerste/laatste ~: *in eerste aanleg leek het mij niets*

aanleggen

∗ EEN VAARTUIG TEGEN DE WAL LEGGEN, met **aan** (iets): *aanleggen aan de kade*

∗ EEN SCHIETWAPEN RICHTEN, met **op** (iem., iets): *hij legde aan op zijn tegenstander*

• het ~ **met** (iem.), een verhouding aangaan: *hij legde het aan met zijn buurvrouw*

aanleiding

∗ FEIT DAT TOT IETS KAN LEIDEN, met **tot** of **voor** (iets): *de aanleiding tot de twist was niet duidelijk* of met **(om) te** (+ onbep. wijs): *een aanleiding om de geldkraan dicht te draaien*

• **bij** de minste of geringste ~, overdreven snel; **naar** ~ **van** (iets), als reactie op

• ~ vinden **in** (iets); ~ zien **tot** (iets), (iets) als reden aangrijpen, met **in**: *in die calamiteit zag de regering geen aanleiding tot wettelijke maatregelen*

aanliggen

∗ LIGGEN NAAST/BIJ, met **aan** (dis): *in de oudheid lag men aan de dis aan*

∗ RAKEN, GRENZEN AAN, met **tegen** (gebied): *Amstelveen ligt tegen Amsterdam aan*

aanloop

∗ VOORBEREIDING, BEGINFASE, met **naar**, **tot** of **voor** (iets): *de aanloop naar de Olympische Winterspelen; de aanloop tot verdere bezuinigingen*

aanlopen

∗ OP BEZOEK KOMEN, ONDERDAK ZOEKEN, met **bij** (iem.): *Poekie is zomaar bij ons komen aanlopen;* ~ **tegen** (iem., iets), toevallig ontmoeten/aantreffen: *ik liep gisteren tegen een bijzonder koopje aan*

aanmanen

∗ AANSPOREN, met **tot** (iets): *ik moest hem aanmanen tot spoed*

aanmelden

∗ LATEN REGISTREREN, OPGEVEN, met **bij** (iem., instelling): *hij meldde zich aan bij het Rode Kruis* en/of met **voor** (iets): *U kunt zich bij de penningmeester aanmelden voor restitutie*

aanmerken

∗ KRITIEK HEBBEN, met **op** (iem., iets): *hij heeft altijd wat op me aan te merken*

• ~ **als** (iem.), beschouwen/aanwijzen als: *hij wordt als lastpost aangemerkt*

aanmerking

∗ KRITISCHE OPMERKING, met **op** (iem., iets): *de speler had steeds aanmerkingen op de arbitrage*

• **in** ~ nemen, rekening houden met iets: *neem wel in aanmerking dat ze nog jong is;* **in** ~ komen, kans op benoeming maken, met **voor** (functie e.d.): *hij komt zeker in aanmerking voor die post*

aanmoedigen

∗ AANZETTEN, AANSPOREN, met **tot** (iets): *de leerlingen aanmoedigen tot hogere prestaties*

aanmonsteren

∗ (SCHEEPSTERM) ZICH OP DE MONSTERROL LATEN ZETTEN, DIENST NEMEN, met **op** (schip): *als vijftienjarige monsterde hij aan op een VOC-schip*

aannemen

• ~ **van** (iem.): *van mij neemt hij nooit iets aan;* ~ **voor:** *iets voor zoete koek aannemen; iets voor waar aannemen*

aanpak

∗ HET AANPAKKEN VAN IETS OF IEMAND DAT (DIE) PROBLEMEN GEEFT, met **van** (degene die het probleem aanpakt): *de aanpak van Bush werd hoog geprezen* of met **van** (probleem, 'moeilijk' persoon): *Bush voelde voor een harde aanpak van Saddam Hoessein*

aanpassen

∗ IETS AFSTEMMEN OP IETS ANDERS, met **aan** (iets): *de wet moet worden aangepast aan de nieuwe maatschappelijke omstandigheden;* zich ~, zich in gedrag, leefwijze e.d. richten naar, met **aan** (iem. iets): *nieuwkomers dienen zich aan te passen aan onze gebruiken*

aanraden

• **op** ~ **van** (iem.), op advies van: *ik heb het gekocht op aanraden van Pieter*

aanraking

• **in** ~ **met** (iem., instelling), in contact met: *hij kwam helaas in aanraking met de politie*

aanranden

∗ SCHADEN, met **in** (eer, reputatie e.d.): *iemand in zijn goede naam aanranden*

aanrekenen

∗ VERWIJTEN, met **tot** of **als** (iets): *men mag zoiets een overheidsdienaar tot schande aanrekenen*

aanrukken
* SNEL NADEREN, met **op** (iets): *de troepen rukten op de stad aan*

aanschaf
• (goedkoop, duur e.d.) **in** de ~: *auto's die goedkoop in de aanschaf zijn, zijn bedrijfseconomisch gezien dikwijls duur*

aanschijn
• **in** of **voor** het ~ **van** (iem., iets): *volkeren moorden elkaar uit voor het aanschijn van de hele wereld*

aanschoppen
• ~ **tegen** (iem., iets), zonder reden fel bekritiseren: *tegen iemand aanschoppen*

aanschouwen
• **ten** ~ **van** (iem.), zo, dat iemand er getuige van is: *hij maakte ruzie ten aanschouwen van alle bezoekers.*

aanschurken
• (zich) ~ **tegen** (iem., iets), toenadering zoeken: *Kazachstan schurkt (zich) zo dicht mogelijk tegen het machtige Rusland aan*

aanslaan
* IN DE SMAAK VALLEN, met **bij** (iem.): *de voorstelling slaat vooral aan bij de jeugd*
* BELASTING OPLEGGEN, met **in** (belasting): *aangeslagen worden in de inkomstenbelasting* en/of met **voor** (bedrag): *de crimineel werd voor een flink bedrag aangeslagen*

aanslag
* POGING TOT MOORD, BESCHADIGING E.D., met **op** (iem., iets): *de aanslag op Hitler; dat is een aanslag op mijn portemonnee*, dat kost mij een hoop geld
* (MEDEDELING INZAKE) TE BETALEN BELASTING, met **in** (soort belasting): *een aanslag in de vermogensbelasting* en/of met **voor** (bedrag, fiscaal jaar): *een voorlopige aanslag voor het komend jaar*
• **in** de ~, klaar om te schieten: *het geweer in de aanslag;* **in** de ~ staan, klaar staan om tot actie over te gaan; **op** ~ betalen: *reeds op aanslag betaalde belasting wordt verrekend*

aansluiten
* IN VERBINDING STAAN, met **aan, bij** (situatie e.d.): *veel overheidsmaatregelen dienen aan te sluiten aan/bij de praktijk*
* EEN VOORTZETTING ZIJN VAN, met **op** (iets): *het nieuwe onderzoek sluit aan op eerdere studies*
* VERBINDEN, met **op** (netwerk e.d.): *aansluiten op het telefoonnet*
* zich ~, zich voegen bij, met **bij** (iem., groep, mening), lid/sympathisant worden: *hij sloot zich aan bij de Jehova's getuigen*

aansluiting
* AANSLUITEND VERVOERMIDDEL, met **naar** (richting, bestemming): *we halen de aansluiting naar Amsterdam net niet meer* of met **met**: *we haalden de aansluiting met de sneltram*
* VERBINDING MET, met **op** (netwerk): *de aansluiting op internet* of met **met** (iem., iets): *de achtervolgers kregen aansluiting met de kopgroep*
* CONTACT MET, met **bij** (personen, groepen e.d.): *de jongeman zocht geen aansluiting bij zijn leeftijdgenoten*
• **in** ~ **op** (iets), in vervolg op: *in aansluiting op onze brief d.d. ...*

aanspannen
* (EEN RECHTSZAAK) BEGINNEN, met **tegen** (iem.): *een geding tegen iemand aanspannen*

aansporen
* ERGENS TOE PRIKKELEN, met **tot** (iets): *iemand aansporen tot grotere prestaties*

aanspraak
* VERMEEND RECHT, met **op** (iets): *hij trok al zijn aanspraken op schadevergoeding in*
• ~ maken **op** (iets), recht menen te hebben: *hij maakt aanspraak op het vruchtgebruik*

aansprakelijk
* VERANTWOORDELIJK, met **voor** (iets): *ik ben aansprakelijk voor de gevolgen* en/of met **tegenover** ((rechts)persoon): *aansprakelijk tegenover derden*

aanspreken
* HET WOORD RICHTEN, met **met** (titel): *spreek mij maar met 'meneer' aan*
* GENOEGDOENING/SCHADEVERGOEDING EISEN, met **om** of **tot** (genoegdoening): *iemand tot schadevergoeding aanspreken*
* BEVALLEN, AANSTAAN, met **in** (iem., iets): *wat me erg in hem aanspreekt, is ...*
• (iem.) ~ **op** (iets), om rekenschap vragen: *je kunt hem best aanspreken op zijn houding*

aanstalten
• ~ maken **voor, tot** (iets), voorbereidingen treffen: *hij maakte aanstalten voor de reis*

aanstellen
* EEN FUNCTIE GEVEN, met **tot** of **als** (functionaris): *iemand aanstellen tot/als opzichter* of met **in de functie**

van: *iemand in de functie van opzichter aanstellen*

aanstelling

∗ BEVESTIGING IN EEN FUNCTIE, met **tot** of **als** (functionaris): *zij kreeg een aanstelling als bibliothecaresse*

aanstoken

∗ OPHITSEN, met **tot** (iets): *iemand aanstoken tot verzet*

aanstoot

• ~ nemen **aan** (iem., iets), zich ergeren, *aanstoot nemen aan iemands opmerkingen;* ~ geven **aan** (iem.), iemand ergeren: *sommigen namen aanstoot aan de graffitikunstenaar*

aansturen

• ~ **op** (iets), proberen te realiseren/bereiken: *hij stuurde duidelijk aan op een breuk*

aantasten

∗ SCHADEN, met **in** (iets): *hij voelt zich in zijn eer aangetast*

aantekening

∗ SCHRIFTELIJKE NOTITIE, met **van** (iets): *aantekening maken van alle uitgaven* of **voor** (bevoegdheid): *een onderwijsakte met een aantekening voor gymnastiek*

aantrekken

∗ zich ~, zijn stemming laten beïnvloeden, met **van** (iem., iets): *hij trok zich niets van onze kritiek aan.* Deelwoord met **tot** (iem., iets), positieve gevoelens koesteren: *zich tot iemand aangetrokken voelen*

aantrekkingskracht

∗ HET AANTREKKELIJK ZIJN, met **op** (iem.): *aantrekkingskracht uitoefenen op een groot publiek*

aanval

∗ AGRESSIEVE, DOELGERICHTE BEWEGING, met **op** (iem., iets): *een aanval op het doel van de tegenstander*

∗ HEFTIG GEVOEL, met **van** (gevoel): *hij kreeg plotseling een aanval van werklust*

• **in** de ~ gaan, gaan aanvallen: *de gehavende ploeg ging dapper in de aanval*

aanvallen

∗ GRETIG BEGINNEN TE CONSUMEREN, met **op** (voedsel): *zij vielen uitgehongerd op het eten aan*

aanvang

• **bij** of **in** (de) ~, bij het begin: *bij (de) aanvang was het project al gedoemd te mislukken*

• een ~ maken **met** (iets), met (iets) beginnen: *laten we een aanvang maken met archiveren*

aanvangen

∗ BEGINNEN, met **met** (iem., iets): *wat moeten we met hem aanvangen?*

aanvaring

∗ BOTSING VAN SCHEPEN, met **met** of **tussen** (personen, voer-, vaartuigen): *een aanvaring met een roeiboot; een aanvaring tussen twee schepen*

• **in** ~ komen, botsen, in conflict raken, met **met** (iem.): *de minister kwam stevig in aanvaring met de oppositie*

aanvechting

• een ~ **tot** of **van** (iets), een sterke neiging: *ik kreeg een aanvechting van onpasselijkheid*

aanverwant

∗ VERWANT, BEHOREND BIJ, met **aan** (iem., iets): *hij is aanverwant aan die adellijke familie*

aanvoering

• **onder** ~ **van** (iem.), onder leiding van: *onder aanvoering van Piet gingen we op weg*

aanvraag

∗ VERZOEK, met **tot**, **voor** (iets) en/of met **bij** (instelling): *een aanvraag voor subsidie bij de gemeente indienen*

• **op** ~, op verzoek: *op aanvraag zullen wij gaarne inlichtingen verstrekken*

aanvullen

∗ COMPLETEREN, met **met** (iets): *je moet je lezing met wat voorbeelden aanvullen* en/of met **tot** (iets): *de directie zal de uitkering aanvullen tot honderd procent*

aanvulling

∗ COMPLETERING, met **op** (iets): *dit is een aanvulling op wat ik al zei* en/of met **tot** (niveau): *u krijgt op uw uitkering een aanvulling tot het huidige niveau*

• **in** of **als** ~ **op** (iets), in de vorm van een aanvulling; **ter** ~: ter completering

aanwezig

∗ PRESENT, met **op** of **bij** (bijeenkomst): *de minister-president was aanwezig op/bij de vergadering*

aanwezigheid

• **in** ~ **van** (iem.), waarbij ... aanwezig is: *de nieuwe sporthal werd geopend in aanwezigheid van de commissaris van de Koningin*

aanwijzen

• ~ **tot** of **als** (functie), aanstellen: *hij werd aangewezen als woordvoerder*

aanwijzing

∗ AANDUIDING, met **voor** (iets): *het handboek geeft duidelijke aanwijzingen voor een dergelijke situatie*

• **op** ~(en) **van:** *op aanwijzingen van getuigen werd de boef gearresteerd*

• een ~ **op** de schatkist, een assignatie (schriftelijke opdracht tot betaling)

aanwinst

∗ WAARDEVERHOGING, met **voor** (groep, instelling): *een geweldige aanwinst voor de ploeg*

aanzet

∗ BEGIN, met **tot** of **voor** (zaak): *de eerste aanzet tot een betere vakopleiding*

aanzetten

• ~ **tot** (iets), aansporen: *een kind aanzetten tot kattenkwaad;* ~ **in** (kleur, materiaal), de eerste laag opbrengen: *de eerste laag in grondverf aanzetten*

aanzien <zn>

• **in** ~ zijn/staan, geacht worden: *prof. X. staat hoog in aanzien;* **ten** ~ **van** (iem., iets), over: *ten aanzien hiervan wil ik opmerken ...;* **te** dien ~, wat dat betreft: *te dien aanzien moeten maatregelen worden getroffen;* **te** zijnen/haren/onzen/uwen/hunnen ~, wat hem e.d. betreft; **van** ~, geacht: *De dorpsonderwijzer was vroeger iemand van aanzien;* **van** ~ kennen: *ik ken hem alleen van aanzien;* **zonder** ~ des persoons, zonder op status of rang te letten.

• zich het ~ geven **van** (iem.), zich voordoen als: *hij wist zich het aanzien te geven van een echte heer*

aanzien <ww>

• ~ **op** (iets), verantwoordelijk achten: *straks zien ze mij erop aan;* ~ **voor** (iem., iets), houden voor: *waar zie je me voor aan?*

aanzijn

• het ~ geven **aan** (iets), doen ontstaan: *hij heeft het aanzijn gegeven aan een modern bedrijf*

aanzitten

∗ AAN EEN MAALTIJD DEELNEMEN, met **aan** (diner, feestmaal): *aan het banket zaten alle plaatselijke notabelen aan*

aanzoek

∗ VERZOEK TE MOGEN HUWEN, met **aan** (iem.): *(aan) het meisje een aanzoek doen* en/of met **om** (iem.): *de jongeman deed een aanzoek om het meisje bij haar ouders*

∗ OFFICIEEL VERZOEK, met **(om) te** (+ onbep. wijs): *de tafeltennisser kreeg een aanzoek om aan te schuiven bij de nationale selectie*

aanzoeken

∗ VERZOEKEN (EEN FUNCTIE) TE BEKLEDEN, met **voor** (functie e.d.) of met **tot** of **als** (functionaris e.d.): *de ex-minister werd aangezocht voor de functie van commissaris; hij werd aangezocht als commissaris* of met **(om) te** (+ onbep. wijs): *hij werd aangezocht in de commissie zitting te nemen*

aard

∗ KARAKTER, met **van** (= wat betreft): *heftig van aard*

• **uit** de ~ der zaak (**uiteraard**), vanzelfsprekend: *dit lastige probleem is uit de aard der zaak niet eenvoudig op te lossen;* **van** dien ~, zodanig: *in het rapport lees ik niets van dien aard*

aarde

• **ter** ~, op/in de grond: *ter aarde bestellen*, begraven; *zij zeeg ter aarde*

aarden

• ~ **naar** (iem.), in karakter lijken op: *hij aardt naar zijn moeder*

aardig

• ~ zijn **tegen** of **voor** (iem.,), zich innemend gedragen tegenover: *aardig zijn voor de kinderen*

aardigheid

• ~ **in** (iets) hebben, genoegen scheppen: *ik heb nu eenmaal aardigheid in koken*

• **uit** ~, bij wijze van vriendelijk gebaar: *Zij: Dat had je niet moeten doen. Hij: Ach, zomaar, uit aardigheid;* **voor** de ~, zonder ernstige bedoeling: *laten we voor de aardigheid eens in het woordenboek kijken*

aarzelen

∗ NIET KUNNEN BESLUITEN, met **met** of **over** (iets): *ik aarzel met ingrijpen* of met **tussen** (mogelijkheden): *aarzelen tussen Scylla en Charybdis* of met **(om) te** (+ onbep. wijs): *hij aarzelde niet om in te grijpen*

abonnement

∗ HET GEABONNEERD ZIJN, met **op** (tijdschrift, dienst): *een abonnement hebben op een tijdschrift*

• **bij** ~: *frankering bij abonnement*

abonneren

∗ zich ~, tegen periodieke betaling een publicatie of dienst ontvangen, met **op** (publicatie, dienst): *zich abonneren op de glazenwasser*

abstinentie

∗ HET ZICH ONTHOUDEN, met **van** (iets): *voor topsporters is soms absolute abstinentie van seksuele contacten geboden*

abstineren

∗ zich ~, zich onthouden, met **van** (iets): *topsporters moeten zich soms abstineren van seksuele contacten*

abstraheren

• ~ **uit** (iets), afleiden: *het woord 'schoen' is geabstraheerd uit het oor-*

spronkelijk dubbele meervoud 'schoenen'; ~ **van** (iets), buiten beschouwing laten: *in dit rapport wordt geabstraheerd van toevalligheden*

abuis

• **per** of **bij** ~, bij vergissing: *per abuis stuurde ik de verkeerde brief*

accent

∗ NADRUK, met **op** (iets): *zij legt het accent op collegialiteit*

accepteren

∗ AANVAARDEN, met **van** (iem.): *van hem accepteer ik dat niet*

acclamatie

• **bij** ~, door goedkeuring zonder stemming: *zij werd bij acclamatie benoemd tot voorzitter*

acht <zn>

• ~ slaan **op** (iem., iets), letten op: *een speurder slaat acht op de geringste details;* **in** ~ nemen, respecteren: *de verkeersregels in acht nemen;* zich **in** ~ nemen, oppassen: *je moet je beter in acht nemen*, met **voor** (iem., iets): *neem je in acht voor zakkenrollers*

achter

• **ten** ~ **bij** (iem., iets), achterlopend: *in dit opzicht is Nederland ten achter bij de rest van Europa*

achterblijven

∗ MINDER VOORTGANG BOEKEN, met **bij** (iem., iets): *de opbrengst blijft achter bij de prognose*

achtergrond

• **op** de ~, niet direct opvallend: *op de achtergrond kon je kerkklokken horen*

achterhand

• **aan** of **op** de ~ zitten, op de plaats waar de speler als laatste zijn kaart speelt

achterlaten

• ~ **met** (iets), iemand opzadelen met: *de uitzending liet de kijker achter met een beschaamd gevoel; ik kan je toch niet achterlaten met die rommel?*

achterliggen

∗ MINDER VER ZIJN, met **op** (iem., iets): *het peloton ligt 2 minuten achter op de kopgroep*

achterlopen

∗ ACHTEROP ZIJN, met **op** (iets): *achterlopen op de feiten*

achterstand

∗ HET ACHTEROP ZIJN, met **op** (iem., iets): *PSV heeft een onoverbrugbare achterstand op Ajax* en/of met **in** (iets): *een achterstand in punten*

• **op** ~, achterop: *met zijn tussensprint zette hij iedereen op achterstand*

achterstellen

∗ ACHTERPLAATSEN, met **bij** (iem.): *zij werd achtergesteld bij haar mannelijke collega's*

achtervolgen

∗ NAZITTEN, met **met** (iets): *hij achtervolgde haar met zijn attenties*

achting

∗ RESPECT, met **voor** (iem.): *achting voelen/koesteren (enz.) voor iemand;* **in** iemands ~ stijgen/dalen: *hij stijgt in mijn achting*

• **met** (...) ~: *met de meeste/verschuldigde achting*

actie

∗ (PROTEST)HANDELING, met **tot** (iets): *een actie tot loonsverhoging* of **voor** of **tegen** (iem., iets): *zij voeren actie voor het behoud van de Waddenzee/tegen het regeringsbeleid*

• **in** ~ komen, tot een handeling overgaan: *de politie kwam meteen in actie;* **tot** ~ overgaan, tot een handeling overgaan: *het wordt tijd dat we tot actie overgaan*

actief

∗ BEZIG, met **in** (organisatie, beweging): *actief in de Vredesbeweging*

adaptatie

∗ AANPASSING, met **aan** (iets): *adaptatie aan het licht*

adapteren

∗ AANPASSEN, met **aan** (iets): *adapteren aan het licht* of **voor** (iets): *een boek adapteren voor een film*

additief

∗ TOEVOEGING, met **aan** of **bij** (iets): *een additief bij de koelvloeistof, die bevriezing moet voorkomen*

adem

• **buiten** ~, moeilijk ademend door inspanning/spanning: *zij kwam buiten adem aanrennen;* **in** één ~ noemen, op gelijk hoogte stellen: *die twee kun je onmogelijk in één adem noemen;* **op** ~ komen, de ademhaling/zich herstellen: *laten we hier even op adem komen*

adhesie

∗ INSTEMMING, met **aan** of **met** (iem., iets): *zijn adhesie betuigen met de petitie; wij betuigen onze adhesie aan de slachtoffers van de brand*

adosseren

∗ DOOR EEN AANTEKENING AAN DE ACHTERZIJDE OVERDRAGEN, met **aan** (iem.): *een cheque adosseren aan toonder*

adres

∗ LEVERANCIER, met **voor** (iets): *een goed adres voor onderdelen*

• **aan** iemands ~, aan/tegen een persoon gericht: *een opmerking aan iemands adres;* **aan** het goede/verkeerde ~ zijn, bij de juiste/verkeerde persoon zijn; **per** ~, op het adres van: *Pietersen, per adres (p/a) Jansen*

• een ~ **aan** (iem., instelling), een petitie aan: *een adres aan de Koningin;* een ~ **van** (iets), een verklaring van: *een adres van adhesie*

adresseren

* VAN PLAATSAANDUIDING VOORZIEN, met **aan** (iem., instelling): *de brief was geadresseerd aan de vorige bewoner*

adverteren

* KLANTEN WERVEN VIA MEDIA, met **met** of **voor** (iets): *adverteren met/voor een product;* of met **met** (slogan, affiche e.d.): *het bedrijf adverteert met slagzinnen als ...* en/of met **in** (blad e.d.) of **op** (televisie, radio): *we adverteren dagelijks in Het Parool*

advies

* RAAD, met **aan** (iem., instelling): *een advies aan de ouders* en/of met **over** (iets): *hij vroeg (aan) zijn mentor advies over zijn studie* en/of met (**om**) **te** (+ onbep. wijs): *hij gaf ons het advies thuis te blijven*

• **op** ~ **van** (iem.): *op advies van de dokter;* **van** ~ dienen: *kun jij me van advies dienen?* **voor** ~ sturen **naar** (iem., instelling), sturen met het verzoek advies uit te brengen: *hij stuurde het rapport voor advies naar de Raad van State*

advocaat

* JURIST, met **bij** (rechtscollege): *een advocaat bij de Hoge Raad* en/of met **voor** (specialisme): *een advocaat voor echtscheidingen; hij is een advocaat voor verloren zaken,* hij kan goed zijn mond roeren; of met **van** (iem., iets): *hij speelde advocaat van de duivel; een advocaat van kwade zaken*

afbetalen

* EEN LENING OF SCHULD IN TERMIJNEN TERUGBETALEN, met **op** (schuld e.d.): *hij moet elke maand een bedrag afbetalen op de lening*

afbetaling

• **op** ~, door betaling in termijnen: *er wordt in Nederland veel op afbetaling gekocht*

afbreuk

* SCHADE, met **aan** (iets): *de slechte afwerking doet afbreuk aan de opzet*

• (iem., iets) ~ doen **in** (iets), aantasten: *iemand afbreuk doen in zijn eer*

afdingen

* EEN LAGERE PRIJS PROBEREN TE BEDINGEN, met **op** (iets): *afdingen op het gevraagde bedrag*

afdoen

* MINDER BELANGRIJK MAKEN, met **aan** (iets): *dat doet niets toe of af aan de zaak*

* ACHTELOOS AFHANDELEN, met **met** (opmerking): *hij deed de zaak af met een dooddoener*

afdracht

* HET DOORGEVEN VAN GEÏNDE GELDEN, met **aan** (iem.): *de afdracht van de opbrengst geschiedt in september*

afdragen

* GEÏNDE GELDEN DOORGEVEN, met **aan** (iem., instelling): *de opbrengst afdragen aan de penningmeester*

affectie

* GEVOEL VAN TEDERHEID, met **voor** (levend wezen, kunstuiting): *ik heb een affectie voor poëzie*

affiliëren

• ~ **aan** of **met** (bedrijf, vereniging e.d.), het aangesloten zijn: *Mozart was geaffilieerd aan de vrijmetselaars*

affiniteit

• ~ **met** (iem., iets), het zich verwant voelen met: *met haar heb ik veel affiniteit; ik heb geen affiniteit met die muziek;* ~ **tot** (stof), geneigdheid van een stof om verbindingen aan te gaan: *zuurstof heeft een grote affiniteit tot ijzer*

afgaan

• ~ **op** (iem., iets), zich richten naar: *je moet meer leren afgaan op je intuïtie*

afgeleid

• ~ **van** (woord e.d.), gevormd uit: *mannequin is afgeleid van manneken*

afgericht

• ~ **in** of **op** (iets), door intensieve training bedreven in: *die valken zijn afgericht op de jacht*

afgeven

* KRITIEK UITEN, met **op** (iem., iets): *zij gaf nogal eens af op haar broer*

• zich ~ **met** (iem.), een dubieuze relatie hebben: *met zo iemand moet je je niet afgeven*

afgezien

• ~ **van** (iets), met uitzondering van: *afgezien van een klein schoonheidsfoutje, verliep de demonstratie vlekkeloos*

afgunst

* JALOEZIE, met **jegens** (iem.): *afgunst jegens de rijken* en/of met **om** (iets): *menigeen voelt afgunst jegens de rijken om hun geld*

afgunstig
* JALOERS, met **jegens** of **op** (iem.) en/of met **om** (iets): *menigeen is afgunstig jegens/op de rijken om hun geld*

afhangen
• ~ **van** (iem., iets), afhankelijk zijn van: *dat hangt af van drie factoren; dat hangt niet van mij af*

afhankelijk
* NIET ZELFSTANDIG, met **van** (iem., iets): *tot 1830 was België afhankelijk van Nederland*
• ~ **van** (iem., iets), 1 (financieel) op anderen aangewezen: *kinderen zijn, tot ze volwassen zijn, afhankelijk van hun ouders; ik wil niet van hem afhankelijk zijn;* 2 afhangend van: *wat ik ga doen is afhankelijk van wat jullie ervan vinden; dat is afhankelijk van drie factoren*

afhelpen
• ~ **van** (iets), bevrijden van: *iemand van een ziekte afhelpen*

afhouden
* (EEN BEDRAG) AFTREKKEN, met **van** (rekening): *drie euro van de nota afhouden*
• ~ **van** (werk e.d.), beletten te doen: *je houdt me van mijn werk af*

afkeer
* AFSCHUW, HEKEL, met **jegens** (iem.) of **van** (iem., iets): *een afkeer jegens de buitenlanders; een afkeer van grote woorden*

afkerig
* EEN AFKEER/HEKEL HEBBEND, met **van** (iem., iets): *afkerig van verspilling*

afketsen
* AFSTUITEN, met **op** (iets): *de kogels ketsten af op het pantser*

afkeuren
* NIET GESCHIKT ACHTEN, met **voor** (iets): *iemand afkeuren voor militaire dienst*
* NIET WAARDEREN, met **in** (iem., iets): *die trek keur ik in hem af*

afknappen
* ALLE WAARDERING VERLIEZEN, met **op** (iem., iets): *hij knapte af op de slechte sfeer*

afkomstig
* KOMEND UIT/VAN , met **uit** (werelddeel, land, stad, taal enz.): *de tabaksplant is afkomstig uit Amerika; dat woord is afkomstig uit het Frans* of met **van** (plaats, object): *hij is afkomstig van een andere plaats; planken zijn afkomstig van bomen*

afkorting
* VERKORTE WEERGAVE VAN EEN WOORD, met **van** of **voor** (heel woord, woordgroep e.d.): *dr. is de afkorting van 'doctor'*

afleggen
• het ~ **tegen** (iem., iets), niet opgewassen zijn: *gezond verstand moet het vaak afleggen tegen demagogie*

afleiden
* (VAN EEN PERSOON) CONCLUDEREN, met **uit** (iets): *uit hun gedrag leid ik af dat er iets bijzonders aan de hand is*

aflezen
* EEN WAARDE VASTSTELLEN, met **van** of **op** (meetinstrument): *de temperatuur aflezen van/op de thermometer*
• ~ **uit** (tabel e.d.), vaststellen: *je kunt uit deze tabel aflezen hoe de bevolking demografisch is samengesteld*

aflopen
• het loopt af **met** hem, hij is stervende; het loopt goed/slecht **met** hem af, hij behoudt het leven resp. sterft geen natuurlijke dood; het loopt goed/slecht **voor** hem af, het berokkent hem geen of weinig, resp. veel schade; **met** een sisser ~, geen onaangename gevolgen hebben, met **voor** (iem.): *het liep voor hem met een sisser af*

afmeten
• ~ **aan** (iets), meten aan de hand van (iets): *aan zijn resultaten kun je zijn inzet afmeten;* ~ **naar** (iets), in overeenstemming brengen: *de straf afmeten naar het vergrijp;* ~ **tegen** (iem., iets), meten door vergelijken: *beider verdiensten tegen elkaar afmeten*

afname
• **bij** ~ **van** (iets), bij het kopen van: *korting bij afname van 10 stuks*

afnemen
* (VAN EEN PERSOON) ONTNEMEN, met **van** (iem.): *dat kun je niet van hem afnemen*
* (VAN EEN PERSOON) KOPEN, met **van** (iem.): *hij neemt 1000 stuks van ons af*
* (VAN EEN ZAAK) MINDER WORDEN, met **met** (percentage e.d.): *de productie nam af met acht procent* en/of **tot** (een waarde): *wanneer de windkracht tot dit soort waarden afneemt is er geen gevaar voor de scheepvaart*

afraken
• ~ **van** (iets), ontwennen: *van het roken afraken*

afreageren
* DOOR EEN REACTIE EEN GEVOEL KWIJT ZIEN TE RAKEN, met **op** (iem., iets): *de tennisser reageerde zijn frustratie af op zijn racket*

afrekenen
* EEN REKENING VEREFFENEN, met **met**

(iem., iets), afstraffen: *met zijn tegenstander afrekenen*
africhten
* INTENSIEF ONDERRICHTEN, met **op**, **voor** of **tot** (iets): *zeeleeuwen africhten op jongleren; leerlingen voor het examen africhten; een hond tot de jacht africhten*
afroep
• **op** ~, indien verzocht te komen/leveren: *veel personeel werkt tegenwoordig op afroep*
afroepen
• (iets, onheil e.d.) **over** zich(zelf) ~, veroorzaken: *onheil over zichzelf afroepen; je hebt het over jezelf afgeroepen*
afronden
* VOLMAKEN, met **op** (getal): *rond maar af op een tientje* of **naar** (+ bijwoord): *naar boven/beneden afronden*
afscheid
* LAATSTE GROET BIJ WEGGAAN, met **van** (iem., iets): *het afscheid van de beursvloer viel hem zwaar; in dat boek neemt de schrijver afscheid van zijn jeugd*
• **tot** of **ten** ~, om afscheid te nemen: *hij kuste haar teder ten afscheid*
afschepen
* (IEM.) WEGSTUREN ZONDER IEMAND (AL) HET GEVRAAGDE TE GEVEN, met **met** (iets): *ze hebben het kind afgescheept met een flauw smoesje*
afschermen
* ISOLEREN, met **tegen** (iets dat ongewenst is): *de Europese markt probeert zich af te schermen tegen Amerikaanse concurrentie* of met **van** (iem., iets): *hij schermt zich helemaal af van de mensen* of met **voor** (iets): *het Westen moet zijn markt niet afschermen voor producten uit de post-communistische landen.*
afschrift
• tekenen **voor** (eensluidend) ~, een kopie waarmerken met een handtekening
afschrijven
* AFBOEKEN, met **van** (rekening), *geld van de rekening afschrijven*
* DE BOEKWAARDE VERLAGEN EN GELD RESERVEREN VOOR VERVANGING, met **op** (zaken): *elk jaar wordt er op de opstallen afgeschreven*
afschrijving
* HET AFSCHRIJVEN, met **op** (iets): *de afschrijving op het machinepark*
afschrik
• ~ **van** (iem., iets), sterke afkeer: *olifanten hebben een afschrik van muizen*

afschrikken
* (IEM., EEN DIER) ERGENS VOOR DOEN TERUGDEINZEN, met **van** (iets): *iemand afschrikken van een misdaad*
afschuiven
* IEMAND IETS ONAANGENAAMS OPDRAGEN, OM HET ZELF NIET TE HOEVEN DOEN, met ~ **op** (iem.): *hij probeerde dat karweitje op mij af te schuiven*
afschuw
* AFKEER, met **van** (iem., iets): *ik heb een afschuw van spinnen*
afslag
• **bij** ~, via een stapsgewijze verlaging van de prijs: *op de veiling worden de producten bij afslag verkocht*
afsluiten
* ONTOEGANKELIJK MAKEN, met **voor** (iem., iets): *de weg is afgesloten voor alle verkeer*
afsnoepen
* ONTNEMEN, met **van** (iem.): *een voordeeltje van iemand afsnoepen*
afspiegeling
* WEERGAVE, met **van** (iets, iem.): *is de Tweede Kamer een afspiegeling van de bevolking?*
afspraak
* AFGESPROKEN TIJD OM IEMAND TE TREFFEN, met **met** (iem.): *hij slaagde erin een afspraak met haar te maken* en/of met **bij** (iem., iets): *een afspraak bij de tandarts*
* OVEREENKOMST, met **over** (iets): *een afspraak over de verdeling*
• **bij** ~: *zij stonden als bij afspraak op en verlieten de vergadering;* **tegen** of **in strijd met** ~: *dat is tegen de afspraak!;* **volgens** (de) ~: *volgens de afspraak zou je vandaag klaar zijn*
afspringen
* AFKETSEN, met **op** (iets): *de onderhandelingen sprongen af op een kleinigheid*
afstaan
* GEVEN OP GROND VAN EEN VERPLICHTING OF UIT GROOTMOEDIGHEID, met **aan** (iem.): *zijn rechten aan iemand afstaan*
afstand
* RUIMTE TUSSEN TWEE PUNTEN, met **tussen** (punt) **en** (punt), **van** (punt) **naar** (punt) of **van** (punt) **tot** (punt): *de afstand tussen Amsterdam en Zaandam; de afstand van Amsterdam naar/tot Zaandam*
• **op** ~, door verantwoordelijkheden te delegeren: *regeren op afstand;* **op** ~ zetten, een achterstand bezorgen: *met een felle tussensprint zette hij al zijn concurrenten op afstand;* **op** een ~ **van**

(lengtemaat), zo ver verwijderd: *op een afstand van 2 kilometer staat een kerkje;* **over** een ~ **van** (lengtemaat), op dat traject: *over een afstand van 2 kilometer is de weg opgebroken;* ~ doen **van** (iem., iets), opgeven: *afstand doen van iets;* ~ nemen **van** (iets), iets (tijdelijk) laten rusten

afstappen

• ~ **van** (iets), afzien van: *afstappen van een plan*

afsteken

∗ CONTRASTEREN, met **bij** (omgeving): *haar jeans en slobbertrui stak erg af bij de nette jurkjes van de andere meisjes* of **tegen** (achtergrond): *de toren steekt kloek af tegen de heldere lucht*

afstemmen

• ~ **op** (iets), 1 (zender, frequentie) instellen: *afstemmen op Radio 1;* 2 (standpunt, werkwijze, plannen e.d.) aanpassen: *het is van belang het inrichtingsplan af te stemmen op de behoeften van de bewoners*

afstevenen

• ~ **op** (iem., iets), recht op (iets) afgaan: *op een mislukking afstevenen*

afstuderen

∗ EEN STUDIE SUCCESVOL AFSLUITEN, met **in** (specialisatie): *zij is afgestudeerd in de sociale wetenschappen* en/of met **aan** (instelling): *zij studeerde af aan de TU* en/of met **op** (onderwerp): *zij studeerde af op het onderwerp new age* en/of **als** (specialist): *in Rotterdam studeerde hij af als econoom*

afstuiten

∗ AFKETSEN, met **op** (iets): *de onderhandelingen stuitten af op onwil van de andere partij*

aftekenen

zich ~, contrasteren, met **tegen** (iets): *de toren tekende zich af tegen de hemel*

aftrap

∗ EERSTE TRAP IN EEN VOETBALWEDSTRIJD OF ACTIE, met **voor** (iets): *deze advertentie is de aftrap voor onze nieuwe reclamecampagne*

aftrek

• **met** ~, met een vermindering gelijk aan het voorarrest: *twee jaar met aftrek;* **na** ~ **van** (iets), met een vermindering van: *na aftrek van het voorschot;* **onder** ~ **van:** *onder aftrek van reeds uitgekeerde voorschotten*

aftroeven

∗ DE BAAS ZIJN, met **op** (iets): *De Graafschap troefde PSV af op gretigheid*

afvaardigen

∗ ALS VERTEGENWOORDIGER STUREN, met **naar** (iets): *iemand afvaardigen naar een conferentie*

afvallen

• ~ **van** (iets), (een geloof, overtuiging) verloochenen: *hij is van zijn geloof afgevallen*

afvallig

∗ ONTROUW, met **van** (iem.): *afvallig van de koning* of **aan** (beweging, geloof): *afvallig aan zijn geloof*

afvoeren

∗ VERWIJDEREN, met **van** (lijst e.d.), als lid van een lijst schrappen: *twee leden zijn van de lijst afgevoerd*

afvuren

∗ SCHOT(EN) LOSSEN, AFSCHIETEN, met **op** iem., iets) *de Hezbollah vuurde twee raketten af op Noord-Israël*

• vragen ~ **op** (iem.), in hoog tempo (vragen) stellen aan: *de reporters stonden al klaar om hun vragen op hem af te vuren*

afwachting

• **in** ~ **van** (iets), wachtend op: *we doodden de tijd in afwachting van nadere berichten*

afweer

∗ VERDEDIGING, met **tegen** (iets): *het lichaam heeft een natuurlijke afweer tegen ziektekiemen*

afwegen

∗ HET GEWICHT VASTSTELLEN, met **tegen** (iets), vergelijkenderwijs analyseren: *we moeten de belangen tegen elkaar afwegen*

afwentelen

∗ DE (ONAANGENAME) GEVOLGEN OVERDRAGEN, met **op** (iem., iets): *de kosten worden weer eens afgewenteld op de arme belastingbetaler*

afwezig

∗ ER ZICH NIET BEVINDEND, met **bij** (iem., instelling): *rivaliteit is bij Ajax afwezig* of met **in** (proces, wedstrijdronde enz.): *de verdachte was om gezondheidsredenen afwezig in de laatste ronde van de fraudezaak* of met **op** (tentoonstelling, kapitaalmarkt enz.): *deze galerie was afwezig op de jaarlijkse tentoonstelling*

afwijken

∗ VERSCHILLEN, met **van** (iem., iets): *ze verschillen enorm van elkaar* en/of met **in** (iets): *ze verschillen enorm in karakter*

afwijking

∗ VERSCHIL, met **van** (iets): *het fascisme is lange tijd beschouwd als een on-*

verklaarbare afwijking van de beschaving; een afwijking van de trend
• **in** ~ **van** (iets), in tegenstelling tot: *in afwijking van wat is aangekondigd, volgt nu de pauze*

afwisselen
* STEEDS VERRUILEN, met **met** (iets): *werk afwisselen met vermaak*

afwikkelen
* (BRIDGEN, SCHAAKSPORT) HET SPEL VERDER AFWERKEN, met **naar** (resultaat): *Van der Sterren wikkelde rustig af naar een eindspel waarin weinig viel te beleven*

afwisseling
• **ter** ~ of **voor** de ~, voor de verandering: *laten we ter afwisseling/voor de afwisseling eens gaan werken*

afzeggen
* LATEN WETEN DAT MEN NIET AANWEZIG KAN ZIJN, met **voor** (afspraak e.d.): *helaas heb ik voor die bijeenkomst moeten afzeggen*

afzet
* VERKOOP EN LEVERING, met **van** (iets) en/of met **naar** (regio, land): *de afzet van onze producten naar Duitsland* of met **op** (buitenlandse markt): *de afzet van onze producten op de Amerikaanse markt*

afzetten
* TE VEEL LATEN BETALEN, met **voor** (bedrag): *de man heeft me voor vijf euro afgezet*
* ONTSLAAN, met **uit** (functie): *iemand afzetten uit zijn ambt*
• zich ~ **tegen** (iem.), op onplezierige wijze afstand nemen: *zij zet zich steeds tegen haar zusje af*

afzien
• ~ **van** (iets), niet vasthouden aan: *afzien van een plan*

afzonderen
* SCHEIDEN, met **van** (iem., dier, zaak): *een stof afzonderen van een oplossing*

agent
* VERTEGENWOORDIGER, met **voor** (bedrijf): *een agent voor Volkswagen* of met **voor** (land, regio): *een agent voor de Benelux*

agentuur
• een ~ **in** (product), (handels)vertegenwoordiging: *een agentuur in koffie*

ageren
* ACTIE VOEREN, met **voor** (doel): *de vakbeweging ageerde voor betere voorwaarden* of **tegen** (iem., iets): *de oppositie ageerde heftig tegen het wetsvoorstel*

agressie
* VIJANDIGE HOUDING OF HANDELING, met **jegens** (iem.) of **tegen(over)** (iem., iets): *de agressie van deze jongeren tegen(over) de samenleving uit zich in talloze vernielingen*

akkoord
* OVEREENKOMST, met **met** (iem.): *A. sloot een akkoord met B.* of **tussen** (partijen): *er is tussen de partijen een akkoord bereikt* en/of met **over** (iets): *een akkoord over de graanprijzen*
• het **op** een akkoordje gooien, een dubieuze overeenkomst sluiten; **voor** ~ tekenen, door een handtekening fiatteren
• ~ gaan/zijn **met** (iets), het ergens mee eens zijn: *ik ga akkoord met het laatste voorstel*

akte
* LESBEVOEGDHEID, met **voor** (vak): *hij haalde een akte voor Spaans*

alarm
• ~ slaan, met **over** (iets): *de vakbond sloeg alarm over het dreigende verlies van 1300 banen*

alfabet
• **op** ~ sorteren/opbergen/leggen/vinden: *brieven op alfabet opbergen;* **volgens** ~ ordenen: *de gegevens zijn volgens alfabet geordend*

algemeen
• **in** het ~, zonder op details te letten; **over** het ~, meestal, doorgaans

algemeenheid
• **in** zijn ~, over het geheel genomen: *in zijn algemeenheid is zijn stelling wel correct*

alert
* OPLETTEND, met **op** (iets): *alert op problemen*

alledag
• **op** ~ lopen, op ieder moment kunnen gaan bevallen; mensen **van** ~, mensen die ieder moment dood kunnen gaan

allegorie
* SYMBOLISCHE VOORSTELLING, met **van**, **op** of **over** (iets): *Janus met de twee gezichten is een allegorie van het oude en het nieuwe jaar*

allergie
* AFWEERREACTIE, met **voor** (levend wezen, iets): *een allergie voor stuifmeel*

allergisch
* LIJDEND AAN EEN ALLERGIE, met **voor** (levend wezen, iets): *ik ben allergisch voor mannen*

allerijl
• **in** ~, in grote haast: *zij vertrok in allerijl*

alliantie
* VERBOND, met **van** en **en**, of met **tussen**

(landen), of met **van** (land) en **met** (land): *de alliantie van Duitsland en Italië; de alliantie tussen Duitsland en Italië; de alliantie van Duitsland met Italië*

allure

• (iets) **met** ~ doen, (iets) groots aanpakken: *zij verrichte haar taak met allure*; (iem., werk e.d.) **van** ~, met grote kwaliteiten: *het nieuwe stadhuis is een werk van grote allure*

allusie

* TOESPELING, met **op** (iets): *hij maakte een allusie op een conflict van enkele jaren geleden*

alternatief

* ANDERE MOGELIJKHEID, met **voor** (iem., iets): *een milieuvriendelijk alternatief voor benzine*

• (iem.) **voor** een ~ stellen, iemand een andere mogelijkheid bieden

ambassadeur

* HOOGSTE VERTEGENWOORDIGER VAN EEN LAND, met **van** (land) en/of met **in** (gastland) of **bij** (instelling): *onze ambassadeur in de Verenigde Staten; de ambassadeur van Frankrijk bij de Heilige Stoel*

ambitie

* DE WIL IETS TE BEREIKEN, met **voor** of **tot** (iets): *zij heeft veel ambitie voor dit vak* of met **(om) te** (+ onbep. wijs): *de ambitie om kunstenaar te worden*

amendement

* VOORSTEL TOT WIJZIGING, met **op** (wetsontwerp o.i.d.): *een amendement op de ontwerp-tekst werd verworpen*

• **bij** ~, door een amendement: *bij amendement werd bepaald dat ...*

analogie

* OVEREENKOMST, met **met** (iets): *de analogie met vorige gevallen is treffend* of met **tussen** (zaken): *de analogie tussen deze werkwoordsvormen is duidelijk*

• **naar** ~ **van** (iem., iets), op grond van overeenkomst: *'wordt' krijgt hier een 't' naar analogie van 'werkt'.*

analoog

* OVEREENKOMSTIG, met **aan** of **met** (iets): *analoog hieraan kunnen wij stellen dat ...*

angst

* GROTE VREES, met **voor** (iem., iets): *angst voor repercussies* of **(om) te** (+ onbep. wijs): *de angst om te veel op te vallen*

animo

* GEESTDRIFT, met **tot** (iets): *de animo tot werken* of met **voor** (iets): *de animo voor hockey is gering* of met **(om) te** (+ onbep. wijs): *er was bij politici weinig animo om de bijstandsfraude aan te pakken*

anker

• **voor** ~ gaan/liggen: *tegen de avond gingen wij voor anker*

annex

• ~ **aan** (iets), liggend tegen: *de opslagruimte is annex aan het bedrijfsgebouw*

antenne

• **op** de ~ gaan, worden uitgezonden: *het programma gaat live op de antenne*

• een ~ **voor** (iets) hebben, goed relationele of situationele signalen kunnen opvangen: *voor dit soort onderhuidse spanningen heeft zij een speciale antenne*

anticiperen

* VOORUITLOPEN, met **op** (iets): *anticiperen op toekomstige wetgeving*

antipathie

* AFKEER, met **tegen** (iem., iets): *een antipathie tegen profiteurs koesteren*

antwoord

* REACTIE OP EEN VRAAG OF SITUATIE, met **op** (vraag, situatie): *een creatief antwoord op de problemen*

• **in** ~ **op** (brief, e.d.): *in antwoord op uw schrijven;* **ten** of **tot** ~, als antwoord

antwoorden

* REAGEREN OP EEN VRAAG OF SITUATIE, met **op** (vraag, situatie): *helaas kan ik niet direct antwoorden op uw vraag* en/of met **met** (iets): *de vakbeweging antwoordde met harde acties*

appel

* BEROEP OP, met **aan** of **op** (iemands eigenschappen): *reclame doet nogal eens een appel aan de hebzucht van de mensen*

* VERZOEK OM IETS TE BEREIKEN, met **voor** (iets): *een appel voor vrede*

• **in** ~ gaan, in beroep gaan; **onder** ~ staan, (van een hond) gehoorzaam zijn; **op** het ~ verschijnen/komen/ontbreken/staan, zich met de groep melden ter controle van de aanwezigheid; **op** ~ **van** (iem.), op aangeven dat een overtreding is begaan: *op appel van de grensrechter floot de scheidsrechter voor buitenspel;* een uitspraak **zonder** ~, waarbij geen beroep mogelijk is

• een ~ **voor** (overtreding, zaak), het aangeven dat een overtreding is begaan: *een appel voor hands*

appelleren

• ~ **aan** (gevoel, besef), een beroep doen op: *appelleren aan iemands ver-*

antwoordelijkheidsgevoel; ~ **voor** (overtreding) en/of met **bij** (iem.), aangeven dat een overtreding is begaan: *de spelers appelleerden bij de scheidsrechter voor hands*

applaudisseren

* DOOR HANDGEKLAP BIJVAL BETUIGEN, met **voor** (iem., iets): *het publiek applaudisseerde voor de schitterende solopartijen*

architectuur

• **onder** ~, speciaal door een architect ontworpen: *dat huis is onder architectuur gebouwd*

argument

* BEWIJSGROND, met **voor** of **tegen** (iets): *ik zocht naarstig naar een argument voor/tegen deze stelling*

* BEWEEGREDEN, met **om te** (+ onbep. wijs): *ik vind dat een argument om met hen in zee te gaan*

arm <zn>

• **in** de ~ nemen, iemands hulp inroepen

arm <bn>

* ZONDER VEEL BEZIT, met **aan** (iets): *arm aan bezittingen*

arme <zn>

• **van** de ~n, uiterst sober: *van de armen begraven worden; het gaat hier van de armen*

armoede

* GEBREK, met **aan** (iets): *ik heb armoede aan geld; armoede aan ideeën*

arrest

• **bij** ~ **van** (datum), bij de uitspraak van: *bij arrest van 20 december is bepaald dat ...;* **in** ~ nemen/zitten, gevangen nemen/zitten; **onder** ~ staan, gevangen zijn

arresteren

* IN HECHTENIS NEMEN, met **wegens** (misdrijf): *hij werd gearresteerd wegens openbare geweldpleging* of met **op beschuldiging van** (misdrijf): *de politie arresteerde hem op beschuldiging van lokaalvredebreuk*

aspect

* GEZICHTSHOEK, met **van** (iets): *over dit aspect van het probleem moet nog worden nagedacht*

* VOORUITZICHT, met **voor** (iets): *een gunstig aspect voor de onderneming*

• (iets) **onder** (een bepaald) ~ bekijken, vanuit een bepaalde hoek: *bekijk de zaak nu eens onder dít aspect*

aspiratie

* DE WIL IETS TE BEREIKEN, met **naar** (iets): *de aspiratie naar steeds hoger* of met **tot** (handeling): *de aspiratie tot winnen* of met **(om) te** (+ onbep. wijs): *de aspiratie om te winnen*

assimileren

* zich ~, zich aanpassen, met **aan** (groep): *de nieuwkomers moeten zich assimileren aan de oorspronkelijke bewoners*

assisteren

* HELPEN, met **bij** (werkzaamheid): *iemand assisteren bij de montage*

assistentie

• **ter** ~, om te helpen, met **bij** (iets): *drie wagens rukten uit ter assistentie (bij het ongeval)*

associatie

* ZAKELIJKE BAND, met **met** (iem., instelling): *firma X. gaat een associatie aan met firma Y.* of met **tussen** (partijen): *een associatie tussen firma X. en firma Y.*

associëren

* zich ~, een zakelijk band aangaan/een band voelen, met **met** (iem., instelling): *notaris X. associeert zich met notaris Y.; hij associeerde zich altijd graag met die stroming*

• ~ **met** (iets), doen denken aan: *harde knallen associeer ik met de oorlog*

assortiment

* KEUR (AAN GOEDEREN), met **in** of **van** (soort goederen): *een groot assortiment in lampenkappen*

asymmetrisch

* SPIEGELBEELDIG ONGELIJK, met **ten opzichte van** (iets): *de torens staan asymmetrisch ten opzichte van de as van het plein*

attacheren

• ~ **aan** (vertegenwoordiging), verbinden: *hij is geattacheerd aan de Franse ambassade*

attenderen

• ~ **op** (iem., iets), de aandacht vestigen: *mag ik u attenderen op een kleine ongerechtigheid?*

attent

* VOORKOMEND, met **voor** of **jegens** (iem.): *hij was bijzonder attent voor haar*

* OPMERKZAAM, met **op** (iem., iets): *het bestuur attent maken op een kandidaat*

attentie

* AANDACHT, met **voor** (iem., iets): mag ik uw attentie voor een programmawijziging?

• **ter** ~ **van** (iem.), bestemd voor: *een brief ter attentie van (t.a.v.) de directie*

attest

* VERKLARING, met **van** (iets): *een attest*

van onvermogen
• **op** ~ **van** (iem.), door een verklaring van: *op attest van de dokter/doktersattest*

audiëntie
• **op** ~, op een officiële ontvangst, met **bij** (iem.): *ik ben bij de paus op audiëntie geweest;* **in** ~ ontvangen: *de koningin ontving de ambassadeur in audiëntie*

auspiciën
• **onder** ~ **van** (iem., instelling), onder beschermend toezicht van: *een uitvoering onder auspiciën van de plaatselijke kunstkring*

autorisatie
∗ MACHTIGING, met **tot** (iets): *een autorisatie tot tekenen namens de firma*

autoriseren
∗ MACHTIGEN, met **tot** (iets), machtigen: *iemand autoriseren tot tekenen namens de firma*

avances
• ~ maken, proberen een erotisch contact te leggen, met **naar** (iem.): *zij maakte avances naar de skileraar*

aversie
∗ AFKEER, met **tegen** of **van** (iem., iets): *een aversie van voorschriften en regeltjes* of met **jegens** (iem.): *hij koesterde een sterke aversie jegens zijn opponent*

avond
• **bij** ~, tijdens de avond: *bij avond kan het hier heerlijk koel zijn;* **van**~, deze avond

azen
• ~ **op** (iets), (met aas) proberen te vangen/bemachtigen: *ik aas op karper; azen op een erfenis*

B

baan
• in de (rangtelnummer) ~: *zij start in de tweede baan;* **in** goede banen leiden, correct laten verlopen: *de voorzitter probeerde de discussie in goede banen te leiden;* **in** andere banen leiden, een andere wending geven: *we moeten het gesprek in andere banen zien te leiden;* **op** de korte/lange ~: *wedstrijden op de korte baan;* **op** de ~ zijn, onderweg zijn: *die vertegenwoordiger is steeds op de baan;* (iets) **op** de lange ~ schuiven, uitstellen: *de beslissing werd op de lange baan geschoven;* **van** de ~ zijn, niet doorgaan: *de fusie is definitief van de baan*

baas
∗ CHEF, met **van** of **over** (iem., groep, bedrijf e.d.): *de baas van de afdeling;* de ~ spelen, zich het meest doen gelden, met **over** (iem.): *de baas spelen over zijn vrienden;* (iem.) de ~ zijn/blijven, overtreffen, met **in** (iets): *in organisatorisch opzicht is hij me de baas*
• een ~ zijn **in** (iets), goed zijn: *hij is een baas in schaatsen*

baat
• **te** ~ nemen, gebruiken: *hij nam de gelegenheid te baat om zijn ergernis te uiten;* **ten** bate **van** (iem., iets)/**ten** eigen bate, ten voordele van: *een actie ten bate van de roeivereniging*
• ~ vinden **bij** (geneesmiddel, leefwijze e.d.), geholpen worden: *zij vindt veel baat bij dit dieet;* ~ hebben **van** (handeling, beleid e.d.), in een betere situatie komen: *het concern had veel baat van de rigoureuze reorganisatie*

baden
• ~ **in** (weelde e.d.), uitgebreid genieten van: *baden in luxe*

bak
• **aan** de ~ mogen/komen, een actieve rol (mogen) spelen: *de reservespeler mocht het laatste kwartier toch nog aan de bak komen*

bakboord
• **aan** ~, aan de linkerkant van een vaartuig: *bij de Grieken zat het roer aan bakboord;* **over** ~ liggen, met de wind aan stuurboord wegdrijven

bakken
• er niets **van** ~, tot geen enkel bevredigend resultaat komen: *laat maar, je bakt er niets van*

bakker
• **voor** de ~, in orde: *dat is voor de bakker!*
bal
• **aan** de ~ zijn, bij het spel de bal hebben
• er geen ~ **van** weten/begrijpen, niets weten/begrijpen van: *ik weet geen bal van informatica*
balanceren
* ZICH IN EVENWICHT PROBEREN TE HOUDEN, met **op** (iets): *op het slappe koord balanceren*
• ~ **tussen** twee meningen, niet weten te kiezen
balans
• **in** ~, in evenwicht; **op** de ~ staan, voorkomen op de balans, met **voor** (bedrag): *de auto staat nog voor €4500,- op de balans*
• de ~ opmaken **van** (iets), beoordelen op sterke en zwakke kanten: *de balans opmaken van een tijdperk*
balen
* GENOEG HEBBEN, met **van** (iem., iets): *hij baalde van het slechte weer; zij baalt van Piet*
balie
• **binnen** de ~, onder de rechters: *de affaire zorgde voor onrust binnen de balie;* **voor** de ~; voor de rechter(s)
balk
• geld **over** de ~ gooien, nutteloos uitgeven: *volgens menigeen gooit de regering geld over de balk;* dat mag wel **aan** de ~ (geschreven), dat is heel ongewoon
ballast
• **in** ~ varen/liggen, zonder lading varen/liggen; **op** ~ liggen, zonder lading liggen; (iem., iets) **voor** ~ meenemen, zonder betaling meenemen
ballen <zn>
• er de ~ **van** begrijpen/snappen, niets weten/begrijpen van: *ik snap de ballen van informatica*
balletje
• een ~ opgooien **over** (iets), iets terloops aanroeren om de opinie te peilen: *morgen zal ik er een balletje over opgooien*
ballotage
* HET STEMMEN OVER IEMANDS TOELATING, met **over** (iem.): *een commissie voor de ballotage over nieuwe leden*
balloteren
* STEMMEN OVER IEMANDS TOELATING, met **over** (iem.): *over nieuwe leden wordt geballoteerd door een speciale commissie*

ban
• **in** de ~ doen, uitstoten; de ~ uitspreken **over** (iem.): maatschappelijk of kerkelijk uitsluiten: *de Kerk sprak de ban over hem uit;* **in** of **onder** de ~ **van** (iem., iets) zijn, betoverd zijn van: *'In de Ban van de Ring'*
band
* GOEDE RELATIE TUSSEN PERSONEN, met **met** (iem.): *een sterke band met elkaar hebben* of met **tussen** (personen): *de band tussen hen was niet bepaald innig*
• **aan** de lopende ~, voortdurend; **aan** banden leggen, beteugelen; **door** de ~, gemiddeld; **over** de ~ spelen, een carambole maken met behulp van de rand; **onder** de ~ liggen, vastliggen tegen de band; **op** de losse ~ spelen, via de rand een carambole maken; **uit** de ~ springen, zich laten gaan
bang
* ANGSTIG, met **voor** (iem., iets, dier): *hij is bang voor honden* of **(om) te** (+ onbep. wijs): *bang zijn om iemand te verliezen*
• niet ~ zijn **om te** (+ onbep. wijs), niet schromen: *hij is niet bang om geweld te gebruiken*
banier
• **onder** zijn ~, onder zijn leiding: *hij wist alle partijen onder zijn banier te verenigen*
bank
• **aan** de ~ staan, bankwerker zijn; **achter** de ~ gooien, verspillen; een rekening **bij** een ~ hebben, beschikken over een bankrekening; **door** de ~ (genomen), gemiddeld: *door de bank zijn het er niet meer dan vijftien;* **op** de ~ zitten, reservespeler zijn; **op** de ~ staan, op een bankrekening staan; **op** de ~ hebben (staan), geld hebben op een bankrekening: *hoeveel heb je nog op de bank (staan)?* **van** de ~ drinken, het winnen van iem. met drinken
• de ~ **van** lening, het pandjeshuis
bankroet
* HET HOPELOOS FALEN, met **van** (iets): *het bankroet van het communisme*
bannen
• ~ **uit** (gebied e.d.), in ballingschap doen gaan: *iemand uit het land bannen*
banvloek
• de ~ uitspreken **over** (iem.): excommuniceren: *de Kerk sprak de banvloek over hem uit*
bar
• **aan** de ~, aan de tap(kast): *consumpties aan de bar kosten in Frankrijk minder*

barrels
• **aan** ~, helemaal stuk: *ik heb mijn brommer aan barrels gereden*
barsten
• **tot** barstens **toe** vol/gevuld, boordevol: *tot barstens toe gevuld met eetwaar;* **te** ~, stuk: *nou is mijn klokje te barsten*
• ~ **uit** (huid, kledingstuk), te dik worden/zijn voor: *zij barst zowat uit haar rok;* ~ **van** (iets), 1 in overvloed hebben: *we barsten van het fruit;* 2 in overvloed aanwezig zijn: *het barst hier van de muggen*
baseren
• ~ **op** (iets), (een mening) doen steunen op argumenten e.d.: *waarop baseer je dat?* zich ~ **op** (iets), zijn mening laten steunen op argumenten e.d.: *waarop baseer je je?*
basis
* UITGANGSPUNT, met **voor** (iets): *een basis voor verdere onderhandelingen*
• **aan** de ~, onderaan: *werken aan de basis*, werken voor/met mensen uit de lagere sociale klassen; **op** ~ **van** (gegevens e.d.), uitgaande van: *ik concludeer dat op basis van de mij beschikbare gegevens;* **op** brede ~, waarin meer partijen zijn vertegenwoordigd dan strikt nodig is: *een kabinet op brede basis;* **op** ~ **van** (stof), met als hoofdingrediënt: *een saus op basis van yoghurt*
bate zie **baat**
beantwoorden
• ~ **aan** (iets), overeenstemmen met: *het resultaat beantwoordt niet aan onze verwachtingen*
beantwoording
• **ter** ~, als antwoord, met **van** (iets): *ter beantwoording van uw vraag kan ik u meedelen dat ...*
bed
• **naar** ~ gaan, gaan slapen; **naar** ~ gaan **met** (iem.), gemeenschap hebben; **in** het ~ zijn/liggen, in het kraambed liggen; **op** ~ liggen, ziek zijn; een kind **van** het eerste ~, uit het eerste huwelijk; een kind **van** het echte ~, een wettig kind
bedacht
• ~ **op** (iets), 1 rekening houdend met: *bedacht zijn op tegenslagen;* 2 (iets) van plan: *op voordeel bedacht zijn*
bedanken
* ZIJN DANK BETUIGEN, met **voor** (iets): *iemand bedanken voor een cadeau*
• ~ **als** (functie), niet langer (functie) willen zijn: *na dit conflict bedankte hij als voorzitter;* ~ **voor** (iets), 1 weigeren te doen: *daar bedank ik voor;* 2 opzeggen: *bedanken voor een krant;* 3 niet willen accepteren: *bedanken voor een aanbod; ik bedank voor de eer*
bede
* SMEKEND GEUITE WENS, met **om** (iets): *een bede om hulp*
• (iets) bezitten **ter** bede, tot wederopzegging
bedelen [bedelen]
* NEDERIG OM IETS VERZOEKEN, met **om** (iets): *bedelen om een aalmoes*
bedelen [bedelen]
• ~ **met** (iets), schenken: *zij zijn ruim met goederen bedeeld*
bedeling [bedeling]
• **in** of **onder** de ~ zijn, steun trekken; **onder** de oude bedeling, conform de oude regeling
• **onder** de oude bedeling, onder het Oude Testament; **van** de ~, van een uitkering: *we leven/het gaat hier niet van de bedeling*, we kunnen het best betalen
bedelven
• ~ **onder** (iets), overstelpen met: *zij werd bedolven onder presentjes; de vijand bedolf hen onder granaten*
bedenken
• ~ **met** (iets), schenken: *iemand met een mooi cadeau bedenken*
bedenking
* BEZWAAR, met **tegen** of **over** (iem., iets): *bedenkingen tegen de gevolgde methode*
• **boven** elke ~, zonder enige twijfel
bederven
• ~ **aan** (iem., iets), stuk maken: *ga jij je gang maar. Hier kun je toch niets meer aan bederven*
bedienen
• (een sacrament) ~ **aan** (iem.): *de doop bedienen aan een kind*, dopen; zich ~ **van** (iem., iets), gebruik maken van: *zich bedienen van grove middelen; zich van iemand bedienen om een doel te bereiken*
beding
• **onder** ~ **van** (iets), op voorwaarde van; **onder** één ~, op een absolute voorwaarde; **onder** geen ~, absoluut niet: *hij wilde onder geen beding meewerken aan fraude*
bedingen
* (ALS VOORWAARDE) AFSPREKEN, met **bij** (iets): *dat is er niet bij bedongen*, daar heb ik niet op gerekend; of met **bij** (iem.): *hij wist gunstiger arbeidsvoorwaarden te bedingen bij zijn werkgever*

bedoelen
* MET WOORDEN AANDUIDEN, met **met** (iets): *wat bedoelt u daarmee?*
• het goed ~ **met** (iem.): het goed menen: *zij bedoelt het goed met je;* ~ **voor** (iem., iets), bestemmen voor: *die opmerking is voor mij bedoeld*

bedoeling
• **met** de ~, met als doel: *zij zei dat met de bedoeling hem uit zijn tent te lokken;* het ligt **in** de ~, de opzet/het plan is ...

bedrag
* SOM GELD, met **van** (hoeveelheid): *een bedrag van € 1000,-* en/of met **aan** (valuta e.d.): *een bedrag van € 1000,- aan dollars*
• **ten** bedrage **van** (bedrag), voor een bedrag van: *de abonnementsprijs ten bedrage van € 60,-;* **tot** een ~ **van** (bedrag), met (bedrag) als maximum: *u mag tot een bedrag van € 5000,- zelf houden;* **voor** een ~ **van** (bedrag), ter waarde van: *hij kocht aandelen voor een bedrag van een ton*

bedrage zie **bedrag**

bedreiging
• **onder** ~, terwijl men bedreigd wordt, met **met** (wapen e.d.): *onder bedreiging met een stiletto gaf hij zijn portemonnee af*

bedreven
• ~ **in** (iets), vaardig/handig in: *hij is zeer bedreven in de jacht*

bedrevenheid
• ~ **in** (iets), vaardigheid/handigheid in: *zijn bedrevenheid in het jeu de boules is opmerkelijk*

bedrijf
• **in** of **buiten** ~, (niet) in werking: *de machine is nu in/buiten bedrijf;* **tussen** of **onder** de bedrijven (**door**), tussen andere bezigheden: *tussen de bedrijven door schreef hij nog even een boek*

bedrinken
* zich ~, te veel alcoholische drank nuttigen, met **aan** (drank): *hij bedronk zich aan de jenever*

bedroefd
* VERDRIETIG, met **om** of **over** (iets): *hij was bedroefd om het aangedane onrecht*

bedrogen
• ~ uitkomen, teleurgesteld worden, met **in** of **met** (iets): *daarin kwamen ze bedrogen uit*

bedruipen
• zich ~ **van** (inkomsten), rond komen: *van de opbrengst kan hij zich bedruipen*

beducht
• ~ **voor** (iem., iets), bang voor: *beducht zijn voor straf; beducht voor zijn vader*

beduchtheid
• ~ **voor** (iem., iets), het bang zijn voor: *beduchtheid voor straf; beduchtheid voor de rechter*

bedwang
• **in** ~ hebben/houden, onder controle hebben/houden: *hij hield zijn zenuwen in bedwang*

beeld
* VOORSTELLING DIE MEN ZICH MAAKT, met **van** (iem., iets): *hij probeerde zich een beeld te vormen van de situatie*
• **in** of **buiten** ~, (on)zichtbaar op bioscoop-/televisiescherm: *zij kusten elkaar als ze in beeld waren, maar daarbuiten stonden ze elkaar naar het leven;* **in** ~ zijn voor (functie), een kans maken (functie) te worden: *zij is in beeld voor wethouder*

been
• **door** merg en ~, door alles heendringend: *de kreet ging door merg en been;* **in** merg en ~, door en door: *zij is kunstenares in merg en been;* geen ~ zien **in** (iets), geen bezwaar in (iets) zien: *hij zag er geen been in om bedrog te plegen;* **in** de benen, overeind: *kom op, jongens, in de benen!* **op** de ~, overeind, niet ziek: *hij is weer op de been;* een leger **op** de ~ brengen, een leger uitrusten; goed/slecht **ter** ~, goed/slecht kunnende lopen: *oma is nog goed ter been*

beest
• **als** een ~, mensonwaardig; **bij** de beesten **af**, te gek om los te lopen: *het is bij de beesten af dat hij vrijuit gaat*

befaamd
* BEROEMD, met **door**, **om**, **wegens** of **vanwege** (iem., iets): *de stad is beroemd om haar monumenten*

begaafd
• ~ **met** (eigenschap), in het bezit van: *hij was begaafd met een goed verstand*

begaan
• ~ **met** (iem., iets), medelijden voelend met: *ik ben zeer met haar begaan; met iemands rampspoed begaan zijn*

begeerte
* VERLANGEN, met **naar** (iets): *begeerte naar rijkdom, naar mooie vrouwen*

begeleiden
* VOOR MUZIKALE ONDERSTEUNING ZORGEN, met **op** (instrument): *u hoort violist X., op de piano begeleid door Y.*

begeleiding
• **onder** ~, begeleid wordende, met **van** (iem.): *kinderen onder begeleiding (van een volwassene) half geld*

begerig
* VOL VERLANGEN, met **naar** (iets): *begerig naar rijkdom*

begeven
• zich ~ **in** (een situatie, gebied e.d.): *hij begaf zich in onoorbare praktijken;* zich ~ **naar** (een plaats): *het schip begaf zich naar de Perzische Golf;* zich ~ **op** (een markt, op het land): *een aantal westerse bedrijven hebben zich op de Russische oliemarkt begeven; sommige waterdieren begaven zich op het land om voedsel te zoeken*; zich **ter** ruste begeven, gaan slapen

begiftigd
• ~ **met** (eigenschap), in het bezit van: *begiftigd met een heldere geest*

begiftigen
• ~ **met** (iets), schenken: *iemand begiftigen met een geldsom*

begin
* EERSTE DEEL VAN IETS, met **van:** *het begin van de zomer*
• **in** den beginne/het begin: *in den beginne was het Woord;* **van** het ~ **af** (**aan**), meteen al bij het begin: *van het begin af rustte er geen zegen op de onderneming*
• een ~ maken **met** (iets): ergens mee beginnen

beginnen
* EERSTE DEEL VORMEN VAN EEN ACTIVITEIT, met **met** (iets): *de vergadering begon met gebed*
* HET EERSTE DEEL VAN EEN ACTIVITEIT TER HAND NEMEN, met **met** (activiteit) of **te** (+ onbep. wijs): *we beginnen met de aanleg van een park; ben je al begonnen met schrijven?*
* DE EERSTE HANDELINGEN VERRICHTEN DIE LEIDEN TOT EEN PRODUCT OF CONCREET RESULTAAT, met **aan** (boek, muziekstuk e.d.): *morgen begint hij aan het volgende hoofdstuk; het schip begon aan zijn proefvaart*
• **te** ~ **met** (iem., iets), met die persoon of zaak als eerste: *de kernwapens de wereld uit, te beginnen met Nederland*
• er is geen ~ **aan**, dat is een onmogelijke opgave; ~ **bij** (punt), beginnen vanaf: *we beginnen bij hoofdstuk drie;* ~ **met** (iem., iets), 1 weten wat te doen: *met dit gegeven kan ik iets beginnen;* 2 kiezen als eerste activiteit: *vandaag beginnen we met statistiek;* ~ **over** (iem., iets), beginnen te praten over: *hij begon plotseling over een ander onderwerp*

beginsel
• **in** ~, in principe: *in beginsel heb je gelijk*

begraven
• zich ~ **in** (iets), zich verdiepen in: *hij begroef zich in een stapel dossiers*

begrepen
• ~ zijn **in** (getal), (getal) maal gaan in: *drie is viermaal in twaalf begrepen;* ~ worden **onder** (iets); bedoeld worden met: *wat wordt daaronder begrepen?* ~ zijn **onder** of **in** (iets), deel uitmaken van: *de kosten zijn daaronder begrepen;* het **op** (iem.) ~ hebben, het gemunt hebben op; *hij heeft het op mij begrepen;* het niet **op** (iem., iets) ~ hebben, geen vertrouwen hebben: *ik heb het niet op hem begrepen*

begrijpen
* BEVATTEN, met **van** (iem.), opmaken uit iemands woorden: *ik begrijp van Piet dat je morgen niet komt*

begrip
* HET KUNNEN AANVOELEN, met **voor** (iem., iets): *hij heeft daar wel begrip voor*
• geen/weinig ~ hebben **van** (iets), geen benul hebben van: *van wiskunde heeft hij geen enkel begrip*

begroeten
• ~ **als** (iem., iets), vol waardering verwelkomen als: *de bevolking begroette de Amerikanen als bevrijders;* ~ **in** (iem., iets) (iem., iets), vol waardering constateren dat iemand (iets) is: *ik begroet in de heer P. een warm verdediger van onze idealen*

begroten
* (TOEKOMSTIGE ONKOSTEN EN UITGAVEN) SCHATTEN, met **op** (bedrag): *de kosten worden begroot op 3 miljoen euro*

begunstigen
* STEUNEN, met **met** (iets): *een instelling begunstigen met een toelage* en/of met **boven** (iem., instelling): *iemand begunstigen boven een ander*

behagen
• ~ scheppen/vinden **in** (iem., iets.), plezier hebben in: *behagen scheppen in een schaakwedstrijd*

behandelen
* MEDISCH VERZORGEN, met **voor** (ziekte): *iemand behandelen voor een longontsteking*

behandeling
• **in** ~, in voorbereiding: *uw opdracht is in behandeling;* **onder** ~, onder medische verzorging, met **van** (geneeskundige): *onder behandeling van dr. P.*

en/of met **voor** (aandoening): *onder behandeling voor eczeem*

beheer

* ADMINISTRATIE, met **over** of **van** (iets, instelling): *het beheer over het landgoed*

• **in** ~ **bij** (iem., instelling), beheerd door: *het kantoorpand is in beheer bij een makelaarskantoor;* **in** eigen ~, op eigen kosten en risico: *hij gaf zijn boek in eigen beheer uit;* **onder** ~ **van** (iem., instelling): *de collectie staat onder beheer van het Rijksmuseum*

beheersing

* CONTROLE, met **van** (iem., iets): *de beheersing van het financieringstekort*

* KENNIS, VAARDIGHEID, met **van** (iets): *de beheersing van het Nederlands*

behelpen

* zich ~, het moeten stellen met mindere kwaliteit, met **met** (iem., iets): *zich behelpen met afgedankte spullen*

behendig

* HANDIG, met **in** (handeling): *zij is behendig in verschillende sporten* of met **met** (voorwerp): *behendig met naald en draad*

behendigheid

* HANDIGHEID, met **in** (handeling): *ik ben verbaasd over haar behendigheid in het kunstrijden* of met **met** (voorwerp): *behendigheid met naald en draad*

behept

• ~ **met** (iets), lijden aan (ziekte, vooroordelen, ondeugden e.d.): *behept zijn met waanideeën*

behoeden

• ~ **voor** (iem., iets), beschermen tegen: *God behoede ons voor verder onheil*

behoefte

* EEN VERLANGEN VOELEN, met **aan** (iem., iets, dier): *behoefte hebben aan troost* of met **(om) te** (+ onbep. wijs): *heb je behoefte om hier iets over te zeggen?*

• **in** ~ leven, arm zijn; **naar** ~, overeenkomstig de behoefte: *geld uitdelen naar behoefte*

behoeve

• **ten** ~ **van** (iem., iets) (t.b.v.), in het belang van: *ten behoeve van de duidelijkheid*

behoren

• ~ **aan** (iem.), toebehoren aan: *dit recht behoort aan de Staten-Generaal;* ~ **bij** (iets, iem.), een onlosmakelijk deel uitmaken: *dat behoort nu eenmaal bij haar taak; dit weiland behoort bij een oud landgoed;* ~ **tot** (iets, iem.), gerekend worden tot: *dat behoort nu eenmaal tot haar taken*

behoren

• **naar** ~, zoals het hoort: *hij vervulde zijn plicht naar behoren*

behoud

* HET IN STAND HOUDEN, met **van** (iets): *streven naar het behoud van de natuur*

• **met** ~ **van** (iets), met handhaving van: *werken met behoud van uitkering*

behulp

• **met** ~ **van** (iets) (m.b.v.), gebruik makend van: *een ontwerp maken met behulp van een computer*

behulpzaam

* BEREID OM TE HELPEN, met **bij** of **in** (handeling): *hij was me behulpzaam bij het klimmen; zij is in alles erg behulpzaam*

beijveren

• zich ~ **voor** (iets) of **(om) te** (+ onbep. wijs), zich inspannen voor: *hij beijverde zich voor de goede zaak; hij beijverde zich (om) het haar naar de zin te maken.*

bekend

* DOOR VELEN GEKEND, met **door**, **om** of **wegens** (handeling, prestatie, eigenschap): *hij werd bekend door zijn wetenschappelijke ontdekkingen*

• ~ **als** (iem.), op grond van eigenschappen een bepaalde naam of faam hebbend, ~ zijn/staan **als** (iem., iets): *hij staat bekend als de bonte hond;* ~ **bij** (instelling), (vaak ongunstig) geregistreerd: *P. is al langer bekend bij de politie;* ~ **met** (iem., iets) op de hoogte van: *hij was bekend met alle details;* ~ **om** (iets), op grond van prestaties een bepaalde naam of faam hebben, ~ zijn/staan **om** (iets): *Van Hanegem was vooral bekend om zijn kromme passes;* ~ **van** (medium, verrichtingen), door velen gekend via de media e.d.: *bekend van de tv; bekend van zijn vele optredens*

bekendheid

• ~ geven **aan** (iets), algemeen bekend doen zijn: *bekendheid geven aan de nieuwe maatregelen;* ~ **met** (iets), het op de hoogte zijn: *bekendheid met tekstverwerking strekt tot aanbeveling.*

bekendmaken

* OPENBAAR DOEN WORDEN, met **bij** (publiek e.d.): *een maatregel bekendmaken bij het grote publiek.*

bekeren [b*e*keren]

* EEN BEKERWEDSTRIJD SPELEN, met **tegen** (team): *Ajax bekerde tegen Feyenoord*

bekeren [bek*e*ren]

* OP EEN ANDERE LEVENSBESCHOUWING/OPVATTING DOEN OVERGAAN, met **tot** (le-

vensbeschouwing, opvatting): *men wilde de heidenen bekeren tot het christendom*
∗ zich ~, op een andere levensbeschouwing/opvatting overgaan, met **tot** (levensbeschouwing, opvatting): *ik heb me bekeerd tot jouw standpunt*

bekeuren
∗ EEN OVERTREDING REGISTREREN, met **wegens** of **voor** (overtreding): *hij werd bekeurd wegens te hard rijden*

bekijken
∗ (VLUCHTIG) LEZEN, met **op** (fouten e.d.): *een memo bekijken op spelfouten*

beklag
• zijn ~ doen, zich beklagen, met **bij** (iem., instelling): *zijn beklag doen bij de ombudsman* en/of met **over** (iem., iets): *zijn beklag doen over het optreden van de politie*

beklagen
∗ zich ~, klagen, met **bij** (iem., instelling): *zich bij de ombudsman beklagen* en/of met **over** (iets): *zich beklagen over de slechte behandeling*

bekleden
• ~ **met** (ambt e.d.), een ambt/waardigheid toekennen: *bekleed met een magistratuur*

beknibbelen
• ~ **op** (iets), bezuinigen op: *beknibbelen op de uitgaven*

beknotten
• ~ **in** (iets), iemand beperken: *iemand in zijn macht beknotten*

bekocht
∗ TE DUUR UIT, met **aan** (iets): *aan die broek ben je niet bekocht*
• zich ~ hebben **aan** (iets), teveel betaald hebben voor: *aan die jas heb je je niet bekocht*

bekomen
• ~ **van** (iets), zich herstellen van: *bekomen van de schrik*

bekommeren
• zich ~ **om** (iem., iets), zich gelegen laten liggen: *zich niet om zijn gezin bekommeren;* zich ~ **over** (iets), zich zorgen maken over: *zich bekommeren over zijn toekomst*

bekomst
• zijn ~ hebben **van** (iets), beu zijn: *zijn bekomst hebben van het nietsdoen*

bekopen
• (iets) moeten ~ **met** (iets), boeten voor: *hij moest zijn branie met de dood bekopen*

bekoring
• **in** ~ brengen, in de verleiding brengen: *breng ons niet in bekoring;* **onder** iemands ~ raken, gefascineerd raken van iemand: *ze raakte onder de bekoring van een charismatische sekteleider*

bekorten
∗ KORTER MAKEN, met **tot** (lengte): *kun je je bijdrage bekorten tot twintig minuten?* of met **met** (tijd): *de overgangsperiode wordt bekort met één jaar*

bekrachtigen
∗ BEVESTIGEN, met **met** of **door** (iets): *een verklaring bekrachtigen met een eed*

bekreunen
• zich ~ **om** (iem., iets), zich zorgen maken: *zich om niets of niemand bekreunen*

bekronen
∗ EEN PRIJS AAN (IETS) TOEKENNEN, met **met** (prijs): *bekroond met een gouden griffel* en/of met **voor** (verrichting): *zij werd voor haar complete oeuvre bekroond met de P.C. Hooftprijs*

bekroning
∗ EEN AFSLUITEND HOOGTEPUNT, met **van** (iets): *de bevordering tot generaal was de bekroning van zijn militaire loopbaan*

bekroond
• ~ worden **met** (succes), positief eindigen met: *onze pogingen werden met succes bekroond*

bekwaam
∗ BEDREVEN, met **in** (iets): *bekwaam in het tegen elkaar uitspelen van zijn tegenstanders*
∗ OVER VOLDOENDE CAPACITEITEN BESCHIKKEND, met **voor** (iets): *hij is bekwaam genoeg voor die positie*
• ~ **tot** (iets), in staat tot: *bekwaam tot het besturen van een auto*

bekwamen
• ~ **in**, **tot** of **voor** (iets), opleiden in: *iemand bekwamen in de schilderkunst;* zich ~ **in** of **tot** of **voor** (iets), zich eigen maken/een opleiding volgen: *zich bekwamen in de schilderkunst*

belang
∗ PROFIJT, NUT, met **bij** (omstandigheid, feit, gebeurtenis): *belang bij iets hebben*
∗ AANDEEL IN EEN BEDRIJF, met **in** (bedrijf): *een belang van 10% in een uitgeverij*
∗ BETEKENIS, met **voor** (iem., iets): *voor hem is dat van weinig belang*
• **in** (iemands) ~/**in** het ~ **van** (iem., iets), voor iemand/iets; **in** ons/u aller ~, in het belang van ons/u allen; **in** u beider ~, in het belang van u beiden; **van** (veel/weinig e.d.) ~, (heel/niet zo

e.d.) belangrijk; (iets) **van** ~: *een drukte van belang*, een grote drukte

belanghebbende

∗ DOOR HET HEBBEN VAN EEN BELANG BETROKKEN, met **bij** (iets): *als belanghebbende bij deze zaak moet je je er niet mee bemoeien*

belangrijk

∗ VAN BETEKENIS, met **voor** (iem., iets): *voor hem is dat belangrijk; deze maatregel is belangrijk voor de industrie*

belangstellen

• ~ **in** (iem., iets), willen kennisnemen: *belangstellen in iemands levensloop*

belangstelling

∗ WIL ZICH IN IETS TE VERDIEPEN, met **voor** (iem., iets, dier): *belangstelling hebben/krijgen/koesteren voor sterrenkunde*

• **in** de ~ staan, veel belangstelling ondervinden, met **bij** (iem.): *dat onderwerp staat erg in de belangstelling; de gezondheidszorg staat bij velen in de belangstelling;* **onder** grote ~, in aanwezigheid van velen, met ~ **van** (personen): *onder grote belangstelling van de pers werd de expositie geopend*

belasten

• ~ **met** (iets), opdragen, bezwaren: *iemand belasten met een gevaarlijk karwei; een huis belasten met een hypotheek*; zich ~ **met** (iets), op zich nemen: *zich belasten met de uitwerking van een plan*

belasting

∗ HEFFING VAN DE OVERHEID, met **op** (iets): *een belasting heffen op luxe goederen*

• **in** de ~ aanslaan, een belasting opleggen; **in/buiten** de ~ vallen, (niet) onderhevig zijn aan belastingheffing: *met die constructie val je mooi buiten de belasting*

belastingplichtig

∗ VERPLICHT TOT HET BETALEN VAN BELASTING, met **aan** (iem., instelling): *belastingplichtig zijn aan de nationale overheid*

beleefd

∗ MET GOEDE UITERLIJKE MANIEREN, met **jegens** of **tegen** (iem.): *wees beleefd tegen die mensen*

beleg

• het ~ slaan **voor** (stad): *Alva sloeg het beleg voor Bergen op Zoom*

beleggen

∗ INVESTEREN IN AANDELEN/GOEDEREN, met **in** (bedrijf, goederen): *beleggen in (aandelen) AKZO; beleggen in goud*

beleid

∗ GEDRAGSLIJN, met **in**, **inzake** of **met betrekking tot** (iem. iets): *een nieuw beleid inzake de invoertarieven*

• **met** ~, zorgvuldig: *met beleid te werk gaan*

belemmeren

∗ MAKEN DAT (IETS, IEM.) NIET GOED KAN FUNCTIONEREN, met **in** (iets): *iemand belemmeren in zijn werk*

belet

• ~ vragen **bij** (iem.), verzoeken te worden ontvangen: *zij vroeg belet bij de burgemeester*

beletsel

∗ IETS DAT BELEMMERT, met **tegen**, **tot** of **voor** (iets): *geen beletselen tegen samenwerking zien; een beletsel tot samenwerking* en/of met **voor** (iem.): *voor hem is dat geen beletsel*

beleven

∗ ERVAREN, met **aan** (iem., iets): *aan die liefhebberij heb ik altijd veel plezier beleefd*

believen

• **naar** ~: *voeg suiker naar believen toe*

bellen

∗ TELEFONEREN, met **met** (iem.): *met wie belde je daarnet?* of met **naar** (plaats): *hij belde naar Amerika*

belofte

∗ TOEZEGGING, met **aan** (iem.): *een belofte aan zijn vrouw* en/of met **tot** (iets): *een belofte tot beterschap* of met **(om) te** (+ onbep. wijs): *de belofte om te komen deed hij niet gestand*

belonen

∗ GEVEN ALS TEGENPRESTATIE, met **met** (iets): *iemand belonen met een jaargeld* en/of met **voor** (prestatie): *iemand belonen voor zijn inspanningen*

beloning

∗ IETS DAT MEN ALS TEGENPRESTATIE KRIJGT, met **voor** (iets): *een beloning voor bewezen diensten*

• **ter** of **als** ~: *een bos bloemen als beloning voor uw hulp*

beloop

• **op** zijn ~ laten, laten rusten: *ik laat de zaak maar op zijn beloop*

belust

• ~ **op** (iets), begerig naar: *belust op geld*

bemiddelen

∗ EEN TUSSENROL VERVULLEN, met **tussen** (partijen): *mr. Jansen trachtte tussen beide partijen te bemiddelen* en/of met **in** (iets): *hij bemiddelt in obligatietransacties*

∗ (VAN EEN ARBEIDSBUREAU) WERK VOOR IEMAND PROBEREN TE VINDEN, met **naar** (baan): *wij hebben veel mensen naar* *ander werk bemiddeld*

bemiddeling

• **door** ~ **van** (iem.), door tussenkomst van: *ik heb de baan door bemiddeling van Piet*

bemind

* GELIEFD, met **bij** (iem.): *de vorige directeur was heel bemind bij zijn mensen*

bemoeien

• zich ~ **met** (iem., iets), zich op eigen initiatief wenden tot/zich mengen in: *zich met iemand bemoeien; bemoei je er niet mee*

bemoeienis

* INMENGING, met **met** (iets): *haar bemoeienis met de uitvoering van de plannen*

benadelen

* SCHADEN, met **in** (iets): *iemand in iets benadelen*

benaderen

* CONTACT OPNEMEN OM IETS TE VRAGEN, met **voor** (iets, de functie van): *hij werd benaderd voor de functie van commissaris* of met **over** (iets): *ik zal hem hierover benaderen*

* TOT EEN BEPAALDE PRECISIE VASTSTELLEN, met **tot (op)** (getal): *een waarde benaderen tot op 3 decimalen*

benadering

• **bij** ~, ongeveer: *de kosten belopen bij benadering twee miljoen*

benaming

* NAAM, met **van** of **voor** (iem., iets, dier): *de technische benaming voor een stopcontact is wandcontactdoos*

benauwd

• ~ **voor** (iets), bang: *daar ben ik benauwd voor*

benedenstrooms

* STROOMAFWAARTS, met **van** (stad): *benedenstrooms van Rotterdam is het water brak*

benedenwinds

* TEGENOVER DE KANT WAAR DE WIND VANDAAN KOMT, met **van** ((ei)land): *benedenwinds van Sint Maarten*

benefice

• **ter** ~ **van** (iem., instelling, iets), ter ondersteuning van: *een concert ter benefice van de muziekbibliotheek*

benieuwd

* NIEUWSGIERIG, met **naar** (iets): *benieuwd zijn naar iemands ervaringen*

benijden

* JALOERS ZIJN OP (IEM.), met **om** (iets): *ik benijd hem om zijn gemoedsrust*

benodigd

* NODIG, met **voor** (iets): *voor een complete maaltijd is slechts 400 gram rijst benodigd*

benodigdheden

* DINGEN DIE NODIG ZIJN/INGREDIËNTEN, met **voor** (iets): *de benodigdheden voor een maaltijd*

benoemen

* (IEM.) EEN FUNCTIE GEVEN, met **tot** of **als** (functie) of met **in de functie van** (functie): *iemand benoemen tot generaal; iemand benoemen in de functie van directeur-generaal* en/of met **bij** (instelling): *iemand benoemen bij BZ*

benoeming

* HET BENOEMD WORDEN, met **tot** of **als** (functie): *zijn benoeming tot generaal was een pensioenpromotie* en/of met **bij** (instelling): *zij werd benoemd bij Algemene Zaken*

benul

• geen/weinig ~ hebben **van** (iets), niets/niet veel begrijpen van: *weinig benul van computers hebben*

beogen

* STREVEN NAAR, met **met** (iets): *wat beoog je met die actie?*

beoordelen

* EEN OORDEEL HEBBEN OVER (IEM., IETS), met **op** (eigenschappen, verrichtingen): *iemand beoordelen op zijn prestaties* of met **naar** (norm): *ik beoordeel zijn handelen naar de algemeen geldende normen* of met **aan de hand van** (richtlijn e.d.): *de uitkomsten beoordelen aan de hand van de oorspronkelijke planning*

beoordeling

• **ter** ~, om te beoordelen: *ik stuur u het monster ter beoordeling;* **te** mijner/uwer/zijner ~, afhankelijk van mijn/uw/zijn oordeel: *of hij geschorst moet worden is te uwer beoordeling*

bepalen

* VASTSTELLEN, met **over** of **met betrekking tot** (m.b.t.) (iets): *over deze situatie is in het contract niets bepaald*

• ~ **tot** of **bij** (iem., iets), beperken tot: *zijn aandacht bepalen tot de hoofdzaken;* zich ~ **tot** of **bij** (iem., iets), zich beperken tot: *zich tot de actuele gebeurtenissen bepalen*

bepalend

* BESLISSEND, met **voor** (iets): *dit is bepalend voor het welslagen van de operatie*

bepaling

* DEFINITIE, met **van** (iets): *wat is de bepaling van 'breedtegraad'*

* VASTSTELLING, met **van** (iets): *de bepaling van de zuurgraad*

* REGEL, met **betreffende** (iem. iets): *bepalingen betreffende banktegoeden*
* ZINSDEEL, met **bij** (zin, zinsdeel): *een bepaling bij het lijdend onderwerp* of met **van** (omschrijving): *een bepaling van gesteldheid*
• **onder** ~ dat, waarbij vaststaat dat

beperken
* (IETS, IEM.) BINNEN BEPAALDE GRENZEN LATEN BLIJVEN, met **in** (iets): *bij deze baas voelde hij zich te veel in zijn mogelijkheden beperkt*
• ~ **tot** (iem., iets), zich uitsluitend bezighouden met: *de studie beperkt zich tot de zoogdieren*

beperkt
* BEGRENSD, met **in** (iets): *wij zijn beperkt in onze mogelijkheden*

bepleiten
* PLEITEN VOOR, met **bij** (iem., instelling): *zijn zaak bepleiten bij de burgemeester*

beproeven
* ONDERZOEKEN, met **op** (eigenschap): *een stof beproeven op zijn elasticiteit*

beraad
• **in** ~ hebben, zich beraden: *ik heb de kwestie in beraad;* **in** ~ houden, nog geen beslissing nemen: *ik houd de kwestie nog in beraad*

beraadslagen
* OVERLEGGEN, met **met** (iem.): *met iemand beraadslagen* en/of met **over** (onderwerp van overleg): *beraadslagen over een probleem*

beraden
* zich ~, bezig zijn een standpunt te bepalen, met **op** of **over** (iets): *zich beraden over zijn positie*

berde
• (iets) **te** ~ brengen, iets ter sprake brengen

berechten
* RECHTSPREKEN OVER (IEM.), met **voor** (vergrijp): *iemand berechten voor een misdrijf*

bereid
• ~ **tot** (iets), genegen tot: *bereid tot een vriendendienst*

bereiden
* (IETS) KLAARMAKEN, met **uit** of **van** (hoofdbestanddeel): *een maaltijd bereiden uit voedselrestanten* en/of met **met** (nevenbestanddeel): *zuurkool bereiden met wijn*

bereik
• **buiten** of **boven** iemands ~, buiten iemands mogelijkheden; **binnen** of **onder** iemands ~, gemakkelijk bereikbaar, binnen iemands mogelijkheden

bereikbaar
* BEREIKT KUNNENDE WORDEN, met **op** (individueel telefoonnummer): *ik ben bereikbaar op mijn eigen nummer* of met onder (centraal telefoonnummer): *ik ben bereikbaar onder het nummer van MIMOSA BV*

berekend
• ~ **op** (iem., iets), geschikt voor: *op zoveel mensen was de zaal niet berekend;* ~ **voor** (iets), (van een persoon) geschikt voor: *voor een taak berekend zijn*

berg
• de haren rijzen iemand **te** berge, iemand wordt bevangen door schrik

bericht
* MEDEDELING, met **van** (afzender): *een bericht van het front* en/of met **aan** of **voor** (geadresseerde): *een bericht voor u* en/of met **over** of **betreffende** (inhoud): *een bericht over een ramp*
• **volgens** de laatste berichten
• een ~ **aan** de lezer, een voorwoord; een ~ **van** aankomst

berichten
* MEEDELEN, met **over** (iem., iets): *ik berichtte hem over de situatie*

berispen
* OP DE VINGERS TIKKEN, met **over**, **om** of **wegens** (iets): *iemand berispen wegens zijn gedrag*

beroemd
* BEKEND WEGENS PRESTATIES E.D., met **door** of **wegens** of **vanwege** (gebeurtenis, handeling e.d.) of **om** e.d.) of **van** (publiciteit, media e.d.): *Waterloo is beroemd door de veldslag tegen Napoleon; de streek is beroemd om zijn wijnen; beroemd van radio en tv*

beroemen
• zich ~ **op** (iets), met trots spreken over eigen kwaliteiten e.d.: *zich beroemen op zijn goede smaak*

beroep
* HET VOORLEGGEN VAN EEN GESCHIL AAN EEN HOGERE RECHTER, met **bij** (iem., instelling): *beroep aantekenen bij de Hoge Raad* en/of met **tegen** (iem., iets): *beroep tegen een verstekvonnis*
• **in** (hoger) ~ gaan, het geschil voorleggen aan een hogere instantie: *eiser ging in beroep* en met (juridische taal) **van** of **tegen** (vonnis): *in beroep gaan van de uitspraak van de kantonrechter;* **op** ~ preken, preken om een aanstelling te krijgen; **voor** zijn beroep doen, als beroep uitoefenen; **van** (iets) een beroep maken, zich beroepsmatig gaan toeleggen op: *hij maakte van zingen*

zijn beroep
• een ~ doen **op** (iemand, iets), te hulp roepen: *een beroep doen op iemands verantwoordelijkheidsgevoel; een beroep doen op de rechter*

beroepen
∗ AANSTELLEN, met **tot** of **als** (predikant): *hij werd tenslotte beroepen tot predikant te Schagen*
• zich ~ **op** (iem., iets), 1 zijn mening of recht afleiden uit iets, of baseren op iemands uitspraak: *zich beroepen op overmacht; ik beroep me op wat in de gemeenteraad is gezegd;* 2 in beroep gaan bij: *zich beroepen op het Internationale Hof van Justitie*

berouw
∗ SPIJT, met **over** of **van** (iets): *berouw over een misstap*

beroven
∗ ONTSTELEN, met **van** (iets): *de boef beroofde hem van zijn geld*
• ~ **van** (iets), ontdoen van: *de verstedelijking beroofde de streek van zijn charme*

beroving
∗ HET BEROVEN, met **van** (iem.): *een gewelddadige beroving van een toerist*

berucht
∗ IN ONGUNSTIGE ZIN BEKEND, met **door**, **om**, **wegens** of **vanwege** (iets): *berucht om zijn wandaden*

berusten
∗ ZICH NIET LANGER VERZETTEN, met **in** (iets): *berusten in een verlies*
• berusten **bij** (iem.), (van een taak e.d.), toebedeeld zijn: *de begeleiding berust bij onze pr-medewerker;* ~ **bij** of **onder** (iem.), bewaard worden door: *de stukken berusten bij de notaris;* ~ **op** (iets), gebaseerd zijn op (iets): *dat verhaal berust op feiten*

berusting
• **in** ~ **bij** (iem.): *de stukken zijn in berusting bij notaris P.;* **onder** ~ **van** (iem.): *de stukken zijn onder berusting van notaris P.;* **onder** zijn ~ hebben, in bewaring hebben: *de notaris heeft de stukken onder zijn berusting*

beschaamd
∗ VOL SCHAAMTE, met **over** (iets): *beschaamd zijn over zijn gedrag*

beschamen
∗ BESCHAAMD MAKEN, met **in** (iets): *hij werd in zijn verwachtingen beschaamd*

beschermen
∗ BEVEILIGEN, met **tegen** (iem., iets): *die jas beschermt je tegen de kou*

bescherming
• **in** ~ nemen, verdedigen tegen aanvallen, met **tegen** (iem.): *de trainer nam de falende speler in bescherming tegen kritiek in de pers*

beschikbaar
∗ TER BESCHIKKING, met **voor** (iem., iets): *de boeken zijn voor iedereen beschikbaar; voor dat doel zijn geen middelen beschikbaar*

beschikken
• ~ **op** (iets), beslissen over: *afwijzend beschikken op een verzoek;* ~ **over** (iets, iem.), hebben: *beschikken over de nodige middelen;* ~ **voor** (iets), bestemmen: *middelen beschikken voor de bouw van de bibliotheek*

beschikking
∗ BESLUIT VAN OVERHEID/RECHTER, met **op** (iets): *een beschikking op een verzoek*
• **bij** (ministeriële e.d.) ~, op grond van een besluit van een minister; **te** mijner/uwer/zijner ~, vrij te gebruiken; **te** mijner/zijner/harer/onzer/onzer/hunner ~, om door mij e.d. gebruikt te worden; **ter** ~, vrij te gebruiken, met **aan** of **van** (iem.): *ik heb het materiaal aan anderen ter beschikking gesteld* en/of met **voor** (doel): *de cabaretier stelde de recette ter beschikking voor de opvang van daklozen.*
• de ~ geven/hebben/krijgen/eisen **over** (iem., iets), vrij laten/kunnen/mogen/eisen te gebruiken: *iemand de beschikking geven over zijn huis*

beschouwing
∗ HET (AANDACHTIG) BESTUDEREN, met **van** (iem., iets): *beschouwing van de resultaten leert ons het volgende: ...*
∗ OVERPEINZING, met **over** (iem., iets, dier): *een beschouwing over de zin van het leven*
• **bij** nadere ~, bij nadere analyse: *bij nadere beschouwing is zijn idee zo gek nog niet;* **buiten** ~ laten, geen rekening mee houden

beschrijving
∗ WEERGAVE MET WOORDEN, met **van** (persoon, dier, zaak): *een beschrijving van de bloedsomloop*

beschuldigen
∗ DE SCHULD GEVEN, met **van** (iets): *iemand beschuldigen van meineed*

beschutten
∗ BEVEILIGEN TEGEN, met **tegen** of **voor** (weersomstandigheden, gevaar e.d.): *iemand beschutten tegen de wind; iemand beschutten voor een risico*

beschutting
• **onder** ~ **van** (iets), beveiligd door: *zij trokken voort onder beschutting van de nacht.*

besef
∗ BEWUSTZIJN, met **van** (iets): *het besef van een gevaar* en/of met **bij** (iem.): *bij de omroepen groeide het besef dat er iets moest gebeuren*
• **in** het ~ **van** (iets), beseffende: *hij nam de maatregel in het besef van zijn verantwoordelijkheid*

beslag
∗ HET ONDER ZICH HOUDEN VAN IETS, BIJV. TEN BEHOEVE VAN EEN GERECHTELIJK ONDERZOEK, met **op** (iets): *een beslag op het huisraad*
• **in** ~ nemen, goederen in arrest nemen, helemaal bezighouden: *de douane nam de goederen in beslag; deze werkzaamheden namen hem helemaal in beslag*
• ~ leggen **op** (iets), in arrest nemen, tijdelijk willen beschikken over: *de douane legde beslag op een partij heroïne; mag ik even beslag leggen op uw tijd/uw secretaresse?*

beslaglegging
∗ HET IN BESLAG NEMEN, met **op** (iets): *een beslaglegging op de inventaris*

beslissen
∗ VASTSTELLEN WAT ER MOET WORDEN GEDAAN, met **over** (iets): *beslissen over iemands toekomst*
• ~ **op** (verzoek e.d.), een besluit nemen over: *afwijzend beslissen op een verzoek*

beslissend
∗ DOORSLAGGEVEND, met **voor** (verloop der gebeurtenissen): *de slag bij Stalingrad was beslissend voor het verdere verloop van de oorlog*

besluit
∗ BESLISSING, met **over** of **inzake** (iets): *een besluit over het toekomstige beleid* of **tot** (inhoud van het besluit): *een besluit tot het uitroepen van de noodtoestand*
• **bij** ~ **van** (datum), op grond van het besluit van (datum); *bij Koninklijk Besluit van 4 oktober 1994, op grond van regeringsbesluit van 6 maart 1996;* **tot** een ~ komen, na (zorgvuldige) afweging besluiten; **tot** ~, om het einde te markeren: *tot besluit nog eenmaal de uitslag;* **ten** besluite, als besluit

besluite zie **besluit**

besluiten
• ~ **met** (iets), iets doen eindigen met (iets): *het samenzijn besluiten met een glaasje;* ~ **tot** (iets), vaststellen dat men iets zal doen: *men besloot tot een gerechtelijk onderzoek;* ~ **uit** (iets), concluderen uit: *uit deze verklaring besluit ik het volgende*

besparen
∗ MINDER GELD HOEVEN UIT TE GEVEN AAN (KOSTEN), met **op** (iets): *besparen op de elektriciteit*

bespiegeling
∗ UITGESPROKEN OVERPEINZING, met **over** (iem., iets): *hij hield een bespiegeling over de voordelen van het engel-zijn*

best
∗ zijn ~ doen, zich inspannen, met **op**: *zijn best doen op een proefwerk;*
• **op** zijn ~, in de meest gunstige situatie: *ik heb de bestelling op zijn best morgen pas binnen;* **op** zijn ~ zijn, een optimale prestatie leveren: *juist als het tegen zit is zij op haar best*
• zijn ~ doen **voor** (iem., iets), proberen iets voor (iem., iets) te bereiken: *ik zal mijn best voor je doen*

bestaan
• ~ **in** (iets), zijn, inhouden: *waarin bestaat jouw bijdrage?* ~ **met** (iets), verenigbaar zijn: *het kamerlidmaatschap kan niet bestaan met bepaalde nevenfuncties;* ~ **uit** (iets), samengesteld zijn uit: *het boek bestaat uit tien hoofdstukken;* ~ **van** (iets), rondkomen van: *daar kan ik niet van bestaan*

bestaanbaar
• ~ **met** (iets), verenigbaar: *is dit plan wel bestaanbaar met onze beginselen?*

bestand <zn>
∗ WAPENSTILSTAND, met **met** (tegenpartij, 'elkaar'): *de partijen sloten een bestand met elkaar* of **tussen** (partijen): *het bestand tussen Spanje en de Republiek*

bestand <bn>
• ~ **tegen** (iets), in staat te verdragen: *bestand tegen extreme kou*

bestanddeel
∗ SAMENSTELLEND DEEL, met **van** (iets): *de bestanddelen van een mengsel*

beste
• **ten** ~ geven, een staaltje van zijn kunnen laten zien: *onder invloed, gaf hij een nummertje jodelen ten beste*

besteden
∗ TEN GOEDE DOEN KOMEN, met **aan** (iem., iets): *veel tijd/aandacht/zorg besteden aan een onderzoek;* **aan** (iem.) besteed zijn, gewaardeerd worden: *iets echt moois is niet aan hem besteed*

besteed
• ~ zijn **aan** (iem.), gewaardeerd worden: *iets echt moois is niet aan hem besteed*

bestek
∗ BEGROTING/OPZET, met **van** (bouwwerk): *het bestek van de aanbouw* en/of met

voor (iets): *het bestek voor een leverantie*
• **binnen** een klein ~, in een kleine ruimte: *binnen een klein bestek wist hij veel voorwerpen smaakvol te exposeren* **binnen** of **buiten** het ~ (**van**), binnen/buiten de opzet: *deze problematiek valt buiten het bestek van dit boek;* **in** een klein ~, in korte tijd: *in een klein bestek heeft hij veel gepresteerd;* **in** kort ~, in het kort: *in kort bestek kan ik u meedelen dat ...*

besteldienst
* REGELMATIGE RIT OM GOEDEREN AF TE LEVEREN, met **op** (bestemming): *een besteldienst op Bodegraven* of met **van** (domicilie) **op** (bestemming): *een besteldienst van Den Haag op Bodegraven*

bestellen
* VRAGEN EEN NIET-VOORRADIG PRODUCT TE LEVEREN, met **bij** (iem., winkel, bedrijf): *te bestellen bij de boekhandel*

bestelling
• **in** ~: *dat boek is in bestelling*, is besteld; **op** ~: *levering uitsluitend op bestelling*, uitsluitend op aanvraag

bestemmen
• ~ **tot** of **voor** (iets), een bepaald doel geven: *een stuk grond bestemmen tot moestuin; grond bestemmen voor de bouw van woningen;* ~ **naar** (stad, land), een reisdoel geven: *dit schip is bestemd naar New York;* ~ **voor** (iem., iets), een bepaalde toekomst/functie uitstippelen voor: *dat brood is bestemd voor onderweg; bestemd voor een hoge positie*

bestempelen
• ~ **als** (iem., iets), kwalificeren als: *iemand bestempelen als een oplichter; de verdachte wordt bestempeld als vluchtgevaarlijk*
• ~ **tot** (iem.), maken tot: *zijn kwalificaties bestempelen hem tot de ideale kandidaat voor de functie*

bestraffen
* STRAFFEN, met **voor** of **wegens** (reden): *iemand bestraffen voor een vergrijp* en/of met **met** (straf): *iemand/iets bestraffen met een boete*

bestrijden
* (ONKOSTEN) BETALEN, met **met** (iets): *de onkosten bestrijden met een jaarlijkse contributie* of **uit** (middelen): *onkosten bestrijden uit de algemene middelen*

bestuur
* LEIDING, BEWIND, met **van** (iets): *het bestuur van de provincie*

bestwil
• **om** ~, om problemen te verwijden: *een leugentje om bestwil;* **om** iemands ~, in iemands belang: *ik zeg dat om jouw bestwil*

betaalbaar
• ~ **aan** (iem.), te betalen: *een cheque betaalbaar aan toonder*

betalen
* EEN VERSCHULDIGD BEDRAG GEVEN, met **aan** (iem., bedrijf, instelling): *een bedrag betalen aan een leverancier* en/of met **voor** (iem., iets): *betalen voor een consumptie*
• ~ **in** (valuta): *betalen in dollars;* moeten ~ **voor** (iets), iets moeten bezuren: *hij heeft ervoor moeten betalen*

betaling
• **tegen** ~, niet gratis: *tegen betaling kunt u een syllabus krijgen;* **tegen** contante ~, op voorwaarde dat contant betaald word: *reparaties uitsluitend tegen contante betaling*
• ~ **in** (valuta): *betaling in dollars;* ~ **op** (termijn): *betaling op twee maanden*

betekenen
* (EEN DAGVAARDING E.D.) AANREIKEN, met **aan** (iem.): *een vonnis betekenen aan iemand*
• ~ **voor** (iem., iets), van belang/waarde zijn: *zij betekent alles voor hem*

betichten
• ~ **van** (iets), beschuldigen van: *iemand betichten van fraude*

betitelen
• ~ **als** (kwalificatie), ... noemen: *iemand betitelen als monseigneur;* ~ **met** (+ ongunstige kwalificatie), ... noemen: *iemand betitelen met 'vuilak'*

betoog
* REDENERING, met **over** (iem., iets): *een betoog over natuurkunde* of **voor** of **tegen** (iets): *een betoog tegen censuur*
• **ten** betoge dat, om aannemelijk te maken dat

betoon
• ~ **van** (iets), het tonen van: *een betoon van medeleven*

betrappen
* VERRASSEN BIJ HET PLEGEN VAN EEN VERBODEN HANDELING, met **op** (iets): *iemand betrappen op diefstal*
• **op** heterdaad ~, tijdens het plegen van het misdrijf verrassen

betrekkelijk
• ~ **tot** (iets), betrekking hebbend op: *de stukken tot deze zaak betrekkelijk*

betrekken
• ~ **bij** of **van** (leverancier e.d.), inkopen: *goederen betrekken bij een*

groothandelaar; ~ **bij** of **in** (iets), een rol doen spelen bij: *we hebben u niet in deze zaak willen betrekken;* ~ **op** (iets, iem.), in verband brengen met: *je moet niet alles op jezelf betrekken;* ~ **uit** (land, streek e.d.), (goederen) importeren uit: *de grondstoffen betrekken uit India*

betrekking

* RELATIE TUSSEN EEN PERSOON OF INSTELLING ENERZIJDS EN EEN ANDERE PERSOON (OF INSTELLING) OF EEN ZAAK ANDERZIJDS, met **met** of (in formele stijl) **tot** (iem., iets, instelling): *onze betrekkingen tot Frankrijk zijn goed* of met **tussen** (persoon e.d.): *de betrekking tussen ouders en kind*

• **met** ~ **tot** (iets), over, aangaande: *met betrekking tot het laatste agendapunt merk ik op dat ...;* **in** (nauwe e.d.) ~ staan **tot** (iets), een relatie hebben met: *Nederland staat in vriendschappelijke betrekking tot het Verenigd Koninkrijk*

• ~ hebben **op** (iem., iets), betreffen: *dit heeft betrekking op een ander geval*

betrokken

• ~ **bij** of **in** (iets), iets te maken hebbend met: *hij raakte betrokken bij deze affaire*

betrokkenheid

* HET ZICH ERGENS BIJ BETROKKEN VOELEN, met **bij** (iets): *een grote betrokkenheid bij de politiek*

beurs

• **naar** de ~ gaan, op de effectenbeurs verhandelbare aandelen uitgeven: *de gang van KPN naar de beurs was succesvol;* **op** de ~, op de expositie of de effectenbeurs: *de stemming op de beurs is opgewekt;* **ter** beurze, op de effectenbeurs: *ter beurze heerste een paniekstemming;* **van** een ~ studeren, zijn studie bekostigen met een studiebeurs

beurt

• **aan** de ~ zijn, geholpen/bediend worden: *eindelijk was ik aan de beurt;* **bij** beurten, afwisselend; **in** de ~ varen, (binnenvaart) in geregelde dienst varen; **om** de ~, afwisselend: *om de beurt gingen we naar binnen;* **op** zijn ~, van zijn kant: *hij heeft zich op zijn beurt ook niet onbetuigd gelaten;* iem. **te** ~ vallen, ten deel vallen: *deze keer viel mij de eer te beurt;* **voor** zijn ~, te vroeg; **voor** zijn ~ gaan: voordringen

beurze zie **beurs**

bevallen

* EEN KIND KRIJGEN, met **van** (kind): *bevallen van een meisje*

bevangen

• ~ **door** (kou e.d.), overmeesterd door: *hij was bevangen door de kou*

bevattelijk

* GEVOELIG, met **voor** (ziekte(veroorzaker)): *zij is erg bevattelijk voor kou*

bevechten

* DOOR VECHTEN VERKRIJGEN, met **op** (tegenstander): *we moesten de loonsverhoging zwaar bevechten op de directie*

beveiligen

* BESCHERMEN, met **tegen** (iem., iets): *een huis beveiligen tegen/voor inbraak*

bevel

* LEIDING, GEZAG, met **over** (iem., groep): *het bevel over een bataljon voeren*
* OPDRACHT, met **tot** (iets): *het bevel tot schieten* of **om te** (+ onbep. wijs): *het bevel om te schieten*

• **onder** ~ staan **van** (iem.): *de eenheid stond onder bevel van een korporaal;* **op** ~ **van** (iem.): *op bevel van hogerhand werd het onderzoek gestaakt*

bevelen

• ~ **aan** (God), toevertrouwen: *zijn ziel aan God bevelen*

bevelhebber

* IEMAND DIE HET BEVEL VOERT, met **over** (legeronderdeel): *de bevelhebber over een divisie*

bevelschrift

* SCHRIFTELIJKE OPDRACHT, met **tot** (iets): *een bevelschrift tot betaling*

beven

* TRILLEN, met **van** (iets): *beven van de kou*

• ~ **voor** (iem.), bang zijn voor: *iedereen beeft voor hem*

bevestigen

* PLECHTIG (IN EEN AMBT) INWIJDEN, met **in** (iets): *iemand in het ambt bevestigen*

• ~ **in** (mening e.d.), overtuigen van zijn gelijk: *nadere analyse bevestigde hem in zijn mening*

bevind

• **naar** ~ **van** zaken handelen, naar gelang de toestand het vereist: *als dat niet lukt, moet je maar naar bevind van zaken handelen*

bevinden

• ~ **bij** (iets), een bepaald gevoel hebben: *ik bevind me wél bij deze situatie*

bevoegd

* MET HET RECHT IETS TE DOEN, met **tot** (handeling): *bevoegd tot lesgeven* of met **voor** (onderwijssoort, vak): *bevoegd voor Frans*

bevoegdheid
* HET RECHT IETS TE DOEN, met **tot** (iets): *bevoegdheid tot lesgeven* of met **voor** (onderwijssoort, vak): *een bevoegdheid voor Frans*
• **binnen** of **buiten** iemands ~, (niet) behorend bij iemands recht: *hij blijft met deze beslissing binnen zijn bevoegdheid;* **onder** iemands ~ vallen, behoren tot iemands terrein van bevoegdheid: *de politie valt onder de bevoegdheid van de burgemeester*

bevoordelen
* VOORDEEL BEZORGEN, met **boven** (iem.): *iemand in geldelijk opzicht bevoordelen boven een ander*

bevooroordeeld
* BEHEPT MET VOOROORDELEN, met **tegenover** of (meer formeel) **jegens** (iem.): *hij is bevooroordeeld jegens haar*

bevoorrechten
* VOORRECHTEN GEVEN, met **boven** (iem.): *de overheid mag niemand bevoorrechten boven een ander*

bevorderen
* IN EEN HOGERE SCHOOLKLAS PLAATSEN, met **naar** (klas): *bevorderd naar de derde klas*
* IN EEN HOGERE RANG PLAATSEN, met **tot** (rang): *bevorderd tot kolonel*
• ~ **in** rang, een hogere rang geven

bevorderlijk
• ~ **voor** (iets), met een gunstige invloed op: *dit is niet bevorderlijk voor zijn prestaties*

bevriend
* VRIENDSCHAP ONDERHOUDEND, met **met** (iem.): *bevriend zijn met een collega*

bevrijden
* VRIJ DOEN ZIJN, met **uit** (situatie): *iemand uit zijn gevangenschap bevrijden*
• ~ **van** (iem., iets), vrijmaken van: *iemand van een last bevrijden*

bewaking
* HET BEWAKEN, met **tegen** (iem., iets): *politiebewaking tegen terroristische acties*
* HET DEKKEN VAN EEN TEGENSPELER, met **op** (iem.): *Blind was belast met de bewaking op Nilis*
• **onder** ~ staan/stellen, bewaakt worden/laten worden: *de ex-dictator stond 24 uur per dag onder strenge bewaking*

bewaren
• ~ **voor** (iem., iets), beschermen tegen: *bewaar me voor zulke vrienden!*

bewaring
• **in** ~ geven, op iets laten passen, met **bij** (iem.): *geef uw kostbaarheden in bewaring bij de hotelreceptie;* **in** verzekerde ~ nemen/zitten, in de gevangenis zetten/zitten: *de politie nam hem in verzekerde bewaring*

beweegreden
* REDEN WAAROM MEN IETS AL DAN NIET DOET OF ZEGT, met **voor** of **tot** (iets): *de beweegreden tot een daad* of **om te** (+ onbep. wijs): *de beweegreden om thuis te blijven*

bewegen
* BRENGEN TOT, met **tot** (iets): *wat heeft je daartoe bewogen?*

beweging
• **in** ~, niet in rust: (zich) **in** ~ zetten, **in** ~ komen/zijn/blijven; **uit** eigen ~/ eigener ~, op eigen initiatief: *hij meldde zich uit eigen beweging bij de politie*

bewerken
* EEN MUZIEKSTUK OF BOEK GESCHIKT MAKEN VOOR EEN BEPAALD INSTRUMENT OF GROEP INSTRUMENTEN OF VOOR EEN BEPAALD MEDIUM, met **voor** (instrument, medium, kunstvorm): *een stuk bewerken voor orgel; een boek bewerken voor een film*

bewerking
* IETS DAT BEWERKT IS, met **van** of **naar** (origineel): een bewerking van boek en/of met **voor** (instrument, medium, kunstvorm): *een bewerking voor orgel*

bewijs
* ARGUMENTATIE, REDENERING, SCHRIFTELIJKE VERKLARING DIE IETS AANTOONT, met **van** of **voor** (iets): *het bewijs voor een stelling*
* BLIJK, TEKEN, met **van** (iets): *een bloemetje is een bewijs van genegenheid*
• een ~ **uit** het ongerijmde; *een bewijs van onvermogen/goed gedrag;* **ten** bewijze **van** (iets), waarmee wordt aangetoond: *een alibi ten bewijze van zijn onschuld*

bewijze zie **bewijs**

bewilligen
• ~ **in** (iets), akkoord gaan met: *bewilligen in een verzoek*

bewind
* LEIDING, met **over** (iets): *het bewind voeren over een gewest*
• **aan** het ~ komen/zijn/blijven: *de dictator bleef vijftig jaar aan het bewind*

bewindvoerder
* VOORLOPIGE BEHEERDER, met **over** (iets): *de bewindvoerder over een boedel*

bewonderen
* MET EERBIEDIGE VERBAZING BESCHOUWEN, met **om** of **wegens** (iets): *iemand bewonderen om zijn intelligentie*

bewondering
* HET BEWONDEREN, met **voor** (iem., iets): *hij was vol bewondering voor haar kunnen*

bewoordingen
• **in** algemene ~, zonder vermelding van details: *hij stipt het probleem slechts in algemene bewoordingen aan*

bewust
• ~ **van** (iets), in het besef van: *zich bewust zijn van de feiten*

bewustzijn
* BESEF, met **van** (iets): *het bewustzijn van zijn positie*
• **bij** ~, bij kennis; **buiten** ~, bewusteloos; **in** het ~ **van** (iets), zich bewust van: *in het bewustzijn van zijn overwicht ging hij de confrontatie aan;* **tot** ~ komen, bij kennis komen; **tot** het ~ komen, beginnen in te zien: *hij kwam tot het bewustzijn dat er ingegrepen moest worden*

bezeten
* IN DE MACHT VAN EEN NIET-NATUURLIJKE KRACHT, met **door** of **van** (boze geest): *van de duivel bezeten*
• ~ **van** (iets), dol op: *hij is bezeten van voetbal; bezeten op dropjes*

bezetenheid
* HET BEZETEN ZIJN, met **met** (iets): *Stalins bezetenheid met het idee van een samenzwering* of met (**om**) **te** (+ onbep. wijs): *een bezetenheid om kennis over te dragen*

bezetting
• **in** een (bepaalde) ~: *dit stuk wordt in een onconventionele bezetting gespeeld*

bezig
* AAN HET WERK, met **aan** of **met** (iets): *bezig met een scriptie*
* (IEM.) TEN DIENSTE, met **met** (iem.): *met iemand bezig zijn*

bezinken
* OMLAAG ZAKKEN, met **uit** (vloeistof): *bezinken uit een oplossing*

bezinnen
• zich ~ **op** (iets), nadenken over: *zich bezinnen op de toekomst*

bezit
• **in** zijn ~: *zij heeft nogal wat antiek in (haar) bezit;* **in** het ~ **van** (iets), de beschikking hebbend over: *zij is nog in het bezit van haar verstandelijke vermogens*

bezoek
* HET BEZOEKEN VAN EEN PERSOON, GEBOUW OF INSTELLING, met **aan** (iem., iets): *een bezoek brengen aan mijn broer*
• een ~ afsteken **bij** (iem.), (iem.) bezoeken: *een bezoek afsteken bij een familielid;* **op** ~ gaan/zijn, (gaan) bezoeken, met **bij** (iem., instelling): *wij zijn hier op bezoek bij de familie P.;* een ~ **van** rouwbeklag

bezondigen
• zich ~ **aan** (iets), zich te buiten gaan: *zich bezondigen aan uitspattingen*

bezorgd
* ONGERUST, met **over** (iem., iets, dier): *bezorgd over de toekomst* of met of **voor** (iem.): *ik ben bezorgd voor haar*

bezorgen
* IETS AFLEVEREN, met **bij** (iem.): *wij bezorgen de pizza's bij de klant thuis* of met **op** (adres): *de PTT bezorgt de post op ieder huisadres*

bezuinigen
* OPZETTELIJK MINDER GELD UITGEVEN DAN TEVOREN, met **op** (iets): *bezuinigen op de kosten van het levensonderhoud*

bezuren
* BOETEN VOOR, met **met** (iets): *wie nu nog praat, moet dat bezuren met nablijven*

bezwaar
* TEGENWERPING/BEDENKING, met **tegen** (iem., iets): *bezwaren tegen de gevolgde aanpak*

bezwaard
* BEKOMMERD, met **over** (iets): *zich bezwaard over iets voelen*
• ~ **door** (iets), dienend als onderpand: *het huis is bezwaard door een hypotheek*

bezwaarschrift
* GESCHRIFT WAARIN EEN BESLISSING VAN DE OVERHEID WORDT AANGEVOCHTEN, met **tegen** (iets): *een bezwaarschrift tegen een vonnis*

bezwangerd
• ~ **met** (iets), vol van: *de lucht was bezwangerd met rook*

bezweren
* PLECHTIG ZWEREN, met **bij** (iem., iets): *hij bezwoer haar bij hoog en bij laag dat hij haar niet ontrouw was geweest*

bezwijken
* STERVEN AAN, met **aan** (ziekte): *hij bezweek aan een longontsteking*
* (LAST, GEWICHT) NIET MEER KUNNEN DRAGEN, met **onder** (iets): *het dak bezweek onder een dik pak sneeuw*
* ONWEL WORDEN, met **van** (oorzaak): *zij bezweek haast van de dorst*
* GEEN WEERSTAND KUNNEN BIEDEN AAN, met **voor** (iets): *bezwijken voor een verleiding*

bibberen
* TRILLEN, met **van** (iets): *bibberen van de kou*

bidden
∗ EEN GODHEID OF HEILIGE E.D. AANROEPEN, met **tot** (godheid, heilige e.d.) en/of met **om** (iets): *bidden tot de Heilige Maagd om genezing* of met **voor** (iem.): *ik zal voor je bidden*
• ~ **om** (iets), smekend vragen om: *bidden om een aalmoes;* ~ **voor** (iem., iets): *bid voor ons zondaars*

biecht
• **in** de ~ bekennen, vertrouwelijk meedelen; **te** ~ gaan **bij** (hogere macht): *bij de duivel te biecht gaan*, steun zoeken bij een vijand; **uit** de ~ klappen, geheimen verklappen

bieden
∗ (EEN KOOPPRIJS) VOORSTELLEN, met **voor** (iets): *vijftig euro bieden voor een stoel*
∗ EEN BOD DOEN BIJ EEN VEILING, met **op** (iets): *bieden op een schilderij*

bietsen
∗ VRAGEN, met **van** of **bij** (iem.): *een euro van iemand bietsen* en/of met **om** (iets): *mag ik bij jou om een sigaret bietsen?*

bijdrage
∗ DAT WAT MEN BIJDRAAGT AAN IETS GEMEENSCHAPPELIJKS, met **aan** (activiteit e.d.): *een bijdrage aan een onderneming; een bijdrage aan de feestavond* of met **voor** (doel): *mag ik uw bijdrage voor de kankerbestrijding?* of met **in** (kas, kosten e.d.): *een bijdrage in de verkiezingskas*

bijdragen
∗ IETS ALS ZIJN BIJDRAGE GEVEN, met **aan** (activiteit e.d.): *bijdragen aan een geschenk* of met **in** (kosten e.d.): *bijdragen in de onkosten*
∗ BEVORDEREN, met **aan** (activiteit, resultaat): *het lezen draagt bij aan hun ontwikkeling*
• ~ **tot** (iets), een gunstige invloed hebben op: *bijdragen tot een goed resultaat*

bijeenkomst
∗ SAMENKOMST, VERGADERING, met **van** (groep personen): *er waren bijeenkomsten van onderzoekers uit verschillende disciplines* of met **van** (personen): *er was een bijeenkomst van sociologen* en met **en** (andere personen), en/of met **met** (andere personen): *een bijeenkomst met antropologen; er was een bijeenkomst van sociologen en/met antropologen*

bijkomen
∗ ZICH HERSTELLEN VAN SCHRIK/INSPANNING, met **van** (iets): *bijkomen van de inspanning*
∗ BIJ KENNIS KOMEN, met **uit** (verdoving e.d.): *bijkomen uit een bewusteloosheid*

bijl
• **met** de botte ~, niemand/niets ontziend; **voor** de ~ gaan, afgestraft worden: *elke boef gaat vroeg of laat voor de bijl*

bijlage
∗ LOS GESCHRIFT BIJ EEN PUBLICATIE, met **bij** of **van** (publicatie): *de bijlage bij de krant van vrijdag*

bijleggen
∗ MEER BETALEN DAN BEGROOT IS, met **op** (iets): *op dat project hebben we moeten bijleggen*

bijschrift
∗ KORTE OPMERKING BIJ EEN AFBEELDING, met **bij** (afbeelding): *het bijschrift bij de foto vermeldt de namen van de deelnemers*

bijscholen
∗ AANVULLENDE KENNIS OF VAARDIGHEDEN BIJBRENGEN, met **in** (vaardigheid) of **op het gebied** van (onderwerp): *de ambtenaren moesten worden bijgeschoold in het toepassen van de nieuwe regelgeving/op het gebied van de nieuwe regelgeving*

bijsluiter
∗ BEKNOPTE UITLEG (BIJ MEDICIJN E.D.), met **bij** (medicijn, verpakking): *lees vooraf de bijsluiter bij de verpakking*

bijstaan
∗ HELPEN, met **bij** (iets) of **in** (handeling): *zal ik je bijstaan bij dit karwei? een adjudant dient de generaal bij te staan in het uitvoeren van diens taken* en/of met **met** (middel): *iemand bijstaan met adviezen/met raad en daad*

bijstand
• **in** de ~, een bijstandsuitkering ontvangend: *hij loopt/zit in de bijstand*

bijstelling
∗ AANPASSING, met **van** (plan e.d.): *een bijstelling op de begroting*
∗ (TAALKUNDE) BIJVOEGING TUSSEN KOMMA'S, met **bij** (zinsdeel): *in 'Amsterdam, de hoofdstad van Nederland, is gebouwd op palen' is 'de hoofdstad van Nederland' een bijstelling bij 'Amsterdam'*

bijtekenen
∗ NOG LANGER IN DIENST BLIJVEN, met **voor** (periode): *bijtekenen voor een jaar*

bijvoegsel
∗ SUPPLEMENT, met **bij** (publicatie): *een bijvoegsel bij de zaterdagkrant*

bijzijn
• **in** het ~ **van** (iem.), in aanwezigheid van: *hij verklaarde dit in het bijzijn van getuigen*

bijzonder
• **in** het ~, vooral: *een fraai antiek vaasje trok in het bijzonder zijn aandacht*

bijzonderheid
• **in** bijzonderheden treden/afdalen, details vermelden: *ik hoop dat ik niet in bijzonderheden hoef te treden;* **(tot) in** bijzonderheden, gedetailleerd: *hij begon het gebeurde tot in bijzonderheden uit te leggen*

bil
• **op** of **voor** de billen geven, als straf klappen op de billen geven; **met** de billen bloot gaan, zich gedwongen zien voor een fout uit te komen; **van** ~ gaan, neuken: *de jongeren gaan tegenwoordig niet zo gemakkelijk meer van bil*

billijk
* REDELIJK, met **in** (iets): *billijk in zijn verlangens* en/of met **jegens** of **tegenover** (iem.): *dat is niet billijk tegenover haar*

binden
* VASTMAKEN, HECHTEN, met **aan** (iem., iets): *een vlieger aan een touw binden; de uitgifte is aan strenge regels gebonden; iemand aan zich binden*
* zich ~, zich vastleggen, met **aan** (iem., iets): *ik acht me aan deze afspraak niet gebonden*

binding
* (NAUWE EMOTIONELE) BAND, met **met** of **aan** (iem., dier, iets): *hij voelde een sterke binding met zijn vader/met zijn werk; de binding van nogal wat parlementariërs aan hun partij is soms wel heel sterk* of met **tussen** (personen): *er is geen binding tussen vader en zoon*
* KOPPELING VAN MOLECULEN E.D., met **met** (deeltjes): *een chemische binding van anti-elektronen met positronen* of met **tussen** (stoffen): *de binding tussen twee scheikundige stoffen*

biografie
* LEVENSBESCHRIJVING, met **over** of **van** (beschreven persoon): *een nieuwe biografie over Hitler* en/of met **door** of **van** (auteur): *de biografie van Truman door McCullough; de biografie van McCullough over Truman*

blaadje
• **in** een goed/slecht ~ staan/komen, (niet) gewaardeerd worden, met **bij** (iem.): *hij doet dat alleen om in een goed blaadje te komen bij de baas*

blad
• **van** (het) ~ spelen/zingen, spelen/zingen met de muziek voor zich

blanco
* ZONDER MENING, met **tegenover** (iem., iets): *ik sta helemaal blanco tegenover deze kwestie*
• **in** ~ tekenen, tekenen zonder dat bepaalde zaken ingevuld zijn; **in** ~ (ver)kopen, (ver)kopen zonder dat de koopwaar beschikbaar is

blaken
• ~ **van** (iets), vol zijn van: *blaken van levenslust*

blauwdruk
* TECHNISCHE TEKENING/ONTWERP, met **van** of **voor** (iets): *ook onze partij heeft geen blauwdruk van de toekomst*

blazen
• ~ **op** (instrument, e.d.), bespelen: *blazen op een trompet*

blij
* VERHEUGD, met **om** of **over** (reden): *blij om/over de geboorte van haar eerste kleinkind*
• ~ **met** (iets), verheugd, om iets dat verkregen is: *blij met het behaalde resultaat.;* ~ **voor** (iem.), verheugd omdat iemand iets ten deel is gevallen: *ik ben blij voor haar dat ze toch geslaagd is*

blijk
• **ten** blijke **van** (iets), als blijk van: *de kandidaat is geslaagd, ten blijke waarvan hem een diploma wordt uitgereikt*
• een ~ **van** (iets), teken van: *een blijk van waardering;* ~ geven **van**, laten blijken: *zij gaf blijk van een uitzonderlijk talent*

blijke zie **blijk**

blijken
* ZICH DUIDELIJK MANIFESTEREN, met **uit** (iets): *dat blijkt uit de cijfers* en/of met **van** (iets): *daarvan is mij niets gebleken*

blijven
• ~ **bij** (iets), 1 handhaven: *bij zijn standpunt blijven;* 2 gehandhaafd blijven: *alles blijft bij het oude;* ~ **in** (iets), sterven tengevolge van: *hij bleef zowat in een hoestbui;* ~ **onder** (iets), de oorspronkelijke houding bewaren: *zij bleef ijzig kalm onder dit verbale geweld*

blik
* HET BESCHOUWEN, met **in** (de toekomst, het verleden e.d.): *de spreker wierp een blik in het verleden* of met **naar** of **op** (iem., buitenwereld, land e.d.): *Nederland heeft van nature een open blik*

naar de buitenwereld; wij moeten de blik richten op de VS of met **op** (gebeurtenis): *een blik op de belangrijkste gebeurtenissen van het afgelopen jaar*
• **bij** de eerste ~, bij het eerste zien, *bij de eerste blik zag het er alarmerend uit;* **met** of **in** één blik: *met één blik overzag hij de situatie*

bliksem
• **als** de ~, heel snel; **naar** de ~, verloren: *met dit noodweer is mijn hele handel naar de bliksem;* **op** zijn ~ geven/krijgen, een afstraffing geven/krijgen: *geef dat rotjoch op zijn bliksem*

blind
* NIET IN STAAT TE ZIEN, met **voor** (iets), zonder enig begrip: *de dictator was blind voor de noden van zijn volk*
• **in** den blinde, zonder nadenken
• ~ **aan** een oog/beide ogen; zich ~ staren/kijken **op** (iets), zich te zeer concentreren op een aspect

blinde zie **blind**

blindvaren
• ~ **op** (iem., instelling, iets), vertrouwen op: *blindvaren op iemands vakmanschap*

bloed
* kwaad ~ zetten, anderen tot wrok stemmen, met **bij** (iem.): *kwaad bloed zetten bij iemand*
• **in** koelen bloede, zonder medelijden **van** den bloede, van afkomst: *prinsen van den bloede*, behorende bij de koninklijke familie; **van** koninklijken ~, behorende tot de koninklijke familie
• ~ **voor** (iets), boeten voor: *voor die fout zal hij bloeden*

bloede zie **bloed**

bloedens
• **tot** ~ **toe** slaan, zo slaan, dat iem. gaat bloeden

bloei
• **in** ~ staan: *de bomen staan in bloei;* **in** de ~ **van** zijn leven, in zijn beste jaren; **tot** ~ brengen/komen: *onder de stadhouders kwamen de Nederlanden tot grote bloei*

blok
• **voor** het ~ zetten, een besluit opdringen; **voor** het ~ zitten/gezet worden, geen andere keus hebben/krijgen: *ik zou wel anders willen, maar ik zit voor het blok*

blokkade
* AFSLUITING, met **van** (gebied, bedrijf e.d.): *de blokkade van de fabriekspoort*

blokken
* INGESPANNEN LEREN, met **op** (leerstof): *blokken op aardrijkskunde* en/of met **voor** (examen e.d.): *blokken voor een tentamen*

blokkeren
• ~ **voor** (iets), niet toestaan te gebruiken: *ik wil mijn telefoon laten blokkeren voor 06-nummers*

blootstaan
• ~ **aan** (iets), beschadigd kunnen worden door: *blootstaan aan weersinvloeden/verleiding*

blootstellen
• ~ **aan** (iets), er oorzaak van zijn dat (iem., iets) schade oploopt door iets: *iemand blootstellen aan gevaren*

bluffen
* INTIMIDEREN DOOR HOOG OP TE GEVEN VAN ZIJN PRESTATIES OF CAPACITEITEN, met **op** of **over** (iets): *bluffen op zijn prestaties* en/of met **tegen:** *tegen iemand bluffen*

bocht
• (persoon) **in** de ~: *Jan **in** de bocht!*, Jan in actie; **door** de ~ gaan, toegeven: *na een volle nacht vergaderen ging de werkgevers door de bocht*

bod
* HET BIEDEN, met **op** (iets): *een bod op een antieke vaas*
• **aan** ~ komen/zijn, (gaan) meedoen/meespelen: *eindelijk kwam zijn voorstel aan bod*

bodedienst
* REGELMATIGE RIT OM GOEDEREN AF TE LEVEREN, met **op** (bestemming): *een bodedienst op Bodegraven* of met **van** (domicilie) **op** (bestemming): *een bodedienst van Den Haag op Bodegraven*

bodem
• **tot** de ~ gaan, tot het uiterste van zijn krachten gaan; iets **tot op** de ~ uitzoeken, iets grondig uitzoeken: *deze kwestie moet tot op de bodem worden uitgezocht;* **van** eigen ~, uit eigen land: *muziek van eigen bodem*

boeg
• het **over** een andere ~ gooien, iets op een andere manier proberen gedaan te krijgen: *toen smeekbeden niet hielpen, gooide hij het over een andere boeg;* **voor** de ~ hebben, nog te doen hebben: *we hebben nog heel wat werk voor de boeg;* een schot **voor** de ~, een waarschuwing

boek
* GEDRUKT EN GEBUNDELD SCHRIJFWERK, met **over** (onderwerp): *een boek over de Tweede Wereldoorlog*
• **buiten** de boeken houden, niet registreren in de financiële administratie; **te** ~ staan, bekend zijn, met **als** (iem., iets): *zij staat te boek als uiterst ta-*

lentvol; **te** ~ staan **voor** (bedrag), schuldig zijn: *hij staat bij mij voor een fors bedrag te boek;* **te** ~ stellen, iets in een boek vastleggen: *later werden zijn avonturen te boek gesteld*

boeken

∗ INSCHRIJVEN, BIJSCHRIJVEN, met **in** (hulpboek): *een bedrag boeken in een verkoopboek* en/of met **op** (rekening): *rente op een rekening boeken*

∗ RESERVEREN, met **voor** (reis, datum, concert e.d.): *ik wil graag boeken voor 12 december; boeken voor het Residentieorkest*

boeking

∗ RESERVERING, met **voor** (reis, datum, concert e.d.): *een boeking voor Benidorm*

∗ (SPORT:) REGISTRATIE VAN EEN OVERTREDING, met **voor** of **wegens** (overtreding): *zij kreeg een boeking wegens spelbederf*

boekje

∗ KLEIN BOEK, met **over** (onderwerp): *een boekje over Engelse leenwoorden*

• **buiten** zijn ~ gaan, zich niet houden aan normen of voorschriften: *de agenten gingen ver buiten hun boekje;* een ~ **over** (iem., iets), minder fraaie dingen vertellen: *daarover zou ik een boekje open kunnen doen!* **volgens** het ~, overeenkomstig (norm, voorschrift, ideaalbeeld): *door strikt volgens het boekje te werk te gaan, veroorzaakten de ambtenaren een complete chaos; een doelpunt volgens het boekje*

boete

∗ GELDSTRAF, met **voor** of **wegens** (vergrijp e.d.): *een boete wegens te hard rijden* of met **op** (vergrijp e.d.): *er staat een fikse boete op snelheidsovertredingen*

∗ ~ doen, gestraft worden, met **voor** (iets): *het is niet meer dan normaal dat je boete doet voor deze fout*

• **op** ~ **van** (bedrag), met (bedrag) als boete in het vooruitzicht

boeten

∗ DE ONAANGENAME GEVOLGEN ONDERVINDEN, met **voor** (iem., iets): *boeten voor een nalatigheid*

boetseren

∗ MAKEN VAN KNEEDBAAR MATERIAAL, met **uit** of **in** (materiaal): *een beeldje boetseren uit klei*

boffen

∗ EEN MEEVALLER HEBBEN, met **met** (iets): *met dat jasje heb je geboft*

∗ GOED WEGKOMEN, met **bij** (iets): *je hebt erbij geboft dat de scheidsrechter de andere kant uitkeek!*

bogen

• **op** (iets) kunnen ~, in het gelukkige bezit zijn van: *deze streek kan bogen op een heerlijk klimaat*

bol

• ~ staan **van** (iets), uitpuilen van: *die krant staat bol van sensatieverhalen*

bombarderen

• ~ **tot** (functie), onverwacht aanstellen als: *hij werd gebombardeerd tot afdelingshoofd*

bomen

∗ EEN DIEPGAAND GESPREK VOEREN, met **over** (iem., iets): *bomen over de zin van het leven*

bon

∗ PAPIEREN BEWIJSJE DAT RECHT GEEFT OP IETS, met **voor** (iets): *een bon voor brood*

• **op** de ~, gerantsoeneerd: *in de oorlog waren de meeste artikelen op de bon;* **op** de ~ gaan/slingeren e.d., een bekeuring krijgen/geven

bonnefooi

• **op** de ~, op goed geluk: *zij trok op de bonnefooi naar Frankrijk*

bonus

∗ BUITENGEWONE UITKERING, BIJV. BOVEN HET LOON, met **op** (normale beloning): *een bonus op het loon* en/of met **voor** (aanleiding): *een bonus voor goed gedrag*

boodschap

∗ BERICHT, met **aan** of **voor** (iem.): *een boodschap aan de achtergeblevenen* en/of met **over** (iets): *een boodschap over de komende manifestatie*

• geen ~ **aan** (iets) hebben, zich niets aantrekken van: *aan jouw geleuter heb ik geen boodschap*

boog

• nog meer pijlen **op** zijn ~ hebben, nog meer argumenten/wensen hebben: *zij heeft nog meer pijlen op haar boog;* **als** een pijl **uit** een ~, met hoge snelheid: *ze schoot als een pijl uit een boog de badkamer in*

boom

∗ een ~ opzetten, een diepgaand gesprek beginnen, met **over** (iem., iets): *een boom opzetten over de zin van het leven*

boon

• **in** de bonen zijn, in de war zijn: *zij was helemaal in de bonen*

boord

• **aan** ~ komen **met** (iets), niet-relevante argumenten te berde brengen: *met die praatjes moet je me niet aan boord komen;* **aan** ~, op het schip; **binnen** boord, op het schip; **buiten** boord, buiten het schip; (iets) **over** ~ zetten/gooien, van iets afzien: *het wordt tijd je bezwaren over boord te zetten;* er is geen man **over** ~, het is niet bezwaarlijk: *als dit niet lukt is er nog geen man over boord*

boos

∗ ONTSTEMD, met **op** (iem. die woede heeft gewekt): *boos zijn op iemand* en/of met **over** (iem., iets) of **om** (iets): *boos over een futiliteit*

boot

• **in** de ~ nemen, iem. beduvelen; **uit** de ~ vallen, niet meer meedoen: *wie nu niet investeert valt straks uit de boot*

boren

∗ EEN GAT MAKEN, met **naar** (olie, gas e.d.): *Shell boort in de Noordzee naar olie*

borg

• ~ blijven/spreken/staan **voor** (iem.); zich ~ stellen **voor** (iem.), zich verantwoordelijk stellen voor een schuldenaar of voor het betalen van een bedrag dat deze aan derden moet betalen

borgtocht

• **op** ~ vrijlaten, tegen het betalen van een garantiebedrag vrijlaten: *in Amerika worden een beklaagde gewoonlijk op borgtocht vrijgelaten*

borst

• **aan** de ~ drukken, zijn sympathie betuigen: *dat ik deze vent zo aan de borst heb gedrukt!* (nog) **aan** de ~ zijn, (nog) gezoogd worden; **op** de ~: *pijn/kou/benauwd op de borst;* zich **op** de ~ slaan/kloppen, demonstratief trots zijn, met **voor** (iets): *bepaald geen reden om je voor op de borst te slaan!* **tegen** de ~ stuiten, bezwaren: *zo'n maatregel stuit me tegen de borst;* **uit** volle ~ zingen, vol overgave zingen; **van** de ~ zijn, niet meer gezoogd worden

bot

• **in** ~ staan, vol bloemknoppen zitten; **tot op** het ~, door en door, grondig: *tot op het bot versteend van de kou; een zaak tot op het bot uitzoeken*

boteren

∗ GOED GAAN, met **tussen** (personen): *het botert al een hele tijd niet tussen hen*

boterham

• (iets) **op** zijn ~ krijgen, een terecht verwijt krijgen: *hij krijgt dat van mij nog wel eens op zijn boterham*

botsen

∗ MET GEWELD TEGEN (IEM., IETS) AANSTOTEN, met **tegen** of **op** (iem., iets, dier, 'elkaar'): *op elkaar botsen*

• ~ **met** (iem.), (van een persoon) in conflict komen met: *de minister botst regelmatig met de leiding van zijn partij* en/of met **over** (iets) *zij botsen over het te voeren beleid;* ~ **met** (iets), (van een zaak) in strijd zijn met: *dat botst met mijn principes*

botsing

∗ HET BOTSEN, met **tussen** (personen, meningen, voertuigen): *een botsing tussen twee werelden*

• **in** ~ komen, in conflict komen, met **met** (iem., iets): *de regeringsleider kwam in botsing met de Kamer*

bouw

• **in** de ~ zijn/zitten, in de bouwindustrie werkzaam zijn: *werken in de bouw*

bouwen

∗ MAKEN UIT MATERIALEN OF ONDERDELEN, met **naar** of **volgens** (ontwerp): *dit huis is gebouwd naar een ontwerp van architect K.* en/of met **van** (materiaal): *een huis van baksteen bouwen*

• ~ **aan** (bouwwerk, toekomst e.d.), doelgericht en planmatig construeren: *we moeten nú bouwen aan de toekomst van onze kinderen;* ~ **op** (iets, iem.), vast vertrouwen: *op hem kun je bouwen*

bovenstrooms

∗ STROOMOPWAARTS TEN OPZICHTE VAN, met **van** (plaat, gebied): *Koblenz ligt bovenstrooms van Keulen*

bovenwinds

∗ AAN DE KANT WAAR DE WIND VANDAAN KOMT, met **van** (plaats, gebied): *bovenwinds van Aruba*

boze

• **uit** den ~ zijn, verwerpelijk zijn: *kritiek leveren is hier al helemaal uit den boze!*

braken

• ~ **van** (iem., iets), een afschuw hebben/walgen van: *ergens van braken*

brand

• **uit** de ~ zijn/helpen, uit de problemen zijn/helpen: *als dat lukt zijn we helemaal uit de brand*

branden

∗ PIJN DOEN DOOR AANRAKING VAN VUUR, met **aan** (iets): *zijn mond branden aan de soep*

∗ VERVULD ZIJN VAN VERLANGEN, met **van** (iets): *branden van verlangen*

∗ zich ~, een brandwond oplopen, met **aan** (voorwerp): *zij brandde zich aan de kachel*

• **op** de lippen ~, graag willen uitspreken: *een vraag die me op de lippen brandt*

brandmerken
• ~ **als** (iem., iets), aanmerken als: *door deze affaire was hij voorgoed gebrandmerkt als fraudeur*

brede
• **in** den brede, uitvoerig: *iets in den brede uiteenzetten*

breedte
• **in** de ~, aan de brede kant: *in de breedte lijkt het heel wat;* **ter** ~ **van** (iets), zo breed als: *ter breedte van een vrouwenhaar;* **over** de volle ~, aan de brede kant in zijn geheel: *over de volle breedte van het gebouw waren ornamenten aangebracht*

breien
* EEN WEEFSEL MAKEN MET NAALD EN DRAAD, met **van** (materiaal): *een trui breien van wol*
• een einde ~ **aan** (iets), niet geheel succesvol afronden: *hij probeerde een einde te breien aan zijn warrig betoog*

breken
• ~ **met** (iem., iets), niet langer doorgaan met: *breken met een gewoonte;* ~ **tegen** of **op** (iets), (van golven) uiteenspatten: *de golven breken op de rotsen*

brengen
• **aan** de lippen ~: *de beker aan de lippen brengen;* **aan** de man ~, verkopen; **aan** het verstand ~, uitleggen; **aan** het licht ~, openbaar maken: *de commissie bracht nogal wat misstanden aan het licht;* **om** het leven ~, doden; **onder** woorden ~, woorden voor iets vinden
• ~ **op** of **tot** (iem., iets), voeren naar: *dit brengt me op een heel ander onderwerp;* ~ **tot** (iets), iemand in een bepaalde toestand doen komen: *het horen van het slechte bericht bracht hem tot razernij*

bres
• **in** de ~ springen, hulp bieden: *Jan sprong altijd in de bres als iemand in moeilijkheden zat,* met **voor** (iem., iets), verdedigen: *gelukkig sprong zij voor hem in de bres;* **op** de ~ staan **voor** (iem., iets), verdedigen, zich sterk maken voor: *hij staat altijd op de bres voor betere arbeidsomstandigheden*

breuk
* EINDE VAN EEN RELATIE E.D., met **met** (iem., iets): *de breuk met het verleden* of met **tussen** (personen): *een breuk tussen de coalitiepartners*

brevet
• ~ **van** (vaardigheid), getuigschrift, met **van** (iets): *een brevet van onvermogen,* een bewijs dat iemand niet voldoet

brief
* SCHRIFTELIJKE MEDEDELING, met **aan** (geadresseerde): *een brief aan de koningin*

briefje
• **op** een ~ geven, verzekeren: *ik geef je op een briefje dat hij je beduvelt*

briefhoofd
• **in** het ~, bovenaan de brief: *in het briefhoofd staat allereerst de naam van het bedrijf*

bril
• **door** een gekleurde ~ zien, bevooroordeeld zijn; **door** een roze/donkere ~ zien, optimistisch/pessimistisch over iets zijn: *hij bekijkt de zaken te veel door een roze bril*

brode
• **om** den brode, om wille van de inkomsten: *hij doet dit alleen om den brode*

broeden
* NADENKEN, met **op** (iets): *broeden op een plan*

broek
• (een proces, e.d.) **aan** zijn ~ hebben/krijgen, gedaagd worden in een proces: *als je niet uitkijkt heb je zo een proces aan je broek;* **achter** de ~ zitten, aansporen: *je moet hem niet zo achter de broek zitten;* (een pak) **op** of **voor** de ~ geven/krijgen, een pak slaag geven/krijgen

broertje
• een ~ dood hebben **aan** (iem., iets), een hekel hebben aan: *aan werken heeft hij een broertje dood*

brokkelen zie **brokken**

brokken
• (n)iets/veel/weinig **in** de melk te ~ hebben, invloed hebben: *'jij hebt hier niets in de melk te brokken'*

brommen
• ~ **op** (iem.), berispen: *je moet niet zo op hem brommen*

bron
• **bij** de ~, waar het geld wordt uitbetaald: *belastingheffing bij de bron;* **uit** goede/betrouwbare e.d. ~ hebben/weten/vernemen, van betrouwbare zijde hebben gehoord: *ik dat heb uit welingelichte bron;* **uit** oude e.d. bronnen putten, gegevens uit oude geschriften e.d. halen; ~ **van** (iets), oorsprong: *een bron van vermaak/inkomsten*

brug
• oefenen **aan** de ~, aan het turntoestel; **over** de ~ komen, (eindelijk) betalen/voor de dag komen, met **met** (iets): *laat hij eindelijk eens over de*

brug komen met zijn rapport

bruikleen

• **in** ~, met recht tot tijdelijk gebruik: *het schilderij was in bruikleen afgestaan aan het museum*

bruikbaar

∗ GESCHIKT, met **voor** of (formele stijl) **tot** (iets): *bruikbaar voor een bepaald doel*

buffer

∗ VEILIGHEIDSZONE, met **tegen** (iem., iets): *men zag Irak als een buffer tegen de opdringende islam* of **tussen** (personen, zaken): *ik zat als een soort buffer tussen de twee kemphanen*

bui

• **bij** buien, heel onregelmatig: *bij buien werkt hij heel hard;* **in** een (goede e.d.) ~ zijn: *ik ben in een opperbeste bui;* **in** een ~ **van** (gevoel): *hij bezatte zich in een bui van neerslachtigheid*

buigen

∗ TOEGEVEN, met **voor** (iem., iets): *het goede buigt niet voor geweld*

• zich ~ **over** (iets), zich verdiepen in: *ik zal me hierover buigen*

buik

• zijn/de ~ vol hebben **van** (iem., zaak, dier), genoeg hebben van: *ik heb mijn/de buik vol van dat gezeur*

buit

• **ten** ~ vallen **aan** (iem.), in handen vallen van: *de failliete boedel viel ten buit aan de schuldeisers*

buiten

• zich te ~ gaan **aan** (iets)

buitensluiten

∗ WEREN, met **van** (iets): *de kansarmen worden buitengesloten van behoorlijk werk*

buitmaken

∗ ZICH MET LIST OF GEWELD TOE-EIGENEN, met **op** (iem.): *wapens buitmaken op de vijand*

bukken

• ~ **voor** of **onder** (iets), zich niet teweer kunnen stellen tegen: *bukken voor geweld*

bulk

• **in** ~, in flinke hoeveelheden: *bij afname in bulk speciale korting*

bulken

• ~ **van** (iets), in overvloed bezitten: *bulken van het geld*

burger

• **in** ~, in burgerkleding: *agenten in burger hielden de gangsterbaas constant in het oog*

bus

• kloppen **als** een ~, precies kloppen; **in** de ~ blazen, royaal betalen; (een brief e.d.) **op** of **in** de ~ doen, op de post doen; **uit** de ~ komen **als** (resultaat), resulteren: *op het festival kwam het Italiaanse koor als beste uit de bus*

C

capabel

* BEKWAAM, met **voor** of (formele stijl) **tot** (iets): *capabel voor een taak; tot die functie is hij niet capabel*

capitulatie

* HET CAPITULEREN, met **voor** (tegenstander): *de vakbond zag het wetsvoorstel als een capitulatie voor de werkgevers*

capituleren

* ZICH OVERGEVEN, met **voor** (iem.): *capituleren voor de tegenstander*

cassatie

• **in** ~, in hoger beroep, met **tegen** of **van** (uitspraak): *hij ging van het vonnis in cassatie* en/of met **bij** (rechtscollege, Hoge Raad e.d.): *zij ging tegen de beslissing in cassatie bij de Hoge Raad;* beroep **in** ~ instellen; beroep **in** ~ aantekenen, met **tegen** (uitspraak): *hij tekende cassatie aan tegen het vonnis* en/of met **bij** (rechtscollege, Hoge Raad e.d.): *hij tekende cassatie aan bij de Hoge Raad*

catastrofaal

* RAMPZALIG, met **voor** (iem., iets): *de uitstoot van kooldioxide is op den duur misschien wel catastrofaal voor het milieu*

ceel

• **op** ~ verkopen, zich binden goederen e.d. op een vastgestelde termijn en tegen een vastgestelde prijs te leveren

• een ~ **aan** toonder, een schriftelijk bewijsstuk

censuur

* CONTROLE OP DE INHOUD VAN WOORD, GESCHRIFT OF KUNSTWERK, met **op** (iets, iem.): *de censuur op boeken*

• **onder** ~ staan/stellen/plaatsen, onderwerpen aan censuur: *in de Sovjet-Unie stonden de kunstenaars onder strenge censuur*

cent

• **op** de centen zijn, zuinig zijn; doodvallen **op** een ~, gierig zijn

chanteren

* AFPERSEN, met **met** (iets): *de minister werd gechanteerd met feiten uit zijn verleden*

charge

• **à** ~, ten gunste van de juridische bewijslast: *een getuige à charge*

cheque

* SCHRIFTELIJKE BETALINGSOPDRACHT, met **aan** (begunstigde): *een cheque aan toonder; een cheque uitschrijven aan iemand*

circuleren

* RONDGAAN, met **onder** (personen): *circuleren onder de medewerkers*

citaat

* AANGEHAALDE PASSAGE, met **uit** (geschrift, muziekstuk): *een citaat uit een gedicht* of met **van** (schrijver e.d.): *een citaat van Vondel*

citeren

* AANHALEN, met **uit** (geschrift, muziekstuk): *Poulenc citeert hier uit Mozarts pianoconcert*

claim

* EIS OM IETS TE BEZITTEN OF TE GEBRUIKEN, met **op** (iets): *een claim op de auteursrechten* en/of met **tegen** (iem.): *een claim tegen de concurrent*

classificeren

* INDELEN IN EEN CATEGORIE, met **onder** (categorie): *een mus classificeren onder 'vogels'* of met **als** (categorie): *een mus classificeren als een vogel* en/of met **naar** of **volgens** (eigenschap): *de objecten worden geclassificeerd naar grootte*

* BESTEMPELEN, met **als** (iem., iets): *ik zou dat willen classificeren als misstand*

close-up

* FOTO VAN DICHTBIJ, met **van** (een persoon enz.): *een close-up van de hoofdingang;* **in** ~, van dichtbij opgenomen

code

• **in** ~, (meestal mathematisch) bewerkt, waardoor het origineel onherkenbaar is: *een tekst in code*

collaboreren

* SAMENWERKEN MET EEN BEZETTENDE MACHT, met **met** (iem.): *collaboreren met de vijand*

college

* LES OP EEN UNIVERSITEIT OF HOGESCHOOL, met **bij** (docent): *ik heb nog college gelopen bij P.* of met **van** (docent): *ik heb nog college gehad van P.* en/of **over** (iem., iets): *een college over Horatius/stedenbouw*

combinatie

* VERBINDING, SAMENVOEGING, met **van** (iem., iets) **en** (iem., iets): *zijn succes is toe te schrijven aan een combinatie van intelligentie en werklust*

* SAMENWERKINGSVERBAND, met **met** (iem., iets): *Eltingh vormt een goede combinatie met Haarhuis*

* GECOÖRDINEERDE ACTIE, met **met** (iem.): *Cruijff ging een fraaie combinatie aan*

met Neeskens of met **tussen** (personen): *de combinaties tussen Cruijff en Neeskens verliepen vlekkeloos*
• **in** ~ **met** (iem., iets): *intelligentie in combinatie met werklust vormen de basis van zijn succes*

combineren
∗ (ZAKEN) DOEN SAMENGAAN, met **met** (zaken): *gerechten met elkaar combineren* of met **tot** (resultaat): *we moeten deze twee opvattingen zien te combineren tot een eensluidend standpunt*

comité
∗ GROEP PERSONEN VOOR HET OP VRIJWILLIGE BASIS UITVOEREN VAN EEN TAAK, met **voor** (taak): *een comité voor de viering van Koninginnedag*
∗ min of meer aangestelde groep personen voor het uitvoeren van een taak, met **van** (taak): *het comité van voorbereiding van de conferentie*
• **in** ~, zonder buitenstaanders: *in comité vergaderen;* **in** (petit) ~, met alleen de belangrijkste personen: *in petit comité vergaderen*

commando
∗ LEIDING, met **over** (iem.): *het commando hebben over een bataljon* of met **van** (operatie e.d.): *de VS droegen het commando van de operatie Restore Hope over aan de VN;* **onder** (het) ~ **van** (iem.): *onder commando van een sergeant*
• **op** ~, op bevel: *ik kan niet lachen op commando*

commentaar
∗ REACTIE, met **op** (iem., iets): *commentaar op een gebeurtenis*
∗ RADIO- OF TELEVISIEVERSLAG, met **bij** (gebeurtenis): *het commentaar bij een voetbalwedstrijd*

commissie
∗ GROEP PERSONEN DIE IETS BESTUDEREN OF TOEZICHT OP IETS HOUDEN, met **van, tot** of **voor** (iets): *een commissie van toezicht; een commissie tot bestrijding van de misdaad; een commissie voor de geloofsbrieven*
• zaken **in** ~ kopen, in opdracht; zaken **in** ~ ontvangen, tegen commissieloon; liegen **in** ~, vaststellen dat men een onwaarheid doorvertelt: *als dat zo is, dan lieg ik in commissie*

commissionair
∗ IEMAND DIE HANDELSOVEREENKOMSTEN SLUIT, met **in** (iets): *een commissionair in effecten*

commitment
∗ ACTIEVE BETROKKENHEID, met **aan** (iets): *in Europa maakte men zich zorgen over Amerika's commitment aan Europa* of met **(om) te** (+ onbep. wijs): *Amerika's commitment om de Europese problemen te helpen oplossen*

committeren
∗ zich ~, zich vastleggen/binden, met **aan** (iets): *de kleinste regeringspartij wilde zich niet committeren aan het wetsvoorstel*

communicatie
∗ UITWISSELING VAN INZICHTEN, GEVOELENS E.D., met **met** (iem.): *er is geen communicatie met hem mogelijk* of met **tussen** (personen): *de communicatie tussen hen verloopt stroef*
• **in** ~ staan **met** (iem.), geregeld contact hebben

communiceren
∗ ZIJN GEDACHTEN UITEN, met **met** (iem.): *met iemand communiceren* en/of met **over** (iem., iets): *daarover wil hij niet communiceren*

compassie
∗ MEDELIJDEN, met **met** (iem.): *je moet een beetje compassie met haar hebben*

compatibel
∗ OP ELKAAR AANSLUITEND, met **met** (iets): *MS-DOS en Unix zijn niet compatibel met elkaar*

compensatie
∗ DAAD WAARMEE MEN IEMANDS INSPANNING BELOONT OF IETS GOEDMAAKT, met **voor** of **van:** *een kleine compensatie voor het vele ongerief; de boeren eisten compensatie van de inkomensderving*

compenseren
∗ IEMANDS NADEEL GOEDMAKEN, met **voor** (iets): *lage inkomensgroepen worden gecompenseerd voor de bezuinigingen op de kinderbijslag*

competent
∗ BEVOEGD, met **tot** (iets): *competent tot het nemen van belangrijke besluiten*
∗ BEKWAAM, met **voor** (iets): *hij is niet competent genoeg voor deze taak*

compliment
∗ PRIJZENDE OPMERKING, met **aan** (iem.): *complimenten aan de kok* en/of met **over**, **voor** of **wegens** (prestatie): *de kok kreeg complimenten over zijn kookkunst; hij kreeg een compliment voor zijn flinke gedrag* en/of met **voor** (iem.): *complimenten voor de kok;* geen complimenten maken **met** (iem.), korte metten maken met iemand

complimenteren
∗ PRIJZEN, met **met** (iets): *iemand complimenteren met een prestatie*

compromis
∗ OVEREENKOMST WAARBIJ DE PARTIJEN IETS

TOEGEVEN, met **met** (partij): *de vakbeweging sloot een compromis met de werkgevers* of met **tussen** (partijen): *een compromis tussen werkgevers en vakbeweging* en/of met **over** (kwestie): *een compromis over de afbouw van de VUT*

compromitteren

∗ IN OPSPRAAK BRENGEN, met **met** (iem., iets): *met die uitspraak heeft hij zich behoorlijk gecompromitteerd*

concentratie

∗ SAMENBUNDELING, met **van** (personen, zaken): *een grote concentratie van allochtonen*

∗ HET ZICH CONCENTREREN, met **op** (iets): *een te grote concentratie op het behalen van winsten is desastreus*

concentreren

∗ SAMENBUNDELEN, met **op** (iem., iets, dier): *zich op iets concentreren* of met **in** (iets): *alle macht was geconcentreerd in een man*

concept

• **in** ~, in voorlopige opzet: *ik heb het rapport in concept klaar*

concessie

∗ HET DEELS TOEGEVEN OM EEN CONFLICT OP TE LOSSEN, met **aan** (iem., iets): *concessies aan iemand doen; een concessie aan de heersende smaak*

∗ EXPLOITATIEVERGUNNING, met **voor** (iets): *een concessie voor oliewinning*

concessies

• ~ doen, met **aan** (iets), minder zorg besteden aan iets dan men gewenst had: *de auteurs waren bereid, concessies te doen aan het omvangrijke notenapparaat*

concluderen

∗ EEN MENING VORMEN OP GROND VAN GEGEVENS, met **uit** (iets): *daaruit concludeer ik dat ...*

∗ EEN EIS FORMULEREN IN EEN RECHTSZAAK, met **tot** (iets): *concluderen tot invrijheidstelling*

conclusie

∗ SCHRIFTELIJKE REACTIE IN EEN RECHTSZAAK, met **van** (iets): *een conclusie van antwoord/repliek/dupliek/eis*

concordaat

∗ OVEREENKOMST (MEESTAL MET DE R.-K. KERK ALS PARTIJ), met **met** (partij): *een concordaat met Rome/de paus* of met **tussen** (partijen): *een concordaat tussen Duitsland en het Vaticaan*

concordantie

∗ LIJST VAN WOORDEN IN EEN BOEK, met opgave van de plaatsen en met citaten, met **op** (iets): *een concordantie op de bijbel*

concurrentie

∗ WEDIJVER TUSSEN ONDERNEMERS, met **met** (iem., instelling): *de concurrentie met de andere aanbieders is moordend* of met **tussen** (aanbieders): *de concurrentie tussen A. en B.*

concurreren

∗ EEN ANDERE ONDERNEMER PROBEREN TE OVERTREFFEN, met **met** (iem., instelling): *A. concurreert met B.; de hogesnelheidstrein moet concurreren met het vliegtuig* en/of met **met** of **op** (iets): *concurreren op prijs is grote noodzaak; concurreren met lagere tarieven*

condenseren

∗ VAN GASVORMIGE TOESTAND OVERGAAN IN VLOEIBARE TOESTAND, met **tot** (toestand): *propaangas condenseert tot LPG*

condoleren

∗ ZIJN BEDROEFDHEID OVER EEN STERFGEVAL BETUIGEN, met **met** (iets): *iemand condoleren met de dood van zijn vader*

confereren

∗ BERAADSLAGEN, met **met** (iem.): *confereren met zakenpartners* en/of met **over** (iets): *confereren over het beleid*

conflict

∗ HEVIGE ONENIGHEID VAN ZAKELIJKE AARD, met **over** (iets): *een conflict over het eigendom van iets* en/of met **met** (iem.): *een conflict met een buurman* of **tussen** (personen e.d.): *een conflict tussen twee staten*

• **in** ~ komen/raken/zijn

conformeren

• zich ~ **aan** (iem., iets), zich richten naar: *zich conformeren aan de geldende normen*

confrontatie

∗ FEIT DAT MEN IEMAND OP EEN VOOR HEM ONAANGENAAM GEGEVEN WIJST, met **met** (iets): *deze confrontatie met een afwijkende mening bracht hem duidelijk in verwarring* of met **tussen** (partijen): *de confrontatie tussen twee extreme standpunten*

∗ CONFLICT, met **met** (iem.): *de vakbeweging leek uit te zijn op een confrontatie met de werkgevers* of met **tussen** (personen, zaken): *de confrontatie tussen beide partijen was bikkelhard*

confronteren

∗ GETUIGEN EN BESCHULDIGDE – OF GETUIGEN ONDERLING – TEGENOVER ELKAAR STELLEN, met **met** (iem.): *de verdachte werd geconfronteerd met de getuige*

• ~ **met** (iets), iemand op een onaangenaam feit wijzen: *iemand confronteren met zijn criminele verleden*

congruent
∗ OVEREENSTEMMEND MET IETS ANDERS, met **met** (iets): *het onderwerp moet congruent zijn met de persoonsvorm*

congrueren
∗ OVEREENSTEMMEN, met **met** (iets): *de meningen van regering en parlement bleken niet bepaald met elkaar te congrueren*

connectie
∗ RELATIE, met **met** (iem., iets): *heeft de president connecties met de maffia?*
∗ VERBAND, met **tussen** (personen, zaken): *de connectie tussen druggebruik en criminaliteit*
• **in** ~ staan **met** (iem.), een relatie hebben: *staat de president in connectie met de maffia?*

consensus
∗ OVEREENSTEMMING, met **over** of **ten aanzien van** (iets): *ten aanzien van het vreemdelingenbeleid bestond consensus in het kabinet*
• **bij** ~ aannemen, een voorstel e.d. aannemen zonder dat een stemming noodzakelijk is

consequenties
∗ ONVERMIJDELIJK GEVOLG, met **van** (iets): *de ~ van een beslissing* en/of met **voor** (iem., iets): *de consequenties zijn voor u!; de consequenties die deze beslissing heeft voor het toekomstig beleid*
• ~ verbinden **aan** (iets): maatregelen nemen die eruit voortvloeien: *we moeten langzamerhand consequenties verbinden aan de jaarlijks optredende overlast*; (de) ~ trekken **uit** (iets), maatregelen nemen die eruit voortvloeien: *de overheid heeft nagelaten de consequenties te trekken uit die ramp*

consideratie
∗ TOEGEEFLIJKHEID, met **met** (iem.): *je moet wat consideratie met haar hebben*
• **in** ~ nemen, iets willen overwegen: **met** ~ bejegenen., met achting behandelen; **uit** ~ **met** of **voor** (iem.), om de gevoelens te sparen: *ik deed dat uit consideratie voor haar*

consideratie
• ~ verbinden **aan** (iets): maatregelen nemen die eruit voortvloeien: *we moeten langzamerhand consequenties verbinden aan de jaarlijks optredende overlast*; (de) ~ trekken **uit** (iets), maatregelen nemen die eruit voortvloeien: *de overheid heeft nagelaten de consequenties te trekken uit die ramp*

consignatie
• **in** ~, te koop in opdracht van derden: *zij heeft die wandkleden in consignatie*

consistent
∗ IN OVEREENSTEMMING, met **met** (iets): *zijn beslissing is consistent met het tot dusverre gevoerde beleid*

consistentie
∗ HET NIET MET ELKAAR IN TEGENSPRAAK ZIJN, met **tussen** (zaken): *er is weinig de consistentie tussen de verschillende beleidsvoornemens* of met **met** (iets): *die uitspraak is niet consistent met eerdere uitlatingen*

contact
∗ HET MET ELKAAR PRATEN, SCHRIJVEN, GESTICULEREN ENZ. VAN TWEE OF MEER MENSEN, met **met** (iem.): *het contact met onze klanten* of met **tussen** (personen, instellingen): *het contact tussen de familieleden verliep moeizaam*
• **in** ~ staan/zijn/brengen **met** (iem.)

contaminatie
∗ VERHASPELING VAN TWEE UITDRUKKINGEN, met **van** (uitdrukking) **en** (uitdrukking): *optelefoneren is een contaminatie van 'opbellen' en 'telefoneren'*

content
∗ TEVREDEN, met **met** of **over** (iem., iets): *content zijn met de resultaten; ik ben heel content over hem*

conto
• **op** iemands ~ schrijven, aan iemand toeschrijven: *deze mislukking mag je wel op zijn conto schrijven;* **op** iemands ~ komen, verantwoordelijk zijn: *deze mislukking komt op zijn conto*

contract
∗ SCHRIFTELIJKE OVEREENKOMST, met **met** (iem.): *een contract met iemand sluiten* of met **tussen** (partijen): *een contract tussen A. en B.* en/of met **voor** (iets): *een contract voor de levering van een partij kaas*
• **onder** ~ staan, door een exclusieve overeenkomst gebonden zijn aan het leveren prestaties, met **bij** (partij): *Koeman stond enige tijd onder contract bij PSV*

contrair
∗ IN STRIJD MET IETS, met **aan:** *dit gegeven is contrair aan het feit dat ...*

contrast
∗ GROOT VERSCHIL, met **met** (iets): *lopend in de villawijk viel ons het contrast met de armoede in de rest van de stad sterk op* of **tussen** (personen, zaken): *het contrast tussen arm en rijk*
• **in** ~ staan/zijn **met** (iets), sterk afsteken tegen: *de rijkdom van Manhattan staat in schril contrast met de armoede in Brooklyn*

contrasteren

∗ STERK VERSCHILLEN VAN DE OMGEVING OF ACHTERGROND, met **met** (iem., iets): *het witte huis contrasteert met de bosschages*

contribueren

∗ CONTRIBUTIE BETALEN, met **aan** (vereniging): *contribueren aan een vakbond*

controle

∗ TOEZICHT OP DE NALEVING VAN REGELS E.D., met **op** (iets): *controle uitoefenen op de werkzaamheden*

∗ BEHEERSING, met **over** (iem., iets): *de controle over de ontwikkelingen verliezen;* **onder** ~: *ik heb alles onder controle.*

• **onder** ~ staan, gecontroleerd worden, met **van** (iem., instelling): *de kwaliteit staat onder voortdurende controle van de fabrikant*

controleren

• ~ **op** (iets), 1 onderzoeken of iemand belastende voorwerpen bij zich heeft, te veel gedronken heeft e.d.: *de aanwezigen werden gecontroleerd op het bezit van drugs;* 2 onderzoeken of (het functioneren van) iets foutloos is: *een geneesmiddel controleren op bijwerkingen; een rapport controleren op typefouten*

controverse

∗ ONENIGHEID OVER IETS PRINCIPIEELS, met **met** (iem.): *een controverse met iemand hebben* of **tussen** (personen e.d.): *een controverse tussen A. en B.* en/of met **over** (iets): *een controverse over de ouderdom van het heelal*

conventie

• **in** ~, door de klager ingediend: *een eis in conventie*

convergeren

∗ ZICH NAAR ÉÉN PUNT RICHTEN, met **naar** (iets): *alle spoorwegen convergeren naar het economische middelpunt van het land*

converseren

∗ ONTSPANNEN PRATEN, met **met** (iem.): *het is prettig converseren met hem* en/of met **over** (iets): *converseren over actuele zaken*

correlatie

∗ SAMENHANG TUSSEN ZAKEN, met (**van** (iets)) **met** (iets): *de correlatie van het voedingspatroon met het sterftecijfer* of **tussen** (zaken): *de correlatie tussen het voedingspatroon en het sterftecijfer*

correleren

∗ SAMENHANGEN, met **met** (iets): *al die gegevens correleren met elkaar*

corresponderen

• ~ **met** (iem., instelling), een briefwisseling voeren: *ik correspondeer met een Tsjechische;* ~ **met** (iets), op elkaar aansluiten: *die treinverbinding correspondeert niet met de dienstregeling van de bus*

corrigeren

∗ (IEM., IETS) VERBETEREN, met **op** (fout): *een tekst corrigeren op spelfouten*

∗ (EEN CIJFER, WAARDE) STATISTISCH AANPASSEN, met **voor** (omstandigheid): *de werkloosheidscijfers worden gecorrigeerd voor seizoensinvloeden*

coulance zie **coulantie**

coulant

∗ SOEPEL, MEEGAAND, met **jegens** (iem.): *de oppositie gedroeg zich opvallend coulant jegens de bewindsman* en/of met **met** (iets): *de douane was coulant met het opleggen van boetes*

coulantie

∗ HET COULANT ZIJN, met **jegens** of **met** (iem.): *de officier had met de verdachte weinig coulantie.*

coulissen

• **achter** de ~, niet bestemd voor buitenstaanders; **in** de ~ klaarstaan/wachten, klaarstaan om op te komen/in actie te komen

counter

• **op** de ~ spelen, (sport) via snelle uitvallen proberen te scoren

couvert

• **onder** ~, in gesloten envelop: *een geldbedrag onder couvert aanbieden;* **per** ~, (horeca) per persoon: *een diner à € 200,- per couvert*

credit

• **op** zijn ~ schrijven, verantwoordelijk achten voor iets goeds; **in** ~ staan voor (bedrag), rood staan: *hij staat voor € 2000,- in credit*

crediteren

∗ ALS CREDITEUR NOTEREN, met **voor** (bedrag): *we kunnen X. wel crediteren voor € 5000,-*

criterium

∗ NORM, met **voor** (iets): *de criteria voor een juiste beoordeling*

culmineren

• ~ **in** (iets), een hoogtepunt bereiken in de vorm van iets: *de herdenking culmineerde in een grandioos slotfeest*

curatele

• **onder** ~ stellen/plaatsen/staan, 1 onder toezicht plaatsen/staan, met **van** (iem., instelling): *de gemeente Leiden staat niet meer onder curatele* *van het Rijk;* 2 betutteld worden, met **bij** (iem.): *ik voel er niets voor om steeds maar bij jou onder curatele te staan*

curator

∗ JURIST DIE EEN FAILLISSEMENT AFHANDELT, met **in** (zaak): *de curator in het faillissement van de firma Z.*

cursus

∗ EEN OF MEER LESSEN, met **in** (onderwerp): *een cursus in babyverzorging* of met **voor** (getuigschrift, bevoegdheid): *een cursus voor de akte handvaardigheid*

• **op** ~ gaan/zijn, een (korte) cursus buiten de gewone werkomgeving volgen: *Annie is vandaag niet aanwezig; ze is op cursus*

D

daar

dat is **tot** ~ (**aan**) toe, dat kan er (eventueel) nog mee door

dag

• morgen **aan** de dag, meteen als het dag wordt; **aan** de ~ brengen, openbaar maken: *het rapport bracht vele misstanden aan de dag;* **aan** de ~ treden/komen, zichtbaar/bekend worden: *de fraude kwam door toeval aan de dag;* **aan** de ~ leggen, blijk geven van: *zij legde een opmerkelijke ijver aan de dag;* **bij** ~, bij daglicht, overdag; **bij** de ~, per dag: *bij de dag leven/veranderen;* oud en **der** dagen zat, oud en zonder levenslust; (een) **dezer** dagen, binnenkort; ~ **in** ~ **uit**, elke dag weer: *de boer werkte dag in dag uit op zijn akker;* **in** de ~, zichtbaar, binnenwerks, *in de dag komend metselwerk;* **in** de dagen **van** (iem., iets), in de tijd van; **in** onze/die dagen, in onze/die tijd: *in die dagen ging er een gebod uit van keizer Augustus;* **met** de ~, per dag: *het ging met de dag beter met haar;* **op** alle dagen (alledag) lopen, binnenkort gaan bevallen; **op** een (goede/kwade/zekere e.d.) ~: *op een dag kwam zij plotseling aanzetten met een poes;* **op** klaarlichte ~, overdag en in alle openbaarheid: *de beroving vond op klaarlichte dag plaats;* **'s** ander**en** daag**s**, op de volgende dag; **tegen** de ~, zo, dat het licht erop of erdoor valt: *een schilderij tegen de dag hangen;* heden **ten** dage, in deze/onze tijd; oud **van** dagen, bejaard; **ten** eeuwigen ~, tot in eeuwigheid; **van** de ene ~ **in** de andere leven, leven zonder plannen of vooruitzichten op langere termijn: *verslaafden leven van de ene dag in de andere;* **van** de ene ~ **op** de andere, volslagen onverwachts; **van** ~ **tot** ~, elke dag opnieuw: *hij hield van dag tot dag aantekeningen bij;* **voor** de ~ komen **met** (iem., iets), onverwachts (iem., iets) naar voren schuiven: *hij kwam met een origineel plan voor de dag;* **voor** de ~ halen: tevoorschijn halen

• daag**s** **na** (punt in de tijd, gebeurtenis), op de dag na: *daags na deze ruzie kwam hij het weer goedmaken*

dage zie **dag**

dagen

∗ EISEN TE VERSCHIJNEN, met **voor** (gerecht e.d.): *het complete bestuur werd voor het gerecht gedaagd*

dak

• **onder** ~ brengen/zijn, een vaste verblijfplaats bieden/hebben; (iem., iets) **op** zijn ~ krijgen, met een problematische confrontatie te maken krijgen: *ik kreeg zowaar de politie op mijn dak;* (iem.) **op** zijn ~ sturen, via (iem.) een confrontatie uitlokken: *hij stuurde me zijn zuster op mijn dak;* (iem.) (rauw) **op** zijn ~ vallen, onaangenaam verrassen: *die opmerking valt me rauw op mijn dak;* **uit** z'n ~ gaan, uitzinnig van enthousiasme/woede worden: *zij gaat uit haar dak voor Prince;* (iets) **van** de daken schreeuwen, iedereen laten weten: *het is wel geen geheim, maar daarom hoef je het nog niet van de daken te schreeuwen;* **van** een leien dakje gaan, goed verlopen

dal

• **door** een diep ~ gaan, in ernstige moeilijkheden verkeren; **uit** het ~ halen/komen, uit de moeilijkheden helpen/geraken

dalen

* (VAN WAARDEN, BEDRAGEN, HOEVEELHEDEN) LAGER OF MINDER WORDEN, met **tot** of **naar** (een lager peil): *de koersen daalden tot een dieptepunt* of met **in** (opzicht): *de dollar daalt in koers; hij daalt in mijn achting*

daling

• **op** ~ speculeren, à la baisse verkopen/speculeren

dalles

• **in** de ~ zitten, in (financiële) problemen verkeren: *na dit avontuur zit hij goed in de dalles*

dam

* AFSLUITING VAN EEN WATERWEG, BELEMMERING, met **tegen** (iets): *een dam opwerpen tegen de criminaliteit*

dank

* HET ERKENTELIJK ZIJN, met **aan** of (formele stijl) **jegens** (iem.): *dank aan/jegens de milde gever* en/of met **voor** (iets): *hij sprak zijn dank uit voor het genotene*

• **in** ~ aannemen e.d., dankbaar zijn voor het ontvangene: *stank voor dank,* een onheuse bejegening in ruil voor een bewezen dienst; **met** ~ **aan** (iem., instelling), bedankend, met **voor** (iets): *met dank aan alle medewerkenden voor hun inzet*

dankbaar

* GEVOELENS VAN DANK KOESTEREND, met **jegens** (iem.): *dankbaar jegens de gulle gever* en/of met **voor** of **wegens** (iets): *dankbaar voor het genotene*

dankbetuiging

• **met** of **onder** (een) ~, dankend, met **aan** (iem., instelling): *hij eindigde met een dankbetuiging aan het bestuur* en/of met **voor** (iets): *hij nam afscheid met een dankbetuiging voor de genoten gastvrijheid*

danken

* BEDANKEN, met **voor** (iets): *iemand danken voor zijn hulp;* ~ bidden (voor herstel e.d.), met **voor** (iem.): *danken voor de zieke* en/of **tot** (God e.d.): *danken tot God voor de zieke*

• **te** ~ hebben/zijn **aan** (iem., iets), (positief) toegeschreven kunnen worden aan: *dat fortuin heeft hij te danken aan zijn oom*

• ~ **aan** (iem., iets), hebben of genieten door toedoen van een ander of door een omstandigheid: *die meevaller dank ik aan jou;* ~ **voor** (iets), geen zin in iets hebben: *danken voor een aanbod*

dankzeggen

• ~ **voor** (iets), (formeel) bedanken: *ik wil u dankzeggen voor uw medewerking*

dankzegging

• **onder** ~ **aan** (iem.), terwijl de betrokkene bedankt wordt, met **voor** (iets): *onder dankzegging aan x. voor de bewezen diensten*

dansen

* EEN DANS UITVOEREN, met **op** (muziek e.d.): *het ballet werd gedanst op muziek van Stravinsky*

dateren

• ~ **uit** (jaar, periode e.d.), sinds die tijd bestaan: *deze tekst dateert uit de Middeleeuwen; het huis dateert uit 1883;* ~ **van** (jaar, maand, datum e.d.), sinds die tijd bestaan: *dit huis dateert van 1883; de tekening dateert van enkele jaren geleden*

dato

• **na** ~, na de vermelde datum: *vandaag, een week na dato, hebben we nog geen reactie binnen*

dealen

* HANDEL DRIJVEN IN DRUGS, met **in** (iets): *dealen in hasj*

debat

* OPENBARE GEDACHTENWISSELING, met **met** (iem.) of **tussen** (personen): *een debat met de minister* en/of met **over** (iets): *een debat tussen de lijsttrekkers over de toekomst van de AOW*

• **in** ~, debatterend, met **over** (iets):

al gauw waren zij in debat over deze zaak

debatteren

∗ IN HET OPENBAAR VAN GEDACHTEN WISSELEN, met **met** (iem.): *debatteren met de minister* en/of met **over** (iets): *debatteren met de lijsttrekkers over de toekomst van de AOW*

debet <zn>

• **in** ~ aanrekenen/boeken/overschrijven, aan de debetzijde boeken: *wij hebben het bedrag in debet geboekt*

debet <bn>

∗ (GELD) SCHULDIG ZIJNDE AAN: *debet X. aan Y. dertig euro*

∗ DE OORZAAK VAN, met **aan** (iets): *mismanagement is debet aan dit faillissement*

• **als** ~ boeken, als debiteur boeken, **voor** (bedrag): *wij hebben u als debet geboekt voor het vermelde bedrag*

debiteren

∗ INSCHRIJVEN ALS DEBITEUR, met **voor** (bedrag): *iemand debiteren voor € 1500,-*

decentraliseren

∗ OP DECENTRAAL NIVEAU LATEN BEHANDELEN, met **naar** (instelling e.d.): *de regering heeft het voornemen tal van taken te decentraliseren naar de gemeenten*

decharge

• **à** ~, ten gunste van de juridische verdediging: *een getuige à decharge*

dechargeren

∗ ONTHEFFEN, met **van** (taak) of **als** (functie): *de secretaris werd van zijn taak gedechargeerd; hij werd als secretaris gedechargeerd*

∗ KWIJTSCHELDEN, met **voor** (bedrag): *iemand dechargeren voor een bedrag van € 5000,-*

deduceren

∗ ALS LOGISCHE CONCLUSIE AFLEIDEN, met **uit** (iets): *iets deduceren uit de aanwijzingen*

deel

• **in** allen dele, alleszins; **in** genen dele, geenszins; **ten** dele, maar gedeeltelijk; **ten** ~ vallen, bij verdeling krijgen: *mij vielen wat snuisterijen ten deel;* **voor** een ~, maar gedeeltelijk

• part noch ~ **aan** (iets) hebben, helemaal niet betrokken zijn: *ik heb part noch deel aan die kwestie*

deelbaar

∗ (VAN EEN GETAL) GEDEELD KUNNENDE WORDEN, met **door** (getal): *15 is deelbaar door 5*

deelgenoot

∗ IEMAND DIE ERGENS BIJ BETROKKEN IS, met **van** of **in** (iets): *immigranten moeten deelgenoot worden van de cultuur van het gastland*

• ~ maken **van** (iets), vertellen aan: *zij maakte hem deelgenoot van haar geheimpje*

deelgerechtigd

∗ MET HET RECHT MEE TE DELEN, met **in** (iets): *houders van certificaten zijn deelgerechtigd in de winst*

deelname

∗ HET MEEDOEN, met **aan** (iets): *de deelname aan de wedstrijd is gratis*

∗ (FINANCIEEL) BELANG, met **in** (activiteit): *een deelname in de bouwcombinatie*

deelnemen

• ~ **aan** (iets), samen met anderen iets doen: *aan de oefening namen twee divisies deel;* ~ **in** (iets), 1 geld steken in: *deelnemen in een bedrijf;* 2 meevoelen: *deelnemen in iemands verdriet*

deelnemer

∗ IEMAND DIE MEEDOET AAN EEN ACTIVITEIT OF BIJEENKOMST, met **aan** (iets): *de deelnemers aan de wedstrijd wordt verzocht zich te melden*

• ~ **in** (vennootschap e.d.), compagnon: *hij is deelnemer in een maatschap*

deelneming

∗ HET MEEDOEN, met **aan** (iets): *de deelneming aan de wedstrijd is gratis*

∗ HET MEEVOELEN, met **met** (iem.): *deelneming met de nabestaanden*

deeltijd

• **in** ~, niet voor de volle werktijd: *de echtelieden werken beiden in deeltijd*

defensief <zn>

• **in** het ~, beperkt tot zich verdedigen: *tot nu toe zijn we in het defensief geweest/gedrongen*

deernis

∗ DIEP GEVOELD MEDELIJDEN, met **met** (iem., dier): *deernis tonen met de misdeelden*

defect

∗ BESCHADIGING, met **aan** of **in** (iets): *een defect aan de carburateur*

definitie

• **per** ~, uit de aard der zaak: *op een zekere leeftijd vind je je ouders per definitie dom*

deformeren

∗ MISVORMEN, met **tot** (iets): *het beeldje was gedeformeerd tot een blok klei*

degenereren

∗ MINDERWAARDIG WORDEN, met **tot** (iets): *de moderne mens degenereert tot consumptiedier*

degradatie
* VERLAGING IN RANG, met **tot** (rang e.d.): *een degradatie tot sergeant*
* HET IN EEN LAGERE KLASSE GEPLAATST WORDEN, met **naar** (klasse): *voor de club dreigt degradatie naar de vierde klasse*

degraderen
* (IEM.) EEN LAGERE RANG GEVEN, met **tot** (rang): *iemand degraderen tot sergeant*
* IN EEN LAGERE KLASSE GEPLAATST WORDEN, met **naar** (klasse): *de club degradeerde naar de vierde klasse*
• ~ **tot** (hoedanigheid), beneden iemands waardigheid/positie behandelen: *ik laat me niet degraderen tot loopjongen*

dek
• **aan** ~, op het dek: *alle hens aan dek*

dekken
• ~ **tegen** (schade e.d.), recht op vergoeding geven: *de verzekering dekt tevens tegen diefstal of verlies van contanten*

dekking
* RECHT OP VERGOEDING, met **tegen** of **voor** (schade e.d.): *de verzekering voorziet tevens in dekking tegen diefstal of verlies van contanten*
* GARANTIE: *goud geldt als de veiligste dekking voor een munteenheid*
• **in** ~ gaan, dekking zoeken: *de agenten gingen in dekking;* **onder** ~ **van** (nacht, geschut e.d.): *de vijand naderde onder dekking van zwaar artillerievuur;* **ter** ~ staan, beschikbaar zijn ter vergoeding

dekmantel
* CAMOUFLAGE, SCHIJN, met **voor** (iets): *een dekmantel voor illegale activiteiten*
• **onder** de ~ **van** (iets): *spioneren onder de dekmantel van een firma*

dele zie **deel**

delegeren
* EEN (DEEL VAN EEN) BEVOEGDHEID OVERDRAGEN AAN EEN LAGER GEPLAATSTE, met **aan** (iem.): *hij delegeerde enkele taken aan zijn medewerkers*

delen
* SAMEN MET EEN ANDER GEBRUIKEN OF BEZITTEN, met **met** (iem., instelling): *een kamer met iemand delen*
* uit een gegeven deeltal en een gegeven (of mogelijke) factor de andere factor afleiden, met **door** (factor): *20 delen door 4*
• ~ **in** (zelfstandig gebruikt telwoord), 1 splitsen: *een brood in tweeën delen;* 2 een deel krijgen van: *we delen in de winst;* ~ **op** (getal), uit het deeltal en de gegeven factor de andere factor afleiden: *4 delen op 20*

demonstratie
* HET TONEN VAN DE WERKING, met **van** (iets): *een demonstratie van een nieuw type stofzuiger*
* BETOGING, met **voor** of **tegen** (iets): *een demonstratie tegen oorlog en voor vrede*

denkbeeld
* GEDACHTE, met **van**, **over**, **met betrekking tot** of **betreffende** (iem., iets): *zijn denkbeelden over de politiek*

denken
• ~ **aan** (iem., iets), 1 gedachten hebben over; *hij dacht aan zijn vriendin;* er valt **aan** te ~, er bestaat een mogelijkheid; 2 rekening houden met: *denken aan de gevaren;* 3 niet vergeten: *denk aan haar verjaardag;* doen ~ **aan** (iets), lijken op, herinneren aan: *het dessin doet denken aan een herfstbos; dat doet me denken aan toen ik jong was;* geen denken **aan**!, dat is onacceptabel; ~ **om** (iets), 1 niet vergeten: *denk je om de boodschappen?* 2 oppassen voor: *denk om het opstapje;* 3 rekening houden met: *denk erom dat zij nu erg kwetsbaar is;* ~ **over** (iem., iets), 1 vinden van; *hoe denk je over de politieke ontwikkelingen?* 2 nadenken, van plan zijn: *wij denken over een andere aanpak;* ~ **van** (iem., iets), 1 vinden van: *wat denk je van de politieke ontwikkelingen?* 2 verwachten: *dat had ik niet van u gedacht*

dépit
• **uit** ~, teleurgesteld, geërgerd: *uit dépit nam hij ontslag*

deponeren
* IN BEWARING GEVEN BIJ EEN BANK E.D., met **bij** (instelling): *effecten deponeren bij een bank*
* STORTEN, met **op** (rekening e.d.): *geld op een rekening deponeren*
* OVERLEGGEN AAN DE OVERHEID OF EEN INSTELLING, met **bij** of **te** (instelling): *een verklaring deponeren bij de griffie*

deposito
• **in** ~, in bewaring: *de bank heeft mijn aandelen in deposito;* **op** zijn ~, op zijn rekening: *ik heb nog € 5000,- op mijn deposito*

depot
• **in** ~, in bewaring: *geld in depot geven*

derogeren
• ~ **aan** (wet e.d.), in strijd zijn met: *deze bepaling derogeert aan de Grondwet*

deskundig
* BEKWAAM, met **in** of **op het gebied van**

(terrein): *deskundig in economische vraagstukken*

detacheren

* ELDERS EEN TAAK LATEN VERRICHTEN, met **aan** (instelling, front): *de soldaten werden aan het oostfront gedetacheerd* of met **bij** (instelling): *hij werd als expert bij de VN-vredesmacht gedetacheerd* of met **op** (vliegveld, onderdeel van bedrijf): *er werden VN-waarnemers op het vliegveld gedetacheerd* en/of met **in** (plaats, gebied): *de troepen werden in het buitenland gedetacheerd*

detail

• **in** ~, in bijzonderheden: *laten we nu de zaak in detail doornemen;* **in** details treden e.d., de kleinere onderdelen belichten: *ik wil hier niet in details treden*

determinant

* BEPALENDE FACTOR, met **voor** (iets): *jeugdtrauma's kunnen een determinant zijn voor later gedrag*

detoneren

* UIT DE TOON VALLEN, met **bij** (iets): *deze stoel detoneert bij de rest van het interieur*

detrimente

• **ten** ~ **van** (iem., iets), ten nadele van: *financiële ingrepen ten detrimente van de volksgezondheid*

deugen

• ~ **als** (iets), voldoen in een functie: *als leraar deugt hij niet;* ~ **voor** (iets), voldoen aan de eisen om iets te doen of te worden: *voor leraar deugt hij niet*

deur

• **aan** de ~ staan, op de drempel of vlak bij staan; **aan** de ~ verkopen, met koopwaar langs de huizen gaan; **aan** de ~ kloppen, ook: contact opnemen: *en toen kwam hij bij mij aan de deur kloppen;* (iem.) **aan** de ~ zetten, het huis uitzetten; **achter** gesloten deuren, zonder publiek; een stok **achter** de ~, een pressiemiddel; **buiten** de ~, buitenshuis: *buiten de deur eten;* **met** de ~ in huis vallen, meteen terzake komen: *laat ik meteen met de deur in huis vallen;* **met** de deuren gooien/slaan/smijten, luidruchtig ruzie maken; **met** open deuren wandelen, geen geheimen kennen; **naast** de ~, dicht bij; zijn voet **tussen** de ~ zetten, voorkomen dat de deur gesloten wordt; (iem.) **van** zijn ~ houden, niet binnen laten; **voor** de ~ staan, staan te gebeuren: *de vakantie staat voor de deur;* **voor** een gesloten ~ komen/staan, niemand thuis treffen

• (iets) de ~ **uit** doen, buitenshuis laten verrichten: *de was de deur uit doen;* de ~ **uit** zijn, niet meer thuis wonen; de ~ niet **uit** komen, niet buiten komen

deze

• **bij** dezen, met dit schrijven: *bij dezen delen wij u mee ...;* één **dezer** dagen, binnenkort; **in** dezen, in deze kwestie; **te** dezen, wat deze zaak betreft; **voor** dezen, voor dit tijdstip

dezen zie **deze**

diametraal

• ~ **tegenover** (iem., iets), lijnrecht tegenover: *de partijen/standpunten staan diametraal tegenover elkaar*

dichten

* POËZIE SCHRIJVEN, met **over** (iem., iets): *'Betoverd eiland, bassend, krassend, kwakend, krakend, ruisend, huilend eiland', dichtte iemand over Ruigoord*

dieet

• **op** ~, op speciaal voedselregime: *nee dank u, ik ben op dieet*

dien

• **van** ~, daarbij behorend: *dit betekent weer een reorganisatie met alle narigheid van dien*

dienen

* HELPEN, AANBIEDEN, met **met** (iets): *kan ik je dienen met een glas wijn?* **met** (iets) gediend zijn, ergens mee geholpen worden; niet gediend zijn **van** (iets), iets niet op prijs stellen

* (JURIDISCH:) IN BEHANDELING KOMEN, met **voor** (rechter e.d.): *maandag dient de zaak voor de rechter*

• ~ **als** (iets), de functie vervullen van: *deze brief kan als voorbeeld dienen;* ~ **bij** (iem., onderdeel), 1 in dienst zijn: *hij heeft jarenlang bij de familie X. gediend;* 2 in het leger e.d. zijn: *hij dient bij de marine;* ~ **te** (+ onbep. wijs), moeten: *zij heeft gelijk, dat dient (te worden) gezegd;* ~ **tot** of **voor** (iets), bestemd/nuttig zijn voor, een rol spelen: *deze plant dient ons tot voedsel; waarvoor/waartoe dient dat apparaat? ter vergelijking kan dienen dat ...;* ~ **van** (advies, repliek e.d.), geven: *kunt u me van advies dienen?*

dienst

• **buiten** ~, 1 niet in gebruik: *de lift is buiten dienst;* 2 niet meer in actieve dienst: *generaal buiten dienst;* **in** ~, in gebruik: *de lift is weer in dienst;* **in** (actieve, e.d.) ~, in militaire dienst; **in** of **onder** ~, in militaire dienst; **in** ~ komen/treden **bij** (iem., een instelling) daarvoor gaan werken: *zij trad in dienst van het ministerie van Justitie;* **in** ~

zijn/staan **van** (iem., iets), werkend voor, ondergeschikt aan: *in dienst van een oliemaatschappij; wetenschap in dienst van de televisie;* **uit** ~, niet meer in militaire dienst; **van** ~, dienstdoend: *de sergeant van dienst;* **ten** dienste staan, beschikbaar zijn: *hem stonden verschillende hulpmiddelen ten dienste;* **tot** (uw, e.d.) ~, bereid te helpen: *ik sta geheel tot uw dienst;* **van** ~ zijn (**met** (iets)), helpen: *kan ik u ergens mee van dienst zijn?* wat is er **van** uw dienst?, waarmee kan ik u helpen?

dienste zie **dienst**

dienstbaar

• ~ **aan** (iem., iets), werkend in het belang van, ondergeschikt aan: *de Duitsers maakten hun hele economie dienstbaar aan de oorlogvoering*

dienstig

* BRUIKBAAR, met **tot** of **voor** (iets): *aspirine is dienstig voor het bestrijden van hoofdpijn* of met **(om) te** (+ onbep. wijs): *misschien is het dienstig om een onderzoek in te stellen*

dienstverband

* ARBEIDSOVEREENKOMST, met **bij** (bedrijf, werkgever): *zijn dienstverband bij die zaak werd niet verlengd*

diepst

• **ten** diepste, uiterst: *zijn dood heeft ons ten diepste geschokt;* **uit** het ~ van zijn hart, bijzonder gemeend: *ik betuig u mijn spijt uit het diepst van mijn hart*

differentiatie

* ONDERSCHEID, met **naar** (categorie): *een differentiatie naar leeftijd* of met **tussen** (zaken): *een differentiatie tussen eenvoudige en wat moeilijker opdrachten*

differentiëren

* ONDERSCHEID AANBRENGEN, met **naar** (categorie): *de leerlingen differentiëren naar leeftijd* of met **tussen** (zaken): *in de brugklas wordt gedifferentieerd tussen eenvoudige en wat moeilijker oefeningen*

dijk

• **aan** de ~ zetten, ontslaan, een relatie verbreken: *van de ene dag op de andere zette zij hem aan de dijk;* zoden **aan** de ~ zetten, iets uitrichten: *zo'n maatregel zet geen zoden aan de dijk;* een ~ **van** (iem., iets), geweldig groot of goed: *een dijk van een kans; een dijk van een kater; een dijk van een meid*

dik

• ~ **met** (iem.), erg bevriend: *zij zijn heel dik met elkaar*

dikte

• **ter** ~ **van** (iets, maat), een (iets, maat) dik: *een lijn ter dikte van een mensenhaar*

dingen

• ~ **naar** (hand van een vrouw, positie), proberen te verkrijgen: *dingen naar een betrekking;* ~ **om** (iets), wedijveren: *morgen dingen de twee teams om de hoogste eer*

dirigeren

• ~ **naar** (iets), sturen: *de generaal dirigeerde de troepen naar de heuvel*

discrepantie

* DUIDELIJK VERSCHIL, met **tussen** (zaken): *tussen beide uitkomsten constateer ik een behoorlijke discrepantie*

discrimineren

* AFWIJKEND BEHANDELEN, met **ten opzichte van** of **in vergelijking met** (personen): *de Koreanen worden gediscrimineerd ten opzichte van de inheemse bevolking*

discussie

* UITWISSELING VAN MENINGEN, met **met** (iem.): *de discussie met onze vakgenoten was zeer vruchtbaar* of met **tussen** (iem.) **en** (iem.): *een discussie tussen een socioloog en een taalkundige* en/of met **over** (iem., iets): *een discussie over actuele problemen*

• **buiten** de ~ houden, geen onderwerp van discussie laten zijn: *laten we dit punt buiten de discussie houden;* **in** ~: *ik wil hier niet in discussie treden; ik wil hierover niet in discussie treden; dat komt nu niet in discussie;* het punt **onder** ~: *laten we ons beperken tot het punt onder discussie;* **ter** ~ stellen/staan, als punt van discussie opvoeren/fungeren: *ik wil wel zijn gedrag ter discussie stellen*

diskrediet

• **in** ~ brengen/(ge)raken, in een kwaad daglicht stellen/komen te staan: *de oppositie deed er alles aan om de regeringsleider in diskrediet te brengen*

diskwalificeren

• ~ **als** (hoedanigheid) of **voor** (iets), vaststellen dat iemand niet voldoet aan de voorwaarden: *iemand diskwalificeren als deelnemer aan het toernooi; iemand diskwalificeren voor het toernooi*

dispensatie

* VRIJSTELLING, met **van** (examen, verplichting, afspraak): *dispensatie van een tentamen krijgen* of met **voor** (gedeelte van de examenstof): *zij kreeg een dispensatie voor boekhouden*

dispenseren
• ~ **van** of **voor** (iets), vrijstellen: *iemand dispenseren van een taak*
disponeren
• ~ **over** (iem., iets), 1 beschikken: *disponeren over een kamer;* 2 invorderen: *over dit bedrag zal per acceptgiro gedisponeerd worden*
dispositie
• **te** (uwer e.d.) ~ staan, beschikbaar zijn: *een auto met chauffeur staat te uwer dispositie; een auto met chauffeur staat u ter dispositie;* **bij** ministeriële ~, bij ministerieel besluit
• ~ **voor** of **tot** (iets), aanleg voor iets: *zij heeft een uitgesproken dispositie voor piano*
distantie
∗ AFSTAND, met **tot** (iem., iets): *je moet een zekere distantie bewaren tot deze zaken* of met **tussen** ... **en** ...: *de distantie tussen het schrijven en het beschrevene was groot*
• **op** ~, op een afstand: *zich op distantie houden*, zich niet te zeer mengen
distantiëren
• zich ~ **van** (iem., iets.), in het openbaar verklaren dat men het niet eens is met iemand of met een bepaald standpunt: *de minister distantieerde zich van het partijstandpunt*
distilleren
• ~ **uit** (iets), concluderen: *uit deze gegevens distilleer ik dat ...*
distributie
∗ VERSPREIDING VAN GOEDEREN E.D., met **naar** (bestemming, klanten e.d.): *vanuit dit knooppunt wordt de distributie naar de verschillende winkels verzorgd* of met **in** (land, gebied): *onze firma verzorgt de distributie in de Benelux* of met **onder** (personen, instellingen): *de distributie van het personeelsblad onder de medewerkers*
diversiteit
∗ VARIATIE, met **aan** (personen, zaken): *een grote diversiteit aan materialen*
dobbelen
∗ MET DOBBELSTENEN SPELEN, met **om** (iets): *dobbelen om een fors bedrag*
docent
∗ IEMAND DIE LESGEEFT AAN EEN SCHOOL VOOR VOORTGEZET ONDERWIJS, EEN OPLEIDINGSINSTITUUT OF EEN UNIVERSITEIT, met **in** (vak): *hij is docent in twee verschillende vakken* en/of met **aan** (instelling): *een docent aan een academie* of met **bij** (onderwijstype): *hij is docent bij het hoger beroepsonderwijs*
doctor
∗ IEMAND DIE DE HOOGSTE ACADEMISCHE GRAAD HEEFT, met **in** (vak): *doctor in de politieke wetenschappen*
doeken
• **uit** de ~ doen, onthullen: *zij heeft me de hele zaak haarfijn uit de doeken gedaan*
doel
• zich **als** of **tot (ten)** ~ stellen, beogen: *hij stelde zich ten doel de Tour te winnen;* **op** ~ staan, als doelvrouw of doelman opgesteld staan: *deze wedstrijd stond Van der Sar op doel*
doelen
• ~ **op** (iem., iets.), zinspelen op: *waar doelt hij op?*
doen <zn>
• **in** goeden ~, welgesteld; **uit** zijn ~ raken/zijn, van streek raken/zijn; **voor** zijn ~, vergeleken met wat men van hem gewend is; er is veel **te** ~ **over** (iem., iets), er is veel drukte over/kritiek op: *er was veel te doen over het optreden van de ordedienst*
• er is geen ~ **aan**, het is onbegonnen werk
doen <ww>
∗ OPLEVEREN, met **aan** (huur, rente e.d.): *wat doet die kamer aan huur?*
∗ EEN SEKSUELE RELATIE HEBBEN, met **met** (iem.): *hij doet het met zijn secretaresse*
• **te** ~ hebben **met** (iem.), 1 medelijden hebben: *ik heb wel met je te doen;* 2 te maken hebben: *je hebt hier met een crimineel te doen;* **van** ~ hebben **met** (iem., iets), te maken hebben: *dat heeft niets van doen met de werkelijke oorzaak; met hem heb ik niets van doen*
• ~ **aan** (iets), 1 zich met iets bezighouden: *hij doet aan muziek; ze doen niet meer aan Sint Nicolaas;* 2 maatregelen nemen: *de regering moet iets aan de werkloosheid doen;* 3 handelen: *daar doe ik toch niet slecht aan;* er (n)iets **aan** kunnen ~, (n)iets kunnen uitrichten: *hij kon er niets aan doen;* ~ **bij** (iets), toevoegen: *doe er nog maar een onsje bij;* ~ **met** (iets), 1 genoegen nemen: *helaas moeten we het hiermee doen;* 2 handelen: *daarmee doe ik toch niets slechts?* ~ **in** (iets), handelen in: *de firma doet in koffie;* ~ **op** (club e.d.), lid laten worden: *zij deed haar dochtertje op tennisles;* ~ **over** (iets), een bepaalde tijd onderweg zijn, bezig zijn: *hoe lang doe je over die afstand?*; ~ **van** (inkomsten, vermogen e.d.), betalen: *waar doen ze dat van?*

dokken
∗ BETALEN, met **voor** (iets): *dokken voor de schade*

dokteren
• ~ **aan** (iets), prutsen aan, proberen te verbeteren: *dokteren aan een oude grammofoon.;* ~ **over** (iem.), doen alsof men de dokter is: *hij doktert over me*

dol
• ~ **op** (iem., iets), veel houdend van: *ze is dol op klaverjassen;* ~ **van**, hoogst geïrriteerd: *ik wordt dol van die keiharde muziek*

domme
• zich **van** de ~ houden, voorwenden onwetend te zijn: *ik hield me wijselijk van de domme*

dood <zn>
• **als** de ~ zijn **voor** of **van** (iem., iets), erg bang: *hij is als de dood voor zijn schoonmoeder;* **ter** ~ veroordelen/brengen; **ten** dode (**toe**), tot stervens toe: *zij voelde zich ten dode vermoeid;* **ten** dode opgeschreven, niet meer te redden: *na het debacle was het bedrijf ten dode opgeschreven*
• de ~ **aan** (iem., iets) hebben, een gruwelijke hekel hebben;

doodgaan
∗ STERVEN, met **aan** (ziekte): *doodgaan aan griep* of **van** (honger, ontbering e.d.): *doodgaan van gebrek; niemand gaat dood van een beetje werken*

doodgooien
• ~ **met** (iets), overstelpen: *iemand doodgooien met reclame*

doodslaan
• ~ **met** (iets), de mond snoeren: *met zo'n opmerking sla je iemand dood*

doodslag
∗ HET DODEN VAN IEMAND, met **op** (iem.): *de doodslag op een dertienjarige jongen*

doodvallen
• ~ **op** (iets), overdreven belang hechten: *zij valt dood op een kwartje*

doodverven
∗ VOORBESTEMMEN, VAN TE VOREN NOEMEN, met **als** (functionaris, e.d.): *zij werd gedoodverfd als de nieuwe directeur*

doof
∗ NIET KUNNENDE HOREN, met **aan** (een of beide oren): *ze is doof aan een oor*
• ~ **voor** (iets), niet bereid te luisteren, ongevoelig: *hij was doof voor mijn tegenwerpingen*

doop
• **ten** ~ houden, dopen, inwijden: *de minister hield het nieuwe fregat ten doop*

doorberekenen
∗ (KOSTEN) VERWERKEN, met **in** (iets): *kosten doorberekenen in de verkoopprijs*

doorborduren
• ~ **op** (iets), verder praten over: *hij bleef eindeloos op het thema doorborduren.*

doordenken
∗ VERDER OF DIEPER DENKEN, met **op** (iets): *op die vraag wil ik even doordenken*
∗ BLIJVEN DENKEN, met **over** (iets): *ik dacht nog lang door over wat zij had gezegd*

doordraven
∗ ONDOORDACHT VERDER REDENEREN, met **op** (iets): *als hij geëmotioneerd wordt, kan hij ongelooflijk op zo'n punt doordraven*

doordringen [d*oo*rdringen]
• ~ **in** (iets), met moeite ergens in komen: *de troepen drongen door In een voorstad van Aden;* ~ **tot** (iem., iets), (met moeite) bereiken: *de vijand drong door tot de voorsteden; hij weet als geen ander door te dringen tot de kern van deze materie;* (iets) dringt **tot** (iem.) door, iemand gaat beseffen

doordringen [doordr*i*ngen]
• ~ **van** (iets), geheel overtuigen van: *het is een hele opgave de mensen te doordringen van de noodzaak van solidariteit; hij was doordrongen van het feit dat ...*

doorgaan
∗ VOORTZETTEN, met **met** (iem., iets): *doorgaan met een project; met hem wil ik niet doorgaan*
• ~ **in** (iets), zich verder bekwamen: *ze wil doorgaan in de biologie;* ~ **op** of **over** (iets), verder praten over: *hij bleef eindeloos op het thema doorgaan;* ~ **voor** (hoedanigheid), bekendstaan als: *hij gaat door voor een genie*

doorgeven
∗ INFORMATIE VERSTREKKEN AAN EEN BELANGHEBBENDE, met **aan** (iem., instelling): *de gemeenten geven niet aan de Sociale Verzekeringsbank door dat iemand naar het buitenland is vertrokken*

doorkneed
∗ ZEER VAARDIG, met **in** (iets): *doorkneed in zijn vak*

doornemen
∗ DOORLEZEN, met **op** (iets): *een rapport doornemen op inconsequenties*
∗ BESPREKEN, met **met** (iem.): *ik wil dit stuk even met je doornemen*

doorslag
• de ~ geven **bij** (iets), het zwaarst wegen: *de uitstekende opleiding van de kandidaat gaf de doorslag bij zijn benoeming*

doorspekken
• ~ **met** (iets), (toespraak, tekst e.d.:) rijkelijk voorzien van: *hij doorspekte zijn speech met grappen*

doorspelen
∗ DE BAL VERPLAATSEN, met **naar:** *hij speelde de bal door naar de spits*
∗ (INFORMEEL) TERECHT LATEN KOMEN BIJ, met **aan** of **naar** (iem., instelling): *ik zorg wel dat deze informatie wordt doorgespeeld naar de pers*

doorstoten
∗ MET GEWELD VOORTGAAN NAAR EEN DOEL, met **naar** of **tot** (iets of groep personen): *doorstoten naar de achterste linies van de vijand*

doorstromen
• ~ **naar** (iets), verder gaan naar een volgende fase, een duurder huis e.d.: *van het havo doorstromen naar het vwo*

doortrokken
• ~ **van** (vocht), vol van, met: *het vlees is heerlijk doortrokken van de marinade;* ~ **van** (gevoelens), vervuld van: *zijn hele geest is doortrokken van haatgevoelens*

doorverbinden
∗ EEN (TELEFONISCHE) VERBINDING TOT STAND BRENGEN, met **met** (iem.): *ik verbind u door met mijn collega*

doorwerken
∗ EEN LANGERE WERKING HEBBEN, met **in** (iets): *het einde van de Koude Oorlog werkt door in de politieke verhoudingen*

doorzagen
∗ TOT VERVELENS TOE BLIJVEN SPREKEN, met **over** (iets): *hij bleef maar doorzagen over de oorlog*
• ~ **over** (iets), tot vervelens toe vragen blijven stellen: *hij bleef me maar doorzagen over mijn scriptie*

doorzoeken
∗ ZOEKEND DOOR IETS HEEN LOPEN, met **op** (iem., iets): *een scheepsruim doorzoeken op contrabande*

dop
• **in** de ~, in een talentvol beginstadium: *een Marco van Basten in de dop*

dorst
• ~ **naar** (iets), hevig verlangen: *dorst naar goud*

dorsten
• ~ **naar** (iets), hevig verlangen naar: *dorsten naar kennis*

dossen
• ~ **in** (kledij), (fraai) kleden: *zij was in een feestgewaad gedost*

dotatie
∗ GIFT AAN EEN LIEFDADIGE INSTELLING OF EEN KERK, met **aan** (instelling): *een jaarlijkse dotatie aan een stichting*

doteren
∗ BEGIFTIGEN, met **met** (bedrag, prijs e.d.): *het toernooi was gedoteerd met een vorstelijk prijzengeld*

draad
• **per** ~, via telegraaflijn; **tot op** de ~: *tot op de draad versleten*, totaal versleten; **tegen** de ~ **in** zijn, recalcitrant zijn; **voor** de ~ komen **met** (iets), opening van zaken geven: *eindelijk kwam hij met zijn verhaal voor de draad*

draaien
• zich **onder** (iets) **uit** ~, zich onttrekken aan: *je probeert je er toch niet onder uit te draaien?*; ~ **om** (iem., iets), afhangen van: *alles draait om haar; zijn hele leven draait om zijn werk;* ~ **om** (iem.) **heen,** niet durven aanspreken: *hij draaide verlegen om haar heen;* ~ **om** (iets) **heen**, niet zeggen waar het op staat: *je draait erom heen*

draf
• **in** ~, in halfsnelle loop: *het paard liep in draf;* **op** een draf(je), sneller dan in normaal looptempo: *toen we de ijsboer zagen, zetten we het op een drafje*

dralen
∗ TREUZELEN, met **met** (iets): *hij draalde met het nemen van maatregelen*

drang
∗ BEHOEFTE OM TE DOEN OF TE KRIJGEN, met **tot** of **naar** (iets): *de drang naar vrijheid; een ziekelijke drang tot liegen*

dreef
• **op** ~, op gang: *op dreef helpen/komen/zijn*, op gang helpen/komen/zijn: *ik kan vandaag maar niet op dreef komen*

dreggen
∗ MET EEN DREG PROBEREN OP TE HALEN UIT HET WATER, met **naar** (iem., iets): *dreggen naar een autowrak*

dreigen
∗ ZEGGEN DAT MEN EVENTUEEL IETS GAAT DOEN, met **met** (iets): *dreigen met geweld* of met **te** (+ onbep. wijs): *hij dreigde het huis in brand te komen steken*

dreiging
• **onder** de ~ **van** (iets), terwijl (iets) dreigt: *onder de dreiging van het wassende water verlieten de mensen hun huizen*

dreinen
* HUILEND ZEUREN, met **om** (iets): *het kind dreinde om een koekje*

drenken
• ~ **in** (vloeistof), natmaken: *lange vingers gedrenkt in likeur*

drenzen
* HUILEND ZEUREN, met **om** (iets): *het kind drensde om een koekje*

dresseren
* EEN DIER (OF MENS) AFRICHTEN, met **voor** (taak): *een valk dresseren voor de jacht*

drift
* AANLEG TOT BEPAALD GEDRAG, met **tot** (iets): *de drift tot voortplanting* of met **om te** (+ onbep. wijs): *de drift om zich voort te planten*
• **op** ~, stuurloos: *het schip raakte op drift; jongeren op drift*

drijfjacht
* HET OPJAGEN VAN WILD, MISDADIGERS E.D., met **op** (iem., dier): *een drijfjacht op illegalen*

drijfveer
* BEHOEFTE, REDEN OM IETS TE DOEN, met **achter, bij, tot** of **voor** (iets): *de drijfveren tot zijn daden waren duister* of met **om te** (+ onbep. wijs): *de drijfveer om kunst te scheppen*

drijven
• ~ **op** (iem.), afhankelijk zijn van iemands inzet: *de firma drijft op hem;* ~ **tot** (iets), ertoe brengen iets te doen: *wat heeft haar tot die daad gedreven?*

drillen
* EEN LEERLING OF SOLDAAT AFRICHTEN, met **voor** (examen e.d.): *scholieren drillen voor een toets* en/of met **in** (vak e.d.): *ze worden gedrild in de beginselen van de natuurkunde*

drinken
• ~ **op** (iem., iets), het glas heffen: *laten we drinken op je nieuwe baan*

dromen
* EEN DROOM HEBBEN, met **van** of **over** (iem., iets): *vannacht droomde ik van Michael*
• ~ **van** (iem., iets), fantasieën koesteren: *dromen van een gouden toekomst*

droom
* FANTASIE TIJDENS DE SLAAP, met **over** (iem., iets): *een droom over draken*
• een ~ **van** een (persoon, zaak), prachtig: *dat is een droom van een kans* of met **om te** (+ onbep. wijs): *zij is een droom om te zien*

dronk
• **op** ~, (wijn e.d.) gerijpt en klaar voor consumptie
• een ~ instellen/uitbrengen **op** (iem., iets), het glas heffen: *hij stelde een dronk in op het succes van de onderneming*

dronken
• ~ **van** (vreugde, muziek e.d.), in extase: *dronken van blijdschap*

druk <zn>
* AANDRANG, met **op** (iem., iets): *de druk op leerlingen om te presteren is heel sterk*
• **in** ~, in gedrukte vorm: *de verzen verschenen in 1937 in druk;* **onder** ~ zetten, aandrang uitoefenen; **onder** grote ~ staan **(om) te** (+ onbep. wijs), aan aandrang blootgesteld zijn: *de minister stond onder grote druk om af te treden*

druk <bn>
* het ~ hebben, intensief bezig zijn, met **met** (iets): *hij heeft het druk met de beurs;* zich ~ maken, zich bezorgd maken, met **over** of **om** (iem., iets): *hij maakt zich drukt over kleinigheden.*
• ~ **aan** het (+ onbep. wijs), intensief bezig met: *zij is druk aan het schrijven*

drukte
* BEZORGDE OPWINDING, met **om** (iets): *veel drukte om niets*
* OPWINDING, met **over** (iets): *over die uitspraak ontstond nogal wat drukte*

dubbel
• ~ **op**, de helft te veel, overdreven: *'gratis' en 'voor niets' is dubbel op*

duel
* TWEEGEVECHT, met **met** (iem.) of **tussen** (personen): *een duel met een rivaal; een duel tussen de twee rivalen* of met **met** (instrument) of **op** (wapen): *een duel op de sabel; een duel met de pen* of met **om** (iem., iets): *een duel om de hand van een vrouw*

duelleren
* EEN DUEL UITVECHTEN, met **met** (iem.): *duelleren met een gevreesde tegenstander* of met **met** (iets) of **op** (wapen): *duelleren op de sabel; duelleren met de pen* of met **om** (iem., iets): *men duelleerde om de hand van een vrouw*

duiden
• (iem.) (iets) **ten** kwade ~, in negatieve zin uitleggen: *u moet mij deze opmerking niet ten kwade duiden*
• ~ **op** (iets), 1 wijzen naar (iets): *hij duidde op een passerende auto;* 2 een aanwijzing zijn voor (iets): *koorts duidt op een ontsteking;* 3 zinspelen op (iem., iets): *die opmerking duidt op iets heel anders*

duiken

• ~ **in** (iets), zich verdiepen in: *hij dook meteen in een spannend boek;* ~ **naar** (iets), onder water zoeken naar: *de inboorlingen hier duiken naar parels;* ~ **onder** (waarde), 1 zakken tot onder een bepaald. niveau: *de dollar dook vandaag onder de € 1,50;* 2 (kaartspel:) een lagere kaart spelen

duim

• **op** z'n duimpje kennen, helemaal kennen: *deze gids kent de streek op zijn duimpje;* (iets) **uit** zijn duim zuigen, fantaseren: *achteraf bleek dat hij het verhaal uit zijn duim had gezogen*

duimen

• ~ **voor** (iem.), de duimen tegen elkaar draaien, om een goede uitkomst te bewerkstelligen, geluk af te dwingen: *ik zal voor je duimen*

duister <zn>

• **in** het ~, in het onbekende: *in het duister tasten*, niet weten wat er gaande is

duizelen

• ~ **van** (iets), duizelig zijn/maken: *ik duizel van al die cijfers;* het duizelt hem, hij is duizelig, met **van** (iets): *het duizelde mij in de cockpit van de schermpjes en toetsen*

duizend

• **uit** duizenden, bijzonder: *een vrouw uit duizenden*

dunk

• ~ **van** (iem., iets), een (goede/hoge/lage/geringe) ~ hebben **van** (iem., iets), (veel/weinig) respect koesteren: *van zijn kennis heb ik geen hoge dunk*

dupe

• de ~ worden/zijn **van** (iets), het slachtoffer worden/zijn: *straks wordt hij de dupe van jouw stommiteiten*

duur <zn>

• **op** de ~, voor langere tijd: *die dingen zijn op de duur gemaakt;* **op** den ~, in de loop der tijd: *op den duur komt talent er wel uit;* **op** de (lange, korte) ~, op de (lange, korte) termijn: *op de korte duur kun je misschien winst behalen, maar op de lange duur werkt de maatregel averechts;* **voor** de ~ **van** (tijdsspanne), zolang (tijdsspanne) duurt: *u wordt aangesteld voor de duur van twee jaar*

dwaling

∗ MISVATTING, met **omtrent** (iem., iets): *een dwaling omtrent de toedracht van een misdrijf*

dwang

• **onder** ~, gedwongen (door derden): *de koning deed onder dwang afstand van de troon;* **onder** de ~ **van** (situatie), gedwongen door (situatie): *onder de dwang van de omstandigheden werd de polder ontruimd*

dwars

∗ ONDER EEN HOEK VAN 90 GRADEN, met **op** (iets): *de wind staat dwars op de rijrichting* of met **over** (iets): *dwars over het veld loopt een asfaltweg*

• ~ **door** (iets), zonder om (hindernissen e.d.) heen te gaan, vaak met **heen:** *hij liep dwars door ons bloemperk (heen)*

dwarsbomen

∗ OPZETTELIJK BELEMMEREN, met **in** (iets): *vele vrouwen worden in hun carrière gedwarsboomd door hun eigen seksegenoten*

dwepen

• ~ **met** (iem., iets), overdreven bewonderen: *zij dweept met Brad Pitt*

dwingen

∗ NOODZAKEN TOT, met **tot** (iets): *iemand dwingen tot actie: we dwongen haar mee te doen*

E

echelon

• **van** het tweede ~, van de tweede rang, minder belangrijk

echo

* UITING DIE EEN ANDERE HERHAALT E.D., met **van** (iets): *zijn toespraak leek een echo van de radiopraatjes van Hiltermann* of met **uit** (verleden, tijdperk): *een echo uit een ver verleden*

echt

• **in** of **door** de ~ verbinden/verenigen, het huwelijk voltrekken; (juridisch:) **van** ~ scheiden, scheiden

ede zie **eed**

eed

* PLECHTIGE VERKLARING, met **op** (voorwerp, iets): *een eed op de bijbel; daar doe ik een eed op*, daar ben ik absoluut zeker van

• zich **bij** ede verbinden, zich plechtig vastleggen iets te doen; **onder** ede verklaren/verhoren/staan, verklaren e.d. nadat men heeft gezworen de waarheid te zullen spreken

• een ~ **van** (begrip): *een eed van trouw*

eenheid

* MEETGROOTHEID, met **van** of **voor** (iets): *de decibel is de eenheid van/voor geluidssterkte*

eens

* VAN DEZELFDE MENING, met **met** (iem., iets): *daar ben ik het mee eens; ik ben het met u eens* en/of met **over** (iets): *daarover zijn we het eens/ben ik het met u eens*

eentje

• **in** of **op** zijn ~, 1 alleen: *zij zat de hele avond op d'r eentje;* 2 zonder hulp: *hij moest in z'n eentje afwassen*

eer

• **in** ere herstellen/houden, in de oorspronkelijke luister herstellen/handhaven; **met** ere, met behoud van eer/zonder kleerscheuren: *daar ben je met ere vanaf gekomen;* **naar** ~ en geweten, zo goed als in iemands vermogen ligt; **te** zijner e.d. ~/**ter** ere **van** (iem., iets), met (iem., iets) als eervol middelpunt/thema: *een feest ter ere van het vijftigjarig bestaan;* **tot** iemands ~ zeggen, volmondig toegeven; **tot** ~ strekken, een reden zijn iemand te (waard)eren: *dat hij dat toegeeft, strekt hem tot eer*

• ~ behalen **aan** (iets), met iets verder komen: *aan leuke dingen voor de mensen valt voor politici eer te behalen;* de ~ **aan** zichzelf houden, zich wijselijk terugtrekken; ~ behalen **met** (iem., iets), succes oogsten: *met dat diploma kun je eer behalen;* ~ inleggen **met** (iem., iets), in hoger aanzien komen: *met zo'n getalenteerde medewerker kunnen we eer inleggen*

eerbied

* DIEP ONTZAG, RESPECT, met (in formele stijl) **jegens** (iem.) of **voor** (iem., iets): *eerbied jegens de ouderen; eerbied voor de natuur*

• **met** alle ~ **voor** (iets), afgezien van de verdiende waardering: *met alle eerbied voor je rapport moet ik toch opmerken ...*

eerbiedig

* VOL RESPECT, met **jegens** (iem.): *eerbiedig jegens zijn ouders*

eerlijk

* OPRECHT, met **tegenover** (iem.): eerlijk tegenover zijn medewerkers of met **voor** (zichzelf): *je moet eerlijk voor jezelf zijn*

eerst

• **in** het ~, in het begin; **ten** eerste, in de eerste plaats; **voor** het ~, voor de eerste maal

eeuwigheid

• **in** de(r) ~, voor altijd; **van** ~ **tot** amen, steeds maar: *ik moest het hele verhaal van eeuwigheid tot amen aanhoren;* **voor** de ~ staan, op sterven liggen

effect

* GEVOLG VAN EEN HANDELING E.D., met **op** (iets): *het effect van een medicijn op iemands welbevinden*

egards

* (BLIJKEN VAN) RESPECT, BELEEFDHEID, met **voor** of **tegenover** (iem.): *hij nam alle egards tegenover haar in acht*

eigen

* ONVERANDERLIJK HOREND BIJ, met **aan** (iem., iets): *dat is nu eenmaal eigen aan de mens; dat is nu eenmaal de mens eigen*

* VERTROUWD, met **met** (iem.): *zij zijn heel eigen met elkaar*

eigendom

* HET RECHT IETS TE BEZITTEN, met **over** (iets): *hij verkreeg ten slotte het eigendom over de zaak*

• **in** (volle) ~: *zij had het landgoed in volle eigendom; in eigendom hebben/verkrijgen*

eind

• **aan** (zijn e.d.) ~ komen, doodgaan; **aan** het ~, aan het slot, met **van** (iets):

aan het eind van de vorige eeuw/de gang; het **bij** het rechte/verkeerde ~ hebben, gelijk/ongelijk hebben; **in** of **op** het eind(e), ten slotte; **op** het ~, bij de afloop van uitvoering, spel e.d.: *op het eind gingen ze allemaal dood;* **op** z'n ~ lopen, bijna afgelopen zijn; **ten** einde brengen, afmaken; **ten** einde lopen, aflopen; **ten** einde raad zijn, geen uitweg meer zien; **te** dien einde, met dat doel; **tot** dat einde, met dat doel. NB: teneinde, met als doel: *we dienen een vergadering te beleggen teneinde de problematiek te bespreken*
• een ~ maken **aan** (iets), beëindigen: *een eind maken aan iemands lijden;* een ~ **aan** komen, aflopen: *aan die vergadering kwam maar geen eind*

einde zie **eind**

eindigen
• ~ **als** (iem., iets), aan het eind van een wedstrijd e.d. een plaats in de rangorde krijgen: *zij eindigde als tweede;* ~ **in** (iets), een afsluiting vinden: *een priem eindigt in een punt;* ~ **met** (iets), afsluiten met een bepaalde situatie: *opera's eindigen met de dood van iedereen;* ~ **op** (iets), 1 op het eind hebben: *'paard' eindigt op een d; het jaar eindigt op 31 december;* 2 een plaats in een rangschikking verkrijgen of een niveau bereiken: *Nederland eindigde op de tweede plaats; het Britse pond eindigde vandaag op 1,46028 euro*

eis
* IETS WAT ONVOORWAARDELIJK VERLANGD WORDT OF NODIG IS, met **tegen** (iem.): *een eis tegen iemand instellen* en/of met **tot** (handeling): *een eis tot schadeloosstelling* of met **van** (inhoud van wat wordt geëist): *de officier van justitie handhaafde zijn eis van tien jaar*

eisen
* DWINGEND VRAGEN, met **van** (iem.): *dat kun je niet van me eisen*
* ALS VONNIS VAN DE RECHTER VERLANGEN, met **tegen** (iem.): *tegen de verdachte werden twee maanden geëist* en/of met **voor** (vergrijp): *het OM eiste een half jaar voor opzettelijke brandstichting*

element
• **in** zijn ~ zijn, zich plezierig voelen: *als pa knutselt, is hij in zijn element*

elkaar
• **aan** ~, verbonden: *de eindjes aan elkaar knopen;* **bij** ~ (genomen), tezamen, al met al: *bij elkaar genomen valt het resultaat me niet tegen;* **door** ~ (genomen), gemiddeld, zonder ordening: *door elkaar genomen kom ik op een bedrag van € 5,- p.p.; de stukken lagen door elkaar;* **in** ~, geordend, stuk/ineen: *dat rapport zit goed in elkaar; mijn auto zit in elkaar;* **onder** ~, onderling, bijeen: *toffe jongens onder elkaar;* **uit** ~, in delen: *een brommer uit elkaar halen;* **voor** ~, in orde: *dat komt heus wel voor elkaar*

éloge
* LOVENDE TOESPRAAK, met **op** (iem., iets): *een éloge op de Franse cultuur*

emaneren
* NEERDALEN, VOORTKOMEN, met **uit** of **van** (iets): *de menselijke ziel emaneert uit het goddelijke*

embargo
* BESLAG OP EEN BUITENLANDS SCHIP, met **op** (schip): *de autoriteiten legden een embargo op de Santa Cruz*
* UITVOERVERBOD, met **op** (goederen): *een embargo op Hollandse tomaten* en/of **tegen** (land): *het embargo tegen Zuid-Afrika*
* DRINGEND VERZOEK NIET TE PUBLICEREN, met **op** (mededeling e.d.): *op dit bericht ligt een embargo* en/of met **tot** (tijdstip): *op dit bericht ligt een embargo tot 12 uur*
• **onder** ~, met de voorwaarde van geheimhouding: *de vertegenwoordigers van de pers kregen de speech onder embargo;* **onder** ~ leggen, verbieden uit te varen omdat beslag is gelegd: *de Santa Cruz werd onder embargo gelegd*

endosseren
* (EEN WISSEL, EEN STUK) OVERDRAGEN DOOR EEN OPDRACHT MET HANDTEKENING OP DE RUGZIJDE, met **aan** (geëndosseerde, 'order'): *een wissel geëndosseerd aan de heer X.; een wissel geëndosseerd aan order,* met het recht de wissel over te dragen aan derde

enenmale
• **ten** ~: absoluut: *dit is ten enenmale uitgesloten*

engageren
* zich ~, zich verloven, met **met** (iem.): *zij engageerde zich met een officier*
• zich ~ **bij** (gezelschap), een engagement aangaan: *zij heeft zich weten te engageren bij de opera*

enquête
* ONDERZOEK DOOR MIDDEL VAN HET STELLEN VAN VRAGEN, met **onder** (groep): *een enquête onder de luisteraars* en/of met **naar** (iets): *een enquête onder de luisteraars naar de waardering voor de programma's*

enten
* EEN DEEL VAN EEN PLANT BLIJVEND VERBINDEN MET EEN DEEL VAN EEN ANDERE PLANT, met **op** (ander plantendeel): *een loot enten op een wilde stam*
• ~ **op** (iets), een cultuur, traditie e.d. laten verdergroeien in een andere omgeving: *de Japanse bedrijfscultuur enten op de Nederlandse*

enthousiasme
* GEESTDRIFT VOOR IETS BESTAANDS, met **over** (iem., iets) *mijn enthousiasme over dat boek is niet groot*
* GEESTDRIFT VOOR IETS TOEKOMSTIGS, met **voor** (iets): *ons enthousiasme voor dat plan is aardig bekoeld* of met **om te** (+ onbep. wijs): *vol enthousiasme om het karwei uit te voeren*

enthousiasmeren
* GEESTDRIFTIG MAKEN, met **voor** (iets): *iemand enthousiasmeren voor een plan*

enthousiast
* VOL GEESTDRIFT VOOR IETS BESTAANDS, met **over** (iem., iets): *ik ben niet enthousiast over dat wasmiddel*
* VOL GEESTDRIFT VOOR IETS TOEKOMSTIGS, met **voor** (plan e.d.): *we moeten de jeugd enthousiast maken voor het nieuwe openbaar vervoer*

entree
* PLAATS WAAR MEN IETS BETREEDT, TOEGANG, met **in** of **tot** (gebouw, instelling): *de entree tot het museum* of met **tot** (gebied): *de entree tot het park is gratis*
* HET BINNENKOMEN, INTREDE, met **in** (gebouw, instelling): *de massale entree van de televisie in de huiskamers heeft grote gevolgen gehad* of met **op** of **tot** (markt): *het bedrijf kreeg een voorspoedige entree op de Franse markt*
• zijn ~ maken **in** (instelling, vak e.d.): *vorig jaar maakte de schaatser zijn entree in de kernploeg*

equivalent <zn>
* IETS DAT OF IEMAND DIE DEZELFDE WAARDE HEEFT, met **van** of **voor** (iem., iets): *het Franse equivalent van 'handhaven' is 'maintenir'*

equivalent <bn>
* MET DEZELFDE WAARDE, met **aan** of **met** (iets): *welk Engels woord is equivalent met 'gezellig'?*

erbarmen <zn>
* DIEP MEDELIJDEN, met **met** (iem.): *zij werd vervuld van erbarmen met de zieken*

erbarmen
• zich ~ **over** (iem., iets), 1 zich ontfermen: *Heer, erbarm U over mij;* 2 opeten, opdrinken: *zich erbarmen over de restjes*

ere zie **eer**

eren
• ~ **in** (iem.), hoogschatten: *het valt in hem te eren dat hij zijn fout heeft toegegeven;* ~ **met** (onderscheiding), als eerbewijs geven: *de dappere redder werd geëerd met een medaille*

erfenis
• **bij** of **door** ~ verkrijgen: *hij heeft nooit hoeven werken; hij heeft alles door erfenis verkregen*

erfpacht
• **in** ~, in pacht van een overheid: *grond in erfpacht uitgeven*

erg <zn>
• ~ **in** (iem., iets) hebben, opmerken: *zij had er geen erg in dat hij haar bedroog;* iets **zonder** ~ zeggen, zonder er bij na te denken: *sorry dat ik je gekwetst heb, ik zei het zonder erg*

ergeren
* zich ~, geprikkeld zijn, met **aan** (iem., iets): *ik erger me aan die voetbalfanaten* of met **over** (situatie, handeling e.d.): *zich ergeren over de slechte bediening*

erkentelijk
* DANKBAAR, met **voor** (iets): *erkentelijk zijn voor iemands hulp*

ernst
* SERIEUZE INSTELLING/BEDOELING, met **met** (iets): *het is hem ernst met zijn studie*
• iets **in** ~ zeggen, serieus menen

ervaren <bn>
* BEKWAAM DOOR OEFENING, met **in** (iets): *hij is ervaren in het maken van bouwkundige berekeningen*

ervaring
* VERGAARDE KENNIS EN VAARDIGHEDEN, met **in** (vaardigheid e.d.): *zij heeft een flinke vaardigheid in onderhandelen*
* HET FEIT DAT MEN (IEM., IETS) MEEGEMAAKT HEEFT, met **met** (iem., iets): *we hebben heel gunstige ervaringen met hem*
• **uit** (eigen) ~ weten, weten doordat men iets zelf heeft ondervonden: *uit eigen ervaring weet ik hoe moeilijk het is*

essentie
• **in** ~, in (diepste) wezen: *in essentie gaat het hier om een stuk partijpolitiek*

essentieel
* VAN WEZENLIJK BELANG, met **voor** (iem., iets): *vrijheid is essentieel voor een kunstenaar*

eten
• **onder** het ~, tijdens de maaltijd; **op**

het ~ komen, precies als de maaltijd begint komen; **te** ~: *ik heb mensen te eten;* **uit** ~ gaan, buitenshuis (in een restaurant e.d.) gaan eten

• zich dik e.d. ~ **aan** (iets), met overmatig genoegen eten: *chocolade, daar eet ik me ongans aan;* goed **van** (iets) eten, een goed inkomen halen uit: *zij eet goed van haar bedrijfje;* daar kun je niet **van** ~, daar heb ik e.d. niets aan: *voornemens, daar kun je niet van eten*

evacueren

∗ (PERSONEN, DIEREN) UIT EEN BEPAALD GEBIED WEGHALEN IN VERBAND MET GEVAAR EN ELDERS ONDERBRENGEN, met **uit** (gebied): *iedereen werd uit de polder geëvacueerd* en/of met **naar** (plaats, gebied): *iedereen werd uit de polder geëvacueerd naar hoger gelegen gebieden*

evaluatie

∗ BEOORDELING, met **van** (iets): *een evaluatie van iemands functioneren*

evenredig

∗ IN OVEREENKOMSTIGE VERHOUDING, met **met** of **aan** (iets): *de opbrengst moet evenredig zijn met de investeringen*

evenredigheid

• **in** ~ staan **tot** (iets), een overeenkomstige verhouding hebben: *de opbrengsten staan in evenredigheid tot de inspanningen;* **in** ~ zijn **met** (iets), een overeenkomstige verhouding hebben: *de opbrengsten zijn in evenredigheid met de inspanningen;* **naar** ~ (**van** (iets)): *de opbrengsten worden verdeeld naar evenredigheid van de geïnvesteerde bedragen*

evenwicht

∗ TOESTAND VAN RUST, STABILITEIT, met **tussen** (elementen): *er is sprake van een evenwicht tussen inkomsten en uitgaven*

• **in** ~: *inkomsten en uitgaven houden elkaar in evenwicht;* **uit** zijn ~: *de koorddanser raakte uit zijn evenwicht*

evenwijdig

∗ OVERAL EVEN VER VAN ELKAAR VERWIJDERD ZIJND, met **aan** of **met** (iets): *evenwijdig aan de horizon; parallelcirkels lopen evenwijdig met de evenaar*

evolueren

∗ ZICH GELEIDELIJK ONTWIKKELEN, met **uit** (iets, dier): *de insecten zijn geëvolueerd uit de geleedpotigen* en/of met **tot** (iets, dier): *ergens in Afrika is de mensaap tot mens geëvolueerd*

examen

∗ ONDERZOEK NAAR IEMANDS BEKWAAMHEID OF KENNIS, met **in** (vak, vaardigheid e.d.) of **over** (omschreven stof): *een examen in handvaardigheid; een examen over de verkeersregels* en/of met **voor** (getuigschrift): *een examen voor het diploma boekhouden*

• slagen **voor** een ~; **door** een ~ komen

excelleren

∗ UITBLINKEN, met **in** (iets): *hij excelleerde in het vak wiskunde*

exceptie

∗ UITZONDERING, met **op** (iets): *met leesblinden maakt het ministerie een exceptie op de examenregels;* **bij** ~, als uitzondering: *bij exceptie kreeg hij een herkansing*

• (juridisch:) een ~ **van** (iets): *een exceptie van onbevoegdheid*, een beroep op de onbevoegdheid van de rechter

exclusief

• ~ **voor** (groep), uitsluitend: *deze sociëteit is exclusief voor vrouwen*

excuseren

∗ zich ~, zich verontschuldigen, met **voor** (iets): *hij excuseerde zich voor zijn gedrag*

• zich ~ **voor** (iets), iemand vriendelijk verzoeken een bepaald ongerief voor lief te nemen: *hij excuseerde zich voor de rommel in zijn kamer*

excuus

∗ HET BETUIGEN VAN SPIJT, met **voor** (iets): *mijn excuses voor de overlast*

∗ REDEN DIE IEMAND VAN IETS VRIJPLEIT, met **voor** (iets): *hij had geen excuus voor zijn afwezigheid*

executie

• **bij** ~, met een gerechtelijke verkoop: *de boedel werd bij executie verkocht*

exempel

∗ VOORBEELD, met **van** (iem., iets): *dit middeleeuwse geschrift is een exempel van een heldendicht*

expeditie

∗ TOCHT, met **naar** (streek, land e.d.): *een expeditie naar de Kongo*

∗ BESTRAFFINGSTOCHT, met **tegen** (iem.): *Alexander leidde de Pan-Helleense expeditie tegen de Perzen*

experiment

∗ PROEFNEMING, met **met** (iem., iets) of **op** (iem., dier): *experimenten met koolwaterstoffen; experimenten met/op proefdieren*

expert

∗ DESKUNDIGE, met **in** (specialisme): *Van Hanegem was een expert in het geven van kromme ballen*

expertise

∗ KENNIS VAN ZAKEN, met **in** (het + onbep. wijs) of **op** het gebied van (iets): *een grote expertise in het inrichten van* *kantoorruimten/op het gebied van kantoorinrichting*

exponent

∗ TYPISCHE VERTEGENWOORDIGER, met **van** (iets): *Schumann is een exponent van de Duitse romantiek*

exposé

∗ UITEENZETTING, met **van** (iets): *zij gaf een exposé van haar onderzoek*

extract

∗ OPLOSSING DIE OVERBLIJFT NADAT MEN EEN AFTREKSEL VAN ORGANISCHE STOF HEEFT GEMAAKT, met **van** (iets) *een extract van rozenolie*

∗ UITTREKSEL, met **uit** (bron): *een extract uit de notulen*

ezelsbruggetje

∗ TRUC OM IETS BETER TE KUNNEN ONTHOUDEN, met **voor** (iets) of **om te** (+ onbep. wijs): *een ezelsbruggetje voor het spellen van de verleden tijden*

F

faam

• **te** goeder naam en ~ bekend staan, algemeen gerespecteerd worden

factor

∗ OMSTANDIGHEID DIE INVLOED UITOEFENT, met **in** (ontwikkeling, proces): *toeval is een niet te onderschatten factor in de ontwikkeling van de wetenschap* of met **bij** (activiteit): *het bestaan van Interpol is een geduchte factor bij de bestrijding van de internationale criminaliteit*

factureren

∗ EEN REKENING VERSTUREN, met **aan** (debiteur): *u kunt factureren aan de afdeling pr*

falen

∗ IN GEBREKE BLIJVEN, met **met** (iets): *falen met het scheppen van orde* en/of met **als** (functionaris): *als manager heeft hij gefaald*

∗ TEKORTSCHIETEN, met **in** (activiteit): *in het uitstippelen van een nieuw beleid heeft hij gefaald* of (sporttaal:) met **oog in oog met** (doelman e.d.), **tegen** (speler, team e.d.) of **voor** (doel): *de spitsspeler faalde oog in oog met de doelman; Donar faalde tegen de gehavende Helderse formatie; de spitsspeler faalde voor open doel*

fantaseren

∗ ZICH (IEM., IETS) VOORSTELLEN, met **over** (iem., iets): *ik kan urenlang fantaseren over vroeger tijden*

• ~ **op** (iets), musicerend improviseren: *hij fantaseerde op een thema uit de Toverfluit*

fantasie

∗ MUZIEKSTUK MET EEN VRIJE STRUCTUUR, met **op** (iets): *hij speelde een fantasie op een volksmelodie* of met **uit** (groter muziekstuk): *een fantasie uit de Toverfluit* en/of **voor** (instrument): *een fantasie voor piano*

farceren

∗ EEN VRUCHT OF KNOL VULLEN, met **met** (vlees, mousse e.d.): *een aubergine farceren met gehakt*

fascinatie

∗ HET GEBOEID ZIJN, met **met** of **voor** (iem., iets): *ze heeft een fascinatie voor Afrikaanse muziek*

fase

• (fysica:) **in** ~, in overeenkomstige toestand: *het binnenkomend en uitgaand signaal zijn in fase*

fatsoen
• **met** (goed) ~, op behoorlijk wijze: *hoewel ik helemaal geen zin had, moest ik met goed fatsoen wel meedoen; ze kunnen tegenwoordig nog geen hamer met fatsoen vasthouden;* **in** ~, in orde: *even mijn haar weer in fatsoen brengen;* **uit** (zijn) ~, in wanorde: *mijn jurk is helemaal uit zijn fatsoen;* **voor** mijn e.d. ~, om geen aanstoot te geven: *hoewel ik helemaal geen zin had, moest ik voor mijn fatsoen wel meedoen*

faveur
• (juridisch:) **onder** ~ **van**, met beroep op; **par** ~, bij wijze van gunst; **ten** faveure **van** (iem.), in het voordeel van: *een beslissing ten faveure van de tegenpartij*

faveure zie **faveur**

feedback
* BRUIKBARE REACTIE, met **op** (woorden, handeling e.d.): *het is belangrijk dat een leerling feedback krijgt op de thuis gemaakte oefeningen*

feeling
* GEVOEL, AANLEG, met **met** of **voor** (iets): *zij heeft een ongelooflijke feeling voor boetseren*

feit
• **in** feite, in werkelijkheid: *in feite gaat het politici alleen maar om de macht;* **voor** het ~ staan/geplaatst worden, gedwongen zijn/worden iets te accepteren: *nu staan we voor het feit dat we de firma X. als klant kwijt zijn*

fel
• ~ **op** (iets), erg gesteld: *hij is fel op housemuziek;* ~ **tegen** of **voor** (iem., iets), tegen- of voorstander van: *wij zijn fel tegen de Betuwelijn; wij zijn fel voor emancipatie*

feliciteren
* GELUKWENSEN, met **met** (iets): *gefeliciteerd met je verjaardag*

fiat
* het/zijn ~ geven, goedkeuring verlenen, met **aan** of **voor** (iets): *hij gaf zijn fiat aan het voorstel;* het ~ krijgen/hebben, goedkeuring krijgen/hebben, met **voor** (iets): *we hebben voor ons plan nog niet het fiat van het bestuur; fiat ermee*

fictie
• **naar** wettelijke ~, op grond van een wetsbepaling

fiducie
• ~ hebben **in** (iem., iets), vertrouwen hebben in: *ik heb weinig fiducie in dat plan*

filippica
* TOESPRAAK WAARIN MEN FEL TEGEN (IEM., IETS) UITHAALT, met **tegen** (iem., iets): *een filippica tegen het wanbeheer*

finish
• **door** of **over** de ~, (sport) over de eindstreep: *hij kwam als eerste door de finish*

firma
• **onder** ~: *een vennootschap onder firma*, vennootschap waarbij de vennoten hoofdelijk aansprakelijk zijn

fixeren
* VASTZETTEN, met **op** (niveau, waarde e.d.): *sommige politici willen de instroom van asielzoekers op het huidige niveau fixeren*
• zich ~ **op** (iem., iets), zich te zeer richten op: *hij heeft zich helemaal gefixeerd op een toekomst als sporter*

flair
* HANDIGHEID WAARMEE MEN TE WERK GAAT, met **voor** (iets): *ze heeft een grote flair ontwikkeld voor het entertainen van kinderen* of **om te** (+ onbep. wijs): *hij heeft niet de flair om technische problemen op te lossen*

flank
• **in** de ~ vallen, van opzij aanvallen, verrassen: *de vijand in de flank vallen; zij viel mij met die vraag in de flank;* rechts/links **uit** de ~, een kwartslag rechts-/linksom

fles
• **aan** de ~ zijn, 1 met fles gezoogd worden; 2 aan de drank zijn; **op** de ~, failliet: *door wanbeheer ging het bedrijfje spoedig op de fles*

flippen
* HEVIG TELEURGESTELD WORDEN, met **op** (iem., iets): *op dat drankgebruik van hem ben ik geflipt*

flirten
* HET HOF MAKEN, met **met** (iem.): *tot aller verbijstering begonnen leden van de regeringspartij te flirten met de oppositie*

fluiten
• kunnen ~ **naar** (iets), niet (terug)krijgen: *je kunt wel naar je centen fluiten;* ~ **op** (zijn duim), vergeefse moeite doen: wat mij betreft fluit je op je duim

fluweel
• **op** ~ zitten, geen problemen (meer) hoeven te verwachten: *na het tweede doelpunt zat de ploeg op fluweel*

focus
• **in** ~, scherpgesteld, in de belangstelling: *die popgroep is helemaal in*

focus; **uit** ~, niet scherpgesteld, uit de belangstelling: *Engelse auto's zijn helemaal uit focus*

focussen

• zich ~ **op** (iem., iets), (de aandacht, een activiteit e.d.; zich) richten op: *de campagne zal worden gefocust op het overheidsbeleid*

foeteren

* UITVAREN/TIEREN, met **op** (iem., iets) of **over** (situatie e.d.): *we foeterden op het totalitaire systeem* of **tegen** (iem.): *de leraar foeterde tegen de laatkomers*

forceren

• zich ~ **tot** (iets), zich dwingen tot: *hij forceerde zichzelf tot een glimlach*

forum

• **voor** het ~ **van** (publiek e.d.), daar, waar de publieke opinie wordt gevormd: *Amnesty International blijft de situatie van de mensenrechten voor het forum van de hele wereld brengen*

fouilleren

* ONDERZOEKEN OF IEMAND BELASTENDE VOORWERPEN BIJ ZICH HEEFT, met **op** (iets): *alle voorbijgangers werden gefouilleerd op het bezit van wapens*

fout

* IETS DAT VERKEERD IS, met **tegen** (regelsysteem): *een fout tegen de grammatica* of **in** (het terrein waarop de fout ligt): *een fout in de berekeningen*

• **in** de ~ gaan, iets verkeerds doen: *juist op een punt waarop je het niet verwacht, ga je in de fout;* **in** de ~ gaan/springen, (paardensport) niet meer in draf gaan: *bij het uitgaan van de laatste bocht sprong Henry P. in de fout*

fragment

* LOSGERAAKT GEDEELTE, met **van** (iets): *een fragment van een Griekse vaas*

* EEN GEKOZEN GEDEELTE, met **uit** (werk): *een fragment uit de opera Carmen*

front

* (EERSTE) LINIE, SCHEIDSLIJN MET DE VIJAND, met **tegen** (iem., iets): *een gesloten front vormen tegen de werkgevers*

• **aan** het ~: *aan het front vechten;* **met** (iets) **voor** het ~ komen, voor de dag komen; **op** alle fronten, in alle opzichten: *hij kreeg op alle fronten gelijk*

frustratie

* DIEPE TELEURSTELLING, met **bij** of **van** (iem., personen): *de frustratie die bij de bedrijfstak heerste* of met **onder** (meerdere personen): *de frustratie onder de spelers was groot* en/of met **over** (iem., iets): *er was frustratie over de tergend langzame onderhandelingen*

fuiven

* IEMAND BUITENSHUIS EEN CONSUMPTIE, MAALTIJD E.D. AANBIEDEN, met **op** (iets): *ik fuif je op een avondje bios*

fulmineren

* WOEDEND SCHREEUWEN, met **tegen** (iem., iets): *de rechter fulmineerde tegen de wetsovertreders*

functie

* POSITIE DIE IEMAND IN EEN BEDRIJF OF INSTELLING KAN BEKLEDEN, met **van** (hoedanigheid): *een regent neemt tijdelijk de functie van koning waar*

• **in** ~, daadwerkelijk actief: *vanaf vandaag is de nieuwe burgemeester officieel in functie;* **in** zijn ~ **van** (functie), in zijn hoedanigheid: *de burgemeester gaf zijn orders in zijn functie van hoofd van de politie*

funderen

• ~ **op** (iets), 1 fundamenten voor (een gebouw) aanbrengen op: *een huis funderen op een zandlaag;* 2 een gedachte, betoog e.d. baseren op: *waarop is dat idee gefundeerd?*

G

gaan
∗ ZICH VOORTBEWEGEN, met **met**, **op** of **per** (vervoermiddel): *ik ga met de auto* of met **te** (voet): *vanaf dat punt gaat u te voet verder*
∗ ZICH IN EEN BEPAALDE TOESTAND BEVINDEN, VORDEREN, met **met** (iem., iets): *hoe gaat het met je? hoe gaat het met je project?*
• **eraan** ~, stuk gaan: *de ruiten gingen eraan;* ~ **boven** (iets), belangrijker zijn: *zijn eer ging hem boven alles;* ~ **in** (kleur, kledij), gekleed zijn: *leden van dat kerkgenootschap gaan altijd in het zwart;* ~ **in** of **op** (iets), (van een maat) passen in: *er gaat duizend meter in een kilometer;* ~ **met** (iem.), 1 verkering hebben met: *Marietje gaat met Frans;* 2 (ver)lopen: *het gaat goed met de onderneming;* ~ **om** (iem., iets), 1 draaien om, als voornaamste betrekking hebben op: *het gaat om het spel, niet om de knikkers;* 2 gaan halen of kopen: *kun je even voor me om een pakje koffie gaan?* ~ **op** (getal), passen in: *3 gaat 4 maal op 12;* ~ **over** (iem., iets), 1 betrekking hebben op (iets, iem.): *het verhaal gaat over een moord;* 2 de verantwoordelijkheid hebben: *wie gaat er over de kas?* ~ **voor** (iets), zich tot het uiterste inzetten: *we gáán voor de winst*

gading
• **van** zijn ~, naar zijn zin: *hij kon niets van zijn gading vinden*

gal
• zijn ~ spuwen **over** (iets), zijn boosheid lucht geven: *hij spuwde zijn gal over het gebrek aan comfort in het hotel*

galerij
• **voor** de ~, om indruk te maken op de massa: *de oppositieleider sprak voornamelijk voor de galerij*

gallisch
• ~ worden/zijn **van** (iets), geïrriteerd raken/zijn: *hij werd gallisch van haar gezeur*

gang
• **aan** de ~, bezig, in beweging (met nadruk op de continuïteit): *de voorstelling is al aan de gang;* ~ zetten **achter** (iets), meer vaart zetten: *het wordt tijd dat we wat meer gang zetten achter onze activiteiten;* **in** (de) ~, in beweging; **in** één ~, in één bewerking; **op** ~, bezig, in beweging (met nadruk op de beginfase): *'s morgens kom ik moeilijk op gang*

gapen
∗ GEEUWEN, met **van** (iets): *hij gaapte van verveling*
• ~ **naar** (iem., iets), 1 dom kijken: *hij zat daar naar haar te gapen;* 2 begerig uitzien naar: *domme mensen, die gapen naar rijkdommen*

garant
∗ BORG, met **voor** (iem., iets): *ik sta garant voor een eventueel deficit*

garantie
∗ VRIJWARING VAN KOSTEN, met **op** (iets): *een garantie op mogelijke fabricagefouten; er zit nog garantie op dit apparaat*
∗ WAARBORG, met **voor** (iets): *mooi weer is nog geen garantie voor een geslaagd feest*
• **onder** ~, met gegarandeerde kwaliteit: *al onze artikelen worden onder fabrieksgarantie geleverd*

gareel
• **in** het ~, zich schikkend: *nadat hem flink de les is gelezen, loopt hij weer behoorlijk in het gareel*

gast
• **te** ~, als gast: *gedraag je, je bent hier te gast*

gastvrij
∗ HARTELIJK EN GUL ONTHALEND, met **voor** (iem.): *de directeur was zeer gastvrij voor de bezoekers*

gat
• **in** de gaten krijgen/hebben, (beginnen te) begrijpen: *zij kreeg in de gaten dat hij haar bedroog;* **in** de gaten lopen, opvallen: *zijn bedrog liep nogal in de gaten;* niet **voor** één ~ te vangen zijn, zich niet gemakkelijk gewonnen geven

gave
∗ TALENT, met **voor** (iets): *hij heeft een gave voor tekenen*

geaccrediteerd
• ~ **bij** (bank e.d.), van bewezen kredietwaardigheid: *hij staat slecht bij ons geaccrediteerd;* ~ **bij** (regering, staatshoofd), toegelaten als vertegenwoordiger: *zij was geaccrediteerd bij de Heilige Stoel*

gebaar
∗ GESTE, HANDELING WAARMEE MEN ZIJN GOEDE GEZINDHEID TOONT, met **jegens**, **naar** of **aan het adres van** (iem.): *een aardig gebaar jegens de klanten* of met **van** (iets): *een gebaar van goede wil*

gebaat
• ~ **bij** of **met** (iets), voordeel hebbend van: *bij een faillissement van het bedrijf is niemand gebaat*
gebarsten
• ~ **aan** (iets), erin blijven: *hij is aan zijn eerste leugen niet gebarsten*, dit is zeker zijn eerste leugen niet
gebaseerd
• ~ **op** (iets), berustend op: *deze popmuziek is gebaseerd op de blues; een godsdienstige sekte die is gebaseerd op de bijbel*
gebed
• **in** ~, biddend: *zij was (verzonken) in gebed;* (archaïsch:) **in** (den) gebede: *de ouderling ging voor in (den) gebed(e)*
gebede zie **gebed**
gebelgd
* KWAAD, met **over** (iets): *hij was daar nogal gebelgd over*
gebeten
• ~ **op** (iem.), bitter boos: *sinds die dag is hij altijd op mij gebeten geweest*
gebeurd
• het is ~ **met** (iem., iets), het is afgelopen: *het is gebeurd met onze goede relatie*
gebeuren
• ~ **met** (iem., iets), gedaan worden, overkomen: *wat gebeurt er nu met de restanten?*
gebied
• **op** het ~ **van** (iets), op het terrein van: *er zijn geweldige vorderingen gemaakt op het gebied van transplantaties;* **op** zijn ~, op het terrein waarop iem. zich bezighoudt: *op zijn gebied schijnt hij een kei te zijn*
gebieden
• ~ **over** (iem., iets), heersen: *God gebiedt over alles*
gebod
* OPDRACHT, met **tot** (iets): *hij overtrad het gebod tot geheimhouding* of met **om te** (+ onbep. wijs): *hij overtrad het gebod om de bedrijfsgegevens geheim te houden;* **onder** (de) geboden staan, in ondertrouw zijn
gebonden
• ~ **aan** (iem., iets), in vrijheid beperkt zijn: *ik ben gebonden aan de gemaakte afspraak; ik ben aan tijd gebonden;* ~ **door** (iets), zich verplicht hebbend: *de scouts zijn gebonden door hun gelofte*
geboorte
• **in** de ~, in wording: *het rapport is nog in de geboorte;* **van** ~, 1 van stand: *een edelman van geboorte;* 2 ergens geboren maar reeds lang elders gevestigd: *een Fransman van geboorte;* **van** goede e.d. ~, van goede komaf; **zonder** ~, van onwettige of lage komaf
geboortig
• ~ **uit** (streek e.d.), afkomstig uit: *ze is geboortig uit Groningen;* ~ **van** (familie e.d.), afkomstig uit/van: *ze is geboortig van rijke ouders.*
geboren
• ~ **uit** (huwelijk, familie), voortgekomen: *uit dat huwelijk zijn twee kinderen geboren; uit dit echtpaar werd een zoon geboren;* ~ **uit** (de Geest), geestelijk herboren: *de bekeerling is uit de Geest geboren;* ~ **uit** (iets), ontstaan uit of tengevolge van: *uit zonde geboren; uit nood geboren;* ~ **tot** (iets), bij geboorte voorbestemd iets te bereiken: *hij was tot een hoog ambt geboren;* ~ **voor** (iets), bij geboorte voorbestemd iets te ondervinden: *hij was voor het ongeluk geboren*
gebrand
• ~ **op** (iets), brandend van verlangen naar: *op deze flauwekul ben ik niet gebrand*
gebrek
* TEKORT, HET NIET VOORHANDEN ZIJN, met **aan** (personen, dieren, iets): *een gebrek aan geld*
• **bij** ~ **aan** (bewijs e.d.), omdat (bewijs e.d.) ontbreekt: *de voorstelling werd bij gebrek aan belangstelling afgelast*
• **in** gebreke stellen/blijven e.d., (officieel wijzen op het) niet nakomen van een (betalings)verplichting: *een wanbetaler in gebreke stellen;* **tot** ~ komen/vervallen, armlastig worden
gebreke zie **gebrek**
gebrouilleerd
* OVERHOOPLIGGEND, met **met** (iem.): *ze zijn sinds jaar en dag met elkaar gebrouilleerd*
gebruik
• **buiten** ~, niet te gebruiken: *de lift is buiten gebruik;* **in** ~, gebruikt wordende: *de lift is in gebruik; de machine is nu in gebruik; hebt u een elektrisch apparaat in gebruik?* **in** ~ nemen, beginnen te gebruiken; **in** het ~, in de omgang: *in het gebruik valt hij best mee;* **ten** gebruike **van** (iem.), gebruikt kunnende worden: *een leergang ten gebruike van de scholen;* **voor** eigen ~: *eenmaal kopiëren voor eigen gebruik is toegestaan*
• ~ maken **van** (iets), benutten: *maak gebruik van de geboden kansen*

gebruikelijk
* GEWOON, met **bij** (situatie, handeling e.d.): *deze procedure is gebruikelijk bij arrestaties*

gebruiken
* HANTEREN, met **als** (iets): *hij gebruikt een nijptang dikwijls als hamer*
* ALS MIDDEL KIEZEN, met **voor** (iets): *voor het decor gebruikt hij gewone spaanplaat*
• zich **voor** alles laten ~, zich overal voor lenen

gebukt
• ~ gaan **onder** (iets), te lijden hebben van: *de BV Nederland gaat gebukt onder een zware schuldenlast*

gecharmeerd
• ~ **van** (iem., iets), aangetrokken tot: *van die gedachte was hij niet bijster gecharmeerd; hij is erg van haar gecharmeerd*

gecoiffeerd
* ZEER VEREERD, INGENOMEN, GEVLEID, met **met** of **door** (iets): *hij voelde zich heel gecoiffeerd door al die complimenten*

gedaan
• het is ~ **met** (iem., iets), het is afgelopen met: *nu die crimineel eindelijk is opgepakt, zal het gauw met hem gedaan zijn; het is gedaan met de zomer*

gedachte
* IETS DAT MEN DENKT OF KAN DENKEN, met **aan** (iem., iets): *de gedachte aan zijn gezin liet hem niet los* of met **(om) te** (+ onbep. wijs): *de gedachte (om) een boek te schrijven*
• **bij** de ~: *ik gruw al bij de gedachte;* iets **in** ~ (of: gedachten) houden, zich blijvend herinneren: *ik zal jouw suggestie in gedachten houden;* **naar** zijn ~ (of: gedachten), naar zijn mening; **op** een (bepaalde) gedachte komen, een idee krijgen; **op** een ~ komen, een idee krijgen; **van** ~ zijn, van oordeel zijn

gedachten
* HET DENKEN, met **bij** (iem., iets): *zijn gedachten bij het onderwerp houden*
* BEWUST UITGEWERKTE IDEEËN, MENING, met **over** (iem., iets): *gedachten over een ideale samenleving*
• **in** ~, al denkend: *in gedachten liep zij verder; in gedachten ben ik bij jullie;* iets **in** ~ (of: gedachte) houden, zich blijvend herinneren: *ik zal jouw suggestie in gedachten houden;* **met** zijn ~ **bij** (iem., iets, elders) zijn, aan iets anders denken: *hij was met zijn gedachten bij hele andere zaken;* **naar** zijn ~ (of: gedachte), naar zijn mening; **tot** andere ~ brengen, van mening doen veranderen; (iets) **uit** zijn ~ bannen, bewust niet meer aan denken; niet **uit** (iemands) ~ zijn, voortdurend in iemands gedachtewereld zijn; **van** ~ veranderen, een andere mening krijgen; **van** ~ wisselen **met** (iem.), meningen uitwisselen.
• zijn ~ laten gaan **over** (iets), overdenken: *hij liet zijn gedachten gaan over de gebeurtenissen van het afgelopen jaar*

gedachtenis
* HERINNERING, met **aan** (iem., iets): *een gedachtenis aan mijn oma; de gedachtenis aan de Tweede Wereldoorlog*
• **in** eeuwige ~: *zij leeft in eeuwige gedachtenis;* **ter** ~ **van** (iem.): *een mis ter gedachtenis van de gevallenen/te zijner gedachtenis*

gedachtig
• ~ **aan** (iem., iets), denkend aan: *hij sloeg het aanbod af, gedachtig aan de ervaringen die hij eerder had opgedaan*

gedekt
* GEVRIJWAARD, met **tegen** (kritiek e.d.): *als je mijn raad opvolgt, ben je altijd gedekt tegen eventuele kritiek*

gedenken
* (IEM.) VOORTDUREND IN GEDACHTEN HEBBEN, met **in** (gebed, testament, geestesgesteldheid): *gedenk haar in uw gebeden; in liefde gedenken;* ~ **aan** (iem., iets): *gedenkt aan de verschrikkingen van de oorlog*

gediend
• **met** (iets) ~ zijn, geholpen worden: *zij is nu het meest gediend met de genegenheid van haar vrienden;* niet ~ zijn **van** (iets), niet op prijs stellen: *daar ben ik niet van gediend*

geding
* RECHTSZAAK, met **tegen** (iem., instelling): *een geding tegen de Staat der Nederlanden*
• **in** kort ~, door een procedure voor spoedeisende zaken: *de directie eiste in kort geding stopzetting van de stakingsactie;* **in** het ~ komen/zijn, ter discussie gesteld worden/zijn, gevaar lopen: *als we dit toelaten, komen er meer zaken in het geding*

gedisponeerd
* IN DE GEWENSTE STEMMING OF TOESTAND VERKEREND, met **tot** (iets): *ik voel me daartoe niet gedisponeerd*

gedoemd
• ~ **tot** (iets), voorbestemd tot iets onaangenaams: *gedoemd zijn tot ledigheid; hij was gedoemd om de rest van zijn leven gevangen te zitten*

gedragen
* zich ~, op een bepaalde manier handelen, met **jegens** of **tegenover** (iem.): *zich onaardig jegens iemand gedragen*

gedrang
• **in** het ~ komen, ten onrechte onvoldoende aandacht krijgen: *door de toenemende werkdruk dreigen heel wat belangrijke zaken in het gedrang te komen*

geduld
* ~ hebben met **met** (iem.), een kalme houding van afwachten of doorzetten vertonen: *we moeten gewoon een beetje geduld met hem hebben* of met **voor** (bezigheid): *ik heb geen geduld voor dat gepriegel*

geef
• **te** ~, (vrijwel) gratis: *dat is goedkoop, het is bijna te geef*

geëigend
• ~ **voor** (iets), geschikt: *dit vliegtuig is zeer geëigend voor de lange afstand*

geest
• **in** de ~ **van** (iem., iets), volgens de bedoeling van: *wij gaan voort in de geest van ons grote voorbeeld;* zich **voor** de ~ halen/brengen, in gedachten aanwezig doen zijn: *ik heb moeite mij die situatie weer voor de geest te halen;* **voor** de ~ staan, denken aan: *haar verbouwereerde gezicht staat me nog steeds voor de geest*
• de/een (nieuwe enz.) ~ wordt vaardig **over** (iem., instelling, land e.d.), zijn gezindheid verandert: *een nieuwe geest werd vaardig over Italië*

geestdrift
* ENTHOUSIASME, met **voor** (plan e.d.): *geestdrift voor een plan* of **over** (resultaat e.d.): *geestdrift over de behaalde overwinning*

gefascineerd
* HEVIG GEBOEID, met **door** (iem., iets): *ik raakte gefascineerd door dat boek*

gefixeerd
• ~ **op** (iem., iets), volledig gericht op: *hij is helemaal gefixeerd op een toekomst als sporter*

gegadigde
* BELANGHEBBENDE, LIEFHEBBER, met **voor** (iets): *gegadigden voor de aangeboden betrekking kunnen zich melden bij ...*

gegrepen
• te hoog ~ **voor** (iem.), te moeilijk, te ambitieus: *die opleiding is voor hem te hoog gegrepen*

gegrond
* VOORTKOMEND UIT, met **in** (iets): *democratie is gegrond in een fundamenteel gevoel van gelijkwaardigheid*
• ~ zijn **op** (iets), berusten op: *deze bewering is gegrond op feiten*

gehalte
* AANWEZIGE HOEVEELHEID ALS DEEL VAN DE TOTALE HOEVEELHEID, met **aan** (een stof): *het gehalte aan goud van een munt; het gehalte aan vet in een pak volle melk*

gehard
* ONGEVOELIG, BESTAND TEGEN, met **tegen** (iets): *gehard tegen koude en ontberingen*

geharnast
* GEWAPEND/BESTAND TEGEN, met **tegen** (iets): *geharnast tegen persoonlijke aanvallen*

gehecht
* ZICH VERBONDEN VOELEND, met **aan** (iem., iets): *hij is gehecht aan zijn kleinzoon*

geheel
* EENHEID, TOTALITEIT, met **van:** *een geheel van ervaringen; een geheel van rechtsregels*
• **in** het ~ genomen, alles bij elkaar: *in het geheel genomen ben ik niet ontevreden;* **in** het ~ niet, helemaal niet; **in** zijn ~, helemaal, in zijn totaliteit: *je moet dat werk in zijn geheel beoordelen;* **over** het ~ genomen, zonder op de details te letten: *over het geheel genomen is dit een prima studie*

gehoor
• **buiten** het ~ **van** (iem.), te ver om te kunnen worden gehoord: *toen we eenmaal buiten het gehoor van de directeur waren, barstte de kritiek los;* (goed e.d.) **in** het ~ liggen, aangenaam zijn om te horen: *dat wijsje ligt goed in het gehoor;* **op** het ~, alleen door te luisteren: *ik heb die Franse naam op het gehoor opgeschreven;* **ten** gehore brengen, (muziek) voordragen: *zij bracht een partita van Bach ten gehore*
• ~ geven **aan** (iets), voldoen aan: *aan die wens gaf hij geen gehoor;* ~ vinden **bij** (iem.), de aandacht krijgen van: *de vredesbeweging vond in die dagen gehoor bij alle politieke partijen;* ~ hebben **voor** (iem., iets), aandacht hebben voor: *geen gehoor hebben voor iemand; hij had altijd gehoor voor onze wensen*

gehoorzaam
* BEREID OM AANWIJZINGEN UIT TE VOEREN, met **aan** (iem., iets): *gehoorzaam zijn aan God, aan de wet*

gehoorzamen
* DOEN WAT VERLANGD WORDT, met **aan** (iem., iets): *gehoorzamen aan de re-*

gels en/of met **in** (opzicht): *je hoeft hem niet in alles te gehoorzamen*

gehore zie **gehoor**

gehouden

• ~ **aan** (iets), verplicht na te komen: *ik voel me niet langer gehouden aan die afspraak;* ~ **tot** (iets), verplicht tot iets: *gehouden zijn tot betaling van een opgelegde boete*

geil

∗ SEKSUEEL OPGEWONDEN, met **op** (iem.): *hij is geil op donkere vrouwen*

• ~ **op** (iets), begerig naar: *geil zijn op publiciteit*

geilen

∗ GEIL ZIJN, met **op** (iem.): *ze geilt op een buurjongen*

• ~ **op** (iets), iets graag willen hebben: *geilen op het grote geld*

geïndiceerd

• ~ **voor** (aandoening, ziekte), voorgeschreven: *voor psoriasis is Kenalog geïndiceerd*

geïnspireerd

• ~ **door** of **op** (iets), inspiratie ontlenend aan: *dit bouwwerk is geïnspireerd op het verleden;* ~ **door** (iem.), inspiratie ontlenend aan: *hij was geïnspireerd door het Bauhaus*

geïnteresseerd

∗ BELANGSTELLING HEBBEND, met **in** (iem., iets): *zij was geïnteresseerd in onze ervaringen*

• ~ **bij** (iets), belanghebbend: *ons bedrijf is geïnteresseerd bij dit project*

geïnvolveerd

• ~ raken **in** (iets), betrokken raken bij: *je moet daarin niet te veel geïnvolveerd raken*

gek <zn>

• **voor** ~, als een dwaas: *in zo'n jurk loop je echt voor gek;* **voor** de ~ houden, bedotten

• de ~ steken **met** (iem., iets) spotten: *met zoiets moet je niet de gek steken*

gek <bn>

• ~ **met** (iem., iets), een sterke emotionele band voelen: *opa is gek met zijn kleinzoon;* ~ **op** (iem., iets), erg gesteld op: *gek zijn op vruchtenijs;* ~ **van** (iem., iets), een enthousiaste belangstelling hebbend: *ik ben gek van antieke auto's*

gekant

• ~ **tegen** (iem., iets), niet mee eens: *gekant zijn tegen overheidsbemoeienis*

gekleed

∗ MET BEPAALDE KLEREN AAN, met **op** (weer, situatie), passend bij: *ik ben niet op die regen gekleed*

gekluisterd

• ~ zijn **aan** (radio, televisie e.d.), geboeid luisteren of kijken: *urenlang zaten we aan de radio gekluisterd;* ~ zijn **aan** het ziekbed, ziek te bed liggen

geknipt

• ~ **voor** (iem., iets). precies geschikt: *hij was geknipt voor die baan*

gelang

• (al) **naar** ~ (iets), in overeenkomst met: *naar gelang de omstandigheden;* **naar** ~ **van** (iets), in overeenstemming met: *naar gelang van de omstandigheden*

gelardeerd

• ~ **met** (iets), doorspekt met: *zijn toespraak was gelardeerd met grappen*

geld

• **op** zijn ~ zitten, gierig zijn; **te** gelde maken, geld maken met, verkopen: *ik wil mijn kennis te gelde maken;* **voor** geen ~, onder geen voorwaarde: *ik kom voor geen geld weer in die winkel;* **voor** hetzelfde ~, evengoed: *voor hetzelfde geld lopen we dat stukje even*

• ~ steken **in** (iets), investeren: *hij stak al zijn geld in de nieuwe winkel;* ~ slaan **uit** (iets), geld verdienen aan: *hij sloeg geld uit diverse gewaagde projecten*

gelde zie **geld**

gelden <ww>

• ~ **als** (iem., iets), beschouwd worden als: *hij geldt als onkreukbaar;* ~ **voor** (iem., iets), aangaan, van toepassing zijn: *die maatregel geldt voor alle voordeurdelers*

geldig

∗ VAN KRACHT, GELDEND, met **voor** (iets): *de stormwaarschuwing is alleen geldig voor district oost*

gelegen

∗ GESTELD, PASSEND, met **met** (iets, iem.): *hoe is het gelegen met je financiën?*

• **te** gelegener tijd/plaats/ure, op een juiste tijd/plaats/uur

• veel ~ zijn **aan** (iets), erg belangrijk vinden: *er is hem veel aan gelegen dat dit karwei op tijd afkomt;* zich veel/weinig ~ laten liggen **aan** (iem., iets), zich veel/weinig bekommeren: *hij liet zich weinig gelegen liggen aan zijn kinderen.*

gelegenheid

∗ GUNSTIGE OMSTANDIGHEID, met **voor** of **tot** (iets): *de pauze was een mooie gelegenheid voor het drinken van een kopje koffie*

• **bij** ~, een keer: *kom bij gelegenheid eens langs;* (iem.) **in** de ~ stellen, het (iem.) mogelijk maken: *een beurs stelde haar in de gelegenheid dit onderzoek te doen;* **op** eigen ~, niet in georganiseerd verband: *iedereen kwam op eigen gelegenheid;* **per** eerste ~, zodra het mogelijk is: *ik wil per eerste gelegenheid vertrekken;* **ter** ~ **van** (iets): *ter gelegenheid van zijn verjaardag boden we hem een reis aan*

gelieerd

• ~ **aan** (iem., iets), 1 verbonden: *dit bedrijf is gelieerd aan een bedrijf in Duitsland;* 2 verwant zijn aan: *onze familie is aan de hunne gelieerd*

geliefd

* BEMIND, DIERBAAR, met **bij** (iem.): *de zanger was vooral geliefd bij een jong publiek* of met **in** (kringen e.d.): *in die kringen is deze popgroep heel geliefd*

gelijk <zn>

• **in** het ~ stellen, de juistheid erkennen: *de rechter stelde de eiser in het gelijk*

• daar heb je ~ **aan**, daar doe je verstandig aan; daar heb je ~ **in**, dat zie je goed; ~ geven **in** (iets), de juistheid erkennen: *daarin geef ik je gelijk;* ~ hebben **met** (iets), een juiste mening hebben: *X. heeft gelijk met zijn uitspraak dat ...*

gelijk <bn>

* OVEREENKOMEND IN SOORT, WAARDE ENZ., met **aan** (iem., iets): *deze driehoeken zijn aan elkaar gelijk* en/of met **in** (opzicht): *in vakkennis is hij gelijk aan zijn oudere collega*

* OP DEZELFDE PLAATS, HOOGTE, met **met** (iem.): *bij het hordelopen eindigde hij gelijk met zijn uitdager*

gelijk <bw>

* TEGELIJKERTIJD, met **met** (ander): *precies gelijk met de tegenstander starten*

gelijke

* IEMAND DIE OP GELIJKE HOOGTE STAAT, EVENKNIE, met **in** (opzicht): *in het hoogspringen vond hij eindelijk zijn gelijke*

gelijkenis

* ZINNEBEELDIG VERHAAL, met **van** (iem., iets): *de gelijkenis van de vissers*

* UITERLIJKE OVEREENKOMST, met **met** (iem., iets): *de plot van de film vertoont een zeer grote gelijkenis met een ware gebeurtenis* of met **tussen** (personen, zaken): *de gelijkenis tussen moeder en dochter is treffend*

gelijkgerechtigd

* GELIJKE RECHTEN HEBBEND, met **met:** *de vrouwen zijn gelijkgerechtigd met de mannen*

gelijkheid

* HET GELIJK ZIJN, met **in** of **van** (opzicht): *gelijkheid in huidskleur*

gelijklopen

* (UURWERKEN:) DE JUISTE TIJD AANGEVEN OF DEZELFDE STAND AANGEVEN ALS EEN ANDER UURWERK, met **met** (iets): *de wekker loopt niet gelijk met de klok van het stadhuis*

gelijkluidend

* EENSLUIDEND, met **met** (iets): *het wetsartikel in het Frans is gelijkluidend met dat in de Nederlandse vertaling*

gelijkmaken

* OP EENZELFDE NIVEAU BRENGEN, met **met** (iets): *met de grond gelijkmaken*

* EENZELFDE UITERLIJK E.D. GEVEN, met **aan** (iem., iets): *ouders proberen onwillekeurig hun kinderen gelijk aan henzelf te maken*

gelijkschakelen

* TOT DEZELFDE GEDRAGSLIJN OF MENINGSUITING DWINGEN, met **met** (iets): *in de verkeerswetgeving worden bakfietsen gelijkgeschakeld met wagens, niet met fietsen*

gelijkstaan

• ~ **aan** of **met** (iets), gelijkwaardig zijn: *60 stadiën staat gelijk met 11,5 kilometer*

gelijkstellen

* OP ÉÉN LIJN STELLEN, met **aan** of **met** (iem., iets): *bijzondere scholen gelijkstellen met openbare*

gelijktijdig

* OP OF IN DEZELFDE TIJD PLAATSVINDEND, met **met** (iem.): *zij kwamen gelijktijdig met ons op de plaats van bestemming aan*

gelijkvormig

* VAN GELIJKE VORM, met **aan** (iets): *de moderne buitenwijken van de steden zijn tegenwoordig zeer gelijkvormig aan elkaar*

gelijkwaardig

* VAN GELIJKE WAARDE, EQUIVALENT, met **aan** (iem., iets): *meisjes zijn gelijkwaardig aan jongens*

gelofte

* PLECHTIGE BELOFTE, VERKLARING, met **aan** of **jegens** (iem.): *de novices doen een gelofte aan/jegens hun overste* en/of met **tot** of **van** (iets): *een gelofte tot/van armoede*

geloof

* OVERTUIGING DAT (IETS) BESTAAT EN HET VERTROUWEN DAARIN, met **in** (iem., iets): *het geloof in God; het geloof in bovennatuurlijke krachten*

* VERTROUWEN, met **in** (iets): *het geloof*

in de standvastigheid van het leger
∗ OVERTUIGING DAT (GOD, IETS) BESTAAT, met **aan** (iem., iets): *het geloof aan God; het geloof aan spoken*
• **op** goed ~, in goed vertrouwen: *ik heb op goed geloof gehandeld*

geloven
∗ ERVAN OVERTUIGD ZIJN DAT (IETS) BESTAAT EN DAAROP VERTROUWEN, met **in** (iem., iets): *zij gelooft in God; zij gelooft in bovennatuurlijke krachten*
∗ VERTROUWEN, met **in** (iets): *geloven in de standvastigheid van het leger; ik geloof in deze onderneming*
• **eraan** moeten ~, iets (vervelends) moeten ondergaan/doen; (iem.) **op** zijn woord(en) ~, zijn verklaring als juist accepteren: *ik zal u maar op uw woorden geloven*

geluk
∗ GUNSTIG TOEVAL; GUNSTIGE OMSTANDIGHEID, met **in** (opzicht): *geluk in de liefde, geluk in het spel* en/of met **met** (iem., iets): *hij had veel geluk met dat examen*
• **op** goed ~, zonder plan, maar hopend op een goed resultaat: *zij vulde de test op goed geluk in*

gelukkig
∗ PRETTIG, met **voor** (iem.): *het was gelukkig voor hem, dat de autoweg vrij was*
• ~ **in** (opzicht), fortuinlijk: *hij was erg gelukkig in het vinden van een nieuwe zakenpartner;* ~ **met** (iets), ingenomen: *met het afscheidsgeschenk was hij zeer gelukkig*

gelukwens
∗ FELICITATIE, met **met** (reden): *mijn hartelijk gelukwensen met je promotie*

gelukwensen
∗ FELICITEREN, met **met** (reden): *hij werd gelukgewenst met zijn overwinning*

gemak
• **met** ~, zonder moeite: *Boebka haalt de 5,90 m met gemak;* **op** zijn ~, rustig, ontspannen: *ik voelde me niet op mijn gemak;* **voor** het ~, om iets te vergemakkelijken: *laten we voor het gemak even aannemen dat de omzet gelijkblijft*
• ~ hebben **van** (iets), goed kunnen gebruiken: *van een vaatwasser hebben heel wat tweeverdieners een hoop gemak;* er zijn ~ **van** nemen, het even kalm aan doen

gemeen <zn>
• **in** het ~, gewoonlijk: *een ezel stoot zich in 't gemeen niet twee keer aan dezelfde steen*

gemeen <bn>
• **met** (iem., iets) ~ hebben, een overeenkomst bezitten: *we hebben onze liefde voor muziek met elkaar gemeen;* gemene zaak maken **met** (iem.): *heel wat opportunisten maakten gemene zaak met de bezetter*

gemeenschap
∗ GEZAMENLIJKHEID, met **met** (iem.): *de gemeenschap met de Heilige Geest*
• **buiten** ~ **van** (iets): *kapitaalkrachtigen huwen dikwijls buiten gemeenschap van goederen;* **in** ~ **van** (iets): *veel mensen zijn getrouwd in gemeenschap van goederen*
• ~ hebben **met** (iem.), geslachtsverkeer hebben

gemeenzaam
∗ VERTROUWELIJK OF ONGEDWONGEN MET PERSONEN VAN ONGELIJKE 'STAND', met **met** of **jegens** (iem.): *de directeur van het bedrijf was nogal gemeenzaam met zijn personeel*

gemis
• **bij** ~ **aan** (iets): *bij gemis aan water dronk men zelfs de eigen urine*
• ~ **aan** (iets), het ontbreken: *het gemis aan vers water deed zich met de dag sterker voelen*

gemoed
• **in** gemoede, eerlijk en met overtuiging: *hoe kunt u nu in gemoede beweren dat ...;* **op** het ~ drukken, op het hart drukken; **op** het ~ hebben, een probleem kwijt willen: *zeg me eens, wat heb je op je gemoed?*

gemoeid
• ~ **met** (iets), 1 staan of vallen met: *zijn leven is gemoeid met die operatie;* 2 ervoor nodig zijn: *de ganse dag was gemoeid met praten*

gemunt
• het ~ hebben **op** (iem., iets), tot mikpunt nemen of willen verwerven: *hij heeft het gemunt op haar geld*

genade
• **bij** de ~ **van** (iem.), door de van God gegeven gave: *een groot kunstenaar bij de genade Gods;* (weer) **in** ~ aannemen, vergeven: *na lang smeken werd hij weer in genade aangenomen;* **in** ~ aanvaarden, genadig accepteren: *het stadsbestuur van Amsterdam had de tegendraadse romancier Hermans na jaren weer in genade aanvaard*
• ~ vinden **bij** (iem.) of **in** (iemands) ogen, goedgekeurd worden: *mijn verslag vond geen genade bij de prof;* ~ **voor** recht laten gelden, genade betonen

genadeslag
∗ LAATSTE (TEGEN)SLAG DIE EEN EIND AAN HET LIJDEN MAAKT, met **voor** (iem., iets): *de val van de dollar betekende de genadeslag voor de onderneming*

genadig
∗ VOL GENADE, met **jegens** of **voor** (iem.): *God is genadig voor de zondaars*

geneesmiddel
∗ MEDICIJN, met **tegen** of **voor** (ziekten, kwalen e.d.): *een geneesmiddel tegen/voor keelpijn*

genegen
∗ BEREID, met **tot** (iets): *hij is niet genegen tot medewerking*
• ~ zijn **(om) te** (+ onbep. wijs), bereid zijn: *hij was niet genegen om een geldelijke bijdrage te leveren*

genegenheid
∗ SYMPATHIE, LIEFDE, met **jegens**, (in formele stijl) **tot** of **voor** (iem.): *hij voelde een sterke genegenheid tot/voor/ jegens haar*

geneigd
• **ten** kwade ~: *de mens is ten kwade geneigd*
• ~ **tot** (iets), de neiging voelend om iets te doen: *hij was geneigd tot ingrijpen in het debat*

generen
∗ zich ~, zich schamen, met **voor** of **tegenover** (iem.): *hij geneerde zich voor zijn vriendin* en/of met **voor** (iem., iets): *hij geneerde zich voor zijn nederlaag; hij geneerde zich tegenover het bezoek voor (het gedrag van) zijn vriendin; zij geneerde zich voor het feit dat ze zo laat kwam*
• zich niet ~ **om te** (+ onbep. wijs), zonder enige schaamte iets doen: *hij geneerde zich niet om de kantjes eraf te lopen*

genezen
∗ BETER WORDEN, met **van** (ziekte e.d.): *hij genas van een langdurige ziekte*
∗ BETER MAKEN, DOEN HERSTELLEN, met **van** (ziekte e.d.): *de arts wist hem helemaal te genezen van zijn aandoening*

genieten
∗ VREUGDE BELEVEN, met **van** (iets): *hij kan intens genieten van het leven*

genocide
∗ VOLKERENMOORD, met **op** (bevolking e.d.): *de genocide op de joden*

genoeg
∗ ZOVEEL ALS NODIG IS, met **voor** (iem.): *die knipoog was voor het kind genoeg* en/of met **om te** (+ onbep. wijs): *dat was voor hem genoeg om tot actie over te gaan*
• ~ hebben **aan** (personen, dieren, iets), voldoende hebben aan: *een goed verstaander heeft aan een half woord genoeg; ik heb aan drie maanden genoeg;* ~ hebben **van** (iem., iets), geen prijs meer stellen op: *ik heb genoeg van zijn chicanes*

genoegdoening
∗ HET GOEDMAKEN, SCHADELOOSSTELLING, met **voor** (iets): *hij eiste genoegdoening voor de geleden schade*

genoegen
∗ VREUGDE, TEVREDENHEID, met **in** (iets): *ik schep genoegen in mijn volkstuintje*
• **naar** of **ten** ~ **van** (iem.), naar wens: *is alles naar ieders genoegen?* **tot** ~ !, aangenaam kennis te hebben gemaakt! **tot** ~, tot tevredenheid, met **van** (iem.): *de zaak werd tot genoegen van iedereen geregeld;* **voor** zijn ~, voor zijn plezier
• het ~ is **aan** mij, ik ben degene die het meest tevreden is; ~ nemen **met** (iets), zich tevreden stellen: *ik moest helaas genoegen nemen met een staanplaats*

genot
• **in** het ~ **van** (iets), beschikkend: *zij was in het genot van een riant pensioen;* **onder** het ~ **van** (iets), genietend: *we praatten nog lang na onder het genot van een smakelijke Rioja*

geobsedeerd
∗ IN DE BAN, met **door** (iets): *hij was geobsedeerd door de gedachte aan de dood*

geoutilleerd
∗ TOEGERUST, met **met** (iets): *de poolexpeditie is geoutilleerd met de modernste materialen* of met **voor** (iets): *daarvoor zijn wij niet geoutilleerd*

gepaard
• ~ **aan** (iets), hand in hand gaand: *talent gepaard aan werklust, ziedaar het geheim van zijn succes;* ~ gaan **met** (iets), hand in hand gaan: *een moord die gepaard ging met seksuele lust*

geparenteerd
• ~ **aan** (iem.), verwant aan: *de familie J. is geparenteerd aan de familie P.*

gepasseerd worden
∗ (VAN EEN OFFICIEEL STUK) BEKRACHTIGD WORDEN, met **voor** (notaris): *de koopakte is voor de notaris gepasseerd*

gepikeerd
• ~ **over** (iets), ontstemd, geprikkeld: *over het wangedrag van de jongen was hij zeer gepikeerd*

geplaatst
• zich ~ zien **voor** (iets), geconfronteerd

worden, staan voor: *hij zag zich geplaatst voor enorme problemen*

geporteerd

• ~ **voor** (iem., iets), erg tevreden: *hij is erg geporteerd voor dat idee*

gepredestineerd

* VOORBESTEMD, met **tot** (iets): *de mens is gepredestineerd tot het kwade*

geraken

• ~ **in** (iets, situatie, gebied): *hij geraakte bij zijn omzwervingen diep in de woestijn;* ~ **tot** (iets): *tot de bedelstaf geraken*

gerecht

• **voor** het ~ dagen/verschijnen, voor de rechtbank

gerechtigd

• ~ **tot** (iets), (het) recht hebbend, bevoegd: *hij is gerechtigd tot het nemen van bepaalde maatregelen*

gereed

* KLAAR OM IETS TE DOEN, met **voor** (iets): *ze was gereed voor de reis* of **om te** (+ onbep. wijs): *zij stond gereed om de cadeaus in ontvangst te nemen*

• ~ **met** (iets), voltooid hebbend: *hij was gereed met het planten van bloemen.*

gereedmaken

* zich ~, zich voorbereiden, met **voor** of (in formele stijl) **tot** (iets): *hij maakte zich gereed voor de strijd*

gerekend

• ~ **door** elkaar gerekend, als gemiddelde: *door elkaar gerekend komen we op een bedrag van ...*

gereputeerd

* BEFAAMD, met **om** of **wegens** (iets): *die schrijver is gereputeerd om zijn goede boeken*

gereserveerd

* TERUGHOUDEND, met **tegenover** (iem., iets): *ik sta nogal gereserveerd tegenover dat denkbeeld* en/of met **over** (iets): *de directeur was tegenover de pers gereserveerd over een mogelijke reorganisatie*

* BESPROKEN, met **voor** (iem., iets): *deze parkeerplaatsen zijn gereserveerd voor de bewoners*

gericht

• ~ **op** (iem., iets), bestemd voor, bedoeld voor: *een beleid gericht op een rechtvaardige verdeling van welvaart; een beleid gericht op de etnische minderheden;* ~ **tegen** (iem., iets), het als doelwit hebbend: *de politieactie was gericht tegen de drugshandelaren*

gerief

• **aan** zijn ~ komen, een orgasme hebben; **te** uwen e.d. ~/**ten** gerieve **van** (iem., iets), ten dienste van: *ten gerieve van de reizigers zijn er extra treinen ingezet*

• ~ hebben **van** (iets), gemak hebben

gerieve zie **gerief**

gerieven

* VAN DIENST ZIJN, HELPEN, met **met** (iets): *kan ik u gerieven met een krant?*

geroepen

• zich ~ voelen **(om) te** (+ onbep. wijs): *ik voelde me niet geroepen om daar iets aan te doen;* zich ~ voelen **tot** (iets), als een natuurlijke bestemming ervaren: *daar voel ik me niet toe geroepen*

gerucht

* WAT RONDVERTELD WORDT (MAAR NIET ZEKER IS), PRAATJE, met **over** (iem., iets): *er gaat een gerucht over hem, dat hij gefraudeerd zou hebben*

• **bij** geruchte, van horen zeggen: *ik heb bij geruchte vernomen dat een overname ophanden is*

geruchte zie **gerucht**

gerust

* VOL VERTROUWEN, met **op** (iem., iets): *hij was gerust op het verloop van de wedstrijd; hij was niet gerust op de ontwikkelingen in het bedrijf*

geschapen

• ~ zijn **voor** (iem., iets), bestemd zijn voor: *ze waren voor elkaar geschapen;* ~ zijn **met** (eigenschap(pen)), bezitten: *de mens is geschapen met goede en slechte eigenschappen*

geschenke

• **ten** ~ geven, als geschenk geven: *hij gaf haar een fraaie collier ten geschenke*

geschieden

* OVERKOMEN, met **aan** (iem.): *aan u zal gerechtigheid geschieden*

geschikt

* BRUIKBAAR, DIENSTIG, met **voor** (iem., iets): *dit werktuig is ook geschikt voor het gebruik buitenshuis*

geschil

* ONENIGHEID, met **met** (iem.): *hij heeft een geschil met zijn werkgever* of **tussen** (personen, partijen): *een geschil beslechten tussen buren; een geschil tussen de winkeliers en de gemeente* en/of met **aangaande**, **om** of **over** (iets): *zij vochten een geschil over een parkeerplaats uit voor de rechter*

• uitspraak doen **in** een ~, in een proces

geschrifte

• **in** geschrifte, door middel van een geschreven tekst: *valsheid in geschrifte*, fraude door vervalste schriftelijke informatie

gespaard

• ~ blijven **voor** (iets), ontlopen: *door een wonder bleef hij gespaard voor de dood*

gespeend

• ~ **van** (iets), het genoemde missend: *zijn uitlating was gespeend van alle gevoel*

gespitst

• ~ **op** (iets), attent op, scherpe aandacht hebbend voor: *de leraar was gespitst op spiekbriefjes*

gesprek

• **in** ~, 1 te spreken: *zij kwamen met elkaar in gesprek;* 2 telefonisch niet bereikbaar, omdat de abonnee al een ander telefoongesprek voert: *ik kreeg de hele middag in gesprek*

• het ~ brengen **op** (iem., iets), als onderwerp aansnijden: *al gauw bracht hij het gesprek op het doel van zijn komst;* het ~ **van** de dag, een op dat moment veelbesproken onderwerp: *de IRT-affaire was het gesprek van de dag*

gesteld

• ~ **met** (iem., iets), in een bepaalde situatie verkerend: *het is slecht met hem gesteld;* ~ **op** (iem., iets), positieve gevoelens koesterend: *hij was erg op haar gesteld*

gestemd

∗ ZO GEHUMEURD ALS DE BEPALING AANGEEFT, met **over** (iets): *het Centraal Planbureau was somber gestemd over de economische ontwikkeling*

gesternte

• **onder** een gelukkig ~ geboren, een geboren geluksvogel

gesticht

• niet erg ~ zijn **over** (iets), ontstemd zijn: *hij was niet erg gesticht over dat artikel*

gestoord

∗ GEK, IEBEL, met **van** (iem., iets): *ik raak gestoord van al die onzin!*

gestremd

∗ AFGESLOTEN, met **voor** (verkeer e.d.): *gestremd voor alle verkeer*

getal

• **in** groten getale, met velen tegelijk: *de mensen kwamen in groten getale naar de brand kijken;* **ten** getale **van** (bedrag), (bedrag) in totaal

getale zie **getal**

getapt

∗ POPULAIR, met **bij** (iem.): *die knaap is erg getapt bij de buurjongens*

getroosten

∗ zich ~, inspanning, offers enz. overhebben voor iets of iemand, met **voor** (iem., iets): *hij getroostte zich veel moeite voor het bereiken van zijn doel*

getrouw

∗ TROUW, met **aan** (iets): *zijn vrienden bleven getrouw aan hun toezeggingen*

getrouwd

• ~ **aan** (iets), vast verbonden, *als je baan je niet bevalt, je bent er niet aan getrouwd!* ~ **met** (iets), verslaafd aan: *hij is getrouwd met zijn werk*

getuige <zn>

∗ IEMAND DIE BIJ EEN RECHTSHANDELING AANWEZIG IS OM DEZE LATER TE WETTIGEN, met **bij** (gebeurtenis): *hij was getuige bij mijn huwelijk*

∗ IEMAND DIE IETS ZIET OF HEEFT GEZIEN, met **van** (iets): *hij was getuige van een verkeersongeluk*

∗ OMSTANDIGHEID OF (ACHTERGEBLEVEN) ZAAK ALS SPOOR VAN IETS DAT GEBEURD IS, met **van** (iets): *dit brok stadsmuur is een stille getuige van vroegere tijden*

getuigen

∗ ALS GETUIGE VOOR DE RECHTBANK VERKLAREN IN HET VOOR- OF NADEEL VAN IEMAND, met **tegen** (iem.): *in het proces getuigde hij tegen zijn werkgever* of **voor** (iem.): *hij getuigde voor de beklaagde*

• ~ **van** (iets), blijk geven van: *zijn gedichten getuigden van diepe emoties; de ruïnes getuigen van een ver verleden*

getuigenis

∗ BEWIJS, TEKEN, met **van** (iets): *een getuigenis van het verleden; een getuigenis van zijn moed*

∗ VERKLARING IN EEN PROCES, met **tegen** (feit e.d.): *een getuigenis tegen een wantoestand* en/of met **voor** (rechtbank e.d.): *hij legde een getuigenis af voor de rechtbank*

• ~ afleggen **van** (iets), zich openlijk uitspreken over: *hij legde getuigenis af van zijn geloof*

geur

• **in** geuren en kleuren, met alle opwindende details: *zij vertelde haar avontuur in geuren en kleuren;* **in** een kwade ~ staan, een slechte naam hebben

geuren

∗ LEKKER RUIKEN, met **naar** (iets): *het park geurde naar pas uitgekomen bloemen*

∗ PRONKEN, met **met** (iets): *hij geurde met een tekening die een ander gemaakt had*

gevaar
∗ RISICO, met **voor** (iets): *hij redde het kind met gevaar voor eigen leven* of met **van** (een gebeurtenis e.d.): *het gevaar van een kernramp was niet denkbeeldig*
• **buiten** ~, geen risico meer lopend; **in** ~, risico lopend; **op** het ~ **af te** (+ onbep. wijs), met het risico: *op het gevaar af u te kwetsen, zou ik toch willen opmerken ...*

gevaarlijk
∗ GEVAAR OPLEVEREND, met **voor** (iem., iets): *die weg is gevaarlijk voor fietsers; roken is gevaarlijk voor de gezondheid*

geval
• **in** geen ~, helemaal niet; **in** allen gevallen, hoe dan ook; **in** het onderhavige geval, in de situatie die nu speelt; **in** het uiterste geval, bij wijze van laatste maatregel; **in** voorkomend ~, als de situatie zich voordoet; **in** ~ **van** (iets), als (iets) zich voordoet: *in geval van diefstal wordt altijd aangifte gedaan; in uw geval ligt de zaak gunstiger;* **voor** het ~ dat ..., stel dat ... zo is/zich voordoet: *hier heb je een reep, voor het geval dat je honger krijgt*
• dat is het ~ **met** (iets), dat is inderdaad zo: *... en toevallig is dat hiermee het geval*

gevat
• ~ **in** (lijst, montuur e.d.) aangebracht: *een portret, gevat in een aluminium lijst*

gevecht
∗ HET VECHTEN, STRIJD, met **met** of **tegen** (iem.): *een gevecht met een gewapende tegenstander* of **tussen** (twee of meer partijen): *een gevecht tussen politie en burgers* en/of met **over** (iem., iets): *een gevecht in een bar over een meisje* of **voor** (iets): *een gevecht voor het behoud van zijn leven*
• **buiten** ~, niet meer in staat te vechten: *buiten gevecht stellen*, uitschakelen, met geweld weerloos maken

geven
∗ AANREIKEN, BIEDEN, VERSCHAFFEN, SCHENKEN, met **aan** (iem.): *de leraar geeft een boek aan de leerling*
∗ zich ~, zich inzetten, wijden, met **aan** (iem., iets): *hij gaf zich totaal aan de verzorging van zijn moeder*
• ~ **om** (iem., iets), gesteld zijn op: *hij gaf heel veel om zijn dochter;* ~ (niet veel e.d.) **voor** (iets), niet erg waardevol achten: *ik geef niet veel voor zijn kansen*

geverseerd
• ~ **in** (iets), bedreven: *hij was zeer geverseerd in zijn vak*

gevlij
• **bij** (iem.) **in** het ~ komen, door vleien iemands gunst winnen

gevoel
∗ BEGRIP, ZIN, met **voor** (iets): *met veel gevoel voor dramatiek sprak hij ons toe*
• **met** ~ **voor** (dramatiek e.d.), geneigdheid tot dramatiek vertonend: *de voetballer liet zich met veel gevoel voor toneel in het strafschopgebied vallen;* **op** het ~ doen, op intuïtie doen: *omdat hij niet echt kon rekenen, deed hij zijn baanbrekende experimenten voornamelijk op het gevoel*

gevoelen
∗ GEVOELSMATIGE OPVATTING, met **over** (iem., iets): *op de vergadering sprak hij zijn gevoelen over het voorstel uit*
• **naar** mijn ~, zoals ik dat voel; **van** ~ zijn, van mening zijn

gevoelens
• ~ **van** (iets), emoties: *gevoelens van genegenheid; de koning gaf uiting aan zijn gevoelens van blijdschap*

gevoelig
∗ (SNEL) REAGEREND OP INWERKINGEN, AANDOENINGEN, LICHTGERAAKT, met **voor** (iets): *hij was zeer gevoelig voor kritiek*

gevolg
∗ WAT UIT IETS VOORTKOMT, RESULTAAT, UITVOERING, met **van** (iets): *dat ongeluk is het gevolg van ondoordacht gedrag* of **voor** (iem., iets): *het besluit heeft grote gevolgen voor het milieu*
• **als** ~ **van** (iets): *als gevolg van een ongeval is de rijbaan gestremd;* **met** goed ~: *de kandidaat heeft het examen met goed gevolg afgelegd;* **ten** gevolge/**tot** ~ hebben, als resultaat hebben: *afwijzing van het voorstel kan een schadeclaim tot gevolg hebben;* **ten** gevolge **van** (iets) of **van het feit dat ...**, als oorzaak hebbend: *ten gevolge van de sneeuwval is alle verkeer gestremd*
• ~ geven **aan** (iets), gehoorzamen: *hij gaf onmiddellijk gevolg aan het bevel om te stoppen*

gevolge zie **gevolg**

gevolgtrekking
∗ CONCLUSIE, SLOTSOM, met **uit:** *een gevolgtrekking uit een onderzoek*

gewaagd
• ~ **aan** (iem.), opgewassen tegen: *jullie zijn beslist aan elkaar gewaagd*

gewaarwording
∗ GEVOEL, INDRUK, met **van** (iets): *de ge-*

waarwording van warmte

gewag

• ~ maken **van** (iets), melding maken van: *de pers maakte gewag van een levendig debat*

gewagen

• ~ **van** (iets), naar voren brengen, vermelden: *men zal nog jaren van deze conferentie gewagen*

geweer

• **in** het ~ komen, zich verweren, met **tegen** (iem., iets): *in 1995 kwamen de milieubewegingen in het geweer tegen een grote oliemaatschappij*

gewend

* GEWOON, met **van** (iem.): *dat ben ik niet van hem gewend*

• ~ **aan** (iem., iets), gewoon geraakt: *de hond is gewend aan de kou;* ~ **(om) te** (+ onbep. wijs), gewoon te doen: *hij is gewend (om) 's avonds laat te gaan slapen*

geweten

• **met** een gerust ~, in de wetenschap correct te handelen: *ik kan met een gerust geweten verklaren dat ...;* **op** zijn ~ hebben, zich schuldig hebben gemaakt: *X heeft zo langzamerhand heel wat op zijn geweten*

gewetensbezwaren

* MOREEL OF GODSDIENSTIG BEZWAAR, met **tegen** (iets): *hij heeft gewetensbezwaren tegen de militaire dienst*

gewikkeld

• ~ **in** (gesprek, gevecht e.d.), actief betrokken bij: *de politicus was gewikkeld in een groot schandaal; de twee sportlieden zijn in een gevecht om de wereldbeker gewikkeld*

gewoon

* GEWEND, met **aan** (iem., iets): *hij is gewoon aan onregelmatige werktijden* of met **(om) te** (+ onbep. wijs): *hij is gewoon (om) op onregelmatige tijden te werken*

gewoonte

• **tegen** zijn ~ **(in)**, in strijd met wat men gewoon is: *tegen haar gewoonte in had ze geen commentaar;* **uit** ~, omdat men iets gewoon is: *uit gewoonte heeft ze overal commentaar op*

gezag

* BEVOEGDHEID MACHT UIT TE OEFENEN, met **over** (iem., iets): *de politie oefent het gezag over de burgers uit*

• **onder** ~ **van** (iem.), onder de leiding van: *de politie staat onder gezag van de burgemeester;* **op** ~ **van** (iem.), in opdracht van: *op gezag van de burgemeester werd de wedstrijd afgelast;* **op** eigen ~, eigenmachtig

gezagvoerder

* IEM. DIE GEZAG UITOEFENT OP SCHIP OF VLIEGTUIG, OVER VLOOT(ONDERDEEL) OF ESKADER, met **van** (schip, vliegtuig): *de gezagvoerder van de Zeven Provinciën* of met **over** (vloot(onderdeel), eskader): *de gezagvoerder over de Eerste Vloot*

gezant

* OFFICIËLE VERTEGENWOORDIGER VAN EEN STAAT, met **bij** (hof van het gastland): *onze gezant bij de Heilige Stoel*

gezegend

• ~ **met** (iets), begunstigd met: *ik ben gezegend met een goede gezondheid*

gezicht

• **op** het eerste ~, bij eerste aanblik: *liefde op het eerste gezicht; op het eerste gezicht lijkt alles in orde;* **in** het ~, zichtbaar: *eindelijk kwam de vuurtoren in het gezicht;* **uit** het ~, niet meer zichtbaar: *door de nevels verdween de boot snel uit het gezicht*

• ~ **op** (iets), uitzicht: *een hotelkamer met gezicht op het strand*

gezien <bn>

* IN AANZIEN, met **bij:** *hij is erg gezien bij zijn personeel*

• **voor** ~ tekenen, door een handtekening te kennen geven dat men van een schriftelijk stuk kennis heeft genomen; het **voor** ~ houden, niet meer verder willen gaan: *ik ben moe, ik houd het voor gezien*

gezindheid

* DENKWIJZE, HOUDING, met **jegens** (iem., iets): *ik twijfel aan uw gezindheid jegens hem*

gezond

* HET WELZIJN BEVORDEREND, HEILZAAM, met **voor** (iem., iets): *iedere dag joggen is gezond voor lichaam en geest*

* IN GOEDE CONDITIE, met **van** (opzicht): *gezond van lijf en leden*

gierig

* HEEL ZUINIG, met **op** (iets): *zij is gierig op haar tijd*

gis

• **op** de ~, zonder plan of ontwerp: *ik knip mijn stof altijd op de gis*

gispen

* (IETS) STERK AFKEUREN, met **in** (iem.): *de chef gispte in zijn ondergeschikte vooral een gebrek aan daadkracht*

* BERISPEN, met **om** of **wegens** (iets): *hij werd gegispt om zijn gebrek aan daadkracht*

gissen

* EEN SCHATTING DOEN, met **naar** (iets): *hij gist naar het aantal kilometers; naar*

zijn motieven kan ik alleen maar gissen

glimlachen

∗ HET GEZICHT TOT EEN GLIMLACH PLOOIEN, met **naar** of **tegen** (iem.): *hij glimlachte vriendelijk naar/tegen haar* of met **om** of **over** (iets): *hij glimlachte over/om haar argeloze opmerking*

glimmen

∗ GLUNDEREN, met **van** (tevredenheid, trots e.d.): *hij glom van trots toen hij het diploma in ontvangst nam*

glorie

• **in** volle ~, in luisterrijke staat: *daar kwam zij binnen, in volle glorie, met haar nieuwe nerts;* **tot** ~ **van** (God, iem.): *hij verbouwde Parijs, tot meerdere glorie van zichzelf*

glossarium

∗ VERKLARENDE WOORDENLIJST, met **op** (geschrift): *een glossarium op Homerus*

gluren

∗ STIEKEM KIJKEN, SPIEDEN, met **naar** (iem., iets): *de hele dag gluurde hij naar zijn buren*

goed <zn>

• **te** ~ hebben/houden **van** (iem.), nog recht hebben op: *je houdt nog een pilsje van me te goed;* **ten** goede komen **aan** of **van** (iem., iets), tot voordeel strekken: *de baten van de actie komen ten goede aan een charitatief doel;* **ten** goede, in gunstige zin: *een verandering ten goede;* houd me **ten** goede, neem me niet kwalijk; zich **te** ~ doen **aan** (iets), smullen, genieten: *zich te goed doen aan taart*

goed <bn>

∗ DEUGDZAAM, VRIENDELIJK, met **voor** (iem.): *goed zijn voor zijn kinderen*

∗ GEZOND, met **voor** (iem., iets): *vis is goed voor hart en bloedvaten*

∗ GESCHIKT, NUTTIG, met **voor** of **tegen** (iets): *deze hoestdrank is goed voor/tegen keelpijn* of met **voor** (iem.): *dat drankje is goed voor je*

∗ KNAP, BEDREVEN, met **in** (iets): *hij is goed in wiskunde*

• ~ **met** (iem.), vriendschappelijk: *die twee zijn bijzonder goed met elkaar;* ~ **op** (iem.), niet meer boos: *na een ruzie werden ze altijd weer goed op elkaar;* ~ **voor** (iets), 1 geldig voor: *deze waardebon is goed voor een pak koffie;* 2 garant voor: *hij is goed voor 10 mille*

goed <bw>

• er ~ **aan** doen **te** (+ onbep. wijs), goed handelen: *je doet er goed aan me dit te vertellen*

goede zie **goed**

goedkeuren

∗ IN ORDE BEVINDEN, met **voor** (doel): *de melk werd goedgekeurd voor consumptie*

goedkeuring

∗ HET GOEDKEUREN, met **voor** (doel): *met rijksgoedkeuring voor categorie C*

• iets **ter** ~ voorleggen: *een concept van het wetsontwerp werd aan de minister ter goedkeuring voorgelegd*

• zijn ~ hechten **aan** (iets), goedkeuren: *hij hechtte zijn goedkeuring aan de overeenkomst*

goedmaken

∗ EEN RELATIE HERSTELLEN, met **met** (iem.): *na zo'n ruzie maakten zij het gelukkig altijd weer goed*

gok

• **op** de ~, op goed geluk: *ik heb dit maar even op de gok gedaan*

gokje

∗ KANS, met **in** (loterij e.d.): *hij waagde een gokje in de loterij*

gokken

∗ GISSEN, met **naar** (iets): *hij gokte naar de uitslag van het examen*

∗ EEN KANS WAGEN, SPECULEREN, OM GELD SPELEN, met **op** (iets, een resultaat e.d.): *hij gokte op een allesovertreffend resultaat; de politicus gokte op een gunstige verkiezingsuitslag*

golf

• ~ **van** (onstoffelijke zaken), grote hoeveelheid, hausse: *een golf van misdrijven overspoelde het land; een golf van geweld.*

golflengte

• (niet) **op** dezelfde ~ zitten, (niet) dezelfde meningen of gevoelens koesteren

gonzen

• ~ **van** (iets), vol zijn van: *het gonst van bedrijvigheid; het gonst van geruchten*, er zijn talloze geruchten

gooi

• een ~ doen **naar** (iets), een kans wagen: *hij doet een gooi naar het burgemeesterschap*

• **uit** de ~, een eind buiten de route, niet dichtbij: *Zevenaar, dat is een flink stuk uit de gooi*

gooien

∗ (DOBBELSTEEN, MUNT E.D.) WERPEN, met **om** (iets): *wie begint? zullen we erom gooien?*

• ~ **op** (iem., iets); 1 wijten aan: *hij gooide zijn falen op de slechte omstandigheden;* 2 een wending geven: *toen gooide hij het gesprek op de ongunstige kwartaalcijfers;* ~ **voor** (autoriteit e.d.), voorleggen: *als u nu niet betaalt, gooi ik het voor de rechter*

gort

• **van** haver **tot** ~, door en door: *ik zal het je van haver tot gort uitleggen; ik ken hem van haver tot gort*

graad

* (ACADEMISCHE) TITEL, met **van** (titel): *de graad van doctor in de filosofie* of met **in** (studierichting): *hij behaalde zijn graad in de filosofie*

graadmeter

* MIDDEL OM DE MATE VAN IETS TE BEPALEN, met **voor** (iets): *de verkiezingen voor de gemeenteraad zijn dikwijls een graadmeter voor de populariteit van de landelijke partijen*

graag

* KOOPLUSTIG, BEGERIG, met **naar** (koopwaar): *reclame wil de consument graag maken naar een product*

grave

• **ten** ~, in/naar het graf: *ten grave dalen*, begraven worden

gras

• **te** hooi en **te** ~, ongeregeld: *hij komt te hooi en te gras bij ons langs*

grasduinen

• ~ **in** (iets), bladeren, neuzen in: *hij grasduinde in een oude jaargang van een weekblad*

gratie

• **bij** de ~ **van** (iem.), door de genade van: *koningin bij de gratie Gods; bij de gratie van zijn directeur mocht hij blijven; bij Gods gratie*, niet van harte, ternauwernood: *bij Gods gratie mocht ik even binnenkomen;* **in** de ~, geliefd, met **bij** (iem.): *zij is bepaald in de gratie bij de chef;* **uit** de ~, niet geliefd, met **bij** (iem.): *voorlopig ben je bij mij uit de gratie*

graven

• ~ **naar** (iets), met graven zoeken, *de archeoloog groef naar middeleeuwse muurresten*

greep

* VAT, met **op** (iem., iets): *na veel inspanningen kreeg de agent greep op de situatie*

• **in** de ~ liggen, (muziek) geen bijzondere vingerzetting hebben; **in** de ~ **van** (iets), ten prooi; *Ruanda is in de greep van het geweld*

• een ~ doen **in** (iets), iets pakken uit: *doe een greep in de kas;* een ~ **naar** (iets) doen, proberen te bemachtigen: *hij deed een greep naar de macht;* een ~ **uit** (iets), een selectie: *een greep uit de talloze goede inzendingen*

grendel

• **achter** slot en ~, goed opgeborgen: *'s avonds ging de drankfles achter slot en grendel*

grens

* PUNT TOT WAAR IETS OF IEM. KAN GAAN, LIMIET, met **aan** (iets): *er is een grens aan mijn geduld*

* SCHEIDINGSLIJN, met **met** (iets): *de grens met België* of **tussen** (landen, zaken): *de grens tussen Nederland en Duitsland*

• **binnen** zekere grenzen, tot een bepaalde limiet: *speling in de lagers is binnen zekere grenzen acceptabel;* **buiten** de grenzen **van** (wet e.d.), niet meer vallend onder: *handelingen buiten de grenzen van de wet;* **op** de ~, nauwelijks acceptabel, met **van** (iets): *haar gedrag is op de grens (van het toelaatbare)*

grenzen

• ~ **aan** (iets), tegen iets aan liggen, nabijkomen: *die onderneming grenst aan het onmogelijke*

grief

* REDEN TOT ONTEVREDENHEID OF WROK, met **over** of **tegen** (iem., iets): *op de vergadering uitte hij zijn grieven over/tegen het beleid*

griezelen

* HUIVEREN VAN ANGST OF AFKEER, met **van** (iets): *hij griezelde van rijstepap.*

grif

• ~ **met** (iets), vlot: *zij is heel grif met haar tranen*

griffelen

* IETS INKRASSEN, met **in** of **op** (iets): *hij griffelde zijn naam in/op de muur*

* IETS ENTEN, met **op** (iets): *peren op appelen griffelen*

griffen

* KRASSEN, met **in** (iets): *in de grafsteen was een naam gegrift*

griffie

• **ter** ~, op de secretarie van rechtbank e.d.: *de stukken ter griffie deponeren*

grijpen

* EEN SNELLE BEWEGING MAKEN OM IETS TE PAKKEN, met **bij** (lichaamsdeel, hulpstuk e.d.): *zij greep hem bij de arm* of met **naar** (iets): *hij greep naar de deurknop;* **voor** het ~ liggen/hebben, in overvloed kunnen krijgen: *voorbeelden hiervan liggen voor het grijpen*

* ZICH VASTZETTEN, met **in** (iets): *het anker greep in de grond; tandwielen grijpen in elkaar*

grillen

* RILLEN, HUIVEREN, met **van** (iets): *hij*

grilde van de diepe afgrond vlak voor hem

grip

* GREEP, HOUVAST, met **op:** *deze autobanden geven een goede grip op de weg*

• ~ krijgen/hebben **op** (iem., iets), vat krijgen/hebben: *hij kreeg maar geen grip op het verloop van de vergadering*

groei

* HET GROEIEN, met **naar** (iets): *een groei naar eenheid*

• **in** de ~, aan het groeien: *hij is nog volop in de groei;* **op** de ~, rekening houdend met verdere groei: *zij kocht alle kleertjes op de groei*

groeien

* (VAN EEN PERSOON) GROTER WORDEN, met **van** (iets): *tast maar toe, je moet er nog van groeien*

* (VAN EEN ZAAK) TOENEMEN, met **met** (iets): *de bevolking groeide met 25 procent*

• **boven** het hoofd ~, te machtig worden: *de werkzaamheden groeiden hem boven het hoofd;* ~ **in** (iets), groter/sterker worden: *hij is in zijn baan gegroeid; zij groeide in andermans leed;* **in** zijn kleren ~, groeien zodat te grote kleren alsnog passen: *als je op de groei koopt, groeien ze vanzelf in de kleren;* **uit** de kleren ~, groeien zodat kleren niet meer passen: *zij was al heel gauw uit haar kleren gegroeid*

groet

* CEREMONIËLE BEGROETING, met **aan** (iem., iets): *de scouts brachten de groet aan de vlag*

groeten <zn>

* HET (BE)GROETEN, met **aan** (iem., iets): *doe de groeten aan je broer* en/of met **van** (iem.): *ik moet u de groeten van X. doen* of met **namens** (iem.): *de groeten aan je moeder namens ons allemaal*

groeten <ww>

* WELKOM HETEN, GOEDENDAG ZEGGEN, (iem.), met **van** (iem.) of met **namens** (iem.): *groet je ouders van/namens mij*

grommen

* KNORRIG BROMMEN, met **op** of **tegen** (iem.): *de leraar gromde op/tegen de leerling*

grond

* REDEN, ARGUMENT, met **tot** of **voor** (iets): *het protest van de bevolking was voor de regering een grond voor het wijzigen van het beleid*

• (scheepvaart:) **aan** de ~ lopen/zetten: *de kapitein zette het gehavende schip bij Vlissingen aan de grond;* **aan** de ~ zitten, geen geld meer hebben: *na de reparatie aan de auto zaten ze finaal aan de grond;* (geen been/poot) **aan** de ~ krijgen, geen gehoor vinden, geen enkele invloed krijgen: *zij kregen bij hem geen poot aan de grond;* **door** de ~ gaan, zich doodschamen: *toen hij dat zei kon ik wel door de grond gaan;* **in** de ~, fundamenteel: *in de grond heeft zij gelijk;* **met** ~, met reden; **op** goede gronden, met goede redenen: *zij concludeerde dat op goede gronden;* **op** ~ **van** (criterium), op basis van: *een besluit op grond van de cijfers;* **te** gronde richten/gaan, ruïneren/verloren gaan: *hij ging te gronde aan de* drank; **ten** ~ **aan** (iets) liggen, als uitgangspunt dienen; **ten** gronde, in de hoofdzaak; **uit** de ~ **van** mijn hart, helemaal gemeend: *ik dank u uit de grond van mijn hart*

• de ~ **in** boren, laten zinken/mislukken: *hij boorde al hun goede plannen de grond in*

grondbeginsel

• **in** ~, in principe

gronde zie **grond**

gronden

• ~ **in** (iets), geworteld zijn: *solidariteit met de armen is diep gegrond in de christelijke traditie;* ~ **op** (iets), grondvesten, baseren: *hij grondt zijn godsdienstige opvattingen op de bijbel*

grondslag

* DATGENE WAAROP IETS BERUST, met **van** of **voor** (iets): *de bijbel is de grondslag voor zijn denken*

• **op** (levensbeschouwelijke e.d.) ~: *een school op christelijke grondslag;* **ten** ~ liggen **aan** (iets): *aan de legende ligt een historische gebeurtenis ten grondslag*

• de ~ leggen **voor** (iets): *met dit diplomatieke gebaar legt de regering de grondslag voor betere betrekkingen*

grondstof

* ONBEWERKT MATERIAAL, met **van** of **voor** (een te maken andere stof e.d.): *ijzererts is de grondstof van ijzer*

grondvesten

• ~ **op** (iets), funderen, baseren: *de vereniging is gegrondvest op de bijbel*

groot <zn>

• **in** het ~, in groothandelspartijen: *hij verkoopt zijn producten alleen in het groot*

groot <bn>

• ~ **met** (iem.), dik bevriend: *zijn dochter is groot met de mijne;* ~ gaan

op (iem., iets), trots zijn: *hij gaat nogal groot op zijn geld*

grootboek

• **op** het ~ inschrijven, (als schuldeiser) een geldbedrag laten inschrijven in het register van de schulden van de Staat der Nederlanden

grootbrengen

* OPVOEDEN, met **in** (levensbeschouwing, ethiek e.d.): *zij werd in het protestantisme grootgebracht*

groots

* VERWAAND, met **op** (iem., iets): *hij is groots op zijn prestatie*

• ~ **op** (iem., iets), trots: *zij is groots op haar studerende dochter*

grootte

• **ter** ~ **van** (iets, maat), zo groot als: *een gezwel ter grootte van een tennisbal*

grossieren

• ~ **in** (zaken e.d.), veel domheden begaan, records behalen: *hij grossiert in stupiditeiten; deze uitgeverij grossiert in nieuwe titels*

gruwel

• een ~ hebben **van** (iem., iets), afkeer koesteren: *hij had een gruwel van zulke banaliteiten*

gruwen

* AFSCHUW KOESTEREN, met **van** (iem., iets: *ik gruw van zijn aanwezigheid in mijn huis*

gunst

• **in** de ~ **bij** (iem.), geliefd bij: *zij staat in de gunst bij hooggeplaatste heren;* **ten** ~ **van** (iem., iets), in het voordeel van: *de inzamelingsactie vond plaats ten gunste van de armen in de wereld;* **uit** de ~ **bij** (iem.), niet geliefd bij: *sindsdien ben ik bij haar uit de gunst*

gunstig

* AANGENAAM, GESCHIKT, met **voor** (iem., iets): *het weer was gunstig voor een mooie zeiltocht*

H

haak

• **in** de ~, in orde, correct: *jouw gedrag is niet in de haak*

haaks

* IN EEN RECHTE HOEK, LOODRECHT, met **op** (iets): *houd die plank haaks op de muur*

• ~ staan **op** (iets), een scherpe tegenstelling vormen: *de verklaring van de minister staat haaks op het regeringsbeleid*

haal

* TREK- OF ZUIGBEWEGING, met **aan** (iets): *een haal aan een sigaar*

• **in** één ~, met één beweging: *in één haal maakte hij een eind aan onze illusies;* **aan** de ~ gaan, op de vlucht slaan, zich toe-eigenen, met **met** (iem., iets): *zijn handlanger ging aan de haal met de buit*

haast

* SPOED, met **met** (iets): *er is haast met die klus; daar is geen haast mee*

• **in** ~, excuusformule op een geschreven boodschap; **in** de ~: *in de haast vergat zij haar tas;* **in** aller haast, overijld: *hij is in aller haast vertrokken*

• er is ~ **bij**, er moet snel gehandeld worden

haasten

* zich ~, opschieten, met **met** (iets): *haast je met opruimen* of met **om te** (+ onbep. wijs): *ik haast me om op tijd te zijn*

• zich ~ **te** zeggen/verklaren e.d., snel een opmerking/stellingname e.d. (ietwat) relativeren: *hij haastte zich te zeggen dat het hier een openingsbod betrof*

haat

* VIJANDIG GEVOEL, met **jegens** (iem.): haat voelen jegens de vijand of met **tegen** (iem., iets): *haat tegen de vijand, tegen dierenmishandeling*

hak

• **op** de ~ nemen, beetnemen, bespotten: *de conferencier nam diverse politici op de hak;* **van** de ~ **op** de tak springen, steeds van onderwerp veranderen

haken

* GRIJPEN, BLIJVEN VASTZITTEN, met **in** (iets): *de schakels haken in elkaar* of met **aan** (iets): *aan het prikkeldraad blijven haken*

* VASTMAKEN, met **aan** (iets): *wagons aan elkaar haken* of met **achter** (iets): *een caravan achter een auto haken* of met **in** (iets): *een haak in een oog haken*
• ~ **naar** (iets), sterk verlangen: *we haken naar een overwinning*

hakken
* HOUWEN TOEDIENEN, met **in** (iets): *hakken in hout* of met **op** (iets): *op een boomstam staan hakken*
• ~ **op** (iem.), vitten: *zit niet altijd zo op me te hakken*

hakketakken
* VITTEN, met **op** (iem.): *de leraar begint op je te hakketakken als je je huiswerk niet maakt*

halen
• het niet ~ **bij** (iem., iets), niet zo goed zijn als: *dat schilderij haalt het niet bij het vorige,* met **in** (opzicht): *in muzikaliteit haalt zij het niet bij haar collega;* ~ **uit** (iets), iets aan hebben, erin vinden: *uit wandelen weet ze veel plezier te halen*

half
• **in** ~, (boekdrukkunst:) gedeeltelijk in linnen of leer: *een boek in half binden;* **ten** halve, voor de helft, halverwege: *beter ten halve gekeerd dan ten hele gedwaald*

hals
• **om** ~ brengen, doden: *Hendrik VIII bracht de meeste van zijn vrouwen om hals;* **om** ~ raken, omkomen; zich (iets) **op** de ~ halen, moeilijkheden krijgen; (iem.) schrik **op** de ~ jagen, laten schrikken; (iem.) (iets) **op** de ~ schuiven, een probleem toeschuiven; (iem., iets) **van** de ~ houden, afhouden: *ik had grote moeite me hem van de hals te houden*
• zijn ~ wagen **aan** (iets), risico lopen: *daar waag ik mijn hals niet aan*

halve zie **half**

halverwege <bw>
* ONGEVEER IN HET MIDDEN TUSSEN, met **tussen** (twee punten): *Halfweg ligt halverwege tussen Amsterdam en Haarlem*
* HALF KLAAR, met **met** (bezigheid): *we zijn halverwege met de vergadering* of met **in** (iets): *ik ben pas halverwege in het boek*

halzen
• ~ **over** (iets), tobben: *nou, daar heb ik lang over moeten halzen.*

hamer
• **onder** de ~ komen, geveild worden: *morgen komt de collectie onder de hamer*

hameren
• ~ **op** (iets), telkens nadrukkelijk aandacht vragen: *de directie hamert op maatregelen tegen ziekteverzuim*

hamerslag
• **bij** ~ besluiten e.d., door een slag met de voorzittershamer officieel maken: *bij hamerslag is het voorstel aangenomen*

hand
• **aan** de ~ **van** (gegevens), uitgaande van: *aan de hand van deze gegevens kunnen we onze conclusies trekken;* **aan** de ~ doen, suggereren: *en passant deed hij me een prima idee aan de hand;* **aan** de ~ hebben, betrokken zijn bij: *hij heeft een dubieus zaakje aan de hand;* **aan** de ~ zijn, niet in orde zijn, met **met** (iem., iets): *wat is er met Jan aan de hand?* **aan** de betere(nde)/winnende e.d. ~ zijn, zich midden in een proces bevinden; **aan** de hoge(re) ~ zitten, (kaartspel:) als eerste zijn kaart spelen; **achter** de ~ hebben, in reserve hebben: *wie spaart heeft altijd wat achter de hand;* **achter** de ~ zitten, (kaartspel:) als laatste zijn kaart spelen; **bij** de ~, binnen handbereik/klaar voor gebruik; **bij** de ~ hebben, ergens bij betrokken zijn: *vorige week had ik een leuk zaakje bij de hand;* ~ **in** ~ gaan, vergezeld gaan van, met **met** (iets): *armoede gaat hand in hand met ziekte;* **in** de ~, onder controle: *de leraar kon de klas niet in de hand houden;* **in** de ~ werken, mede veroorzaken: *de overheid heeft de werkloosheid zelf in de hand gewerkt;* **met** de ~, handmatig: *de bouten van autowielen dient men eerst met de hand aan te draaien;* **naar** zijn ~ zetten, manipuleren: *de voorzitter wist de vergadering naar zijn hand te zetten;* **onder** de ~, intussen; zwaar **op** de ~ zijn, een melancholische of negatieve houding hebben: *hé joh, ben jij altijd zo zwaar op de hand?* **op** iemands ~ zijn, steunen: *Rusland is op de hand van de Serviërs;* (iem.) **op** zijn ~ hebben, de steun genieten: *hij heeft in ieder geval mij op zijn hand;* zwaar **op** de ~, al te serieus; **op** de ~ wassen, handmatig wassen; ~ **over** ~, in toenemende mate; **ter** ~, in de hand(en): *vermoeid nam hij de stukken weer ter hand;* **ter** ~ stellen, overhandigen: *de deurwaarder stelde hem de dagvaarding persoonlijk ter hand;* **uit** de vrije/losse ~, zonder te steunen: *een schot uit de vrije hand;* **uit** de eerste ~, 1 van de betrokkene

zelf: *ik heb deze informatie uit de eerste hand;* 2 van de eerste eigenaar; **uit** de tweede e.d. ~, niet direct, maar via een of meer zegslieden; **uit** de ~ lopen, oncontroleerbaar worden: *de demonstratie liep uit de hand;* **van** de ~ doen, (tweedehands) verkopen: *hij moest zijn auto van de hand doen;* **van** de ~ gaan, verkocht worden: *de peperdure toestellen gingen als warme broodjes van de hand;* **van** de ~ slaan/wijzen, afwijzen: *zijn verweer werd van de hand gewezen;* **van** de ~ **in** de tand leven, zonder plan door het leven gaan; **van** ~ **tot** ~, al doorgevend: *dat meisje gaat van hand tot hand,* laat zich door iedereen versieren; **voor** de ~ liggen, vanzelfsprekend zijn: *de conclusie ligt voor de hand;* **voor** de ~ zitten, (kaartspel:) als eerste zijn kaart spelen

• de ~ houden **aan** (maatregel), handhaven: *we willen strikt de hand houden aan deze maatregel;* de laatste ~ leggen **aan** (iets), afmaken: *vanmiddag legden ze de laatste hand aan de ontwerpschets;* een gelukkige e.d. ~ **bij** (iets), met succes of tact verrichten: *een gelukkige hand bij de keuze van zijn medewerkers;* de ~ lichten **met** (iets), het niet zo nauw nemen: *de betrokken ambtenaar lichtte nog wel eens de hand met de voorschriften;* de ~ hebben **in** (iets), de (onbekende) aanstichter zijn: *volgens mij heeft X. hier de hand in;* zijn ~ **op** (iets) geven, beloven: *hij gaf er zijn hand op dat hij direct zou betalen;* de ~ leggen **op** (iets), bemachtigen: *zij wist de hand te leggen op een kopie;* zijn ~ **erop** geven, zweren, verzekeren; een (goede/slechte e.d.) ~ **van** (iets), vaardig: *een goede hand van schrijven;* er een handje **van** hebben, de vervelende eigenschap hebben: *zij heeft er een handje van iedereen tegen zich in het harnas te jagen*

handbereik

• **binnen** ~, zo dat men het zonder opstaan kan pakken, met **van** (iem.): *veel journalisten hebben het 'Groene boekje' altijd binnen hun handbereik;* **onder** ~, zo dat (iem., iets) gemakkelijk gepakt kan worden: *ik heb hier alles onder handbereik; kijk uit dat je niet onder zijn handbereik komt*

handboek

* NASLAGWERK MET INSTRUCTIES, met **over** (iem., iets): *een handboek over films* en/of met **voor** (doelgroep): *een handboek voor de literatuurgeschiedenis; het Handboek voor de Nederlandse Pers*

handel

* KOOP EN VERKOOP, met **in** (iem., iets): handel in koffie en/of met **met** (iem., iets): *hij drijft handel met zijn collega's* en/of met **op** (land): *de handel vanuit Nederland op Argentinië is ingestort*

handelaar

* IEMAND DIE HANDEL DRIJFT, met **in** (koopwaar): *een handelaar in effecten* of met **op** (land): *een handelaar op Zuid-Amerika*

handelen

* KOPEN EN VERKOPEN, met **met** (iem., iets): *die firma's handelen met het buitenland* en/of met **in** (koopwaar): *de boeren handelen in vee* en/of met **op** (land): *Nederland handelde op Indië*

* TE WERK GAAN, met **naar** of **volgens** (norm): *naar eer en geweten handelen* of met **uit** (motief): *handelen uit eigenbelang*

• ~ **over** (iem., iets), behandelen: *het boek handelde over Australië*

handen

• **in** ~, aan de geadresseerde persoonlijk te overhandigen (als opschrift op een schriftelijk stuk); (iets) **om** ~ hebben, iets te doen hebben: *als jongeren niets om handen hebben, worden ze baldadig;* (iem.) **onder** ~ nemen, berispen: *de rector nam de leerling stevig onder handen;* **op** ~ zijn, staan te gebeuren: *iedereen voelde dat er wat op handen was; er hing iets in de lucht;* **uit** ~ geven, laten glippen/overdragen: *de ploeg gaf de overwinning domweg uit handen; wij hebben deze vordering uit handen gegeven (aan een incassobureau).*

• de ~ vol hebben **aan** (iem., iets), ternauwernood aankunnen: *de leraar had zijn handen vol aan de klas*

handgemeen

* GEVECHT, met **met** (iem.): *de jongen raakte in een handgemeen met zijn kwelgeest* of met **tussen** (partijen): *het kwam tot een handgemeen tussen de soldaten*

handig

* VLOT EN VAARDIG, met **in** (activiteit): *ik ben niet erg handig in het huishouden* of met **met** (voorwerp): *ze is handig met naald en draad*

handschoen

• **met** de ~ trouwen, in de echt verbonden worden, zonder dat de toekomstige echtpartner aanwezig is

• de ~ opnemen **voor** (iem.), helpen door te verdedigen: *de afdeling nam de handschoen op voor de ontslagen collega*

handslag

• **op** ~ verkopen, het op elkaars hand slaan tijdens de onderhandeling over de prijs; (iets) **met**, **onder** of **op** ~ verzekeren/beloven, het slaan op elkaars hand teneinde iets te bevestigen

hang

• ~ **naar** (iem., iets) of **tot** (iets), geneigdheid: *in de late Debussy zien we een hang naar de oude polyfonisten; ze heeft een hang tot rationaliseren.*

hangen

* BOVENAAN BEVESTIGD ZIJN, met **aan** of **op** (iets): *het schilderij hangt aan een spijker*

* BOVENAAN VASTMAKEN, met **aan** of **op** (iets): *hang je jas op de kapstok*

• ~ **aan** (iem., iets), erg gesteld zijn op: *de tweelingen hangen aan elkaar;* ~ **naar** (iem., iets), sterk verlangen naar: *ik hang naar vakantie;* het hangt **erom**, het kan nog alle kanten op

haperen

* MIS ZIJN, met **aan** (iets): *er hapert iets aan dat plan*

happen

* EEN STUK AFBIJTEN, met **van** (iets): *het kind hapte van de koek* of met **in** (iets): *in de koek happen*

* PROBEREN IN DE MOND TE KRIJGEN, met **naar** (iets): *de vis hapte naar lucht*

happig

* ZEER BEGERIG, met **op** (iets): *in het ziekenhuis zijn ze erg happig op het invullen van formulieren*

happy

* GELUKKIG, ERG TEVREDEN, met **met** (iem., iets): *ik ben helemaal niet happy met die nieuwe ontwikkeling*

hard

* ZONDER (AL TE VEEL) MEDELIJDEN, met **voor** (iem.): *sportlieden moeten hard voor zichzelf zijn*

* DROEVIG, met **voor** (iem.): *dat is heel hard voor haar*

harden

* FYSIEK HARD MAKEN, met **tegen** (iets): *commando's worden gehard tegen ontberingen*

• niet **te** ~ zijn **van** (iets): *het is hier niet te harden van de muggen*

• zich ~ **tegen** (iets), sterk worden: *je moet je harden tegen kritiek*

hardvallen

* NEGATIEVE KRITIEK HEBBEN, met **over** (iets): *val hem maar niet hard over zijn rapport*

harent

• **te(n)** ~, bij haar thuis: *zij zal u graag te harent begroeten*

harentwille

• **om** ~, voor haar, om haar te helpen: *als u zelf niet wilt, doe het dan om harentwille*

haring

• ~ of kuit **van** (iets) willen, duidelijkheid verlangen: *nu wil ik wel eens haring of kuit van het gebeurde*

harmonie

* HET GOED SAMENGAAN, met **met** (iem., iets): *wij zoeken naar harmonie met de kosmos* of met **tussen** (personen, zaken): *de harmonie tussen de echtelieden*

• **in** ~, in evenwicht, met **met** (iem., iets): *de wijze leeft in harmonie met de kosmos*

harmoniëren

* IN HARMONIE ZIJN, met **met** (iem., iets): *dat roze harmonieert niet met dat rood* en/of met **in** of **wat betreft** (iets): *de vloerbedekking en de inrichting harmoniëren in kleurstelling met elkaar*

harmoniseren

* IN OVEREENSTEMMING BRENGEN, met **met** (elkaar): *het harmoniseren van de huren met de kwaliteit van de woningen*

harnassen

• zich ~ **tegen** (iem., iets), zich wapenen tegen: *zich harnassen tegen kritiek*

harrewarren

* RUZIËN, met **met** (iem.): *de dochter harrewarde met haar ouders* en/of met **over** (iets): *de dochter harrewarde met haar ouders over zakgeld*

hart

• **aan** het ~ gaan, pijnlijk vinden: *het gaat me aan het hart hem zo te zien worstelen met zijn huiswerk;* **na aan** het ~ liggen, belangrijk vinden: *zijn familie ligt hem na aan het hart;* **naar** zijn ~, in emotioneel opzicht ideaal: *je bent een zoon naar mijn hart;* **naar** zijn ~ te werk gaan, zich laten leiden door de gevoelens: *als ik naar mijn hart te werk ging, schopte ik hem er meteen uit;* de schrik slaat hem **om** het ~, hij wordt bevangen door schrik; een kind **onder** het ~ dragen, zwanger zijn; **op** het ~ hebben, een gevoelen willen uiten: *kom op, zeg maar wat je op je hart hebt;* (iem.) (iets) **op** het ~ drukken, met nadruk vragen/waarschuwen: *zij* *drukte hem op het hart vooral voorzichtig te zijn;* **over** het ~ (kunnen) krijgen, niet opbrengen: *ik krijg het niet over mijn hart het hem te zeggen;* **ter** harte gaan, zich emotioneel betrokken voelen: *de problemen van de Derde Wereld gaan hem bijzonder ter harte;* **ter** harte nemen, goed luisteren: *neem mijn advies goed ter harte;* het moet mij **van** het ~, daaraan wil ik uiting geven: *het moet mij van het hart dat ik erg teleurgesteld ben;* **van** (ganser) harte, oprecht

• het ~ hebben **(om) te** (+ onbep. wijs), de (euvele) moed hebben: *heb het hart niet me tegen te spreken;* zijn ~ zetten **op** (iets), zijn zinnen zetten op; ~ hebben **voor** (iem., iets), betrokken en zorgzaam zijn: *die man heeft hart voor zijn zaak*

harte zie **hart**

hartstocht

∗ PASSIE, met **voor** (iem., iets): *ze heeft een hartstocht voor vioolspelen*

hausse

∗ PLOTSELINGE BELANGSTELLING, GRETIGE AFTREK, met **aan**, **in** of **van** (iets, zaken): *een hausse aan inbraken.*

• **à** la ~ speculeren, speculeren op koersstijging

haver

• **van ~ tot** gort, door en door: *ik ken haar van haver tot gort*

hebben

• ~ **aan** (iem., iets), 1 ondervinden: *aan zo'n accuboor heb je enorm veel plezier;* 2 moeten denken van: *ik weet niet wat ik aan haar heb;* (iem., iets) ~ **aan** (iem.), hulp/steun ondervinden: *kijk, zo'n opmerking, daar heb ik wat aan!* het/alles **in** zich ~ **om te** (+ onbep. wijs), het talent hebben om: *hij heeft het in zich om een goede keeper te worden;* ~ **met** (iets), duperen: *daar heb je mij niet mee;* (iets) ~ **met** (iem.), een relatie, ruzie e.d. hebben: *heeft zij wat met Piet? hebben jullie nooit eens wat met elkaar?* **te** doen ~ **met** (iem.), medelijden hebben: *ik had echt met hem te doen;* het ~ **op** (iem.), vertrouwen, waarderen: *ik heb het niet zo op hem; hij heeft het niet zo op Italiaanse auto's;* het ~ **over** (iem., iets), praten, *hij heeft het altijd over zijn verloofde;* ~ **te** (+ onbep. wijs), 1 kunnen, mogen: *je hebt bepaald niet te klagen;* 2 moeten: *je hebt dat maar te doen!;* (iets) ~ **tegen** (iem., iets), bezwaren hebben: *persoonlijk heb ik niets tegen hem;* het ~ **tegen** (iem., iets), spreken, *ja, ik heb het tegen jou;* ~ **van** (iem., iets), hebben gekregen/vernomen: *ik heb die informatie van het ministerie;* (weg) ~ **van** (iem., iets), enigszins lijken op: *dat gebouw heeft wel iets van een kerk;* dat heb je **ervan**, dat kun je verwachten; ~ **van** (iem.), bij geboorte hebben meegekregen: *dat koppige, dat heeft zij van haar moeder;* (nog) **van** (iem.) ~, nog in bezit/te leen hebben: *ik heb nog een boek van u thuis;* kunnen ~ **van** (iem.), accepteren: *van jou kan zij zo'n opmerking wel hebben;* het moeten ~ **van** (iets), afhankelijk zijn: *de zwakke ploeg moest het helemaal hebben van een tomeloze inzet;* weinig/niets moeten ~ **van** (iem., iets), een afkeer hebben: *ze moet niets van haar oudste zus hebben*

hechten

∗ VASTZITTEN, VASTKLEVEN, met **aan** of **op** (iets): *verf hecht niet aan een vet oppervlak*

∗ VASTMAKEN, met **aan** of **op** (iets): *hij hechtte het kaartje aan het boeket* en/of met **met** (iets): *hij hechtte het kaartje met plakband*

• **eraan ~ te** (+ onbep. wijs), graag willen: *ik hecht eraan de status quo te bewaren*

• ~ **aan** (iem., iets), gesteld zijn op, sterk vóór zijn: *hij hecht erg aan goede manieren;* belang/waarde e.d. ~ **aan** (iets), belangrijk e.d. vinden: *ik hecht geen belang aan zijn verhaal;* zich ~ **aan** (iem., iets), een nauwe band ontwikkelen: *hij hecht zich sterk aan zijn nieuwe omgeving*

heden

• **op** ~, deze dag; **tot (op)** ~ **(toe)**, tot vandaag: *tot op heden mocht ik nog niets van u vernemen;* ~ **ten** dage, vandaag de dag

heel zie **hele**

Heer

• God, **in** de(n) ~, (als) gelovige: *in de Heer ontslapen; broeders en zusters in de Heer;* in het jaar **onzes** Heren; de dag **des** Heren, zondag

heer

∗ MEESTER, BEZITTER, met **over** (iem., iets): *heer over zijn bezittingen;* de ~ **des** huizes, hoofd van het huisgezin

heerschappij

∗ HET HEERSEN, GEZAG, met **over** (iem., iets): *in Afrika hebben de blanken lang de heerschappij over de zwarten gehad*

• **onder** de ~ leven **van** (iem.), overheerst worden door: *de Hongaren in Roemenië moeten zien te leven onder* *de heerschappij van een bijna vijandige overheid*

heersen

∗ DE HEERSCHAPPIJ HEBBEN, met **over** (iem., iets): *Nederland heerste over de koloniën*

heet

• ~ **van** de naald, onmiddellijk na bekend worden: *de reporter belde het nieuws heet van de naald door naar zijn redactie;* ~ zijn **op** (iem., iets), sterk begeren, erg verzot zijn op: *mijn broer is heet op voetbal*

heffen

∗ LATEN BETALEN, met **op** (iets) en/of met **van** (iem., iets): *op een auto wordt belasting geheven van de bezitter* en/of met **over** (bedrag, waarde): *over het bedrag van de belastingvrije voet wordt geen belasting geheven.*

• **op** de troon/**ten** troon ~, tot vorst maken; **ten** doop ~, ten doop houden

hegemonie

∗ GROOTSTE GEZAG, met **over** (andere staten of partijen): *in het kabinet hadden de confessionelen de hegemonie over de liberalen en socialisten*

heildronk

∗ GELUKWENS WAARBIJ HET GLAS GEHEVEN WORDT, met **op** (iem., iets): *de directeur bracht een heildronk uit op de jubilaris*

heilzaam

∗ GENEZING OF POSITIEVE VOORTGANG BRENGEND, met **voor** (iem., iets): *het is heilzaam voor je gezondheid als je nu binnen blijft*

heimwee

∗ NOSTALGISCH TERUGVERLANGEN, met **naar** (iem., iets): *als ze alleen op reis is, heeft ze heimwee naar haar man*

hekel

• **over** de ~ halen, scherp veroordelen: *het was gênant hoe die vrouwen hun vriendin over de hekel haalden*

• een ~ hebben **aan** (iem., iets): *ik heb een hekel aan laat opstaan*

heksenjacht

∗ FANATIEKE KRITIEK EN ACHTERVOLGING, met **op** (iem., iets): *de inquisitie hield een heksenjacht op ketters*

held

• ~ **in** (iets), erg kundig zijn: *hij/zij is geen held in huishouden*

hellen

∗ SCHUIN OVERHANGEN, AFLOPEN, met **naar** (iets): *de muur helt voorover naar de straat*

• ~ **naar** (iets), langzaam een kant opgaan, erop lijken: *die kleur helt naar paars*

helpen

∗ HULP BIEDEN, met **bij** (globaal aangeduide bezigheid/situatie) of met **met** (bezigheid/situatie): *zal ik je helpen bij je huiswerk? zal ik je helpen met je sommen?*

∗ HET EFFECT VAN IETS VERMINDEREN OF TENIETDOEN, met **tegen** (iets): *hoestdrank helpt tegen hoest*

∗ OPEREREN, met **aan** (iets): *vandaag helpen ze hem aan zijn prostaat*

• **van** (iem., iets) **af** ~, verlossen: *van die kiespijn help ik u wel af*

• ~ **aan** (iets), 1 verschaffen: *kunt u me helpen aan een pen?* 2 baten: *daar helpt geen lieve moeder aan*

hemel

• **ten** ~, naar boven, naar het uitspansel: *de handen ten hemel heffen; dat schreit ten hemel;* **in** den hemelen, in de woonplaats van God: *Onze Vader, die in den hemelen zijt ...;* **ten** ~ varen, naar het hiernamaals gaan

hengelen

∗ OMZICHTIG PROBEREN TE KRIJGEN, met **naar** (iets): *ze hengelt naar complimentjes;* ~ **aan** zijn deur, steeds maar weer contact opnemen

herdenking

• **ter** ~ **van** (iem., iets), om met zekere plechtigheid te herdenken: *een bijeenkomst ter herdenking van de gevallenen*

herhaling

• **bij** ~, met zekere regelmaat: *X. komt bij herhaling te laat op zijn werk*

herinneren

• ~ **aan** (iem., iets), doen terugdenken: *die geur herinnert me aan vroeger*

herinnering

∗ GEDACHTE AAN IEMAND OF IETS VAN VROEGER, met **aan** (iem., iets): *we hebben mooie herinneringen aan de vakantie*

∗ VOORWERP DAT GEDACHTEN AAN VROEGER OPROEPT, met **aan** (iem., iets): *het kettinkje was een herinnering aan haar eerste vriendje*

• **in** ~ brengen, hem doen terugdenken: *mag ik je even je belofte in herinnering brengen?* **als** of **ter** ~ **aan** (iem., iets), als aandenken aan: *ik geef je deze foto ter herinnering aan het feestje*

herkenbaar

∗ TE HERKENNEN, met **aan** (iets): *ik ben herkenbaar aan de rode roos in mijn knoopsgat*

herkennen

∗ KUNNEN IDENTIFICEREN OP GROND VAN

VROEGERE ERVARING, met **aan** (kenmerk): *ik herken hem aan zijn manier van lopen*
* DE KENMERKEN VAN IETS AANTREFFEN IN, met **in** (iem., iets): *in die partij herken ik niet meer de bevlogen organisatie van twintig jaar geleden*
• zich ~ **in** (iets), eigen denkbeelden/opvattingen terugvinden: *de minister herkende zich niet in de voorgestelde maatregelen*

herleiden
* TERUGVOEREN, met **tot** (iets): *met een formule kun je graden Fahrenheit tot graden Celsius herleiden*

heroveren
* TERUGVEROVEREN, met **op** (tegenstander): *de Kroaten heroverden een flink stuk van het gebied op de Serviërs*

herscheppen
* VERANDEREN, EEN NIEUWE VORM GEVEN, met **in** (iem., iets): *dat nieuwe pak heeft je herschapen in een echte heer*

herstel
* HET HERSTELLEN, met **in** (de oude toestand): *er is een plan tot herstel van het gemeentehuis in zijn vroegere pracht en praal*
• **in** ~ zijn, zich herstellen: *de aandelen Koninklijke Olie zijn fors in herstel*

herstellen
* WEER IN DE OUDE STAAT BRENGEN, met **in** (oude toestand): *het gemeentehuis is in zijn vroegere pracht en praal hersteld*
• ~ **van** (ziekte e.d.), genezen: *van tuberculose kun je tegenwoordig goed herstellen;* zich ~ **van** (schrik, inspanning e.d.), te boven komen: *hij herstelde zich wonderbaarlijk snel van de schrik*

heten
* EEN NAAM HEBBEN, met **van** (voor-, achternaam e.d.): *hoe heet zij van haar achternaam?*
• ~ **naar** (iem., iets), vernoemd zijn: *zij heet naar haar moeder; het restaurant heet naar het riviertje*

heterdaad
• **op** ~ betrappen, betrappen tijdens het plegen van een misdrijf: *de politie betrapte de inbreker op heterdaad*

hetze
* LASTERCAMPAGNE, met **tegen** (iem.): *het personeel voert een hetze tegen de nieuwe chef*

heug
• **tegen** ~ en meug, met tegenzin: *ik doe dat tegen heug en meug*

heugenis
* HERINNERING, met **aan** of **van** (iets): *de heugenis aan de watersnood zal ons nog lang bijblijven; van die toestand heb ik geen heugenis meer*

heulen
• ~ **met** (iem.), samenspannen: *de verraders hadden al tijden geheuld met de vijand*

hiaat
* LEEMTE, met **in** (iets): *ik constateer een hiaat in deze verklaring*

hijgen
• ~ **naar** (iets), hevig verlangen: *ik kan soms hijgen naar een pilsje*

hinder
* HET BELEMMEREN, met **van** (iem., iets): *hinder van iets ondervinden*

hinderen
* STOREN, BELEMMEREN, met **in** (iets): *dit pak hindert me in mijn bewegingen*

hinken
* MANK GAAN, met **aan** of **met** (been): *hij hinkt aan zijn linkerbeen*
• ~ **op** twee gedachten, niet (kunnen) kiezen tussen twee uitgangspunten

hoedanigheid
• **in** de ~ **van** (functie), als: *ik spreek nu even in mijn hoedanigheid van voorzitter*

hoede
• **onder** de ~ **van** (iem.), onder de bescherming van: *de bewoners stelden zich onder de hoede van de VN-soldaten;* **op** zijn ~ zijn, bedacht zijn op gevaar van de kant van, met **voor** (iem., iets): *wees op uw hoede voor vleiers*

hoeden
• ~ **voor** (iem., iets), beschermen, bewaken: *verkeerslichten hoeden automobilisten voor ongelukken;* zich ~ **voor** (iem., iets), oppassen: *de minister hoedde zich voor het doen van al te optimistische uitspraken*

hoek
• **om** de ~, in de andere straat: *zij woont om de hoek;* **onder** een ~ **van** (aantal graden), een hoek makend, met **ten opzichte van** (iets): *de zon staat onder een hoek van 5 graden ten opzichte van de evenaar*

hoeveelheid
• **bij** kleine/grote e.d. hoeveelheden, in kleine/grote eenheden (met nadruk op regelmatige opeenvolging): *het medicijn moet steeds bij kleine hoeveelheden worden toegediend;* **in** kleine/grote e.d. hoeveelheden, in kleine/grote eenheden: *Windows 95 ging in grote hoeveelheden de deur uit*

hof
• **aan** het ~, in de residentie: *de grandeur aan het hof van Louis XIV was indrukwekkend*
hoge
• **in** den ~, in de hemel: *ere zij God in den hoge*
hogereind(e)
• **aan** het ~, op de zitplaats rechts van de gastheer
hogerhand
• **van** ~, van een hogere autoriteit: *ik heb deze opdracht van hogerhand*
hol <zn>
• **op** ~ slaan, aan het rennen slaan: *het paard sloeg op hol;* het hoofd **op** ~ brengen, aan het dazen maken: *zij brengt mij het hoofd op hol; hij brengt hem het hoofd op hol met zijn dwaze plannen*
holst
• **in** het ~ **van** de nacht, in het diepst van de nacht
homoloog
* OVEREENSTEMMEND QUA VORM OF KLANK, met **met** (iets): *de vleugels van vogels zijn homoloog met de voorste ledematen bij zoogdieren*
homoniem <bn>
* GELIJK QUA KLANK, MAAR VERSCHILLEND QUA BETEKENIS, met **met** (ander woord): *'bank'(= meubel) is homoniem met 'bank'(= geldkantoor)*
hond
• **in** de ~, naar de maan, verwaarloosd: *zo raken mijn kleren in de hond;* **op** de ~, aan lager wal: *na zijn faillissement was hij helemaal op de hond*
honderd
• **boven** het ~, bovenop de hoofdsom: *een provisie van 2 procent boven het honderd;* **in** 't ~ lopen/sturen, in de war raken/laten lopen: *door dat telefoontje is mijn hele planning in het honderd gelopen;* (telwoord) **ten** ~, procent: *een lening tegen 12 ten honderd;* **uit** ~, bijzonder: *een vrouw uit honderd*
honger
• ~ **naar** (iets), een sterk verlangen: *hij heeft een enorme honger naar regelmatige ontspanning*
hongeren
• ~ **naar** (iets), sterk verlangen: *zij hongerden naar kennis*
hongerig
* VERLANGEND, BEGERIG, met **naar** (iets): *hongerig naar kennis*
hoofd
• **aan** het ~ **van** (dagvaarding e.d.), aan het begin van een juridisch stuk: *aan het hoofd van de dagvaarding;* **aan** het/zijn ~ hebben, zich moeten concentreren op: *zeur niet, ik heb andere dingen aan mijn hoofd;* **aan** het ~ (**van** (stoet e.d.)): *aan het hoofd van de stoet gaat de ritmeester;* **aan** het ~ stellen/staan, de leiding geven/hebben: *de minister-president staat aan het hoofd van de ministerraad;* (niet) goed **bij** zijn ~ zijn, niet toerekeningsvatbaar zijn; **boven** het ~ hangen, bedreigen: *tal van werknemers hing ontslag boven het hoofd;* **boven (over)** het ~ groeien, meer eisen dan iemand kan opbrengen: *de onderneming is hem boven het hoofd gegroeid;* **door** het ~ gaan/spelen, zich aan het denken voordoen: *verschillende opties speelden haar door het hoofd;* het is hem **door** het ~ gegaan, hij is vergeten eraan te denken; **onder** het ~, onder een systematische aanduiding: *koeien staan onder het hoofd 'herkauwers';* **per** ~, elk persoon, met **van** (iets): *de Nederlanders besteden per hoofd van de bevolking een aanzienlijk bedrag aan alcoholica;* **uit** het ~, in/vanuit het geheugen: *het Wilhelmus uit het hoofd zingen;* iets **uit** zijn ~ zetten, van iets afzien: *hij moet dat meisje maar uit zijn hoofd zetten;* **uit** hoofde **van** (functie), op grond van een functie/bevoegdheid: *uit hoofde van mijn functie moet ik hier tegen zijn;* **uit** anderen hoofde, op grond van een andere competentie; **uit** dien hoofde, op grond daarvan; **voor** het ~ stoten, kwetsen
• het ~ bieden **aan** (iets), de confrontatie aangaan en zich met succes verzetten: *samen boden ze het hoofd aan hun huwelijksproblemen;* zijn ~ **bij** (iets) hebben/houden, zich kunnen concentreren: *met die herrie kan ik mijn hoofd er niet bij houden;* een hard ~ **in** (iets) hebben, geen vertrouwen hebben: *of dat de oplossing is? ik heb er een hard hoofd in;* zijn ~ staat niet **naar** (iets), hij heeft er geen zin in: *mijn hoofd staat vandaag niet naar werken;* zijn ~ loopt **om**, hij heeft te veel dingen die hem bezighouden; zich het ~ breken **over** (iets), er veel en moeizaam over nadenken: *ik breek me het hoofd over de organisatie van het kerstdiner*
hoofde zie **hoofd**
hoogleraar
* DOCENT VAN DE HOOGSTE RANG AAN UNIVERSITEIT E.D., met **aan** (instituut) en/of met **in** (vak): *ze is hoogleraar in de geschiedenis aan de academie in de stad*

hoogst

• **op** zijn ~, op zijn meest: *het kost op zijn hoogst honderd euro;* **ten** hoogste, in bijzondere mate, niet meer dan: *ik ben u ten hoogste verplicht; het vele werk leverde mij ten hoogste een kater op*

hoogte

• **op** de ~ **van** (iets) stellen/zijn/blijven, in kennis stellen/kennis hebben/bijhouden: *op de hoogte stellen/zijn/blijven van de laatste ontwikkelingen;* **ter** ~ **van** (punt), 1 reikend tot: *het water reikte ter hoogte van zijn borst;* 2 in de buurt van: *ter hoogte van Arnhem kregen we autopech;* **tot op** zekere ~, in zekere, beperkte mate: *de regering kan de arbeidsmarkt maar tot op zekere hoogte beïnvloeden*

• geen/weinig ~ krijgen **van** (iem., iets), geen duidelijk idee krijgen van wat iemand denkt of hoe een stand van zaken is: *hij geeft ontwijkende antwoorden, ik krijg geen hoogte van hem*

hooi

• **te** ~ en **te** gras, ongeregeld: *hij komt te hooi en te gras bij ons langs*

hoop

∗ (POSITIEVE) VERWACHTING, met **op** (iem., iets): *de hoop op beter tijden hield de stakkers lang op de been*

• **in** de ~ **op** (iets) of **(om) te** (+ onbep. wijs), hopend: *veel arme boeren trokken naar de stad in de hoop op een beter bestaan; zij ging naar Lourdes in de hoop te genezen;* **op** ~ **van** (iets), hopend: *op hoop van zegen;* **te** ~ lopen, samendrommen: *een massa mensen liep te hoop om de brand te zien*

hoorndol

∗ HELEMAAL GEK DOOR EEN OVERMAAT AAN PRIKKELS, met **van** (iem., iets): *ik word hoorndol van dat drukke verkeer*

hopen

∗ HOOP HEBBEN, met **op** (iem., iets): *we hopen allemaal op je komst;* er het beste **van** ~, hopen dat iets meevalt

horen

• ~ **aan** (iem.), eigendom zijn, toebehoren: *dat bos hoort aan de landheer;* ~ **bij** (iem., iets), samen een grotere eenheid vormen of daar deel van uitmaken: *de majorettes horen bij het fanfarekorps;* ~ **naar** (iets), gevolg geven aan: *horen naar goede raad;* ~ **onder** (gemeente), vallen onder: *deze polder hoort onder Bodegraven;* ~ **tot** (groep), onderdeel uitmaken: *hij hoort tot te besten op zijn vakgebied;* ~ **van** (iem.), een reactie krijgen: *dus wat betreft dat rapport hoor ik nog van je?* ~ **van** of **over** (iets), vernemen: *ik hoorde van/over de inbraak;* ~ **van** (iem.) **over** (iets), vernemen: *van hem heb ik gehoord over de inbraak;* willen ~ **van** (iets), accepteren: *een dag vrij, daar wilden ze wel van horen.*

horig

∗ ALS HALFVRIJE ONDERWORPEN AAN EEN HEER, met **aan** (iem., iets): *de boeren waren horig aan de landheer*

hoteldebotel

∗ STAPELGEK, met **van** (iem., iets): *ze werd hoteldebotel van het wonen in een woongroep*

∗ STAPELVERLIEFD, met **van** (iem.): *het meisje was hoteldebotel van haar leraar*

houden

• ~ **aan** (iets), (doen) nakomen: *houd je hem aan onze afspraak?* zich ~ **aan** (iets), uitdrukkelijk als uitgangspunt nemen: *ik houd mij uitsluitend aan de feiten;* zich ~ **bij** (iets), zich alleen bezighouden met: *schoenmaker, houd je bij je leest;* het ~ **bij** (iets), 1 zich baseren op, de voorkeur geven: *ik houd het bij dit advies; ik houd het bij een pilsje;* 2 zich beperken tot: *voorlopig houden we het bij prikacties;* het ~ **met** (iem.), een liefdesrelatie hebben: *de hospita hield het een poosje met haar huurder;* het **erom** ~, het is bepaald niet zeker: *het zal erom houden of we op tijd weg kunnen;* **onder** zich ~, in bewaring houden: *notaris X. zal de stukken onder zich houden;* het ~ **op** (iets), voorlopig uitgaan van: *we houden het erop dat de order door zal gaan;* ~ **van** (iem., iets), liefde voelen, gesteld zijn: *houden jullie van huisdieren?* ~ **voor** (iem., iets), beschouwen, aanzien voor: *als je je zo schminkt, houdt iedereen je voor zwartepiet;* **voor** gezien ~, als afgedaan/beëindigd beschouwen; **voor** de gek houden, de spot drijven; **voor** zich ~, niet naar buiten brengen: *ik houd mijn mening liever voor mij*

houding

∗ MANIER VAN HANDELEN OF ZICH GEDRAGEN, met **jegens** of **tegenover** (iem., iets): *haar houding jegens haar ouders is met de jaren veranderd* en/of met **wat betreft** of **op het punt van** (iets): *haar houding jegens haar ouders op het punt van zakgeld*

hout

• **op** eigen houtje, op eigen initiatief; **uit** het goede hout gesneden zijn, een goede instelling hebben; **van** hetzelfde hout gesneden zijn, dezelfde instelling hebben; **van** het houtje zijn, katholiek zijn

houtje zie **hout**

houvast

* STEUN, met **aan** (iem., iets): *aan deze gegevens heb je voldoende houvast*

huilen

* TRANEN VERGIETEN, met **om** (iem., iets): *de jongen huilde om de dood van zijn hond* of met **van** (reden): *hij huilde van verdriet*

huis

• **aan** ~, thuis: *onze supermarkt bezorgt uw boodschappen gratis aan huis;* ~ **aan** ~ (**bij** (iem.)), bij/in de woning: *pianoles aan huis; bij de familie X. aan huis;* kind **aan** ~, vertrouwde bezoeker: *hij is kind aan huis op Soestdijk;* **te** zijnen huize, in zijn huis; **ten** huize **van** (iem.), in het huis van; **van** goeden ~, uit een (ge)goede familie; **van** ~ **uit**, van oorsprong: *van huis uit is hij classicus;* de heer e.d. **des** huizes

huishouden <ww>

* VERNIELEND TEKEERGAAN, met **onder** (groep, dieren): *de pest hield grondig huis onder de bevolking*

huiveren

* RILLEN, met **bij** (gedachte e.d.): *ik huiver bij de gedachte* of met **van** (angst, koud e.d.): *ik huiver van kou/van afschuw*

* ENIGSZINS ANGSTIG OF VERLEGEN ZIJN, met **voor** (iem., iets): *ze huivert voor haar oudere broer*

• ~ **om te** (+ onbep. wijs), terugschrikken: *ze huiverde om na de ruzie zomaar bij hem aan te bellen*

huiverig

* ENIGSZINS ANGSTIG, VERLEGEN, TERUGHOUDEND, met **voor** (iem., iets): *het kind is erg huiverig voor honden* of met **om te** (+ onbep. wijs): *ze was na de ruzie huiverig om zomaar bij hem aan te bellen*

hulde

* EERBETOON, met **aan** (iem.): *hulde aan het bruidspaar!*

huldebetoon

* EERBETOON, met **aan** (iem.): *een huldebetoon aan de overwinnaars*

hulp

* HET HELPEN, met **bij** (globaal aangeduide bezigheid/situatie) of met **met** (bezigheid/situatie): *krijg je hulp bij je huiswerk? wil je hulp met je sommen?*

• **te** ~ schieten/komen, komen helpen: *hij schoot haar direct te hulp*

hunkeren

* ZEER STERK VERLANGEN, met **naar** (iem., iets): *hij hunkert naar wat gezelschap*

hunnent

• **te(n)** ~, bij hen thuis: *zij zullen u graag te hunnent begroeten*

hunnentwille

• **om** ~, voor hen, om hen te helpen: *als u zelf niet wilt, doe het dan om hunnentwille*

huren

* (IETS, GELD E.D.) LENEN TEGEN BETALING, met **van** (verhuurder): *we hebben die surfplank van een speciaalzaak gehuurd*

hurken

• **op** de ~ zitten, gehurkt zijn

huur

* PERIODIEK BEDRAG WAARVOOR MEN OVER IETS KAN BESCHIKKEN, met **over**, **van** of **voor** (termijn): *de huur van/over/voor de maand september betalen*

• **in** ~ hebben, huren: *de firma heeft het kantoor in huur;* **te** ~, aangeboden om te worden gehuurd; **op** een lage/hoge ~ zitten, weinig/veel huurpenningen betalen: *wij zitten hier op een lage huur*

huwelijk

* HET TROUWEN OF GETROUWD ZIJN, VERSTANDHOUDING, met **met** (iem.): *hij sloot een huwelijk met zijn vroegere buurmeisje* of met **tussen** (man en vrouw, partijen): *het huwelijk tussen Arie en Anna heeft niet lang standgehouden; het huwelijk tussen die twee was geen lang leven beschoren*

• **in** het ~ treden, huwen; **ten** ~ geven, de bruid 'overdragen' tijdens de huwelijksplechtigheid; **ten** ~ vragen, vragen om te huwen

huwelijkse voorwaarden zie **huwelijksvoorwaarden**

huwelijksgeboden

• **onder** de ~ staan, in ondertrouw zijn

huwelijksvoorwaarden

• **onder** of **op** huwelijksvoorwaarden trouwen, een huwelijk sluiten waarbij vooraf bepaalde regelingen met betrekking tot de huwelijksgoederengemeenschap bij de notaris zijn vastgelegd

huwen

• ~ **aan** (iets), verenigen met, paren aan: *zij huwde vlijt aan deugdzaamheid;* ~ **met** (iem.), trouwen met: *zij is gehuwd met een collega*

hymne

* LOFLIED, met **aan** (iem., iets): *hij improviseerde een hymne aan haar schoonheid*

hypnose
• **onder** ~, in een door suggestie opgewekte toestand van beperkt bewustzijn: *onder hypnose kan men zich tal van dingen weer herinneren*

hypotheek
* LENING TEGEN ONDERPAND, met **op** (onderpand): *een hypotheek op de opstallen*
• geld **op** ~ nemen/geven: *wij zijn bereid u het gevraagde bedrag op hypotheek te geven;* belasten **met** een ~, een hypotheek vestigen

I

ibbel
* GEÏRRITEERD, DOL, met **van** (iem., iets): *ze werd ibbel van de harde muziek*

idee (de)
* VOLMAAKTE VOORSTELLING, met **van** (begrip): *de idee van het Goede*

idee (het)
* BEELD, met **van** (iets): *ik heb geen idee van de afmetingen*
* DENKBEELD, OPVATTING, met **over** (iets): *ik vroeg hem naar zijn ideeën over deze problematiek*
* OVERWEGING, GEDACHTEGANG, met **achter** (iets): *het idee achter dit project is, ...*
• **op** een/het ~ brengen, op de gedachte brengen: *hij bracht mij op het idee het zo aan te pakken;* **op** een/het ~ komen, een gedachte krijgen: *door hem kwam ik op het idee het zo aan te pakken*
• ~ **in** (iets) hebben, zin hebben in, ervoor voelen: *heb je er idee in om met mij met vakantie te gaan?* ~ **op** (iem.) hebben, positieve gevoelens koesteren: *ik heb bepaald idee op die knaap*

identiek
* GELIJK (MAAR NIET DEZELFDE/HETZELFDE), met **aan** (iem., iets): *de tweelingen zijn identiek aan elkaar*
* EEN EN DEZELFDE/HETZELFDE, met **met** (iem., iets): *Battus is identiek met Brandt Corstius*

identificeren
• ~ **met** (iem., iets), vereenzelvigen: *je moet Marokkanen en Turken niet met elkaar identificeren;* zich ~ **met** (iem.), zich vereenzelvigen: *ik identificeer me sterk met Sherlock Holmes;* zich ~ **met** (iets), actief meeleven: *zij identificeert zich met de zaak van de verdrukten*

idolaat
* DWEPEND, met **van** (iem., iets): *Eline was idolaat van de operaster*

idoliseren
* TOT IDOOL MAKEN, VERHEERLIJKEN, met **tot** (iem., iets): *Elvis werd geïdoliseerd tot 'the king of rock 'n roll'*

iebel
* GEÏRRITEERD, DOL, met **van** (iem., iets): *ik word iebel van zeurende colporteurs*

ijs
• (on)beslagen **ten** ~ komen, (niet) goed voorbereid zijn: *op zo'n examen moet je goed beslagen ten ijs komen*

ijver
* TOEWIJDING, met **(om) te** (+ onbep. wijs): *ze toont niet veel ijver om haar examen te halen*

ijveraar
• ~ **tegen** (iets), iemand die zich vurig verzet: *een ijveraar tegen abortus;* ~ **voor** (iets), iemand die zich inzet: *hij is een ijveraar voor zijn vereniging*

ijveren
• ~ **tegen** (iets), zich inspannen om iets te voorkomen, ertegen tekeergaan: *tante ijvert tegen dierenmishandeling;* ~ **voor** (iets), zich inspannen om iets te bereiken: *tante ijvert voor de dierenbescherming*

ijzen
* GRIEZELEN, VERSCHRIKKELIJK VINDEN, met **van** (iem., iets): *Hans ijsde van de gemene heks; hij ijsde van afschuw*

illusie
• zich (geen) illusie(s) maken **over** (iem., iets), (geen) verwachtingen koesteren: *ik maak mij geen enkele illusie over onze kansen*

illustratie
• **ter** ~, om duidelijker te maken: *een voorbeeld ter illustratie*

illustratief
* VERHELDEREND, TYPEREND, met **voor** (iem., iets): *kijk, zo'n opmerking is illustratief voor zijn hele houding*

illustreren
* TOELICHTEN, met **met** of **aan de hand van** (voorbeeld): *ik kan de werking illustreren met dit schema*

immuun
* NIET VATBAAR, met **voor** (een ziekte): *een griepprik maakt je immuun voor griep*

impact
* GROTE INVLOED OF UITWERKING, met **op** (iem., iets): *de documentaire over de oorlog had een enorme impact op het publiek*

impuls
* PRIKKEL, met **tot** of **voor** (iets): *de bevrijding in mei 1945 was de impuls tot een nationaal festijn*
• **in** een ~, in een opwelling; *in een impuls verkocht zij haar aandelen Olie;* **onder** ~ **van** (iets): *onder impuls van de VS trok de hele wereldeconomie aan*

inachtneming
• **met** ~ **van** (iets), rekening houdend met: *wanneer je aan het verkeer deelneemt met inachtneming van alle regels, schiet je snel genoeg op*

inbegrepen
* INCLUSIEF, MEEGEREKEND, met **bij** of **in** (iets): *bij de toegangsprijs zijn twee consumpties inbegrepen*

inbegrip
• **met** ~ **van** (iets), inbegrepen: *met inbegrip van alle kosten komt de prijs op ...*

inboeten
• ~ **aan** (iets), verliezen: *die zaak heeft inmiddels aan belang ingeboet;* ~ **bij** (iets), verliezen: *hij heeft heel wat geld ingeboet bij die transactie*

inbreng
* BIJDRAGE, met **van** (iem.): *de financiële inbreng van het Rijk* en/of met **in** (iets): *zijn inbreng in het project moet niet onderschat worden*

inbrengen
* BIJDRAGEN, met **in** (iets): *zij heeft heel wat in het huwelijk ingebracht*
* INVLOED HEBBEN, IETS TE VERTELLEN HEBBEN, met **bij** (iemand): *de tiener heeft niets in te brengen bij zijn ouders*
• ~ **tegen** (iets), een tegenargument naar voren brengen: *daar heb ik niets tegen in te brengen*

inbreuk
* SCHENDING, met **op** (iets): *de maatregel betekent een forse inbreuk op de privacy*

incapabel
* ONBEKWAAM, met **voor** of **tot** (iets): *incapabel voor een functie; incapabel tot het uitvoeren van een taak*

incompatibel
* NIET OP ELKAAR AANSLUITEND, met **met** (iets): *MS-DOS en Unix zijn incompatibel met elkaar*

incompetent
* ONBEVOEGD, met **tot** (handeling): *incompetent tot het nemen van belangrijke besluiten*
* ONBEKWAAM, met **voor** (hendeling, taak e.d.): *hij is incompetent voor deze taak*

incorporeren
• ~ **in** (iets), opnemen, insluiten: *de nieuwe afdelingen zijn inmiddels geïncorporeerd in het moederbedrijf*

indekken
* zich ~, zich voorbereiden op het incasseren van tegenvallers, met **tegen** (tegenslag): *als je hem van tevoren waarschuwt, heb je je ingedekt tegen mogelijke verwijten*

indelen
* RANGSCHIKKEN, met **in** (categorie): *dieren in soorten indelen; je kunt niet alle mensen in hokjes indelen* en/of met **volgens** of **aan de hand van** (schema): *de werkzaamheden indelen*

aan de hand van een vooraf bepaald schema

* ONDERBRENGEN, met **bij** (afdeling, groep): *hij is ingedeeld bij de topspelers*

indenken

• zich ~ **in** (situatie), zich een voorstelling kunnen maken: *ik kan me goed indenken in zijn positie*

index

* OVERZICHT VAN DE INHOUD, REGISTER, met **op** (geschrift, boek): *in de index op de atlas vind je alle plaatsnamen*

* GETAL DAT EEN TREND AANGEEFT, met **voor** (zaken): *de index voor aandelen is vandaag weer gestegen*

• **in** de ~, in het overzicht: *dit woord staat niet in de index;* **op** de ~, op de lijst van verboden werken: *in de Middeleeuwen zou Wolkers op de index gestaan hebben*

indicatie

* AANWIJZING, met **voor** (iets): *de grotere werkloosheid is geen indicatie voor een algemene economische recessie*

• **op** (sociale, medische e.d.) ~, om sociale e.d. redenen: *op medische indicatie werd haar een benedenwoning toegewezen;* **op** ~ **van** (arts), op voorschrift van: *op indicatie van de huisarts moet ze pillen slikken*

• een ~ geven/bieden **van** (iets), een globale indruk geven van: *deze steekproef geeft een indicatie van de kwaliteit*

indienen

* OFFICIEEL GEVEN, VOORLEGGEN TER BEHANDELING, met **bij** (iem., instelling): *je moet het ingevulde formulier indienen bij de baliemedewerker*

indringen

* zich ~, binnendringen, met **bij** (iemand): *de stiefzoon drong zich in bij zijn aangetrouwde familieleden* of **in** (groep): *de hardrockers drongen zich in het groepje hippies in*

indruisen

• ~ **tegen** (iets), in strijd zijn met: *stelen druist in tegen alle fatsoensregels*

indruk

* BEELD, met **van** (iem., iets): *deze brief geeft een goede indruk van zijn de capaciteiten*

• **onder** de ~ komen/zijn, een zeer positief beeld krijgen/hebben, met **van** (iem., iets): *ik ben onder de indruk van haar spel*

• ~ maken **op** (iem.), emotioneel raken: *zij heeft diepe indruk op mij gemaakt;* de ~ maken **op** (iem.) **van** (iets), doen denken aan: *dit maakte op mij de indruk van paniekvoetbal;* de ~ wekken **van** (iets), doen denken aan, met **bij** (iem.): *dit wekt (bij mij) de indruk van broddelwerk*

inenten

* EEN INJECTIE GEVEN, met **met** (stof): *inenten met een nieuw vaccin* en/of met **tegen** (ziekte): *inenten tegen cholera*

infecteren

* BESMETTEN, met **met** (ziekte): *de patiënten zijn geïnfecteerd met het virus hiv-2*

inferieur

* MINDERWAARDIG, met **aan** (iem., iets): *goedkope spullen zijn niet altijd inferieur aan dure*

infiltreren

* LANGZAAM AAN BINNENDRINGEN, met **in** (iets): *de soldaten infiltreerden in het kamp van de vijand*

informatie

* INLICHTING(EN), met **over** (iem., iets): *heeft u informatie over de Wet Geluidhinder?*

• **te** uwer ~, om u te informeren: *te uwer informatie zullen wij u een brochure toesturen*

informeren

* INLICHTINGEN VRAGEN, met **bij** (iem., instelling): *u kunt bij de portier informeren* en/of met **naar** (iem., iets): *u kunt bij de portier informeren naar het kamernummer*

* INLICHTINGEN GEVEN, met **over** (iem., iets): *met deze folder willen wij u informeren over het nieuwe bestemmingsplan*

infractie

• ~ **op** (iets), inbreuk: *dit betekent een ernstige infractie op de rechten van de burger*

ingaan

* BEGINNEN, met **op** (datum): *het nieuwe rooster gaat in op 17 januari* of met **om** (tijdstip): *het bestand gaat in om middernacht*

• ~ **in** (iets), binnengaan: *ingaan in het koninkrijk der hemelen;* ~ **op** (iets), 1 reageren, aandacht schenken: *hierna ging de spreker nader in op de problematiek;* 2 positief reageren, accepteren: *ingaan op een aanbod;* ~ **tegen** (iem., iets), negatief reageren: *de oppositieleider ging per definitie in tegen elk regeringsvoorstel;* ~ **tegen** (iets), strijdig zijn met: *deze wet gaat in tegen een EU-verordening;* ~ **tot** (vrouw), (bijbel:) gemeenschap hebben: *en hij ging in tot Hagar, en zij ontving*

ingang
* AANZET, met **voor** (iets): *dit biedt een ingang voor nader onderzoek*
* CONTACTPERSOON, met **in** (plaats waar beslissingen vallen) en/of met **bij** (organisatie): *ik heb een ingang in Den Haag; ik heb een ingang bij Economische Zaken*
• **met** ~ **van** (datum), vanaf, te beginnen op: *met ingang van 1 juli is de Herenstraat gestremd voor alle verkeer*
• ~ vinden **bij** (iem.), geaccepteerd worden: *zijn opruiende woorden vonden ingang bij de ontevreden massa*

ingeburgerd
* OPGENOMEN, met **bij** (groep): *tal van vreemde woorden zijn inmiddels bij ons ingeburgerd* of met **in** (land, samenleving e.d.): *Achmed is volkomen ingeburgerd in Nederland; de ligfiets raakt aardig ingeburgerd in ons land*

ingenomen
• ~ **met** (iem., iets), positief gestemd, tevreden: *zij was erg ingenomen met haar nieuwe secretaresse;* ~ **tegen** (iem., iets), negatief gestemd: *van meet af aan was men ingenomen tegen de nieuwe chef*

ingespeeld
• ~ **op** (iem.), goed samenwerkend: *de broertjes De Boer zijn perfect op elkaar ingespeeld*

ingesteld
• ~ **op** (iem., iets), 1 ingericht op: *de maatschappij is ingesteld op deelname aan het arbeidsproces; de keuken was niet ingesteld op zoveel bezoekers;* 2 voorbereid: *op bezoek ben ik momenteel niet ingesteld*

ingevoerd
* GOED OP DE HOOGTE, met kennis van, met **in** of **op het gebied van** (iets): *onze firma is goed ingevoerd in warmtekrachtkoppeling*

ingewijde
* IEMAND DIE WEET WAT VOOR ANDEREN VERBORGEN IS, met **in** (iets): *ingewijden in de politiek geloven dat het kabinet op springen staat.*

ingreep
* HET TUSSENBEIDE KOMEN OM IETS TE VERHINDEREN, met **in** (iets): *het nieuwe beleid betekent een enorme ingreep in het stelsel van de sociale voorzieningen*

ingrijpen
* TUSSENBEIDE KOMEN OM IETS TE VERHINDEREN, met **in** (iets): *het is ontzettend vervelend als ouders steeds ingrijpen in de ruzies van hun kinderen*

inhaken
• ~ **op** (iets), aanknopen bij: *de spreker haakte behendig in op de woorden van zijn voorganger*

inhameren
* MET KRACHT INPRENTEN, met **bij** (iem.): *ik zou het er wel (bij hem) in willen hameren*

inherent
* ONLOSMAKELIJK VERBONDEN, met **aan** (iets): *het is inherent aan rijden onder invloed dat je grotere risico's neemt.*

inhouden
* NIET UITBETALEN OP GROND VAN FISCALE REGELGEVING, met **op** (beloning): *op het loon worden de gewone premies ingehouden*
* NIET UITBETALEN BIJ WIJZE VAN STRAF OF SCHADELOOSSTELLING, met **van** (beloning): *we zullen deze maand € 200,- van je loon inhouden*

initiatie
* INWIJDING, met **in** (iets): *besnijdenis betekent de initiatie in de wereld van de volwassenen*

initiatief
* STAP DIE MEN ALS EERSTE DOET OM TOT IETS TE KOMEN, met **tot** of **voor** (iets): *het initiatief nemen tot het instellen van een commissie*
• **op** ~ **van** (iem.): *op initiatief van de winkeliersvereniging werd een braderie georganiseerd*

initiëren
* INWIJDEN, met **in** (iets): *de jonge tempeldienaren werden geïnitieerd in de voorouderlijke riten*

injectie
* HET VIA EEN HOLLE NAALD INBRENGEN VAN EEN MEDICIJN, met **tegen** (ziekte): *een injectie tegen hondsdolheid* en/of met **met** (medicijn): *een injectie met een antibioticum*

inkomsten
* DATGENE WAT VERDIEND WORDT, met **uit** (bron): *belasting op inkomsten uit arbeid*

inkopen
* zich ~, mede-eigenaar worden door het storten van aandelenkapitaal, met **in** (onderneming): *de nieuw directeur moest zich in de onderneming inkopen*

inlaten
• zich ~ **met** (iem., iets), openstaan voor en omgaan met: *laat je in godsnaam niet met die junks in;* zich ~ **met** (iets), zich bezighouden met: *met de details wil ik mij niet inlaten*

inleggen
* GELD BIJDRAGEN, met **in** (pot) of **op** (re-

kening): *bij het kaarten legde ze € 5,- in de pot in; u dient minimaal € 5000,- in te leggen op de rekening*
* INMAKEN, met **in** (conserveringsmiddel): *haring in azijn inleggen*
• eer ~ **met** (iets), eer behalen: *met dat project kun je eer inleggen*

inleiden
* INTRODUCEREN, LATEN KENNIS MAKEN, met **bij** (groep): *op het congres leidde de voorzitter de eerste spreker bij het publiek in* of met **in** (iets): *de spreker leidde zijn toehoorders in de medische biologie in*

inleiding
* TEKST OF MEDEDELING DIE AAN DE EIGENLIJKE BOODSCHAP VOORAFGAAT, met **tot** (iets): *dit hoofdstuk vormt de inleiding tot het eigenlijke werk*
* GESCHRIFT DAT DE GRONDBEGINSELEN UITEENZET VAN EEN BEPAALD KENNISTERREIN, met **in** (terrein): *een inleiding in de tekstwetenschap*
* GESCHRIFT DAT DE LEZER GLOBAAL VERTROUWD MAAKT MET EEN TENTOONSTELLING E.D., met **op** (expositie e.d.): *een inleiding op Heidegger; een inleiding op de expositie*
* VOORDRACHT DIE BEDOELD IS ALS GRONDSLAG VOOR EEN DISCUSSIE, met **over** (iem., iets): *een inleiding over moderne literatuur*
* EERSTE DEEL VAN EEN HANDELING E.D., met **tot** (iets): *de reorganisatie was de inleiding tot een uittocht van functionarissen*

inleven
• ~ **in** (situatie), zich voorstellen dat men in een bepaalde situatie verkeert: *ik kan me goed in je frustratie inleven*

inleveren
* IETS AFGEVEN OMDAT HET MOET, met **bij** (iem.): *het examenformulier moet bij de surveillant worden ingeleverd*

inlezen
* zich ~, door lezen (elementaire) kennis verwerven over een onderwerp, met **in** (kennisgebied): *ze heeft zich snel ingelezen in het burgerlijk recht*

inlichten
* OP DE HOOGTE BRENGEN, met of **over** (iets): *ik zou graag worden ingelicht over de toekomst van ons bedrijf*

inlijven
* OPNEMEN IN, met **bij** (gebied, land e.d.): *in de oorlog werden de veroverde gebieden ingelijfd bij Duitsland* of met **in** (groep): *in de adel inlijven*

inlikken
• zich ~ **bij** (iem.), in de gunst zien te komen: *hij probeert zich in te likken bij het bestuur om promotie te krijgen*

inloggen
* DOOR MIDDEL VAN EEN IDENTIFICATIE PROCEDURE EEN VERBINDING TOT STAND BRENGEN, met **op** (computer, netwerk): *je moet eerst inloggen op het bedrijfsnetwerk* of met **bij** (provider): *als Amerika aan het werk gaat, is het lastig in te loggen bij Amerikaanse providers*

inlopen
• ~ **op** (iem., groep), 1 een achterstand verkleinen: *de wielrenner liep in op de kopgroep;* 2 snel komen toelopen: *de boerenknecht liep in op de groep bijeenstaande koeien en joeg ze op;* ~ **tegen** (elkaar), botsen: *de opvattingen liepen tegen elkaar in*

inloten
* DOOR LOTING IN IETS BETROKKEN WORDEN, met **voor** (iets): *ze is ingeloot voor een studie tandheelkunde*

inmaken
* (VOEDSEL) BEWERKEN OM HET TE CONSERVEREN, met **in** (datgene wat conserveert): *haring in azijn inmaken*
* OVERTUIGEND VERSLAAN, met **met** (uitslag): *zij werden met 11-0 ingemaakt*

inmengen
* zich ~, ongevraagd bemoeien, met **in** (iets): *de Verenigde Naties willen zich in principe niet inmengen in binnenlandse aangelegenheden.*

innemen
• **voor** (zich) ~, iemand in een gunstige stemming brengen: *door haar positieve houding in deze moeilijke kwestie heeft ze ons erg voor zich ingenomen;* **tegen** (zich) ~, iemand in een ongunstige stemming brengen: *door haar negatieve houding in deze nare kwestie heeft ze ons tegen zich ingenomen*

inrichten
* DOOR SPECIALE MAATREGELEN GESCHIKT MAKEN OF TOERUSTEN, met **als** (functie): *de zaal was ingericht als wachtkamer* of met **op** (bepaalde eis) *het kantoor is niet ingericht op meer dan vier medewerkers* of met **voor** (handeling, functionaliteit): *de cockpit is ingericht voor dubbele besturing* of met **naar** (capaciteiten, behoeften): *het onderwijs is misschien wel ingericht naar de mogelijkheden van de leerlingen, maar zeker niet naar de behoeften van de samenleving*

inrichting
* INSTELLING, met **voor** (personen): *zij werd opgenomen in een inrichting voor alcoholverslaafden*

∗ VOORZIENING, met **voor** (doel, bestemming) of **om te** (+ onbep. wijs): *de ketel is voorzien van een inrichting om overdruk te vermijden*

inrijden

• ~ **op** (iem., iets), recht afrijden op en een botsing veroorzaken: *de politiewagens reden in op de relschoppers*

inruilen

∗ INWISSELEN EN IETS ANDERS TERUGKRIJGEN, met **tegen** (gelijkwaardig alternatief) of **voor** (beter exemplaar): *je kunt je reischeques inruilen tegen vreemde valuta; hij ruilde zijn auto in voor een nieuwe*

inruimen

• ~ **voor** (iem., iets), (plaats, tijd) vrijmaken: *op de agenda van de vergadering is voor ieder onderwerp een half uur ingeruimd*

inschakelen

∗ IEMANDS MEDEWERKING VRAGEN, met **bij** (karwei): *ik zou je willen inschakelen bij de verhuizing*

inschieten

• **erbij** ~, 1 verliezen: *ze leende hem geld, maar schoot er € 25,- bij in;* 2 niet gedaan worden: *ik had je willen bellen, maar het is er in de drukte bij ingeschoten.*

inschikkelijk

∗ TOEGEVEND, met **jegens** of **tegenover** (iem.): *na een poosje werd hij wat inschikkelijker jegens hem*

inschrijven

∗ DE NAAM OPGEVEN OM AAN IETS MEE TE DOEN, met **bij** of **aan** (iem., instituut): *de ambtenaar schreef mijn broer in aan de academie* en/of met **voor** (vak, wedstrijd): *ik schrijf me in voor een nieuwe cursus* en/of met **als** (lid, deelnemer): *hij werd ingeschreven als student*

∗ IETS NOTEREN IN EEN REGISTER, met **in** (register): *de transactie moet in het register worden ingeschreven* of met **op** (register): *inschrijven op het Grootboek der nationale schuld*

∗ EEN OFFERTE DOEN, met **op** (iets): *de aannemer schreef in op de bouw van de tunnel* en/of **voor** (bedrag): *de aannemer schreef in voor 100 miljoen euro*

∗ DE NAAM OPGEVEN OM LATER IETS TE KRIJGEN, met **op** (iets): *zij schreef in op de encyclopedie* en/of **voor** (bedrag): *hij schreef voor € 50,- in op de facsimile-editie van de historische atlas*

inschrijving

• **bij** ~, door schriftelijke bieding: *het toewijzen van de aandelen geschiedt bij inschrijving.*

insisteren

• ~ **op** (iets), aandringen, *ik wil erop insisteren dat de regering het regeerakkoord respecteert*

insluiten

∗ BIJ IETS ANDERS VOEGEN IN EEN OMHULSEL, met **bij** (iets): *bij de brief is een acceptgiro ingesloten*

inspelen

• ~ **op** (iets), op een handige manier reageren: *de oppositie speelde handig in op de onenigheid tussen de regeringspartijen*

inspireren

∗ INSPIRATIE GEVEN, AANZETTEN, met **tot** (iets): *jullie lakse houding inspireert me niet tot hard werken*

inspraak

∗ MOGELIJKHEID OM DE EIGEN MENING TE LATEN MEESPELEN BIJ EEN BESLISSING, met **in** (beleid, plannen e.d.): *het personeel heeft inspraak in de besluitvorming van de directie* of met **bij** (handeling): *het personeel heeft inspraak bij de realisering van het beleid van de directie*

inspringen

∗ DOOR NOODZAAK IEMAND PLOTSELING VERVANGEN, met **voor** (iemand): *toen ze ziek was, sprongen haar collega's voor haar in*

• ~ **op** (iets), ingaan op, snel reageren op: *hij sprong meteen op haar aarzeling in*

instaan

• ~ **voor** (iem., iets), zich garant stellen voor: *je moet het zelf weten, maar ik sta niet in voor de gevolgen*

instantie

• **door** alle instanties procederen, alle successieve vormen van hoger beroep aangrijpen; **in** eerste ~/**ter** eerste ~, in eerste aanleg, voor de laagste rechter; **in** hogere ~, in hoger beroep; **in** eerste ~, aanvankelijk: *in eerste instantie zag ik niet veel in het plan;* **in** tweede ~, later, vervolgens: *maar in tweede instantie begon ik de voordelen ervan te zien;* **in** laatste ~, ten slotte, in het uiterste geval: *in laatste instantie kun je altijd nog opstappen*

instellen

∗ TOT STAND BRENGEN, met **op** (iem., iets): *ik wil een dronk instellen op onze jubilaris*

∗ (JURIDISCH:) BEGINNEN, met **tegen** (iem., instelling): *een procedure instellen tegen de Staat der Nederlanden*

• zich ~ **op** (iets), zich voorbereiden:

de politie had zich vooraf al ingesteld op problemen

instemmen

* HET EENS ZIJN, met **met** (iem., iets): *ik kan geheel instemmen met de vorige spreker*

instemming

* HET INSTEMMEN, met **met** (iets): *hij vroeg onze instemming met zijn plannen*

• **met** ~ **van** (iem., instelling), terwijl iemand instemt: *belangrijke besluiten kunnen alleen worden genomen met instemming van alle leden*

• ~ vinden **bij** (iem.): *de architect vond voor zijn plannen geen instemming bij de gemeente*

instigatie

• **op** ~ **van** (iem.), op aanzetten/initiatief van: *op instigatie van het schoolbestuur besloot de rector de betrokken leerlingen te schorsen*

instinct

* AANGEBOREN NEIGING, met **tot** (iets): *ieder organisme bezit het instinct tot overleven*

• **uit** ~, door een aangeboren neiging: *uit instinct tot zelfbescherming rolt de egel zich op tot een bal*

instormen

• ~ **op** (iem., iets), met haast of kracht afgaan op: *de gewapende overvallers stormden in op de rij wachtenden voor het loket*

instructie

* aanwijzingen voor de te volgen handelwijze, met **(om) te** (+ onbep. wijs): *we kregen de instructie om naar binnen te gaan*

• **op** ~ **van** (iem., instelling), in opdracht van: *hij handelde op instructie van de korpschef;* **ter** ~, in het stadium van vooronderzoek, met **bij** (rechter): *de zaak tegen de verdachte is nog ter instructie bij de rechter-commissaris;* de rechter **van** instructie

insturen

* ZENDEN, met **aan** (instelling): *een verzoekschrift insturen aan het college van B en W* of met **voor** (concours): *een compositie insturen voor de Prix de Rome*

integratie

* HET TOT EEN GEHEEL WORDEN, met **in** (groter geheel): *de integratie van Nederland in de EG* of met **met** (ander element binnen groter geheel): *de integratie van Wit-Rusland met Rusland* of met **tussen** (elementen): *de integratie tussen Rusland en Wit-Rusland*

integreren

* OPNEMEN IN EEN GEHEEL, met **in** (iets): *we hebben jouw ideeën in de subsidieaanvraag geïntegreerd*

* EEN EENHEID GAAN VORMEN MET, met **in** (geheel): *de allochtonen integreerden in de bevolking* of met **met** (wie of wat dat geheel mede vormt): *de immigranten raken steeds meer geïntegreerd met de autochtone bevolking*

intekenen

* EEN OFFERTE DOEN, met **op** (project): *de aannemer tekende in op de bouw van de tunnel* en/of **voor** (bedrag): *de aannemer tekende in voor 100 miljoen euro*

* ZIJN NAAM OPGEVEN OM LATER IETS TE KRIJGEN, met **op** (iets wat later wordt geleverd): *ze tekende in op de jubileumeditie* en/of **voor** (aan te betalen bedrag): *ze tekende voor honderd euro in*

intentie

• **tot** ~ **van** (iem., zielenrust, de doden), ten behoeve van: *een requiem is een mis tot intentie van de zielenrust van een overledene*

interactie

* HET OVER EN WEER REAGEREN, met **met** (iem.): *de interactie met de naaste collega's* of **tussen** (personen, zaken): *de interactie tussen de chef en zijn secretaresse is uitstekend*

interen

* MINDER MAKEN/WORDEN, met **op** (middelen): *zij moest steeds meer interen op haar vermogen*

interesse

* BELANGSTELLING, met **in** of **voor** (iem., iets): *veel interesse hebben voor geschiedenis* en/of met **bij** (iem.): *een gebrek aan interesse bij de leerlingen* en/of met **(om) te** (+ onbep. wijs): *de uitgever heeft interesse om den dagblad te exploiteren*

interesseren

• ~ **voor** (iem., iets), iemands belangstelling opwekken: *ze wist hem te interesseren voor archeologie;* zich ~ **voor** (iem., iets), belangstelling hebben: *hij interesseert zich voor archeologie*

interferentie

* HET TEGELIJK OP ELKAAR INWERKEN VAN KRACHTEN, met **met** (andere kracht): *door interferentie met een ander elektrisch apparaat kan de ontvangst bemoeilijkt worden* of **tussen** (iets) **en** (iets): *door interferentie tussen de tv en de microfoon was de spreker niet te verstaan*

intermediair
* TUSSENPERSOON, met **ten opzichte van** (iem., instelling e.d.): *er is een klein kunstminnend publiek dat als intermediair optreedt ten opzichte van de samenleving* of met **tussen** (partijen): *de voorzitter trachtte op te treden als intermediair tussen de beide fracties*

interneren
* VERPLICHT ERGENS LATEN VERBLIJVEN, met **in** (verblijfplaats): *de soldaten werden geïnterneerd in barakken* of met **bij** (iem.): *de soldaten werden bij boeren geïnterneerd*

interpelleren
* VRAGEN STELLEN OM MEER DUIDELIJKHEID TE KRIJGEN, met **over** (kwestie): *de fractievoorzitter interpelleerde de minister over het wetsvoorstel*

interveniëren
* TUSSENBEIDE KOMEN, met **in** (kwestie): *hij intervenieerde in de ruzie*

interview
* VRAAGGESPREK, met **met** (iem.): *de presentator hield een interview met de minister* en/of **over** (iets): *de presentator hield een interview met de minister over het wetsvoorstel*

intrede
* zijn ~ doen/maken, zich vestigen, binnenkomen, met **in** (iets): *de computer heeft inmiddels in vele huishoudens zijn intrede gedaan; Keetje Tippel slaagde er niet in haar intrede te maken in de bourgeoisie*

intreden
* LID WORDEN, met **in** (iets): *zij wil intreden in een klooster*
* GAAN DEELNEMEN, met **in** (iets): *veel vrouwen willen na verloop van tijd weer in het arbeidsproces intreden*

intrekken
• ~ **bij** (iem.), gaan wonen: *ze zijn ingetrokken bij haar zuster.*

introduceren
* VOORSTELLEN, IN CONTACT BRENGEN, met **bij** (iem.): *ik wil je introduceren bij mijn vrienden* of **in** (gezelschap): *ik wil je introduceren in mijn vriendenkring*

introductie
* MIDDEL TOT EERSTE CONTACT, met **tot** (iets): *dat boek was voor mij een introductie tot de astrologie* of met **op** (iets): *deel I vormt de introductie op de hele serie*
* HET INTRODUCEREN VAN IETS, met **bij** (iem.): *om het product van succes te verzekeren is een zorgvuldige introductie bij het publiek noodzakelijk.*
• **ter** ~: *ter introductie krijgt u een korting van 10 procent*

introuwen
• ~ **bij** (iem.), na het trouwen gaan wonen bij: *Kees en Els zijn ingetrouwd bij Els' ouders*

inval
* HET BINNENSTORMEN, met **in** (plaats): *de politie deed een inval in de woning van de verdachte*

invallen
* TIJDELIJK IEMANDS PLAATS INNEMEN, met **voor** (iemand): *de dokter valt in voor zijn collega*
• ~ **in** (plaats), plotseling binnenstormen: *de politie viel in de woning in*

invalshoek
• **onder** of **vanuit** een/die ~ (bezien), vanuit die gezichtshoek (bezien): *je moet de zaak eens vanuit een andere gezichtshoek bezien*

invasie
* INVAL VAN DE VIJAND, met **in** of **van** (land, stad e.d.): *de invasie in/van het kamp werd ingeleid door een felle artilleriebeschieting* of met **(van)uit** (land e.d.): *Castro vreesde een invasie vanuit Florida*

investeren
* (TIJD, GELD, MOEITE) AAN IETS BESTEDEN MET HET OOG OP GEWIN, met **in** (iets): *hij investeerde veel geld in de zaak van zijn broer*

invitatie
* UITNODIGING, met **voor** (iets): *een invitatie voor een lezing*
• **op** ~, op uitnodiging, met **van** (iem.): *wij zijn hier op invitatie van de heer X.*

inviteren
* UITNODIGEN, met **voor** (iets): *we waren niet voor de borrel geïnviteerd*

invloed
* VERMOGEN OM IETS BEPAALDS TE LATEN GEBEUREN, INWERKING, met **op** (iem., iets): *het slechte weer heeft geen invloed op onze stemming* of met **bij** (iem., instelling): *hij heeft nogal wat invloed bij het ministerie*
• **onder** ~, (min of meer) dronken: *op rijden onder invloed staan niet geringe straffen;* **onder** de ~ **van** (iem., iets), voortdurend beïnvloed door/als gevolg van: *onder de invloed van werkdruk worden steeds meer fouten gemaakt;* **onder** ~ **van** (iets) staan, bepaald worden: *ons weer staat onder invloed van een depressie bij IJsland;* **van** ~ zijn, een factor zijn, met **op** (iets): *het weer is zeker van invloed op de stemming van de mens*

invoegen
∗ TUSSENVOEGEN, met **in** (iets): *je kunt de losse afleveringen in de verzamelband invoegen* of **tussen** (zaken): *voeg die foto maar in tussen de andere*

invoeren
∗ BINNENBRENGEN IN HET LAND, met **uit** (buitenland) en/of **in** (eigen land): *koffie wordt in Nederland ingevoerd uit Brazilië* en/of met **tegen** (tarief): *deze goederen worden ingevoerd tegen een gereduceerd belastingtarief*

invulling
• ~ geven **aan** (iets), nader uitwerken: *invulling geven aan een globaal plan*

inwerken
∗ LANGZAAM INVLOED LATEN GELDEN, met **op** (iem., iets): *ik wil je woorden eens rustig op me laten inwerken; de zure regen werkt in op de zandstenen gevels*
∗ INSTRUEREN OVER DE VERVULLING VAN EEN FUNCTIE E.D., met **in** (werkzaamheden): *mijn voorganger heeft mij voor zijn vertrek ingewerkt in de procedures*
∗ zich ~, thuis raken, met **in** (iets): *zij heeft zich verbazingwekkend snel in deze materie ingewerkt*

inwijden
∗ IN KENNIS STELLEN VAN EEN GEHEIM, met **in** (iets): *de leraar wijdde haar in de schone kunsten in*

inwinnen
∗ RAAD/INFORMATIE PROBEREN TE KRIJGEN, met **bij** (iemand, een instelling): *je moet niet proberen bij hem advies in te winnen*

inwisselen
∗ GEVEN EN ER IETS ANDERS VOOR TERUGKRIJGEN, met **tegen** (iets): *consumptiebonnen inwisselen tegen een drankje*

inwisseling
• **tegen** ~ **van** (bon e.d.), door in te wisselen: *tegen inwisseling van deze bon krijgt u een attentie*

inzage
∗ HET INZIEN VAN EEN GESCHRIFT, met **in** (geschrift): *alleen stafleden hebben inzage in de vertrouwelijke dossiers*
• **ter** ~, in te zien, met **voor** (belangstellenden, belanghebbenden): *de stukken liggen voor de houders van aandelen tot maandag ter inzage bij notaris X.*

inzetten
∗ IN ACTIE BRENGEN, met **bij** of **voor** (activiteit): *alle scholieren zijn ingezet bij het schoonmaken van het park* of **tegen** (iem., iets): *alle beschikbare troepen werden ingezet tegen de Russische aanvallers*
∗ OP HET SPEL ZETTEN, INLEGGEN, (VER)WEDDEN, met **op** (iem., iets): *ik zet in op het middelste paard*
∗ DE VRAAGPRIJS, HET EERSTE BOD NOEMEN VAN (IETS DAT TE KOOP AANGEBODEN, GEVEILD WORDT), met **op** (bedrag): *ze zette in op € 200,- voor de oude teddybeer*
∗ BEGINNEN, met **met** (iets): *de campagne zette in met een televisie-uitzending*
∗ zich ~, zijn krachten intensief gebruiken, met **voor** (iem., iets): *zich voor iemand inzetten; ze heeft zich erg ingezet voor deze zaak*

inzicht
∗ HET BEGRIJPEN, met **in** (iets): *eindelijk kreeg hij inzicht in het probleem*
• **naar** eigen ~, naar het goeddunkt: *u kunt uw vrije middag naar eigen inzicht invullen;* **tot** ~ komen, tot inkeer komen: *na verloop van tijd kwam hij tot inzicht;* **tot** het ~ komen, beginnen te begrijpen: *hij kwam tot het inzicht dat er iets moest veranderen;* verschil **van** ~ **over** (iets), verschillende meningen, met **tussen** (personen, instellingen): *er is over die kwestie een verschil van inzicht tussen de rijksoverheid en de sportwereld*

inzichten
∗ GEHEEL VAN (WETENSCHAPPELIJKE) OPVATTINGEN, met **in** of **op het gebied van** (iets): *zijn inzichten op het gebied van taal zijn discutabel*
∗ EIGEN MENING, met **over** (iem., iets): *hij misbruikt zijn positie als hoofdredacteur om zijn inzichten over die omstreden kwestie te ventileren*

inzien
• **bij** nader ~, bij nadere overweging: *bij nader inzien blijf ik toch liever thuis;* mijns/haars/huns/onzes/zijns inziens, volgens mij enz.: *mijns inziens hebben we hier te maken met een historische blunder*

inziens zie **inzien**

inzitten
• ~ **met** (iets), tobben en niet goed raad weten: *na de scheiding zat ze erg in met de spullen van haar ex-man;* ~ **over** (iem., iets), erover tobben, zich zorgen maken: *ik zit erover in dat de kinderen alleen op reis zijn gegaan*

inzoomen
∗ IN DE LENS GROTER MAKEN, met **op** (iem., iets): *de cameraman zoomde in op haar fraaie gezichtje*

irritatie
∗ ERGERNIS, met **over** (iem., iets): *irritatie over het langdurige oponthoud*

en/of met **bij** (iem.): *de irritatie bij de andere partij groeide* of met **onder**, **tussen** of **van** (personen, instellingen): *de irritatie onder de ministers is groot*

isoleren

* APART ZETTEN, AFZONDEREN, met **van** (iem., iets): *in dat gehucht leef je geïsoleerd van de buitenwereld*

J

jaar

• **beneden** de jaren, te jong voor iets; **boven** de jaren, te oud voor iets; de last **der** jaren, de ongemakken van het ouder zijn; **door** de jaren heen, in de loop van de jaren; **in** het ~ **onzes** Heren; **onder** de jaren, te jong voor iets; **op** zijn (rangtelwoord) ~: *op zijn vijftiende jaar ging hij naar zee;* **op** jaren komen/zijn, oud worden/zijn; **op** jaren stellen, een levenslange straf omzetten in een straf voor een bepaald aantal jaren; **sinds** ~ en dag, sinds onheuglijke tijden; **van** het ~, dit jaar: *het was een warme zomer van 't jaar;* **van** ~ **tot** ~, steeds maar door; **'s jaars**, per jaar: *tegen 10 percent 's jaars;* **voor** een ~, een jaar geleden

• ~ **in** ~ **uit**, jaren achtereen: *jaar in jaar uit steeds maar hetzelfde werk;* het hele ~ **rond** of **door**, een jaar van begin tot eind

jacht

* HET ACHTERNAZITTEN, met **op** (iem., iets, wild): *hij maakt jacht op herten; de jacht op ketters*

• de ~ **naar** (iets), fanatiek streven: *de jacht naar geluk*

jagen

* ACHTERNAZITTEN OM TE VANGEN, met **op** (iem., iets, wild): *we jagen op wilde zwijnen*

• **achter** (iem., iets) (**aan**) ~, proberen te vangen: *de hond jaagt achter alle katten (aan);* ~ **door** (iets), een beslissing forceren: *de omstreden wet werd door het parlement gejaagd;* **erdoor** ~, verbrassen: *in no time had hij de erfenis erdoor gejaagd;* ~ **naar** (iets), fanatiek nastreven: *ze jaagt naar roem;* ~ **op** (iets), veroorzaken: *iemand op kosten jagen; iemand op de vlucht jagen*

jager

* IEMAND DIE/DIER DAT JAAGT, met **op** (iem., iets, wild): *een jager op groot wild; uilen zijn jagers op kleine veld- en bosdieren*

jaloers

* AFGUNSTIG, met **op** (iem., iets): *ze is jaloers op hem; ze is jaloers op zijn succes*

jaloezie

* AFGUNST, met **jegens** (iem.): *sommige vormen van criminaliteit komen voort*

uit jaloezie jegens de beter gesitueerden

jammer

∗ ZONDE, met **van** (reden): *jammer van al dat geld* of met **voor** (iem., iets): *dit conflict is jammer voor onze relatie; jammer voor jou!*

jammeren

∗ KLAGEN, met **om** (iem. die door ramp getroffen is, iets): *jammeren om iemands dood* of **over** (iem., iets dat ongeluk veroorzaakt): *ze jammeren over hun familieleden*

janken

∗ HUILEN, met **om:** *het kind jankte om haar verloren pop*

jenever

• **in** de ~ zijn, dronken zijn

jeremiëren

∗ STEEDS MAAR KLAGEN OF ZEUREN, met **over** (iets): *jeremieer niet zo over die gemiste kans*

jongs

• **van** ~ **af (aan)**, vanaf zeer jeugdige leeftijd: *zij is van jongs af aan gewend aan klassieke muziek.*

journaal

• **in** het ~, (besproken) tijdens de uitzending: *in het journaal is uitgebreid aandacht besteed aan de troonrede;* **op** het ~, te zien tijdens de uitzending: *kijk, Piet is op het journaal*

jubelen

∗ OP GEËXALTEERDE WIJZE ZIJN VREUGDE UITEN, met **om** of **over** (iets): *het volk jubelde om de verdrijving van de dictator*

juichen

∗ HARD ROEPEN VAN VREUGDE, met **om** of **over** (iets): *de supporters juichten om het doelpunt*

juk

• **onder** het ~ brengen, onderwerpen; **onder** het ~ **door** gaan, het moeten afleggen: *in de spellingkwestie zijn de Vlamingen onder het juk door gegaan;* **onder** het ~ **van** (meester e.d.), onderworpen aan willekeur: *Nederland zuchtte onder het juk van de overheersers*

jurisprudentie

HET GEHEEL VAN RECHTSOPVATTINGEN, ZOALS BLIJKT UIT RECHTERLIJKE UITSPRAKEN, met **inzake** of **over** (onderwerp): *de jurisprudentie inzake het erfrecht*

K

kaak

• **aan** de ~ stellen, als afkeurenswaardig openbaar maken: *de parlementaire enquêtecommissie stelde tal van misstanden aan de kaak*

kaart

• **in** ~ brengen, analyseren: *het wordt tijd om al onze mogelijkheden goed in kaart te brengen;* **in** de ~ kijken, doorhebben: *met deze informatie kunnen we hem behoorlijk in de kaart kijken;* zich **in** de ~ laten kijken, verborgen beweegredenen verraden: *als we dat zeggen, laten we ons wel heel erg in de kaart kijken;* **in** de ~ spelen, ongewild voordeel bieden: *met deze ondoordachte opmerking speelde hij zijn opponent in de kaart;* alles **op** één ~ zetten, alles wagen: *door alles op één kaart te zetten, lopen we een enorm risico;* **van** de ~ vegen, wegvagen: *onder het bewind van Ceauçescu werd menig dorpje van de kaart geveegd kaart geveegd;* **van** de ~ zijn, het bewustzijn hebben verloren, ontdaan zijn: *door deze situatie ben ik goed van de kaart*

kaas

• geen ~ gegeten hebben **van** (iets), geen verstand hebben van: *van computers heb ik geen kaas gegeten*

kaatsen

∗ TERUGSTUITEN, met **tegen** (iets): *de bal kaatste tegen een muur*

kabel

• **op** de ~, op het centrale-antennesysteem: *is Sky Radio tegenwoordig ook op de kabel?;* **via** de ~, over het centrale-antennesysteem: *MTV is vrijwel overal via de kabel te ontvangen*

kachel

• **achter** de ~ blijven (zitten), thuisblijven: *als je achter de kachel blijft (zitten), maak je nooit kennissen*

• de ~ aanmaken **met** (iem.), de spot drijven met: *de politicus maakte de kachel aan met zijn tegenstander*

kade

• **aan** de ~, afgemeerd: *het schip ligt aan de kade*

kader

• **binnen** het ~ **van** (iets), op het terrein van: *binnen het kader van deze wet zijn er genoeg mogelijkheden;* **buiten** het ~ **van** (iets), niet op het terrein van: *deze regeling valt buiten het kader van de* *wet;* **in** een (breder, ruimer) ~ plaatsen/zien, situeren in een groter geheel: *we moeten dit beleidsonderdeel in een breder kader zien;* **in** het ~ **van** (iets): *in het kader van het Holland Festival werd de opera Carmen opgevoerd*

kam

• **over** één ~ scheren, gelijk achten/behandelen: *we mogen niet alle mensen zonder werk over één kam scheren*

Kamer

• **in** de ~ zitten, lid zijn van de (Eerste of) Tweede Kamer der Staten-Generaal

kamers

• **op** ~ gaan/wonen, tegen betaling (gaan) inwonen: *zij woont nu in Amsterdam op kamers*

kamp

• **in** een ~, gevangen of gedetineerd: *tegenstanders van de dictator zaten jarenlang in een kamp;* **in** het (bn) ~, in de vermelde groep: *in het socialistische kamp heersen heel andere opvattingen;* **op** ~ gaan/zijn, gaan kamperen: *Pietje is met de scouts op kamp*

kampen

* STRIJDEN, WEDIJVEREN, met **met** of **tegen** (iem.): *hij kampte met/tegen een veel sterkere tegenstander* en/of met **om** (prijs e.d.), wedijveren: *het elftal kampte om de beker;* **te** ~ hebben **met** (tegenslag, hindernis e.d.), last hebben van: *de expeditie had te kampen met slecht weer*

• ~ **met** (probleem, euvel e.d.), last hebben van: *de libero kampte met een beenblessure; de overheid kampt met een financieringstekort;* ~ **voor** (iets), zijn uiterste best doen voor: *hij kampte voor betere arbeidsomstandigheden*

kanaal

• **langs** of **via** (bepaalde) kanalen, uit die inlichtingenbronnen: *ik heb dit via diverse kanalen vernomen;* **op** ~ (nummer), via de aan kanaal 55 toegewezen frequentie: *u vindt Radio 3 op kanaal 55;* **uit** een ~, via die inlichtingenbron: *uit een betrouwbaar kanaal vernemen*

kandidaat

* GEGADIGDE, MEDEDINGER, met **voor** (functie, titel, prijs e.d.): *hij is kandidaat voor een zetel in de gemeenteraad*

* IEMAND DIE DE LAAGSTE ACADEMISCHE GRAAD BEHAALD HEEFT (VOLGENS HET ONLANGS AFGESCHAFTE SYSTEEM), met **in** (vakgebied): *hij is kandidaat in de letteren*

kandidatuur

* HET KANDIDAAT ZIJN, met **voor** (functie, titel, wedstrijd e.d.): *de kandidatuur van A. voor de wereldkampioenschappen.*

kandideren

* ZICH KANDIDAAT STELLEN, met **voor** (functie, instelling): *hij kandideert voor het voorzitterschap; hij kandideert voor het stichtingsbestuur*

kankeren

* MORREN, AFGEVEN OP, met **over** (iem., gespreksonderwerp): *hij kankerde over het weer* of **op** (iem.): *ze zit altijd op je te kankeren.*

kans

* MOGELIJKHEID, met **op** (iets): *hij had een kans op een sterke verbetering van zijn positie*

* GOKJE, met **in** (loterij e.d.): *hij waagde een kans in de loterij*

• er ~ **toe** zien **(om) te** (+ onbep. wijs), erin slagen: *hij zag er kans toe ongezien weg te komen;* een ~ **van** slagen, een reële mogelijkheid dat iets slaagt

kanshebber

* IEM. DIE KANS MAAKT OP IETS BEPAALDS, met **voor** of **op** (winst, functie, kampioenschap e.d.): *hij is een goede kanshebber voor het voorzitterschap.*

kant

• **aan** ~, opgeruimd: *voor je mag gaan spelen maak je eerst je kamer aan kant;* **aan** de ~, terzijde, aan de zijkant: *nu leg ik dit dossier even aan de kant; zet de auto eens aan de kant;* **aan** (deze/die e.d.) ~: *aan deze kant komt een opschrift;* **aan** de (grote/kleine e.d.) ~: tamelijk groot/klein e.d.: *die schoenen lijken mij wat aan de krappe kant;* **aan** de ene/andere ~, vanuit het ene/andere opzicht; **aan** iemands ~ staan, steunen: *in deze zaak sta ik helemaal aan jouw kant;* **langs** de ~, naast een tweedimensionaal object: *langs de kant van de weg;* **op** het ~je, bijna onfatsoenlijk, met **van** (iets): *die opmerking was op het kantje (van onbetamelijkheid);* **op** het ~je (**af**), bijna misgegaan: *die inhaalmanoeuvre was op het kantje (af)!;* **over** zijn ~ laten gaan, accepteren: *zo'n opmerking kun je niet over zijn kant laten gaan;* **van** ~ maken, doden: *van verdriet wilde hij zich van kant maken;* **van** (bepaalde) ~: *bekijk de zaak eens van mijn kant; zij liet zich van haar beste kant kennen,* toonde haar beste gedrag; **van** mijn enz. ~, wat mij betreft: *van mijn kant kun je op alle medewerking rekenen;*

van (vaders, moeders e.d.) ~: *familie van vaders kant*

kanten

• zich ~ **tegen** (iem., iets), tegen iem./iets zijn: *hij kantte zich tegen het voorstel*

kantje zie **kant**

kantoor

• **op** ~, in de werkkamer e.d. van een bedrijf e.d. waar men werkt: *ik zit van 9 tot 12 op kantoor;* **ten** kantore **van** (iem.), op het kantoor van: *de overdracht zal plaatsvinden ten kantore van notaris X.;* **te** mijnen/zijnen/onzen/uwen kantore, bij mij/ons/u op kantoor

kantore zie **kantoor**

kanttekening

∗ OPMERKING, met **bij** (iets): *een kanttekening bij het gemeentelijk beleid*

kap

• de vlag **in** ~ hebben, de vlag uitgestoken hebben omdat het hoogste punt van het dak bereikt is; **onder** de ~, met het dak gereed: *vandaag kwam het huis onder de kap;* **onder** één ~, onder één dak: *twee huizen onder één kap*

kapitaal

• een ~ **aan** (iets), voor een grote waarde aan: *hij heeft een kapitaal aan boeken*

kapittel

• een stem **in** het ~ hebben, als serieuze gesprekspartner worden geaccepteerd: *wat betreft de vloerbedekking wil ik ook een stem in het kapittel hebben*

kapot

• ~ zijn **van** (iets), diepbedroefd zijn: *hij was kapot van het overlijden van zijn vader;* ~ zijn **van** (iem., iets), enthousiast van: *hij was niet kapot van de prestaties van het elftal; ik ben helemaal kapot van die nieuwe cd*

kapotgaan

• ~ **aan** (iets), aan (iets) eraan te gronde gaan: *aan zijn goklust is hij kapotgegaan*

kappen

• ~ **met** (iem., iets), uitscheiden, breken: *hij kapte met zijn politieke activiteiten; na die affaire kapte zij meteen met hem*

karakteristiek

∗ TYPEREND, met **voor** (iem., iets): *overmatig drankgebruik is karakteristiek voor dat gezelschap*

karig

• ~ **met** (iets), niet gul: *de directeur is karig met complimenten*

karikatuur

∗ OVERDREVEN VOORSTELLING, met **van** (iem., iets): *in zijn lezing gaf hij een karikatuur van het studentenleven*

karwei

• **op** ~, bezig met een opdracht buitenshuis: *Piet is vandaag op karwei*

kas

• goed/slecht **bij** ~, beschikkend over veel/weinig geld: *ik zit vandaag helaas slecht bij kas;* **in** ~, in contanten aanwezig; **per** ~, contant: *voldoet u per kas of gaat het op rekening?*

katoen

• 'm **van** ~ geven, het werk energiek aanpakken: *ik heb 'm vandaag stevig van katoen gegeven*, goed doorgewerkt; (iem.) **van** ~ geven, slaan: *ik heb Pietje stevig van katoen gegeven*

katten

∗ HATELIJKE OPMERKINGEN MAKEN, met **tegen** (iem. tegen wie men spreekt): *zij zat voortdurend tegen hem te katten* en/of **op** (iem., iets dat gespreksonderwerp is): *hij zat te katten op de kwaliteit van het eten.*

keer

• **in** één ~, met één poging: *het stuk stond in één keer goed op de band;* **op** een ~, eens: *op een keer kwam Piet met bloemen aan;* **per** ~, voor iedere keer dat men iets gebruikt e.d.: we betalen twee euro per keer; **voor** (de eerste/laatste/deze e.d.) ~: *ik waarschuw je voor de laatste keer;* **tegen** de ~ **in** gaan, dwarsliggen: *zij houdt ervan tegen de keer in te gaan*

zie ook: **keren <zn>**

• ~ **om** ~, afwisselend: *keer om keer voerden zij oorlog in elkaars gebied;* ~ **op** ~, steeds maar weer, herhaaldelijk: *moet ik je nu keer op keer waarschuwen dat te laten!*

kenbaar

∗ zich ~ maken, zijn identiteit onthullen, met **aan** (iem.): *de rechercheur maakte zich kenbaar aan de kroegbaas*

• ~ **aan** (iets), te herkennen: *die plant is kenbaar aan zijn donkerrode bloemen*

kenmerken

• zich ~ **door** (iets), getypeerd worden door: *minimal brain-damage kenmerkt zich vaak door overactief gedrag*

kenmerkend

∗ TYPEREND, met **voor** (iem., iets): *drankzucht is kenmerkend voor hem*

kennen

∗ ZICH HERINNEREN, met **van** (iets): *ik ken hem van onze vroegere samenwerking*

• ~ **aan** (iem., iets), herkennen aan: *ik kende haar aan haar speciale manier* *van lopen;* ~ **in** (iets), deelgenoot maken in beleid of beraadslagingen: *de minister werd niet in dit onderdeel van het drugsbeleid gekend*

kennis

∗ WAT IEMAND WEET, met **omtrent** of **van** (iets): *zijn kennis van de natuurkunde is zeer groot*

∗ WAT WETENSCHAPPELIJK BEKEND IS, met **over** (iem., iets): *de toegenomen kennis over zwarte gaten* en/of met **bij** of **van** (iem.): *er is geen gebruik gemaakt van de kennis bij deze geleerden*

• **bij** ~, bij bewustzijn; **buiten** ~, bewusteloos; **buiten** ~ **van** (iem.), zonder dat ... het weet/wist: *buiten kennis van de directeur werd de zaak aan de pers bekend gemaakt;* **in** ~ brengen **met** (iem.,), laten kennis maken: *de gastheer bracht haar in kennis met de beroemde dichter;* **in** ~ stellen **van** (iets), doen weten: *de wethouder stelde de gemeenteraad in kennis van het nieuwe plan;* **te** mijner, uwer ~ brengen, **ter** ~ brengen/komen **van** (iem.), op de hoogte brengen/vernemen: *de ambtenaar bracht de fraude ter kennis van zijn superieur; de zaak kwam ter kennis van de politie*

• ~ krijgen/hebben **aan** (iem., iets), een partner/zaak (leren) kennen: *die avond kreeg hij kennis aan een aardig meisje; daaraan heb ik geen kennis;* ~ geven **van** (iets), laten weten: *met blijdschap geven wij kennis van de geboorte van onze dochter;* ~ hebben/dragen/nemen **van** (iets), op de hoogte zijn/zich op de hoogte stellen: *gelaten nam hij kennis van de aanzienlijke koersdaling*

kennisgeving

• **ter** ~, bij wijze van mededeling: *de brief werd ter kennisgeving aan de minister gestuurd;* **voor** ~ aannemen, geen rol laten spelen in de discussie/besluitvorming: *ik heb uw opmerkingen voor kennisgeving aangenomen*

kennismaken

∗ IN CONTACT KOMEN MET IEMAND, met **met** (iem.): *vandaag maakte ik kennis met de nieuwe medewerker*

• ~ **met** (iets), in aanraking komen met iets: *de aankomende studenten maken kennis met een nieuw vakgebied*

keper

• **op** de ~ beschouwd, welbeschouwd: *op de keper beschouwd valt de schade nogal mee*

keren <zn>

• **binnen**, **in** of **met** de kortste ~, heel gauw: *binnen de kortste keren veranderde zij van mening*

keren <ww>

• **ten** goede/beste ~, een gunstige wending nemen: *zo is alles toch nog ten goede gekeerd*

• ~ **naar** (iem., iets), een andere kant op draaien: *hij keerde demonstratief zijn rug naar zijn vrouw;* zich ~ **tegen** (iem.), 1 ongunstig worden: *de omstandigheden keerden zich tegen hem;* 2 zich vijandig gaan gedragen jegens: *hij heeft zich tegen ons gekeerd*

kerke

• **ter** ~ gaan, naar de kerk gaan

kermen

∗ ONGEARTICULEERDE GELUIDEN MAKEN, met **van** (pijn, ellende e.d.): *hij kermde van pijn.*

• ~ **over** (iem., iets), zich met woorden beklagen: *hij kermde over de gevolgen van zijn val*

ketenen <zn>

• **in** ~ slaan/klinken/sluiten, boeien: *de gevangenen werden in de ketenen geslagen*

ketenen <ww>

∗ MET KETENS VASTMAKEN, met **aan** (iets): *hij was aan een muur geketend*

ketsen

∗ (KOGELS, STENEN E.D.) AFSTUITEN, met **op** of **tegen** (muur, lichaamsdeel e.d.): *de kogels ketsten tegen de stenen*

keur

∗ UITGELEZEN ASSORTIMENT, met **aan** of **van** (personen, zaken): *een keur van tropische vruchten*

• **te** kust en **te** ~, volop: *vers fruit is er te kust en te keur*

keuren

∗ (IETS) ONDERZOEKEN EN BEOORDELEN, met **op** (iem., iets, kwaliteit, gezondheid e.d.): *het aangevoerde vlees wordt streng gekeurd op kwaliteit*

∗ (IEM.) MEDISCH EN/OF PSYCHOLOGISCH ONDERZOEKEN EN BEOORDELEN, met **voor** (iets): *hij werd gekeurd voor militaire dienst*

keurig

• ~ **op** (zaken), zorgvuldig: *hij is keurig op zijn kleren;* ~ **in** (gedrag, levensstijl), zorgvuldig: *geleende dingen brengt hij altijd terug, daar is hij heel keurig in.*

keus

∗ HET VASTSTELLEN VAN EEN VOORKEUR, met **uit** of **tussen** (twee of meer zaken of personen): *een keuze uit verschillende aanbiedingen* of met **voor** of **tegen** (iem., iets): *een keuze voor rechtvaardigheid; een keuze tegen het eigenbelang*

∗ ASSORTIMENT, met **aan** (zaken): *een enorme keuze aan diepvriesartikelen* ∗ BLOEMLEZING, met **uit** (werken e.d.): *een keuze uit de gedichten van Willem Kloos.*

• **naar** keuze, overeenkomstig de voorkeur: *koffie met naar keuze room of een scheutje cointreau;* **te** mijner enz. keuze/**ter** keuze **van** (iem.), overeenkomstig de voorkeur; **ter** keuze, overeenkomstig de voorkeur: *u ontvangt een waardebon of de helft van de waarde contant ter keuze;* **uit** eigen/vrije/eigen vrije keuze, zonder aandrang van buitenaf: *ik doe dit uit eigen vrije keuze;* de (iem., iets) **van** zijn ~, die hij gekozen heeft: *het huis van mijn keus stond vlak bij het park;* voor de ~ staan, moeten kiezen: *ik stond voor de keus: doorgaan of stoppen*

• de ~ is **aan** u, u kunt/mag kiezen; de ~ laten vallen/bepalen/vestigen **op** (iem., iets), kiezen: *de quizkandidaat liet de keuze vallen op een fraaie vaatwasmachine*

keuze zie **keus**

kibbelen

∗ RUZIËN, met **met** (iem.): *zij kibbelt steeds met haar zus* en/of **over** (iets): *kibbelen over een kleinigheid.*

kicken

• ~ op (iets), dol zijn op (iets): *hij kickt op korte spijkerrokjes*

kiem

• **in** de ~ smoren, meteen al de kop indrukken; *in de kiem aanwezig*, in beginsel aanwezig

kien

• ~ **op** (iets), gespitst op (iets): *hij is kien op alles wat met postzegels te maken heeft; de minister blijft kien op het doorbreken van de impasse*

kier

• **op** een ~ zetten/staan, een heel klein beetje openzetten/openstaan

kies <bn>

∗ FIJNGEVOELIG, met **in** (uitingen e.d.): *hij is kies in de woorden die hij gebruikt.*

• ~ **op** (iets), gevoelig voor/lettend op (manieren, fatsoen e.d.): *de oude heer was erg kies op goede manieren.*

kieskeurig

∗ MET ZORG KIEZEND, met **bij** (activiteit): *hij is erg kieskeurig bij het kopen van kleding* en/of **met** (iem., iets): *kieviten zijn heel kieskeurig met hun voedsel; het noodlijdende bedrijf kon niet kieskeurig zijn met zijn toeleveranciers*

kiezen <zn>

• **achter** de ~ hebben, genuttigd hebben: *ik heb al een heel maal achter de kiezen;* het **voor** zijn ~ krijgen, moeten boeten voor iets dat men eerder verkeerd heeft gedaan: *hij is nu alleen op pleziertjes uit, maar later krijgt hij het voor zijn kiezen*

kiezen <ww>

∗ EEN KEUS MAKEN, met **uit** of **tussen** (twee of meer personen of zaken): *hij kon maar niet kiezen uit de verschillende vakantiebestemmingen* of met **voor** of **tegen** (iem., iets): *in het conflict koos hij voor zijn zoon; na diep te hebben nagedacht koos hij tegen een snelle oplossing*

∗ DOOR EEN STEMMING BENOEMEN, met **tot** of **als** (president, kamerlid e.d.): *de leden van de vereniging kozen hem tot/als voorzitter van het bestuur* of met **voor** of **in** (vertegenwoordigend lichaam): *zij werd voor/in de gemeenteraad gekozen*

kijf

• **buiten** ~ zijn/staan, absoluut vaststaan: *dat hij heeft gelogen staat buiten kijf*

kijk

∗ OORDEEL, MENING, met **op** (iets): *hij had een interessante kijk op de recente ontwikkelingen*

∗ UITZICHT, met **op** (iets): *er is nog steeds geen kijk op een oplossing*

• **te** ~ zetten/staan, voor schut zetten/staan: *het was pijnlijk hoe zij hem te kijk zette;* **te** ~ lopen negatief opvallen, met **met** (iets): *met die grote hoed liep ze behoorlijk te kijk;* **tot** ~, tot ziens

kijken

∗ DE OGEN OPEN HEBBEN EN WAARNEMEN, met **naar** (iem., iets): *vol aandacht keek hij naar het schilderij*

∗ WAARNEMEN OM TE RAADPLEGEN, met **op** (voorwerp): *op zijn horloge/de kaart kijken*

• ~ **op** (iets), zuinig zijn (meestal ontkend): *hij kijkt niet op een paar tientjes;* **op** zijn neus ~, teleurgesteld zijn; (sloom, pienter e.d.) **uit** zijn ogen ~, een indruk wekken: *zij kijkt heel pienter uit haar ogen;* **uit** zijn doppen ~, oppassen; komen ~ **voor** (iets), nodig zijn: *voor het uitoefenen van zo'n functie komt heel wat kijken;* staan te ~ **van** (iets), verbaasd zijn: *daar sta je van te kijken hè?*

kijker

• **in** de ~/kijkers, in het vizier/aandacht: *ik heb hem in de kijker(s)*, volg hem nauwlettend; *de linksbuiten wist zich in de kijker te spelen*, de aandacht van het publiek e.d. te trekken

kijkerd

• **in** de ~ lopen, opvallen, argwaan wekken: *met die jas loop je nogal in de kijkerd; blijf daar met je handen af, je loopt in de kijkerd*

kijven

∗ MET LUIDE STEM VIJANDIGE OPMERKINGEN MAKEN, met **met** (iem. die de opmerkingen op vijandige wijze beantwoordt): *ze kijfden als viswijven met elkaar* of **tegen** (iem. tot wie men spreekt): *ze zit weer eens tegen hem te kijven* en/of **over** of **om** (iem., iets): *de jeugdige voetballers kijven over de geldigheid van het gemaakte doelpunt*

kim

• **aan** de ~, aan de horizon; **ter** kimme dalen/neigen/gaan, bijna ondergaan: *de zon neigt ter kimme*

kind

• **uit** de kinderen zijn, niet meer hoeven zorgen voor kinderen

• geen ~ hebben **aan** (iem.), last hebben, aan banden leggen: *de taaie verdediger had geen kind aan de gelouterde spitsspeler;* het ~ **van** de rekening zijn, de dupe zijn: *zoals altijd zijn de werknemers het kind van de rekening*

kinds

• **van** ~ af aan, van jongs af: *hij is van kinds af aan gewend mee te helpen in het huishouden*

kindsbeen

• **van** ~ (**af**), vanaf zeer jeugdige leeftijd: *zij is van kindsbeen af gewend aan klassieke muziek*

klaar

∗ IETS VOLTOOID HEBBEND, met **met** (iets): *hij is klaar met het werk*

• ergens ~ **mee** zijn, behoorlijk gedupeerd zijn: *een been gebroken? daar ben je mooi klaar mee;* ~ **voor** (iets), gereed, voorbereid: *de onderneming is klaar voor de toekomst*

klaarheid

∗ DUIDELIJKHEID, met **in** of **over** (iets): *er is nu tenminste klaarheid in deze slepende affaire*

• **tot** ~, tot duidelijkheid, met **in** of **over** (iets): *we moeten tot klaarheid komen over de te volgen gedragslijn; we moeten klaarheid brengen in deze kwestie*

klaarkomen

• ~ **met** (iem.), een oplossing vinden in een geschil: *nog tijdens het vooroverleg kwam de directie klaar met de woordvoerder van de werknemers;* ~ **met** (iets), 1 voltooien: *ze is niet op tijd met haar werk klaargekomen;* 2 uiteindelijk accepteren, *het duurt een tijd om met dit verlies klaar te komen*

klaarstaan

• ~ **met** (iets), klaarhebben: *zijn zoon stond altijd klaar met een venijnige opmerking;* ~ **voor** (iem.), bereid zijn de helpende hand te bieden: *zijn dochter stond altijd voor hem klaar*

klaarstomen

∗ SNEL OPLEIDEN, met **voor** (examen, diploma e.d.): *in korte tijd werd hij klaargestoomd voor het rijexamen*

klacht

∗ AANKLACHT, met **tegen** (iem.): *hij diende een klacht in tegen zijn buurman over/wegens geluidsoverlast* en/of **over** of **wegens** (iets): *hij diende een aanklacht in wegens mishandeling* en/of **bij** (iem., instelling): *hij diende een klacht in bij de politie*

∗ UITING VAN MISNOEGEN, met **over** (iem., iets): *ik heb een klacht over u ontvangen.*

• **op** klachte, na een aanklacht: *dit misdrijf kan alleen op klachte vervolgd worden*

klad

• **in** ~, in concept: *ik heb het rapport nog pas in het klad*

• de ~ komt/zit **in** (iets), het functioneert niet meer zo goed, maakt geen vorderingen meer: *sinds enige tijd zit de klad in onze pr-activiteiten*

kladden

• **bij** zijn ~ grijpen/pakken, hardhandig beetpakken met de bedoeling flink te straffen

klagen

∗ EEN KLACHT UITEN, met **tegen** (iem.): *ze klaagde tegen haar vader dat ze onrechtvaardig behandeld was* en/of **over** (iem., iets): *hij klaagt over pijn in zijn rug*

∗ EEN FORMELE KLACHT INDIENEN, met **over** (iem., iets): *hij klaagt over geluidsoverlast* en/of met **bij** (iem., instelling): *hij klaagt bij de politie over geluidsoverlast*

klank

• **op** de klank(en) **van** (muziek): *het a.s. bruidspaar schreed de kerk binnen op de klanken van de bruiloftsmars*

klap

• **in** één ~, in één handeling, ineens: *hiermee hebben we in één klap de zaak opgelost; hij was in één klap rijk*

klappen
• **in** elkaar ~, kapotgaan: *de hele constructie klapte in elkaar;* **uit** de school/biecht ~, vertrouwelijkheden doorvertellen: *ik zou nog steeds van niets weten als zij niet uit de school had geklapt*
klapper
* BIBLIOGRAFISCH REGISTER, met **op** (iets): *een klapper op een jaargang van een tijdschrift* of met **voor** (onderwerp): *een klapper voor Europa*
klasse
• **op** ~ liggen, niet op zaal liggen: *weinig ziekenhuizen kunnen nog garanderen dat je op klasse komt te liggen*
klasseren
• zich ~ **voor** (wedstrijd e.d.), in aanmerking weten te komen: *hij klasseerde zich voor de finale;* zich ~ **bij** (deelnemers aan volgende ronde): *het bridgeteam wist zich te klasseren bij de laatste vier*
klauwen
• ~ **naar** (iem., iets), een klauw uitslaan: *de kat klauwde naar de muis*
klein <zn>
• **in** het ~, (handel:) in detailhandelspartijen, op kleine schaal, in klein formaat: *hij verkoopt zijn producten alleen in het klein; in Madurodam staan tal van Nederlandse historische gebouwen in het klein;* **van** ~ **af**, vanaf zeer jeugdige leeftijd
klem
• **in** de ~ zitten, gedwongen zijn iets te accepteren: *door haar opstelling zitten we behoorlijk in de klem;* **met** ~, met nadruk: *zij vroeg mij met klem hierover te zwijgen;* **uit** de ~ (ge)raken, van dwang bevrijd worden: *door haar hulp zijn we aardig uit de klem geraakt*
• ~ **aan** (iets) geven, benadrukken: *ik wil klem geven aan dit feit*
kletsen
* PRATEN, met **met** of **tegen** (iem.): *de meisjes kletsten gezellig met elkaar* en/of **over** (iets): *ze kletsten over hun vriendjes.*
kleur
• **in** ~, gebruikmakend van kleuren: *een foto in kleur;* **in** geuren en kleuren, met alle details: *zij vertelde haar avontuur in geuren en kleuren*
• ~ geven **aan** (iets), opvrolijken, interessanter maken: *haar aanwezigheid geeft kleur aan het feestje*
kleuren
• ~ **bij** (iets), qua kleur harmoniëren: *je schoenen kleuren prima bij dat pakje*

kleven
• ~ **aan** (iem., iets), (van iets ongunstigs) verbonden zijn aan: *aan dat voorstel kleven nog enkele bezwaren*
klikken
* GEVOELSMATIG CONTACT MAKEN, met **met** (iem.) of **tussen** (personen): *het klikte meteen met hem; het klikte meteen tussen ons*
klimaat
* SFEER, SITUATIE, met **voor** (iets): *het klimaat voor onderhandelingen is uiterst gunstig*
kling
• **over** de ~ jagen, doden: *het complete garnizoen werd over de kling gejaagd*
klink
• **op** de ~ doen, sluiten; **op** de ~ zijn, gesloten zijn; **van** de ~ doen/zijn, open maken/zijn: *kom maar binnen, de deur is van de klink*
klinken
* EEN TOAST UITBRENGEN, met **met** (iem.): *ik wil even met je klinken* en/of **op** (iets): *laten we klinken op het goede resultaat*
* VASTNAGELEN, met **aan** (iets): *gevangenen werden vaak met ketenen aan de muur geklonken* of met **in** (boeien e.d.): *de gevangenen waren in boeien geklonken*
klippen
• **op** de ~ lopen, mislukken: *helaas is het project op de klippen gelopen;* **tegen** de ~ **op**, 1 onder veel weerstand: *ik moet hier tegen de klippen op werken;* 2 op grote schaal: *hij zoop tegen de klippen op*
klitten
* DICHT BIJ ELKAAR BLIJVEN OF AAN ELKAAR KLEVEN, met **aan** (iem., iets): *de wielrenners in het peloton klitten aan elkaar*
klok
• **aan** de (grote) ~ hangen, openbaar maken: *je hoeft dit niet meteen aan de grote klok te hangen;* **met** de ~ **mee**, rechtsom: *we laten iedereen aan het woord, met de klok mee;* **op** de ~ hebben, (aantal) km op de kilometerteller hebben: *deze auto heeft al 160.000 km op de klok;* **op** de ~ kijken, de tijd vaststellen door de stand van de wijzers af te lezen; **op** de ~ **af**, precies op de aangegeven tijd: *het was op de klok af drie uur;* **rond** de ~ **van** (uur), ongeveer: *het zal rond de klok van elf zijn geweest;* **tegen** de ~, om op tijd iets te realiseren: *het wordt een race tegen de klok om dit nog af te*

krijgen; een man **van** de ~, heel precies: *zorg dat je klaarstaat, hij is een man van de klok;* **voor** de ~ komen, ter veiling worden aangeboden.
• de ~ gelijk zetten **op** (iets), steeds op steeds dezelfde tijd gebeuren: *op onze postbode kun je de klok gelijk zetten;* de ~ **rond**, twaalf/vierentwintig uur lang: *ik heb de klok rond geslapen* (twaalf uur); *we hebben de klok rond gewerkt* (vierentwintig uur)

kloof
* VERWIJDERING, AFSTAND, met **tussen** (personen, zaken): *tussen de twee voorstellen gaapt een diepe kloof*

klopjacht
* VERVOLGING, met **op** (iem., iets, groep, wild): *de politie hield een klopjacht op drugsrunners*

kloppen
* OVEREENKOMEN, met **met** (iets): *de cijfers kloppen niet met het werkelijke resultaat* of met **voor** (iets): *de bewering dat de kwaliteit van AM minder is dan die van FM klopt zeker voor huiskamerinstallaties*

klotsen
* (VAN GOLVEN) SLAAN, met **tegen** (iets): *het water klotste tegen de walkant*

kluiten
• **uit** de ~ gewassen zijn, stevig gebouwd zijn: *de rover was een stevig uit de kluiten gewassen kerel*

kluitje
• **met** een ~ in het riet sturen, afschepen met een smoes: *ik laat me hier niet met een kluitje in het riet sturen;* **op** een ~ zitten, dicht bijeen: *we zaten op een kluitje onder de boom te schuilen*

kluiven
* KNAGEN, met **aan** of **op** (iets): *de hond kloof op een bot*

knabbelen
* KLEINE HAPJES VAN IETS NEMEN, met **aan** (iets): *de muis knabbelde aan de kaas*
* MET KLEINE HAPJES OPETEN, met **op** (iets): *hij knabbelde op de nootjes*

knagen
* MET DE TANDEN STUKJES VAN IETS AFBIJTEN, met **aan** (iets): *het konijn knaagde aan de wortel*
* DE TANDEN IN IETS ZETTEN, OP IETS KAUWEN, MEER VOOR DE SMAAK DAN OM ZICH TE VOEDEN, met **op** (iets): *hij knaagde op een stuk zoethout; de hond knaagde op het rubberen bot*
* EEN SLECHTE WERKING HEBBEN, met **aan** (iem., gezondheid): *grote geldzorgen knaagden aan haar*

knap
• ~ **in** (iets), bekwaam: *hij is knap in het vinden van oplossingen.*

knarsetanden
• ~ **van** (woede, spijt, pijn e.d.), in hevige mate (maar zonder dat al te openlijk te uiten) boos zijn enz.: *hij knarsetandde van kwaadheid*

knibbelen
* AFDINGEN, met **op** (iets): *op de markt knibbelt hij altijd op wat hij koopt*
• ~ **aan** (recht e.d.), tornen aan: *de regering wenst niet te knibbelen aan reeds gedane toezeggingen;* ~ **op** (iets), bezuinigen op: *de regering knibbelt op allerlei uitkeringen*

knie
• **door** de knieën gaan, toegeven: *na lang aarzelen ging zij door de knieën;* **onder** de ~ krijgen/hebben, zich eigen maken/gemaakt hebben: *ik begin deze passage een beetje onder de knie te krijgen;* **op** de knieën moeten/gaan/vallen, zich onderwerpen, smeken, met **voor** (iem., iets): *ik heb geen zin steeds maar voor hem op de knieën te moeten; ik heb geen zin steeds maar voor toestemming op de knieën te moeten;* **over** de ~ leggen/gaan, straffen/gestraft worden: *Jantje, hou op, anders ga je over de knie*

knieval
• een ~ doen/maken **voor** (iets), zich onderwerpen aan: *in dat boek doet hij een knieval voor de smaak van het grote publiek*

knijpen
* IETS TUSSEN DE VINGERS KLEMMEN, met **in** (iets): *hij kneep haar in haar arm*
* BEZUINIGEN, met **op** (iets): *de overheid knijpt ontzettend op haar uitgaven*

knip
• **op** de ~ doen, sluiten; **op** de ~ zijn, gesloten zijn; **van** de ~ doen/zijn, open maken/zijn: *kom maar binnen, de deur is van de knip;* geen ~ **voor** de neus waard zijn, nietswaardig zijn

knipogen
* ÉÉN OOG KORT DICHTKNIJPEN ALS TEKEN VAN VERSTANDHOUDING, met **naar** of **tegen** (iem.): *terwijl hij verslag uitbracht, knipoogde hij tegen mij*

knipoog
• **met** een ~ **naar** (iem., iets), met een zinspeling: *hij maakt een grapje, met een knipoog naar de ernstige uitspraken van de minister*

knobbel
• ~ **voor** (vaardigheid e.d.), aanleg: *hij heeft een knobbel voor wiskunde*

knoeien

∗ FRAUDEREN, met **in** of **met** (iets): *hij knoeide in/met de administratie*

∗ SLECHTE OF VERVALSTE GRONDSTOFFEN GEBRUIKEN, met **met** (levensmiddelen, ingrediënten e.d.): *hij knoeide met de vleeswaren*

∗ ONOORDEELKUNDIG BEDIENEN/REPAREREN, met **aan** of **met** (iets): *hij knoeide aan zijn cassetterecorder; die doet het nu dus niet meer*

∗ MORSEN, met **met** (iets): *de kinderen knoeiden met verf*

knorren

∗ MOPPEREN, met **op** of **tegen** (iem.): *de bewaker knorde op de lastige kinderen* en/of **over** (iets): *hij knorde over het slechte weer*

knowhow

∗ SPECIFIEKE KENNIS, met **op het gebied van** (iets): *een bedrijf met veel knowhow op het gebied van de utiliteitsbouw*

knutselen

∗ BIJ WIJZE VAN HOBBY WERKEN AAN IETS, met **aan** (iets): *hij knutselde aan een schaalmodel van een straaljager*

• **in** elkaar ~, in elkaar zetten: *hij knutselde een schaalmodel van een straaljager in elkaar*

koel

∗ ONVRIENDELIJK KALM, met **tegen** (iem.): *ze deed heel koel tegen haar ex*

• ~ blijven **bij** (situatie), niet van streek raken ondanks: *zij bleef bij alle tegenslagen koel;* ~ blijven **onder** (iets), zich niet opwinden: *de minister bleef koel onder al die commotie;* ~ blijven **voor** (iets), niet onder de indruk komen: *zij bleef koel voor zijn avances*

koelen

• (zijn woede) ~ **op** (iem., iets), afreageren: *hij koelde zijn woede op de eerste de beste die hij tegenkwam; hij koelde zijn woede op het tafelblad*

koers

• **beneden** de ~, met de voorsteven te veel van de wind af; **boven** de ~, met de voorsteven te veel naar de wind toe; **buiten** de ~ stellen, uit de circulatie nemen; **op** ~ liggen, in de juiste richting gaan, gaan zoals gepland: *de herziening van het stelsel ligt goed op koers;* **op** een ~ **van** (bedrag): *ook Koninklijke Olie staat vandaag op een hogere koers;* **tegen** een ~ **van** (bedrag): *$10.000 tegen een koers van €0,79;* **tot** de hoogste ~ verkopen, tegen de hoogste koers; **uit** de ~ raken, niet meer op de juiste koers varen; **van** ~ zijn, niet meer op de juiste koers varen

• de ~ richten **naar** (bestemming), als richting kiezen: *het vaartuig richtte de koers naar Engeland;* ~ zetten **naar** (bestemming), als richting kiezen: *het vaartuig zette koers naar Engeland*

koersen

• ~ **naar** (iets), koers zetten naar: *de boot koerste naar Amerika.*

koesteren

• ~ **in** (warmte, e.d.), zich behaaglijk voelen: *zij koesterde zich in zijn genegenheid*

koffie

• **op** de ~ komen, 1 komen koffiedrinken: *zal ik morgen bij je op de koffie komen?* 2 er bekaaid van afkomen, gedupeerd worden: *ik ben met die aanbieding aardig op de koffie gekomen*

koketteren

∗ ZICH KOKET GEDRAGEN, met **met** (iem., iets): *hij koketteerde graag met zijn verstrooidheid*

kokhalzen

∗ AFSCHUW HEBBEN, met **van** (iem., iets): *van zo'n walgelijke tafereel moet ik kokhalzen.*

komen

• ~ **aan** (iem., iets), 1 aanraken, te na komen: *gelieve niet aan de uitgestalde voorwerpen te komen; kom niet aan zijn kleine zusje, anders krijg je met hem te doen;* 2 de beschikking krijgen over: *hoe kom ik zo gauw aan dat geld?* ~ **achter** (iets), ontdekken: *toevallig kwam hij erachter dat zij een minnaar had;* **erbij** ~, op het idee komen: *hoe kom je erbij zoiets stoms te zeggen!;* ~ **door** (iets), veroorzaakt worden: *ik weet niet of het door de wijn komt, maar ik voel me niet lekker;* ~ **in** (iets), thuisraken: *ik kom hoe langer hoe meer in de materie;* ~ **om** (iem., iets), vragen, komen halen: *iedere dag komt hij om een boterham;* ~ **op** (iem., iets), aanroeren: *en dan kom ik nu op het eigenlijke onderwerp; het gesprek kwam op Saskia;* ~ **op** (iets), 1 (een idee) krijgen: *ik kwam erop door wat hij gisteren zei; ik ben op een geweldig idee gekomen;* 2 kosten: *dat komt dan in totaal op honderd euro;* ~ **over** (iem.), zich meester maken: *plotseling kwam er een vreemde razernij over hem;* ~ **te** (+ onbep. wijs), omschrijving van de aangeduide handeling: *hij kwam jong te overlijden;* ~ **tot** (iets), 1 bereiken: *we konden niet tot een beslissing komen; zij komt maar tot mijn* *schouder;* 2 overgaan tot: *de voorzitter kwam nu tot het volgende agendapunt;* ~ **uit** (iets), 1 afkomstig zijn uit land/regio/taal: *zij komt uit Vlaanderen; 'bonnefooi' komt uit het Frans;* 2 oplossen: *ik kom nooit uit die puzzel;* naar voren ~ **uit** (iets), duidelijk blijken: *uit deze enquête komen veel klachten naar voren;* ~ **van** (iets), voortvloeien uit: *zijn kennis van de antieke bouwkunst komt van een reis door Italië; de chauffeur heeft gedronken, ik hoop dat daar geen ongelukken van komen*

komma
• **achter** de ~, in decimalen: *tot vijf cijfers achter de komma;* **voor** de ~, in eenheden: *houd alleen maar rekening met de cijfers voor de komma*

kompas
• **op** het ~ varen, met gebruikmaking van een kompas; **op** het ~ **van** (iets), met ... als richtsnoer: *de christendemocratische politiek vaart op het kompas van de bijbel*

komst
• **op** ~ zijn, eraan komen: *zwaar weer op komst; een baby op komst*

kond
• ~ doen **van** (iets), publiekelijk bekend maken: *in een opvallende advertentie deed hij kond van zijn huwelijk*

koning
* VORST, met **van** (gebied, volk e.d.): *Albert is koning van België*

konkelen
* SLINKS PLANNEN MAKEN, met **met** (iem.): *sommige notabelen in het dorp hadden tijdens de oorlog gekonkeld met de Duitsers.*

kooi
• **te** ~ gaan, naar bed gaan

kook
• **aan** de ~, kokend: *de soep vooral niet aan de kook brengen;* **van** de ~ raken, niet meer koken: *laat de saus vooral niet van de kook raken;* **van** de ~ raken/zijn, zijn zelfbeheersing verliezen/verloren hebben: *bij het minste geringste raakt/is hij van de kook*

koop
• **op** de ~ **toe**, extra, onverdiend: *zij kreeg nog een grote mond op de koop toe;* **op** een koopje, (te) goedkoop: *goede kwaliteit kan nu eenmaal niet op een koopje;* **te** ~: *het boek is te koop*, met **voor** (prijs): *nu nog te koop voor tien euro;* **te** ~ lopen **met** (iets), pronken: *hij liep te koop met zijn recente successen*

koopman
* HANDELAAR, met **in** (artikelen, stoffen e.d.): *hij is een koopman in landbouwmaterialen.*

koopvaardij
• **ter** ~, bij de handelsscheepvaart: *een kapitein ter koopvaardij*

koor
• **in** een ~ zingen, lid zijn van een koor; **in** ~, allemaal tegelijk: *'wij willen Bolletje' riepen de kinderen in koor;* **op** het ~, op de plaats in de kerk waar het koor staat, meestal bij het orgel: *de soliste stond op het koor, vlak bij de organist*

koot
• **over** ~ gaan, (van een paard:) zwikken

kop
• **aan** de ~, op het verst uitstekende deel, met **van** (iets): *de vrouwen stonden aan de kop van de haven;* **aan** of **op** ~, vooraan: *momenteel ligt Indurain aan/op kop in de etappe;* **aan** zijn ~ hebben, in beslag genomen worden: *ik heb tegenwoordig zoveel aan mijn kop;* **bij** de ~ pakken: *laten we nu de kwestie van het overwerk bij de kop pakken;* (iets) **in** zijn ~ halen, een dubieus idee krijgen: *hoe haal je het in je kop om zoiets te zeggen;* **op** zijn ~, ondersteboven, omgekeerd: *vrouwen die mannen aanranden, dat is de wereld op zijn kop;* **op** de ~ **af**, precies: *het is nu op de kop af een jaar geleden;* **op** de ~ tikken, (op gelukkige wijze) verwerven: *zij slaagde erin een oude Winkler Prins op de kop te tikken;* **op** zijn ~ geven: bestraffend toespreken: *zij kreeg behoorlijk op haar kop van haar vader;* **op** zijn ~ zitten, overheersen: *laat je niet door hem op je kop zitten!;* **over** de ~ gaan, failliet gaan: *menig handelaar in computers gaat tegenwoordig over de* kop; zich **over** de ~ werken, te hard werken: *ik heb me de laatste weken over de kop gewerkt;* hals **over** ~, overijld: *hij vertrok hals over kop;* zich **voor** de ~ schieten, doden door een kogel in het hoofd: *ik zou me voor de kop schieten als ik moest leven van het minimumloon;* zich **voor** de ~ slaan, zich heftige verwijten maken: *ik kan me wel voor de kop slaan dat ik dat heb gezegd*
• een ~ zetten **op** een bedrag, verhogen: *ik zal een kop zetten op de totale opbrengst;* zijn ~ breken **over** (iets), piekeren: *hij brak zijn kop over dit probleem;* zich de ~ breken **over**

(iets), piekeren: *hij breekt zich de kop over een elegante oplossing;* ~ **voor** (iets), talent: *zij heeft een goede kop voor wiskunde*

kopen

∗ TEGEN BETALING IN EIGENDOM KRIJGEN, met **van** of **bij** (degene die verkoopt): *hij kocht van zijn vriend een auto* en/of **van** (een voorhanden hoeveelheid geld): *hij kocht van zijn spaargeld een nieuwe fiets* en/of **voor** (bedrag, valuta e.d.): *hij kocht voor duizend euro een zeilboot* of met **tegen** (valuta, prijs e.d.): *gekocht tegen dure dollars*

• ~ **op** (een termijn), kopen en geleverd krijgen op de aangegeven termijn: *ik wil deze partij kopen op september;* ~ **op** (rekening, krediet), de koopwaar in bezit krijgen en binnen een redelijke termijn betalen: *we kochten de auto gedeeltelijk op krediet;* ~ **voor** (iets), ergens mee opschieten: *wat koop ik voor je excuses*

kopie

∗ REPRODUCTIE, met **van** (iets): *hij maakte een kopie van het belastingformulier* of met **naar** (voorbeeld): *een getrouwe kopie naar een hellenistisch voorbeeld*

• **voor** ~ conform, voor eensluidend afschrift

koppelen

∗ TOT EEN GEHEEL VERBINDEN, met **aan** (iem., iets): *de wagons worden aan de locomotief gekoppeld*

koppeling

∗ VERBINDING, RELATIE, met **aan** (gegevens, munt enz.): *de koppeling aan de Duitse mark* of met **met** (iem., een fysiek object, gegevens, munt enz.): *de astronaut bracht de koppeling met het MIR-station tot stand* of met **tussen** (zaken): *de koppeling tussen lonen en uitkeringen*

korrel

• **met** een ~ (korreltje) zout nemen, niet al te serieus/letterlijk nemen: *je moet hem/dat maar met een korreltje zout nemen;* **op** de ~ nemen, kritiek uiten op: *hierna nam zij het nieuwe voorstel op de korrel*

kort

• **in** het ~, 1 beknopt: *in het kort komt mijn voorstel hierop neer;* 2 niet in officiële avondkledij: *dames mogen in het kort verschijnen;* **te** ~ komen, niet genoeg hebben: *met zoveel gasten komen we nog te kort;* **tot voor** ~, nog onlangs: *tot voor kort schreven we 'produkt';* **voor** ~, voor niet te lange tijd

• ~ **van** memorie, snel weer vergetend: *hij is wel erg kort van memorie;* ~ **van** stof, weinig woorden gebruikend, kort aangebonden

korten

∗ BEZUINIGEN OP, met **op** (iets): *de regering kort op de studiefinanciering* de tijd ~ **met** (iets), de tijd vullen: *hij kortte de tijd met een spelletje*

korting

∗ VERMINDERING, met **van** (bedrag, percentage e.d.): *een korting van 10 euro/5%* en/of **op** (prijzen, lonen, e.d.): *een korting op de salarissen van de ambtenaren* of met **over** (totaalbedrag): *over het aankoopbedrag krijgt u 10% korting*

kortsluiten

∗ IN DIRECT OVERLEG EEN BESLISSING NEMEN, met **met** (iem.): *na de vergadering sloot de voorzitter het besprokene telefonisch kort met het afwezige bestuurslid*

kost

• **in** de ~, tafelgenoot tegen betaling, met **bij** (iem.): *hij is bij zijn tante in de kost;* **aan** de ~ komen, geld verdienen: *ik moet met hard werken aan de kost zien te komen;* iets **voor** de ~ doen, als beroep uitoefenen: *wat doe je voor de kost?*

• (geen) ~ zijn **voor** (iem.), (niet) te begrijpen voor: *dat boek, dat is geen kost voor kinderen.*

zie ook: **koste**, **kosten <zn>**

koste

• **te** mijnen enz. ~, ten koste van mij, **ten** ~ **van** (iem., iets), ten nadele van: *de hogere kwaliteit van het product gaat ten koste van een langere levertijd; een grapje ten koste van mij;* **ten** ~ leggen **aan** (iets), betalen voor: *aan dit project zijn grote bedragen ten koste gelegd.*

kosten <zn>

∗ VEREIST BEDRAG, met **van** of **voor** (iets): *de kosten van het feest waren hoog*

• veroordelen **in** de ~, bepalen dat (iem.) de kosten van een proces moet betalen; **op** eigen ~, voor eigen rekening; **op** ~ jagen, onkosten veroorzaken: *de nieuwe spelling jaagt Nederland en Vlaanderen nodeloos op kosten;* **voor** gezamenlijke ~, waaraan iedereen bijdraagt

kosten <ww>

• ~ **aan** (materiaal), een investering vragen: *dit beeldje is bijna cadeau, het kost me nog meer aan materiaal*

kotsen

• ~ **op** (iem., iets), minachting voelen:

hij kotste op deze maatschappij; zij kotste op haar schoonfamilie; ~ **van** (iem., iets), walgen: *hij kotste van deze maatschappij; hij kotste van zijn werk*

kraag
• een stuk **in** zijn ~ hebben, dronken zijn; zich een stuk **in** de ~ drinken, zich dronken drinken; (iem.) **in** de ~ pakken/vatten, aanhouden: *de politie vatte de inbreker in de kraag*

kraaien
• ~ **van** (pret e.d.), kreetjes van pret e.d. uiten: *de baby kraaide van plezier*

kraam
• (iets) komt **in** zijn ~ te pas, komt goed uit: *die opmerking van jou kwam prima in zijn kraam te pas;* **in** de ~ komen, bevallen; **in** de ~ liggen, bevallen zijn; **in** de ~ moeten, zwanger zijn

kraan
* UITBLINKER, met **in** (kunde, vaardigheid, vak e.d.): *hij is een kraan in wiskunde*

kracht
* FYSIEK OF MENTAAL VERMOGEN, met **(om) te** (+ onbep. wijs) of **tot** (iets): *hij heeft de kracht niet om met drinken te stoppen*
• **boven** zijn ~, hoger dan doenlijk: *help even, ik moet dit ding boven mijn kracht tillen;* een vonnis **in** ~ van gewijsde, definitief; **in** de ~ van zijn enz. leven, in de bloei: *in de kracht van haar leven is zij ons ontvallen;* **met** of **op** halve ~, met half (motor)vermogen; **met** of **op** volle ~, met vol (motor)vermogen; **met** ~ **van** (motor, zeil, wapenen e.d.): *Nederland werd met kracht van wapenen veroverd;* **met** terugwerkende ~, met eerder ingaande geldigheid, met **per**, **tot** of **van(af)** (ingangsdatum): *de regeling geldt met terugwerkende kracht per 1 januari van dit jaar;* **op** eigen ~, zonder hulp van anderen: *zij heeft die zaak op eigen kracht opgebouwd;* **op** krachten komen, zich herstellen: *neem eens een paar dagen vrij om weer op krachten te komen;* **uit** ~ **van** (wet, autoriteit e.d.), ingevolge, op gezag van; **uit** zijn ~ groeien, te lang worden: *in de puberteit groeide hij uit zijn kracht;* **van** ~ zijn, gelden: *per 1 januari a.s. is de nieuwe wet van kracht*
• ~ **van** wet hebben, dezelfde geldigheid hebben als een wet: *een Algemene Maatregel van Bestuur heeft kracht van wet*

krediet
• **op** ~, zonder het hele bedrag contant te hoeven betalen: *steeds meer mensen kopen duurzame gebruiksgoederen op krediet*
• ~ hebben **bij** (iem.), het vertrouwen genieten: *de partijvoorzitter had weinig krediet meer bij de gewone leden*

krenken
* AANTASTEN, met **in** (eer, trots e.d.): *hij voelde zich gekrenkt in zijn trots*

krijgen
* IN EEN TOESTAND KOMEN, met **van** (iem., iets): *van dat kabaal krijg ik nog meer hoofdpijn*
• **aan** (het (woord dat een handelen uitdrukt), het (+ onbep. wijs)) ~, maken dat (iem., iets) een handeling verricht: *hij is moeilijk aan het werk te krijgen; zij slaagde erin hem aan het lachen te krijgen;* **te** (+ onbep. wijs) ~, in iets slagen: *ik kreeg haar eindelijk te pakken; iemand te spreken krijgen;* **ertoe** ~ **(om) te** (+ onbep. wijs) of dat ..., maken dat iem. iets doet: *met moeite kreeg ik haar ertoe haar kamer op te ruimen/dat zij haar kamer opruimde;* **uit** (iem.) ~, maken dat iemand informatie geeft: *ten slotte kreeg ik de juiste toedracht uit hem;* **ervan** langs ~, geslagen of zwaar bekritiseerd worden: *in het rapport kreeg de politie er stevig van langs;* **voor** elkaar ~, erin slagen: *zij kreeg het ten slotte voor elkaar uitgenodigd te worden*

krijt
• **in** het ~ staan, schuld hebben, met **bij** (iem.): *dank je voor je hulp; ik sta nu wel bij je in het krijt;* **in** het ~ treden **voor** (iem., iets), verdedigen: *het raadslid trad in het krijt voor betere huisvesting voor de arbeiders;* **met** dubbel ~ schrijven, te veel berekenen: *deze rekening lijkt me met dubbel krijt geschreven*

krioelen
• ~ **van** (iets), wemelen: *het krioelt hier van de vliegen*

kristalliseren
* EEN KRISTALVORM AANNEMEN, met **tot** (iets): *water kristalliseert tot ijs*

kritiek
* AFKEUREND OORDEEL, met **op** (iets): *zijn kritiek op de muziekuitvoering was niet mals*
• **beneden** alle ~, zeer slecht: *de uitvoering was beneden alle kritiek;* **boven** alle ~ (verheven), zonder enige reden tot kritiek: *haar houding is boven alle kritiek verheven*

kritisch
* NIET ALLES ZOMAAR ACCEPTEREND, met

jegens (iem.): *de leden toonden zich kritisch jegens het bestuur* of **tegenover**, **met betrekking tot** of **op** (iem., iets): *de klanten worden steeds kritischer op de kwaliteit van de waren*

kronen

* INHULDIGEN, met **tot** (koning, keizer e.d.): *na de dood van Boudewijn werd Albert II tot koning der Belgen gekroond*

kroon

• **naar** de ~ steken, proberen te evenaren: *Schubert probeerde met zijn symfonieën Beethoven naar de kroon te steken*

• de ~ **op** (iets) zijn, het hoogte- en eindpunt zijn: *het binnenhalen van deze order is de kroon op al ons werk*

kruid

• daar is geen ~ **tegen** gewassen, daar is geen remedie voor/tegen: *die verkoudheid, daar is geen kruid tegen gewassen*

kruipen

* ZICH NEDERIG EN VLEIERIG GEDRAGEN, met **voor** (iem.): *zie je niet dat hij voor je kruipt?*

• ~ **naar** (windstreek) (van de wind) draaien: *de wind kruipt naar het westen*

kruis

• **aan** het ~ nagelen/slaan, in het openbaar te kijk zetten; Gemeente **onder** het ~, oud-Gereformeerde Gemeente; iem. **in** het ~ grijpen/tasten, beledigen: *door die opmerking voel ik me danig in het kruis getast*

kruisen

* DIEREN OF PLANTEN VAN VERSCHILLEND RASSEN OF SOORTEN DOOR BEVRUCHTING VERMENGEN, met **met** (ander dier of plant, elkaar): *hij kruist verschillende hondenrassen met elkaar.*

• ~ **op** (snelheid), zich met de aangegeven kruissnelheid voortbewegen: *het vliegtuig kruist op 800 km per uur;* ~ **op** (overtreders), op zee politietoezicht uitoefenen op: *op kapers kruisen*

kruising

* BEVRUCHTING DOOR KRUISEN, met **met** (andere soort, ander ras): *de Noordse helm is een kruising van de gewone helm met duinriet* of met **tussen**, **uit** of **van** (twee soorten, rassen e.d.): *een kruising tussen de gewone helm en duinriet.*

* SNIJPUNT VAN TWEE WEGEN, met **met** (straat): *de kruising van de autosnelweg A7 met de A32*

kruistocht

• ~ **tegen** of **voor** (iets), campagne: *een kruistocht tegen de drugs, voor verbetering van de pensioenen*

krukken

• **op** ~ lopen, strompelen, lopen met behulp van krukken: *oorlogsinvaliden die op krukken lopen*

kuisen van (iets)

ontdoen van: *de nieuwe editie werd gekuist van ongerechtigheden*

kuit

• haring of ~ **van** (iets) willen, duidelijkheid verlangen: *nu wil ik wel eens haring of kuit van het gebeurde*

kunnen

• het kan er **bij** (iem.) niet **in**, niet kunnen geloven/accepteren: *het kan er bij mij niet in dat reparatie onmogelijk zou zijn;* **buiten** (iem., iets) ~, kunnen missen: *ondanks hun gekibbel konden ze niet buiten elkaar;* **erbij** ~, kunnen bevatten: *ik kan er niet bij dat zij dat heeft beweerd;* **ermee door** ~, acceptabel zijn: *het is niet perfect, maar het kan ermee door;* **op** (iem., iets) **aan** ~, kunnen rekenen: *op mij kun je aan;* **over** (iem., iets) **uit** ~, niet bijkomen van verbazing: *ik kan er niet over uit dat zij dat heeft beweerd;* ~ **tegen** (iem., iets) ~, kunnen verdragen: *zij kan niet goed tegen plagen;* **tegen** (iem., iets) **op** ~, opgewassen zijn: *tegen zoveel tegenstand kan ik niet op;* er (n)iets **van** ~, (niet) goed in iets zijn

kunst

• **uit** de ~ !, voortreffelijk: *deze biefstuk is uit de kunst*

• daar is geen ~ **aan**, dat is gemakkelijk

kust

• **onder** de ~, in het water vlak langs de kust; **te** ~ en **te** keur, volop: *vers fruit is er te kust en te keur*

kwaad <zn>

• geen ~ doen **aan** (iets), *een likje verf zal er geen kwaad aan doen;* geen ~ kunnen doen **bij** (iem.), kritiekloos bejegend worden: *het meisje kon geen kwaad doen bij haar vader;* er zit **bij** hem geen ~, hij is goedaardig; ~ zien **in** (iets), problemen verwachten: *een glaasje meer, daar zag hij geen kwaad in;* geen ~ willen weten **van** (iem., iets), geen kritiek willen accepteren: *zij wil van haar zoontje geen kwaad weten;* **van** de prins geen ~ weten, totaal onwetend zijn: *laat haar maar met rust, zij weet van de prins geen kwaad*

kwaad <bn>

* BOOS, met **op** (iem.): *ze was nog altijd kwaad op me* en/of met **om** of **over**

(iets): *hij was kwaad over iets wat ze had gezegd*
• het **te** ~ krijgen/hebben, zijn gevoelens niet kunnen bedwingen, met **met** (iets): *de jubilaris kreeg het er nogal te kwaad mee, toen er tijdens de feestrede oude herinneringen opgehaald werden*
• ~ **met** (iem.), in conflict: *de zusjes waren al maanden kwaad met elkaar*

kwaadspreken
* ONGUNSTIGE DINGEN VERTELLEN, met **over** of **van** (iem., iets): *hij sprak kwaad over de nieuwe medewerkster*

kwade
• **ten** ~, in ongunstige zin: *een verandering ten kwade*

kwadraat
• **in** het ~, tot de tweede macht, in hoge mate: *vier is twee in het kwadraat; je bent een ezel in het kwadraat*

kwalificatie
* OMSCHRIJVING, met **voor** (iem., iets): *'broddelwerk' is nog een te vriendelijke kwalificatie voor dit rapport*
* RECHT OP EEN PLAATS IN DE VOLGENDE RONDE VAN EEN COMPETITIE, OF IN DIE COMPETITIE, met **voor** (volgende ronde): *met de overwinning op Club Brugge heeft Ajax de kwalificatie voor de finale voor de Europese beker*

kwalificeren
• ~ **als** (iem., iets), bestempelen: *ik zou hem willen kwalificeren als staatsman van allure;* zich ~, het recht verwerven op een plaats in de volgende ronde van een competitie, met **voor** (volgende ronde): *de snelste loopster kwalificeert zich voor de Olympische Spelen*

kwaliteit
• **in** de/zijn ~ **van** (functie), in de hoedanigheid van: *in zijn kwaliteit van voorzitter*

kwarto
• **in** ~ (boekdrukkunst:), in het formaat van in vieren gevouwen vellen

kwestie
• **buiten** ~ !, geen discussie mogelijk: *de nieuwe belastingwet gaat door, dat is buiten kwestie;* **in** ~, betreffende: *de persoon in kwestie is toevallig aanwezig*
• (g)een ~ **van** (iets), (g)een zaak van: *ach, het is een kwestie van geduld;* geen ~ **van**!, uitgesloten: *zullen we schikken? geen kwestie van!*

kwetsbaar
* VATBAAR VOOR KWALIJKE INVLOEDEN, met **voor** (iets): *de uitgehongerde bevolking was kwetsbaar voor ziekten*

kwetsen
* VERWONDEN, met **aan** (lichaamsdeel): *bij het ongeluk raakte zij gekwetst aan haar been*
* KRENKEN, met **in** (eer, gevoelens, waardigheid e.d.): *haar scherpe woorden kwetsten hem in zijn eer*

kwijt
* VERLOREN, UIT HANDEN, met **aan** (iem., iets): *hij was nogal wat geld kwijt aan vervoer*
* KUNNENDE GEVEN, met **aan** (iem.): *aan die klas kun je veel kwijt*

kwijten
• zich ~ **van** (taak e.d.), goed uitvoeren: *de bondscoach heeft zich voortreffelijk gekweten van zijn taak*

kwijtraken
* VERLIEZEN, met **aan** (iem., iets): *hij raakte zijn vriendinnetje kwijt aan zijn beste vriend*

kwistig
* ROYAAL, VRIJGEVIG, met **in** (handeling) of **met** (woorden, lof, iets): *hij was kwistig in het geven van complimentjes; hij was kwistig met zijn geld*
• **met** kwistige hand, royaal

L

laars
• **aan** zijn ~ lappen, zich niets aantrekken van: *hij lapte mijn welgemeende raad aan zijn laars*

laatst
• **op** het ~, op het einde, ten slotte: *op het laatst kwamen de partijen toch nog tot overeenstemming;* **op** zijn ~, uiterlijk: *de kopij moet woensdag op zijn laatst binnen zijn;* **ten** laatste, eindelijk; **voor** het ~, voor de laatste maal

laatste zie **laatst**

label
• **onder** het ~ (aanduiding): *de tabinstellingen kunt vinden onder het label 'regelopmaak';* **onder** het ~ (+ naam), onder de merknaam: *goede herpersingen zijn te krijgen onder het label 'Again'*

laboreren
• ~ **aan** (euvel), last hebben: *het bedrijf laboreert al enige tijd aan een financieel tekort.*

lachen
∗ VROLIJKHEID, SPOT E.D. UITEN, met **om** (iets): *hij lachte om het grapje van de televisiepresentator*
∗ UITING GEVEN AAN SYMPATHIE, VERSTANDHOUDING E.D., met **tegen** (iem.): *de kleine jongen lachte tegen de toerist*
• **in** zijn vuistje/zichzelf ~, heimelijk lachen; ~ **met** (iem., iets), 1 (Belg.) niet serieus nemen: *ze lachen met alles wat heilig is;* 2 lachen omdat men iemands humor weet te waarderen: *met jou kan ik tenminste lachen;* ~ **naar** of **tegen** (iem.), met een lach op het gezicht zijn welwillendheid e.d. uiten: *vanuit de verte lachte hij even naar haar;* ~ **om** (iem., iets), niet ernstig nemen: *zulke boude uitspraken, daar lach ik om*

lacune
∗ LEEMTE, met **in** (iets): *in de bewijsvoering zaten ernstige lacunes*

laden
• **op** zich ~, zich op de hals halen: *hiermee laad je een grote verantwoordelijkheid op je; met zijn arrogante houding laadde hij haar toorn op zich*

lading
• **in** ~ zijn/liggen, vracht aan boord hebben: *het schip ligt in lading*

laf
(scheepvaart:) ~ **op** het roer, naar de lijzijde neigend, lijgierig

lagereind(e)
• **aan** het ~ van de tafel zitten, op een weinig eervolle plaats zitten

lagerhand
• **aan** de ~ zitten, links van de gastheer zitten

lagerwal
• **aan** ~ raken/zijn, in een slechtere financiële en/of sociale situatie belanden/zich bevinden: *van lieverlee raakte hij steeds meer aan lagerwal*

lak
• ~ hebben **aan** (iem., iets), zich niets aantrekken van: *hij heeft lak aan de voorschriften.*

lam
∗ ZONDER VERMOGEN TE BEWEGEN, met **aan** (lichaamsdeel): *lam aan een arm*

lamenteren
∗ KLAGEN, met **over** (iem., iets): *de zieke lamenteerde over zijn ellendig lot*

land
• **aan** ~, op het land: *na een lange zeereis gingen zij aan land in Mexico;* **in** den lande, in het land: *in den lande hoort men soms heel andere geluiden dan in Den Haag;* **over** ~ reizen, niet per schip of per vliegtuig; hier **te** lande, in dit land: *hier te lande spreekt men van 'gedoogbeleid';* **te** ~ en **ter** zee
• het ~ hebben **aan** (iets), een hekel hebben: *hij heeft het land aan plichtplegingen;* het ~ (in)hebben over (iets), gepikeerd zijn: *zij had goed het land in over die opmerking*

lande zie **land**

landen
∗ WEER OP DE GROND KOMEN, met **op** (vliegveld): *het vliegtuig landde veilig op Schiphol* of met **in** (land, streek e.d.): *het vliegtuig landde in Düsseldorf*
• ~ **op** (kust), aan land gaan: *de eerste Spanjaarden landden op Hispaniola*

lang <zn>
• **in** ~ niet gezien, gedurende lange tijd niet gezien: *ik heb haar in lang niet gezien;* **in** het ~, in avondkledij (voor dames), *de dames moesten in het lang*

lange <bn>
• **bij** lange (na) niet, helemaal niet: *zij haalde de limiet voor Atlanta bij lange na niet*

langst
• **op** zijn ~, hoogstens: *de reparatie duurt op zijn langst een half uur*

lankmoedig
∗ VERGEVINGSGEZIND, met **jegens** of **tegenover** (iem.): *laten we niet te lankmoedig zijn jegens wetsovertreders*

lans
• een ~ breken **voor** (iem., iets), verdedigen: *de minister brak een lans voor een verhoging van de defensie-uitgaven*
lapje
• **voor** het ~ houden, bedotten: *ik heb het gevoel dat ik voor het lapje word gehouden*
lappen
• **aan** zijn laars ~, negeren: *hij lapte al mijn raadgevingen aan zijn laars;* **erbij** ~, verraden: *de gangster werd ten slotte door zijn eigen chauffeur erbij gelapt*
lassen
* SMELTBARE MATERIALEN VERBINDEN, met **aan** (iets, elkaar): *in de werkplaats worden ijzeren balken aan elkaar gelast*
last
* OPDRACHT, BEVEL, VOORWAARDE, met **tot** (iets) of **om te** (+ onbep. wijs): *de commandant gaf de vliegers last tot het uitvoeren van een serie aanvalsvluchten*
* BEZWAAR, HINDER, met **van** (iem., iets): *de buurman had veel last van het lawaai dat onze kinderen maakten*
• **in** ~ zijn, flinke problemen hebben: *als we niet snel ingrijpen, is Leiden in last;* **op** ~ **van** (iem.): *de zaal werd ontruimd op last van de politie;* **op** hoge lasten zitten, nogal wat periodieke kosten moeten maken; **te** zijnen laste, afhankelijk van hem: *hij heeft twee kinderen te zijnen laste;* **ten** laste leggen, beschuldigen: *haar werd valsheid in geschrifte ten laste gelegd;* **ten** laste **van** (rekening): *€ 5000,- ten laste van uw rekening;* **tot** ~ zijn, een bezwaar zijn: *ik ga nu maar, ik wil je niet langer tot last zijn*
• ~ krijgen/hebben **met** (iem., iets): in conflict raken/moeilijkheden ondervinden: *straks krijg je nog last met de politie; ik heb nog steeds veel last met de gebruiksaanwijzing voor dat nieuwe apparaat*
laste zie **last**
lastig
• ~ vallen, hinder bezorgen, met **met** (gegevens): *met de verdere details zal ik je niet lastig vallen* of met **om** (iets dat men wil hebben), hinderlijk vragen: *hij viel me herhaaldelijk lastig om een paar kwartjes* of met **over** (onderwerp), hinderlijk aandacht vragen: *ik wil niet steeds over die kwestie lastig gevallen worden*
laten
• het ~ **bij** (iets, situatie), niet verder gaan dan een bepaald punt: *voor deze keer wil ik het laten bij een reprimande; we moeten het hierbij laten;* het **bij** het oude ~, geen wijzigingen in de bestaande situatie aanbrengen
lauweren
• **op** zijn ~ rusten, teren op vroeger succes: *je bent te jong om nu al op je lauweren te gaan rusten*
laven
* TE DRINKEN GEVEN, met **met** (drank, verfrissing, bron e.d.): *alle dorstigen werden gelaafd met een flesje cola*
• zich ~ **aan** (iets), gesterkt worden: *de gelovigen laafden zich aan het evangelie*
laveren
* ZIGZAGGEND VAREN, met **tussen** (obstakels, partijen) **door:** *het schip moest tussen de zandbanken door laveren; de premier probeerde tussen de standpunten van de verschillende partijen door te laveren*
lawine
• een ~ **van** (iets), een grote hoeveelheid: *de regering werd bedolven onder een lawine van bezwaren*
lazer
• **op** zijn ~ geven, een forse bestraffing geven
lebberen
* SLURPEND DRINKEN, met **aan** of **van** (vloeistof e.d.): *de kat lebberde aan de melk*
leden
• (iets, ziekte) **onder** de ~ hebben, lijden aan: *hij heeft misschien iets onder de leden*
leed
• **in** lief en (in) ~, onder alle omstandigheden: *hij was haar trouwe makker, in lief en (in) leed*
leedvermaak
* GENOEGEN OVER HET ONGELUK VAN EEN ANDER, met **om** of **over** (iets): *heimelijk koesterde hij leedvermaak over het ongeluk dat zijn vriend overkomen was*
leedwezen
* SPIJT, GEVOELENS VAN ROUW, met **over** (iets, bedreven kwaad e.d.): *ik betoonde haar mijn leedwezen over de gemaakte fouten*
• **met** ~: *met leedwezen vernamen we het overlijden van X.;* **tot** mijn ~, tot mijn spijt: *tot mijn leedwezen moet ik u meedelen dat ...*
leek
* NIET-DESKUNDIGE, ONGESCHOOLDE, met **in** of **op het gebied van** (vakgebied): *in wiskunde ben ik een volslagen leek*

leeftijd
• **in** of **op** de ~ **van** (getal) jaren; **op** ~, redelijk oud: *toen hij eindelijk succes had, was hij al op leeftijd;* **op** ~ komen, oud worden

leemte
∗ LACUNE, met **in** (iets): *in zijn kennis zie ik heel wat leemten*

leen
• **in** ~, in het tijdelijk, meestal contractueel geregeld bezit, met **van** (eigenaar): *het museum had het doek in leen van de familie X.;* **te** ~, in tijdelijk bezit, met **van** (iem.): *mag ik dat boek even van je te leen?*

leer
• **in** de ~, om het vak te leren, met **bij** (vakman): *zij is in de leer bij een visagiste* of met **voor** (beroep): *zij is in de leer voor visagiste;* vrij/steil/rekkelijk enz. **in** de ~, in de aangegeven mate orthodox; **van** ~ trekken, uitval doen, met **tegen** (iem.): *ik wist niet dat je meteen zo tegen mij van leer zou trekken*

leerling
∗ SCHOLIER, met **van** (opleiding, school, cursus e.d.): *een leerling van het Holtlant-College*
∗ VOLGELING, met **van** (iem.): *Marx was een leerling van Hegel*

leerstoel
∗ HOOGLERAARSCHAP, met **voor** (iets, vak e.d.): *aan deze universiteit bestaat geen leerstoel voor oosterse talen*

leger
• **in** of **op** zijn leger, in/op de schuilplaats van een dier: *een echte jager zal een haas nooit op zijn leger schieten*

legeren (leg**e**ren)
∗ METALEN DOOR SMELTING VERMENGEN, met **met** (metaal): *als je tin en koper met elkaar legeert krijg je brons*
∗ LEGATEREN, met **aan** (iem.): *hij legeerde zijn vermogen aan een charitatieve instelling*

legitimatie
∗ RECHTVAARDIGING, met **van** of **voor** (iets): *armoede is geen legitimatie voor geweld*

legitimeren
∗ zich ~, bewijzen dat men degene is voor wie men zich uitgeeft, met **met** (paspoort, identiteitsbewijs e.d.): *hij legitimeerde zich met zijn rijbewijs* en/of met **als** (naam, functie): *hij legitimeerde zich als P. Jansen/als rechercheur*

leiden
• ~ **in** (verzoeking, bekoring), in verzoeking/bekoring brengen: *leid ons niet in verzoeking/bekoring;* ~ **tot** (iets), resulteren in, veroorzaken: *zijn ingrijpen leidde slechts tot verslechtering van de situatie*

leiding
∗ BESTUUR, met **over** of **van** (groep): *een sergeant heeft de leiding over een klein aantal soldaten)* of met **van** (bijeenkomst, activiteit): *de leiding van dit project berust bij mevrouw X.*
• **aan** de ~, aan het hoofd, met **van** (groep, iets): *een akela staat aan de leiding van de horde; Jansen ging lange tijd aan de leiding van het peloton;* **onder** ~ **van** (iem.): *het orkest staat onder leiding van Bernard Haitink*

lekkage
∗ HET LEK ZIJN, met **aan** (iets): *we hebben een lekkage aan het dak.*

lenen
∗ TE LEEN KRIJGEN, met **van** (iem., instelling): *hij leende een boek van zijn oom, van de openbare bibliotheek* of met **bij** (instelling, bank): *hij leende het geld bij een bank* of met **op** (kapitaalmarkt): *China leent grote bedragen op de kapitaalmarkt* of met **uit** (bibliotheek): *hij leende het boek uit de schoolbibliotheek*
• ~ **op** (zekerheid), met (zekerheid) als tegenwaarde: *geld lenen op effecten;* ~ **tegen** (rente), tegen betaling van rente: *geld lenen tegen een woekerrente;* zich ~ **tot** of **voor** (iets), 1 zich laten gebruiken voor iets: *voor zo'n gevaarlijk karwei moet je je niet lenen;* 2 geschikt zijn voor iets: *dit gebouw leent zich niet voor gebruik als woonruimte*

lengte
• **in** de ~, over de lange kant, van punt A tot punt B: *de tuin meet in de lengte 20 meter;* **in** zijn volle lengte, languit: *hij viel in zijn volle lengte op de grond;* **met** (één/twee/enkele) ~ (verschil/voorsprong): *de winnaar kwam met een halve lengte voorsprong over de finish;* **ter** ~ **van** (iets), zo lang als: *ter lengte van een vinger;* **over** de volle ~, aan de lange kant in zijn geheel: *over de volle lengte van het gebouw waren ornamenten aangebracht;* **uit** de ~ of **uit** de breedte, (financieel:) op enigerlei wijze, hoe dan ook: *het moet uit de lengte of uit de breedte*

leniging
• **ter** ~, om te verzachten: *de regering stelde 5 miljoen euro beschikbaar ter leniging van de eerste nood*

leraar
∗ IEMAND DIE ONDERWIJS GEEFT, met **aan** of **op** (opleiding, school e.d.): *hij is leraar aan een mavo* of met **bij** (onderwijstype): *hij is leraar bij het middelbaar beroepsonderwijs* of met **in** (vak): *leraar in textiele werkvormen*

leren
∗ KENNIS/INZICHT/VAARDIGHEID VERWERVEN, met **van** (iem., iets): *ik heb veel geleerd van die man; de arts had veel geleerd van zijn verblijf in een Afrikaans ziekenhuis; hij heeft veel geleerd van zijn fouten*
∗ STUDEREN, met **voor** (beroep): *hij heeft geleerd voor psychiater.*

lering
• **ter** of **tot** ~, om inzicht te verschaffen: *tot lering ende vermaak; de spreker hield zijn gehoor tot lering voor, dat ...;* **tot** ~ en(de) vermaak, zodanig dat het leerzaam en leuk is, met **van** (iem.): *hij gaf een demonstratie tot lering en vermaak van het publiek*
• ~ trekken **uit** (iets), leren van iets: *uit die ramp hebben we veel lering getrokken*

les
∗ BELEVENIS DIE TOT LERING STREKT, met **voor** (iem.): *de slechte afloop van dat avontuur is een les voor me geweest*
∗ ONDERRICHT, met **in** (vak, handeling e.d.) of **over** (onderwerp): *zij krijgt les in autorijden; les over de geschiedenis van het Nederlands* en/of met **aan** (school e.d.): *zij volgt les in Frans aan het Maison Descartes* of met **van** of **bij** (leermeester): *Debussy had les bij César Franck*
∗ KEER DAT ER LES GEGEVEN WORDT, met **over** (iets): *een les over semantiek*

lesgeven
∗ ONDERRICHTEN, met **in** (vak): *lesgeven in wiskunde* of met **over** (onderwerp): *lesgeven over machtsverheffen*

leste
• **ten** (langen) ~, ten slotte: *het land was ten langen leste verlost van de tiran*

letten
• ~ **op** (iem., iets), 1 passen op: *let jij even op de kinderen?;* 2 aandacht schenken: *let op mijn woorden!*

letter
• **naar** de ~, zoals geschreven staat, strikt: *deze opdracht moet naar de letter worden uitgevoerd*

leunen
• ~ **op** of **tegen** (iem., iets), steunen, rusten: *hij leunde op/tegen een hek;* ~ **op** (iem.), sterk afhankelijk zijn van de bekwaamheid van anderen: *deze minister leunt wel heel erg op zijn ambtenaren*

leuren
• ~ **met** (koopwaar e.d.), met weinig succes (te koop) aanbieden: *hij heeft erg met dat manuscript moeten leuren voor het uitgegeven werd*

leus
• (iets) **om** of **voor** de ~ doen, voor de schijn; **onder** de ~ **van** (iets), met als schijnbare legitimatie: *onder de leus van vooruitgang worden tal van traditionele waarden belachelijk gemaakt*

leven <zn>
• **bij** het ~, van jewelste: *de kinderen maakten lawaai bij het leven;* **bij** zijn ~, tijdens zijn leven: *bij zijn leven was hij zeer geliefd bij iedereen;* **bij** ~ en welzijn, als hij het nog mee mag maken: *bij leven en welzijn zien we elkaar gauw weer terug;* **in** ~, toen hij nog leefde: *X., in leven hoogleraar aan de Sorbonne;* **in** ~ zijn/blijven: *door een wonder bleef het slachtoffer in leven;* **in** het ~ roepen, initiëren: *er werd een speciale commissie in het leven geroepen;* **naar** het ~ staan, proberen te elimineren: *beide partijen stonden elkaar zowat naar het leven;* **om** het ~ brengen, doden: *Hendrik VIII bracht verschillende van zijn vrouwen om het leven;* **om** het ~ komen, doodgaan: *zij kwam bij een ongeluk om het leven;* **op** het ~ snoeien, dor hout wegnemen tot waar de sappen vloeien; **op** ~ en dood, verbitterd: *vakbeweging en werkgevers bestreden elkaar op leven en dood;* **van** mijn ~ !, versterking bij **ooit:** *heb je ooit van je leven zoiets meegemaakt!* **voor** het ~, voor altijd: *deze gebeurtenis heeft haar voor het leven getekend*

leven <ww>
• niet **bij** brood alleen ~: *de mens kan niet bij brood alleen leven*, heeft ook behoeften van spiritueler aard; **bij** de dag ~, zich niet afvragen wat de dag van morgen brengt; ~ **in** (hoop, onmin e.d.), in een situatie verkeren: *sinds die dagen leefden de zusters in onmin met elkaar;* ~ **met** (iem.), samenwonen met: *hij leefde vijf jaar met haar;* ~ **met** (iets), accepteren: *je moet proberen daarmee te leven; met die paar kleine handicaps kan ik wel leven;* ~ **naar** (iets) **toe**, grote verwachtingen koesteren: *naar dit moment heb ik jarenlang toe geleefd;* ~ **onder** (iem., gezag e.d.), ondergeschikt zijn: *mil-*

joenen mensen leven nog onder de terreur van dictators; ~ **op** (iets), 1 als enig voedsel nuttigen: *de gevangene leefde op water en brood;* 2 ter beschikking hebben: *op één long leven;* ~ **van** (voedsel, inkomsten, activiteit e.d.), 1 zich voeden met: *hij leeft van rijst en groente;* 2 in zijn levensonderhoud voorzien door middel van: *hij leeft van een uitkering; de inwoners leven voornamelijk van de visvangst;* ~ **voor** (iem., iets), zijn leven wijden aan: *ze leeft voor haar kinderen; hij leefde helemaal voor zijn bedrijf*

lever

• (iets) **op** zijn ~ hebben, iets willen vertellen/uiten: *kom maar op, vertel maar wat je op je lever hebt;* vers (fris) **van** de ~, spontaan, zonder voorbehoud: *zij gaf haar mening fris van de lever*

lezen

∗ (GESCHREVEN) INFORMATIE TOT ZICH NEMEN, met **in** (geschrift, bron): *in een boek lezen; in de sterren lees ik dat u binnenkort de man van uw dromen zult ontmoeten* en/of met **over** (iem., iets): *hij leest graag over indianen*

• ~ **over** (iets) **heen;** tijdens het lezen niet opmerken: *over dit soort details lees je gemakkelijk heen;* ~ **tussen** (iets) **door**, opmaken uit een tekst wat niet uitdrukkelijk gesteld wordt: *hoe hij er echt over denkt kun je soms tussen de regels door lezen;* ~ **uit** (geschrift e.d.), 1 voorlezen, *de schrijfster las uit haar nieuwste boek;* 2 opmaken uit een tekst wat niet expliciet gesteld wordt: *uit het persbericht lees ik dat de aanval succesvol is verlopen*

lezing

∗ GESPROKEN VERHANDELING, met **over** (iets): *hij gaf een lezing over de nieuwste technische ontwikkelingen* en/of met **voor** (publiek e.d.): *een lezing voor een breed publiek;* 2 interpretatie, versie, met **van** of **over** (iets): *de Irakezen hadden een andere lezing over de aanval;* 3 behandelingsronde, met **van** (wetsontwerp e.d.): *de Kamer hield zich bezig met de eerste lezing van de begroting*

• **in** (de) (eerste/tweede) ~: *de behandeling in eerste lezing van een wetsontwerp;* **ter** ~, om te lezen: *ik geef u dit stuk mee ter lezing*

licentiaat

∗ ACADEMISCHE TITEL IN BELGIË, met **in** (vakgebied): *een licentiaat in de Germanistiek*

licentie

• **in** ~, met toestemming van de octrooihouder: *deze auto's worden in licentie gebouwd*

licht

• **aan** het ~ brengen, in de openbaarheid brengen: *het onderzoek bracht tal van misstanden aan het licht;* **bij** ~, als er nog daglicht is: *als we voortmaken zijn we nog bij licht thuis;* **bij** het ~ **van** (lichtbron): *bij het licht van fakkels werd er doorgewerkt;* **in** het ~, in de bundel lichtstralen: *kom eens hier in het licht;* **in** het ~ geven, publiceren: *zij gaf een bundel gedichten in het licht;* **in** het ~ stellen, openbaar maken; **in** (iemands) ~ staan, het directe licht onderbreken: *ga eens aan de kant, je staat in mijn licht;* **in** het ~ **van** (iets), rekening houdend met, gezien: *in het licht van de laatste informatie moeten we onze plannen bijstellen;* **tegen** het ~ houden, zo houden, dat het licht er doorheen valt: *je ziet duidelijk het watermerk als je het biljet tegen het licht houdt;* **uit** het ~, buiten bereik van het licht

• zijn ~ opsteken **bij** (iem., instelling), informatie vragen: *de voorzitter van de OR ging zijn licht opsteken bij de directie;* ~ verschaffen **in** (kwestie), opheldering geven: *kunt u mij licht verschaffen in deze kwestie;* ~ werpen **op** (iem., iets), duidelijkheid verschaffen: *de nieuwe informatie wierp een ander licht op deze affaire;* zijn ~ laten schijnen **over** (iem., iets), een zinvolle mening geven, zinvolle informatie verschaffen: *eindelijk liet iemand zijn licht schijnen over deze duistere affaire*

lichten

• de hand ~ **met** (iets), het niet al te nauw nemen: *de politie lichtte zelf de hand met de voorschriften;* **van** zijn bed ~, iemand bij nacht in zijn huis komen arresteren

lichterlaaie

• **in** ~ staan, volop in brand staan: *voor de brandweer arriveerde stond de loods al in lichterlaaie*

lief <zn>

• **in** ~ en (in) leed, onder alle omstandigheden: *hij was haar trouwe makker, in lief en (in) leed*

lief <bn>

∗ LIEFDE UITEND, met **tegen** (iem., dier): *hij was erg lief tegen haar* (oppervlakkig) of met **voor** (iem., dier): *hij was erg lief voor haar* (met gevoel)

• **voor** ~ nemen, accepteren: *een echt koopje; de kleine beschadiging neem ik maar voor lief*

liefde

* GENEGENHEID, met **voor** (iem., iets): *een grote liefde voor het vak*

• **met** ~, graag: *ik doe dat met liefde voor je;* **uit** ~, met **voor** (iem., iets): *zij deed dit uit liefde voor mij*

liefhebber

* PERSOON DIE IETS VOOR ZIJN PLEZIER HEEFT OF DOET, met **van** (iem. iets): *een liefhebber van klassieke muziek; een liefhebber van mooie vrouwen*

* GEGADIGDE, met **voor** (iets): *zijn er nog liefhebbers voor een partijtje voetbal/stukje taart?*

liefhebberen

* ALS HOBBY MET IETS BEZIG ZIJN, met **in** (iets): *hij liefhebbert in de wiskunde*

liefhebberij

• **uit** ~, voor zijn plezier (en niet als broodwinning): *hij repareert oude auto's uit liefhebberij*

• ~ hebben **in** (iets), als hobby beoefenen: *hij heeft liefhebberij in het verzamelen van postzegels.*

liegen

* BEWUST ONWAARHEID SPREKEN, met **tegen** (iem.): *wil je voortaan niet meer tegen me liegen?* en/of met **over** (iets): *hij loog over de oorzaak van zijn vertraging;* dat liegt er niet **om**, dat is alleszins duidelijk

liggen

• ~ **aan** (rivier, weg e.d.), gesitueerd zijn: *Leiden ligt aan de Oude Rijn;* ~ **aan** (iem., iets), te wijten zijn aan, het gevolg zijn van: *dat de vakantie mislukte, lag uitsluitend aan het weer; dat hij uit de wedstrijd moest stappen, lag aan de lekke band in de laatste kilometer;* ~ **met** (ziekte), het bed houden: *zij ligt met een griepje;* ~ **in** (iets), bestaan uit: *het verschil tussen beide uitkomsten ligt in de manier van berekenen;* ~ **in** (toestand), zich bevinden: *alle meisjes lagen in katzwijm voor de Beatles; Jans en Jan liggen in scheiding;* ~ **voor** (stad), belegeren: *maandenlang lagen de Spanjaarden voor Haarlem*

lij

• **aan** of **in** ~, aan de van de wind afgekeerd zijde: *het schip ligt aan lij*

lijden

* wel (wat) kunnen ~, geen probleem vormen, met **bij** (iem.): *dat kan bij haar wel lijden*

• **te** ~ hebben **van** (iets, iem.), last hebben: *de scheepvaart had veel te lijden van piraten*

• ~ **aan** (kwaal, ziekte, euvel), 1 (persoon) last hebben van: *hij leed aan kanker;* 2 (zaak) mank gaan aan: *de film lijdt aan langdradigheid;* ~ **door** of **onder** (iets), ongunstig beïnvloed worden door: *de stemming aan tafel leed zeer onder de afwezigheid van onze beminde vrienden;* ~ **onder** (iets, situatie e.d.), ellende of schade ondervinden door: *het Verenigd Koninkrijk lijdt onder een ernstige recessie; de kinderen mogen er niet onder lijden.*

lijf

• **aan** den lijve, persoonlijk: *nu voel je eens aan den lijve wat de nadelen zijn;* **in** levenden lijve, in persoon: *daar stond hij plots in levenden lijve voor me;* (n)iets **om** het ~ hebben, (niets) te betekenen hebben: *die kritiek, die heeft niets om het lijf;* de stuipen **op** het ~ jagen, hevig laten schrikken: *met dit bericht joeg ik hem de stuipen op het lijf;* **op** het ~ geschreven staan, precies passen: *deze rol is haar op het lijf geschreven;* **te** ~ gaan, fysiek aanvallen: *de discussie liep zo hoog op, dat ze elkaar te lijf gingen;* **tegen** het ~ lopen, tegenkomen: *ik liep net X. tegen het lijf;* (iets) **uit** zijn ~ laten, niet wagen: *en je laat het uit je lijf om weer zoiets tegen mij te zeggen;* zich **van** het ~ houden, afweren: *hij slaagde erin zich zijn schuldeisers van het lijf te houden*

lijfrente

* PERIODIEKE (PENSIOEN)BETALING, met **op** (iem.): *hij liet een lijfrente vestigen op moeder*

• geld **op** ~ zetten, zich door het betalen van een eenmalig bedrag verzekeren van een lijfrente

lijk

• **over** mijn ~ !, op geen enkele wijze! **over** lijken gaan, zonder mededogen te werk gaan: *in zijn streven naar macht gaat hij over lijken;* **voor** ~, halfdood, dodelijk vermoeid: *zij werd voor lijk naar het ziekenhuis gebracht; we lagen wel een uur voor lijk*

lijken <ww>

* GELIJKENIS VERTONEN, met **op** (iem., iets): *de zoon leek als twee druppels water op zijn vader*

• ~ **naar** niets, niet deugen: *hou maar op, dat lijkt naar niets;* **erop** ~, (enigermate) voldoen aan een verwachting: *goed zo, dat begint erop te lijken; dat lijkt erop*

lijmen
* OVERHALEN, met **voor** (handeling): *kun jij hem lijmen voor het schrijven van een artikel?* en/of met **met** (beloning): *misschien kun je hem lijmen met een fles wijn*

lijn
• **aan** de ~, 1 aan de leiband: *honden aan de lijn s.v.p.;* 2 aan de telefoon: *ik heb hier Londen aan de lijn;* **in** de ~ der verwachtingen, naar wordt verwacht; **in** opgaande/dalende ~, zich goed/slecht ontwikkelend: *de rente verloopt in dalende lijn;* **in** rechte ~ afstammen **van** (iem.): *zij stamt in rechte lijn af van de familie Six;* **in** zijn ~ liggen, voor hem gebruikelijk zijn: *het ligt niet in zijn lijn om op een eenmaal ingenomen standpunt terug te komen;* **met** ~ (getal): *je kunt het best met lijn 12 gaan;* **op** de ~ X-Y, op het traject: *wegens een defect aan de bovenleiding is er vertraging op de lijn Zwolle-Deventer;* **op** één ~, in overeenstemming: *na lang overleg had hij de partijen op één lijn;* **op** één ~ brengen, in overeenstemming brengen, met **met** elkaar; **op** één ~ stellen/staan **met** (iem., iets), vergelijkbaar achten/zijn: *ik voel er niets voor om met hem op één lijn te worden gesteld*

lijndienst
* REGELMATIG VERVOER, met **naar** of **op** (plaats e.d.): *de KLM verzorgt een lijndienst op Tokio* of met **tussen** (steden, landen e.d.): *een driedaagse lijndienst tussen Djibouti en Nairobi*

lijnen <zn>
• **in** grote ~, in grote trekken: *in grote lijnen komt het plan hierop neer*

lijntje
• **aan** het ~ houden, een beslissing (steeds maar) uitstellen: *zij wilde trouwen, maar hij hield haar steeds maar aan het lijntje;* **met** een zoet lijntje, vriendelijk (om tijd te winnen of geen standpunt in te nemen)

lijp
• ~ **op** (iem., iets), dol op: *zij is lijp op housemuziek*

lijve zie **lijf**

lik
• een ~ **om** de oren, een oorvijg; ~ **op** stuk geven, meteen adequaat reageren: *toen hij dat zei heb ik hem meteen lik op stuk gegeven*

likkebaarden
* VERLEKKERD KIJKEN, met **naar** (iets): *de kat zit te likkebaarden naar de schotel met melk* of met **van** (iem., iets): *ik zit te likkebaarden van al dat lekkers; ons bedrijf heeft vaklui om van te likkebaarden*

linie
• **in** ~, in een rechte lijn: *in linie varen;* **in** opklimmende/afdalende ~, in engere/verder verwijderde verwantschap; **over** de hele ~, op alle onderdelen: *het rapport is over de hele linie onbevredigend*

link
* SCHAKEL, met **met** (iem., iets): *ik zie geen duidelijke link met de gebeurtenissen van gisteren* of **tussen** (zaken): *de politie ziet nog geen link tussen de twee misdrijven*
* ELEKTRONISCHE VERWIJZING NAAR EEN ANDERE COMPUTER, met **naar** (computer, gegevensbank): *hij heeft op zijn homepage tal van links opgenomen naar andere relevante sites*

linken
* VERBINDEN, met **aan** (iets): *met een eenvoudige kabel kun je twee computers al aan elkaar linken*

linkerhand
• **aan** de ~/**ter** ~, aan de linkerzijde, met **van** (iem.): *de oppositie zit gewoonlijk ter linkerhand van de voorzitter;* **aan** de ~, aan de linkerzijde: *aan uw linkerhand ziet u het Rijksmuseum;* **met** de ~ huwen, een morganatisch huwelijk sluiten

linkerzijde
• **aan** de ~/**ter** ~, aan de linkerzijde, met **van** (iem.): *de oppositie zit gewoonlijk ter linkerzijde van de voorzitter*

links
* AAN DE LINKERZIJDE, met **van** (iem., iets): *het hotel staat links van de ingang van het station*

lippen
• **aan** (iemands) ~ hangen, geboeid luisteren: *als oom Piet vertelde, hingen alle kinderen aan zijn lippen;* **op** de ~ hebben, zich niet helemaal kunnen herinneren: *hoe heet hij ook weer? ik heb zijn naam op mijn lippen;* **op** ieders ~ zijn, algemeen onderwerp van gesprek zijn: *sinds haar succes was haar naam op ieders lippen;* **over** de ~ krijgen, kunnen uiten: *zo'n woord krijg ik niet over mijn lippen*

liquidatie
• **in** ~, bezig de commerciële activiteiten te staken: *de firma bevindt zich in liquidatie*

litanie
* (AAN)KLACHT, met **over** (iets, iem.): *een litanie over de menselijke ellende*

• een ~ **van** (iets, klachten e.d.), lange, eentonige reeks: *een litanie van klachten*

literatuur

* GESCHRIFTEN, STUDIES, met **over** (onderwerp): *over dit onderwerp bestaat helaas weinig literatuur*

lobby

* PRESSIE(GROEP), met **van** (groep personen of instellingen): *de lobby van autofabrikanten* en/of met **bij** of **naar** (instelling, groep personen): *de stuurgroep wenst een directe lobby naar de politiek* en/of met **tegen** of **voor** (iem., iets): *een lobby tegen de bezuinigingsplannen/voor beter onderwijs* of met **om** (geld e.d.): *een lobby om onderzoeksgelden* of met **om te** (+ onbep. wijs): *er is een sterke lobby om de academische opleiding te verlengen.*

locatie zie **lokatie**

loensen

* VAN TERZIJDE KIJKEN, met **naar** (iem., iets): *hij loenste naar zijn buurvrouw.*

loer

• **op** de ~, verdekt opgesteld: *overal liggen gevaren op de loer; het arrestatieteam lag enkele uren op de loer*

loeren

* SCHERP KIJKEN, met **naar** (iets, iem.): *hij loerde naar enkele schaars geklede dames*

• ~ **op** (iem., iets), scherp uitkijken naar (iem., iets): *de politie loerde op een kans de crimineel te betrappen; we loerden op verdachte personen*

loef

• **te** ~, aan de zijde waar de wind vandaan komt: *na enkele dagen bespeurden zij een eiland te loef/loevert*

loever(t) zie **loef**

lof

* PRIJZENDE WOORDEN, met **voor** (iem., iets): *lof voor de velen die zich belangeloos hebben ingezet; voor het werk van deze journalist niets dan lof*

* vol ~ zijn, zich zeer lovend uiten, met **over** (iem., iets): *hij was vol lof (over jou)*

• de ~ zingen **van** (iem., iets), hemelhoog prijzen: *hij zong de lof van het kapitalisme*

loflied

* LOVEND LIED OF LOVENDE OMSCHRIJVING, met **op** (iem., iets): *een loflied op de echte, overspelige, allesverzengende liefde*

lofprijzing

* LOVEND LIED OF LOVENDE OMSCHRIJVING, met **op** (iem., iets): *een lofprijzing op Jezus Christus*

loftrompet

• de ~ steken **over** (iem., iets), bijzonder prijzen: *de minister stak de loftrompet over haar voorganger*

lofzang

* LOVEND LIED OF LOVENDE OMSCHRIJVING, met **op** (iem., iets): *een lofzang op de schepping*

logaritme

de ~ **van** (getal) **bij** of **voor** (grondtal), de exponent bij machtsverheffen: *de logaritme van 27 voor 3 is 3*

logeren

* ALS GAST ONDERDAK GENIETEN, met **bij** (iem.): *zijn dochter logeert bij een tante* en/of met **in** (plaats, hotel e.d.): *zij logeert in een pension*

lokatie

• **op** ~, op de plaats van handeling: *morgen wordt er in Amsterdam op lokatie gefilmd*

loket

• **aan** (het) ~: *inlichtingen aan loket drie;* **achter** het ~, aan de kant van de bedienende: *achter het loket zat een norse dame;* **voor** het ~, aan de klantkant: *ik moest uren voor het loket wachten*

lokken

* HET VOOR IEMAND AANTREKKELIJK MAKEN ERGENS TE KOMEN, met **met** (middel): *de poes lokken met een stukje hart;* en/of met **in** (val, net, strik e.d.): *met een smoes lokte de politie de oplichter in de val* en/of met **naar** (plaats): *hij lokte haar met mooie woorden naar zijn hotelkamer* of met **tot** (activiteit): *het prachtige weer lokt tot vermaak buitenshuis*

• ~ **uit** (plaats), ertoe brengen te verlaten, met **met** (iets): *de rover uit zijn schuilplaats lokken; we wisten de poes met brokjes uit het gat te lokken;* **uit** de tent ~, verleiden iets te verklappen: *zij liet zich niet uit haar tent lokken*

lol

• ~ beleven **aan** (iets), plezier hebben aan: *ik beleef veel lol aan het kijken naar soaps;* ~ hebben **in** (iem., iets), plezier hebben in: *de meisjes hadden lol in hun werk; ik heb wel lol in die jongen;* ~ hebben **van** (iets), nut/plezier hebben van: *ik heb veel lol van die workmate*

lonken

* STEELS FLIRTENDE BLIKKEN WERPEN, met **naar** (iem., iets): *zij lonkte naar de man die enkele tafeltjes verder zat*

lood
• **in** ~, in een vatting van lood: *glas in lood;* **in** het ~, loodrecht: *de muur staat prima in het lood;* **uit** ~ zetten, met behulp van loden zetsel samenstellen; **uit** het ~, niet loodrecht: *de toren van Pisa staat enigszins uit het lood;* **uit** het ~ geslagen zijn, van streek zijn: *door die opmerking was zij behoorlijk uit het lood geslagen*

loodlijn
* LIJN DIE LOODRECHT OP EEN ANDERE STAAT, met **op** (lijn): *trek een loodlijn op lijnstuk A-B*

loodrecht
* ONDER EEN HOEK VAN 90 GRADEN, met **op** (iets): *de muur staat loodrecht op de gevel*

loop
• **in** de ~ **van** (tijd), gedurende, op enig punt: *in de loop der jaren; in de loop van de dag;* **op** de ~, op de vlucht: *toen de hond begon te blaffen, ging de inbreker op de loop*
• een loopje nemen **met** (iem.), niet serieus behandelen: *nee, nou neem je een loopje met me*

loopje zie **loop**

lopen
• ~ **in** (regeling, wet e.d.), geregistreerd zijn: *hij loopt in de ziektewet;* **in** het honderd ~, mislukken; **erin** laten ~, in de val laten lopen: *ik zou wel eens willen weten wie me erin heeft laten lopen;* **in** de duizenden enz. ~, zeker enkele duizenden bedragen; **in** de papieren ~, behoorlijk prijzig zijn; ~ **met** (iem., elkaar), verkering hebben: *zij lopen nu al vijf jaar met elkaar;* hoog ~ **met** (iem.), gecharmeerd zijn: *ze loopt heel hoog met hem;* ~ **naar** (tijdstip), bijna zo laat/oud zijn: *het loopt naar half acht/de winter; hij loopt naar de zestig;* ~ **op** (energiebron), werken dankzij de energiebron: *hij ontwerpt een motor die op slaolie loopt;* ~ **tegen** (tijdstip), bijna zo laat/oud zijn: *het loopt tegen zevenen/de winter; zij loopt tegen de vijftig;* **tot** (datum, tijdstip), van kracht zijn: *het abonnement loopt tot april;* ~ **voor** (gek, aap e.d.), eruitzien: *met die jurk loop je echt voor gek*

lorum
• **in** de ~ zijn, in een (gewoonlijk alcoholische) feestroes zijn: *aan het eind van het feest waren verschillende gasten behoorlijk in de lorum*

los
• **erop** ~, vol energie/enthousiasme: *zij musiceerden er lustig op los*
• ~ **van** (iem., iets), 1 niet (meer) verbonden: *na zijn scheiding was hij nog niet helemaal los van haar;* 2 onafhankelijk van: *deze ontwikkeling staat los van allerlei eerdere besluiten;* ~ daar**van**, afgezien daarvan

losbarsten
* PLOTSELING HEVIGE GEVOELENS UITEN, met **in** (uiting van emotie): *nu de spanning was verdwenen barstte hij los in tranen*

losgaan
• ~ **op** (iem., iets), afgaan op: *vol woede ging hij op de jongen los*
• **erop** ~, vol energie/enthousiasme aanvangen: *na deze inspirerende woorden gingen de deelnemers er enthousiast op los*

loskomen
• ~ **van** (iets), vrijkomen, losraken: *als een trein bij storm heel snel rijdt kan de stroomafnemer loskomen van de bovenleiding; Den Uyl kon steeds minder loskomen van zijn eigen rol*

loskrijgen
* BEMACHTIGEN, met **van** (iem., instelling): *hij kreeg geld los van de bank*

loslaten
* VERKLAPPEN, met **over** (iets): *hij liet niets los over de zojuist verschenen jaarcijfers.*
• ~ **op** (iem.), laten aanvallen: *als je niet snel ophoepelt, laat ik de honden op je los!;* ~ **op** (iets) toepassen: *de theorie loslaten op de gegevens*

losmaken
* EMOTIES ONTKETENEN, met **bij** (iem.): *deze gebeurtenis heeft heel wat bij haar losgemaakt*
* zich ~, maken dat men loskomt, met **uit** (omhelzing e.d.): *met moeite maakte zij zich uit zijn omhelzing los*
• zich ~ **van** (iem., iets), zich bevrijden van: *hij kan zich nog altijd niet losmaken van zijn verleden*

losrukken
* zich ~, zich met krachtsinspanning bevrijden, met **uit** (iets): *zij moet zien zich los te rukken uit dat milieu*

lot
• **bij** het ~, door loting: *hij werd bij het lot verkozen*
• het ~ valt **op** (persoon, naam, nummer), persoon, nummer of naam wordt door het lot aangewezen: *het lot is op jou gevallen*

loten
* IETS DOOR HET LOT LATEN BEPALEN, met **om** (prijs e.d.): *zij lootten om een vakantiereis*

* DOOR LOTING ALS TEGENSTANDER IN EEN WEDSTRIJD KRIJGEN, met **tegen** (team e.d.): *Feyenoord heeft tegen Dynamo Moskou geloot*

loterij

• een lot **uit** de ~, iets geweldigs: *jouw vrouw is een lot uit de loterij*

loven

* PRIJZEN, met **in** (iem.): *die eigenschap moeten we in haar loven* of met **om** (iets): *we mogen hem best loven om die beslissing*

loyaal

* TROUW, met **aan** (iem., instelling): *de troepen bleven loyaal aan de zojuist afgezette regering*

loyaliteit

* HET LOYAAL ZIJN, met **aan** (iem., instelling): *hij betuigde zijn loyaliteit aan het staatshoofd*

loyauteit zie **loyaliteit**

lozen

* AFVAL E.D. SPUIEN, met **op** (riool, rivier e.d.): *het afvalwater werd op de Maas geloosd* of met **in** (zee, oppervlaktewater): *het is verboden oliehoudend water in het oppervlaktewater te lozen; deze bedrijven lozen hun afval in zee*
* ZICH VAN IEMAND ONTDOEN, met **naar** (plaats, land e.d.): *de Antilliaanse autoriteiten loosden jonge criminelen naar Nederland; de verzekeraars loosden hun klanten naar een type verzekering waar zij zelf geen risico droegen*

lubben

* IEMAND ERGENS TOE OVERHALEN, met **voor** (iets): *ik zal hem proberen te lubben voor een bestuursfunctie*

lucht

• **aan** de ~, aan de hemel: *wolken aan de lucht; geen vuiltje aan de lucht*, geen enkel probleem; **in** de open ~, onder de blote hemel; **in** de ~ hangen, onzeker zijn: *of het lukken zal, dat hangt nog in de lucht;* er hangt iets **in** de ~, er staat iets te gebeuren; het zit **in** de ~, iedereen voelt iets: *het wordt weer lente, het zit in de lucht;* **in** de ~ vliegen, exploderen; **uit** de ~ komen vallen, zich onverwachts voordoen: *deze maatregel kwam zomaar uit de lucht vallen;* **uit** de ~ gegrepen, verzonnen: *die aantijging is volkomen uit de lucht gegrepen;* niet **van** de ~ zijn, voortdurend onderwerp van gesprek zijn: *de geruchten over een overname zijn niet van de lucht*

• ~ geven **aan** (gevoelens e.d.), uiten: *hij gaf lucht aan zijn verbazing; ~ krijgen* **van** (iets), een vermoeden krijgen: *ongelukkigerwijs kreeg zij lucht van onze plannen*

luchtbrug

* INTENSIEVE AANVOER VAN (HULP)GOEDEREN PER VLIEGTUIG, met **naar** of **op** (stad, regio): *iedereen herinnert zich nog de luchtbrug op Berlijn* of met **tussen** (landen, streken e.d.): *de luchtbrug tussen Entebbe en Kigali*

luchthaven

• **op** de ~: *op de luchthaven kregen ze te horen dat de vlucht was gecanceld*

luister

• ~ bijzetten **aan** (iets), fraaier maken: *een vuurwerk zette luister bij aan de plechtigheid*, ook: *een vuurwerk zette de plechtigheid luister bij*

luisteren

* MET HET GEHOOR WAARNEMEN, met **naar** (iem., iets): *hij luisterde naar de radio*

• ~ **naar** (iem., iets), 1 aandacht schenken aan: *de regering luistert steeds minder naar de adviezen van de SER; naar rede luisteren;* 2 reageren op: *het schip luisterde niet langer naar het roer*

luizen

• **erdoor** ~, (met gemak) doorheentrekken: *ik ben toch vrij gemakkelijk door het examen geluisd;* **erin** ~, laten betrappen: *ik zou wel eens willen weten wie me erin heeft geluisd*

lurven

• **bij** zijn ~ grijpen/pakken, hardhandig beetpakken met de bedoeling een forse bestraffing te geven

lust

* ZIN IN, met **in** of **tot** (handeling): *de lust tot tennissen verging hem*

lusten

* TREK HEBBEN, met **van** (iets): *wie lust er nog wat van deze taart?*

• **ervan** ~, een straf- of wraakoefening tegemoet kunnen zien: *wie dat gedaan heeft, zal ervan lusten!*

lyrisch

* GEESTDRIFTIG, met **over** (iets): *hij was lyrisch over het prachtige vergezicht*

M

maag

• **in** zijn ~ zitten **met** (iets), niet goed raad weten: *met dat voorval zit ik erg in mijn maag;* (iem.) (iets) **in** de ~ splitsen, een niet gewenst voorwerp laten accepteren: *hij wist haar zijn oude auto in de maag te splitsen;* **op** de nuchtere ~, zonder te hebben ontbeten; zwaar **op** de ~ liggen, 1 een vol gevoel in de maag geven: *deze maaltijdtaart ligt behoorlijk zwaar op de maag;* 2 een onaangenaam gevoel geven: *zijn opmerking ligt me zwaar op de maag*

maak

• **in** de ~, in voorbereiding: *hierover is een wetsvoorstel in de maak*

maal

• **te** enen male, volstrekt: *wijziging van deze voorstellen is te enen male uitgesloten;* **ten** tweeden/derden male, voor de tweede/derde keer: *de haan kraaide ten derden male;* **voor** deze ~, voor deze keer

maat

• **beneden** de ~, van slechte kwaliteit: *ik vind dit werkstuk beneden de maat;* **in** (breuk) ~, (deeltal) malen per maateenheid (deler): *in drie achtste maat;* **in** de ~, gelijk met de maat: *in de maat lopen/spelen;* **in** zekere/bescheiden mate, enigszins.: *dit advies heeft in zekere mate bijgedragen aan de oplossing van ons probleem*, enigszins; **in** geringe/hoge e.d. mate, omschrijving van bijwoorden als '(niet) bijzonder' e.d.: *zijn woorden hebben mij maar in geringe mate gerustgesteld*, niet bijzonder, maar weinig; **met** mate, zonder te overdrijven: *drink gerust, maar met mate;* **naar** de mate **van** (iets), naar gelang van: *je moet werken naar de maat van je vermogen; naar de maat van het mogelijke;* **onder** de ~, niet voldoend aan bepaalde eisen: *haar prestaties op het toernooi bleven helaas onder de maat;* **op** ~, volgens vastgestelde criteria: *op maat zagen; een verzekeringspakket op maat;* **op** de ~ lopen/dansen; **uit** de ~, niet gelijk met de maat: *uit de maat spelen/zijn*

maatgevend

∗ DE MAATSTAF GEVEND/TOONAANGEVEND, met **voor** (iem., iets): *hij is maatgevend voor de dichters van zijn tijd*

maatregel

∗ VERORDENING OF HANDELING WAARMEE IETS GEREGELD WORDT, met **tot** of **voor** (iets): *de burgemeester nam een maatregel tot/voor ordehandhaving* en/of **met** tegen (iem., iets): *een maatregel tegen voetbalvandalen*

• een Algemene ~ **van** Bestuur, Koninklijk Besluit met algemene werking; een ~ **van** orde, ingreep van de voorzitter om het ordentelijk verloop van een vergadering te waarborgen

maatschappij

∗ INSTELLING/VERENIGING, met **tot** (doel) of **voor** (doel): *de Maatschappij tot Nut van het Algemeen, ter bevordering van de Farmacie; Maatschappij voor het redden van drenkelingen*

• een ~ **op** aandelen, onderneming waarvan de eigenaren aandelen bezitten

maatstaf

∗ NORM OM IETS TE BEOORDELEN OF REGEL WAARNAAR MEN HANDELT, met **voor**, **van** of **bij** (handeling): *een maatstaf voor/bij de berekening van de waarde* of met **voor** (iets): *de baten-kostenverhouding is een belangrijke maatstaf voor de kwetsbaarheid van een bank* of **om te** (+ onbep. wijs): *de toelatingseisen voor de Europese Monetaire Unie zijn slechts een maatstaf om te kunnen beoordelen of ...*

maatstaven

• **met** of **naar** (+ bn) ~ (gemeten), volgens de genoemde criteria: *naar historische maatstaven gemeten is het huidige tekort niet groot*

macht

∗ HEERSCHAPPIJ, met **over** (iem., iets): *de keizerin had de macht over miljoenen onderdanen*

∗ VERMOGEN, KRACHT, met **(om) te** (+ onbep. wijs): *de macht (om) te veranderen* of met **tot** (iets): *de macht tot het uitspreken van een doodvonnis*

• **beneden** zijn ~, lager dan doenlijk: *help even, ik sta hier beneden mijn macht te werken;* **bij** machte zijn, in staat zijn: *ik ben niet bij machte aan deze situatie een eind te maken;* **boven** zijn ~, hoger dan doenlijk: *help even, ik moet dit ding boven mijn macht tillen;* **buiten** zijn ~, niet binnen de mogelijkheden: *het licht buiten mijn macht hier verandering in te brengen;* **in** zijn ~, beheersend: *de peetvader had verschillende politiemensen in zijn macht;* **met** man en ~, met vereende krachten: *we hebben met man en* *macht aan dit project gewerkt;* **met** of **uit** alle ~, met inzet van alle vermogens: *we moeten uit alle macht werken op deze bestelling op tijd de deur uit te krijgen;* (getal) **in** of **tot** de (rangtelwoord)/(getal **tot** de ~ (hoofdtelwoord: *2 in/tot de 4e macht; 2 tot de macht 4*

machte zie **macht**

machteloos

∗ ZONDER IETS UIT TE KUNNEN RICHTEN, met **tegenover** (iem., iets): *in veel gevallen staan de medici nog machteloos tegenover kanker*

machtigen

∗ TOESTEMMING/(VOL)MACHT GEVEN, met **tot** (iets): *ik machtig u tot het geven van informatie*

machtiging

∗ VOLMACHT/BEVOEGDHEID, met **(om) te** (+ onbep. wijs): *een machtiging (om) te betalen* of met **tot** of **voor** (handeling): *een machtiging tot het opnemen van grote bedragen*

makelaar

∗ (BEËDIGD) PERSOON DIE HANDELT IN OPDRACHT VAN ANDEREN/TUSSENHANDELAAR, met **in** (iets): *zij is makelaar in onroerend goed*

maken

∗ DOEN ONTSTAAN, VERVAARDIGEN, CREËREN, met **met**, **uit** (iets) of **van** (iem., iets): *hij maakt met/uit/van klei een vaas; in het leger maken ze een man van je* en/of met **naar** (iem., iets): *iets maken naar een voorbeeld*

∗ IN EEN POSITIE/SITUATIE BRENGEN, met **tot** (iem., iets): *de vergadering maakte haar tot voorzitter;* **te** ~ hebben **met** (iem., iets), te/van doen hebben met: *hij heeft te maken met onkunde; ik heb er niets mee te maken*

• het ~ **met** (iem.), billijk behandelen: *ik zal het met je maken: een tientje;* het goed ~ **met** (iem.), zich verzoenen: *ik heb het tenslotte maar goed gemaakt met haar;* het **ernaar** ~, een onaangename situatie creëren: *nu krijg je strafwerk, je hebt het ernaar gemaakt;* ~ **voor** (iets), betaald krijgen: *hoeveel heb je voor dat handeltje gemaakt;* ~ **van** (iets), terechtbrengen, beginnen, aanvangen: *ik weet niet wat ik van deze cijfers moet maken; gisteren maakte je er niet veel van*

mal

• **voor** de ~ houden, als dwaas behandelen: *dit pik ik niet, mij houd je niet voor de mal*

male zie **maal**

malen

∗ FIJNMAKEN DOOR EEN DRAAIENDE BEWEGING, met **met** (iets): *zij maalt koffie met een handmolen* en/of met **tot** (iets): *hij maalt koren tot meel*

∗ WEGPOMPEN, met **met** (iets): *zij malen met een molen het water uit de polder*

∗ PEINZEN/TOBBEN, met **over** (iem., iets): *zij maalde over haar vader*

∗ ZEUREN/ZANIKEN, met **over** (iem., iets): *ze zit voortdurend te malen over geld*

∗ (VAN GEDACHTEN) WOELEN, met **door** (iets): *het maalt door zijn hoofd*

• (niet) ~ **om** (iem., iets), (niet) geven om: *zij maalt niet om geld*

maling

• **in** de ~ nemen: bedotten: *dit pik ik niet, mij neem je niet in de maling*

• ~ hebben **aan** (iem., iets), zich niet storen aan: *hij heeft maling aan haar*

man

• **aan** de ~ brengen, verkopen; mannetje **aan** mannetje, vlak naast/op elkaar: *de bezoekers stonden mannetje aan mannetje;* als de nood **aan** de ~ komt, er een noodsituatie ontstaat: *als de nood aan de man komt, kunnen we altijd nog terug;* **met** ~ en macht, met vereende krachten: *we hebben met man en macht aan dit project gewerkt;* **op** de ~ (**af**), rechtstreeks, zonder omhaal: *hij vroeg het hem op de man af;* **op** de ~ spelen, de persoon zelf in het geding brengen: *tijdens de discussie met de minister speelde de oppositieleider wel heel erg op de man*

mandaat

∗ BEVELSCHRIFT, OPDRACHT, met **tot** of **voor** (iets): *zij hebben mij het mandaat voor deze transactie gegeven; een mandaat tot betaling*

∗ TOEZICHT, met **over** (iets): *het mandaat over een gebied hebben*

manen

∗ AANSPOREN, met **tot** (iets): *de veldheer maande tot spoed* of met **(om) te** (+ onbep. wijs): *hij maande de huurder (om) te vertrekken*

∗ AANSPOREN OM EEN VERPLICHTING NA TE KOMEN, met **om** (iets, geld e.d.): *hij maande zijn huurder om betaling*

manie

∗ OVERDREVEN/ZIEKELIJKE VOORLIEFDE, met **voor** (object e.d.): *hij heeft een manie voor schoenen* of met **tot** (handeling): *hij heeft een manie tot zelfbevestiging*

manier

∗ WIJZE VAN HANDELEN, met **om te** (+ onbep. wijs: *de beste manier om daar te komen is de trein*) of met **van**

(+ onbep. wijs): *deze manier van werken bevalt me niet*
• **op** een (bepaalde) ~ iets doen: *zij communiceert op een schutterige manier*
manifesteren
* zich ~, zich voordoen, met **in** (iets): *zijn onzekerheid manifesteert zich in zin manier van spreken*
manipuleren
* AL TE HANDIG TE WERK GAAN, met **met** (iets): *hij manipuleerde met de resultaten* of met **door te** (+ onbep. wijs): *hij manipuleerde zijn gehoor door optimisme uit te stralen*
mank
* KREUPEL, met **aan** (ledematen): *de zwerver is mank aan het linker been*
• ~ gaan **aan** (iets), gebrekkig zijn op een bepaald punt: *deze redenering gaat mank aan duidelijkheid*
mankeren
* (VAN EEN PERSOON) (EEN KWAAL) HEBBEN, met **aan** (lichaamsdeel): *hij mankeert iets aan zijn hoofd*
* (VAN EEN ZAAK) NIET IN ORDE ZIJN, met **aan** (iets): *er mankeert iets aan het contact*
• het mankeert (iem., iets) **aan** (iem., iets), ontbreken, er niet zijn: *het mankeert hem aan vrienden*
mannetje zie **man**
manoeuvre
• **op** ~ gaan/zijn, aan een militaire oefening deelnemen: *het derde legerkorps ging op manoeuvre in Duitsland*
marchanderen
* ONDERHANDELEN DOOR LOVEN EN BIEDEN, met **met** (iem.): *hij marchandeerde met de marktkoopman* en/of **over** (iets): *zij marchandeerden over de prijs*
markeren
* TEKENS AANBRENGEN, MERKEN, met **met** (iets): *de finish is gemarkeerd met een vlag*
markt
* PLAATS WAAR OF SITUATIE WAARIN HANDEL WORDT GEDREVEN, met **voor** (product): *voor deze producten is helaas weinig markt*
• **boven** de ~, hoger dan de gangbare prijs; een gat **in** de ~, een sector waarin nog weinig concurrentie is *de slimme zakenman ontdekte een gat in de markt;* goed/slecht **in** de ~ liggen, goed/slecht verhandelbaar zijn: *de aandelen Fokker liggen slecht in de markt;* een bodem **in** de ~ leggen, een minimumprijs vaststellen; **in** de ~ zijn, meedingen: *naast Dasa waren er ook anderen in de markt om Fokker over te nemen;* **onder** de ~, lager dan de gangbare prijs; **op** de ~: *op de markt is het fruit goedkoper;* zich **uit** de ~ prijzen, door te overvragen niets kunnen verkopen *door de harde euro prijst Nederland zich internationaal uit de markt;* **van** alle markten thuis zijn, buitengewoon handig zijn: *ons timmermannetje is van alle markten thuis*
mars
* LOOPTOCHT IN STRAF TEMPO, met **naar** of **op** (stad, instelling, 'de macht' e.d.), betoging waarbij men naar die stad marcheert: *de burgerrechtveteranen organiseerden een mars op Washington; de mars op de curatoren*
• veel/weinig **in** zijn ~ hebben, veel weinig/talent hebben: *op muzikaal gebied heeft zij niet veel in haar mars;* **op** ~ gaan/zijn: *na een stevig ontbijt ging de patrouille op mars*
martelaar
* SLACHTOFFER OMWILLE VAN EEN OVERTUIGING, met **van** of **voor** (religie, ideaal): *de Iraanse televisie toonde gesneuvelde soldaten als martelaren van de islam; een martelaar voor de vrijheid* of met **van** (tegenstander e.d.): *de martelaren van de inquisitie*
massa
• **in** losse ~, onverpakt: *graan wordt meestal in losse massa verscheept*
• de grote ~ **van** (personen), een aanzienlijk meerderheid: *de grote massa van de studenten wordt niet voorbereid op het doen van onderzoek*
mast
• **voor** de ~ zitten, meer dan verzadigd zijn: *nee dank je, ik zit helemaal voor de mast;* **voor** de ~ varen, slapen in het vooronder (als ondergeschikte)
matchen
* CONTROLEREN OP OVEREENKOMSTEN, met **met** (iets anders): *twee bestanden met elkaar matchen*
mate zie **maat**
matig
* NIET VEEL GEBRUIKEND, met **in** of **met** (iets): *matig in zijn uitgaven; matig met geld en vrouwen*
matigen
* zich ~, minder (gaan) gebruiken, met **in** of **met** (iets): *zich matigen in zijn uitgaven; zich matigen met roken*
maximum
* GROOTST MOGELIJKE HOEVEELHEID OF MATE, met **aan** (iets): *met een maximum aan bluf wist hij zich eruit te redden*

mededeling
• ~ doen van (iets), laten weten: *er werd mededeling gedaan van het ongeluk* (er was nog niets bekend)

mededelingen
∗ HET MEDEDELEN, met **over** (details): *er werden mededelingen gedaan over het ongeluk* (het ongeluk was al bekend)

mededinging
• **buiten** ~, zonder in aanmerking te willen komen voor een prijs: *het koor deed buiten mededinging mee aan het concours*

mededogen
∗ MEDELIJDEN, met **met** of **voor** (iem., iets): *hij toont mededogen met/voor de situatie van het magere katje* en/of **bij** (handeling): *hij toont mededogen bij het zien van haar verwondingen*

medegevoel
∗ HET MEEVOELEN, met **met** (iem.): *mij bekruipt een medegevoel met de bedrogen echtgenoot* en/of **bij** (iets): *ik ervaar een sterk medegevoel bij het zien van zijn verdriet*

medeleven <zn>
∗ HET DELEN IN HET (ONAANGENAME) GEVOEL VAN EEN ANDER, met **met** (iem.): *uit medeleven met de slachtoffers van de aardbeving vulde hij een girootje in*

medeleven <ww> zie **meeleven**

medelijden
∗ DEERNIS/MEDEDOGEN, met **met** (iem., dier, iets): *zij heeft medelijden met het oude paard; we hoeven weinig medelijden te hebben met het gezwoeg van de computer*

medeplichtig
∗ OPZETTELIJK MEDESCHULDIG, met **aan** (iets): *hij is medeplichtig aan het delict*

medewerker
∗ IEMAND DIE HELPT, COLLEGA, WERKNEMER, met **aan** of **bij** (een instelling, project, publicatie): *hij is medewerker aan/bij dat project; medewerkers aan dit nummer: ...* en/of **bij** of **van** (iem., instelling): *hij is medewerker bij/van de kunstredactie; ik ben medewerker van het blad Onze Taal* of **in** (instelling): *zij is medewerker in een buurthuis*

medewerking
∗ HET MEEWERKEN AAN IETS, met **aan** (iets): *de columnist dankte de inzenders voor hun medewerking aan zijn rubriek*
• **met** ~ **van** (iem., instelling): *deze publicatie kwam tot stand met medewerking van de Bond tegen het vloeken*

medeweten
• **buiten** of **zonder** ~ **van** (iem.), zonder de kennis die een of meer anderen wel hebben: *buiten/zonder medeweten van de gids maken zij een bergtocht;* **met** ~ **van** (iem.), met de kennis die een of meer anderen ook hebben: *de kinderen spijbelden met medeweten van de ouders*

meditatie
∗ HET MEDITEREN, met **over** (iem., iets): *een meditatie over de geneugten van het plattelandsbestaan* of met **op** (iem., iets): *een meditatie op een thema*

mediteren
∗ PEINZEN, met **over** (iem., iets): *hij mediteerde over zijn vakantie*
∗ ZICH OVERGEVEN AAN EEN INNERLIJKE BESCHOUWING, met **op** (iem., iets): *hij mediteerde op de kleur roze*

meebrengen
• **met** zich ~, als consequentie hebben: *deze ontwikkeling brengt nogal wat nieuwe problemen met zich mee*

meedelen
• ~ **in** (iets), deelhebben: *zij deelt mee in de erfenis*

meedingen
∗ MET ANDEREN STRIJDEN OF WEDIJVEREN, met **naar** (iets): *hij dong mee naar haar gunst*

meedoen
∗ ZICH AANSLUITEN/DEELNEMEN, met **aan** of **met** (iets): *ik doe mee aan/met de voorstelling* en/of met **met** (iem.): *ik doe mee met mijn buren*

meedogenloos
∗ ZONDER MEDELIJDEN, met **jegens** of **voor** (iem.): *hij is meedogenloos voor de slaven*

meegaan
∗ VERGEZELLEN, met **met** (iem., iets): *ik ga mee met de jongens*
∗ ZICH AANSLUITEN BIJ EEN OPVATTING, met **met** (iem., mening e.d.): *op dit punt kan ik een heel eind met u meegaan; de rechtbank ging niet mee met de eis van de officier*

meegaan
• ~ **met** (tijd e.d.), zich aanpassen: *ik ga mee met mijn tijd*

meegevoel zie **medegevoel**

meekomen
∗ KOMEN SAMEN MET/VERVOERD DOOR, met **met** (iem., iets): *de postzakken komen mee met de trein*
∗ DEZELFDE VORDERINGEN MAKEN, met **met** (iem., personen): *hij komt goed mee met de rest*

meeleven <zn> zie **medeleven**

meeleven <ww>
* DELEN IN HET (ONAANGENAME) GEVOEL VAN EEN ANDER, met **met** (iem.): *zij leven mee met de vluchtelingen*

meelij zie **medelijden**

meelopen
* VERGEZELLEN BIJ HET LOPEN, met **met** (iem., iets): *zij liep mee met haar vrienden*
* MEEDOEN, met **in** (iets): *hij loopt al lang mee in dat bedrijf*

meepraten
* DEELNEMEN AAN EEN GESPREK DAT ANDEREN VOEREN, met **bij** of **in** (iets): *hij praat mee bij/in alle commissievergaderingen*
• ~ **met** (iem.), naar de mond praten: *hij praat altijd met iedereen mee;* kunnen ~ **over** of **van** (iets), zelf ook ondervonden hebben: *geluidsoverlast in de Bijlmer? ik heb daar zelf gewoond, ik kan erover meepraten*

meer
• **onder** ~, naast/bij andere zaken: *zij vertelde onder meer dat haar hond loops was;* (des) **te** ~, 1 bijkomend, extra: *dat is een reden te meer;* 2 des te sterker: *dit is kwalijk, te meer omdat hij ons de zaken heel anders had voorgesteld;* **zonder** ~, bepaald: *wij moeten dit voorstel zonder meer afwijzen*

meerdere
* IEMAND DIE BOVEN EEN ANDER STAAT IN RANG OF KUNNEN, met **van** (iem.): *hij is de meerdere van mijn broer* en/of met **in** (iets): *hij is zijn meerdere in kracht*
• de ~ moeten erkennen **in** (iem.), moeten toegeven dat iemand beter is: *zijn broer moet in hem de meerdere erkennen*

meerderheid
• **bij** of **met** ~ **van** stemmen: *het wetsvoorstel werd met meerderheid van stemmen aangenomen;* **in** de ~ zijn: *de troepen trokken zich terug toen duidelijk werd dat de tegenpartij veruit in de meerderheid was*

meerwaarde
* EXTRA WAARDE, met **van** (iets): *de meerwaarde van zijn aanwezigheid is niet te meten)* en/of **boven**, **tegenover** of **ten opzichte van** (iets): *over de meerwaarde van bloedmonsters boven urinemonsters is men het niet eens.*

meeslepen
* LATEN DELEN IN IETS ONBEKENDS OF NOODLOTTIGS, met **in** (ondergang e.d.): met **in** (iets): *hij sleepte haar mee in het avontuur; het bedrijf sleepte vele kleine toeleveranciers mee in zijn ondergang*

meespreken
• ~ **bij** (iets), een rol spelen: *hierbij hebben de veranderde omstandigheden meegesproken;* kunnen ~ **over** (iets), voldoende kennis van een gespreksonderwerp hebben: *zij kan over van alles en nog wat meespreken;* kunnen ~ **van** (iets), ook een bepaalde ervaring hebben: *van discriminatie van ouderen kan ik meespreken!*

meester
* IEMAND DIE ERGENS ZEER BEDREVEN IN IS, met **in** (iets): *hij is een meester in het bedenken van nieuwe* smoezen of met **op** (wapen, muziekinstrument e.d.): *hij is een meester op de piano*
• ~ **in** de rechten, iemand die een rechtenstudie heeft voltooid
• ~ zijn **over** (iem., iets), bedwongen hebben/de baas zijn: *hij is weer meester over zijn gevoelens;* zich ~ maken **van** (iets), bemachtigen: *hij maakte zich meester van de bal*

meesterschap
* GROTE KUNDIGHEID, met **in** (iets): *hij heeft meesterschap verworven in veel takken van sport* of met **op** (wapen, instrument e.d.): *hij toont zijn meesterschap op de sabel*
* HET MEESTER ZIJN, met **over** (iets): *hij heeft meesterschap over zijn situatie*

meet
• **aan** de ~, aan de start: *tal van prominente renners verschenen aan de meet;* **van** ~ **af** (**aan**), vanaf het begin: *zij heeft mij van meet af aan niet gemogen;* **over** de ~ gaan, de finishlijn passeren

meetellen
* (VAN EEN ZAAK) ERBIJ HOREN, met **bij** (beslissing e.d.): *de resultaten van de voorronden tellen niet mee bij de eindjurering* of **voor** (klassement e.d.): *deze uitslag telt mee voor de competitie*

meevallen
* BETER ZIJN DAN VERWACHT, met **in** (iets): *hij valt erg mee in de dagelijkse omgang*

meevoelen
* GEVOELENS VAN EEN OF MEER ANDEREN DELEN, met **met** (iem., iets): *ik voel mee met zijn verdriet; ik voel met hem mee*

meewerken
* BEHULPZAAM ZIJN, BIJDRAGEN, met **aan** (iets): *we werken mee aan het verkrijgen van een goed resultaat* en/of met **met** (iem., iets): *we werken mee met de hoofdredacteur* en/of met **bij** (iets): *de bank moest meewerken bij schuldsaneringsoperaties*

melden
* BEKEND MAKEN, met **aan** of **bij** (iem., instelling): *hij meldde de inbraak aan/bij de politie*

melding
• ~ maken **van** (iets), vermelden: *zij maakt melding van het aantal slachtoffers*

memorie
* GESCHREVEN VERKLARING, met **van** (antwoord, toelichting e.d.): *een memorie van toelichting bij een wetsvoorstel*
• **pro** ~, om niet te vergeten: *een kostenpost pro memorie opnemen*

menen
• het ~ **met** (iem.), het voorhebben: *ik meen het goed met je*

mengelmoes
* SAMENRAAPSEL VAN BONTE VOORWERPEN OF PERSONEN, met **van** (mensen, iets): *deze muziek is een mengelmoes van house en rock*

mengen
* DOOR ELKAAR WERKEN TOT EEN GEHEEL, met **door** of **met** (iets): *hij mengde de eieren door/met de suiker* en/of met **tot** (iets): *meng de eieren en de suiker tot een schuimige massa*
• ~ **in** (iets), betrekken bij: *uiteindelijk werd ook hij in die zaak gemengd;* zich ~ **in** (iets), zich bemoeien met: *ik mengde mij in het gesprek;* zich ~ **met** (iets), tot een geheel worden: *zijn bewondering mengde zich met huiver;* zich ~ **onder** of **tussen** (mensen, iets), zich begeven onder/in: *hij mengt zich graag onder/in het publiek*

menigte
* MASSA PERSONEN, met **van** (personen): *een grote menigte (van) kooplustigen verdrong zich voor de winkel*

mening
* OPINIE, met **over** (iem., iets): *mijn mening over haar is veranderd;* **in** de ~ dat, menende dat: *ik zei dat in de mening dat hij gelijk had;* **naar** zijn enz. ~, volgens hem: *naar zijn mening gaat het hier om iets anders;* **van** ~ zijn, menen: *voorts ben ik van mening dat Carthago verwoest moet worden*

meren
* VASTLEGGEN, met **aan** (iets): *het zeiljacht wordt gemeerd aan de steiger*

merendeel
• **voor** het ~, voor het grootste gedeelte

merg
• **door** ~ en been, door alles heendringend: *de kreet ging door merg en been;* **in** ~ en been, door en door: *zij is kunstenares in merg en been*

merk
• **onder** een ~, voorzien van een handelsmerk: *de zeep werd onder het merk Sneeuwwitje op de markt gebracht*

mes
• **onder** het ~ gaan/zijn, een operatie (zullen) ondergaan: *wanneer moet je onder het mes?* **van** het ~, vers gesneden: *kaas van het mes*

metafoor
* OVERDRACHTELIJKE UITDRUKKING OM IETS BEELDEND TE VERWOORDEN, met **voor** (iem., iets): *de gevangenis is bij die auteur een metafoor voor de maatschappij.*

metamorfose
* GEDAANTEVERWISSELING, met **van** (iem., dier, iets) en/of met **naar** of **tot** (iem., dier, iets): *de wereld zag de metamorfose van een elektricien tot president; de metamorfose van gazelle naar rinoceros*

metamorfoseren
* VAN GEDAANTE (DOEN) VERWISSELEN, met **in** (iem., iets): *de heks metamorfoseerde in een beeldschone vrouw*

meten
* LENGTE, BREEDTE, TIJDSDUUR ENZ. BEPALEN, met **met** (maatstaf e.d.): *zoiets moet je met andere maatstaven meten*
• ~ **met** (de ogen), onderzoekend aankijken: *hij mat hem met zijn blik;* zich ~ **met** (iem.), wedijveren, met **in** (iets): *Czerny kon zich in het improviseren meten met Beethoven*

methode
* DOELGERICHTE MANIER VAN HANDELEN OF LEREN, met **van** (iem., iets): *hij hanteert de methode van zijn leermeester; een methode van handelen* en/of met **voor** (doel): *een goede methode voor het bereiden van vis* en/of met **om te** (+ onbep. wijs): *de beste methode om tot een resultaat te komen*

metten
• korte ~ maken **met** (iem., iets), snel afrekenen met: *zij maakte korte metten met dat voorstel*

meug
• **naar** zijn ~: *een ieder at naar zijn meug;* **tegen** heug en ~, met tegenzin: *ik doe dat tegen heug en meug*

meute
* MENIGTE, met **van** (personen): *een meute van vijfhonderd journalisten*

middag
• **in** de ~, enige tijd na twaalf uur; **tussen** de ~, tussen twaalf en twee uur; **voor** de ~, voor twaalf uur

middel
∗ DAT WAT GEBRUIKT WORDT OM IETS TE BEREIKEN, met **tot** (iets): *dat is een middel tot nut van iedereen* of met **om te** (+ onbep. wijs): *zijn geloof in de goede afloop is een middel om te overleven* of met **van** (bestaan, vervoer e.d.): *het leraarsvak zou voor mij geen middel van bestaan zijn; middelen van vervoer*
∗ GENEES- OF GENOTMIDDEL, met **bij**, **tegen** of **voor** (iets): *zij vindt een glaasje port een probaat middel bij/tegen/voor stress*
• **door** ~ **van** (iets), door gebruik te maken van: *door middel van bluf redde zij zich eruit*
middelen <ww>
∗ HET GEMIDDELDE BEPALEN, met **over** (personen, iets): *zij middelden de kosten over de aanwezigen; hij middelde de duur van het transport over een lange periode*
middelhand
• **aan** of **op** de ~ zitten, op de plaats waar de speler niet als eerste of als laatste zijn kaart speelt
middelmaat
• **boven** de ~ **uit**, meer dan gemiddeld: *helaas kwam de vertolking niet boven de middelmaat uit;* **onder** de ~, minder dan gemiddeld: *helaas bleef de vertolking onder de middelmaat*
midden <zn>
∗ DEEL OF PUNT DAT VAN ELK DER UITERSTEN EVEN VER VERWIJDERD IS, MIDDELSTE DEEL, MIDDELPUNT, met **van** (iets): *het huis staat in het midden van de straat* of met **tussen** (iem., iets): *het juiste midden vinden tussen te veel en te weinig eten*
• (iets) **in** het ~ brengen, ter sprake brengen; **in** het ~ laten/blijven, onbeslist/onuitgesproken laten/blijven: *of dit haar schuld is laat ik maar in het midden;* **te** ~ **van** (personen, iets), omgeven door: *hij leeft te midden van zijn familie/de bergen*
midden <bw>
• ~ **in** (iets), in het midden van: *midden in de winter/het bos;* ~ **op** (iets), op het midden van: *midden op de dag/de markt/het tuinpad;* ~ **tussen** (personen, dieren, zaken), te midden van: *midden tussen de mensen*
middenhand zie **middelhand**
middenweg
∗ MIDDELSTE WEG, met **tussen** (zaken): *wandelen is de (euro) middenweg tussen stilstaan en hardlopen*

mijmeren
∗ IN GEDACHTEN VERZONKEN ZIJN, WEEMOEDIG PEINZEN, met **over** (iem., iets): *hij mijmerde over zijn jeugd*
mijnent
• **te(n)** ~, bij mij thuis: *ik zal u graag te mijnent begroeten*
mijnentwille
• **om** ~, voor mij, om mij te helpen: *als u zelf niet wilt, doe het dan om mijnentwille*
mikken
∗ IETS TRACHTEN TE RAKEN, met **met** (iets): *hij mikt met zijn pistool* en/of met **op** (iem., iets): *hij mikt op de boef*
• ~ **op** (doel), streven naar: *hij mikt op een hoge positie; we mikken op een omzet van 20 miljoen*
mikpunt
∗ DOELWIT WAAROP MEN ZICH RICHT, met **van** (iets): *hij is het mikpunt van haar hoon*
min
• **in** de ~ staan, een negatief saldo hebben
minachting
∗ GERINGSCHATTING, met **voor** (iem., iets): *hij heeft alleen maar minachting voor die slapjanus*
mindere
∗ LAGERE IN RANG, met **van** (iem.): *de korporaal is de mindere van de sergeant*
∗ MINDER PRESTEREND, met **van** (iem.) en **in** (iets): *hij is haar mindere in kennis*
mindering
• **in** ~ brengen, aftrekken van een bedrag met, met **op** (rekening, betaling): *we zullen dit bedrag in mindering brengen op uw salaris*
minimum
• een ~ **aan** (iets), een kleinst mogelijke hoeveelheid: *we hadden een minimum aan hulpmiddelen*
minister
∗ DIENAAR DER KONINGIN/DES KONINGS, met **bij** (internationale organisatie): *gevolmachtigd minister bij de Verenigde Naties.*
minnaar
∗ GELIEFDE, met **van** (iem., iets): *hij was de minnaar van vele vrouwen.*
minne
• **in** der ~ regelen/schikken, zonder tussenkomst van de rechter, met enige concessies over en weer: *kunnen we deze zaak nou niet in der minne schikken?*
minnekozen
∗ VERLIEFD BEJEGENEN, met **met** (iem.):

zij minnekoosde met haar vriend

minst

• niet **in** het ~, helemaal niet: *de directie is niet in het minst geïnteresseerd in uw standpunt;* **op** zijn ~, minstens, zwak uitgedrukt: *dit is op zijn minst merkwaardig;* **ten** minste, minimaal, minstens: *als je geen honger hebt, neem dan ten minste een appel*

mis <bw>

* NIET IN ORDE, met **met** (iem., iets): *het gaat helemaal mis met haar*

misbaar

* VEEL DRUKTE/GROTE OPHEF, met **over** (iets): *hij maakte veel misbaar over de onheuse behandeling die hem ten deel was gevallen*

misbruik

* VERKEERD GEBRUIK, met **van** (iets): *dat is misbruik van vertrouwen*

misdaad

* ZWAAR VERGRIJP, met **jegens** of **tegen** (iem., iets): *een misdaad jegens/tegen de mensheid*

misdeeld

* SLECHT VOORZIEN, ARM, met **van** (iets): *hij is misdeeld met/van uiterlijk schoon* en/of met **door** (iets): *hij is misdeeld door moeder natuur*

misdrijf

* ZWAAR VERGRIJP, met **jegens** of **tegen** (iem., iets): *hij pleegde een misdrijf jegens/tegen de staat*

misnoegd

* ONTEVREDEN, met **over** (iem., iets): *hij is misnoegd over het gedrag van zijn zoon*

misprijzen

* GERINGSCHATTING, met **voor** (iemand, iets): *hij legde een misprijzen voor de minder ontwikkelden aan de dag*

misrekenen

* VERKEERD INSCHATTEN, met **in** (iem., iets): *ik heb me in hem helemaal misrekend*

misselijk

* NEIGING TOT OVERGEVEN VOELEN, met **van** (iem., iets): *ik wordt misselijk van die geur*

• ~ zijn **van** (iem., iets), genoeg hebben van: *ik ben goed misselijk van dat gezeur van jullie*

misvatting

* ONJUISTE MENING, met **over** (iem., iets): *over dat onderwerp heersen nog heel wat misvattingen*

misverstand

* ONJUIST BEGRIP, met **over** (iem., iets): *over de te volgen procedures bestaat nogal wat misverstand*

mix

* MENGSEL, met **van** (zaken): *een mix van oplosmiddelen; een mix van stijlen*

mixen

* EEN STOF, INGREDIËNTEN ENZ. MENGEN, met **met** (werktuig): *zij mixte de ingrediënten met een keukenmachine* en/of **met** (andere stof enz.): *fruit mixen met kwark*

model

* PROTOTYPE, met **van** (iem., iets): *dit is het model van onze nieuwe serie auto's*

* REKENSCHEMA, met **voor** (iets): *het CBS ontwerpt modellen voor het maken van economische prognoses*

* VOORBEELD, met **voor** (iem., iets): *hij maakt het model voor het beeld* en/of met **naar** (iets): *hij maakt het model naar een zittend naakt*

• **buiten** ~, niet volgens de voorschriften: *deze pet is buiten model;* **in** ~ brengen, fatsoeneren; **uit** ~ raken/zijn, niet in correcte staat; **volgens** ~, volgens de voorschriften: *militairen dienen zich volgens model te kleden*

• ~ staan **voor** (iem., iets), als voorbeeld dienen: *hij staat model voor de slechte zoon*

modelleren

* MAKEN NAAR EEN MODEL, met **naar** of **op** (iem., iets): *Bredero modelleerde zijn stuk naar een werk van Plautus*

moe

* VERMOEID, met **van** (iem., iets): *zij is moe van het rennen*

moed

* DAPPERHEID, met **tot** (iets): *de moed tot het nemen van een beslissing ontbrak hem* of met **(om) te** (+ onbep. wijs): *zij heeft de moed (om) te vechten*

* VERTROUWEN, met **op** (iets): *ik heb weinig moed op een goede afloop*

• **in** arren moede, bij gebrek aan andere mogelijkheden: *alles was dicht, dus ging ik in arren moede maar naar huis;* het is hem angstig e.d. **te** moede, hij is angstig e.d. gestemd: *het is hem droef te moede*

moede zie **moed**

moederen

* DE ROL VAN MOEDER OP ZICH NEMEN, met **over** (iem.): *zij moederde over de buurman*

moeien

* MENGEN, BETREKKEN, met **in** (iets): *hij is ten onrechte in die kwestie gemoeid*

moeilijk

• het ~ hebben **met** (iem., iets), onaangenaam vinden: *ik heb het er moei-*

lijk mee dat hij ons toen in de steek heeft gelaten

moeite

* LAST, PROBLEMEN, met **met** (iem., iets): *ik heb veel moeite met dat kind* of **bij** (handeling): *ik heb moeite bij het slikken*

* ZORG, INSPANNING, met **voor** (iem., iets): *zij getroost zich veel moeite voor haar uiterlijk* en/of met **(om) te** (+ onbep. wijs): *zij doet moeite om op te vallen*

• **met** ~, ternauwernood: *hij ontsnapte met moeite aan een aanrijding*

moeten

• ~ **aan** (iets), moeten overgaan tot (het gebruiken van): *op jouw leeftijd zul je aan de lange onderbroek moeten*

mogelijkheid

* IETS DAT KAN PLAATSVINDEN, met **tot**, **van** of **voor** (iets): *de dokter ziet geen mogelijkheid op/tot/van/voor herstel* of met **(om) te** (+ onbep. wijs): *de arts ziet geen mogelijkheid (om) hem te genezen* en/of met **voor** (iem.): *ik zie geen mogelijkheid voor hem om hierheen te komen*

mokken

* (IN STILTE) PRUILEN, met **over** (iets): *hij mokte over een berisping*

mom

• **onder** het ~ **van** (iets), onder schijn: *onder het mom van stroomlijning werden heel wat werknemers geloosd*

moment

• **bij** momenten, soms: *bij momenten denk ik weleens: waar doe ik dit voor;* **op** dit ~, nu: *op dit moment heb ik even geen tijd;* **op** een gegeven ~, op zeker ogenblik: *op een gegeven moment kwam zij met dit voorstel*

mond

• **bij** monde **van** (iem.), uitgesproken door: *de koningin liet bij monde van een medewerker van de Rijksvoorlichtingsdienst weten dat ...;* **naar** de ~ praten, dingen zeggen die de ander welgevallig zijn: *kijk met hem uit, hij is gewend je naar de mond te praten;* **uit** jouw ~, als uitgerekend jij dat zegt: *zo'n opmerking klinkt vreemd uit jouw mond;* **van** ~ **tot** ~ gaan, zich verspreiden: *het gerucht ging van mond tot mond;* zeggen wat **voor** je ~ komt, eruit flappen: *assertiviteit is nooit bedoeld geweest: zeggen wat er voor je mond komt*

• de mond vol hebben **over** (iem., iets): *iedereen heeft de mond vol over het milieu*

monde zie **mond**

monopolie

* ALLEENRECHT, met **op**, **van** of **voor** (iets): *hij heeft het monopolie van/op de handel in dat plaatsje; British Gas moest zijn monopolie voor de levering van gas* opgeven of met **op** (iem.): *hij meent dat hij het monopolie op haar heeft*

monster

• **op** ~ (ver)kopen, (ver)kopen aan de hand van een staal van het te leveren product; **volgens** ~, overeenkomstig het proefstuk

moord

* HET OPZETTELIJK DODEN, met **op** (iem.): *die moord op zijn vriendin was gruwelijk*

moordaanslag

* (AL DAN NIET GESLAAGDE) POGING TOT MOORD, met **op** (iem.): *de daders van de moordaanslag op Rabin bleken te behoren tot rechts-extremistische kringen*

mopperen

* ONTEVREDEN PRATEN, met **op** of **tegen** (iem.): *tante mopperde op/tegen oom* en/of met **over/op** (iets): *zij mopperde over/op zijn slordigheid*

moraliseren

* ZEDENPREKEN, met **tegen** (iem., iets): *de onderwijzer moraliseerde tegen zijn leerlingen* en/of met **over** (iets): *hij moraliseert over het zwartwerken*

morgen

• **in** de ~, op een tijdstip vóór twaalf uur; **op** een (goeie/kwade) ~, in de morgen van een zekere dag, die achteraf bepaald (niet) geslaagd genoemd kan worden; **'s** morgens, in de morgen

morrelen

* OP DE TAST PEUTEREN, met **aan** (iets): *hij morrelde aan het slot* en/of met **met** (iets): *hij morrelde met een ijzerdraadje*

morren

* MOPPEREN, met **tegen** (iem.): *de soldaten morden tegen hun commandant* en/of met **over** (iem., iets): *zij morden over het voedselgebrek*

morsen

* EEN POEDERVORMIGE OF VLOEIBARE STOF PER ONGELUK OF DOOR SLORDIGHEID LATEN VALLEN, met **op** (iets): *hij morst wijn op zijn overhemd*

* KNOEIERIG VERKWISTEN, met **met** (iets): *zij morsen met water*

mot

* RUZIE, met **met** (iem.): *zij heeft mot met de buurman*

motief

* BEWEEGREDEN, met **voor** (iets): *geld is een motief voor het nemen van die baan* of met **om te** (+ onbep. wijs): *het is een motief om carrière te maken;* * BEWEEGREDEN (ZOALS GEZIEN DOOR ANDEREN), met **voor**, **tot** of **achter** (handeling): *over het motief achter de bomaanslag tast de politie in het duister*

• **uit** welk ~/welke motieven, met welke beweegreden(en): *uit welke motieven heeft hij dat gedaan?*

motiveren

* EEN GOEDE REDEN GEVEN OF STIMULEREN OM IETS TE DOEN, met **tot** of **voor** (iets) of **(om) te** (+ onbep. wijs): *hij motiveerde hem voor dat werk; hij motiveerde hem tot het doen van een schuldbekentenis; deze omstandigheid motiveerde hem (om) te bekennen*

motto

• **onder** het ~, met als devies, met **van** (iets): *de verdediger schoffelde de aanvaller zowat onder het gras, onder het motto: over mijn lijk; onder het motto van vrijemarkteconomie wisten tal van voormalige partijbonzen zich te verrijken*

moulineren

* TWIJNEN, met **tot** (garen): *zijde moulineren tot garen* en/of met **in** (molen): *zijde moulineren in een molen*

mouw

• **op** de ~ spelden, wijsmaken: *zij hadden het weeuwtje op de mouw gespeld dat ze van de gemeente kwamen;* **uit** de ~ schudden, ter plekke verzinnen: *met veel tegenwoordigheid van geest wist zij een smoes uit de mouw te schudden*

• een ~ passen **aan** (iets), een oplossing improviseren: *geeft niet, we zullen proberen daar een mouw aan te passen*

mum

• **in** een ~ (**van** tijd), in een oogwenk: *in een mum van tijd hadden de inbrekers de woning leeggeroofd*

munt

• **in** of **met** klinkende ~ betalen: contant en ruim betalen: *voor dit karweitje werd hij in klinkende munt betaald;* **voor** goede ~ aannemen, zomaar geloven: *zij nam zijn mooie praatjes voor goede munt aan;* ~ slaan **uit** (iets), voordeel behalen: *hij slaat munt uit de fouten van zijn tegenstanders*

museum

* GEBOUW WAAR MEN KUNSTVOORWERPEN E.D. KAN BEKIJKEN, met **van** of **voor** (iets): *het Museum voor Schone Kunsten; het Museum van Moderne Kunst*

muur

• met de rug **tegen** de ~ staan, in het nauw gedreven zijn: *door tal van tegenslagen stond hij met de rug tegen de muur;* **tegen** de ~ zetten, fusilleren: *als represaille werden dertig gevangenen tegen de muur gezet;* **tegen** de muren vliegen, zich gekooid voelen: *ik houd het hier binnen niet langer uit; ik vlieg tegen de muren;* **tussen** vier muren zitten, in het gevang zitten; **uit** de ~ eten, uit de automatiek eten

muziek

• **op** ~ zetten, muziek bij maken: *het is niet bekend wie het Wilhelmus op muziek heeft gezet*

N

na <bw>
* DICHTBIJ, met **aan** (iem., iets): *hij is na aan haar verwant; de tuin is na aan het bos gelegen*
• **op** (iem., iets, getal) ~, afgezien van: *op Piet na zijn we compleet*
• ~ **aan** (iets) **toe** zijn, er al bijna recht op hebben of behoefte aan hebben: *hij is na aan zijn pensioen toe;* er ~ **aan toe** zijn **(om) te** (+ onbep. wijs), bijna zover zijn: *hij is er na aan toe (om) te capituleren*

naaien
* MAKEN MET EEN NAALD EN EEN DRAAD, met **aan** (iets): *zij naait aan een jurk* en/of met **met** of **op** (machine): *zij naait met/op een naaimachine*

naald
• heet **van** de ~, onmiddellijk na bekend worden: *de reporter belde het nieuws heet van de naald door naar zijn redactie*

naam
* EIGENNAAM, AANDUIDING VAN EEN PERSOON OF UNIEKE ZAAK, met **van** (bijnaam, titel): *het boek der psalmen draagt de naam (van) 'Lofzangen'*
* SOORTNAAM, met **voor** (iem., iets): *'cyprinus carpio' is de Latijnse naam voor de karper*
• **bij** name noemen, speciaal de naam vermelden: *in zijn dankwoord noemde de voorzitter hem bij name;* **in** ~, in schijn, officieel: *in naam regeert de koningin;* **in** ~ **van** (iem.), namens, als vertegenwoordiger of spreekbuis van: *de rechter spreekt recht in naam van het koningin;* **in** ~ **van** (stroming, leer e.d.), op gezag van: *de sekte riep in naam van de islam op tot terrorisme tegen Israël; in naam der wet;* **met** ~ en toenaam, nadrukkelijk: *de schuldige werd met naam en toenaam vermeld;* **met** name, speciaal genoemd: *met name de export blijft achter;* **onder** de ~ (iem., iets), de naam dragend: *de goochelaar treedt op onder de naam Quickfinger* en met **van** (naam): *het product zal op de markt worden gebracht onder de naam van Tricomfort;* **op** ~ **van** (iem.), met de aanduiding van de persoon die de bezitter is: *een rijbewijs op naam van A.;* **op** zijn ~ hebben, gepresteerd hebben: *Becker heeft verschillende grandslamtitels op zijn naam;* vrij **op** ~, zonder overdrachtsbelasting en bijkomende makelaarskosten: *een huis vrij op naam;* **te** goeder ~ en faam bekend staan, algemeen gerespecteerd worden; **ten** name **van** (iem.): *een rekening uitschrijven ten name van Jansen;* **uit** ~ **van** (iets, iem.), namens: *hij condoleerde haar uit ons aller naam*
• een ~ hebben **in** (iets), bekend zijn om: *Droste heeft een naam in chocoladeproducten*

naargelang zie **gelang**

naast <bn>
• **ten** naaste **bij**, vrijwel: *het wetsontwerp is ten naaste bij gereed*

naast <bw>
• het ~ **aan** of **tot** (iem., iets), het dichtst bij: *dat dorp is het naast aan/tot de rivier; zijn nicht staat het naast tot hem*

naaste zie **naast <bn>**

nabootsen
* NAMAKEN, NADOEN, met **in** (iets): *hij bootst de vogel na in een perfecte imitatie*

nacht
• **bij** ~, tijdens de nacht: *bij nacht is het daar niet veilig;* **bij** ~ en ontij, 's nachts onder de slechtst mogelijke weersomstandigheden
• de ~ **van** (datum) (**op** (datum)): *het misdrijf vond plaats in de nacht van 2 op 3 februari;* **van**nacht, deze nacht

nadagen
• **in** de ~ **van** (iets), in de laatste dagen/periode: *in de nadagen van zijn ministerschap kampte hij met flinke tegenslagen*

nadeel
* SCHADE, ONGUNSTIGE OMSTANDIGHEID, met **voor** (iem., iets): *zijn vertrek is een nadeel voor onze vereniging*
• **in** het ~ zijn, met **ten opzichte van** (iem.), in een nadelige positie verkeren: *het bezoekende team is altijd in het nadeel ten opzichte van de thuisclub;* **in** zijn ~, nadelig: *zijn strafblad werkt in zijn nadeel;* **ten** nadele **van** (iem., iets) afbreuk doend aan: *roken gaat ten nadele van de gezondheid*
• ~ hebben **van** (situatie, iets), schade ondervinden: *onze economie heeft flink nadeel van de lage koers van de dollar*

nadele zie **nadeel**

nadelig
* NADEEL GEVEND, met **voor** (iem., iets): *de lage dollarkoers is nadelig voor onze economie*

nadenken
* BEWUST DENKEN, OVERWEGEN, met **over** (iem., iets): *zij dacht na over haar lot* of met **bij** (gelijktijdige handeling): *je moet beter nadenken bij wat je doet.*

nader
* DICHTERBIJ, met **aan** of **tot** (iem., iets): *dat gehucht is nader aan/tot het bos; de twee partijen kwamen nader tot elkaar*

naderen
* DICHTBIJ KOMEN, met **tot** (iem., iets): *zij naderden tot de grens; het getal* n *nadert tot oneindig*

nadruk
• de ~ leggen **op** (iets), beklemtonen: *zij legde de nadruk op zijn prestaties*

nagedachtenis
* HERINNERING, met **aan** (een overledene): zij hield de nagedachtenis aan haar moeder levend
• **ter ~ aan** of **van** (iem., iets), ter herinnering aan: *ter nagedachtenis aan/van de ramp werd een minuut stilte in acht genomen*

naijverig
* AFGUNSTIG, met **jegens** (iem.): *hij is naijverig jegens zijn collega* en/of met **op**, **om** of **wegens** (iets): *hij is naijverig op haar* succes; *naijverig op/om/wegens haar promotie*

nagesynchroniseerd
* VOORZIEN VAN EEN GESPROKEN TEKST IN EEN ANDERE TAAL, met **in** (taal): *in het Nederlands nagesynchroniseerde films zijn zeldzaam*

nakaarten
* ACHTERAF PRATEN OVER, met **over** (iets): *zij kaartten langdurig na over de gebeurtenissen*

nakijken
* CONTROLEREN, met **op** (iets): *hij keek de tekst na op spelfouten*

nalaten
* DOEN ERVEN, met **aan** (iem., iets): *zij liet haar vermogen na aan de Kerk*

nalatig
* IN GEBREKE BLIJVEND, met **bij** of **in** (iets): *hij is nalatig in het voldoen van de contributie*

name zie **naam**

narcose
• **onder** ~, met behulp van narcose: *de operatie vindt onder narcose plaats*

naslaan
* OPZOEKEN, met **in** (een boek): *je kunt die gebeurtenis naslaan in je geschiedenisboek*

nasleep
* (VERVELEND) GEVOLG, met **van** (iets): *de nasleep van de broedertwist bracht veel onheil*

naspel
* HET VERVOLG OP IETS, met **van** (iets): *in het naspel van het handelsconflict moest men over en weer concessies doen*

nat
* BEDEKT MET OF DOORTROKKEN VAN EEN VLOEISTOF, met **van** (vloeistof, lekkage e.d.): *de straten waren nat van/door de gesmolten sneeuw;* ~ **in** ~ verven/schilderen, (schilderkunst) over nog natte verf schilderen

naturaliseren
* HET STAATSBURGERSCHAP GEVEN, met **tot** (burger van een land): *na een paar jaar liet hij zich naturaliseren tot Amerikaan*

nature zie **natuur**

natuur
• **in** de (vrije) ~, buiten de stad in de buitenlucht: *van zo'n wandeling in de vrije natuur knap je geweldig op;* **van** nature, van aard: *zij is van nature wat opstandig*

nauw
• **in** het ~ in een benarde situatie: *door tegenslagen zit hij danig in het nauw*

navolging
• **in ~ van** (iem., iets), naar het voorbeeld van: *zijn historische romans schreef hij in navolging van Engelse auteurs;* **ter** ~, het waard als voorbeeld te nemen: *hier volgt een voorbeeld ter navolging*

navraag
* VERZOEK OM INFORMATIE, met **bij** (iem., iets) of **onder** (personen, instellingen): *hij deed navraag bij die instantie/onder zijn collega's* en/of met **naar** of **omtrent** (iem., iets): *hij deed navraag naar zijn vermiste vriend*
• **bij** ~, bij het inwinnen van inlichtingen: *bij navraag bleek dat de fout inmiddels is hersteld*

nazien
* CONTROLEREN, met **op** (iets): *ik wil het manuscript graag nazien op spelfouten*

nee(n)
* AANDUIDING VAN EEN AFWIJZING, met **tegen** (iets): *'nee' tegen de verlaging van het minimumloon*

neerkijken
• ~ **op** (iem., iets), minachting voelen: *zij kijkt neer op zijn familie*

neerkomen
• ~ op (iem., iets), ~ ten laste komen van: *de opvoeding komt geheel neer op de vader;* gelijkstaan met: *zijn ver-*

haal komt neer op een schuldbekentenis

neerleggen

• ~ **bij** (iem., instelling), deponeren, indienen: *hij legde zijn klacht neer bij de voorzitter;* zich ~ **bij** (iets), aanvaarden (met tegenzin): *hij legde zich neer bij de uitspraak van de jury;* ~ **in** (iets), op schrift stellen, formuleren: *hij legde zijn bezwaren neer in een brief;* ~ **ter/ten** (griffie e.d.), deponeren, indienen: *hij legde zijn klacht neer ter griffie/ten stadhuize*

neerslaan

* BEZINKEN, ZICH AFZETTEN, met **uit** (damp, vloeistof): *na afkoeling sloeg een gele stof neer uit de oplossing* en/of met **op** (oppervlak): *condenswater sloeg neer op de ruiten*

neerslag

* SPOREN, HERINNERING, met **in** (werk): *de trieste omstandigheden van zijn jeugd vinden hun neerslag in zijn latere werken*

neerzien

• ~ **op** (iem., iets), zich verheven voelen boven: *hij ziet neer op zijn medewerkers*

neigen

* OVERHELLEN, met **naar** (iets): *zij neigt naar veranderingen; deze religieuze praktijken neigen naar magie*

* BEHOEFTE HEBBEN, met **tot** (iets): *de directie neigde ertoe de organisatie ingrijpend te hervormen*

neiging

* BEHOEFTE, met **tot** (iets): *hij heeft een neiging tot drammen*

nek

• ~ **aan** ~, zonder elkaar iets toe te geven: *bij de telling van de stemmen gingen de beide kandidaten nek aan nek;* pijn **in** de ~; als een molensteen **om** de ~ hangen, ernstig belemmeren: *die hoge hypotheek hing hem als een molensteen om de nek;* **op** de ~ zitten, hardnekkig aandringen: *als jullie me zo op de nek blijven zitten, kap ik ermee*

• zijn ~ breken **op** (iets), genekt worden door, tekortschieten: *ik breek mijn nek op dat probleem;* zijn ~ breken **over** (iem., iets), gehinderd worden door een teveel: *je breekt daar je nek over de kleine kinderen*

nemen

• ~ **bij** (iets), aanvatten, pakken: *hij nam het paard bij de teugel; zij nam het kind bij de hand;* **in** aanmerking ~, bij een beoordeling betrekken; **in** bescherming ~, zich als beschermer opwerpen; **in** beslag ~, tijdelijk het bezit ontnemen; **op** zich ~, zich belasten met: *het toezicht op zich nemen; de verantwoording op zich nemen;* **te** baat ~, gebruiken in zijn voordeel: *de uitgever nam de gelegenheid te baat wat correcties aan te brengen in de nieuwe druk;* **tot** (iets) ~, nemen als: *tot vrouw nemen;* **tot** zich ~, consumeren: *zij nam een glaasje port tot zich;* **ertussen** ~, bedotten: *hij heeft je er mooi tussen genomen;* het **ervan** ~, zich ontspannen: *het is je vrije dag, neem het er maar van;* ~ **voor** (lief e.d.), (ongaarne) accepteren: *die opmerking neem ik maar voor lief; ik neem jouw opmerking maar voor wat die waard is*

net

• **achter** het ~ vissen, iets mislopen: *de salade is op, je vist achter het net*

neuzen

* ZOEKEND KIJKEN, met **in** (iets): *zij neusde in alle kamers van het kasteel; hij zit in oude tijdschriften te neuzen.*

niet <zn>

• **in** het ~ vallen **bij** (iem., iets), de vergelijking niet kunnen doorstaan: *zijn stem viel in het niet bij de fraaie sopraan van Charlotte Margiono;* **om** ~, zonder vergoeding: *het museum kreeg het stuk om niet in eigendom;* **te** ~ doen, terugbrengen tot nul: *deze stommiteit heeft al ons werk te niet gedaan*

niets

• **voor** ~, kosteloos: *u krijgt bovendien een entreebewijs voor Holland Casino voor niets*

nieuws

* WAT NET GEBEURD IS OF NET BEKEND IS, met **over** of **van** (iem., iets): *het nieuws over de aanslag houdt iedereen bezig* en/of **op** (radio, tv): *hij luistert naar het nieuws op de radio*

nieuwsgierig

* BEGERIG IETS TE WETEN, met **naar** (iem., iets): *ik ben heel nieuwsgierig naar haar vriend*

nijdig

* KWAAD, met **op** (iem., instelling): *hij is nijdig op de regering* en/of met **over**, **om** of **wegens** (iets): *hij is nijdig over/om/wegens de bezuinigingen*

nippen

* AAN DE LIPPEN ZETTEN OF EEN TEUGJE NEMEN, met **aan** of **van** (glas, drankje): *oma nipte aan/van haar glaasje likeur; zij nipte aan/van de brandewijn met suiker*

nippertje
• **op** het ~, op het allerlaatste ogenblik: *zij haalden de trein maar op het nippertje*
niveau
• **op** een (bepaald) ~: *fouten worden op dat niveau onherroepelijk afgestraft;* **tegen** een (bepaald) ~ (**aan**), net nog niet op (bepaald) niveau: *de ploeg zit vlak tegen het niveau van de eredivisie aan*
node
• **van** ~ hebben, nodig hebben: *Nederland heeft een sterke leider van node*
noden
∗ UITNODIGEN, met **tot** (activiteit) of **te** (+ onbep. wijs): *het zachte weer noodt tot een wandelingetje; de minister werd genood zijn standpunt uiteen te zetten* of met **bij** (iem., iets): *hij noodde mij bij zijn moeder thuis)* en/of met **aan** (tafel), **in** (vertrek e.d.) of **op** (kamer, maaltijd e.d.): *hij noodde mij op zijn kamer/in zijn vertrek; we werden op de borrel genood; zij noodde de bedelaar aan tafel*
nodig
∗ NIET TE VERMIJDEN, VEREIST, met **voor** (iem., iets): *voor mij is dat allemaal niet nodig* en/of met **(om) te** (+ onbep. wijs): *voor een goede gezondheid is het nodig (om) te stoppen met roken*
nodigen
∗ UITNODIGEN, met **op** of **tot** (iets): *hij nodigde ons tot de maaltijd*
noemen
∗ EEN NAAM GEVEN OF VERMELDEN, met **bij** (iem., iets): *hij heeft mijn naam genoemd bij de politie*
• ~ **naar** (iem., iets), de naam geven van: *de baby is naar zijn opa genoemd*
noemer
• **onder** één ~ brengen, in een categorie onderbrengen: *we kunnen al deze verschijnselen onder één noemer brengen: incompetentie*
nog
• **tot** ~ **toe**, tot op dit ogenblik: *tot nog toe zijn er tien aanmeldingen*
nokken
∗ STOPPEN, OPHOUDEN, met **met** (iets): *ik nok met die relatie*
nominatie
∗ HET VOORGEDRAGEN WORDEN VOOR EEN FUNCTIE, PRIJS E.D., met **als** (functie) of **voor** (prijs): *zijn nominatie als voorzitter trok sterk de aandacht;* een nominatie voor de AKO-prijs
∗ LIJST VAN VOORGEDRAGEN PERSONEN, met **voor** (prijs): *zijn ontwerp staat op de nominatie voor een prijs*
• **op** de ~ staan, op het punt staan iets onaangenaams te ondergaan, met **(om) te** (+ worden + voltooid deelwoord): *hij staat op de nominatie (om) te worden ontslagen*
non-actief
• **op** ~, niet mogende of kunnende handelen: *hangende het onderzoek werd de ambtenaar op non-actief gesteld*
noodklok
∗ de ~ luiden, wijzen op een noodsituatie, met **over** (iets): *de bonden luidden de noodklok over de kwaliteit van het onderwijs*
noodweer
• **uit** ~: *de verdachte heeft uit noodweer gehandeld*
noodzaak
∗ OMSTANDIGHEID DIE HET NODIG MAAKT IETS BEPAALDS TE DOEN OF TE LATEN, met **tot** (iets): *de noodzaak tot bezuinigen*
• **uit** ~: *ik moest haar uit pure noodzaak ontslaan*
noodzaken
• ~ **tot** (iets), dwingen: *dat noodzaakt mij tot het nemen van maatregelen*
noordelijk
∗ GELEGEN IN HET NOORDEN, met **van** (iets): *de rivier bevindt zich noordelijk van de stad*
noord
• **om** de ~, via de noordelijke poolzee: *Willem Barentz zocht een route om de noord naar Indië*
noorden
• **in** het ~, in het noordelijk gedeelte van een stad of gebied: *Antwerpen ligt in het noorden van België;* **op** het ~, in noordelijke richting: *een tuin op het noorden;* **ten** ~ **van** (iets), noordelijk van: *de rivier stroomt ten noorden van de stad*
noordoostelijk
∗ TEN NOORDOOSTEN, met **van** (iets): *de nieuwe weg ligt noordoostelijk van het bos*
noot
∗ VERKLARENDE AANTEKENING, met **bij** (tekst): *de noten bij dit hoofdstuk staan achterin*
• **op** noten zetten, van muziek voorzien: *Harry Bannink heeft tal van gedichten van Annie M.G. Schmidt op noten gezet*
• een kritische ~ plaatsen **bij** (iets), een kritische opmerking maken bij: *hij plaatste een kritische noot bij die bewering*

nopen

• ~ **tot** (iets), dwingen: *de situatie noopt tot snel handelen*

nopjes

• **in** zijn ~ zijn, tevreden zijn, met **met** (iets): *ik ben erg in mijn nopjes met deze cd*

noppes

• **voor** ~, voor niets: *ik heb voor noppes gewerkt; hier, neem maar mee, voor noppes*

norm

* MAATSTAF, met **voor** (iets dat aan bep. eisen moet beantwoorden): *er bestaat een norm voor voldoende daglicht in fabrieken* en/of **van** (datgene waaruit de norm bestaat): *de norm van twee woningen voor asielzoekers per duizend inwoners is hier nog niet gehaald*

• **beneden** of **onder** de ~, lager/slechter dan de norm aangeeft; **boven** de ~, hoger/beter dan de norm aangeeft; **naar** of **volgens** de ~, in overeenstemming met wat de norm aangeeft

nostalgie

* VERLANGEN NAAR VROEGER, met **naar** (iets): *de nostalgie naar het Wilde Westen*

nota

• ~ nemen **van** (iets), kennis van nemen: *ik neem nota van hetgeen hij gezegd heeft;* geen ~ nemen **van** (iets), negeren: *zij nam geen nota van de kritische opmerkingen.*

notitie

• ~ nemen **van** (iem., iets), aandacht schenken aan: *ik neem terdege notitie van dat voorval;* geen ~ nemen **van** (iem., iets), negeren: *zij nam geen notitie van zijn pogingen haar aandacht te trekken*

nu

• **tot** ~ **toe**, tot op dit ogenblik: *tot nu toe zijn er tien aanmeldingen;* **van** ~ **af** (**aan**), vanaf dit ogenblik: *van nu af aan voeren we een nieuwe merknaam*

nummer

• wonen **op** ~ (getal): *zij woont op nummer 13;* (iem.) **op** zijn ~ zetten, terechtwijzen: *de directeur zette het sectiehoofd danig op zijn nummer;* **voor** zijn ~ opkomen, zich na oproep als dienstplichtige melden voor eerste oefening

nut

• **te** zijnen nutte, in zijn voordeel: *de fondsen kunnen aangewend worden te uwen nutte;* zich **ten** nutte maken, voordeel behalen: *we kunnen ons de situatie ten nutte maken;* **ten** nutte **van** (doel): *de regering wendde de meevallers aan ten nutte van de verbetering van de infrastructuur;* **ten** algemenen ~, van nut voor iedereen: *de meevallers werden ten algemenen nutte aangewend;* **tot** ~ **van** (iets): *Maatschappij tot Nut van het Algemeen;* **van** ~ zijn, nuttig zijn, met **voor** (iem., handeling): *een creditcard is van groot nut voor het verrichten van betalingen, speciaal in het buitenland*

nutte zie **nut**

nuttig

* NUT OPLEVEREND, met **voor** (iem., iets): *dat contact is heel nuttig voor hem*

O

oase
• een ~ **van** (iets), plaats waar iets in overdaad aanwezig is: *een oase van rust*

observatie
• **in** ~, onder preventieve controle zijn: *zij ligt in observatie;* **ter** ~: *zij is ter observatie opgenomen*

obsessie
* HET BEZETEN ZIJN DOOR IETS, met **met** of **voor** (iem., iets): *hij heeft een obsessie voor voetbal*

obstructie
* TAAIE TEGENWERKING, met **tegen** of **van** (iem., iets): *de werkgevers kunnen op flinke obstructie rekenen tegen hun plannen; Israël en Syrië beschuldigen elkaar van obstructie van het vredesproces*

oceaan
• een ~ **van** (iets), grote hoeveelheid: *een oceaan van licht*

occuperen
• zich ~ **met** (iem., iets), zich bezighouden met: *hij occupeerde zich met het uitvoeren van de opdracht*

octavo
• **in** ~, (boekdrukkunst:) in het formaat van in achten gevouwen vellen

octrooi
* EXCLUSIEVE RECHT IETS TE PRODUCEREN, met **op** (iets, dier): *een octrooi op een uitvinding;* ~ aanvragen, met **op** (iets, dier): *op genetisch materiaal kan men octrooi aanvragen*

oculeren
* (EEN OOG, GROEIKNOP) ENTEN, met **op** (een stam, bast e.d.): *hij oculeerde de knop op een stam*

ode
* LOFDICHT, met **aan** (tot wie/wat het gedicht zich richt) of **op** (iets dat als onderwerp dient): *Bilderdijks ode aan Napoleon; een ode aan de vrijheid; een ode op de vrijheid*

oefenen
* ZICH EEN VAARDIGHEID DOOR HERHALING PROBEREN EIGEN TE MAKEN, met **in** (iets): *studenten moeten oefenen in zelfstandig denken*
* EEN MUZIEKSTUK, GOOCHELTRUC ENZ. DOOR HERHALING GOED PROBEREN UIT TE VOEREN, met **op** (iets): *op die aria moet je nog wel wat oefenen*
* (iem., zich) ~, een vaardigheid door herhaling proberen aan te leren, met **in** (iets): *de leraar oefende de kinderen in het rekenen; hij oefende zich in het paardrijden*

oefening
* HET OEFENEN, met **in** (iets): *een oefening in lezen en schrijven*
* MATERIAAL GEBRUIKT BIJ HET OEFENEN, met **bij** (leerstof): *oefeningen bij de Engelse grammatica*
* HET ZICH EEN BEPAALDE GEESTELIJKE HOUDING EIGEN LEREN MAKEN, met **in** (iets): *een oefening in berusting, in dankbaarheid*

offer
• **ten** ~ brengen **aan** (iets), opofferen: *de dienst Openbare Werken wil deze fraaie rij bomen ten offer brengen aan de aanleg van de nieuwe weg;* **ten** ~ vallen **aan** (iets), opgeofferd worden: *deze fraaie rij bomen moet ten offer vallen aan de aanleg van de nieuwe weg*

offerte
* AANBIEDING MET PRIJSOPGAVE, met **voor** (iets): *een offerte voor schilderwerk*

officier
* FUNCTIONARIS IN HET LEGER, met **bij** of **van** (wapen): *een officier van de cavalerie* of **in** of **van** (leger): *hij is officier in het leger*
* FUNCTIONARIS OP EEN SCHIP, met **bij** (de koopvaardij): *een officier bij de koopvaardij*
* DRAGER VAN EEN BEPAALD ORDETEKEN, met **in** (+ naam van de orde): *hij is officier in de orde van Oranje-Nassau*

ogen <zn>
* zich de ~ uitkijken, gefascineerd toekijken, met **aan** (iem., iets): *ik heb me de ogen uitgekeken aan die balletvoorstelling*
• **in** de ~ **van** (iem.), naar het oordeel van: *in de ogen van de grote Pietersen zijn wij allemaal klunzen;* genade vinden **in** de ~ **van** (iem.), acceptabel zijn: *de werktekening vond geen genade in de ogen van de opdrachtgever;* **naar** de ogen zien, reageren zoals men meent dat de ander graag wil: *menig vrouw redt haar huwelijk door de man naar de ogen te zien;* **onder** ~ komen, in de persoonlijk aandacht komen: *laten we hopen dat dit stuk hem nooit onder ogen komt;* **onder** de ~ **van** (iem.), zo, dat (iem.) het kan zien: *onder de ogen van zijn vrouw werd de legerchef ontvoerd;* **onder** ~ zien, de realiteit erkennen: *je moet eindelijk onder ogen zien dat dit niet haalbaar is;* vreemd **uit** zijn ~ kijken, een vreemde blik hebben:

je kijkt zo vreemd uit je ogen; **voor** ogen staan, beogen, bedoelen: *mij staat een gedeeld voorzitterschap voor ogen;* **voor** ogen houden, vasthouden aan een voorbeeld/gedragslijn: *ik heb altijd het voorbeeld van mijn moeder voor ogen gehouden*

• (iem.) de ~ openen **voor** (iets), maken dat iemand iets inziet: *de spreker probeerde ons de ogen te openen voor de werkelijke feiten;* zijn/de ~ sluiten **voor** (iets), geen aandacht aan willen besteden: *hij sluit zijn ogen voor de nijpende problemen*

ogenblik

• **in** een ~, in korte tijd; **op** dit/het ~, nu: *op het ogenblik heb ik geen tijd;* **vanaf** dat ~, vanaf die tijd, sindsdien: *vanaf dat ogenblik heeft hij geen woord meer met me gewisseld;* **voor** een ~, voor enige tijd: *deze dia's brengen u voor een ogenblik in Zuid-Amerika;* **voor** het ~, in ieder geval nu: *voor het ogenblik heb ik even genoeg van je gezelschap*

ogenschouw

• **in** ~ nemen, aandachtig waarnemen/overdenken: *neem nu eens zijn positie in ogenschouw*

omdopen

∗ IETS EEN ANDERE NAAM GEVEN, met **in** of **tot** (iets): *het Leidseplein was tijdelijk omgedoopt tot Marco van Bastenplein*

omgaan

• ~ **buiten** (iem.), plaatsvinden zonder bemoeienis: *ik weet van niets; dit is allemaal buiten mij om gegaan;* ~ **in** (product, sector), omgezet worden: *in de zakelijke dienstverlening gaan jaarlijks vele honderden miljoenen om;* ~ **met** (iem.), verkeren: *hij goed met kinderen omgaan;* ~ **met** (iets), hanteren, verwerken e.d.: *hij wist niet hoe hij met dat probleem moest omgaan*

omgang

∗ SOCIAAL VERKEER, met **met** (iem.): *hij heeft weinig omgang met collega's* of met **tussen** (personen): *de omgang tussen Johan en Hilda*

• **in** de ~, in het sociaal verkeer: *zij is heel gezellig in de omgang*

• ~ **met** (iets), wijze van hanteren: *de omgang met een probleem*

omgekeerde

∗ HET TEGENGESTELDE, met **van** (iets): *hij is het omgekeerde van een activist, hij is zelfs niet in politiek geïnteresseerd*

omgeven

• ~ **door** (personen, iets), omringd door, min of meer afgebakend: *het terrein was omgeven door prikkeldraad* of met **met** (iets), omringd door: *het terrein was omgeven met vuilnis; het voorval was omgeven met raadsels*

omgorden

∗ (ALS) MET EEN GORDEL OMGEVEN, met **met** (iets): *hij omgordde zijn middel met een brede riem*

omhangen

∗ OMGEVEN, met **met** (iets): *hij had zich omhangen met talrijke medailles*

omkijken

• ~ **naar** (iem., iets), (met ontkennend element) letten op, zich bekommeren om: *hij keek weinig naar zijn kinderen om*

omkomen

∗ DOODGAAN, met **van** (ontbering e.d.): *de arme stakkers kwamen zowat om van honger en kou*

omkopen

∗ MET GELD E.D. ERTOE BRENGEN IETS ONRECHTMATIGS TE DOEN, met **met** (iets): *de ambtenaar was met veel geld omgekocht*

omlijst

∗ ~ **door**, omgeven: *zijn gezicht was omlijst door blonde haren; het jubileum werd omlijst door allerlei evenementen;* ~ **met** (onstoffelijk object), omgeven: *de filmbeelden waren omlijst met citaten uit het werk van Nescio*

omloop

• **in** ~, in de circulatie: *er is vals geld in omloop*

ommezien

• **in** een ~, binnen korte tijd: *het was in een ommezien gebeurd*

ommezijde

• **aan** de ~, aan de achterkant van een vel papier: *aan de ommezijde vindt u een routebeschrijving*

omrekenen

∗ HERLEIDEN, met **in** of **naar** (andere eenheid e.d.): *dollars omrekenen in euro's* en/of met **tegen** (koers): *dollars omrekenen tegen een koers van € 0,75*

omringd

• ~ **door** (personen, iets, zaken), (van een persoon) ingesloten door: *het staatshoofd was omringd door lijfwachten;* ~ **door** of **met** (iets, zaken), (van een zaak) ingesloten door: *het dal is omringd door steile hellingen; het pleintje is omringd met gezellige geveltjes*

omringen

∗ OMSLUITEN, AAN ALLE KANTEN VOORZIEN VAN, met **met** (iets): *een stad omringen*

met wallen, forten e.d.
* RIJKELIJK VOORZIEN VAN, met **met** (iets, personen): *hij omringde haar met weelde*
• zich ~ **met** (personen), graag om zich heen willen hebben: *hij omringde zich met een schare trouwe discipelen*

omruilen
* INWISSELEN, met **voor** (iets dat gelijke of hogere waarde heeft, of meer passend is): *hij ruilde zijn platencollectie om voor cd's*
* WAARDEPAPIEREN, GELD E.D. INWISSELEN, met **tegen**, **voor** en **in** (valuta, aandelen e.d.): *Duitse beleggers ruilden hun aandelen om voor/in Nederlandse waarden*

omschakelen
* OVERGAAN OP EEN ANDER BELEID, SYSTEEM E.D., met **op** (iets): *wij schakelen om op aardgas* of met (**van** (iets)) **naar** (iets): *het bedrijf schakelde om van productontwikkeling naar procesontwikkeling*

omscholen
* EEN ANDER VAK DOEN LEREN, met **tot** (iets, vak, beroep e.d.): *bouwvakkers worden omgeschoold tot veiligheidsbeambten*

omslaan
* (VAN EEN STEMMING, HOUDING E.D.) PLOTSELING VERANDEREN (MEESTAL TEN KWADE), met **in** (iets): *zijn vrolijkheid sloeg om in teleurstelling*
* KOSTEN HOOFDELIJK VERDELEN, met **over** (personen): *hij sloeg de kosten van de borrel om over de aanwezigen*

omslag
* EVENREDIGE VERDELING, met **over** (personen): *een omslag van de kosten over de deelnemers*

omsmeden
* DOOR SMEDEN VERANDEREN, met **tot** (iets): *bronzen beelden werden omgesmeed tot kanonnen*
* OMVORMEN, met **tot** (iets): *de president smeedde het keurkorps om tot zijn persoonlijk lijfwacht*

omspringen
• ~ **met** (iem., iets), omgaan, te werk gaan met: *hij springt raar met zijn vrienden om; hij springt merkwaardig met zijn geld om*

omstandigheden
• **naar** ~, voor zover de situatie ernaar is: *hij maakt het naar omstandigheden goed;* **onder** bepaalde/normale e.d. ~: *onder normale omstandigheden zou ik het met je eens zijn;* **wegens** ~ gesloten

omtoveren
* DOOR TOVERKUNST VERANDEREN, met **tot** of **in** (iem., iets): *de heks toverde kinderen om tot honden*
* VERANDEREN IN IETS HEEL MOOIS, met **tot** of **in** (iets): *handig toverde hij de krot om tot een comfortabele woning*

omvormen
* VERANDEREN, met **tot** (iets): *het verouderde bedrijf werd omgevormd tot een moderne onderneming*

omvorming
* HET OMVORMEN, met **tot** (iets): *de omvorming van het bedrijf tot een marktgerichte onderneming*

omwerken
* (EEN TEKST E.D.) OPNIEUW BEWERKEN, met **tot** (iets): *het boek werd omgewerkt tot een toneelstuk*

omwille
• ~ **van** (iem., iets), ter wille van: *omwille van de lieve vrede gaf hij toe*

omwisselen
* (GELD, WAARDEPAPIEREN, EEN LENING E.D.) VERWISSELEN VOOR ANDERSOORTIG GELD, ANDERSOORTIGE WAARDEPAPIEREN E.D., met **in**, **voor** of **tegen** (iets): *dollars omwisselen tegen euro's; niet-royeerbare certificaten omwisselen tegen dollars; obligaties omwisselen voor aandelen*
* (EEN VOORWERP) VERVANGEN DOOR EEN ANDER, met **voor** (iets): *hij wisselde zijn dubbele postzegels om voor een nieuwe serie; ze wisselde haar natte sokken om voor droge*

omzet
* STROOM VAN GELEVERDE GOEDEREN/DIENSTEN EN DE DAARMEE SAMENHANGENDE BETALING, met **in** of **van** (goederen, diensten e.d.): *de omzet in papier is sinds de automatisering alleen maar toegenomen; de omzet van biologisch geteelde groenten moet vergroot worden*

omzetten
* VERANDEREN, WIJZIGEN, met **in** (iets): *hij zette zijn zaak om in een BV; zijn gevangenisstraf werd omgezet in een boete; suiker wordt door gisting in alcohol omgezet*

omzien
• ~ **naar** (iets, iem.), belangstelling tonen voor: *hij zag nooit naar zijn kinderen om;* ~ **naar** (iets), zoeken: *hij ziet al enige tijd om naar een nieuwe baan*

omzwaaien
* VAN STUDIERICHTING VERANDEREN, met **naar** (iets): *hij begon met een studie Nederlands, maar zwaaide om naar rechten*

onafhankelijk
* POLITIEK ZELFSTANDIG, met **van** (iem.,

iets): *in 1830 werd België onafhankelijk van Nederland*
• ~ **van** (iem., iets), 1 niet (financieel) op anderen aangewezen: *kinderen worden, als ze ouder worden, onafhankelijk van hun ouders;* 2 niet afhangend van: *wat ik ga doen is onafhankelijk van wat jullie ervan vinden; het voertuig heeft zes wielen die onafhankelijk van elkaar kunnen bewegen*

onbegrip
* HET NIET BEGRIJPEN VAN IETS OF IEMAND, met **over** of **voor** (iem., iets): *het onbegrip voor deze wettelijke regeling is groot* en/of met **bij** (iem., groep e.d.) of **tussen** (mensen, instellingen): *het onbegrip bij het publiek is groot; het onbegrip tussen de twee landen moet uit de weg geruimd worden*
• **tot** ~ **van** (iem.), met onbegrip als gevolg: *tot onbegrip van het hele land ontsloeg het winstgevende concern tientallen personeelsleden*

onbehagen
* MISNOEGEN, met **over**, **aangaande**, **rond** of **ten aanzien van** (iets): *in de Arabische wereld heerste groot onbehagen over het geallieerde optreden in de Golfoorlog*

onbekend
• ~ **bij** (iem., instelling), niet geregistreerd: *X. is onbekend bij de politie;* ~ **met** (iets), niet kennend: *met de verkeerssituatie in deze stad ben ik onbekend*

onbestaanbaar
• ~ **met** (iets), strijdig, niet kunnende samengaan: *vechtlust is onbestaanbaar met vriendelijkheid*

onbevoegd
* NIET GERECHTIGD, met **(om) te** (+ onbep. wijs): *hij is onbevoegd om les te geven op een middelbare school*

onbewogen
* EMOTIONEEL NIET BEROERD, met **bij** (situatie e.d.): *ik kon bij dit trieste tafereel niet onbewogen blijven*

onbewust
• ~ **van** (iets), het niet wetend: *hij was zich onbewust van zijn enorme kracht; nog onbewust van wat ons boven het hoofd hing gingen wij op weg*

onbruik
• **in** ~, niet langer in gebruik: *schrijfmachines zijn zo langzamerhand in onbruik geraakt*

onderbrengen
* PLAATSEN IN EEN RUBRIEK, AFDELING E.D., met **in** of **bij** (iets): *hij bracht zijn postzegels onder in diverse categorieën; de figuur van Jezus laat zich niet onderbrengen bij een van de toen bestaande stromingen*
* VAN ONDERDAK VOORZIEN, met **bij** (iem.): *de vluchtelingen werden ondergebracht bij gastgezinnen* of met **in** (iets): *asielzoekers worden ondergebracht in opvangcentra*
* EEN INSTELLING HUISVESTEN, met **in** (iets): *de gemeente wil de toneelgroep onderbrengen in een 'theaterstraat'*
* DE ADMINISTRATIE OF HET BEHEER E.D. VAN IETS OF VAN KLANTEN LATEN BEHARTIGEN DOOR EEN INSTELLING, met **bij** (instelling): *de auteur bracht zijn nieuwe boek onder bij een andere uitgeverij*

onderdoen
• ~ **voor** (iem., iets), minder goed zijn dan: *hij doet in vakkundigheid niet onder voor zijn leermeester*

onderduiken
* ZICH SCHUILHOUDEN, met **bij** (iem.): *hij dook onder bij een Friese familie* en/of met **in** (huis, omgeving e.d.): *hij dook onder in het huis van een kennis*

ondergaan
• ~ **in** (iets), tenietgaan door, erin verzinken: *hij dreigde onder te gaan in zijn beslommeringen*

ondergeschikt
• ~ **aan** (iem., iets), onderworpen: *iedere burger is ondergeschikt aan de wet;* ~ **aan** (iets), van minder belang: *dit probleem is ondergeschikt aan een meer principieel probleem.*

onderhevig
• ~ **aan** (iets), onderworpen aan de werking van iets: *het houtwerk van de kozijn is onderhevig aan regen en wind*

onderhorig
* ONDERGESCHIKT, met **aan** (iem., iets): *de bondscoach is onderhorig aan een keuzecommissie*

onderhouden
• ~ **over** (iets), berispen: *de baas heeft hem onderhouden over zijn slechte prestaties;* zich ~ **met** (iem.), een gesprek voeren: *we hebben ons aangenaam met elkaar onderhouden*

onderlegd
* BEDREVEN, HANDIG, met **in** (iets): *hij was zeer onderlegd in de astronomie*

onderpand
* VOORWERP DAT MEN IEMAND GEEFT ALS WAARBORG VOOR HET NAKOMEN VAN EEN VERBINTENIS, met **voor** (iets, schuld e.d.): *hij gaf een antieke klok als onderpand voor de lening*
• **in** ~ geven, als onderpand geven, met **aan** of **bij** (iem.): *het bedrijf geeft zijn*

technische kennis in onderpand aan de minister van Economische Zaken; **op** of **tegen** ~ **van** (iets), met die zaak als onderpand: *LegioLease verstrekt een lening op onderpand van bepaalde obligaties*

onderrichten

∗ ONDERWIJZEN, INSTRUEREN, met **in** of **omtrent** (iets): *de sergeant onderrichtte de soldaten in het gebruik van het tankgeschut*

onderscheid

∗ VERSCHIL, met **in** (iets): *er is duidelijk een onderscheid in kleurstelling* en/of met **tussen** (personen, zaken): *de docent kan geen onderscheid maken tussen zijn leerlingen; het onderscheid tussen die zaken is niet erg scherp*

• ~ maken **naar** (iets), 1 verschillende categorieën onderscheiden: *in dit handboek wordt niet onderscheid gemaakt naar soorten taalgebruik;* 2 verschillend behandelen op grond van iets: *onderscheid maken naar geslacht*

onderscheiden

∗ VERSCHILLEND DOEN ZIJN, met **van** (iem., iets, elkaar): *dit gedrag onderscheidt hem van zijn leeftijdgenoten*

∗ VERSCHIL WAARNEMEN, met **van** (iets, elkaar): *deze kattenrassen zijn nauwelijks van elkaar te onderscheiden*

• zich ~ **door** (iets), zich kenmerken, doen kennen: *hij onderscheidde zich door zijn doorzettingsvermogen;* zich ~ **van** (iem., iets), verschillen: *onze zoon onderscheidt zich van zijn leeftijdgenoten doordat ...*

onderverdelen

∗ INDELEN, met **in** (categorieën e.d.): *planten onderverdelen in categorieën*

ondervinding

∗ ERVARING, met **met** (iets): *ondervinding met het lesgeven*

• **bij** of **uit** ~, door ervaren te hebben: *bij/uit ondervinding weet ik hoe moeilijk het is*

ondervragen

∗ EEN VERHOOR AFNEMEN, met **over** (iets): *de politie ondervroeg hem over zijn bezoek aan zijn ex-vrouw*

onderwerpen

• ~ **aan** (iets), doen ondergaan: *de politie onderwierp de arrestant aan een diepgaand verhoor; de inspectie onderwerpt ieder Liberiaans schip aan een jaarlijkse keuring;* zich ~ **aan** (iets), accepteren: *je moet je onderwerpen aan de regels van het huis*

onderwijs

∗ LESSEN, met **in** (iets, vak): *hij volgt onderwijs in de rechtswetenschap* en/of met **aan** (iem.): *het onderwijs aan buitenlandse studenten* en/of met **in** (voertaal): het onderwijs in het Nederlands

∗ HET BIJBRENGEN VAN KENNIS, met **van** (iets, vak): *het onderwijs van de Nederlandse taal aan buitenlanders moet bevorderd worden*

onderwijzen

∗ LES GEVEN AAN, met **in** (iets): *hij onderwijst ons in de rechtswetenschap*

∗ LES GEVEN IN, met **aan** (iem.): *hij onderwijst de Nederlandse taal aan buitenlandse kinderen*

onderworpen

• ~ **aan** (iets), 1 onderhevig aan: *dit land is eeuwenlang onderworpen geweest aan een tiranniek bewind;* 2 verplicht tot (deelname aan): *leden van het corps diplomatique zijn niet onderworpen aan de Nederlandse belastingwetgeving*

onderzoek

∗ HET ONDERZOEKEN, met **naar**, **betreffende** of **rond** of **van** (gedrag, taal e.d.): *een onderzoek naar het seksuele gedrag van stekelbaarzen* en/of met **aan** (mens, dier, mens, organen e.d.), **bij** (mens) of **onder** (mensen): *onderzoek doen aan ratten; onderzoek aan mitochondriaal DNA; onderzoek doen bij een kankerpatiënt; een onderzoek onder vrijwilligers*

∗ HET BEPROEVEN OP EIGENSCHAPPEN OF DEUGDELIJKHEID, met **van** (iets): *de keuringsdienst voor het onderzoek van waren; onderzoek van de boeken wees uit dat er fraude was gepleegd*

onderzoeken

∗ EEN ONDERZOEK UITVOEREN, met **op** (iets): *het vlees werd onderzocht op ziektekiemen; de patiënt werd onderzocht op bloeddruk en bloedsuiker*

ondoordringbaar

∗ NIET TE PASSEREN, met **voor** (iem., iets): *de nieuwe stof is ondoordringbaar voor water*

oneens

∗ VAN TEGENGESTELDE MENING, met **met** (iem., iets): *daar ben ik het mee oneens; ik ben het met u oneens* of met **over** (iets): *daarover zijn we het nog oneens/ben ik het met u oneens*

onenigheid

∗ (NIET TELBAAR) FEIT DAT MEN HET ONEENS IS, met **tussen** (partijen): *een onenigheid tussen de ondernemingsraad en*

het management en/of met **over** (iets): *er heerst onenigheid over het personeelsbeleid*
∗ VERSCHIL VAN MENING, met **met** (iem.): *de ondernemingsraad had een onenigheid met het management*
onevenredig
∗ NIET IN VERHOUDING, met **aan** of **met** (iets): *de grootte van het honorarium is onevenredig aan/met de geleverde inspanning*
ongelijk <zn>
• ~ hebben **aan** of **in** (iets), het niet juist hebben: *daaraan heb je ongelijk;* **in** het ~ stellen, de onjuistheid erkennen: *de rechter stelt de eiser in het ongelijk*
ongelijk <bn>
∗ NIET OVEREENKOMEND IN SOORT, WAARDE ENZ., met **aan** (iem., iets): *deze figuren zijn ongelijk aan elkaar*
ongelukkig
• ~ zijn **met** (iets), ontevreden zijn over: *Moskou was ongelukkig met de luchtaanvallen op Bosnië*
ongenegen
• ~ **tot** (iets) of **(om) te** (+ onbep. wijs), (meestal met ontkenning) niet bereid: *de vakbonden waren niet ongenegen tot het democratiseren van de Labour Party; de partij was niet ongenegen om een spreker te leveren*
ongenoegen
∗ MISNOEGEN, met **over** (iets): *hij uitte zijn ongenoegen over het gedrag van de toehoorders* en/of met **bij** (iem.) of **in** (groep): *de maatregelen leidden tot groot ongenoegen bij de plaatselijke bevolking; er heerste ongenoegen in de Turkse gemeenschap*
∗ ONENIGHEID, met **met** (iem.): *hij heeft ongenoegen met zijn moeder*
• **tot** ~ **van** (iem., groep), ongenoegen tot gevolg hebbend: *tot ongenoegen van de bevolking verhoogde de regering alle belastingen*
ongerede
• **in** het ~, in niet-correcte staat: *in de storm raakte het roer in het ongerede; haar kapsel was in het ongerede geraakt*
ongerust
∗ BEZORGD, met **over** (iem., iets): *hij is ongerust over de toekomst van zijn kinderen*
ongevoelig
• ~ **voor** (iets), niet gebukt gaand onder iets: *hij leek ongevoelig voor onze kritiek*
ongewisse
• **in** het ~, in onzekerheid, met **omtrent** (iets): *we hoefden niet lang in het ongewisse te blijven omtrent haar bedoelingen*
onkundig
• ~ **van** (iets), niet afwetend van: *zij was onkundig van de gemaakte afspraken*
onledig
• zich ~ houden **met** (iets), zich bezighouden: *deze club houdt zich onledig met geneuzel over mystiek*
onmachtig
∗ NIET IN STAAT, met **tot** (iets): *door zijn ziekte was hij onmachtig om grote afstanden te lopen* of **om te** (+ onbep. wijs): *de politie was onmachtig om in te grijpen*
onpas
• **te** pas en **te** ~, of het nu in een situatie passend is of niet: *zij praatte te pas en te onpas over haar scheiding*
onrechte
• **ten** ~, niet terecht: *ik voel me ten onrechte aangevallen*
onschuldig
∗ GEEN SCHULD HEBBEND, met **aan** (iets): *de arrestant bleek onschuldig aan de inbraak*
ontaarden
∗ VERWORDEN, met **in** (iets): *het rustig begonnen klassenfeest ontaardde in een drinkgelag*
ontbieden
∗ OPDRAGEN TE KOMEN, met **in** (iets, plaats): *de burgemeester ontbood het raadslid in zijn kamer* of met **naar** (bijeenkomst e.d.): *de trainer ontbood zijn pupil naar de centrale training* of met **op** (gebouw e.d.): *de pasja ontbood de vrouwen op zijn paleis*
ontbijten
∗ HET ONTBIJT GEBRUIKEN, met **met** (iets): *hij ontbeet met koffie en knapperige broodjes; hij ontbeet op een gekookt ei*
ontbindbaar
∗ TE ONTBINDEN, met **in** (factoren): *een priemgetal is niet ontbindbaar in factoren*
ontbinden
∗ DE FACTOREN VASTSTELLEN, met **in** (factoren): *kun je een priemgetal ontbinden in factoren?*
ontbloot
• ~ **van** (iets), zonder, ontdaan van: *zijn inschikkelijkheid was niet ontbloot van eigenbelang*
ontbranden
• ~ **in** (drift e.d.), aan een intense gevoelsuitbarsting ten prooi vallen: *zij*

ontbrandde in woede

ontbreken

• ~ **aan** (personen, iets), niet beschikbaar zijn: *het ontbrak de soldaten aan zware wapens; voor die order ontbreekt het me aan personeel*

ontdoen

• ~ **van** (iem., iets), vrijmaken: *hij ontdeed zich van zijn belagers*

onteigenen

* HET EIGENDOMSRECHT ONTNEMEN, met **van** (iets): *hij heeft zijn kinderen onteigend van een gedeelte van zijn vermogen*

ontevreden

* NIET TEVREDEN, met **met** of **over** (iem., iets): *de advocaat was ontevreden met het vonnis; we zijn ontevreden met de heer N. als collega*

ontfermen

• ~ **over** (iem., iets), **zich** , de zorg op zich nemen: *na de dood van zijn broer ontfermde hij zich over zijn kinderen*

ontgoocheld

* TELEURGESTELD, met **over** of **in** (iets): *de leden van de vereniging waren ontgoocheld over het beleid van het bestuur*

onthalen

* VERGASTEN, met **op** (iets): *de bezoekers werden onthaald op koffie en koek*

onthecht

* GEESTELIJK LOS VAN STOFFELIJKE BELANGEN, met **van** (iets): *hij was onthecht van alle egocentrische beslommeringen*

ontheffen

* IEMAND ONTSLAAN VAN EEN VERPLICHTING, VERBOD E.D., met **van** (last, ambt, bevoegdheid, verbod, verplichting e.d.): *na de verkiezingen werd de eerste minister door de koning ontheven van zijn functie; de Europese Commissie onthief het bedrijf van het kartelverbod* of met **uit** (functie): *hij werd uit zijn functie ontheven*

ontheffing

* HET ONTHEFFEN, met **van** of **voor** (iets): *de minister weigerde een ontheffing te verlenen van/voor de veiligheidseisen*

onthouden

• zich ~ **van** (iets), afzien: *hij onthield zich van commentaar*

ontij

• **bij** nacht en ~, 's nachts onder de slechtst mogelijke weersomstandigheden: *we moesten er bij nacht en ontij op uit*

ontkennen

* ZEGGEN DAT IETS ONJUIST IS, met **tegenover** (iem.): *tegenover de aanwezige journalisten ontkende de minister enigerlei betrokkenheid bij het omkoopschandaal*

ontkomen

* IETS BEPAALDS NIET HOEVEN TE ONDERGAAN, met **aan** (iem., iets): *doordat hij niet thuis was, ontkwam hij aan aanhouding door de politie*

* ONTSNAPPEN, met **naar** (iets): *veel Iraanse dissidenten wisten te ontkomen naar West-Europa*

• niet ~ **aan** (iets), niet onderuit kunnen: *ik kan niet ontkomen aan de constatering dat ...; aan een belastingverhoging zal wel niet zijn te ontkomen*

ontladen

* zich ~, tot een gevoelsuitbarsting komen, met **in** (iets): *de algemene onvrede ontlaadde zich in een staking* en/of met **op** (iem.): *zijn boosheid ontlaadde zich op een toevallige voorbijganger*

ontlasten

* VAN EEN LAST ONTDOEN, ONTHEFFEN, met **van** (iets): *hij is van zijn taak ontlast; hij werd van iedere verantwoordelijkheid onlast; de binnenstad wordt van zwaar verkeer ontlast*

ontleden

* ONTBINDEN, SCHEIDEN, met **in** (bestanddelen e.d.): *een zin taalkundig ontleden in zinsdelen*

ontlenen

* OVERNEMEN, met **aan** of **uit** (bron, taal e.d.): *het Nederlands ontleent veel woorden aan/uit het Engels*

• ~ **aan** (iem., iets), ontvangen van, te danken hebben: *de aarde ontleent haar warmte aan de zon*

ontlening

* IETS DAT ONTLEEND WORDT, met **aan** (iets, taal) of **uit** (taal): *het Nederlands kent veel ontleningen uit het Frans*

ontmoeting

* KEER DAT MEN IEMAND ONTMOET, met **van** (iem.) en **met** of **en** (iem.): *de eerste ontmoeting van de apostelen met Jezus* en/of met **tussen** (mensen): *de ontmoeting tussen de politieke onderhandelaars verliep bevredigend; een ontmoeting tussen jong en oud*

ontoegankelijk

* NIET TE BEREIKEN/RAADPLEGEN E.D., met **voor** (iem., iets): *het betreft hier een voor wandelaars ontoegankelijk gebied; deze documenten zijn ontoegankelijk voor de pers*

ontpoppen

• zich ~ **als** (iem.), blijken te zijn: *zij*

ontpopten zich als neonazi's; zich ~ **tot** (iem.), zich ontwikkelen tot: *hij ontpopt zich tot een uitstekend journalist; de Serviërs ontpopten zich als neonazi's*

ontrukken

• **aan** de vergetelheid ~, zorgen dat iem./iets weer bekendheid krijgt: *Willem Noske heeft tal van Nederlandse componisten aan de vergetelheid ontrukt;* **aan** de anonimiteit ~, zorgen dat iem./iets bekendheid krijgt: *Willem Noske heeft tal van Nederlandse componisten aan de anonimiteit ontrukt*

ontslaan

* VRIJLATEN, met **uit** (gevangenis, ziekenhuis e.d.): *hij is uit de gevangenis ontslagen; hij werd uit het ziekenhuis ontslagen*

* ONTHEFFEN VAN EEN FUNCTIE, met **als** (functionaris) of **uit** (functie): *hij werd ontslagen als directeur; hij werd op staande voet uit zijn ambt ontslagen*

• ~ **van** (plicht, taak e.d.), ontheffen: *eindelijk was hij van die verantwoordelijkheid ontslagen; ontslagen van rechtsvervolging*

ontslapen

• **in** God/de Heer ~, sterven: *zij is vredig in de Heer ontslapen*

ontsnappen

* ONGEMERKT VLUCHTEN, met **uit** (gevangenis e.d.): *zij ontsnapte uit een psychiatrische inrichting*

* ONTKOMEN, met **aan** (iem.): *hij wist aan zijn bewakers te ontsnappen* of met **aan** (gevaar, aandacht e.d.): *hij ontsnapte aan een groot gevaar; die fout is aan mijn aandacht ontsnapt*

ontspringen

* (VAN EEN NIET-STOFFELIJKE ZAAK) VOORTKOMEN UIT, met **aan** (iets): *deze roman ontspringt aan verschillende ervaringen en gevoelens; de bevrijdingsbeweging ETA is ontsprongen aan het radicale Baskische nationalisme*

* (VAN EEN STOFFELIJKE ZAAK) OP EEN BEPAALD PUNT BEGINNEN, met **uit** (iets): *de ontwerper maakte een standaard voor televisietoestel en videorecorder, waarbij uit een kegel twee buizen ontspringen*

* (VAN EEN WATERLOOP) ZIJN OORSPRONG HEBBEN, met **uit** (bron, meer e.d.): *uit een bron ter grootte van een wasbak ontsprong een beekje; de Nijl ontspringt uit het Victoriameer* en/of met **in** (gebergte, streek, land): *de Donau ontspringt in het Zwarte Woud* of **op** (berg, hoogvlakte): *de Maas ontspringt op het Plateau van Langres, de Rijn op de Sint-Gotthard.*

ontspruiten

* AFKOMSTIG ZIJN, met **aan** (brein, fantasie e.d.) of **uit** (geslacht, moederschoot e.d.): *zijn maatschappelijke visie ontsproot aan de boeken van Sartre; hij is ontsproten uit een roemrijk geslacht; uit het humanisme is het communisme ontsproten*

ontstaan

* VOORTKOMEN, met **uit** (iets): *nieuwe planten ontstaan uit een zaadje*

ontsteken

• **in** (woede e.d.) ~, aan een intense gevoelsuitbarsting ten prooi vallen: *bij het horen van de prijs ontstak hij in razernij*

ontstemd

* MISNOEGD, met **over** (iets): *hij was ontstemd over het gedrag van zijn pupil*

ontsticht

• ~ **over** (iem., iets), geërgerd: *hij was zeer ontsticht over die mededeling*

ontstijgen

• ~ **aan** (iets), boven iets uit weten te komen, iets weten te overwinnen: *de foto's van deze kunstenaar ontstijgen aan de maatschappelijke context waarin ze werden genomen*

onttrekken

* ONTNEMEN, met **aan** (iets): *de warmte van de zon onttrekt vocht aan de rivieren*

• zich ~ **aan** (iets), opzettelijk geen deel hebben: *met een smoes onttrok hij zich aan de vergadering*

ontvallen

* GAAN ONTBREKEN, met **voor** (iem., iets): *voor de werkgevers is iedere grond tot concessies nu vervallen*

ontvankelijk

* VATBAAR, GEVOELIG, met **voor** (iets, indrukken e.d.): *hij is niet ontvankelijk voor de schoonheid van de zeventiende-eeuwse schilderkunst*

ontvlammen

• ~ **in** (boosheid e.d.), aan een intense gevoelsuitbarsting ten prooi vallen: *hij ontvlamde in woede*

ontwaken

* WAKKER WORDEN, met **uit** (slaap e.d.): *hij ontwaakte uit een boze droom*

ontwerp

* PLAN, OPZET, met **voor** (iets): *een ontwerp voor de aanleg van een nieuwe spoorlijn*

ontwikkelen

* zich ~, zich geleidelijk vormen, uitgroeien, met **tot** (iets): *hij ontwikkelde*

zich tot een uitstekend wielrenner of met **uit** (iem., iets): *uit een oud ritueel heeft zich een nieuw gebruik ontwikkeld*

ontworstelen

• ~ **aan** (iem., iets), **zich** , zich bevrijden: *individuen die zich ontworstelden aan de dictatuur*

ontzag

* EERBIEDIGE SCHROOM, met **voor** (iem., iets): *de ambtenaar had weinig ontzag voor zijn chef*

ontzetten

* IEMAND ONTSLAAN, ONTHEFFEN, met **uit** (functie, ambt e.d.): *de commissaris van de koningin werd uit zijn ambt ontzet; iemand ontzetten uit de ouderlijke macht*

onverenigbaar

* NIET COMBINEERBAAR, met **met** (iets): *het ministerschap is onverenigbaar met de functie van directeur van een groot bedrijf*

onverkiesbaar

* NIET GEKOZEN KUNNENDE WORDEN, met **als** (functie) of **voor** (vertegenwoordigend lichaam): *allochtonen zijn onverkiesbaar als kamerlid/voor de Staten-Generaal*

onvermogen

* ONMACHT, met **tot** (iets) of **om te** (+ onbep. wijs): *de politie toonde een groot onvermogen tot het in de hand houden van de demonstratie/om de demonstratie in de hand te houden*

onverschillig

* ONGEÏNTERESSEERD, met **voor** (iem., iets): *hij was onverschillig voor wat er in de wereld gebeurde;* ~ zijn/blijven **onder** of **voor** (iets), niet geëmotioneerd zijn: *de natie bleef onverschillig onder al deze politieke verwikkelingen; zij was onverschillig voor wat er om haar heen gebeurde*

• ~ staan **tegenover** (iets), er niet warm of koud van worden: *hij stond onverschillig tegenover de rampen die zich op dat moment voltrokken*

onvrede

* ONBEHAGEN, met **met** of **over** (iem., iets): *hij heeft onvrede met zijn werk*

onwennig

* ONBEHAGELIJK, met **met** (iem., iets): *ik voel me nog wat onwennig met de nieuwe auto* of met **in** (situatie): *hij was duidelijk nog onwennig in zijn nieuwe functie*

• ~ staan **tegenover** (iem., iets); *de jonge gast stond nog wat onwennig tegenover zijn nieuwe omgeving*

onwennigheid

* ONGEMAKKELIJK GEVOEL, met **met** (iets): *de toespraak van de president getuigde van onwennigheid met de nieuwe situatie*

onwetend

* ONBEWUST, ONKUNDIG, met **van** of **over** (iets): *het grote publiek is onwetend over de werkelijke toedracht.*

onzeker

* NIET ZEKER WETEND, met **over** (iets): *de jonge mens is hoogst onzeker over de toekomst*

• **in** het onzekere laten **over** (iets), zich niet duidelijk uitlaten: *zij liet ons in het onzekere over haar bedoelingen*

onzent

• **te(n)** ~, bij ons thuis: *wij zullen u graag te onzent begroeten*

onzuiver

• ~ **in** de leer, niet orthodox: *wij waren volgens velen in ons dorp onzuiver in de leer*

oog

• **in** het ~ lopen, opvallen: *met dat petje loop je nogal in het oog;* **met** het ~ **op** (iem., iets), in aanmerking nemend: *met het oog op het late tijdstip raden we u aan een taxi te nemen;* **op** het ~, schattenderwijs, zonder meetinstrument: *zo op het oog is het een meter;* **uit** het ~ verliezen, het contact verliezen: *na onze schooltijd hebben wij elkaar uit het oog verloren;* **voor** het ~, alleen voor de uiterlijke schijn: *zo voor het oog lijkt het heel wat, maar er mankeert nogal wat aan*

• ~ **in** ~ staan **met** (iem.), recht tegenover staan, zodat men elkaar nauwelijks kan negeren: *we stonden plotseling oog in oog met de vijand;* een wakend ~ houden **op** (iets), het ~ houden **op** (iets), blijven letten: *hij hield het oog op de dagelijkse gang van zaken;* het ~ laten vallen **op** (iem.), kiezen: *hij liet het oog vallen op zijn jongste medewerker;* (geen) ~ hebben **voor** (iem., iets), (geen) aandacht besteden: *zij heeft (geen) oog voor de noden van haar kinderen;* een open ~ hebben **voor** (iets), er veel begrip voor hebben: *hij heeft een open oog voor de problemen*

ooggetuige

* TOESCHOUWER ALS GETUIGE, met **van** (iets): *de politie zoekt ooggetuigen van het ongeval*

oogje

• een ~ hebben **op** (iem.), gecharmeerd zijn: *hij heeft een oogje op zijn fraaie* *secretaresse;* een ~ houden **op** (iem., iets), in de gaten houden: *houd jij een oogje op de kleine?*

oogpunt

• **(van)uit** een/het ~ **van** (iets), bezien vanuit een bepaalde gezichtshoek: *vanuit oogpunt van efficiency is deze maatregel uiterst gewenst*

oogwenk

• **in** een ~, in korte tijd: *de reparatie was in een oogwenk bekeken*

oor

• **ter** ore komen, te horen krijgen: *mij is ter ore gekomen dat er een nieuwe directeur komt;* een open ~ hebben **voor** (iem., iets), begripvol willen luisteren: *als ze bij hem langs kwamen met hun problemen, had hij altijd een open oor voor hen*

oordeel

* MENING, met **over** (iem., iets): *de gemeenteraad was snel klaar met zijn oordeel over het uitbreidingsplan*

• **naar** mijn ~, volgens mij: *naar mijn oordeel zit hier de fout in de redenering;* **van** ~ zijn: menen: *ik ben van oordeel dat hier krachtig ingegrepen moet worden*

oordelen

* RECHTSPREKEN, met **over** (iem.): *God zal oordelen over de mensen*

* EEN OORDEEL HEBBEN, met **over** (iem., iets): *oordeel niet over dingen waar je geen verstand van hebt*

• **te** ~ **naar** (iets), wanneer men op grond daarvan oordeelt: *te oordelen naar haar blik, is ze niet in een goede stemming*

oorlog

* GEWAPENDE STRIJD OP GROTE SCHAAL, OOK FIGUURLIJK (TUSSEN OVERHEID EN MISDAAD E.D.), met **met** of **tegen** (iem., iets): *de oorlog met Duitsland; de oorlog tegen de drugs* of met **tussen** (partijen): *de oorlog tussen Frankrijk en Duitsland in de vorige eeuw*

• **in** ~ komen/zijn **met** (iets, land e.d.), oorlog (gaan) voeren: *Italië kwam in oorlog met Oostenrijk;* **ten** ~ trekken/gaan: *Napoleon trok ten oorlog tegen Rusland*

oorsprong

• zijn ~ ontlenen **aan** (iem., iets), afkomstig zijn van: *dit gebruik ontleent zijn oorsprong aan een oud heidens ritueel;* zijn ~ vinden **in** (iets), afkomstig zijn van: *dit gebruik vindt zijn oorsprong in een heidens ritueel*

oorzaak

* FEIT DAT BEPAALDE GEVOLGEN HEEFT, met **van** of **voor** (iets): *de oorzaak van een vliegramp*

oostelijk

* AAN DE OOSTKANT, met **van** (iets): *het hogedrukgebied ligt oostelijk van Nederland*

oosten

• **in** het ~, in het oostelijk gedeelte van een stad of gebied: *Eupen ligt in het oosten van België;* **op** het ~, in oostelijke richting: *een tuin op het oosten;* **ten** ~ **van** (iets), oostelijk van: *de rivier stroomt ten oosten van de stad*

ootje

• **in** het ~ nemen, in de maling nemen, bedotten: *dit pik ik niet, mij neem je niet in het ootje*

opbellen

* TELEFONEREN, met **naar** (iem.): *hij belde op naar de klachtendienst*

opbieden

• ~ **tegen** (iem.), een hoger bod doen: *op de veiling bood hij op tegen twee andere aspirant-kopers*

opbod

• **bij** ~ verkopen, door de partijen tegen elkaar te laten opbieden: *de in beslag genomen partij werd bij opbod verkocht*

opboksen

• ~ **tegen** (iem., iets), met moeite tegeningaan: *voordat hij zijn bedrijf kon vestigen moest hij tegen veel instanties opboksen*

opbouwen

* TOT STAND BRENGEN, met **uit** (iets): *uit dat ietwat verlopen bedrijf heeft hij een bloeiende zaak weten op te bouwen*

opbrengen

* ALS OVERTREDER MEEVOEREN, met **naar** (iets): *de agent bracht de arrestant op naar het bureau*

opcenten

* ADDITIONELE BELASTINGVERHOGING, met **op** (belasting, bijdrage): *opcenten op de benzineaccijns.*

opdiepen

* MET MOEITE VOOR DE DAG HALEN, met **uit** (iets): *de ware toedracht moest hij uit zijn herinnering opdiepen*

opdoemen

* LANGZAAM VERSCHIJNEN, met **uit** (schemer e.d.): *uit de mist doemden de contouren van het kasteel op* en/of met **voor** (iem.): *de contouren van het kasteel doemden voor ons op*

opdraaien

• ~ **voor** (iets), de schuld krijgen: *de hele groep draaide op voor de schade die door een van de jongens was aangericht*

opdracht
* OPGELEGDE TAAK, met **tot** of **voor** (iets): *het leger had opdracht tot het herstel van de openbare orde; de regering gaf opdracht voor de deportatie van illegale immigranten; een opdracht tot betaling* of met **(om) te** (+ onbep. wijs): *opdracht om de openbare orde te herstellen*
• **in** ~, krachtens een opdracht, met **van** (iem., instelling): *de commissie verrichtte het onderzoek in opdracht van de regering*

opdragen
* EEN OPDRACHT GEVEN, met **aan** (iem., instelling): *de werkzaamheden werden opgedragen aan een consortium*

opdringen
• ~ **aan** (iem.), 1 min of meer dwingen te accepteren: *deze soliste is ons opgedrongen door het koorbestuur;* 2 onwillekeurig doen denken: *de gedachte drong zich aan mij op dat er is mis was*

open <bn>
* NIET GESLOTEN, BEREIKBAAR, met **voor** (iem., iets): *de weg is weer open voor alle verkeer*

openbaarheid
• **in** de ~, zo dat ieder kennis van iets kan nemen: *nu dit in de openbaarheid is, dient de minister met een verklaring te komen*
• ~ geven **aan** (iets), in de publiciteit brengen: *aan dit feit wordt geen openbaarheid gegeven*

openbaren
* zich ~, zich laten zien/kennen, met **aan** (iem.): *God openbaart zich aan wie Hem willen kennen* of met **in** (daden e.d.): *God openbaart zich in Zijn werken*

openhalen
* DE HUID, EEN LICHAAMSDEEL VERWONDEN DOOR AANRAKING VAN EEN SCHERP VOORWERP, met **aan** (iets): *hij haalde zijn huid open aan het prikkeldraad*

opening
* TOENADERING, met **naar** (iem., iets): *de besprekingen tussen directie en vakbond werden hervat nadat de directie een opening had gemaakt naar de bond*

openstaan
• ~ **voor** (iets), 1 ontvankelijk zijn: *hij stond altijd open voor nieuwe denkbeelden;* 2 bereid zijn gastvrijheid te bieden: *het land stond open voor mensen met initiatief*

opereren
* EEN OPERATIE UITVOEREN, met **aan** (iets): *een team van artsen opereerde hem aan zijn hart*

opgaan
* EXAMEN GAAN DOEN, met **voor** (iets): *vandaag gaat hij op voor economie*
• ~ **in** (iets), 1 opgenomen worden: *het individu gaat op in de massa; de DDR is opgegaan in de Bondsrepubliek Duitsland;* 2 geheel vervuld zijn: *hij gaat helemaal op in zijn hobby;* ~ **naar** (tempel, Rome e.d.), gaan naar: *voor islamieten bestaat de plicht eenmaal in hun leven op te gaan naar Mekka;* ~ **tot** (God, een religieus feest e.d.), gaan naar: *laten onze harten opgaan tot God*

opgave
• **voor** een ~ staan, iets moeten volbrengen: *wij staan voor een zware opgave;* **voor** een ~ stellen, dwingen iets te volbrengen: *de VN werden voor een moeilijke opgave gesteld*
• ~ doen **van** (iets), vermelden: *ieder moet jaarlijks opgave doen van zijn jaarinkomen* en.of met **aan** (iem., instelling): *opgave aan de fiscus van alle transacties*

opgebouwd
• ~ **uit** (iets), samengesteld uit: *alle materie is opgebouwd uit moleculen.*

opgelaten
* IN VERLEGENHEID, met **met** (iets): *hij voelde zich opgelaten met het provocerende gedrag van zijn vrouw*

opgescheept
• ~ **met** (iem., iets), op onplezierige wijze en min of meer verplicht verantwoordelijk: *in de vakantie zit tante opgescheept met de kinderen; ik zit mooi opgescheept met deze rommel*

opgeven
• hoog ~ **van** (iem., iets), prijzen: *hij gaf hoog op van haar capaciteiten*

opgewassen
• ~ **tegen** (iem., iets), bestand: *hij was niet opgewassen tegen zulke grote ontberingen*

ophalen
• zijn hart ~ **aan** (iets), breeduit genieten: *op de beurs konden we ons hart ophalen aan de talloze noviteiten;* de schouders ~ **om** of **over** (iem., iets), zich laatdunkend gedragen: *over zo'n opmerking kun je alleen maar je schouders ophalen;* zijn neus ~ **voor** (iem., iets), met minachting bejegenen: *hij haalt zijn neus op voor een paar tientjes*

ophangen
• ~ **aan** (iets), 1 baseren op: *zijn hele betoog had hij opgehangen aan één*

boek; 2 vastpinnen op: *je mag mij later niet aan deze toezegging ophangen;* een verhaal ~ **tegen** (iem.), een warrig of leugenachtig verhaal vertellen: *hij hing een heel verhaal op over een prijs die hij gewonnen had*

ophebben

• ~ **met** (iem., iets), (meestal met ontkennend element) waardering hebben: *hij heeft weinig met haar op; met poëzie heeft hij niet veel op.*

ophef

* OVERDREVEN DRUKTE, LOF E.D., met **over** of **rond** (iets): *er was veel ophef over die fraudezaak*

• ~ maken **over** of **van** (iets), overdreven aandacht besteden aan: *de buurman maakte veel ophef van de brutaliteit van het kleine meisje; de pers maakte veel ophef over de dronken staatssecretaris*

opheffen

* OMHOOG RICHTEN, met **tot** (iem., iets): *heft de ogen op tot God*

* OPHEFFEN OM TE SLAAN, met **tegen** (iem.): *hij hief zijn hand op tegen het kind*

• ~ **uit** (iets), verlossen: *hij werd opgeheven uit zijn uitzichtloos bestaan*

ophitsen

* OPRUIEN, met **tot** (iets): *de spreker hitste de menigte op tot het bestormen van het politiebureau* of met **tegen** (iem., iets): *de rebellenleider hitste de boeren op tegen het wettig gezag*

ophoren

• ~ **van** (iets), met verbazing kennis nemen: *daar hoor ik van op*

ophouden

* STOPPEN, met **met** (iets): *houd eens op met dat eeuwige roken*

• zich ~ **met** (iem.), omgaan: *ik kan mij nu niet met u ophouden;* zich ~ **met** (iets), bezig zijn: *met zulke wissewasjes houd ik me niet op*

opinie

* ZIENSWIJZE, met **over**, **omtrent** of **in verband met** (iem., iets): *een opinie over de wereldpolitiek*

• **in** zijn ~, volgens zijn zienswijze: *in zijn opinie is dit een juiste beslissing*

opjagen

* (PRODUCTIE, OMZET E.D.) DOEN STIJGEN, met **tot** (iets): *het bedrijf joeg de export op tot het vijfvoudige*

• ~ **tegen** (iem., iets), opzetten tegen: *je moet die kinderen niet tegen elkaar opjagen.*

opjutten

* OPSTOKEN, met **tot** (iets): *de jongetjes werden opgejut tot kattenkwaad* of met **om te** (+ onbep. wijs): *ze worden opgejut om snel te studeren*

* OPZETTEN, met **tegen** (iem.): *je moet die kinderen niet tegen elkaar opjutten*

opkijken

* OMHOOGKIJKEN, met **uit** (lectuur) of **van** (lectuur, breiwerk e.d.): *ondanks het lawaai keek hij niet op uit/van zijn boek; hij keek op van zijn borduurwerkje*

• ~ **tegen** (iem.), bewonderen: *de jongen keek op tegen zijn vader;* ~ **tegen** (iets), met bezwaard gemoed tegemoetzien: *hij keek op tegen het vele huiswerk dat hij had opgekregen;* ~ **van** (iets), verrast zijn: *van dat nieuws keek hij op*

opkikkeren

• ~ **van** (iets), zich beter gaan voelen: *van een biertje kikker je geweldig op*

opklimmen

* IN WAARDE OF AANZIEN STIJGEN, met **tot** (functie, niveau): *in korte tijd was hij opgeklommen tot de kroonprins van het CDA; de Turkse Lira is opgeklommen tot meer dan € 0,60*

opknappen

* BETER, NETTER ENZ. WORDEN, met **van** (iets): *hij is behoorlijk opgeknapt van die therapie*

• ~ **met** (iets), opschepen met: *hij werd opgeknapt met allerlei vervelende karweitjes*

opkomen

* (VAN ZAAD, BLOEMEN E.D.) OPGROEIEN, met **uit** (iets): *de tarwe komt voorspoedig op uit de vruchtbare grond*

• ~ **aan** (iem.), (van een erfenis) iemand toevallen: *een erfenis die aan een minderjarige is opgekomen;* ~ **bij** (iem.), een gedachte e.d. krijgen: *hoe is dat idee bij je opgekomen?;* ~ **in** (iem., geest e.d.), een gedachte e.d. krijgen: *hoe is dat in je (brein) opgekomen?;* ~ **tegen** (iem., iets), zich verzetten: *de vakbeweging komt op tegen een verlaging van het minimumloon;* ~ **voor** (iem., iets), zich als beschermer opwerpen: *het socialisme komt op voor de zwakkeren in de samenleving;* ~ **voor** (iets), na het ontvangen van een oproep verschijnen: *hij moest opkomen voor de dienstplicht/voor zijn rijexamen*

opkunnen

• ~ **tegen** (iem., iets), opgewassen zijn: *ik kon niet tegen hem op*

opkweken

• ~ **tot** (iem., iets), met zorg doen groeien: *het onderwijs moet de kin-*

deren opkweken tot weerbare mensen

opleggen

∗ DOEN ONDERGAAN, met **aan** (iem.): *aan de dief werd een fikse straf opgelegd*

opleiden

∗ ONDERRICHT GEVEN, met **in** (vakgebied) of **voor** (vak, examen, onderwijsvorm, instelling e.d.): *hij is jarenlang opgeleid in de marketing; studenten moeten niet voor één enkel beroep worden opgeleid; hij werd opgeleid voor de landmacht* of met **tot** (beroep, functie): *hij werd opgeleid tot lasser* en/of met **aan** (onderwijsinstelling): *hij werd opgeleid aan een hts* of **op** (type onderwijs): *zij waren opgeleid op het hbo*

oplichten

∗ DOOR BEDROG ONTFUTSELEN, met **voor** (bedrag e.d.): *met een babbeltruc lichtte hij het oude weeuwtje voor vijfhonderd euro op*

oplopen

∗ (VAN EEN AANTAL, BEDRAG) TOENEMEN, met **tot** (iets): *de schuld liep op tot grote hoogte* en/of met **met** (hoeveelheden): *de schuld liep met kleine beetjes op*

• ~ **met** (iem.), een eindje meelopen: *zal ik een eindje met je oplopen?;* ~ **tegen** (iem., iets) , onverwachts tegenkomen: *laatst liep ik weer eens tegen hem op; de poolexpeditie liep tegen grote problemen op.*

oplossen

∗ (VAN EEN STOF) ZICH VERMENGEN, met **in** (iets): *suiker lost op in water.*

• **in** de menigte ~, verdwijnen: *de toeristen losten op in de drukke menigte*

oplossing

∗ HET OPLOSSEN VAN EEN STOF IN EEN VLOEISTOF, met **in** (iets): *een oplossing van suiker in water*

∗ ANTWOORD OP EEN REKENSOM OF EEN ANDERSOORTIG PROBLEEM, met **van** (vraagstuk) of **voor** (ander probleem): *de oplossing van de som is vijf; de oplossing voor het milieuvraagstuk is gewoon minder produceren*

opluisteren

∗ LUISTER BIJZETTEN, met **met** (iets): *de premier luisterde de lustrumviering op met zijn aanwezigheid*

opmaat

∗ EERSTE DEEL VAN EEN MUZIKALE FRASE, met **van** (iets): *de opmaat van de sonate*

∗ AANZET IN HET ALGEMEEN, met **tot**, **naar** of **voor** (iets): *de felle toespraak van de partijleider was de opmaat tot de verkiezingen*

opmaken

• ~ **uit** (iets), afleiden: *uit de berichten maak ik op dat het leger aan de verliezende hand is;* zich ~ **(om) te** (+ onbep. wijs), zich gereedmaken: *hij maakte zich op om naar het bestuursdiner te gaan;* zich ~ **voor** (iets), zich gereedmaken: *hij maakte zich op voor het diner*

opmerking

∗ UITING VAN GEDACHTEN, met **over** (iets): *hij maakte een opmerking over het grote aantal spelfouten in de notulen*

opmerkzaam

• ~ **op** (iem., iets), attent oplettend: *zij was opmerkzaam op alle details; de gids maakte ons opmerkzaam op bijzondere vogels*

opname

∗ HET ONDERBRENGEN, met **in** (ziekenhuis e.d.): *de dokter adviseerde tot opname in een psychiatrische inrichting*

opnemen

∗ EEN PLAATS GEVEN, met **in** (iets): *de asielzoekers werden snel opgenomen in de Nederlandse samenleving; een artikel in een krant opnemen*

∗ TOT ZICH NEMEN, met **in** (geheugen, hoofd e.d.): *de leerlingen namen de leerstof op in hun geheugen*

∗ (BEELD, GELUID) VASTLEGGEN, met **op** (medium): *we namen het concert op een videoband op*

∗ (CONTANT GELD) UITBETAALD KRIJGEN, met **van** (rekening): *ik neem wat geld op van mijn spaarrekening*

• het ~ **tegen** (iem.), de strijd aangaan: *justitie neemt het op tegen de georganiseerde criminaliteit;* het ~ **voor** (iem.), verdedigen: *hij heeft het altijd voor jou opgenomen*

opofferen

∗ MET ZELFVERLOOCHENING TOEWIJDEN, met **aan** of **voor** (iem., iets): *de missionaris offerde zijn leven op voor de verkondiging van het evangelie*

oppassen

∗ ZICH HOEDEN, met **voor** (iem., iets): *de inbreker moest oppassen voor de politie*

opponent

∗ TEGENSTANDER, met **van** (iem., iets): *hij was geen opponent van het politieke systeem*

opponeren

∗ TEGENSTAND BIEDEN, met **tegen** (iem., iets): *de kamerfractie opponeerde tegen de bezuinigen op de sociale voorzieningen*

opporren

∗ AANSPOREN, met **tot** (iets): *hij porde*

zijn leerlingen op tot betere prestaties

oppositie

∗ (POLITIEK) VERZET, met **tegen** (iets): *in de Kamer was veel oppositie tegen de verandering van de winkelsluitingswet*

• **in** de ~ zijn, niet tot de regeringspartij(en) behoren: *voor het eerst sinds de oprichting is het CDA in de oppositie;* **in** ~ **met** (iets), in tegenovergestelde positie: *Mars staat in oppositie met Jupiter*

oprijden

• ~ **tegen** (iets), rijdend tegenaan botsen: *de auto reed tegen een boom op*

oprijzen

∗ OPSTAAN, met **van** (iets): *toen zij binnenkwam, rees iedereen op van zijn stoel*

oproep

∗ VERZOEK, met **aan** (iem.) *een oproep aan alle werknemers* en/of met **om** of **tot** (iets) *een oproep tot staking; een oproep om hulp* of met **(om) te** (+ onbep. wijs): *een oproep om te staken* of met **voor** (iem., personen): *hier volgt een oproep voor alle medewerkenden*

oproepen

∗ VERZOEK TE VERSCHIJNEN, met **voor** (examen, onderzoek e.d.): *eindelijk werd zij voor het rijexamen opgeroepen*

• ~ **tot** (iets) of **(om) te** (+ onbep. wijs), verzoeken, opwekken: *de vakbeweging riep de werknemers op tot staken; zij werden opgeroepen om te staken*

opruien

∗ OPHITSEN, met **tegen** (iem.): *zij ruiden het volk op tegen zijn heersers* of met **tot** (iets): *het volk werd opgeruid tot een gewelddadige opstand*

oprukken

∗ OPMARCHEREN, met **tegen** (iem., iets): *het leger rukt op tegen de vijand* of met **naar** (iets): *de Russen rukten op naar Grozny*

opschepen

• ~ **met** (iem., iets), op onplezierige wijze de verantwoording geven: *ze scheepten tante in de vakantie met de kinderen op; ik heb me mooi met deze rommel laten opschepen*

opscheppen

∗ POCHEN, met **over** (iem., iets): *hij schepte op over zijn nieuwe auto* en/of met **tegen** (iem.): *tegen zijn vrienden schepte hij op over zijn vroegere liefdes*

opschieten

∗ SNEL VORDEREN, met **met** (iets): *hij schoot lekker op met zijn werk*

• kunnen ~ **met** (iem.), een goede verstandhouding hebben: *ze kunnen goed met elkaar opschieten*

opschrift

∗ AANDUIDING, met **van** (voorwerp): *de opschrift van een munt, boek, monument*

opschrikken

∗ VERSCHRIKT OPKIJKEN, met **van** (iets): *door een onverwacht geluid schrok hij op van zijn werk* of met **uit** (slaap, mijmeringen e.d.): *hij schrok op uit zijn overpeinzingen toen de bel ging*

opspelen

• ~ **tegen** (iem.), uitvaren tegen: *zijn teamgenoten speelden tegen hem op vanwege het schot in eigen doel*

opspraak

• **in** ~, onderhevig aan laster: *er werd geprobeerd de critici in opspraak te brengen*

opstaan

∗ IN OPSTAND KOMEN, met **tegen** (iem., iets): *de bevolking stond op tegen de vreemde overheerser*

∗ LEVEND HERRIJZEN, met **uit** (dood, graf e.d.): *Christus stond op uit de dood*

∗ GAAN STAAN, met **uit** (luie stoel e.d.) of **van** (stoel e.d.): *opa stond op uit zijn luie stoel; toen de dokter binnenkwam, stond opa op van zijn stoel*

opstand

∗ VERZET, OPROER, met **tegen** (iem., iets): *een opstand tegen het wettige gezag*

opstandeling

∗ IEMAND DIE VERZET PLEEGT TEGEN EEN REGERING, met **tegen** (gezag e.d.): *de opstandelingen tegen de regering trokken zich terug in de bergen*

opstapje

∗ MIDDEL OM HOGEROP TE KOMEN, met **naar** of **voor** (iets): *die baan is een aardig opstapje naar/voor het hoogleraarschap*

opsteken

∗ TE WETEN KOMEN, met **van** (iem., iets): *van jullie kan ik nog eens iets opsteken; ik heb het boek gelezen maar er weinig van opgestoken*

• zijn licht ~ **bij** (iem.), proberen iets te weten te komen: *ik ga mijn licht maar eens opsteken bij het ministerie*

opstellen

∗ zich ~, gaan staan, met **in** (rij e.d.): *zich opstellen in rotten van vier*

∗ zich (agressief e.d.) ~, de vermelde houding aannemen, met **tegenover** (iem., iets): *de Amerikaanse regering stelde zich minder vijandig op tegenover Cuba*

• zich ~ **achter** (iem., iets), instemming betuigen met: *onze partij stelt zich in hoofdlijnen op achter het kabinetsbesluit*

opstelling

* STANDPUNT, met **tegen** of **jegens** (iem.): *hij had moeite met de opstelling van het bestuur tegen de directeur* en/of met **inzake** of **rond** (kwestie): *de opstelling van het partijbestuur inzake het regeringsbeleid*

opstoken

* OPHITSEN, met **tot** (iets, kwaad e.d.): *de kinderen werden opgestookt tot het uithalen van kattenkwaad;* met **tegen** (iem.): *stook die kinderen niet tegen elkaar op!*

opstuiven

* UITVAREN, met **tegen** (iem.): *hij stoof op tegen zijn zoon*

opsturen

* ZENDEN, met **naar** of **aan** (iem., instelling): *stuur de antwoordkaart naar/aan het hoofdkantoor*

optekenen

* OPSCHRIJVEN, met **in** (iets): *in haar dagboek tekende de onderzoekster haar ervaringen op*

• ~ **uit** de mond **van** (iem.), opschrijven zoals het gezegd wordt: *deze uitspraak is opgetekend uit de mond van de minister*

optellen

* (GETALLEN) SAMENTELLEN, met **bij** (iets, elkaar): *de boekhouder telde de dagopbrengsten bij elkaar*

opteren

* DE VOORKEUR GEVEN, met **voor** (iets): *de commissie opteerde voor de aanleg van de snelweg langs het natuurgebied*

optie

* (BEWIJSSTUK VAN) HET RECHT OM TEGEN EEN BEPAALDE PRIJS VÓÓR EEN VERVALDATUM IETS TE KOPEN, VERKOPEN OF HUREN, met **op** (object) of **tot** (handeling): *een optie op een huis; PSV verhuurt zijn verdediger aan FC Groningen, dat een optie tot koop heeft*

* MOGELIJKHEID, met **om te** (+ onbep. wijs): *FC Groningen heeft de optie om de PSV-verdediger te kopen; je hebt altijd de optie hier vannacht te blijven*

• **in** ~ geven: *het huis werd in optie gegeven*

optornen

• ~ **tegen** (iets), moeizaam tegenin gaan: *hij moest tegen heel wat weerstand optornen*

optreden

* FUNGEREN, EEN ROL SPELEN, met **als** (functionaris): *oom Piet trad op als ceremoniemeester; zij trad vaak op als Mien Dobbelsteen* en/of met **in** (stuk, film e.d.): *in die serie treed Wendy Richards op als verkoopster*

* INGRIJPEN, met **tegen** (iem., iets): *de politie trad hard op tegen de ordeverstoorders*

optrekken

* (VAN EEN LEGER, GROEP) OPRUKKEN, met **naar** (iets): *de demonstranten trokken op naar het Franse consulaat* en/of met **tegen** (iets, vijanden): *het leger trok op tegen de opstandelingen*

* OPBOUWEN, met **uit** (materiaal): *het huis was opgetrokken uit baksteen*

• ~ **met** (iem.), min of meer innig omgaan: *we hebben jarenlang met elkaar opgetrokken;* de neus ~ **voor** (iem., iets), met minachting behandelen: *zij trok haar neus op voor zoveel grove taal*

opvallen

* OPMERKEN, met **aan** (iem., iets): *valt jou niets op aan dit artikel?*

opvatting

* MENING, ZIENSWIJZE, met **over** of **aangaande** of **omtrent** (iem., iets): *hij heeft een uitgesproken opvatting omtrent politiek*

* EVALUATIE VAN DE BETEKENIS, met **van** (iets): *Gezelles opvatting van zijn dichterschap*

opvoeden

* (MENSEN, DIEREN) LICHAMELIJK EN GEESTELIJK GROOTBRENGEN, met **tot** (iem.): *hij wilde zijn kinderen opvoeden tot zelfstandig denkende mensen*

opvoeren

* OMHOOGVOEREN, met **tot** (niveau): *de dirigent voerde de prestaties van het orkest op tot zeer grote hoogte*

opvolgen

* DE PLAATS INNEMEN, met **in** (functie, positie) of **als** (functionaris): *hij volgt X. op in de functie van/als opperbevelhebber*

opwachting

* zijn ~ maken, 1 officieel bezoeken, met **bij** (iem.): *zij maakte haar opwachting bij de koningin* of met **te** (officieel gebouw): *zij maakte haar opwachting ten paleize;* 2 voor het eerst optreden, met **als** (functie): *in dat jaar maakte hij zijn opwachting als conditietrainer* en/of met **bij** (instelling): *de ex-Ajacied maakt zondag zijn opwachting bij Feyenoord* of met **in** (plaats): *de topschakers maken morgen hun opwachting in Wijk aan Zee*

opwegen

• ~ **tegen** (iets), evenveel waard zijn als het genoemde: *de argumenten voor het voorstel wogen ruimschoots op tegen de bezwaren*

opwekken

• ~ **tot** (iets) of **(om) te** (+ onbep. wijs), aansporen: *hij wekte ons op tot harder werken; hij wekte ons op om vaker te sporten;* ~ **uit** (slaap, sluimer e.d.), wekken: *hij wekte de doden op uit hun eeuwige slaap*

opwellen

* NAAR BOVEN WELLEN, met **uit** (iets): *het water welt uit de grond op* of met **in** (ogen): *er welden tranen op in haar ogen*

opwerken

* NIEUWE SPLIJTSTOF, NIEUW AARDGAS E.D. TERUGWINNEN UIT AFGEWERKTE SPLIJTSTOF, STORTGAS ENZ., met **uit** (iets): *uit uranium kan plutonium worden opgewerkt*

* zich ~, door werken opklimmen, met (**van** (oorspronkelijke positie)) **tot** (iem.): *deze voetbalclub heeft zich opgewerkt van middenmoter tot koploper*

opwerpen

• zich ~ **tot** of **als** (iem.), pretenderen te zijn: *hij wierp zich op als de beschermer van alle zwakken;* een dam ~ **tegen** (iets), proberen tegen te gaan: *tevergeefs probeert de politie een dam op te werpen tegen de toenemende criminaliteit;* een drempel ~ **voor** (iem.), een belemmering scheppen: *te ingewikkelde spellingregels werpen een drempel op voor de zwakker begaafde leerlingen*

opwinden

* zich ~, kwaad worden, met **over** (iem., iets): *daar kan ik me nou vreselijk over opwinden*

opzadelen

• ~ **met** (iem., iets), op onplezierige wijze en min of meer verplicht de verantwoording geven: *ze zadelden tante in de vakantie met de kinderen op; ik heb me mooi met deze rommel laten opzadelen*

opzeggen

* EEN OVEREENKOMST BEËINDIGEN, met **per** (datum): *de huur per 31 oktober opzeggen*

• **tot** opzeggens (**toe**), totdat de overeenkomst wordt beëindigd: *de overeenkomst blijft van kracht tot opzeggens toe*

opzetten

* OPRUIEN, OPSTOKEN, met **tegen** (iem., iets): *ze proberen jou tegen mij op te zetten*

opzicht

• **in** dit ~, wat dit betreft: *in dit opzicht verschillen wij niet van mening*

opzichte

• **te** dien opzichte, wat dat betreft; **ten** opzichte **van**, gerelateerd aan, vergeleken met: *ten opzichte van vorig jaar is de productie gestegen*

opzien

• ~ **tegen** (iem.), bewonderen: *de jongen zag op tegen zijn vader;* ~ **tegen** (iets), met bezwaard gemoed tegemoetzien: *hij zag op tegen het vele huiswerk dat hij had opgekregen;* ~ **van** (iets), verrast zijn: *van dat nieuws zag hij op*

opzij

• ~ gaan **voor** (iem., iets), uit de weg gaan: *voor u ga ik wel opzij; voor zulke bezwaren gaat hij niet opzij*

opzwepen

* HEVIG AANVUREN, met **tot** (iets): *de supporters zweepten hun elftal op tot een grote overwinning*

orde

• **aan** de ~ stellen/zijn, (willen) behandelen: *hij stelde dit punt nadrukkelijk aan de orde;* **aan** de ~ **van** de dag zijn, met grote regelmaat plaatsvinden: *diefstallen uit auto's zijn aan de orde van de dag;* **buiten** de ~ gaan/zijn, zich niet houden aan de regels: *de opmerking is volkomen buiten de orde*, is in deze situatie misplaatst; **in** ~ zijn, zich goed voelen: *ben je niet in orde?;* **in** ~ bevinden/zijn, correct bevinden/zijn: *de stukken zijn door de directie in orde bevonden;* **in** de ~ (**van** grootte) **van** (grootheid), om en nabij: *het verlies ligt in de orde (van grootte) van 10 miljoen;* **op** ~, netjes geordend: *zij bracht het huis weer op orde;* **tot** de ~ roepen, sommeren in te binden: *de politie riep de wildeman tot de orde;* **voor** de goede ~, voor een goede gang van zaken: *voor de goede orde deel ik u mee dat de premie per 1 januari verhoogd is*

• ~ **op** zaken stellen, netjes ordenen: *de nieuwe directie moet eerst orde op zaken stellen*

ordenen

* ONDERBRENGEN IN CATEGORIEËN, met **in** (categorieën): *we kunnen het dierenrijk ordenen in de volgende categorieën: ...* of met **naar** (criterium): *de kleding hing keurig geordend naar soort en maat*

order

* BEVEL, OPDRACHT, met **tot** (iets): *de sol-*

daten kregen order tot de aanval of met **(om) te** (+ onbep. wijs): *ze kregen order om aan te vallen*
• **aan** de ~ **van** (naam), te betalen aan; **overeenkomstig** of **volgens** uw ~, overeenkomstig uw opdracht tot levering: *overeenkomstig uw order van 2 januari jl. leveren wij u hierbij ...;* **tot** nader ~, tot een andersluidende order volgt: *tot nader order zijn alle verloven ingetrokken;* **tot** uw orders!, ik ben paraat uw orders op te volgen; wat is er **van** uw orders?, wat moet ik voor u doen?

ore zie **oor**

oren
• **in** de ~ knopen, ter harte nemen: *zij knoopte deze waarschuwing goed in de oren;* een lik **om** de ~, een oorvijg; **om** de ~ slaan **met** (iets): op indringende wijze confronteren: *hij sloeg zijn opponent met diens eigen argumenten om de oren;* **tot over** de/zijn ~, helemaal, diep: *zij was tot over de oren verliefd op haar leraar; hij zat tot over zijn oren in de schulden*
• ~ hebben **naar** (iets), bepaald belangstelling hebben: *hij had wel oren naar dit voorstel;* de/zijn ~ laten hangen **naar** (iem.), geneigd zijn in te stemmen met: *de minister wekt hiermee de indruk de oren te laten hangen naar de autolobby*

oriëntatie
∗ HET ZICH ORIËNTEREN, met **op** (iem., iets): *een politieke oriëntatie op Amerika*

oriënteren
∗ zich ~, 1 zijn fysieke positie vaststellen, met **op** (iets): *hij oriënteerde zich op de sterren;* 2 zich globaal op de hoogte stellen, met **op** (iem., iets): *ik wil me eerst oriënteren op de mogelijkheden;* 3 zich op een bepaald gebied inlezen, met **in** (iets): *voor een taalkundig onderzoek moet men zich eerst oriënteren in de vakliteratuur*

oriëntering
• **te** uwer ~/**ter** ~, om u een idee te geven: *te uwer/ter oriëntering stuur ik u een folder*

ouverture
∗ BEGIN VAN EEN OPERA, met **tot** (naam): *de ouverture tot (de opera) Rigoletto*
∗ AANZET, INLEIDING, met **van** (iets): *de ondernemingsraad legde als ouverture van het overleg zijn standpunt voor*

overblijven
∗ BLIJVEN BESTAAN, met **van** (iets): *na de brand bleef er weinig van het huis over*

overboeken
∗ OP EEN ANDERE REKENING BIJSCHRIJVEN, met **op** (rekening) of **naar** (kantoor e.d.): *het bedrag is overgeboekt op rekeningnummer ...* en met **van** (rekening, kantoor e.d.): *het bedrag is overgeboekt van uw rekening naar ons kantoor in Amsterdam*

overbrengen
∗ DOEN OVERGAAN, met **op** (iem., iets abstracts): *ouders brengen hun opvattingen meestal over op hun kinderen*
∗ VERPLAATSEN, met **naar** (iem., iets concreets): *de politie bracht de arrestant over naar een andere gevangenis*
• ~ **in** (iets), vertalen, omzetten, transcriberen, met **uit** (brontaal e.d.): *in de zestiende eeuw werd de bijbel voor het eerst (uit het Latijn) overgebracht in het Nederlands*

overdaad
∗ ONMATIGHEID, TEVEEL, met **aan** of **van** (iets): *op het feest was er een overdaad aan drank*

overdoen
∗ VAN DE HAND DOEN, met **aan** (iem.): *toen hij ouder werd, deed hij al zijn boeken over aan een vriend*

overdosis
∗ TE GROTE HOEVEELHEID, met **aan** (iets): *een overdosis aan drugs; een overdosis aan geluidseffecten*

overdracht
∗ HET OVERDRAGEN, met **aan** (iem.): *de overdracht van de macht aan de nieuw gekozen president*

overdragen
∗ (EEN TAAK, BEVOEGDHEID, EIGENDOM E.D.) AFSTAAN, met **aan** (iem., instelling): *de voorzitter draagt zijn bevoegdheden over aan zijn opvolger*
∗ (EEN BEELD, PRESTIGE, NAAM E.D.) DOEN OVERGAAN, met **op** (iem.): *de vader draagt zijn naam over op zijn kind*
∗ (EEN ZIEKTE) OVERBRENGEN, met **op** (iem.): *tyfus wordt op anderen overgedragen door lichamelijk contact*

overeenbrengen
• ~ **met** (iets), doen overeenstemmen: *hoe kan de premier deze tegenstrijdige verklaringen met elkaar overeenbrengen?*

overeenkomen
∗ MIN OF MEER GELIJK ZIJN, met **met** (iets): *de inhoud van dat rapport komt niet overeen met de feiten*
∗ HET EENS WORDEN, met **met** (iem.): *de projectontwikkelaar kwam met de wethouder overeen dat een stuk grond in het centrum bebouwd gaat worden*

overeenkomst

∗ BINDENDE AFSPRAAK, met **met** (iem.): *we sloten een overeenkomst met de leverancier* of met **tussen** (partijen): *een overeenkomst tussen werkgevers en werknemers* en/of met **inzake** of **omtrent** (iets): *een overeenkomst inzake levering van onderdelen*

∗ GELIJKENIS, met **tussen** (mensen, zaken): *de overeenkomst tussen vader en zoon*

• **in ~ met** (iets), daarmee strokend: *dat is niet in overeenkomst met de gemaakte afspraken*

• een ~ treffen **met** (iem.), overeenstemming bereiken: *men trof een overeenkomst met de gedupeerde personen*

overeenstemmen

∗ OVEREENKOMST VERTONEN, met **met** (iem., iets): *deze vingerafdrukken stemmen niet overeen met die op de foto* en/of met **in** (iets): *Leiden en Alkmaar stemmen in stedenbouw met elkaar overeen*

overeenstemming

∗ OVEREENKOMST, met **met** (iem., iets): *na moeizame onderhandelingen werd overeenstemming bereikt* of **tussen** (partijen): *tussen de strijdende partijen werd overeenstemming bereikt* en/of met **over** (iets): *men bereikte overeenstemming over een vredesregeling*

• **in** ~ **met** (iets): *de vraag blijft of de uitwerking van de spellingregels in het 'Groene boekje' in overeenstemming is met het ministeriële besluit*

overerven

∗ DOOR AFSTAMMING TERECHTKOMEN BIJ, met **van** (iem.): *deze ziekte erft van vader of moeder over* en/of met **op** (iem.): *de ziekte erft over op zoon of dochter; in die streek erven horloges over van vader op oudste zoon*

∗ OP GROND VAN AFSTAMMING KRIJGEN, met **van** (iem.): *de zoon had de boerderij overgeërfd van zijn vader*

∗ DOEN OVERGAAN OP HET NAGESLACHT, met **op** (iem.): *een voorvader heeft die ziekte op ons overgeërfd*

overgaan

∗ (VAN SCHOLIEREN) BEVORDERD WORDEN, met (**van** (oorspronkelijke klas)) **naar** (volgende klas e.d.): *de hele klas ging over van drie naar vier havo*

• ~ **in** (iets), veranderen in iets anders, met **van** (oorspronkelijke toestand): *haar houding ging over van minachting in haat; de kleur ging van rood over in roze; water gaat over in ijs bij nul graden;* ~ **naar** (iets), (van een zaak) in een andere toestand komen, met **van** (oorspronkelijke toestand): *de magneetzweeftrein gaat van de testbaan over naar commerciële exploitatie;* ~ **op** (iem.), (van een recht e.d.) gaan toebehoren aan: *het auteursrecht ging over op de erfgenamen;* ~ **op** (iets), overschakelen naar een ander onderwerp, systeem e.d., met **van** (oorspronkelijke onderwerp e.d.): *nadat zachte maatregelen niet tot het gewenste resultaat hadden geleid, ging men over op hardere ingrepen; hij ging over op een ander onderwerp; binnenkort gaan we van MS-DOS over op Unix;* ~ **tot** (iets), 1 beginnen met (andere bezigheid): *na een korte inleiding ging de hoogleraar over tot het uitreiken van de bul;* 2 zich bekeren tot een ander geloof: *op hoge leeftijd ging hij over tot het katholicisme;* 3 in een nieuwe toestand komen: *tot ontbinding overgaan*

overgang

∗ GRENSGEBIED, met **tussen** (zaken): *de overgang tussen dijk en water*

overgeven

∗ OVERHANDIGEN, met **aan** (iem.): *de gevangene werd overgegeven aan de autoriteiten;* zich ~, zich gewonnen geven, met **aan** (iem.): *de troepen gaven zich over aan de overmachtige tegenstander.*

• zich ~ **aan** (iets), zich te buiten gaan aan: *hij gaf zich over aan velerlei genietingen*

overgevoelig

∗ ALLERGISCH, met **voor** (iets): *het jongetje was overgevoelig voor huisstof*

overhalen

∗ DOEN BESLUITEN, met **tot** (iets): *kan ik je overhalen tot het drinken van een borrel?* of **(om) te** (+ onbep. wijs): *ik heb me laten overhalen om een receptie te geven*

overhand

• de ~ krijgen **boven** (iets), sterker worden dan: *zijn nieuwsgierigheid kreeg de overhand boven zijn angst*

overhebben

∗ WILLEN GEVEN OF DOEN, met **voor** (iem., iets): *voor haar had hij alles over*

overhellen

• ~ **naar** of **tot** (iets), neigen naar een mening e.d.: *nadat hij de verdediging had aangehoord, helde de rechter over naar de conclusie dat de verdachte niet toerekeningsvatbaar was*

overhevelen

∗ OVERBRENGEN, met **naar** (plaats, instelling): *Renault heeft een deel van* *zijn autofabricage overgeheveld naar een buitenlandse vestiging* of met **van** (plaats, instelling) en **naar** (plaats, instelling): *de militaire taken werden van de politie overgeheveld naar de marechaussee*

overhoopliggen

• ~ **met** (iem.), ruzie hebben: *hij lag voortdurend met ons overhoop*

overhouden

* IETS POSITIEFS OF NEGATIEFS HEBBEN OF ONDERVINDEN ALS GEVOLG VAN EEN VOORVAL, ZIEKTE E.D., met **van** of **aan** (iets): *van die reis heb ik een infectieziekte overgehouden; aan die valpartij hield hij een stijve heup over; aan die tijd van economische bloei hield de stad een fraai historisch centrum over; van die bijeenkomst heb ik een mooie indruk overgehouden*

overkill

* TEVEEL, met **aan** (iets): *het muziekfestival kenmerkte zich door een overkill aan housemuziek*

overkomen

* EEN BEPAALDE INDRUK MAKEN, met **op** (iem.): *hij kwam niet zo prettig op mij over*

overladen [overladen]

* IN IETS ANDERS LADEN, met **in** of **op** (iets): *de containers werden overgeladen in rijnaken* of met **van** (iets) en **naar** (iets): *overgeladen van de trein in rijnaken*

overladen, [overladen]

• ~ **met** (iets), overstelpen: *het personeel werd overladen met extra werk*

overlast

• **tot** ~ zijn, ongewenst beslag leggen op iemand: *ik ga nu maar; ik wil je niet langer tot overlast zijn*

overlaten

* IETS LATEN OVERBLIJVEN, met **voor** (iem.): *de hongerige gast liet bijna niets over voor de familie zelf*

• ~ **aan** (iem.), laten afhandelen: *de Kamer liet de beslissing over aan de regering*

overleg

* BERAAD, met **met** (iem.): *er was intensief overleg met de vakbeweging* of **tussen** (partijen): *het overleg tussen vakbeweging en werkgevers is vastgelopen* en/of met **over** (iets): *een overleg over betere arbeidsvoorwaarden*

• **in** ~, door te overleggen: *de voorwaarden worden in overleg vastgesteld; levering in overleg*

overleggen [overleggen]

* BERAADSLAGEN, met **met** (iem.): *de ondernemingsraad overlegde met de directie* en/of met **over** (iets): *er werd druk overlegd over een vakantieregeling*

overlegging [overlegging]

• **tegen** of **onder** ~, op voorwaarde dat getoond wordt: *uitbetaling geschiedt tegen/onder overlegging van een identiteitsbewijs*

overleven

* HET LEVEN WETEN TE BEHOUDEN, met **op** (voedsel): *de goudzoekers moesten de winter te zien overleven op brood en bonen*

overleveren

* OVERDRAGEN, met **aan** (iem., iets): *de stad werd aan de overwinnaars overgeleverd; de belegerde troepen leverden zich over aan de overwinnaars*

* DOORGEVEN, met **van** (oudere generatie) en **op** (nieuwere generatie): *deze gebruiken zijn overgeleverd van vader op zoon*

overlijden

* STERVEN, met **aan** (iets): *hij overleed aan een longontsteking*

overlopen

* ZICH BIJ EEN ANDERE PARTIJ VOEGEN, DESERTEREN, met **naar** (iets, tegenpartij e.d.): *toen de oorlog voor het leger ongunstig verliep, liepen de soldaten massaal over naar de vijand* of met **van** (de ene partij) en **naar** (een andere partij): *de opportunisten liepen van het regeringskamp over naar de oppositie*

• ~ **in** (iets), overgaan in iets anders: *er zijn in Marokko plaatsen waar de woestijn zo overloopt in de oceaan;* ~ **van** (gevoelens, uitingen), meer dan vol zijn van: *hij liep niet over van enthousiasme; die vrouw loopt over van moederlijke instincten; de film loopt over van barokke esthetiek*

overmaat

* TEVEEL, met **aan** of **van** (iets): *een overmaat aan drank, aan zonlicht; een overmaat aan voorzichtigheid*

• **tot** ~ **van** ramp, als extra (laatste) probleem: *tot overmaat van ramp wilde mijn auto niet starten*

overmacht

* MACHT DIE BEDUIDEND GROTER IS DAN DIE VAN DE TEGENSTANDER, met **aan** of **van** (zaken): *een overmacht aan jachtvliegtuigen*

• **met** ~, met veel vertoon van kracht: *Holland won de wedstrijd met overmacht*

overmaken

* BETALEN PER GIRO OF POSTWISSEL, met **aan** (iem., instelling), **naar** (iem., in-

stelling, rekening) of **op** (rekening): *ik heb het bedrag aan/naar je overgemaakt; ik zal het geld aan hem overmaken; ik heb het geld overgemaakt op je rekening*

overnachten

* DE NACHT DOORBRENGEN, met **bij** (iem.): *hij overnachtte bij zijn vriendin* of met **in** (iets, hotel, stad e.d.): *tijdens zijn reis overnachtte hij in goedkope hotels/Berlijn/een berghut*

overname

• **ter** ~, om over te nemen: *ter overname aangeboden een verzameling vingerhoedjes*

overnemen

* (EEN BEDRIJF) VOORTZETTEN NADAT MEN HET VAN EEN ANDER HEEFT GEKOCHT E.D., met **van** (iem.): *hij heeft de zaak overgenomen van zijn vader*

* NAVOLGEN, met **van** (iem.): *hij nam de vervelende gewoontes van zijn vader over*

* ONTLENEN, met **uit** of **van** (bron): *in zijn proefschrift nam hij zonder bronvermelding een heleboel delen uit/van een wetenschappelijk boek over*

overplaatsen

* EEN ANDERE (STAND)PLAATS GEVEN AAN, met **naar** (werkplek, standplaats): *de ambtenaar werd overgeplaatst naar een andere werkplek* of met **van** (oorspronkelijke werkplek, standplaats) en **naar** (nieuwe werkplek, standplaats): *hij werd overgeplaatst van Ermelo naar Oirschot*

overreden

* MET ARGUMENTEN OVERHALEN, met **tot** (iets): *de politie liet zich overreden tot medewerking aan het drugstransport* of met **(om) te** (+ onbep. wijs): *het ensemble liet zich overreden om mee te werken aan een benefietconcert*

overschakelen

* RADIO OF TV OMSCHAKELEN, met **naar** (iem., lokatie, net e.d.): *de radiotechnicus schakelde over naar een andere studio* of met **van** (iem., lokatie, net e.d.) en **naar** (iem., lokatie, net e.d.): *van Magda Jansens schakelen we nu over naar het RTL-nieuws; we schakelen nu over van Hilversum naar Den Haag*

* GAAN GEBRUIKEN, met (**van** (zaken, omstandigheden e.d.)) en/of met **naar** (zaken, omstandigheden e.d.): *de Rijkspolitie moet overschakelen van oude naar nieuwe uniformen*

* ZICH GAAN CONCENTREREN OP, met **van** (zaken, omstandigheden e.d.) en/of met **naar** (zaken, omstandigheden e.d.): *de vrijgelaten gevangenen konden eindelijk overschakelen van overleven naar leven*

• ~ **op** (ander systeem e.d.), gaan gebruiken/toepassen, met **van** (oorspronkelijk systeem e.d.): *het bedrijf schakelde over op een ander product; de Kerk schakelde over op een nieuwe liturgie; hij schakelde van de automatische piloot over op handbediening*

overschieten

* OVERBLIJVEN, met **voor** (iem.): *na de verdeling van de erfenis schoot er voor ons weinig over*

overschot

* RESTANT; TEVEEL, met **aan** of **van** (personen, zaken, materiaal e.d.): *een groot overschot aan melk; het overschot aan tandartsen is groot.*

overschrijden

* OVER EEN BEPAALDE LIMIET HEEN GAAN, met **met** (iets): *de begroting werd overschreden met meer dan twee miljoen euro*

overschrijven

* DOOR SCHRIJVEN KOPIËREN, met **van** (iem.): *hij heeft die passage overgeschreven van een buitenlandse auteur* en/of met **uit** (iets): *die brief is klakkeloos overgeschreven uit een voorbeeldenboek*

* GELD E.D. OVERMAKEN, met **naar** of **op** (andere rekening): *hij maakte het schoolgeld over naar de rekening van de school*

overslaan

* (VAN EEN VUUR, EEN OORLOG, GEVECHTEN E.D.) ZICH UITBREIDEN NAAR DE OMGEVING, met **naar** (iets): *het vuur sloeg over naar belendende percelen; het geweld dreigde over te slaan naar Macedonië*

* (VAN ZIEKTEN) BESMETTELIJK ZIJN, met **op** (mensen, gebied): *de ziekte sloeg snel over op de omringende gebieden*

* NAAR EEN KANT VALLEN, HELLEN, BIJV. VAN EEN VAARTUIG, met **naar** (zijde): *de boot sloeg over naar rechts*

* GOEDEREN OVERLADEN, met **op** of **in** (schip): *de containers worden overgeladen van zeeschepen op rijnaken*

* (VAN DE STEM) PLOTSELING IN ANDERE TOON/TIMBRE OVERGAAN, met **van** (iets): *zijn stem sloeg over van kwaadheid*

• ~ **in** of **tot** (iets), veranderen in het tegendeel: *vrede kan in onstabiele gebieden snel overslaan tot/in oorlog.*

overspoelen

* OVERSTROMEN, met **met** (iets): *de boe-*

kenweek overspoelde ons met egodocumenten

overspringen

∗ ONVERWACHTS WISSELEN VAN ONDERWERP, BAAN E.D., met **op** (iets): *na zijn historische uiteenzetting sprong hij over op een ander onderwerp*

∗ SNEL WISSELEN VAN BAAN E.D., met (**van** (iets)) **naar** (iets): *sommige mensen springen gemakkelijk van de ene baan naar de andere*

∗ (VAN EEN ZIEKTE, ZIEKTEVERWEKKER) EEN ANDER MENS OF DIER BESMETTEN, met **naar** of **op** (iemand, een dier): *de ziekte is vanuit A. overgesprongen naar buurgemeenten.*

overstaan <zn>

• **ten** ~ **van** (iem.), in tegenwoordigheid van: *ten overstaan van de onderzoeksrechter legde hij zijn bekentenis af*

overstappen

∗ VERANDEREN VAN WERKGEVER, BEROEP E.D., met **naar** (iets): *heel wat docenten zijn uit onvrede overgestapt naar het bedrijfsleven*

∗ VERANDEREN VAN SYSTEEM, VERVOERMIDDEL, GENEESMIDDEL E.D., met **op** (iets): *in Leiden moet je op een andere trein overstappen; de alpineskiër die op een langlaufski overstapt valt zeker een keer of tien om* en met **van** (oorspronkelijk systeem e.d.): *heel wat computeraars zijn nog steeds niet overgestapt van MS-DOS op Windows*

overstromen [overstromen]

• ~ **van** (iets), overvol zijn: *het marktplein stroomt over van kooplustige bezoekers*

overstromen [overstromen]

• ~ **met** (iets), overstelpen: *de televisiekijkers worden overstroomd met nieuwe kabelstations; Rusland overstroomt West-Europa met aluminium om aan deviezen te komen*

overtreding

∗ HET OVERTREDEN VAN EEN WET E.D., met **van** (iets): *een overtreding van de Opiumwet*

∗ HET OVERTREDEN VAN SPELREGELS, met **op** of **tegen** (iem.): *de verdediger werd van het veld gestuurd na een grove overtreding op/tegen een van de middenvelders*

• **in** ~ zijn, een strafbaar feit plegen: *met dat kapotte achterlicht bent u in overtreding*

overtreffen

∗ BETER E.D. ZIJN, met **in** (opzicht): *Aphrodite overtrof alle ander godinnen in schoonheid*

overtuigd

∗ IETS STELLIG GELOVEND, met **van** (iets): *de rechter was overtuigd van de onschuld van de beklaagde*

overtuigen

∗ ZEKERHEID, BEWIJS VERSCHAFFEN, met **van** (iets): *je hebt mij nog niet overtuigd van zijn goede bedoelingen*

overtuiging

• **met** ~, zonder twijfel aan de juistheid of eigen capaciteiten: *zij vertolkte de aria met overtuiging;* **tot** de ~ komen, overtuigd raken: *ik ben tot de overtuiging gekomen dat we op de goede weg zijn;* **uit** ~, vanuit een visie: *zij koos uit overtuiging voor het katholicisme*

overval

∗ ONVERHOEDSE AANVAL, met **op** (iem., iets): *gisteren was er een overval op een supermarkt*

overvallen

∗ ONVERWACHT BESTOKEN MET, met **met** (iets): *de oppositie overviel de bewindsman met Kamervragen*

overvloed

∗ OVERDADIGE HOEVEELHEID, met **aan** of **van** (iets): *een overvloed aan fruit;* **ten** overvloede, zonder directe noodzaak, omdat iets al bekend is: *ten overvloede wijs ik u op onze eerdere afspraken*

overvloede zie **overvloed**

overvloeien

∗ LANGZAAM OVERGAAN IN IETS ANDERS, met **in** (iets): *de kleuren vloeiden in elkaar over*

• ~ **van** (iets), vol zijn van iets: *in de eerste huwelijksjaren vloeide hij over van liefde voor haar*

overwaaien

∗ VAN ELDERS KOMEN EN INGANG VINDEN, met **uit** (iets): *in de jaren vijftig waaide de rock-'n-roll over uit Amerika* en/of met **naar** (land e.d.): *Amerikaanse trends waaien over naar Europa*

overweg [overweg]

• goed e.d. ~ kunnen **met** (iem.), een bepaalde relatie hebben: *helaas kan ik slecht met haar overweg;* goed e.d. ~ kunnen **met** (iets), kunnen hanteren: *helaas kan ik slecht overweg met hamer en spijkers*

overweging

• **in** ~ geven, vragen te overwegen: *ik geef u in overweging ontslag te nemen;* **in** ~ nemen, willen overwegen; **ter** ~, om te overwegen: *ik geeft u dit alleen maar ter overweging;* **uit** ~ **van** (iets), op grond van, met als reden: *uit overweging van kostenbeheersing hebben* *wij moeten besluiten tot de volgende maatregelen*

overwicht

* MEERDERE MACHT OF INVLOED, met **op** (iem.): *hij had een natuurlijk overwicht op zijn tegenstander*

overwinning

* TRIOMF, ZEGE, met **op** (ideologie, land, tegenstander e.d.): *we behaalden een klinkende overwinning op de vijand* of met (sport) **tegen** (land, team, tegenstander): *de overwinning van het Duitse team tegen Tsjechië* of (plechtig) **over** (iets): *de overwinning over de kwade machten*

overzicht

* HET OVERZIEN VAN IETS OF VAN EEN AANTAL ZAKEN, met **over** of **van** (iets): *de centrale bank heeft het overzicht over het reilen en zeilen van alle bankactiviteiten*

* SAMENVATTING, met **van** (iets): *het jaarverslag bevat een overzicht van de inkomsten en uitgaven*

P

p

• de ~ hebben **aan** (iem., iets), een hekel hebben: *zij had de p aan haar buurman;* de ~ inhebben **over** (iets): *ik heb zwaar de p in over zijn afzegging*

paal

• **voor** ~ staan, voor gek staan: *hij liet me echt voor paal staan*

• ~ en perk stellen **aan** (iets), beperken: *de gemeente besloot eindelijk, paal en perk te stellen aan de overlast*

paard

• **te** ~, op een paard: *we begaven ons te paard naar het landgoed;* **te** of **op** het ~ helpen, een goede (uitgangs)positie bezorgen: *zij heeft haar nichtje met die baan goed op het paard geholpen*

pacht

• **in** ~ hebben, gehuurd hebben: *ik heb voor mijn pony een stukje weiland in pacht;* de wijsheid **in** ~ hebben, menen als enige verstand van iets te hebben

pachten

* LAND, VISWATER, BEPAALDE RECHTEN E.D. IN PACHT NEMEN, met **van** (iem.): *wij pachten dit terrein van de gemeente*

pacteren

* HET OP EEN AKKOORDJE GOOIEN, met **met** (iem.): *de politie pacteerde met de maffia*

paf staan

* HEEL VERBAASD ZIJN, met **van** (iem., iets): *ik stond paf van het resultaat*

pak

• **bij** de ~ken neerzitten, terneergeslagen zijn: *kom op, je moet niet bij de pakken neerzitten;* goed **in** het ~ zitten, goed gekleed zijn

• een ~ **op** zijn donder/sodemieter e.d.: een stevige aframmeling; een ~ **voor** de broek/billen, een pak slaag

pal

• ~ **achter** (iem.) staan, volledig steunen: *Roetskoj stond pal achter Jeltsin;* ~ staan **tegen** (iets), heftig bestrijden: *in de oorlog stond de communistische beweging pal tegen het fascisme;* ~ staan **voor** (iets), zich sterk maken voor: *hij staat pal voor zijn principes*

palen

• ~ **aan** (iets), tegenaan liggen: *het weiland paalt aan een landgoed*

palet

• een ~ **aan** of **van** (personen, zaken),

een rijke schakering aan: *deze encyclopedie bevat een palet van wetenswaardigheden*

panacee

∗ WONDERMIDDEL, met **voor** (iets): *het marktbeginsel is geen panacee voor alle maatschappelijke problemen*

pand

• **in** ~ geven, als waarborg geven: *zij gaf haar horloge in pand;* **op** ~ lenen, lenen tegen een waarborg: *hij slaagde erin de som op pand te lenen*

panorama

∗ WEIDS VERGEZICHT, met **van** (iets): *een prachtig panorama van de stad*

pantseren

• zich ~ **tegen** (iets), zich wapenen: *van jongs af had hij zich gepantserd tegen de buitenwereld.*

pap

• wel ~ lusten **van** (iets), veel houden van: *ik lust er wel pap van*

paraat

∗ DIRECT BESCHIKBAAR, met **voor** (iets): *paraat voor een aanval* of met **om te** (+ onbep. wijs): *de troepen staan paraat om in te grijpen*

paraderen

∗ PRONKEND RONDLOPEN, met **met** (iets), *zij liep met haar nieuwe jurk te paraderen*

parafrase

∗ SAMENVATTING MET ANDERE WOORDEN DIE ZEER DICHT BIJ HET ORIGINEEL BLIJFT, met **op** of **van** (iets): *een parafrase van een gedicht*

∗ SAMENVATTING DIE AANZIENLIJK AFWIJKT, met **op** (iets): *een parafrase op een gedicht*

∗ MUZIKALE FANTASIE, met **over** (muzikaal thema): *Stravinsky's parafrasen over de madrigalen van Gesualdo da Venosa*

parallel <zn>

∗ VERGELIJKING, met **met** (iem., iets): *de parallel met de gebeurtenissen in 1918 dringt zich op* of **tussen** (personen, zaken): *de parallel tussen de toenmalige en de huidige gebeurtenissen is duidelijk*

parallel <bn>

∗ EVENWIJDIG, met **aan** of **met** (iets): *er loopt een snelweg parallel met de spoorlijn*

∗ IN NAUWE SAMENHANG MET, met **aan** of **met** (iets): *parallel aan de tentoonstelling worden filmvoorstellingen gegeven*

parasiteren

• ~ **op** (iets), leven ten koste van: *sommige paddestoelen parasiteren op bomen*

paren

∗ GESLACHTSVERKEER HEBBEN, met **met** (mens, dier): *dieren kunnen alleen paren met exemplaren van dezelfde soort*

∗ COMBINEREN MET IETS ANDERS, met **aan** (iets): *hij paarde het aangename aan het nuttige*

parenthese

• **bij** ~, als ingelaste tussenzin

pari

• **a** of **tegen** ~, tegen de uitgangskoers: *de aandelen worden a pari verhandeld;* **beneden/onder**, **boven** ~, lager/hoger dan de uitgangskoers: *een bod op de aandelen beneden pari;* **op** ~ staan, de waarde van de uitgangskoers hebben

parket

• **ten** parkette, op het justitieel bureau

parodie

∗ (KODDIGE EN) SPOTTENDE NABOOTSING, met **op** of **van** (iem., iets): *een parodie op de James Bond-films*

part

• **voor** mijn ~, wat mij betreft: *voor mijn part gaat het hele plan niet door*

• ~ noch deel **aan** (iets) hebben, helemaal niet bij betrokken zijn: *ik heb part noch deel aan die kwestie*

participant

∗ DEELNEMER, AANDEELHOUDER, met **in** (iets): *een van de participanten in NedCar is van plan zich terug te trekken*

participeren

∗ DEELNEMEN AAN IETS, met **in** (iets): *zijn ouders participeren in het volwassenenonderwijs*

partij

• **van** de ~ zijn, erbij horen: *als jullie naar het strand gaan, wil ik wel van de partij zijn*

• ~ kiezen **tegen** (iem., iets), zich opstellen tegen: *de minister moest opstappen toen ook de minister-president in de kabinetsvergadering partij koos tegen hem;* de ~ kiezen **van** (iem., iets), de kant kiezen van: *in de oorlog koos hij de partij van de Duitsers;* ~ trekken **van** (iem., iets), nut hebben van: *hij trekt partij van de oorlog in het Midden-Oosten;* (geen) ~ **voor** (iem.), 1 (geen) volwaardige tegenstander: *de ploeg was geen serieuze partij voor dit Ajax in bloedvorm;* 2 (geen) geschikte huwelijkspartner: *hij is een goede partij voor haar;* ~ kiezen/trekken **voor** (iem., iets), steunen: *hij trok partij voor zijn dochter*

parti-pris
* VOORINGENOMENHEID, met **tegen** (iets, iem.): *hij heeft een parti-pris tegen zijn collega*

pas
• **te** of **van** ~ komen/zijn, bruikbaar zijn, gelegen komen, met **bij** (activiteit, omstandigheid): *bij deze klus komt een lantaarn goed van pas* of **in** (omstandigheid): *in deze duisternis komt een lantaarn van pas;* **eraan te** ~ komen, moeten worden ingezet, met **om te** (+ onbep. wijs): *de politie kwam eraan te pas om de vechtenden te scheiden; de takelwagen moest eraan te pas komen om de wrakken weg te slepen*

passen
• een mouw **aan** (iets) ~, een oplossing vinden: *als je er dan nog niet uitkomt, wil ik wel zien of ik er een mouw aan kan passen;* ~ **bij** (iem., iets), (kunnen) samengaan met, geschikt zijn voor (iem., iets): *zijn tweede vrouw past heel goed bij hem;* ~ **in** (plan, beleid e.d.), goed aansluiten bij: *deze maatregel past helemaal in het regeringsbeleid;* ~ **op** (iem., iets), 1 toezicht houden: *op een baby passen; op zijn tellen passen;* 2 van toepassing zijn: *die omschrijving past helemaal op jou; de sleutel past op het slot;* ~ **voor** (iets), beslist niet willen doen: *ik pas ervoor om extra werk te doen; daar pas ik voor*

passeren
* LATEN REGISTREREN, met **voor** (notaris e.d.): *voor de notaris werden in vier jaar 142 hypotheken gepasseerd*

passie
* HARTSTOCHTELIJKE LIEFDE, met **voor** (iem., iets): *hij heeft een passie voor de vissport*

pastiche
* SATIRISCHE IMITATIE, met **op** (iets): *een pastiche op het klassieke toneel*

patent
* OCTROOI, LICENTIE, met **op** (iets): *hij heeft het patent op die uitvinding*
• het ~ hebben **op** (iets), als kenmerkende eigenschap hebben: *de sierlijke luchtigheid waar Vroman het patent op heeft*

patrouille
• **op** ~, op bewakingstocht: *bij wijze van uitzondering mocht de journalist mee op patrouille*

pee zie **p**

peil
• geen ~ kunnen trekken **op** (iem., iets), niet kunnen vatten: *ik kan geen peil op haar trekken*

peiling
* ONDERZOEK, met **naar** of **van** (onderzoeksobject): *een peiling van de mening van de bevolking* of met **over** (de meningen aangaande een zaak): *een NIPO-peiling over de Centrumdemocraten*) en/of **onder** (personen van wie de mening wordt gevraagd): *een peiling onder 500 Nederlanders*
* VASTSTELLING VAN GEOGRAFISCHE LENGTE OF BREEDTE, met **op:** *een peiling op de breedte/lengte.*
• **in** de ~ hebben, doorzien: *ik heb hem wel in de peiling, hoor*

peinzen
* MIJMEREN, met **over** (iets): *ik peinsde over de zin van het leven*

pen
• **in** de ~ zitten/zijn, in voorbereiding, nog in overweging zijn: *verdere uitbreidingen van ons servicepakket zitten nog in de pen*
• de ~ halen **door** (iets), het ongedaan maken: *het bestuur heeft de pen door dat plan gehaald*

pendant
* TEGENHANGER, met **van** (iem., iets): *sommigen beschouwen Vondel als de Nederlandse pendant van Shakespeare*

penning
• **op** de ~ zijn, zuinig zijn: *Nederlanders zijn nogal op de penning*

penetreren
* BINNENDRINGEN, met **in** (gebied, markt) of **op** (markt): *het bedrijf probeerde in/op de Japanse markt te penetreren.* Ook: *het bedrijf probeerde de Japanse markt te penetreren*

pensioen
• **met** ~ gaan/kunnen/mogen/sturen/zijn: *als het even tegenzit, mogen we straks pas met ons zeventigste met pensioen*

percent zie **procent**

periferie
• **aan** of **in** de ~, aan de buitenrand: *aan de periferie van de stad ontstonden krottenwijken*

perk
• **binnen** de perken (**van** (iets)), niet te buiten gaand: *de geluidsoverlast van de disco moet binnen de perken van het toelaatbare blijven*
• paal en ~ stellen **aan** (iets), beperken: *de gemeente besloot eindelijk paal en perk te stellen aan de overlast*

pernicieus
* SCHADELIJK, met **voor** (iem., iets): *de hoge vochtigheid van de lucht is pernicieus voor zijn gezondheid*

pers

• **ter** perse gaan, gedrukt worden: *het bericht bereikte ons bij het ter perse gaan*

persiflage

∗ SPOTTENDE UITBEELDING, met **op** (iets, iem.): *een persiflage op een verwend kind*

persisteren

∗ VOLHARDEN, met **in** of **bij** (iets): *hij persisteerde in zijn verontwaardiging; hij persisteerde bij zijn standpunt*

perspectief

∗ ZICHT, met **op** (iets): *het perspectief op de verhoudingen in de wereld*

∗ VOORUITZICHT, met **van** (iets) *het perspectief van een welverdiende vakantie*

• **vanuit** een bepaald ~, vanuit een bepaalde gezichtshoek, vanuit een bepaald standpunt

pest

• de ~ hebben **aan** (iem., iets), een hekel hebben: *zij had de pest aan haar buurman;* de ~ inhebben **over** (iets): *ik heb zwaar de pest in over zijn afzegging*

piekeren

∗ TOBBERIG NADENKEN, met **over** (iem., iets): *piekeren over de toekomst*

pijlen

• zijn ~ richten **op** (iets, iem.), met woorden beginnen te bestrijden: *hij richtte al zijn pijlen op mij*

pijn

∗ LICHAMELIJK SIGNAAL, met **aan** (buitenkant van lichaamsdeel): *pijn aan mijn knie* of met **in** (lichaamsdeel of orgaan): *pijn in het hart; pijn in mijn knie*

• **met** ~ **in** het hart, met spijt: *met pijn in het hart verlieten we ons ouderlijk huis*

• ~ **aan** het hart, verdriet

pik

• de ~ hebben **op** (iem.), een hekel hebben: *hij heeft duidelijk de pik op je*

pikken

∗ AANVAARDEN, met **van** (iem.): *van hem pik ik dat niet*

plaats

∗ POSITIE, ROL, met **voor** (iem., iets): *we hebben een plaats voor je ingeruimd in de commissie*

• **in** ~ **van** (iem., iets), als vervanging van: *de secretaris-generaal hield de voordracht in plaats van de minister;* **in** de ~ **van** (iem., iets), ter definitieve vervanging: *de nieuwe wet komt in de plaats van een regeling die nog uit de bezettingstijd dateerde;* **in** of **op** de eerste/laatste ~, voorop, achteraan: *ik denk in de eerste plaats aan de betrokkenen en in de laatste aan de omvang van het schadebedrag;* **op** de eerste/laatste ~ komen, het meest/minst belangrijk zijn: *voor een dictator komen de belangen van zijn volk op de laatste plaats;* iem. **op** zijn ~ zetten, terechtwijzen: *ik voelde me door die opmerking behoorlijk op mijn plaats gezet;* **voor** (iets) **in** de ~ komen, als opvolger fungeren: *de Alfa 146 is in de plaats gekomen van de oude Alfa 33;* **voor** (iets) **in** de ~ stellen, als vervanging laten fungeren/aanbieden: *als wij op dit punt toegeven, moeten zij daar iets voor in de plaats stellen*

• ~ bieden **aan** (iem., iets), ruimte verschaffen: *de zaal biedt plaats aan duizend mensen;* ~ inruimen/maken **voor** (iem., iets), ruimte weten te verschaffen aan: *we hebben plaats voor je ingeruimd*

plaatse

• **te** bestemder ~, op de plaats van bestemming; **te** gelegener ~ en ure, op de plaats en het tijdstip die gelegen komen; **ter** ~, op de plaats: *de politie was snel ter plaatse;* **ter** aangehaalde ~, op de vermelde plaats; **ter** bevoegde ~, bij (iem., instelling) die bevoegd is; **ter** juiste ~, op de juiste plaats

plaatsen

∗ EEN PLAATS GEVEN, met **in** (iets, groep, rangorde e.d.): *hij werd in het derde peloton geplaatst*

• zich ~ **voor** (iets): zich kwalificeren voor: *de club plaatste zich voor de landelijke finale*

plak

• **onder** de ~ zitten, onderworpen zijn, met **bij** of **van** (iem.): *hij zit onder de plak van zijn vrouw; hij zit bij zijn vrouw onder de plak*

plan

∗ VOORNEMEN, met **tot**, **voor** of **betreffende** (iets): *het plan tot de bouw van een nieuwe wijk*

∗ ONTWERP, met **van** (iets): *een plan van een tuin*

∗ ONTWORPEN STELSEL, VOORNEMEN, met **tot** of **voor** (iets): *een plan voor de bestrijding van de werkloosheid*

• **op** het eerste e.d. ~, vooraan, voorop: *bestrijding van de werkloosheid staat voor de regering op het eerste plan;* **van** ~ zijn, zich hebben voorgenomen: *ik ben van plan hier werk van te maken;* **volgens** ~, zoals gepland: *de hele ope-*

ratie verliep volgens plan
• een ~ **van** aanpak, een compleet overzicht van procedures om een bepaald doel te bereiken

pleidooi
* BETOOG WAARIN IEMAND OF IETS WORDT VERDEDIGD, met **voor** (iem. die, iets dat verdedigd wordt): *hij hield een vurig pleidooi voor een nieuw beleid* of met **tegen** (iem., iets): *een pleidooi tegen dierproeven*

pleister
• een ~ **op** de wonde, iets dat tot troost strekt: *als pleister op de wonde kondigde de minister een verlaging van de wegenbelasting aan*

pleitbezorger
* VOORSTANDER VAN IETS DIE ZIJN MENING UITDRAAGT, met **van** of **voor** (iets): *de bisschop was een krachtig pleitbezorger van geboortebeperking* of met **voor** (iem.): *hij treedt op als pleitbezorger voor enkele asielzoekers*

pleiten
* DE VERDEDIGING VOEREN, met **in** (proces): *zij pleitte in de zaak van de Staat der Nederlanden versus X.*
• ~ **tegen** (iem., iets), argumenten aanvoeren in het nadeel van: *hij pleitte tegen het invoeren van de doodstraf;* ~ **voor** (iem., iets), opkomen voor, met **bij** (iem.): *hij pleitte voor koppeling van de lonen aan de uitkeringen; hij pleitte bij de gouverneur voor clementie*

pleitrede
* VERDEDIGINGSREDE, met **voor** (iets): *een vurige pleitrede voor meer politietoezicht*

pletter
• **te** ~ slaan, door een botsing geheel vernield worden, 1 (van een voertuig) met **tegen** (muur e.d.): *de auto sloeg te pletter tegen de* muur; 2 (van een schip) met **op** (rotsen e.d.): *de boot sloeg te pletter op de rotsen;* zich **te** ~ lopen, vliegen e.d. **tegen** (iets): *de vogel vloog zich te pletter tegen het glazen raam*

plezier
• **ten** pleziere **van** (iem.), om een genoegen te doen, voordeel te bezorgen
• ~ beleven **aan** (iem., iets), genoegen beleven, voordeel van hebben: *we beleefden veel plezier aan onze logé;* ~ hebben/vinden **in** (iem., iets), genoegen beleven aan: *het kind had plezier in zijn verzameling;* ~ hebben **van** (iets), voordeel hebben van: *van dat cadeau heeft hij niet lang plezier gehad*

pleziere zie **plezier**

plicht
* OPDRACHT, VERPLICHTING, met **jegens** of **tegenover** (iem., iets): *een plicht jegens het eigen land* en/of met **tot** (iets): *de burgers hebben een plicht tot het betalen van belasting*
• zich **tot** ~ stellen, zich verplicht achten: *ik stel mij tot plicht op te komen voor de zwakkeren*

ploeteren
* MOEIZAAM WERKEN, met **aan** (iets): *hij ploeterde aan een opstel* of **voor** (iets): *zij ploeterde voor het examen*

plooi
• **in** de ~, ernstig, serieus: *mijn vader was de enige die in de plooi bleef; het gezicht in de plooi houden;* **uit** de ~, niet meer ernstig: *we probeerden de sombere Zweden wat uit de plooi te krijgen*

plooien <ww>
* RECHT TREKKEN, SCHIKKEN, met **met** (iem.): *de winkelier probeerde de vergissing met de klant te plooien*
* AFSTEMMEN OP, met **naar** (iets): *de politicus plooit zijn visie naar de omstandigheden*
* IN EEN PLOOI BRENGEN, met **tot** (glimlach e.d.): *met moeite wist hij zijn gezicht te plooien tot een grijns.*
• zich ~ **in** (rimpels e.d.), gaan vertonen: *zijn gezicht plooide zich in diepe groeven;* ~ **met** (iets), combineren met: *hoe ze haar vele liefhebberijen plooit met haar drukke werkkring is me een raadsel;* zich ~ **naar** (iem., iets), zich schikken naar: *hij plooit zich naar de regels van het fatsoen*

plukharen
* VECHTEN, met **met** (iem., elkaar): *de kinderen zijn de hele dag al met elkaar aan het plukharen*

plukken
* PEUTEREN, met **aan** (iets): *van zenuwachtigheid plukte hij aan zijn haren*

pochen
* SNOEVEN, met **op** of **over** (iets): *hij pochte op zijn prestaties*

poes
• niet **voor** de ~, niet te geringschatten: *kijk maar uit, zij is niet voor de poes*

pof
• **op** de ~, op krediet: *aan het eind van de maand moest zij altijd haar boodschappen op de pof kopen*

poging
* MOEITE OM IETS TE BEREIKEN, met **tot** (iets): *een poging tot het breken van een wereldrecord*

polemiek
* PENNENSTRIJD, met **tegen** (iem.): *de polemiek van Hermans tegen Morriën* of met **tussen** (personen): *de polemiek tussen Hermans en Morriën*
• een ~ aangaan **met** (iem.): *hij ging een polemiek met zijn tegenstander aan*

polemiseren
* EEN PENNENSTRIJD VOEREN, met **met** (iem. die 'terugschrijft'): *hij heeft dikwijls gepolemiseerd met andere auteurs* of met **tegen** (iem. die de aanval niet beantwoordt): *hij heeft dikwijls tegen hem gepolemiseerd* en/of met **over** (iem., iets): *het Parijse wereldje polemiseerde over de filosoof Lacan* of met **tegen** (iets): *hij polemiseerde tegen de Nederlandse journalistiek*

policy
* (BEDRIJFS)BELEID, met **in**, **betreffende** of **inzake** (iets): *de policy van ons bedrijf in dit soort situaties is het betrachten van een maximale coulance tegenover de cliënt*

politiek
* (OFFICIEEL) BELEID, met **betreffende** of **inzake** (iets): *de politiek inzake de Derde Wereld*
• **in** de ~ gaan, politicus worden

polsen
* VOORZICHTIG VRAGEN, met **over** of **omtrent** (iets): *de voetbalbond polste de gemeente Rotterdam over de mogelijkheid de wedstrijd te laten spelen in de Kuip* of met **voor** (plan, functie e.d.): *we hebben hem gepolst voor een theaterproductie*

pontificaat
• **in** ~, in pauselijke feestkledij, in vol ornaat: *daar kwam hij in pontificaat binnen*

poort
* TOEGANG, MIDDEL OM IETS TE BEREIKEN, met **naar** of **tot** (iets): *zijn nieuwe baan is voor hem de poort tot succes; Leipzig is de poort naar Oost-Europa*
• de ~ openen **voor** (iets), de weg vrijmaken: *zoveel tolerantie opent de poort voor misbruik.*

popelen
* ONGEDULDIG WACHTEN, met **van** (verlangen, ongeduld): *hij popelde van verlangen* en/of met **(om) te** (+ onbep. wijs): *hij popelde om op pad te gaan*

populair
* GELIEFD, GEWILD, met **bij** of **onder** (mensen): *die band is populair bij de jongeren* of met **in** (kringen): *in die kringen is hij heel populair*

porren
* AANZETTEN, met **tot** of **voor** (iets): *hij liet zich porren tot het houden van een speech*
• **te** ~ zijn **voor** (iets), ervoor te vinden zijn: *voor een geintje is altijd wel te porren*

poseren
* MODEL STAAN OF ZITTEN, met **voor** (iem.): *ze poseerde voor de fotograaf*

post
• iets **met** of **over** de ~ versturen: via de posterijen versturen; iets **per** ~ versturen: via de posterijen versturen; **per** kerende ~, bij de eerste de beste retourzending; **op** de ~ doen, in de brievenbus gooien ter verzending; **op** zijn ~ staan, op de opgedragen positie staan

prat
• ~ gaan **op** (iets), trots zijn op: *hij gaat prat op zijn afkomst*

praten
* CONVERSEREN, met **met** (iem.): *hij praat met zijn buurman* en/of **over** (iem., iets): *hij praat over het weer*
* SPREKEN, met **tegen** (iem., iets): *hij praatte tegen zijn hond; het is of ik tegen een muur praat*
• zich **uit** (iets) ~, zich al pratend vrijpleiten: *hoewel wat hij had gedaan niet in de haak was, wist hij zich eruit te praten;* **van** (iets) weten **mee** te ~, gelijksoortige ervaringen hebben: *mannen! ik weet ervan mee te praten;* praat me daar niet **van**, daar wil ik niet over horen

predikaat
* AANDUIDING, met **van** (titel e.d.): *een edelman met het predikaat van baron*

prefereren
* DE VOORKEUR GEVEN, met **boven** (iem., iets): *ik prefereer Rioja boven menige wijn uit Frankrijk*

prejudiciëren
* VOORUITLOPEN, met **op** (iets): *ik wil hier niet prejudiciëren op de uitspraak van de rechter*

prelude
* VOORSPEL, met **op** (iets): *de speech van de president vormt een prelude op de komende verkiezingen*

preluderen
• ~ **op** (iets), door middel van zinspelingen en thema's voorbereiden: *in het eerste deel van zijn romancyclus preludeert hij duidelijk op de vervolgdelen*

premie
* OFFICIEEL VASTGESTELDE BELONING, met **op** (iets): *de Europese Unie zette een*

premie op het kort na de geboorte slachten van stiertjes; een premie op goed gedrag
* PERIODIEK TE BETALEN BIJDRAGE, met **voor** (verzekering e.d.): *de premie voor een ziektekostenverzekering voor ondernemers is niet mals*

prenten
• ~ **in** (hoofd, geheugen e.d.), zijn best doen iets in herinnering te houden: *hij prentte de ligging van het gebouw in zijn geheugen*

prepareren
* VOORBEREIDEN, met **op** of **voor** (iets): *hij prepareert zich voor een examen; de bondscoach prepareerde zijn selectie op de titelstrijd*

presentie
• **in** ~ **van** (iem.): *de Staten-Generaal houden eens per jaar een zitting in presentie van Hare Majesteit de Koningin*

pressen
* DRIJVEN, met **tot** (iets): *het bestuur werd geprest tot het nemen van een snelle beslissing*

pret
* GENOEGEN, SCHIK, met **in** (iets): *hij heeft pret in zijn nieuwe hobby*
* PLEZIER, VROLIJKHEID, met **over** (iets): *pret over een aprilgrap*
• ~ beleven **aan** (iem., iets), genoegen putten uit: *ik heb veel pret beleefd aan die kanotocht*

pretendent
* IEM. DIE AANSPRAAK MAAKT, met **op** of **naar** (iets): *Prins Charles is de pretendent op de Engelse troon*

prevaleren
* (VAN EEN ZAAK) VOORRANG HEBBEN, met **boven** (iets): *adellijke titulatuur prevaleert altijd boven academische*

prijs
* BELONING TER ERKENNING VAN VERDIENSTE, met **voor** (iets): *de prijs voor de beste oplossing gaat naar ...*
• **boven** of **onder** de ~, hoger/lager dan het vastgestelde bedrag: *deze artikelen gaan ver onder de prijs weg;* **in** ~ dalen/stijgen, goedkoper/duurder worden; **in** de prijzen vallen, een prijs krijgen, te beurt vallen: *wat geluk betreft val ik tegenwoordig in de prijzen;* **op** ~ stellen, appreciëren: *ik stel het op prijs dat u me thuis hebt gebracht;* **tegen** een ~ **van** (bedrag), tegen inning van een bepaald bedrag: *het schilderijtje ging weg tegen een prijs van vijfhonderd euro;* **tot** elke ~, koste wat het kost: *de soldaten moesten het fort tot elke prijs behouden;* **voor** een ~ **van** (bedrag), tegen betaling van een bepaald bedrag: *ik heb het schilderijtje gekocht voor een prijs van vijfhonderd euro*
• ~ stellen **op** (iets), waarderen: *ik stel prijs op uw aanwezigheid;* een ~ stellen **op** iemands hoofd, een beloning uitloven voor degene die hem aanhoudt en opbrengt

prijsgeven
* OPOFFEREN, met **aan** (iem., iets): *hij gaf de resultaten van zijn onderzoek aan de openbaarheid prijs*

prijzen <ww>
* WAARDERING VOOR IEMAND LATEN BLIJKEN, met **om**, **voor** of **wegens** (iets): *alom werd hij geprezen om zijn heldhaftigheid*

prikje
• **voor** een ~, uiterst goedkoop: *met Interrail kun je voor een prikje door Europa reizen*

prikkelen
* STIMULEREN, met **tot** (iets): *de docent prikkelde zijn leerlingen tot grotere prestaties*

primeur
* EERSTE PUBLICATIE, met **van** (iets): *de Telegraaf kwam met de primeur van dit nieuws*

principe
• **in** ~, als uitgangspunt, in beginsel: *in principe ben ik tegen overheidsbemoeienis, maar ...;* **tegen** mijn principes, in strijd met mijn overtuiging(en): *trouwen is tegen mijn principes;* **uit** ~, vanuit overtuiging: *uit principe ga ik nooit een kerk binnen*

probleem
* MOEILIJKHEID, met **met** (iem., iets): *er is een probleem met de versnellingspook;* problemen maken **over** (iets), bezwaren opwerpen: *over die kwestie heeft nog nooit iemand problemen gemaakt*
• een ~ maken **van** (iets), moeilijker vinden dan iets werkelijk is: *ik begrijp niet waarom je daar zo'n probleem van maakt*

procederen
* EEN PROCES VOEREN, met **tegen** (iem., iets): *een burger kan procederen tegen de staat*

procent
* EEN HONDERDSTE DEEL, TEN HONDERDSTE, met **van** (personen, iets): *twintig procent van de lucht bestaat uit zuurstof*
• **à** of **tegen** (getal) ~, tegen betaling van (getal) procent rente: *een lening tegen 5 procent ;* **voor** (getal) ~, (getal)

procent omvattend: *de inhoud van de meeste amusementsprogramma's bestaat voor 80 procent uit gebakken lucht; het bedrijf is voor 49 procent in handen van X.*

proces
∗ RECHTSZAAK, met **tegen** (iem., instelling): *de zanger begon een proces tegen zijn manager* of met **tot** (doel): *een hoger beroep is een proces tot herziening van een vonnis*

proces-verbaal
∗ OFFICIEEL VERSLAG, met **van** (iets): *een proces-verbaal van de zitting*
∗ officiële vaststelling, een ~ opmaken **tegen** (iem.): *tegen de bestuurder werd proces-verbaal opgemaakt*

proclameren
• ~ **tot** (iem., iets), plechtig verklaren dat iets bepaalds zo is: *Bokassa proclameerde zich tot keizer; een klein deel van het oorlogsgebied werd tot neutrale zone geproclameerd*

procuratie
• **per** ~, bij volmacht: *per procuratie tekenen*

proef
∗ TEST, met **met** of **op** (iem., iets): *proeven op dieren zijn door de wet aan banden gelegd*
• **op** ~, tijdelijk, om uit te proberen: *u wordt voor twee maanden op proef aangesteld;* **op** de ~ stellen, uittesten: *iemands geduld op de proef stellen*
• een ~ doen/nemen **met** (iets), experimenteren: *ons bedrijf heeft een proef gedaan met een nieuw type creditcard;* de ~ **op** de som, een test om vast te stellen of een uitgangspunt correct is: *na alle voorbereidingen is deze wedstrijd voor ons de proef op de som*

proefwerk
∗ REPETITIE, met **over** (iets, behandelde leerstof): *de leraar gaf een proefwerk over de laatste wereldoorlog*

proeve
∗ BEWIJS VAN IETS, met **van** (iets): *een proeve van bekwaamheid/trouw*

proeven
∗ DE SMAAK VAN IETS TESTEN, met **van** (iets): *hij proefde van de soep*

professor
∗ DOCENT VAN DE HOOGSTE RANG AAN UNIVERSITEIT E.D., met **aan** (instituut) en/of **in** (vak): *ze is professor in de geschiedenis aan de hoofdstedelijke universiteit*

proficiat <tw>
∗ GEFELICITEERD, met **met** (iets, iem.): *proficiat met deze mooie prestatie!*

profijt
∗ VOORDEEL, met **van** (iets): *hij had veel profijt van zijn nieuwe fiets*

profileren
∗ zich ~, een eigen gezicht laten zien, met **met** of **door** (wijze van handelen, iets): *dit bedrijf profileert zich met zijn originele reclame-uitingen*

profiteren
∗ GOED GEBRUIK MAKEN, met **van** (iets): *hij profiteerde van de fouten van zijn tegenspeler*

profylacticum
∗ MIDDEL TER VOORKOMING VAN ZIEKTE, met **tegen** (ziekte): *kinine is een klassiek profylacticum tegen malaria*

profylax zie **profylacticum**

profylaxis
∗ LEEFWIJZE OF BEHANDELING TER VOORKOMING VAN ZIEKTE, met **tegen** (ziekte): *het eten van vers fruit en verse groenten is een prima profylaxis tegen tal van ziekten.*

prognose
∗ VOORSPELLING, met **van** (ziekte(verloop)), **voor** of **over** (iets): *de prognose van schizofrenie is in andere culturen gunstiger dan bij* ons; *een prognose over het verloop van de komende verkiezingen* en/of **van** (uitgangspunt): *de prognose van 100 miljoen kuub bleek onjuist*

projecteren
∗ (EEN VOORWERP, FIGUUR) GETROUW AFBEELDEN, met **op** (vlak e.d.): *het schilderij werd haarscherp op een scherm geprojecteerd*
∗ (EIGEN GEVOELENS) ONBEWUST TOESCHRIJVEN AAN ANDEREN, met **op** (iem., iets): *je moet je gevoelens niet op mij projecteren*

prolongatie
• **in** ~, bij wijze van onderpand: *aandelen in prolongatie nemen*, als onderpand nemen voor een lening; **op** ~ verstrekken, geven tegen aandelen in onderpand: *geld op prolongatie verstrekken*

proloog
∗ INLEIDEND GEDEELTE VAN EEN BOEK, TONEELSTUK ENZ., met **van** (iets): *de proloog van een roman; de proloog van de Ronde van Frankrijk*

promoveren
∗ BEVORDEREN, met **tot** (iets, hogere rang): *de korporaal werd gepromoveerd tot sergeant*
∗ DOCTOR WORDEN, met **tot** (doctor): *gisteren promoveerde hij tot doctor in de wiskunde en natuurwetenschappen)*

en/of **in** (studierichting): *hij is gepromoveerd in de wiskunde* en/of met **op** (proefschrift, studie e.d.): *hij promoveert op een letterkundig onderzoek* en/of met **aan** (universiteit): *ze promoveerde aan de Universiteit van Utrecht*

∗ BEVORDERD WORDEN, met **naar** (hogere klasse): *het elftal van Rijnsburg promoveerde naar een hogere divisie*

pronk

• **te** ~ staan, te kijk staan: *het was pijnlijk om te zien hoe hij te pronk stond*

pronken

∗ VOL TROTS LATEN ZIEN, met **met** (iem., iets): *hij pronkte met zijn nieuwe vriendin/met zijn nieuwe jas*

prooi

• **ten** ~ vallen, last krijgen van, met (**aan** (iem., iets)): *zij viel (aan) een hevige twijfel ten prooi; het fragiele scheepje viel (aan) de heftige rukwinden ten prooi*

proportie

• **in** ~, in de juiste verhouding: *alle lichaamsdelen in proportie tekenen;* **binnen** de proporties, binnen redelijke verhoudingen: *je moet met je kritiek wel binnen de proporties blijven;* **buiten** ~/de proporties/alle proporties, niet meer binnen redelijke verhoudingen: *je kritiek is buiten proportie/de proporties/alle proporties;* **buiten** alle proporties, onevenredig groot: *zijn kritiek is buiten alle proporties*

protest

∗ UITING VAN VERZET, met **tegen** (iets): *een protest tegen de schending van mensenrechten*

• **onder** ~, met de mededeling dat men protest aantekent: *ik zal onder protest tekenen*

protesteren

∗ BEZWAREN MAKEN, met **tegen** (iets): *we protesteerden tegen de voorgenomen bezuinigingen*

prototype

∗ EERSTE VERVAARDIGDE EXEMPLAAR, met **van** of **voor** (iets): *het prototype van een algenmotor*

∗ TYPISCH VOORBEELD, met **van** (iem., iets): *hij is het prototype van de ambtenaar*

provoceren

∗ UITDAGEN, met **tot** (iets): *de politie werd geprovoceerd tot gewelddadig optreden*

prutsen

∗ KNUTSELEN, met **aan** (iets): *in zijn vrije tijd prutst hij graag aan zijn auto*

pseudoniem

∗ SCHUILNAAM, met **voor** (werkelijke naam): *'Koning' is een pseudoniem voor 'Koningsberger'*

• **onder** ~, gebruikmakend van een schuilnaam: *hij publiceerde zijn werken onder pseudoniem;* **onder** het ~ (naam): *hij publiceerde onder het pseudoniem Matsier*

publiciteit

• **in** de ~ komen/staan, veel aandacht krijgen van de pers e.d.: *hij wist keer op keer in de publiciteit te komen*

• ~ geven **aan** (iets), via de media bekend maken: *aan de inzamelingsactie werd veel publiciteit gegeven*

puf

∗ ZIN, FUT, met **in** (iets): *ik heb geen puf meer in een grote wandeling*

punt

∗ BELONING, met **voor** (prestatie): *voor de artistieke inhoud van haar prestatie kreeg de rijdster het hoogste aantal punten*

• **op** het ~ staan, juist willen gaan doen: *ik sta op het punt uit te gaan;* **op** het ~ **van** (iets), wat betreft: *op het punt van hoffelijkheid heeft hij nog heel wat te leren;* **op** punten verslaan/winnen, verslaan/winnen door van een jury de meeste punten te krijgen: *de Amsterdamse vedergewicht won zijn partij op punten;* sluiten **op** (aantal) punten, de beurs afsluiten met (aantal) punten: *het fonds sloot op 117 punten;* het slot/de slotkoers lag **op** (aantal) punten, sloot de beurs af met (aantal) punten: *het slot lag op 117 punten*

• een puntje **aan** (iets) zuigen, een voorbeeld aan nemen: *zoals zij haar uiterlijk verzorgt; daar kun jij een puntje aan zuigen;* een ~ kletsen **aan** (iets), een geïmproviseerde verklaring geven: *de voorzitter probeerde er een punt aan te kletsen, maar de vergadering nam daar geen genoegen mee;* ~ **voor** ~, elk onderdeel langs: *laten we je rapport punt voor punt doornemen*

puntjes

• **(tot) in** de puntjes, keurig netjes: *zij ziet er tot in de puntjes verzorgd uit*

puren

∗ ERUIT HALEN, met **uit** (iem., iets): *zij puurden goud uit de bedding van de rivier; uit alles weet hij geld te puren*

pushen

∗ AANZETTEN, met **tot** (iets): *een dealer heeft haar gepusht tot het kopen van drugs* of met **(om) te** (+ onbep. wijs):

mijn vrienden hebben me gepusht om mijn memoires te schrijven

putten

∗ (WATER) OPHALEN, met **uit** (iets): *het hele dorp put water uit deze ene bron*

• ~ **uit** (iets), ideeën, inspiratie e.d. opdoen: *de dichter putte zijn inspiratie uit de natuur; moed uit iets putten*

puzzelen

∗ PIEKEREN, PEINZEN, met **met** (voorwerpen e.d.): *dagenlang puzzelde hij met ingewikkelde diagrammen* of met **op** of **over** (probleem e.d.): *we puzzelen op een goede oplossing van het probleem*

quarantaine

• **in** ~, in tijdelijke isolatie: *passagiers uit bepaalde tropische gebieden moesten soms veertig dagen in quarantaine*

qui-vive

• **op** zijn ~, scherp oplettend, met **voor** (iets): *hij leek ontspannen, maar tegelijk was hij op zijn qui-vive voor mogelijke opmerkingen*

R

raad

* ~ weten, weten wat te doen, met **met** (iem., iets): *met dat bord pap weet hij wel raad*
* zich geen ~ weten, niet weten wat te doen, met **met** (iem., iets): *ik weet me geen raad met alles wat is overgebleven*

• **met** voorbedachten rade, met vooropgezet plan: *moord met voorbedachten rade;* **ten** einde ~, niet meer wetend wat te doen; **te** rade gaan **bij** (iem., zichzelf), advies inwinnen: *voor zulke problemen ga ik altijd bij haar te rade; je moet bij jezelf te rade gaan of ...*, goed voor jezelf vaststellen

• ~ houden **met** (iem.), raadplegen: *hij houdt raad met zijn familie over het voorgenomen huwelijk;* ~ weten **op** (probleem), een oplossing weten: *daar weet hij wel raad op;* zich geen ~ weten **van** (ongemak), verschrikkelijk last hebben: *ik weet me geen raad van de jeuk*

raadplegen

* MENING, ADVIES VRAGEN, met **over** (iem., iets): *de gemeenteraad raadpleegde de bevolking over het stadsvernieuwingsproject*

raadsbesluit

* BESLISSING VAN DE GEMEENTERAAD, met **over** of **inzake** (iets): *een raadsbesluit over het toekomstige beleid* of **tot** (inhoud van het besluit): *een besluit tot het uitroepen van de bouw van het stadhuis*

• **bij** ~ **van** (datum), op grond van het raadsbesluit van (datum)

raakvlak

* GRENSVLAK, met **van** of **tussen** (gebieden e.d.): *deze dichter bevindt zich op het raakvlak tussen literatuur en religie* of met **met** (gebied): *deze stijl heeft een raakvlak met Jugendstil*

raap

• recht **voor** zijn ~, direct, zonder omwegen: *ik zei hem dat recht voor zijn raap*

rade zie **raad**

raden

* GISSEN, met **naar** (iets): *hij raadde naar het juiste getal*
* ADVIES GEVEN, met **in** (iets): *zijn echtgenote raadde hem in alles*

radio

• **op** de ~, als onderdeel van een uitzending: *ik hoorde het nieuws zojuist op de radio;* **over** of **via** de ~, gebruikmakend van het fysieke medium 'radio': *Colijn sprak het Nederlandse volk toe over/via de radio;* **voor** de ~, ten overstaan van een radio-omroep: *elke zondag sprak G.B.J. Hiltermann voor de radio; de premier heeft dit voor de radio verklaard*

raison

• **à** ~ **van** (bedrag), tegen een bedrag van: *à raison van zeven euro per stuk kocht hij enkele flessen sherry*

raken

• ~ **aan** (iem., iets), weten te krijgen: *na zijn scheiding wist hij niet hoe hij aan geld moest raken; hoe moet jij nou ooit aan de man raken?;* ~ **aan** de/het (handeling of onbep. wijs), beginnen (te): *hij raakte met haar aan de praat; de broers raakten aan het vechten;* ~ **aan** (drank, drugs e.d.), verslaafd raken: *hij raakte zwaar aan de jenever, heroïne;* ~ **in** (iets), terechtkomen: *door zijn loslippigheid raakte hij in een vervelende situatie; ze raakte in een extase*

ramen

* BEGROTEN, SCHATTEN, met **op** (bedrag, waarde): *de jaarlijkse kosten werden geraamd op een paar ton*

rammelen

• ~ **aan** (iets), door wrikken e.d. proberen te openen: *de politie rammelde aan de poort;* **door** elkaar ~, stevig schudden: *ik heb zin je door elkaar te rammelen;* ~ **met** (iets), een kletterend geluid maken door iets te schudden: *hij rammelde met een collectebus*

rancune

* WROK, met **tegen** (iem.): *hij koestert een flinke rancune tegen zijn oude werkgever*

rand

• **aan** de ~ **van** (een als vlak beschouwd object): *aan de rand van het bos/de stad;* **aan** of **op** de ~ **van** (iets): *aan/op de rand van de afgrond*

randje

• **op** het ~, bijna onfatsoenlijk: *nou, die opmerking is op het randje;* **op** het ~, ternauwernood: *het is gelukt, maar het was wel op het randje*

rang

• **in** ~, volgens de plaats in de hiërarchische organisatie: *de oudste in rang; in rang terugzetten;* **op** de eerste, tweede e.d. ~, in een groep binnen de hiërarchische organisatie, op een plaats van aflopende belangrijkheid: *we hadden plaatsen op de eerste rang*

rangschikken

* EEN AANTAL ZAKEN OF PERSONEN INDELEN, met **in** (categorieën): *planten rangschikken in klassen)* en/of met **naar**, **op** of **volgens** (criterium, eigenschap): *planten rangschikken naar hun kleur, op alfabet*
* EEN ZAAK OF PERSOON ONDERBRENGEN IN EEN CATEGORIE E.D., met **onder** (categorie): *een dier rangschikken onder de roofdieren*

rantsoen

• **op** ~ zijn, slechts in beperkte mate voorhanden: *zijn de pinda's hier op rantsoen?*

rapport

* VERSLAG, met **over** (iem., iets): *na afloop maak je een rapport over je bevindingen*
• **op** het ~, op de cijferlijst: *zij had allemaal goede cijfers op haar rapport;* **op** ~ moeten komen, zich moeten melden bij een superieur: *na het echec moest hij op rapport komen bij de directie*

rapporteren

* VERSLAG UITBRENGEN, met **aan** (iem., instelling): *de commissie rapporteerde haar bevindingen aan de regering* en/of met **over** (iets): *ze rapporteerde over het politieoptreden*

rata

• **naar** ~, naar evenredigheid, met **van** (iets): *de gelden worden verdeeld naar rata van de inbreng*

ratio

* (BEWEEG)REDEN, met **van** of **achter** (iets): *de ratio van een maatregel*

rato zie **rata**

razend

* WOEDEND, met **op** (iem.): *hij was razend op me*
• ~ **van** woede, erg woedend

razzia

* KLOPJACHT, met **onder**, **op** of **tegen** (groep mensen): *een razzia op communisten*

reactie

* TEGENBEWEGING, TEGENACTIE, met **op** (iets): *zijn brief is een reactie op onze circulaire*

reageren

* EEN CHEMISCHE REACTIE AANGAAN, met **met** (stof): *ijzer reageert met water*
* ANTWOORDEN, met een actie volgen, met **met** (middel): *de regering reageerde met een hard politieoptreden* en/of met **op** (aanleiding): *de vakbeweging reageerde woedend op de loonmaatregel*

rebelleren

* ZICH VERZETTEN, met **tegen** (iem., iets): *de studenten rebelleerden tegen de nieuwe studiefinanciering*

recensie

* SCHRIFTELIJKE BESPREKING VAN EEN BOEK, FILM E.D., met **van** (boek): *een recensie van een dichtbundel* of **over** (kunst, toneel e.d.): *een recensie over Edvard Munch*

recept

* PROBATE METHODE OM IETS TE VERKRIJGEN, met **voor** (iets): *er is geen recept voor een goed huwelijk*
* BESCHRIJVING VAN DE BEREIDINGSWIJZE, met **van** (iets): *heb jij het recept van deze taart?*

reces

• **op** ~, (van een officieel lichaam) op vakantie: *de Tweede Kamer is op reces*

recht <zn>

* BEVOEGDHEID OM IETS TE DOEN, met **tot** (iets): *de regering heeft het recht tot interventie* of met **(om) te** (+ onbep. wijs): *als ouder heb ik het recht om zo tegen je te spreken* of met **van** (iets): *een beklaagde heeft het recht van weerwoord; het recht van interpellatie*
* AANSPRAAK OP IETS, met **op** (iets): *de werknemer heeft recht op een minimum aantal vakantiedagen*
• **in** rechte, in een procedure: *als u niet met een redelijke oplossing komt, zal ik niet schromen u in rechte aan te spreken;* **in** zijn ~ staan, terecht een aanspraak kunnen doen gelden; **met** ~, terecht: *zo'n paar billen is met recht geen gezicht;* **op** zijn ~ staan, zijn aanspraken handhaven
• ~ doen **aan** (iets), een rechtvaardige behandeling geven: *de beslissing doet recht aan de eisen van alle betrokkenen*

recht <bw>

* NIET SCHUIN, met **tegenover** (iem., iets), niet schuin ten opzichte van: *ik woon recht tegenover de bakker* of met **ten opzichte van** (iets) (van vlakken, lijnen e.d.): *deze lijn staat recht ten opzichte van de basislijn*

rechte zie **recht <zn>**

rechten <zn>

* BELASTINGEN, HEFFINGEN, met **op** (iets): *de rechten op genotmiddelen zijn in Nederland vrij hoog*
* AUTEURSRECHTEN VAN EEN BOEK, FILM E.D., met **van** (iets): *de filmmaatschappij*

heeft de rechten van die bestseller
• **naar** ~ handelen, correct en redelijk handelen; **onder** de ~ liggen, de laatste sacramenten hebben ontvangen

rechter
* WIE RECHTSPREEKT, met **in** (zaak): *wie is de rechter in deze zaak?* of met **tussen** (personen): *vader moest nogal eens rechter spelen tussen zijn kinderen* of met **over** (iem.): *ik wil geen rechter over u spelen*
• **voor** de ~: *ik daag u voor de rechter*

rechterhand
• **aan** de ~/**ter** ~, aan de rechterzijde: *de regeringspartijen zitten gewoonlijk ter rechterhand van de voorzitter*

rechterzijde
• **aan** de ~/**ter** ~, aan de rechterhand: *de regeringspartijen zitten gewoonlijk ter rechterzijde van de voorzitter*

rechthebbende
* WIE RECHT HEEFT, met **op** (iets): *de rechthebbenden op een nalatenschap*

rechts
* AAN/NAAR DE RECHTERKANT, met **van** (iem., iets): *het politiebureau bevindt zich rechts van de school*

rechtspreken
* RECHTSPRAAK UITOEFENEN, met **over** (iem.): *het gerechtshof sprak recht over een drugsbaron* en/of met **in** (zaak): *het gerechtshof sprak recht in een fraudezaak.*

rechtvaardiging
• **te** zijner ~, als rechtvaardiging voor hem: *te zijner rechtvaardiging wil ik het volgende opmerken: ...;* **ter** ~ (**van** (iets)), om te rechtvaardigen: *hij voerde huiselijke problemen aan ter rechtvaardiging van zijn houding*

reclame
* BEZWAAR, met **betreffende**, **over** of **tegen** (iets): *een reclame betreffende de hoogte van de aanslag*
* AANPRIJZING, met **voor** (iets): *reclame voor sigaretten*

reclameren
* KLAGEN, met **bij** (iem.): *u kunt reclameren bij de bedrijfsleider* en/of met **over** of **tegen** (iets): *over de slechte kwaliteit kunt u reclameren*

reconventie
• **in** ~, tijdens het verweer door gedaagde ingediend: *een eis in reconventie*

record
* HOOGSTE TOT DUSVER GELEVERDE (SPORT)PRESTATIE, met **op** of **over** (afstand e.d.): *het record op de vijf kilometer werd weer scherper gesteld*

redactie
• **onder** ~ **van** (naam), geredigeerd door: *het handboek staat onder redactie van drs. X.*

redden
* UIT EEN BENARDE SITUATIE E.D. HALEN, met **uit** (iets): *de brandweer redde hem uit het brandend huis; met de nodige handigheid wist hij zich eruit te redden*
* BEHOEDEN, met **van** (dood, ondergang e.d.): *een omstander heeft hem van de dood gered*
• zich ~, min of meer goed uit de voeten kunnen, met **met** (iets): *hij kan zich redelijk goed redden met de nieuwe rolstoel*

rede
* TOESPRAAK, met **over** (iets): *een rede over de toekomst van de slaolie-industrie;* **in** de ~ vallen, onderbreken: *wilt u mij niet steeds in de rede vallen*
• **in** de ~ liggen, te verwachten zijn: *het ligt in de rede dat de minister hierop nog zal terugkomen;* **in** de (in)directe ~, (in)direct weergegeven: *deze zin staat in de indirecte rede;* **op** de ~: *het schip ligt op de rede van Vlissingen;* **tot** ~ brengen, kalmeren: *de politie wist de wildeman tot rede te brengen*

redelijk
* BILLIJK, met **in** (iets): *de oppositie was alleszins redelijk in haar eisen*

reden
* FEIT DAT TEN GRONDSLAG LIGT AAN EEN HANDELING OF EMOTIE, met **van** of **voor** (iets): *de reden van zijn boosheid was niet duidelijk; heeft de Nederlandse vliegtuigindustrie nog reden van bestaan?*
• **met** ~, terecht: *zij heeft zich beklaagd, en met reden;* **zonder** ~, ten onrechte: *zij heeft zich zonder reden beklaagd*
• ~ zijn/geven/hebben **tot** (iets) of **(om) te** (+ onbep. wijs): *je hebt geen enkele reden om boos te zijn; er is geen reden tot klagen*

redeneren
* ARGUMENTEREN, met **met** (iem.): *urenlang zaten ze met elkaar te redeneren* en/of met **over** (iets): *urenlang redeneerden zij met elkaar over een nieuwe maatschappij*

redetwisten
* DEBATTEREN, met **met** (iem.): *ze zitten weer met elkaar te redetwisten* en/of met **over** (iets): *ze redetwisten over bijzaken*

reduceren
* TERUGBRENGEN, met **tot** (iets): *het*

aantal beschikbare agenten wordt gereduceerd tot de helft

reductie

∗ PRIJSVERMINDERING, met **op** (aankoop, prijs e.d.): *op vertoon van deze bon krijgt u een reductie van 10% op de prijs*

referentie

∗ VERWIJZING, met **aan** of **naar** (iem., iets): *een referentie aan een bekend gedicht*

• **onder** ~ **aan** (iets), met verwijzing naar: *onder referentie aan een eerder telefoongesprek*

refereren

• ~ **aan** (iem., iets), verwijzen: *refereren aan een gezaghebbende bron*

referte

• **onder** ~ **aan** (iets), met een verwijzing: *onder referte aan de bovenstaande mededelingen*

reflecteren

∗ REAGEREN, met **op** (advertentie): *met deze sollicitatie reflecteer ik op uw advertentie*

∗ NADENKEN, met **op** of **over** (iets): *zij reflecteren over de geest van de tijd*

reflectie

∗ HET NADENKEN, met **op** (iets): *dit beeldhouwwerk is een reflectie op het lijden van de postmoderne mens*

reflex

∗ SNELLE REACTIE, met **op** (iets): *in een snelle reflex op het schot wist de keeper zijn doel schoon te houden*

• **in** een (snelle) ~, in een reactie

regel

∗ GEBRUIK, met **bij** (iem., instelling): *het is regel bij ons dat we voor het eten bidden*

∗ VOORSCHRIFT, met **voor** (iets): *de nieuwe regels voor het gebruik van de tussen-n*

• **in** de ~, gewoonlijk: *in de regel komt hij al vóór negen uur op de zaak*

• regels instellen **voor** (iets), een voorschrift uitvaardigen: *er werden regels ingesteld voor het gebruik van het kopieerapparaat;* regels opstellen **voor** (iets), een procedure opstellen: *in goed overleg werden regels opgesteld voor het gebruik van het kopieerapparaat*

regelen

∗ AFSTEMMEN OP, met **naar** (iets): *we moeten de uitgaven regelen naar de inkomsten*

• zich ~ **naar** (iem., iets), zich richten naar: *hij regelt zich helemaal naar haar behoeften*

regeling

∗ GEHEEL VAN (WETTELIJKE) REGELS, met **over**, **van** of **voor** (iets): *een regeling voor bijverdiensten van politici* of met **(om) te** (+ onbep. wijs): *een regeling om nevenactiviteiten van hoogleraren te beperken*

regeren

∗ HET BEWIND VOEREN, met **over** (land, bewoners): *de koningin regeert met milde wijsheid over ons land*

regeringswege

• **van** ~, van de zijde van de regering: *na de oorlog werd de broodprijs van regeringswege vastgesteld*

regie

∗ LEIDING, HET REGISSEREN, met **van** (voorstelling, evenement, beleid e.d.): *de regie van Schönbergs muzikaal drama "Die glückliche Hand" was in handen van ...*

register

∗ ALFABETISCHE LIJST, met **op** (boeken, artikelen e.d.): *op dat studieboek is jammer genoeg nooit een register gemaakt* en/of met **met** of **van** (namen, zaken e.d.): *een register van zaken en personen*

reglement

∗ GEHEEL VAN VOORSCHRIFTEN, met **op** (handeling, werkwijze e.d.): *het reglement op het gebruik van de brandblusser* en/of met **voor** (iem., instelling): *een reglement voor de huishoudelijke dienst*

• het ~ **van** orde, de in acht te nemen procedures tijdens een vergadering

regres

∗ RECHT OP TERUGBETALING, met **op** of **tegen** (iem.): *regres op een schuldenaar*

reiken

• ~ **naar** (iets), de hand(en) uitstrekken: *hij reikte naar het voedsel;* ~ **tot (aan)** (iets), zich tot zo ver uitstrekken: *zijn macht reikt tot dit gebied*

reikhalzend

• ~ uitzien/uitkijken **naar** (iets), vurig verlangen naar: *hij keek reikhalzend uit naar het weerzien*

reinigen

∗ SCHOONMAKEN, met **van** (iets): *hij reinigde zijn brillenglazen van het stof*

• zijn handen ~ **aan** (iets): *hij reinigde zijn handen aan een doekje*

reisgids

∗ BOEKJE MET GEGEVENS OVER EEN TE BEZOEKEN LAND E.D., met **over**, **van** of **voor** (land e.d.): *een reisgids over/van/voor Amsterdam*

reizen
∗ ZICH ALS VERTEGENWOORDIGER VERPLAATSEN, met **in** (handelswaar): *hij reist in koelkasten*

rekenen
∗ BETALING VRAGEN, met **voor** (iets): *hoeveel rekent hij voor de reparatie van de video?*
∗ CIJFEREN, met **met** of **in** (reken~ of munteenheid): *sommige internationale bedrijven rekenen met/in dollars*
• **te** ~ **vanaf** (datum), met (datum) als beginpunt: *levering binnen drie maanden, te rekenen vanaf de datum van de orderbevestiging*
• ~ **buiten** (de waard e.d.), geen rekening houden met complicaties: *helaas had hij buiten de waard gerekend, hier in de persoon van P.;* ~ **met** (iem., iets), rekening met iets houden als mogelijkheid: *de organisatoren rekenen met een hoge opkomst op zijn receptie;* ~ **op** (iem., iets), vertrouwen: *hij rekent op onze steun; de winkelier rekende op een grote omzet;* ~ **tot** of **onder** (personen, zaken), beschouwen als deel van: *sommige collega's rekent hij tot zijn vrienden;* **uit** het hoofd ~, cijferen zonder enkel hulpmiddel

rekening
∗ NOTA, AFREKENING, met **voor** (iets): *een rekening voor verleende diensten*
• een streep **door** de ~, een grote teleurstelling; **in** ~ brengen, betaling vragen: *de leenauto brengen we u niet in rekening;* **op** ~, op krediet; **op** ~ komen **van** (iem., iets), te wijten zijn aan: *dat ongeluk komt op rekening van zijn onvoorzichtigheid;* **voor** zijn ~ nemen, zich verantwoordelijk stellen: *deze gevolgtrekking zou ik niet graag voor mijn rekening nemen;* **voor** ~ **van** (iem., instelling), ten laste van, voor de verantwoording van: *de schade komt voor rekening van uw bedrijf; die opmerking komt voor rekening van de geachte afgevaardigde*
• ~ houden **met** (iem., iets), in aanmerking nemen: *er was geen rekening gehouden met zijn komst*

rekening-courant
∗ LOPENDE REKENING, met **bij** (bank e.d.): *ik heb een rekening-courant bij mijn bank*
• **in** ~, op de rekening-courant: *de bank verhoogt de rente in rekening-courant; kredieten in rekening-courant*

rekenschap
∗ VERANTWOORDING, met **van** (iets): *voor de rechter moest hij rekenschap geven van zijn wandaden*
• zich ~ geven **van** (iets), duidelijk beseffen: *hij gaf zich rekenschap van de risico's die hij liep*

rekest
• nul **op** het ~ krijgen, een verzoek afgewezen zien: *toen hij zijn verzoek aan de chef voorlegde, kreeg hij nul op het rekest*

rekruteren
∗ KRIJGSVOLK, KANDIDATEN E.D. AANWERVEN, met **uit** (bepaalde groepen): *de soldaten werden gerekruteerd uit de laagste bevolkingsgroep*

relaas
∗ VERHAAL, met **over** of **van** (iets): *de kinderen luisterden naar het relaas van zijn avonturen*
∗ zijn ~ doen, vertellen, met **over** (iets): *de hulpverlener deed zijn relaas over zijn ervaringen*

relateren
• ~ **aan** (iets), in onderling verband zien: *het grote verlies moet worden gerelateerd aan de dalende dollar*

relatie
∗ EMOTIONELE BETREKKINGEN, met **met** (iem.): *de relatie met zijn broer was slecht* of **tussen** (personen): *de relatie tussen de broers was slecht*
∗ VERBAND TUSSEN TWEE OF MEER ZAKEN OF PERSONEN, met **tot** (elkaar): *de relatie van deze gebeurtenissen tot elkaar is onduidelijk* of **tussen** (zaken): *de relatie tussen die gebeurtenissen is onduidelijk*
• **in** ~ **met** (een onveranderlijke grootheid): *een onderzoek naar de leerprestaties in relatie met sekse en gezinssamenstelling*; **in** ~ **tot** (een veranderlijke grootheid): *een onderzoek naar de leerprestaties in relatie tot de instructiemethode*

relevant
∗ TER ZAKE DOEND, met **voor** (iets): *dit argument is niet relevant voor deze zaak*

rem
∗ VERTRAGING, met **op** (iets): *de regering wil een rem op de uitgaven*

remedie
∗ MIDDEL OM EEN ZIEKTE OF EEN ANDER PROBLEEM OP TE LOSSEN, met **tegen** of **voor** (iets): *aspirine is een goede remedie voor verkoudheid; een banenplan is een goede remedie tegen werkloosheid*
∗ MIDDEL TEN BATE VAN IEMAND DIE EEN BEPAALDE ONDEUGD HEEFT, met **voor** (iem.): *de ideale remedie voor politieke oplichters*

reminiscentie
* (VAGE) HERINNERING, met **aan** (iem., iets): *de foto riep reminiscenties bij hem op aan zijn moeder; een reminiscentie aan de dichter Swinburne*

remmen
* TEGENHOUDEN, met **in** (iets): *door de voedselschaarste werden veel kinderen geremd in hun groei*
* VAART MINDEREN, met **op** (motor e.d.): *wanneer elektrische auto's op de motor remmen, worden meteen de accu's bijgeladen*

rendement
* FINANCIËLE OPBRENGST, met **op** of **van** (iets): *het rendement van industriële fondsen; de bank verwacht een hoog rendement op deze investeringen*

rente
* BELONING VOOR HET UITLENEN VAN GELD, met **op** (rekening, lening e.d.): *de rente op een depositorekening is meestal vrij gering; de rente op leningen voor één dag*
• **op** ~, tegen ontvangst van rente: *ik heb mijn geld op rente staan*

reparatie
* HET HERSTELLEN, met **aan** of **van** (iets): *een reparatie aan/van een fiets*

repercussie
* NADELIG GEVOLG, met **op** of **voor** (iets): *het Koreaconflict had ernstige repercussies op de Nederlandse betalingsbalans*

repertorium
* REGISTER, met **op** of **voor** (iets): *een repertorium op de Nederlandse tijdschriften*

repliek
* ANTWOORD, met **op** (iets): *een repliek op de kritische commentaren*
• **van** ~ dienen, snedig antwoorden: *zij diende hem direct van repliek;* een conclusie **van** ~, een antwoord op het verweer van de gedaagde

reportage
* JOURNALISTIEK VERSLAG, met **over** (iets): *een reportage over de oorlog in Ruanda*
* OOGGETUIGENVERSLAG, met **van** (iets): *een reportage van de voetbalwedstrijd*

reppen
* GEWAGEN, met **van** of **over** (iets) (altijd met een ontkenning): *hij repte met geen woord over zijn strafwerk*

representatief
* TYPEREND, met **voor** (iets): *dit geval is representatief voor alle andere*

represaille
* STRAFMAATREGEL, met **tegen** (iem.): *de represailles tegen Irak hebben het land diep in het economisch moeras doen geraken*

requisitoir
* OPENBARE AANKLACHT, met **tegen** (iem., iets): *een requisitoir tegen de drugsoverlast, tegen de verloedering van de maatschappij*

reserve
* (NOOD)VOORRAAD, met **aan** (iets): *met het oog op mogelijke schaarste is er een grote reserve aan benzine opgeslagen* of met **in** (goud, valuta e.d.): *reserves in goud*
* VOORBEHOUD, met **tegen, omtrent** of **bij** (iets): *wij hebben enige reserves tegen de door u voorgestelde oplossing*

reserveren
* AFZONDERLIJK HOUDEN, met **voor** (iets): *er moet grond worden gereserveerd voor de bouw van het nieuwe stadhuis; een tafel reserveren voor twee personen* en/of met **op** (begroting): *het departement reserveerde op de begroting drie miljoen voor de opvang van jongeren* en/of met **uit** (financiële bron): *de gemeente reserveert dit bedrag uit eigen middelen*

resistent
* BESTAND, met **tegen** of **voor** (ziekte, ongunstige invloed, vijandige organismen): *deze vlassoort is resistent tegen verschillende ziekten*

resoneren
* MEETRILLEN, met **in** (iets): *het werk van Barthes resoneert in dat van talrijke leerlingen*

respect
* EERBIED, met **voor** (iem., iets): *hij had een diep respect voor zijn leermeester*

ressort
• **in** eerste e.d. ~, in eerste (gerechtelijke) instantie; **onder** het ~ **van** (rechter e.d.): *deze zaak valt onder het ressort van de kantonrechter*

ressorteren
• ~ **onder** (iem., instelling), vallen onder (de jurisdictie van): *Algemene Zaken ressorteert onder de minister-president*

rest
* WAT OVERBLIJFT, met **van** (iets): *de rest van de groep hield zich doodstil*
• **voor** de ~, voor het verdere: *voor de rest valt er niets nieuws te melden*

resultaat
* UITKOMST, OPBRENGST, met **van** (iets): *het resultaat van zijn inspanningen*

resulteren
* HET GEVOLG ZIJN VAN IETS, met **uit** (iets): *uit ons intensieve overleg resulteerde een plan van aanpak*

∗ ALS GEVOLG HEBBEN, met **in** (iets): *India botst tegen Azië op, wat resulteerde in het omhoog komen van de Himalaya*

retour

• **op** zijn ~, niet meer zo goed als vroeger: *die artiest lijkt toch wel een beetje op zijn retour*

retourneren

∗ TERUGZENDEN, met **aan** of **naar** (iem., instelling): *de antwoordkaarten kunnen worden geretourneerd aan de afzender*

retraite

• **in** ~, zich tijdelijk teruggetrokken hebbend om te mediteren: *elk jaar ging de directie een week in retraite*

reuk

• **in** een kwade ~ staan, niet goed bekend staan: *allochtonen staan ten onrechte in een kwade reuk*

revanche

∗ WEERWRAAK, met **op** (iem.): *hij nam in een volgend spelletje revanche op zijn tegenstander* en/of met **voor** (iets): *hij nam revanche voor het wereldkampioenschap, waar hij kansloos was geweest*

revolutie

∗ OMMEKEER, met **in** (iets): *de uitvinding van de radio betekende een revolutie in de communicatie*

richten

∗ INSTELLEN OP EEN DOEL, met **op** (iem., iets): *de soldaten richtten het kanon op de stad*

• ~ **aan** (iem., instelling), als brief e.d. doen uitgaan: *hij richtte een bezwaarschrift aan de burgemeester;* zich ~ **naar** (iem., iets), zijn handelen afstemmen op: *ik richt me naar jouw instructies* en met **in** (opzicht): *hij richt zich in alles op zijn grote voorbeeld;* ~ **op** (iets), 1 als doelstelling hebben: *de regering richt haar beleid op vermindering van de werkloosheid;* 2 als richtpunt nemen: *je moet je op je voorman richten;* **te** gronde ~, vernietigen: *de gangster was vast van plan zijn rivaal te gronde te richten;* ~ **tegen** (iem., iets), tot voorwerp van een aanval maken: *zijn kritiek richtte zich tegen de nieuwe wet;* de ogen **ten** hemel ~, naar de hemel richten; enkele woorden/zich ~ **tot** (iem.), toespreken: *de directeur richtte enkele woorden tot de jubilaris; in zijn toespraak richtte hij zich plotseling rechtstreeks tot mij*

richtsnoer

∗ NORM, met **voor** (iets): *de bijbel is bij velen het richtsnoer voor het leven*

• iets **tot** ~ nemen, zich richten naar: *christenen nemen de bijbel tot richtsnoer.*

rieken

• ~ **naar** (iets), zwemen naar: *dat riekt naar kwade opzet*

rijden

∗ ZICH VERPLAATSEN MET EEN HULPMIDDEL, met **op** (hulpmiddel): *op een fiets/wagen/bezem/paard rijden* of met **met** (fiets): *ik ben weleens met de fiets van Den Helder naar Hoek van Holland gereden* of met **te** (paard): *huzaren reden vroeger te paard*

∗ ZICH VERPLAATSEN IN EEN VERVOERMIDDEL, met **in** of **met** (vervoermiddel): *in/met de trein/auto/koets/rijden*

• ~ **op** (brandstof e.d.), voortbewogen worden: *de meeste auto's rijden op benzine; auto's die op zonne-energie rijden, zijn nog een toekomstbeeld*

rijgen

∗ MET EEN SNOER HECHTEN, met **aan** (iets): *zij reeg kralen aan een draad*

rijk

• ~ **aan** (iets), veel van iets hebbend: *dit gebied is rijk aan delfstoffen*

rijkdom

• ~ **aan** (iets), overvloed aan: *Koeweit heeft een grote rijkdom aan olie*

rijm

• **op** ~, met klankovereenkomst in opeenvolgende regels: *het hele verhaal was op rijm gezet*

rijmen

∗ (VAN VERZEN, WOORDEN) RIJM VERTONEN, met **op** of **met** (iets): *aarde rijmt op waarde; deze regels rijmen op elkaar*

• ~ **met** (iets), 1 in overeenstemming zijn: *dat rijmt niet met wat je zojuist beweerde;* 2 in overeenstemming achten: *ik kan zijn gedrag niet rijmen met zijn levensovertuiging;* zich ~ **met** (iets), in overeenstemming zijn: *dat rijmt zich niet met de andere feiten*

rijmwoord

• ~ **op** (woord), woord dat rijmt: *'zwaalf' is het enige rijmwoord op 'twaalf'*

rijp

• ~ **voor** (iets), gereed voor: *dit ontwerp is rijp voor de prullenbak; het jonge talent is nog niet rijp voor het echte grote werk*

rijpen

∗ ZICH ONTWIKKELEN, met **tot** (iets): *de gemeentelijke plannen moeten nog rijpen tot een integraal beleid*

rillen

∗ BEVEN, met **van** (iets): *rillen van kou, angst, koorts*

ring
• de handdoek **in** de ~ gooien, het opgeven; **in** de ~ treden **voor** (iem., iets), het opnemen voor: *hij was altijd bereid voor zijn idealen in de ring te treden*
risico
* GEVAAR, met **van** (iets): *het risico van schade is niet denkbeeldig* of **(om) te** (+ onbep. wijs): *het risico te worden beboet is niet groot*
• **op** ~ **van** (iets), het gevaar lopend: *ik doe het toch, op risico van een fiasco;* **voor** ~ **van** (iem.), met gevaar voor: *levering geschiedt voor risico van de koper*
risselen zie **ritselen**
ritselen
• ~ **van** (iets), wemelen: *die tekst ritselt van de fouten*
rivaliseren
* WEDIJVEREN, met **met** (iem.): *die twee rivaliseren ontzettend met elkaar.*
rivaliteit
* WEDIJVER, met **tussen** (iem., elkaar): *er is veel rivaliteit tussen de twee landen* of met **bij** (groep): *de onderlinge rivaliteit bij Ajax is gering*
roddelen
* PRATEN OVER DERDEN, met **over** (iem., iets): *we roddelden over je nieuwe vriend* en/of met **met** (iem.): *hij roddelt met zijn buurman over ons* en/of met **achter de rug van** (iem.): *achter zijn rug rosselen ze over hem*
roemen
• ~ **over** (iets), hoog opgeven van: *zij roemt erg over die kapper*
roep
• ~ **om** (iets, iem.) of **(om) te** (+ onbep. wijs), algemeen geuite wens: *de roep om een democratisch bewind*
roepen
* DE STEM LUID VERHEFFEN, met **naar** of **tegen** (iem.): *ik riep tegen hem dat hij moest komen*
* LUID EN DRINGEND VRAGEN, met **om** (iem., iets): *zij riep om hulp; iedereen roept tegenwoordig om hard ingrijpen van de politie*
• ~ **bij** (iem., zich), ontbieden: *de rector riep de betrapte leerling bij zich; hij werd bij de chef geroepen;* ~ **over** (iem., iets), zijn enthousiasme uiten: *iedereen roept dat hij zo aardig is;* ~ **tot** (ambt), opdragen te vervullen: *de koningin is tot haar hoge taak geroepen; daartoe voel ik mij niet geroepen;* ~ **tot** (God), smekend bidden: *zij riepen tot God;* **tot** zich ~, 1 ontbieden (plechtig): *hij riep zijn afdelingshoofd tot zich;* 2 doen overlijden: *na een korte ziekte heeft God hem tot Zich geroepen*
roeping
* HET VOORBESTEMD ZIJN, met **tot** of **voor** (iets): *hij voelde een roeping tot priester* of **(om) te** (+ onbep. wijs): *een roeping om priester te worden*
roeren
* EEN LEPEL E.D. IN HET ROND BEWEGEN, met **in** (iets): *hij roerde in de soep*
* STOFFEN DOOR EEN RONDDRAAIENDE BEWEGING MENGEN, met **door** (iets, elkaar): *de melk door de koffie roeren*
* zich ~, protesten laten horen, met **tegen** (iets): *voor het eerst roerden de Belgen zich tegen het separatisme*
• ~ **in** (situatie), een beladen onderwerp kritisch onderzoeken: *de journalist roerde in allerlei netelige kwesties;* **tot** (tranen) (**toe**) ~, diep ontroeren: *zijn woorden hebben mij tot tranen toe geroerd*
rol
* EEN PERSONAGE E.D. IN EEN TONEELSTUK OF FILM, EEN FUNCTIE, met **bij** of **in** (iets): *bij de totstandkoming van het verdrag speelde Nederland een belangrijke rol*
• **aan** de ~ gaan/zijn, de bloemetjes buiten gaan zetten/zetten; **in** de ~ **van** (iem.), een rol spelend, als: *Rutger Hauer in de rol van koene ridder; Amerika in de rol van mondiale politieagent;* **in** de ~ staan, als bemanningslid geregistreerd staan; **op** de ~, op de lijst: *wat staat er voor vandaag op de rol?;* **uit** zijn ~ vallen, iets doen dat niet met de gespeelde rol overeenkomt: *de voorzitter viel met zijn opmerking finaal uit zijn rol;* **van** de ~ afvoeren, schrappen van de lijst
rolletjes
• **op** ~ lopen/gaan, goed lukken: *alles liep op rolletjes*
rommelen
* (OGENSCHIJNLIJK) ZONDER VEEL SYSTEEM BEZIG ZIJN, met **in** (bak, doos e.d.): *hij rommelde in de gereedschapskist; rommelen in de marge* en/of met **met** (verzameling voorwerpen): *in zijn vrije tijd rommelde hij met tweedehands spullen* of met **aan** (voorwerp): *hij rommelde aan zijn bromfiets*
* ILLEGAAL HANDELEN, met **met** (iets): *er wordt gerommeld met de subsidies*
rond <zn>
• **in** het ~, in een cirkel: *in het rond kijken; in het rond slaan*, om zich heen
ronde
• **in** de (rangtelwoord) ~, wedstrijd-

ronde: *Ajax trof in de vierde ronde een geduchte tegenstander;* **op** zijn ~, op zijn rondgang: *op zijn rondgang trof de bewaker de gewonde man aan;* **over** (getal) ronden, bestaande uit (getal) onderdelen: *een bokswedstrijd over tien ronden*

rondkomen

* VOLDOENDE HEBBEN, met **met** of **van** (iets): *van zijn uitkering kon hij net rondkomen*

roofbouw

* ONEVENREDIG BESLAG OP HULPBRONNEN, met **op** (iem., iets): *zij werkt veel te hard; zij pleegt eigenlijk roofbouw op zichzelf; de mens pleegt roofbouw op de natuurlijke hulpbronnen van Moeder Aarde*

rooien

* ZICH STAANDE HOUDEN, met **met** (iets): *kun je het een beetje rooien met dat salaris?*

rook

• **onder** de ~ **van** (plaats), in de onmiddellijke nabijheid: *ze wonen onder de rook van Den Haag*

roos

• **in** de ~, raak: *dat geschenk was een schot in de roos;* **onder** de ~, in vertrouwen, in het geheim: *het volgende deel ik je onder de roos mee: ...*

roteren

* DRAAIEN, met **om** (iets): *de aarde roteert om zijn as*

rothekel

* ENORME HEKEL, met **aan** (iem., iets): *hij heeft een rothekel aan dat werk*

rouw

* HET ROUWEN, met **om** of **over** (iem., iets): *de rouw om de slachtoffers* of met **vanwege** (gebeurtenis): *rouw vanwege de vliegramp*

rouwen

* TREUREN, met **om** of **over** (iem., iets): *de familie rouwde om/over het verlies van een kind* of met **vanwege** (gebeurtenis): *rouwen vanwege een vliegramp*

rouwig

* SPIJT VOELEND, met **om** (iets): *hij was er niet rouwig om dat de bijeenkomst werd afgelast*

rubriek

* REEKS ANNONCES PER ONDERWERP, met **voor** (onderwerp): *deze krant heeft een aparte rubriek voor computersoftware*

• **onder** de ~, in een indelingscategorie: *deze opmerking valt onder de rubriek geruchten*

ruchtbaarheid

• ~ geven **aan** (iets), algemeen bekend maken: *de overheid wilde geen ruchtbaarheid geven aan de onderhandelingen*

ruggespraak

* OVERLEG (MET LASTGEVERS E.D.) VÓÓR MEN EEN BESLUIT NEEMT, met **met** (iem.): *hij heeft dat gedaan zonder enige ruggespraak met ons*

rui

• **aan** of **in** de ~ zijn, aan het ruien zijn

ruiken

* EEN GEUR OPSNUIVEN, met **aan** (iets): *hij ruikt aan een bloem*

• ~ **aan** (onderwerp e.d.), oppervlakkig onderzoeken/bestuderen: *ik heb er alleen maar aan geroken;* ~ **naar** (iets), 1 een bepaalde geur hebben: *het ruikt hier naar een dennenbos;* 2 zwemen naar: *deze zaak ruikt naar corruptie*

ruil

• **in** ~ **voor** (iem., iets), als tegenprestatie: *je krijgt in ruil voor dit overwerk een dag vrij*

ruilen

* UITWISSELEN, met **met** (iem.): *hij ruilt postzegels met zijn buurman* en met **voor** of **tegen** (iem., iets): *hij ruilde levensmiddelen voor/tegen sigaretten; de Russen ruilden met de Amerikanen informanten tegen harde dollars*

• ~ **met** (iem.), uitwisselen, met **van** (iets): *trainer X. ruilde met trainer Y. van club*

rukken

* EEN KORTE (TREKKENDE) BEWEGING MAKEN, met **aan** (iets): *de koe rukte aan het touw*

run

• ~ **op** (iets), stormloop: *een run op flippo's*

rush

* STORMLOOP, met **op** (iets): *een rush op aandelen KPN*

rust

• **in** ruste, gepensioneerd: *P. is een generaal in ruste;* **met** ~ laten, niet lastig vallen: *je kunt haar beter met rust laten;* **ter** ruste, om te rusten: *zich ter ruste leggen;* **tot** ~ komen, in een toestand van rust komen: *even een paar dagen lekker tot rust komen op de Veluwe*

rusten

• ~ **op** (iem., iets), 1 steunen: *het gebouw rust op een stevig fundament; op jou rust een zware verantwoordelijkheid;* 2 (van een blik) gevestigd zijn: *zijn blik rustte op een antieke kast;* ~ **op** (lichaamsdeel), (van een lichaamsdeel) liggen op de arm, schoot enz. van een ander: *zijn hand rustte op haar schouder;* ~ **van** (iets), rust genieten na: *nu kun je even rusten van al je werk*

ruzie

* HEFTIG GESCHIL, met **om** of **over** (iets): *we hebben ruzie over de erfenis* en/of met **met** (iem.): *hij heeft ruzie met zijn vader* of met **tussen** (personen): *een ruzie tussen X. en Y.*

S

sabbelen

* ZUIGEN EN BIJTEN, met **op** of **aan** (iets): *ze sabbelt op een speen*

salaris

• **op** een ~: *zij staat nu op een heel behoorlijk salaris;* werken e.d. **voor** een ~ (**van** (bedrag)): *zij werkt voor een salaris van netto 3 mille*

saldo

• **in** ~ blijven, nog schuldig zijn; **per** ~, tegoed na mutaties, al met al: *per saldo is zij er nog op vooruit gegaan*

samendoen

* MET EEN ANDER OF ANDEREN SAMENWERKEN OF IETS DELEN, met **met** (iem.): *ze doet altijd samen met haar zus*

samen

• ~ **met** (iem., iets), in verbondenheid: *hij loopt samen met zijn vriend over straat; hij pakte het boek in samen met de ordners*

samengaan

* TEGELIJK MET IETS ANDERS VOORKOMEN, met **met** (iets): *onweer gaat niet altijd samen met regen*

* KUNNEN SAMENWERKEN, met **in** (iets): *gevoel en verstand kunnen in het oplossen van deze kwestie goed samengaan*

• ~ **met** (bedrijf, instelling), fuseren: *de ABN ging samen met de Amro*

samenhang

* VERBAND, met **met** (iets): *de samenhang met het voorgaande ontbreekt* of met **tussen** (twee of meer dingen): *er is geen samenhang tussen zijn inspanningen en zijn rapportcijfer* of met **van** (twee of meer dingen): *de samenhang van bewering a en bewering b is overduidelijk*

• **in** ~ **met** (iets), samenhangend met

samenhangen

* MET ELKAAR IN VERBAND STAAN, met **met** (iets): *het aantal uitkeringsgerechtigden hangt samen met de hoge werkloosheid*

samenleven

* LEVEN OF WONEN MET ELKAAR, met **met** (iem.): *de zoon leeft samen met zijn bejaarde moeder*

samensmelten

* SMELTEND OVERGAAN IN IETS ANDERS, IN ELKAAR OPGAAN, met **met** (iem., instelling): *bij solderen smelten twee metalen met elkaar samen; de gelieven*

willen volledig met elkaar samensmelten en/of met **tot** (een geheel): *de bedrijven zijn samengesmolten tot een nieuw concern*

samenspannen

∗ EEN COMPLOT SMEDEN, met **met** (iem., instelling): *het leger spande samen met de vijand*) en/of met **tegen** (iem., instelling): *het leger spande met de vijand samen tegen de dictator*

samenspel

∗ GOEDE SAMENWERKING, met **met** (iem., instelling): *het samenspel van de alten met de bassen* of met **tussen** (personen, instellingen, zaken): *er is een samenspel tussen het hiv-virus en leefgewoonten* of met **van** (personen, zaken): *het samenspel van de beide partners is geweldig*

• **in** ~ **met** (iem., instelling): *de regering tracht in samenspel met de sociale partners de werkloosheid terug te dringen*

samenspraak

∗ GESPREK, OVERLEG, met **met** (iem., iets): *dat is zo besloten in samenspraak met de pr-afdeling* of met **tussen** of **van** (personen): *de samenspraak tussen de ministers wil maar niet vlotten*

• **in** ~ **met** (iem., instelling): *de regering tracht in samenspraak met de sociale partners tot een nieuwe regeling te komen*

samenstellen

∗ EEN GEHEEL MAKEN VAN DELEN, met **uit** (delen): *een horloge is samengesteld uit piepkleine radertjes*

samenvallen

∗ GELIJKTIJDIG GEBEUREN, met **met** (iets): *mijn verjaardag valt dit jaar samen met het personeelsuitstapje*

samenvatten

∗ VERKORT WEERGEVEN, met **in** (korte bewoordingen): *ik kan de essentie van dat ellenlange betoog in één zin samenvatten*

∗ BIJEENBRENGEN, met **onder** (één noemer): *die maatregelen lijken heel verschillend, maar je kunt ze onder één noemer samenvatten*

samenwerken

∗ MET EEN OF MEER ANDEREN IETS TOT STAND BRENGEN, met **met** (iem., instelling): *de teamleden werken uitstekend met elkaar samen*

samenzweren

∗ SAMEN SUBVERSIEVE PLANNEN MAKEN, met **met** (iem.): *twee leden van het managementteam zweren met elkaar samen* en/of met **tegen** (iem., instelling): *de leden van het management zweren met elkaar samen tegen de directie*

sanctie

∗ MAATREGEL TER CORRECTIE, met **tegen** (land, situatie): *de sancties tegen Libië* of met **ten gunste van** (land): *een sanctie van het Amerikaanse Congres tegen onevenwichtigheden in de handelsbalans*

• zijn ~ verlenen **aan** (iets), goedkeuren: *ze verleende haar sanctie aan het voorstel*

sas

• **in** zijn ~ zijn, schik hebben, met **met** (iem., iets): *zij was erg in haar sas met dat cadeau/haar nieuwe secretaresse*

satire

∗ KRITIEK DIE SPOT INHOUDT, met **op** (iem., iets): *dat toneelstuk is een satire op de gezondheidszorg*

scala

• een ~ **aan** of **van** (zaken), een rijke schakering aan: *deze machine biedt een scala van mogelijkheden*

sceptisch

∗ GENEIGD TOT TWIJFEL, met **omtrent** of **over** (iets): *ze is sceptisch over deze oplossing*

• ~ staan **tegenover** (iets), geneigd zijn tot twijfel: *de vakbonden staan sceptisch tegenover de loonmaatregel*

scepter

• **onder** vreemde ~ leven, onder vreemde heerschappij leven

• de ~ zwaaien **over** (iem., iets), overtuigend leiding geven: *hij zwaait al vele jaren de scepter over de keuken*

schaal

• **op** ~, verkleind of vergroot met inachtneming van de juiste verhoudingen; *een tekening op schaal;* **op** kleine/grote e.d. ~, in het klein/groot e.d.: *na het overlijden van de dictator braken op grote schaal onlusten uit*

schaamte

∗ ONGEMAKKELIJK GEVOEL VAN ZELFVERWIJT, met **over** of **voor** (iets): *hij voelde schaamte over zijn oneerlijkheid*

schaarste

∗ GEBREK, met **aan** (iets): *er heerste een schaarste aan grondstoffen*

schade

∗ AFBREUK, NADEEL, met **aan** (iets): *zo'n publicatie doet schade aan zijn goede naam; schade aan de auto*

• **tot** zijn ~ ondervinden, door schade een ervaring rijker worden: *tot zijn schade ondervond hij dat hij zich niet*

goed had voorbereid
• ~ hebben/ondervinden **bij** of **van** (iets): *ik heb nogal wat schade ondervonden bij deze affaire*

schadelijk
* SCHADE VEROORZAKEND, met **voor** (iem., iets): *roken is schadelijk voor de gezondheid*

schadeloosstellen
* EEN VERGOEDING GEVEN, met **voor** (geleden schade, kosten, moeite e.d.): *de hoogleraar stelde de universiteit schadeloos voor het werk dat hij voor derden had verricht*
• zich ~ **voor** (iets), zich verzekeren van compensatie: *de Italiaanse ondernemers stelden zich schadeloos voor het smeergeld dat ze de partijen hadden betaald*

schaden
* SCHADE TOEBRENGEN, met **in** (iets): *de roddelpraat heeft de winkelier geschaad in zijn goede naam*

schadevergoeding
* SCHADELOOSSTELLING, met **voor** of **wegens** (iets): *de omwonenden zullen schadevergoeding kunnen eisen zullen voor de overlast tijdens de aanleg van de tramtunnel; de winkeliers eisen schadevergoeding wegens het teruglopen van de omzet*

schakel
* DEEL VAN EEN KETTING, KETEN, REEKS, VERBINDING E.D., met **tussen** (zaken): *die brug vormt een belangrijke schakel tussen noord en zuid* of met **in** (een keten enz.): *hij vormt de zwakste schakel in de keten*

schakelen
* TOT EEN KETEN MAKEN, met **aan** (iets): *de huizen zijn aan elkaar geschakeld* of met **achter** (iets): *de huizen zijn achter elkaar geschakeld*
* EEN VOERTUIG IN EEN ANDERE VERSNELLING LATEN RIJDEN, met **in** (andere versnelling): *je moet de auto vrij gauw in z'n twee schakelen;* een andere versnelling kiezen, met **naar** (een andere versnelling): *je moet vrij gauw naar z'n twee schakelen*

schamen
* zich ~, schaamte voelen, met **over**, **om** of **voor** (iets dat schaamte opwekt): *ik schaam me over/om/voor mijn nalatigheid; ik schaam mij voor mijn familie* en/of met **tegenover** (iem. voor wie men zich geneert): *ik schaam me tegenover mijn baas om mijn nalatigheid; ik schaam mij voor mijn familie om mijn onverantwoordelijke gedrag*

schande
* ONEER, met **voor** (iem., iets): *stille armoede is een schande voor onze maatschappij*
• **te** ~ maken, schande aandoen: *kijk uit dat je ons niet te schande maakt;* **tot** mijn ~, ik schaam mij daarover: *tot mijn schande moet ik toegeven dat ik hier niets van afweet*
• ~ brengen **over** (iem., iets): *zij bracht met deze affaire schande over haar hele familie;* ~ spreken **van** (iets), verontwaardiging uiten: *ze spraken schande van het gedrag van hun buren*

schandvlek
* BLIJVENDE SCHANDE, met **voor** (iem., iets): *door zijn exhibitionistische neigingen is hij een schandvlek voor de buurt; de Iraanse regering beschouwde het Israëlisch-Palestijnse akkoord als een schandvlek voor de Palestijnen*

scharen
* OPSTELLEN, met **in** (opstelling): *de soldaten werden in rijen van vier geschaard*
• zich ~ **aan de zijde van** (iem.), partij kiezen: *de bondscoach schaarde zich aan de zijde van een der kijvende partijen;* zich ~ **achter** of **bij** (iem., iets), demonstratief partij kiezen: *de regeringspartijen schaarden zich als een man achter de minister-president;* zich ~ **om** (iem., iets), zich opstellen, demonstratief eenheid tonen: *de soldaten schaarden zich om de vlag; in tijden van nood schaart het hele volk zich om de koningin*

scharrelen
* AMOUREUZE OMGANG HEBBEN, met **met** (iem.): *ze scharrelt met de man van haar zus*
* OP EEN MIN OF MEER HOBBYISTISCHE MANIER HANDEL DRIJVEN, met **in** (iets): *voor zijn plezier scharrelt hij in antiek*

schat
• ~ **aan** of **van** (iets), grote hoeveelheid: *het onderzoek leverde een schat aan/van gegevens op*

schateren
* LUID LACHEN, met **om** (reden): *zij moest schateren om zijn grollen* of met **van** (plezier e.d.): *zij moest schateren van plezier/het lachen*

schatplichtig
• ~ **aan** (iem., iets), gegevens of inzichten e.d. ontleend hebbend aan een bepaalde bron: *haar dissertatie is schatplichtig aan het onderzoek van voorgangers*

schatten

∗ GROFWEG DE WAARDE, GROOTTE ENZ. BEREKENEN, met **op** (bedrag e.d.): *ik schat dat huis op twee ton*

• **naar** waarde ~, weten te waarderen: *ik kan zijn hulp naar waarde schatten*

schatting

• **naar** ~, grofweg geschat: *het overschot beloopt naar schatting vijf miljoen;* **volgens** schattingen, grofweg geschat (door meerdere deskundigen): *volgens schattingen kan het tekort nog aanzienlijk oplopen*

schaven

∗ BIJWERKEN, VERFIJNEN, met **aan** (iem., iets): *ik moet aan dit stuk nog wat schaven*

scheiden

∗ UIT ELKAAR HALEN OF HOUDEN, met **van** (iem., iets): *de ene kamer is van de andere gescheiden door een dunne wand; de geliefden werden door een oceaan van elkaar gescheiden*

∗ HET HUWELIJK LATEN ONTBINDEN, met **van** (iem.): *ze is onlangs van hem gescheiden*

• ~ **in** (onderdelen), splitsen, verdelen: *het plein is in tweeën gescheiden door een dranghek; het ABO-bloedgroepensysteem scheidt de wereldbevolking in vier groepen;* ~ **uit** (iets), opgeven: *hij is onlangs uit zijn ambt gescheiden;* **uit** het leven ~, sterven: *na een kort ziekbed is zij uit het leven gescheiden*

scheiding

∗ HET SCHEIDEN, met **tussen** (personen, zaken): *de scheiding tussen Kerk en staat, tussen profs en amateurs; de scheiding tussen de compartimenten* of met **van ... en** (personen, zaken): *de scheiding van kunst en kitsch*

• ~ **van** tafel en bed, het niet samenwonen van gehuwden

schelden

∗ SCHELDWOORDEN GEBRUIKEN, TEKEERGAAN, met **op** (iem., iets): *de moeder schold op haar ongehoorzame kind; hij schold op het parkeerverbod* of met **tegen** (iem. tot wie men zich rechtstreeks richt): *op straat begon ze tegen mij te schelden*

schelen

∗ VERSCHILLEN, met **in** (opzicht): *in lengte schelen we niet zoveel* en/of met **met** of **van** (iem., iets, elkaar): *dit alles verschilt nogal van wat ik me had voorgesteld*

• ~ **aan** (iem., iets), niet in orde zijn: *scheelt er iets aan het opstel; wat scheelt eraan?*

schenken

∗ CADEAU GEVEN, met **aan** (iem., instelling): *ik schenk dit bedrag aan een liefdadige instelling*

scheppen <schiep, geschapen>

∗ IETS MAKEN, VOORTBRENGEN, met **uit** (bestanddelen, middelen): *de schilder schiep een kunstwerk uit verf en doek*

• (behagen/genoegen e.d.) ~ **in** (iets), plezier hebben in: *ze schiep veel behagen in volleybal*

scheppen <schepte, geschept>

• (kracht, troost e.d.) ~ **uit** (iets), putten uit: *hij schepte troost uit alle vriendelijke brieven*

scheren

∗ MET EEN HEEL KLEINE TUSSENRUIMTE SNEL PASSEREN, met **langs** (iem., iets): *de motorrijder scheerde langs de geparkeerde auto* of met **over** (iem., iets): *de uil scheerde over onze hoofden*

• **over** één kam ~, *wij mogen niet alle mensen zonder werk over één kam scheren*

schermen

∗ IETS OF IEMAND ALS ARGUMENT GEBRUIKEN, met **met** (iets, iemand): *de makelaar schermde met een aspirant-koper die een hogere prijs wilde betalen; de voetbaltrainer verdedigde de verkoop van spelers door te schermen met de nieuwelingen die onlangs waren aangekocht*

schetsen

∗ TEKENEN, met **in** (techniek, manier): *zij schetst haar portretten altijd in houtskool; hij schetste de toedracht in korte bewoordingen*

scheuken

∗ HARD WRIJVEN, met **aan** of **tegen** (iets): *de koe scheukte aan/tegen een paal*

scheuren

∗ DOOR TREKKEN VERNIELEN, met **aan** (stukken e.d.): *hij scheurde de vlag aan flarden* of met **in** (stukken, tweeën/drieën e.d.): *nu moet je het papier netjes in tweeën scheuren*

scheutig

∗ GUL, ROYAAL, met **met** (iets): *hij is nooit erg scheutig met complimenten*

schieten

∗ EEN WAPEN AFVUREN, met **met** (wapen): *hij schoot met een pistool* en/of met **op** (iem., iets) of **in** (lichaamsdeel): *de agent schoot met zijn pistool op de inbreker; de agent schoot hem in een been*

• **door** het hoofd ~, plotseling aan iets denken; **in** de lach ~, plotseling beginnen te lachen; **in** de hoogte ~, razendsnel omhoog gaan; **in** gedachte ~, plotseling aan iets denken; (iem., zich) **te binnen** ~, plotseling denken aan: *toen schoot me haar opmerking te binnen;* zich **voor** het hoofd ~, zich doden door zich een kogel door het hoofd te schieten

schiften

∗ EEN DEEL UIT EEN GEHEEL AFSPLITSEN EN SCHEIDEN VAN NIET GEWENSTE DELEN/DE REST, met **van** (de rest): *het duurzame hout moet worden geschift van het niet-duurzame*

∗ EEN NIET GEWENST DEEL UIT EEN GEHEEL AFSPLITSEN, met **uit** (een geheel): *de oneerlijke bedienden werden eruit geschift*

∗ EEN GEHEEL SPLITSEN IN CATEGORIEËN, met **op** (iets): *de proefdieren werden geschift op agressie*

∗ EEN SELECTIE MAKEN UIT EEN GEHEEL, met **tot** (een selectie): *wij zijn bezig alle suggesties te schiften tot een voor iedereen aanvaardbaar pakket*

schijn

• **in** ~, naar het zich doet voorkomen, niet werkelijk: *in schijn is hij de baas, maar in werkelijkheid heeft zijn vrouw de broek aan;* **naar** alle ~, zeer waarschijnlijk: *naar alle schijn zal de staatssecretaris bakzeil moeten halen;* **onder** de ~ **van** (iets), het doende voorkomen: *onder de schijn van belangstelling wist hij zich in het clubje in te dringen;* **voor** de ~, om de schijn te wekken: *voor de schijn werd de mening van de aanwezigen gevraagd, terwijl de beslissing allang gevallen was*

• de/alle ~ hebben **van** (iets), er (sterk) naar uitzien: *het heeft er alle schijn van dat deze onderneming mislukt is*

schijt

• ~ hebben **aan** (iem., iets), zich niets aan gelegen laten liggen: *ik heb er schijt aan of je het met me eens bent*

schik

∗ GENOEGEN DAT MEN AAN EEN BEZIGHEID E.D. BELEEFT, OF AAN DE OMGANG MET IEMAND, met **in** (iem., iets): *ze heeft veel schik in dat kind; ze heeft schik in het studentenleven*

∗ PLEZIER OM EEN GEBEURTENIS, GRAP E.D., met **om** (iets): *hij had reuze schik om haar grappen*

• **in** zijn ~ **zijn**, plezier ondervinden, met **met** (iets, iem.): *ik ben erg in mijn schik met dat cadeau*

schikken

∗ zich ~, 1 zich aanpassen, voegen, met **naar** (iem., iets): *ik schik me wel naar je wensen;* 2 berusten, met **in** (iets): *ze schikte zich in haar lot*

• ~ **met** (iem., iets), meevallen: *ach, het zal wel schikken met zijn overwerkt zijn*

schild

• iets **in** zijn ~ voeren, heimelijk plannen: *hij houdt zich zo stil, hij voert vast iets in zijn schild*

schilderen

∗ MET VERF AFBEELDEN, met **in** (verfsoort e.d.): *een schilderij in acrylverf* en/of met **naar** (voorbeeld): *naar de natuur geschilderd*

schimpen

∗ SMADELIJK SPREKEN, met **op** (iem., iets): *je moet niet zo op hem schimpen*

scholen

∗ OPLEIDEN, met **in**: *de kandidaten moeten geschoold zijn in de journalistiek*

schonen

∗ ZUIVEREN, ONTDOEN VAN, met **van** (iets): *het land moet worden geschoond van corruptie*

schooien

∗ BEDELEN, met **om** (iets): *de hond schooit om een koekje*

school

∗ GEBOUW/ORGANISATIE WAAR LES WORDT GEGEVEN, met **voor** (soort onderwijs of mensen): *een school voor voortgezet onderwijs; een school voor meisjes*

• **op** ~, lessen volgend: *zit Jantje nog op school?;* **uit** de ~ klappen, geheimen verklappen: *dit is nog niet algemeen bekend, er moet iemand uit de school hebben geklapt;* **van** ~ (**af**), niet meer op school: *nee, hij is net van school (af)*

schoolmeesteren

∗ SCHOOLMEESTERACHTIG DOEN OF SPREKEN, met **tegen** (iem.): *hij loopt steeds tegen me te schoolmeesteren* en/of met **over** (iets): *hij schoolmeesterde over het nut van het leger*

schoolvoorbeeld

∗ PROTOTYPISCH VOORBEELD, met **van** (iem., iets): *hij is het schoolvoorbeeld van een verstrooide professor*

schoppen

∗ EEN SCHOP GEVEN, met **tegen** (iets): *ik schop tegen de bal*

∗ VERZET BIEDEN, met **tegen** (iem., iets) **aan**: *ze schoppen tegen alles aan wat van de overheid komt*

schorsen

∗ IEMAND TIJDELIJK UIT EEN FUNCTIE VERWIJDEREN, met **als** (functieaanduiding):

hij werd voorlopig geschorst als penningmeester en/of met **tot** (datum) of **voor** (periode, wedstrijd e.d.): *de voetballer werd tot 1 mei geschorst wegens gebruik van dope; hij werd geschorst voor drie maanden; hij is geschorst voor het komende duel*

* EEN VERGADERING, HET IN WERKING KOMEN VAN EEN BESLUIT E.D. UITSTELLEN, met **hangende** of **in afwachting van** (een bepaalde procedure, besluit e.d.): *de hinderwetvergunning werd geschorst hangende het geding*

schorten

• ~ **aan** (iem., iets), ontbreken, schelen: *ik wist niet goed wat er aan de samenwerking schortte*

schot

• **onder** ~, met een werp- of schietwapen gericht: *de rechercheur hield de arrestant voortdurend onder schot*

• er komt ~ **in** (iets), het vordert goed: *eindelijk komt er een beetje schot in de zaak.*

schrap

* zich ~ zetten, klaarstaan om in actie te komen, met **tegen** (iets): *zet je schrap tegen dat rotsblok*

schrappen

* IETS OF (DE NAAM VAN) IEMAND DOOR DOORHALEN VERWIJDEREN, met **van** (lijst): *we hebben je van de deelnemerslijst geschrapt* of met **in** of **uit** (boek e.d.): *aanstootgevende passages waren uit het manuscript geschrapt*

* EEN TAAK LATEN VERVALLEN, met **uit** (takenpakket): *het bedrijf schrapte overbodige taken uit de taakomschrijvingen van de medewerkers*

schreden

• **met** rasse ~ naderen/naderbij komen, snel eraan komen: *het einde van het jaar nadert met rasse schreden;* **op** zijn ~ terugkeren, terugkomen op een foute handelwijze: *het is nooit te laat om op je schreden terug te keren*

schreef

• **over** de ~ gaan, te ver gaan: *het is wel duidelijk dat je hiermee over de schreef bent gegaan*

schreeuwen

* HARD ROEPEN, met **naar**, **tegen** of **tot** (iem., iets): *hij schreeuwt tegen de kinderen dat ze moeten ophouden; hij schreeuwde naar de vertrekkende trein* en/of met **om** (iets): *ze schreeuwden om hulp* en/of met **over** (toestand, gebeurtenis): *schreeuwen over een ongeluk* en/of met **van** (pijn, verdriet e.d.): *het kind schreeuwde van honger*

• ~ **om** (iem., iets), vereisen: *de toestand hier schreeuwt om een vakbekwame arts*

schreien

* WENEN, met **over** (iets): *zij schreide over het verloren geluk*

• **ten** hemel schreiend, dieptreurig: *de toestanden in de krottenwijken zijn ten hemel schreiend;* **tot** schreiens **toe**, zo dat men het uitschreeuwt: *zij was tot schreiens toe bedroefd*

schrift

• **op** ~, opgeschreven: *ik zou uw toezegging graag op schrift hebben*

schrijlings

* MET DE BENEN AAN WEERSKANTEN, met **op** (iets): *zij zat schrijlings op het paard*

schrijven

* PER BRIEF MEEDELEN, met **aan** (iem., iets): *ze schreef aan haar tante* of met **naar** (iem., instelling): *ze schreef naar haar familie* en/of met **over** (onderwerp): *ze schreef haar tante over de vakantie* of met **om** (iets wat gewenst is): *ze schreef haar moeder om geld*

* TEKST VASTLEGGEN, met **op** (papier e.d.): *op het bord schrijven*

* EEN SOLLICITATIEBRIEF STUREN, met **op** (advertentie/vacature): *ze schreef op een vacature in de krant*

schrik

* ONTSTELTENIS, met **over** (gebeurtenis): *de schrik over de recente gebeurtenissen was nog groot*

* IETS BEDREIGENDS, met **van** (iets): *dementie: de schrik van de lange levensduur*

• **tot** ~ **van** (iem., instelling) met hevige ongerustheid als gevolg: *de liberalisering slaat toe, tot schrik van staatsondernemingen*

• de ~ **van** (stad, dorp e.d.), de persoon de schrik aanjaagt: *die jongen is de schrik van de streek;* de ~ zit er **in**, men is erg geschrokken, met **bij** (iem.): *de schrik zat er bij hem goed in*

schrikken

* PLOTSELING VREES VOELEN, met **van** (iem., iets): *ze schrok van de spookverschijning*

schroom

* LICHTE VREES OF SCHAAMTE, met **in verband met** (iets): *we voelen een zekere schroom in verband met die zaak* en/of met **(om) te** (+ onbep. wijs): *we schroomden om ons in de discussie te mengen*

schuddebuiken

* MET DE BUIK SCHUDDEN, met **van** (het lachen): *ze zaten te schuddebuiken*

van het lachen

schuilen

∗ BESCHERMING ZOEKEN, met **voor** of **tegen** (iem. die, of iets dat bedreigend of onaangenaam is): *schuilen voor de regen, schuilen voor de vijand*) en/of met **achter**, **onder** of **in** (iets dat bescherming biedt): *ze schuilden in een portiek*

∗ (VAN EEN ZAAK) VERBORGEN ZIJN, met **in** of **achter** (iets): *er schuilt een fout in je redenering; achter die analogie schuilt een denkfout*

schuilnaam

• **onder** de ~ (naam): *hij schreef onder de schuilnaam 'Nescio'*

schuimbekken

∗ WOEDEND TEKEERGAAN, met **van** (woede): *ze schuimbekte van woede*

schuin <bw>

∗ NIET (LOOD)RECHT, met **tegenover** (iem., iets), niet recht ten opzichte van: *ik woon schuin tegenover de bakker* of met **ten opzichte van** (iets) (van vlakken, lijnen e.d.): *het pad loopt schuin ten opzichte van de muur*

schuiven

• de schuld e.d. ~ **op** (iem.), de schuld geven: *hij schoof de schuld op zijn tweelingbroer*

schuld

• **buiten** zijn ~, zonder dat iem. iets te verwijten valt; (diep) **in** de schulden zitten, veel schulden hebben; zich (diep) **in** de schulden steken, (grote) geldelijke verplichtingen aangaan • de ~ hebben **aan** (iets): *de chauffeur had geen schuld aan het ongeluk;* de ~ **voor** (iets) afschuiven/afwentelen **op** (iem.), ten onrechte verantwoordelijk stellen: *de schuld voor het mislukken van de onderhandelingen werd afgeschoven op de tegenpartij;* (iem.) de ~ geven **van** (iets), verantwoordelijk stellen: *hij gaf haar de schuld van het ongeluk;* de ~ hebben/dragen **van** (iets), verantwoordelijk zijn: *zij draagt de schuld van het ongeluk;* de ~ **voor** (iets) ligt **bij** (iem.), is ervoor verantwoordelijk: *de schuld voor het debacle ligt geheel bij ons*

schuldig

∗ VERSCHULDIGD IN FINANCIËLE ZIN, met **aan** (iem.): *aan hem ben ik nog vijf euro schuldig*

∗ VERANTWOORDELIJK, met **aan** (iets): *hij is schuldig aan bedrog; ze maakten zich schuldig aan diefstal*

schurft

• de ~ hebben **aan** (iem., iets), een hekel hebben aan: *ik heb enorm de schurft aan vroeg opstaan*

schurken

∗ HARD WRIJVEN, met **aan** of **tegen** (iets): *de koe schurkte zich tegen een paal*

schut

• **voor** ~, voor gek: *je loopt echt voor schut in die jurk;* **voor** ~ gaan, afgaan, falen: *als je dat doet, ga je gegarandeerd voor schut*

schuw

∗ SCHRIKACHTIG, VERLEGEN, met **van** of **tegenover** (iem., iets): *de jonge hond is schuw van vreemden; de minister was niet schuw van openheid*

seconderen

∗ ALS SECONDANT HELPEN, met **bij** (duel): *hij secondeerde zijn vriend bij het duel*

sein

∗ TEKEN DAT IEMAND ANDEREN GEEFT BIJ WIJZE VAN OPDRACHT, met **aan** (iem.): *hij gaf een sein aan zijn collega* en/of met **tot** (iets): *het spervuur was het sein tot het zoeken van dekking* of met **(om) te** (+ onbep. wijs): *het startschot is het sein om te beginnen*

∗ SYMBOOL DAT EEN HANDELING OF HOUDING E.D. MOET UITLOKKEN, met **voor** (iets): *rood is het sein voor stoppen* of met **(om) te** (+ onbep. wijs): *groen is het sein om door te rijden*

∗ SYMBOOL DAT EEN HANDELING OF HOUDING E.D. MARKEERT, met **van** (iets): *een witte vlag is het sein van overgave*

selecteren

∗ KIEZEN, met **onder** (personen): *we zullen onder onze eigen mensen selecteren* of met **uit** (personen, iets, zaken): *de verouderde modellen zijn geselecteerd uit de voorraad*

selectie

∗ KEUZE, met **uit** (iets): *we maken een selectie uit het enorme aanbod*

serie

• **in** ~, achter elkaar: *auto's worden in serie geproduceerd; weerstanden in serie schakelen*

sidderen

∗ STERK BEVEN, met **van** (angst): *ze sidderde van angst* en/of met **voor** (iem., iets): *zij sidderde van angst voor het examen*

sieren

∗ MOOI MAKEN, TOOIEN, met **met** (iets): *de auto van het bruidspaar was gesierd met bloemen*

signaal

∗ TEKEN DAT IEMAND ANDEREN GEEFT, HANDELING DIE MEN UITVOERT E.D., BIJ WIJZE VAN OPDRACHT, WAARSCHUWING E.D., met

aan (iem.): *hij gaf een signaal aan zijn collega* en/of met **tot** (iets): *het spervuur was het signaal tot het zoeken van dekking* of met **(om) te** (+ onbep. wijs): *het startschot is het signaal om te beginnen*
* SYMBOOL DAT EEN HANDELING OF HOUDING E.D. MOET UITLOKKEN, met **voor** (iets): *rood is het signaal voor stoppen* of met **(om) te** (+ onbep. wijs): *groen is het signaal om door te rijden*
* TEKEN WAARMEE IEMAND (BEWUST) EEN HOUDING, STANDPUNT E.D. UITDRUKT, met **van** (houding e.d.): *het signaal van bezorgdheid dat de generaals afgaven, werd door de politici totaal genegeerd*
* SYMPTOOM, met **van** (iets): *oververmoeidheid kan een signaal van bloedarmoede zijn*
• **op** een ~, als een signaal wordt gegeven: *op een signaal van mij zingen we allemaal het lang-zal-ze-leven*

sijpelen
* ZACHTJES DRUIPEN, LEKKEN, met **door** (iets): *het smeltende ijs sijpelt door het bakje* en/of met **langs** (iets): *het speeksel sijpelde langs zijn kin*

sik
• een ~ krijgen **van** (iem., iets), ontzettend genoeg krijgen van: *ik krijg een sik van je gezeur*

sjacheren
* DUBIEUZE HANDELTJES AFSLUITEN, met **met** (iem., instelling): *de minister heeft gesjacherd met het bedrijfsleven*
* LEUREN, met **met** (iets): *kinderen die met gestolen goederen sjacheren*

sjezen
* NIET SLAGEN, met **voor** (examen): *ze is gesjeesd voor haar propedeuse*

slaags
* HANDGEMEEN, met **met** (iem.): *de politie raakte slaags met de demonstranten*

slaan
* KLAPPEN GEVEN, met **op** (iets): *de tamboer sloeg op de trommel*
* HARD PROBEREN TE RAKEN, met **naar** (iets): *de tennisser slaat naar de bal*
* VASTHECHTEN, met **in** (iets): *een spijker in de muur slaan*
• **aan** (het + onbep. wijs) ~, beginnen te doen: *we sloegen aan het fantaseren*
• ~ **uit** (iets), verdienen: *daar kun je mooi geld uit slaan;* een slaatje ~ **uit** (iets), slinks voordeel behalen: *veel zwarthandelaren sloegen een slaatje uit de burgeroorlog*

slachting
* HET (AF)SLACHTEN, met **onder** (mensen, dieren): *de vijand richtte een ware slachting aan onder de bevolking*

slachtoffer
* GEDUPEERDE, met **van** (iets): *wij zijn het slachtoffer van jouw onvoorzichtigheid*

slag
• **aan** ~ komen/zijn, 1 (kaartspel) de eerste kaart mogen spelen: *wie is er aan slag?;* 2 (sport:) **aan** ~ komen/zijn, een slagbeurt krijgen/hebben: *in de derde innings kwam Roy aan slag;* **aan** de ~, actief aan het werk: *met enthousiasme gingen zij aan de slag;* **met** de Franse ~, nonchalant: *hij heeft zich met de Franse slag van zijn taak afgemaakt;* **op** ~, direct: *op slag was mijn goede stemming verdwenen;* (dammen:) **op** ~ staan, geslagen kunnen worden; (uurwerk:) **op** ~ **van** (getal), precies op het aangegeven uur: *het is op slag van (vieren, vijven e.d.);* **van** ~ zijn, in de war zijn: *ik ben door het gebeurde danig van slag; de klok is van slag;* **zonder** ~ of stoot, zonder strijd: *tot onze verbazing werden onze voorstellen zonder slag of stoot aanvaard*
• een ~ **in** de lucht, een gissing: *wat ik zei was maar een slag in de lucht;* een ~ slaan **naar** (iets), grofweg schatten: *ik sla er maar een slag naar;* ~ hebben **van** (iets), bedreven zijn: *hij heeft er aardig de slag van gekregen*

slagen
* SUCCES HEBBEN, met **voor** (examen): *hij is geslaagd voor het toelatingsexamen.*
• ~ **in** (iets), succes hebben: *ik ben er niet in geslaagd* en met **(om) te** (+ onbep. wijs): *ik ben er niet in geslaagd mijn doel te bereiken;* ~ **met** (iets), bereiken of bemachtigen: *ben je nog geslaagd met die jas?*

slapen
• ~ **met** (iem.), geslachtsgemeenschap hebben: *die man heeft al jaren niet meer met zijn vrouw geslapen;* ~ **over** (iets), nog nadenken: *ik moet er nog (een nachtje) over slapen*

slecht
* NADELIG, met **voor** (iem., iets): *roken is slecht voor de gezondheid*

sleeptouw
• **op** ~: *sleepboten namen de stuurloze tanker op sleeptouw;* **op** ~ nemen, zich ontfermen over: *in arren moede heb ik haar maar op sleeptouw genomen*

sleutel
* MIDDEL DAT TOEGANG GARANDEERT, met

tot of **voor** (succes e.d.): *die uitvinding vormde de sleutel tot een grootse carrière*

sleutelen

∗ REPAREREN, BEZIG ZIJN MET GEREEDSCHAP, met **aan** (iets): *hij sleutelt aan zijn brommer*

slijmen

∗ KRUIPERIG VLEIEN, met **tegen** (iem.): *ze slijmt tegen de leraar om een hoger cijfer te krijgen*

∗ LIEVIG DOEN, met **met** (iem.): *in het openbaar zitten die twee altijd ontzettend met elkaar te slijmen*

slijten

∗ INCIDENTEEL VERKOPEN, met **aan** (iem.): *kan ik een kaartje voor het popconcert aan je slijten?*

slot

∗ SLUITMECHANISME, met **op** (iets): *een slot op de deur; denk erom, een slot op je mond*, niet verder vertellen

• **aan** het ~, aan het einde: *aan het slot vertelde de speurder hoe hij tot zijn conclusie was gekomen;* **achter** ~ en grendel, goed opgeborgen: *'s avonds ging de drankfles achter slot en grendel;* **in** het slot, dicht en gesloten: *de deur viel in het slot;* **op** ~, gesloten, voorzien van een slot: *de deur gaat op slot; even mijn fiets op slot doen;* **op** een ~ **van** (bedrag), met (bedrag) als slotwaarde op de beurs: *Tandy kreeg er 17/8 dollar bij op een slot van 30 3/4;* **per** ~ (**van** rekening), welbeschouwd, hoe dan ook: *zij is per slot van rekening je zuster;* **ten** slotte/**tot** ~, om af te sluiten: *ten slotte/tot slot wil ik opmerken dat ...* NB **tenslotte**, ondanks alles, immers: *maak het goed met haar, zij is tenslotte je zuster*

slotkoers

• **op** een ~ **van** (bedrag), met (bedrag) als slotwaarde op de beurs: *Tandy kreeg er 17/8 dollar bij op een slotkoers van 30 3/4*

slotsom

• **tot** de ~ komen, tot de conclusie komen: *ik ben tot de slotsom gekomen dat we het project moeten afblazen*

sluiten

∗ AANSLUITEN, PASSEN, met **aan**, **in** of **om** (iets): *zorg dat het stuc goed aan de stijl sluit; de stekker sluit niet goed in de plug; die jurk sluit mooi om je lichaam*

∗ EEN BEPAALDE OVEREENKOMST AANGAAN, met **met** (iem., instelling, land e.d.): *Frankrijk sloot een verbond met Engeland; zij sloot een huwelijk met een rijke graaf.*

• ~ **op** (koers), als laatste koers noteren: *Koninklijke Olie sloot op een iets hogere koers dan gisteren*

smaadschrift

∗ GESCHRIFT WAARIN IEMAND BESPOT WORDT, met **op** of **tegen** (iem., iets): *een smaadschrift op de heersende wantoestanden*

smaak

∗ PLEZIER, GENOEGEN, met **in** (iets): *ze kreeg na drie lessen smaak in autorijden*

∗ GOED BEOORDELINGSVERMOGEN, met **voor** (kleding, kunst e.d.): *zij heeft totaal geen smaak voor kleding*

• **in** (getal) smaken: *ijs in tien verschillende smaken;* **in** de ~ vallen **bij** (iem.), waardering ontmoeten: *dat schilderij valt bij iedereen in de smaak;* **met** ~ nuttigen, iets met graagte opeten

smachten

• ~ **naar** (iets), hevig verlangen: *in die hitte smacht ik naar een koel drankje; dat kind smacht naar affectie;* ~ **van** (dorst e.d.), een hevige dorst e.d. hebben: *ik smacht van de dorst*

smaken

• ~ **naar** (iets), de smaak hebben van: *die macaroni smaakt naar stopverf*

smalen

• ~ **om** (iets), spottend spreken over: *ze smaalde om de flater die hij had geslagen;* ~ **op** (iem.), spottend spreken over: *zijn vriendje smaalde op hem omdat hij de wedstrijd had verloren*

smeken

∗ NEDERIG EN DRINGEND VRAGEN, met **om** (iets): *de veroordeelde smeekte de rechter om clementie*

smoel

• ~ **in** (activiteit), zin in: *heb je er wel smoel in mee te doen?;* ~ **op** (iem., iets), belangstelling voor: *hij heeft smoel op een meisje; op een motor*

smoezen

∗ IN HET GEHEIM EN VERTROUWELIJK PRATEN, met **met** (iem.): *ze zitten steeds met elkaar te smoezen* en/of met **over** (iets): *ze zitten te smoezen over zijn verjaardagscadeau*

smokkelen

∗ VALSSPELEN, met **bij** of **met** (iets): *de gever smokkelde met het uitdelen van de kaarten*

smoor

∗ de ~ in hebben, hevig ontstemd zijn, met **over** (iets): *we hebben verloren, en daar heb ik de smoor over in*

smoorverliefd
∗ HEEL VERLIEFD, met **op** (iem.): *ze is smoorverliefd op die man*
smullen
∗ LEKKER ETEN, met **van** (iets): *de kleintjes smulden van het ijs*
snakken
• ~ **naar** (iets), hevig verlangen naar: *de leeuw snakte naar vers vlees;* ~ **naar** (lucht, adem), nauwelijks kunnen krijgen: *hij snakte naar lucht, als een vis op het droge*
snappen
∗ HAPPEN, met **naar** (iets): *de valse hond snapte naar zijn been*
snauwen
∗ KORTAF EN ONVRIENDELIJK PRATEN, met **tegen** (iem.): *ze snauwt altijd zo tegen haar kinderen*
snee
• (van een boek) goud/verguld **op** ~, de zijkant van de bladzijden goudkleurig gemaakt
sneer
∗ SCHERPE, ONVRIENDELIJKE OPMERKING OVER IEMAND OF IETS, met **naar** of **aan het adres van** (iem., iets): *hij achtte de tijd rijp voor een sneer naar/aan het adres van zijn tegenstander*
sneren
∗ EEN SCHERPE, ONVRIENDELIJKE OPMERKING MAKEN OVER IEMAND OF IETS, met **naar** of **in de richting van** (iem., iets): *hij sneerde naar zijn opvolger, die hij impliciet onkunde verweet*
sneu
∗ ZIELIG, JAMMER, met **voor** (iem.): *wat sneu voor je dat je niet mee kunt*
snijden
∗ EEN SNEE IN IETS MAKEN, met **in** (iets, iem.): *de arts sneed diep in het vlees*
∗ MET EEN MES VERVAARDIGEN, met **uit** materiaal): *een beeldje uit hout snijden; uit het goede hout gesneden zijn*, een goede instelling hebben; **van** hetzelfde hout gesneden zijn, dezelfde instelling hebben
snoepen
∗ STIEKEM GENIETEND ETEN, met **van** (iets): *de muizen hebben weer van de suiker gesnoept*
snoeven
∗ POCHEN, met **over** (iets): *de commandant snoefde over de sterkte van zijn troepen*
snuffelen
∗ (VAN EEN PERSOON) NIEUWSGIERIG ZOEKEN, met **in** (een tas, doos enz.: *ze zat in mijn la te snuffelen*) en/of met **naar** (iets): *we snuffelden in zijn spullen naar bewijsmateriaal*
∗ (VAN EEN DIER) RUIKEN, met **aan** (iem., iets): *de hond snuffelde aan haar tas*
sober
∗ MATIG, met **in** (opzicht): *zij is sober in haar manier van leven*
∗ KARIG, met **met** (iets): *hij is sober met zijn toezeggingen*
soebatten
∗ STEEDS VLEIEND VRAGEN, met **bij** (iem.): *we hebben urenlang bij hem zitten soebatten* en/of met **om** (iets): *de kinderen soebatten bij hun oma om een ijsje* of met **(om) te** (+ onbep. wijs): *ze soebatten om een ijsje te krijgen*
∗ STEEDS MOETEN ONDERHANDELEN, met **met** (iem.): *we hebben eindeloos gesoebat met het gemeentebestuur* en/of met **over** (iets): *we hebben gesoebat over een heroverweging van onze subsidieaanvraag* of met **(om) te** (+ onbep. wijs): *de reder moest drie maanden soebatten om zijn in beslag genomen schip terug te krijgen*
soelaas
∗ TROOST, VERLICHTING, met **voor** (iets, iem.): *deze maatregelen bieden weinig soelaas voor de huidige problemen; voor de AOW'ers is er weinig soelaas te verwachten van de nieuwe maatregelen* of met **bij** (handeling): *dat biedt geen soelaas bij het oplossen van ons probleem*
soevereiniteit
∗ HEERSCHAPPIJ, met **over** (gebied): *na de Tweede Wereldoorlog moest Nederland de soevereiniteit over Nederlands-Indië opgeven*
solidair
∗ STEUN BIEDEND OMDAT MEN ZICH ALS LOTGENOOT BESCHOUWT, met **met** (iem.): *hij voelde zich solidair met de werkende massa's*
solidariteit
∗ HET SOLIDAIR ZIJN, met **met** (iem., instelling): *solidariteit met de Palestijnen* of met **tussen** (mensen): *de solidariteit tussen mannelijke en vrouwelijke werknemers*
sollen
∗ NONCHALANT OMGAAN, met **met** (iets): *de regering solt met de belangen van de uitkeringstrekkers*
sollicitant
∗ IEMAND DIE SOLLICITEERT, met **voor** (betrekking): *er zijn wel twintig sollicitanten voor de baan*
solliciteren
∗ ZICH AANBIEDEN VOOR WERK, met **naar** (functie): *hij solliciteerde naar de be-*

trekking van purser of met **op** (vacature, advertentie): *ze solliciteerde op een annonce* en/of met **bij** (werkgever): *hij solliciteerde bij de KLM*
• ~ **naar** (iets ongunstigs), de schijn wekken op iets uit te zijn: *hij solliciteert naar een debacle; solliciteer je soms naar een pak op je broek*

sommeren
∗ BEVELEN, met **tot** (iets): *de rechter sommeerde hem tot nakoming van de overeenkomst* of met **om te** (+ onbep. wijs): *hij werd gesommeerd om te vertrekken*

sorteren
∗ UITZOEKEN EN RANGSCHIKKEN, met **naar** of **op** (kleur, vorm, grootte e.d.): *de knopen lagen gesorteerd op materiaalsoort*

sortering
∗ GEVARIEERD AANBOD, met **aan** of **van** (goederen): *die drogist heeft een ruime sortering van zonnebrandmiddelen*

spaarzaam
• ~ **met** (iets), niet royaal: *hij is nogal spaarzaam met complimenten*

spannen
• ~ **voor** (wagen e.d.), (trekdieren) aanspannen: *hij spande de paarden voor de arrenslee*

spanning
• **in** ~, gespannen en persoonlijk betrokken: *in spanning wachtten we het resultaat af;* **met** ~, gespannen en vol interesse: *met spanning wachtte men de uitslag van de verkiezingen af*

sparen
∗ GELD NIET UITGEVEN MET HET OOG OP DE TOEKOMST, met **voor** (iets): *hij heeft een flink bedrag gespaard*
• zich ~ **voor** (iets), zuinig met zijn krachten omgaan met het oog op: *hij spaarde zich voor een laatste aanval;* (eten) **uit** de mond ~, vol opoffering niet gebruiken/opeten: *zij heeft het eten letterlijk uit haar mond gespaard voor haar kinderen*

specialiseren
∗ zich ~, zich vooral in één vakgebied bekwamen, met **in** (iets): *een cardioloog heeft zich gespecialiseerd in hartziektes*

speculeren
∗ VOORAF REKENING HOUDEN MET IETS, met **op** (iets): *ze speculeert op een stijging van de koersen; hij speculeert op hun hebzucht; op daling/à la baisse speculeren; op stijging/à la hausse speculeren; hij speculeert op mijn vriendelijk karakter*
∗ PEINZEND GISSINGEN MAKEN, met **over** (iets): *we hebben uren zitten speculeren over wat er was voorgevallen*
∗ ZAKEN DOEN IN DE HOOP OP WINST, met **in** of **met** (effecten, onroerend goed e.d.): *hij speculeert in landbouwgrond* of met **tegen** (valuta): *hij speculeerde met grote bedragen tegen het Britse pond*

spelen
∗ EEN SPEL OF SPORT BEDRIJVEN, met **met** (iem.): *ze speelt met een buurkind* en/of met **tegen** (iem., tegenpartij): *Ajax speelt vanavond tegen een buitenlandse club* en/of met **om** (prijs e.d.): *Ajax speelt vanavond om de wereldcup*
∗ MUZIEK MAKEN, met **op** (instrument): *de rattenvanger van Hamelen speelde op zijn fluit*
• ~ **in** (iets), georganiseerd doen aan een sport, loterij e.d.: *hij speelt in het eerste (elftal); ik speel in de Lotto;* ~ **met** (iem., iets), onzorgvuldig omgaan met: *ze nemen hem niet serieus, ze spelen met hem;* ~ **op** (publiek, gevoelens e.d.), 1 zijn spel afstemmen op: *de acteur speelt wel erg op de zaal;* 2 speculeren op: *je moet niet te zeer spelen op zijn toegeeflijkheid;* ~ **voor** (rol), een rol spelen: *vroeger moest ik nogal eens voor sinterklaas spelen*

spenderen
• ~ **aan** (iets), besteden aan: *aan dat zwembad is veel geld gespendeerd*

speuren
∗ INTENSIEF ZOEKEN, met **naar** (iets): *de politie speurde naar vingerafdrukken*

spieden
∗ ZOEKEND RONDKIJKEN, met **naar** (iem., iets): *de militairen spiedden naar het vijandelijke konvooi*

spiegelen
• zich ~ **aan** (iem., iets), zich bekijken als in een spiegel, zichzelf vergelijken: *ze spiegelde zich aan haar succesvolle oudere broer;* zich ~ **in** (iets), er door weerspiegeld worden: *zijn gestalte spiegelde zich in de vijver*

spieken
∗ AFKIJKEN, met **bij** (iem.): *hij spiekte bij degene die naast hem zat* of met **op** of **van** (briefje, blaadje e.d.): *hij spiekte op een notitieblaadje* of met **in** (boek e.d.): *hij spiekte in een woordenboek*

spijt
∗ BEROUW, met **van** (iets): *ik heb spijt van mijn gesnauw*
• **ten** ~, ondanks: *alle inspanningen ten*

spijt lukt het ons toch niet
• ~ voelen **over** (iets): *ik voel spijt over mijn gesnauw*
spinnen
• (goed) garen ~ **bij** (iets), voordeel hebben: *de concurrentie heeft goed garen gesponnen bij het faillissement van de firma X.;* (geen goed) garen ~ **van** (iets), er niets van kunnen maken: *van zijn verwarde opmerkingen kan ik geen goed garen spinnen;* **van** andermans garen ~, profiteren
spioneren
* GEGEVENS OVER DE VIJAND VERZAMELEN, met **voor** (iem.): *zij spioneert voor een Russisch bedrijf* en of met **bij** (iem., instelling): *zij spioneerde indertijd voor de Zuid-Afrikaanse regering bij het ANC*
spits
• **in** de ~, in de punt van de aanval: *vanmiddag opereert Ajax met Kanu in de spits;* **op** de ~ drijven, laten escaleren: *je moet voorkomen dat de zaak op de spits gedreven wordt*
spitsen
• zich ~ **op** (iets), zijn zinnen zetten op, zich concentreren op: *zij spitst zich nu op de Olympische Spelen*
splijten
* MET EEN KLAP OVERLANGS SCHEIDEN IN TWEE OF MEER DELEN, met **in** (tweeën, drieën enz.): *hij spleet de boomstam in tweeën*
splitsen
* SCHEIDEN IN TWEE OF MEER DELEN, met **in** (tweeën, drieën e.d.): *de weg splitst zich daar in drie kleinere wegen; de leider splitste de groep in tweeën*
spoedigste
• **ten** ~, zo snel als mogelijk is: *ik hoop ten spoedigste uw reactie te vernemen*
spoor
* IETS DAT VERRAADT DAT ERGENS EEN HANDELING VERRICHT IS, met **van** (iets): *er waren geen sporen van geweld*
• **op** het ~ komen/zijn, aanwijzingen krijgen/hebben: *ik ben nu een heel merkwaardig zaakje op het spoor;* **uit** het ~ raken, uit de rails raken, van de goede weg af raken; *door drugs raakt menig jongere uit het spoor*
sporen
* OVEREENKOMEN, GOED AANSLUITEN, met **met** (iets): *dat spoort niet met wat we vorige week hebben besloten*
spot
• **tot** ~ **van** (personen), als mikpunt van spot
• de ~ drijven **met** (iem., iets), spotten: *iedereen dreef de spot met haar nieuwe kapsel*
spotten
* HONEN, ENIGSZINS BELACHELIJK MAKEN, met **met** (iem., iets): *veel mensen vinden dat je met Gods naam niet moet spotten*
sprake
• **ter** ~ komen, onderwerp van behandeling/gesprek worden: *ten slotte kwam de reorganisatie ter sprake*
• er is ~ **van** (iets, iem.), is aan de orde: *er was zelfs sprake van dat hij zou aftreden; van chaos was in het geheel geen sprake*
sprakeloos
* NIET KUNNENDE SPREKEN, met **van** (emotie e.d.): *we waren sprakeloos van vreugde*
spreiden
* UIT ELKAAR LEGGEN, met **over** (iets): *ze spreidde de lakens over het bed*
spreken
* PRATEN, met **met** (iem. die antwoord of commentaar e.d. geeft): *ik heb twee uur met hem gesproken* of met **tegen** of **tot** (iem. die niet of nauwelijks antwoord of commentaar geeft): *hij sprak tot een grote menigte* en/of met **over** of **van** (iem., iets): *ik sprak met haar over de plannen voor het weekend*
• ~ **tot** (iem.), het woord richten: *zijne majesteit heeft zich verwaardigd tot mij te spreken;* ~ **tot** (orgaan, zintuig), weerklank vinden: *deze muziek spreekt tot het hart;* ~ **van** (iets), 1 laten weerklinken, getuigen van: *deze oude ruïnes spreken van lang vervlogen tijden;* 2 suggereren: *ik wil hier niet spreken van een regelrechte ramp, maar een forse tegenvaller is het wel;* 3 vermelden: *spreek me niet van kamperen;* 4 min of meer plannen: *ze spreken al van trouwen*
springen
• zitten te ~ **om** (iem., iets), dringend behoefte hebben aan: *we zitten te springen om een extra kracht*
springplank
* GUNSTIG PUNT VANAF WAAR MEN VERDER KOMT, met **naar** (iets): *die baan is een springplank naar een grootse carrière* of met **(om) te** (+ onbep. wijs): *de elfde plaats in de afdaling is voor de regerend kampioen een mooie springplank om volgende week toe te slaan* en/of met **voor** (iem.): *de Antillen zijn voor Nederland een economische springplank naar Zuid-Amerika*
spruiten
• ~ **uit** (iets), groeiend uit iets te voor-

schijn komen, eruit steken: *er spruit een nieuwe tak uit de boom*

spuien

• zijn gal/gram ~ **op** of **tegen** (iets): *de Antilliaanse politici kwamen hun gram spuien op Nederland* en/of met **over** (iets): *hij spuide zijn gal over de kwaliteit van de groente*

sputteren

* MILDE TEGENSTAND BIEDEN, met **over** (iets): *hij sputterde nog wat over de genomen beslissing*

staan

* GESTELD ZIJN, met **met** (iem., iets): *hoe staat het ermee?*

• **te** ~ komen **op** (iets), als straf of beloning tot gevolg hebben: *die overtreding komt hem te staan op een tikse boete;* **tot** ~ brengen, tot stilstand brengen: *de groei van de werkloosheid is tot staan gebracht*

• ~ **achter** (iem., iets), steunen, verdedigen: *we staan geheel achter uw beleid;* ~ **erbij**, gesteld zijn: *de plantjes staan er goed bij deze zomer;* ~ **buiten** (iets), geen deel hebben aan: *ik sta gelukkig helemaal buiten deze zaak;* ~ **boven** (iem.), een hogere plaats in de hiërarchie hebben: *een luitenant staat boven een sergeant;* ~ of vallen **met** (iets), volledig afhankelijk zijn van: *dat plan staat of valt met een goede organisatie;* ~ **naar** (iets), behoefte hebben aan, zin hebben in: *mijn hoofd staat nu even niet naar jouw gezeur;* ~ **onder** (iem.), een lagere plaats in de hiërarchie hebben: *een sergeant staat onder een luitenant;* ~ **op** (overtreding), een bepaalde straf als gevolg hebben: *hoeveel staat er op door rood licht rijden?;* ~ **op** (+ onbep. wijs), bijna beginnen met: *maak voort, ik sta op springen; de bloemen staan op uitbotten;* ~ **op** (recht e.d.), vasthouden aan: *ik sta op mijn recht op weerwoord;* ~ **op** (bedrag), als salaris verdienen, hebben ingezameld: *ik sta nu op zo'n €4500,- per maand; wij staan op bijna een ton;* ~ **tegenover** (iem., iets), een standpunt hebben over: *hoe sta je tegenover het idee om te gaan verhuizen?;* ~ **tot** (iets), zich verhouden: *X staat tot Y is als Y staat tot Z;* ~ **voor** (iets), 1 betekenen, uitdrukken: *de naam van ons bedrijf staat voor kwaliteit;* 2 de gewone prijs zijn: *voor een accu staat al gauw een bedrag van over de honderd euro;* 3 op te lossen hebben: *we staan voor een moeilijk probleem; zij stond alleen voor de opvoeding van de kinderen;* **ervoor** ~, gesteld zijn: *hoe staan de zaken ervoor?*

staat

* TOESTAND, met **van** (iets): *de junta kondigde de staat van beleg af*

• **in** ~ **van** (iets): *in staat van opperste verwarring; in staat van oorlog; in kennelijke staat (van dronkenschap);* **in** ~ **van** genade, (r.-k.) verlost van doodzonden (na de absolutie); **in** ~ zijn **tot** (iets) of **(om) te** (+ onbep. wijs), kunnen doen: *hij is eindelijk in staat zijn lening af te lossen; kijk uit met hem, hij is tot alles in staat*

• geen ~ kunnen maken **op** (iem., iets), niet kunnen vertrouwen, geen inzicht in hebben: *vraag Piet maar niet, op hem kun je toch geen staat maken; er is geen staat te maken op de toekomstige verkoop*

stade

• **te** ~ komen, van pas komen: *veel van wat ik op school heb geleerd is mij later te stade gekomen*

staf

• de ~ breken **over** (iem., iets), veroordelen: *hij brak de staf over het nieuwe plan*

stal

• **op** ~, in de veeschuur: *de paarden staan op stal*

stammen

* AFKOMSTIG ZIJN, met **uit** of **van** (familie, geslacht e.d.): *hij stamt uit een adellijke familie*

stampvoeten

* HARD STAMPEN, met **van** (emotie): *hij stampvoette van woede*

stand

• **in** ~ houden/blijven, laten/blijven voortbestaan: *we moeten zoveel mogelijk groen in stand houden;* **op** ~ wonen, in een betere buurt wonen; **tot** ~ brengen, realiseren: *verbazingwekkend wat zij in zo korte tijd tot stand hebben gebracht*

standhouden

* NIET BEZWIJKEN, met **tegen** (iem., iets): *het leger hield stand tegen de vijand*

standpunt

* MENING, OPVATTING, met **over**, **omtrent**, **inzake**, **ten aanzien van** of **wat betreft** (iets): *ons standpunt omtrent/inzake deze kwestie moge duidelijk zijn*

stang

• **op** ~ jagen, irriteren: *kalm aan zeg, ik laat me niet door jou op stang jagen*

stap

* DEEL VAN EEN REEKS HANDELINGEN DIE TOT EEN RESULTAAT MOETEN LEIDEN, met

naar of **in de richting van** (iets): *de eerste stap in de richting van de oplossing van dit vraagstuk; een eerste stap naar een duurzame vrede*
• **op** ~ gaan/zijn, (gaan) wandelen: *ik ga een uurtje op stap*

stapel
• ~ **met** (iem., iets), onnoemelijk gelukkig: *de jonge moeder was stapel met haar baby;* ~ **op** (iem., iets), erg gesteld op: *hij is stapel op oude vliegtuigen*

stapelen
* OP ELKAAR ZETTEN, met **op** (iets): *het kind stapelde het ene blok op het andere*

stapelgek
• ~ **op** (iem., iets), erg gesteld op: *ze is stapelgek op huisdieren*

staren
* STRAK KIJKEN, met **naar** (iem., iets): *hij staarde verbaasd naar ons* of met **op** (papier e.d.): *zij bleef maar op haar blaadje staren*
• zich blind ~ **op** (iets), zich ten onrechte helemaal verlaten op iets, te veel van iets verwachten: *ze staart zich blind op de waarde van haar academische titel*

start
• **aan** de ~: *aan de start verscheen het puikje van de Nederlandse veldrijders;* **van** ~ gaan, beginnen, met **met** (iets): *wanneer zullen we van start gaan met de campagne?*

staven
* ONDERSTEUNENDE ARGUMENTEN GEVEN, BEWIJZEN, met **met** (iets): *hij staafde zijn beweringen met getuigenverklaringen*

staving
• **ter** of **tot** ~, teneinde te staven, met **van** (bewering, standpunt): *zij legde tal van stukken over ter staving van haar standpunt*

steekproef
* ONDERZOEK AAN EEN DEEL VAN EEN POPULATIE, met **onder** (personen, instellingen): *een steekproef onder 704 studenten*
• een ~ doen **naar** (iets), door middel van een steekproef onderzoeken: *we deden een steekproef naar vrijetijdsbesteding van jongeren*

steekspel
* WOORDENSTRIJD, met **met** (argumenten e.d.): *dit is geen gesprek, maar een steekspel met woorden* en/of met **met** of **tegen** (tegenstander): *hij is verwikkeld in een juridisch steekspel met een projectontwikkelaar* of met **tussen** (personen, partijen): *een politiek steekspel tussen Walen en Vlamingen* en/of met **rond** (onderwerp): *een politiek steekspel rond de uitkeringen*

steken
• ~ **achter** (iets), een verborgen bedoeling hebben: *ik vertrouw het niet, er steekt iets achter;* ~ **in** (iets), investeren: *in dat plan wens ik geen kapitaal te steken*

stel
• **op** ~ en sprong, dadelijk: *je hoeft dit niet op stel en sprong te doen*

stelen
* ONTVREEMDEN, met **van** (iem.): *hij heeft mijn gouden pen van me gestolen*

stellen
• het kunnen ~ **buiten** of **zonder** (iem., iets), zich redden zonder: *sommige feministes menen dan zij het best buiten/zonder een man kunnen stellen;* een eer ~ **in** (iets), iets een eer achten: *ik stel er een eer in met u te mogen samenwerken;* ~ **op** (iets), als uitgangspunt nemen, schatten: *laten we het aantal deelnemers stellen op veertig;* zich ~ **tot** of **ten** (plicht, taak e.d.), zich voornemen: *hij stelde zich ten doel de firma weer winstgevend te maken;* ~ **voor** (iets), confronteren met: *ik zie me nu wel voor een probleem gesteld*

stellig
• **ten** stelligste, met de grootst mogelijk nadruk: *de staatssecretaris ontkende ten stelligste dat hij de conclusies van het rapport had gekend*

stem
• zijn ~ geven **aan** (iem., iets), vóór stemmen: *uiteindelijk gaf hij zijn stem aan het wetsvoorstel;* een ~ hebben **in** (iets), iets te zeggen hebben over: *wij hebben in deze zaak geen stem;* zijn ~ uitbrengen, stemmen voor, met **op** (kandidaat, partij): *zij heeft deze keer haar stem op de VVD uitgebracht;* zijn ~ verheffen **tegen** (iets), protesteren tegen: *hij verhief zijn stem tegen de misstanden*

stemmen
* EEN STEM UITBRENGEN, met **voor** of **tegen** (iets): *hij stemde tegen het voorstel; velen stemden tegen de Europese Unie* of met **over** (iets): *zullen we stemmen over het voorstel?* of met **op** (kandidaat, partij): *we stemmen op de liberalen*
* OVEREENKOMEN, OP TOON ZIJN, met **met** (iets): *de vleugel stemt niet helemaal met de cello; uw uitspraak stemt niet met de gegevens die mij ter beschikking staan*

• ~ **tot** (gevoelen), aanleiding geven: *het mislukken van dit project stemt tot droefheid*

stemming

* HET STEMMEN, met **over** (voorstel e.d.): *de stemming over het voorstel vindt vanmiddag plaats*

• **bij** ~, door middel van een stemming: *bij stemming bleken de partijen behoorlijk verdeeld;* **in** ~: *vandaag komt het wetsontwerp in stemming; de voorzitter bracht het voorstel in stemming;* **in** de ~ **voor** (iets)): *ik ben helemaal niet in de stemming voor een uitje*

ster

* UITBLINKER, met **in** (iets): *hij is een ster in pianospelen*

• het staat **in** de sterren geschreven, is astrologisch bepaald: *misschien stond het wel in de sterren geschreven dat dit moest gebeuren*

stereotype

* CLICHÉMATIG BEELD, met **van** of **over** (iem., iets): *hij belichaamt het stereotype van de joodse kolonist*

sterk

* ERG GOED, met **in** (iets): *hij is sterk in dat soort puzzels* of met **op** (instrument, sport e.d.): *zij is sterk op de duizend meter; hij is vooral sterk op het floret*

* KRACHTIG, met **in** (lichaamsdeel, opzicht): *zwemmers zijn vooral sterk in de armen*

• zich ~ maken **voor** (iem., iets), zijn best doen voor: *ze maakten zich sterk voor de bescherming van bedreigde diersoorten*

sterken

• ~ **in** (iets), stijven in: *wat je nu zegt, sterkt me in mijn mening*

sterkte

• **op** ~, met de voorgeschreven bezetting: *tegen het eind van de maand zijn de troepen op sterkte gebracht;* **op** volle ~, met volledige bezetting: *voor Mahler heb je een orkest op volle sterkte nodig*

sterven <zn>

• **op** ~ liggen, doodgaan: *oom Piet ligt op sterven;* **op** ~ na dood, helemaal uitgeput: *de schipbreukelingen waren op sterven na dood*

sterven <ww>

* DOODGAAN, met **aan** (ziekte e.d.): *ze stierf aan kanker* of met **van** (verdriet e.d.): *ze stierf van verdriet*

* VEEL LAST HEBBEN, met **van** (kou e.d.): *ik sterf hier van de kou*

• ~ **van** (personen, dieren, zaken), wemelen: *het sterft hier van de politieagenten/muggen*

steun

* HULP, met **aan** (iem.): *met geldelijke steun alleen aan de ontwikkelingslanden bereik je niet veel*

• **in** de ~ lopen, een uitkering ontvangen; **naar** de ~ gaan, om een uitkering vragen; **van** de ~ trekken, een uitkering ontvangen; **tot** ~: *de vrouw zij de man tot steun*

• ~ hebben **aan** (iem., iets), worden gesteund: *in deze tijden had zij veel steun aan haar geloof*

steunen

* LEUNEN, met **op** (iem. die, iets wat zich eronder bevindt): *de balken steunen op een gemetselde fundering* of **tegen** (iem. die, iets wat zich ernaast bevindt): *de gevel steunt tegen schuine balken*

* HELPEN, met **met** (iets): *hij steunde de actie met geld* of met **in** of **bij** (iets): *hij steunde me in mijn streven*

• ~ **op** (iets), gebaseerd zijn op: *die bewering berust op harde gegevens*

stevenen

* RESOLUUT IN EEN BEPAALDE RICHTING LOPEN, met **naar** (iem., iets): *uitgehongerd stevende ze naar het buffet*

stijl

• **in** de ~ **van** (iem.), op de wijze van: *het heerlijke gedicht van Kees Stip in de stijl van Vondel*

stijf

• ~ staan **van** (iets), vol zijn: *je opstel staat stijf van de fouten; de debutant stond stijf van de zenuwen*

stijgen

* HOGER OF MEER WORDEN, met **van** (waarde, een bepaald punt e.d.): *het aantal deelnemers steeg van 20 naar 24* en/of met **naar** of **tot** (een hogere waarde enz.): *de koersen stegen naar een nieuw hoogtepunt* en/of met **met** (iets): *het aantal deelnemers steeg met vier*

• ~ **in** (prijs, aanzien e.d.), toenemen: *naargelang hij rijker werd, nam hij toe in aanzien; hiermee stijg je wel in mijn achting*

stijl

• **in** de ~ **van** (iem.), op de wijze van: *het heerlijke gedicht van Kees Stip in de stijl van Vondel*

stijven

• ~ **in** (iets), sterken: *zijn maten stijfden hem in het kwaad*

stikken

* GEBREK AAN LUCHT HEBBEN, met **van**

(het lachen, hitte e.d.): *we stikten van de warmte*
• ~ **in** (iets), erg veel hebben van: *ik stik tegenwoordig in het werk;* ~ **van** (mensen, dieren, zaken), wemelen: *het stikt hier van de mieren*

stil
* MET WEINIG ACTIVITEIT/OMZET, met **in** (iets): *het is een poosje stil geweest in de autobranche*

stilstaan
• ~ **bij** (iets), aandacht schenken aan: *we moeten bij die vraag wat langer stilstaan*

stilzwijgen <zn>
* HET ZWIJGEN, met **over** (iets): *hij bewaarde een stilzwijgen over die netelige kwestie*

stimulans
* PRIKKEL, met **tot** of **voor** (iets): *de preek was een stimulans tot nadenken; het personeelsuitstapje was een stimulans voor beter teamwerk* of met **om te** (+ onbep. wijs): *het compliment was een stimulans om verder te gaan*

stimuleren
* IN POSITIEVE ZIN PRIKKELEN, AANMOEDIGEN, met **tot** (iets): *ze stimuleerde hem tot grotere prestaties* of met **om te** (+ onbep. wijs): *ze stimuleerde hem om door te zetten*

stinken
* VIES RUIKEN, met **naar** (iets): *dat shirt stinkt naar zweet*
• ~ **van** (geld, pretenties), een overmaat hebben van: *de jonge solist stinkt van de pretenties die hij allerminst waarmaakt*

stoeien
* SPEELS VECHTEN, met **met** (iem., iets): *de jongen stoeit met zijn vriendje*
• ~ **met** (iets), bezig zijn met: *vandaag ga ik maar eens met de begroting stoeien*

stoelen
• ~ **op** (iets), gegrond zijn op: *die bewering stoelt alleen maar op vermoedens*

stof
• ~ **tot** (+ onbep. wijs) of **voor** (iets), materiaal of aanleiding om iets bepaalds te doen: *dat is stof tot nadenken; die opmerking gaf stof tot hilariteit; stof tot ruzie;* ~ **voor** (iets), onderwerp dat zich voor iets leent: *dat is stof voor verdere overpeinzingen*

stofferen
* BEKLEDEN, OPSIEREN, met **met** (iets): *Maria van Hongarije stoffeerde haar boekerij met veel geschriften van hervormers*

stok
• het **aan** de ~ krijgen/hebben **met** (iem.), in conflict raken/zijn: *als je niet gauw inbindt, krijg je het met mij aan de stok*
• een stokje steken **voor** (iets), verhinderen: *we hebben er een stokje voor gestoken dat hij meegaat*

stokje zie **stok**

stoom
• **onder** ~ liggen, (schip:) klaar om te vertrekken: *het schip lag al onder stoom toen de afreis werd uitgesteld*
• ~ zetten **achter** (iets), vaart zetten achter: *we moeten er nu toch wel een beetje stoom achter zetten*

stoot
• **aan** ~ (biljart), aan de beurt: *als Ceulemans eenmaal aan stoot was, kon je als tegenstander alleen maar bidden;* **op** ~, op dreef; **van** ~, niet aan de beurt; **zonder** slag of ~, zonder strijd: *tot onze verbazing werden onze voorstellen zonder slag of stoot aanvaard*
• een ~ **onder** de gordel, een achterbakse aanval: *ik beschouw uw opmerking als een stoot onder de gordel;* de ~ geven **tot** (iets), maken dat begonnen wordt: *het pamflet gaf de stoot tot relletjes*

stoppen
* ERGENS MEE OPHOUDEN, met **met** (iets): *ik stopte met roken*

storen
* HINDEREN, met **bij** of **in** (iets): *je stoort me bij mijn werk*
• zich ~ **aan** (iets), hinderlijk vinden, zich aan (iem., iets) gelegen laten liggen: *ik stoor me niet aan jullie tegenwerpingen*

stormloop
* HET STORMLOPEN, met **op** (iets): *een twintig minuten durende stormloop op het kasteel*
* OVERWELDIGENDE BELANGSTELLING, met **op** (iets): *de geruchten over de monetaire crisis veroorzaakten een stormloop op de banken*

stormlopen
* VERWOED AANVALLEN, met **op** of **tegen** (iem., iets): *ze liepen storm tegen de vijand*

storten
* OVERMAKEN, met **op** (rekening, bank e.d.): *ze stort elke maand haar salaris op de giro* of met **in** (fonds, kas): *de contributie dient in de clubkas te worden gestort*

• zich ~ **in** (iets), zich intensief in iets begeven: *gisteren heb ik me in het nachtleven gestort;* zich ~ **op** (iem., iets), 1 zich werpen op: *hij stortte zich op de fotograaf om hem het filmrolletje te ontfutselen;* 2 zich intensief bezig houden met: *ik heb me op mijn studie gestort; hij heeft zich helemaal op zijn nieuwe vriendin gestort*

stoten

∗ BOTSEN, met **tegen** (iets): *zijn voet stootte tegen de tafel*

∗ zich ~, met **aan** (iets): *ik heb me gestoten aan de tafelpoot*

• zich ~ **aan** (iets), zich ergeren aan: *aan die opmerking heb ik me nogal gestoten;* ~ **op** (iem.), toevallig tegenkomen, aantreffen: *de piraten stootten op inboorlingen;* ~ **op** (iets), botsen: *het schip stootte op een rots*

straat

• **in** een ~: *in de straat stonden oude linden;* **op** ~, buitenshuis: *in warme landen leeft men meer op straat dan bij ons;* **over** ~, buitenshuis tussen het publiek: *hoe durf je zo over straat te gaan?*

straf

∗ VERGELDING VAN EEN VERGRIJP E.D., met **voor** (iem.): *levenslang is een veel te lichte straf voor zo'n moordenaar* of met **voor** (vergrijp e.d.): *wat is de straf voor die verkeersovertreding?* of met **op** (vergrijp e.d.): *er staat een fikse straf op valsheid in geschrifte*

• **op** straffe **van** (vergelding): *men moet zich aan de spelregels houden, op straffe van diskwalificatie;* **voor** ~, bij wijze van straf: *voor straf moest zij nablijven*

straffe zie **straf**

straffen <ww>

∗ STRAF GEVEN, met **met** (iets): *hij werd gestraft met huisarrest* en/of met **voor** (vergrijp): *hij werd zwaar voor zijn vergrijp gestraft*

stralen

∗ ER HEEL GOED OF BLIJ UITZIEN, met **van** (vreugde e.d.): *ze straalde van plezier*

∗ ZAKKEN, met **voor** (examen): *ik ben gestraald voor het herexamen*

stranden

∗ (VAN EEN SCHIP) VASTLOPEN, met **op** (iets): *de schoener strandde op een zandbank*

∗ MISLUKKEN, met **op** (obstakel): *mijn pogingen zijn gestrand op hun gebrek aan medewerking*

streep

• een ~ halen **door** (iets), schrappen: *hij heeft een streep gehaald door die hele passage;* een ~ **door** de rekening, een onverwachte tegenvaller

strekken

• ~ **tot** (iets), bijdragen tot: *je sportiviteit strekt je tot eer; ervaring in de branche strekt tot aanbeveling*

streng

∗ ERG SERIEUS AAN REGELS VASTHOUDEND, met **in** of **op het punt van** (iets): *in die dingen is ze heel streng* of met **jegens** of **voor** (iem.): *ze is streng voor overtreders van de regels*

strengelen

∗ IN ELKAAR VLECHTEN, met **in** (iets): *ze strengelde een lint in het haar*

• zich ~ **om** (iets), (van een slang, planten e.d.) zich omheen winden: *de klimop heeft zich helemaal om de boom geslingerd*

streven <zn>

∗ HET IETS WILLEN BEREIKEN, met **naar** (iets): *het streven naar welvaart* of met **(om) te** (+ onbep. wijs), willen bereiken: *het Franse streven om een eigen kernmacht te hebben*

streven <ww>

• ~ **naar** (iets), willen bereiken: *we blijven streven naar perfectie*

strijd

∗ GEVECHT, met **tegen** (tegenstander): *de strijd tegen Rusland vergde veel offers*

∗ TWIST MET WOORDEN, met **met** of **tegen** (iem.): *de eeuwige strijd met zijn broer* of met **tussen** (partijen): *er ontbrandde een strijd tussen voor~ en tegenstanders* en/of met **over** (onderwerp): *er is nogal wat strijd over die kwestie geweest*

∗ HET IJVEREN VOOR (OF TEGEN) IETS, met **om** (inzet): *ze leverden strijd om de eerste* plaats of met **tegen** (gevaar e.d.) of **voor** (doel): *de strijd tegen de bodemvervuiling; de strijd voor een gezond milieu*

• **in** ~ raken **met** (iem., elkaar): *Grieken en Turken raakten keer op keer in strijd met elkaar;* **in** ~ **met** (iets), tegen iets in: *verdachte handelde in strijd met artikel 44 bis;* **ten** strijde trekken, gaan oorlogvoeren

• een ~ **op** leven en dood, met leven of dood als inzet: *het werd een strijd op leven en dood tussen de rivalen*

strijde zie **strijd**

strijden

∗ VECHTEN, met **tegen** (iem., iets): *zij streden tegen een oppermachtige vijand; de strijd van Holland tegen het water*

∗ TWISTEN, met **met** of **tegen** (iem.): *ze streden tegen het buitenlandse team* en/of met **over** (onderwerp): *strijden over een kwestie*
∗ IJVEREN VOOR (OF TEGEN) IETS, ZONDER WAPENS, met **om** (inzet): *strijden om de eer* of met **tegen** of **voor** (iets): *hij heeft gestreden tegen het drankmisbruik; hij strijdt voor een achterhaald ideaal*
• ~ **met** (iets), tegengesteld zijn aan: *uw opvattingen strijden nu eenmaal met de mijne*

strijder
∗ VECHTER, IEMAND DIE ZICH INSPANT, met **tegen** of **voor** (iets): *een strijder tegen het onrecht; een strijder voor de mensenrechten*

strijdig
∗ IN STRIJD, met **met** (iets, elkaar): *stelling A is strijdig met stelling B*

strijken
• gaan ~ **met** (iem., iets), ten onrechte krijgen: *niet ik, maar zij is met de eer gaan strijken*

strikken
∗ ERTOE OVERHALEN OM MEE TE WERKEN, met **voor** (iets): *wie zal ik voor dat karwei eens strikken?*

strikt
∗ PRECIES, met **op** (iets): *zij is nogal strikt op de regels* of met **waar het** (iem., iets) **betreft:** *zij is nogal strikt waar het de leerlingen betreft*

stroken
• ~ **met** (iets), overeenstemmen, passen: *dat strookt niet met mijn plannen*

stroom
∗ GROTE TOEVLOED, met **van** (mensen, dieren, zaken): *een stroom van vluchtelingen trok de grens over*
∗ ELEKTRICITEIT, met **op** (kabel, leiding e.d.): *er staat stroom op de kabel*
• **onder** ~, verbonden met elektrische bron: *kijk uit, die kabel staat onder stroom*

struikelen
∗ VALLEN, met **over** (iets): *struikel niet over de drempel!*
• ~ **over** (personen, zaken), in groten getale tegenkomen: *je struikelt daar over de toeristen;* ~ **over** (iets), zijn positie verliezen door: *het kabinet struikelde over het huurwaardeforfait*

student
∗ IEMAND DIE STUDEERT, met **in** (vakgebied): *ze is student in de rechten*

studeren
∗ LEREN, EEN OPLEIDING VOLGEN, met **aan** (instelling): *hij studeert aan de universiteit* of met **bij** (iem.): *hij studeert bij een beroemde professor* en/of met **in** (vakgebied): *hij studeert in de techniek* en/of met **voor** (examen, beroep e.d.): *hij studeert voor leraar* en/of met **van** (beurs e.d.): *hij studeert van een beurs*
• ~ **op** (iets), goed bestuderen: *hij studeerde uren op de computerhandleiding*

studie
∗ ONDERZOEK, met **naar** (onderwerp): *hij promoveerde op een studie naar het kolonialisme; de vakbonden wensten een studie naar de VUT* of met **van** (vakgebied e.d.): *zij wijdde zich aan de studie van de wijsbegeerte*
∗ VERSLAG VAN EEN ONDERZOEK, VERHANDELING, met **over** (iets): *er is een studie verschenen over de gevolgen van roken*
• **in** ~ nemen, gaan onderzoeken: *het wordt tijd dat we dit voorstel serieus in studie nemen;* **met** ~, met belangstelling: *hij keek met studie hoe zij de bloemen schikte*
• een ~ wijden **aan** (iets, iem.), een studie publiceren: *aan Rembrandt hebben al velen een studie gewijd;* (een) ~ verrichten **naar** (iets) onderzoek doen naar: *wij verrichten een studie naar de voor- en nadelen;* (een) ~ maken **van** (iets), onderzoek doen naar: *de universiteit maakt een studie van de economische mogelijkheden*

stuiten
∗ TEGENHOUDEN, met **in** (iets): *hij werd in zijn val gestuit door een struik*
• **tegen** de borst ~, onaangenaam vinden, grote bezwaren hebben tegen: *het stuit mij tegen de borst om deze gelegenheid zomaar voorbij te laten gaan; dit soort roddelpraatjes stuiten mij tegen de borst*
• ~ **op** (iem., iets), 1 toevallig tegenkomen, aantreffen: *ze stuitte op een oude foto;* 2 tegen iets stoten en daarna terugschieten, met **op** of **tegen** (iets): *de bal stuitte tegen de wand*

stuk
∗ ARTIKEL IN KRANT OF TIJDSCHRIFT, met **van** (auteur): *een stuk van Riemer Reinsma* en/of met **over** (onderwerp): *een stuk over de nieuwe spelling*
• **aan** één ~, compleet, steeds maar door: *ik wil twee meter aan een stuk; zij babbelde aan een stuk;* **op** zijn ~ blijven staan, vasthouden aan het eigen standpunt; **op** het ~ **van** (iets), wat die zaak betreft: *op het stuk van de organisatie kan het hier alleen maar beter*

worden; lik **op** ~ geven, meteen adequaat reageren: *toen hij dat zei heb ik hem meteen lik op stuk gegeven;* **uit** één ~, niet samengesteld: *het chassis is uit een stuk gemaakt;* **van** zijn ~ brengen, in de war brengen: *door de interrupties werd de spreker danig van zijn stuk gebracht;* voet **bij** ~ houden, vasthouden aan een standpunt

• stukje **bij** beetje, in gedeelten: *stukje bij beetje kreeg ik het verhaal te horen*

stukken

• recht doen **op** de ~, aan de hand van de stukken, zonder pleidooien; **op** geen ~ **na**, nog lang niet: *ik ben op geen stukken na klaar*

stukje zie **stuk**

stuklopen

* MISLUKKEN, NIET VERDER KUNNEN, met **op** (iets): *we zijn stukgelopen op de strakke regels*

stulpen

* ALS EEN STOLP VERSCHIJNEN, met **uit** (iets): *heren met saaie pakken waaruit weldoorvoede buiken stulpen*

sturen

* ZENDEN, met **naar** (iem., iets): *we stuurden de kinderen naar hun oma; stuur de post maar naar zijn vakantieadres* of met **om** (iets, iem.): *iemand om een boodschap sturen; iemand sturen om de huisarts* of met **aan** (iem., iets), per post of bodedienst laten bezorgen: *het bestuur stuurde een brief aan alle leden*

stuur

• **aan** het ~, het stuurwiel bedienend; **achter** het ~, (speciaal bij auto's:) het stuurwiel bedienend

stuurboord

• **aan** ~, aan de rechterzijde van een schip: *tegen de middag ontwaarden wij aan stuurboord een eiland;* **over** ~ liggen, met de wind aan bakboord wegdrijven

stuurlast

• **op** zijn ~ brengen, zo beladen dat het schip optimaal naar het roer luistert

sublimeren

* EEN ANDERE VORM GEVEN, met **tot** (iets): *hij sublimeerde zijn homoseksuele neigingen tot een enorme scheppingsdrang*

substantie

• **in** ~, in hoofdzaak: *in substantie gaat het hier om een eenvoudige zaak*

succes

* GOED RESULTAAT, met **bij** (iets): *de kans op succes bij het fokken van olifanten is groter geworden*

• ~ wensen **bij** of **met** (iets) een goed resultaat wensen: *ik wenste hem succes met zijn werk*

suizelen

• ~ **van** (iets), duizelig zijn van: *hij suizelde nog van de klap*

sukkelen

* PROBLEMEN HEBBEN, met **met** (iets): *hij sukkelt met zijn gezondheid*

summum

• een ~ **aan** (zaken, iets), een maximum: *deze auto biedt een summum aan comfort;* het ~ **van** (iets), het hoogst bereikbare: *de motor van deze auto is het summum van moderne techniek*

superieur

* BETER, HOGER IN RANG, met **aan** (iem., iets): *hij is superieur aan de anderen* en/of met **in** (opzicht): *in kennis is hij duidelijk superieur aan alle anderen*

* UITSTEKEND, met **van** (kwaliteit e.d.): *die kaas is superieur van kwaliteit*

supervisie

* TOEZICHT, met **over** (iem., iets): *de chef heeft de supervisie over de afdeling*

supplement

* BIJVOEGSEL, met **bij** (krant e.d.) of **op** (publicatie): *een supplement bij de zaterdagkrant; er is een supplement gemaakt op die encyclopedie*

suprematie

* OVERMACHT, met **over** (iem., iets): *de Nederlanden hadden in de 17e eeuw de suprematie over de wereldzeeën*

surplus

* OVERMAAT, TEVEEL, met **aan** (personen, zaken): *het surplus aan groente werd vernietigd* of met **van** (bepaling waarin de omvang wordt uitgedrukt): *een surplus van 1,3 miljard dollar* en/of met **met** (een ander gebied): *het surplus van de VS met de Europese Gemeenschap daalde snel*

surrogaat

* VERVANGEND MIDDEL, met **voor** (iets): *kruidensigaretten zijn een surrogaat voor sigaretten met nicotine*

switch

* HET OMSCHAKELEN, met **naar** (iets): *een switch naar een ander beleid* of met **van** (iets) en **naar** (iets): *we maakten een switch van klassieke naar moderne muziek*

switchen

* OMSCHAKELEN, met **naar** (iets): *de directie is geswitcht naar een ander beleid* of met **van** (iets) en **naar** (iets): *sommige beleggers switchten van het ene naar het andere fonds*

symbolisch

* EEN SYMBOOL VORMEND, met **voor** (iets): *lichaamstaal is symbolisch voor wat iemand voelt en denkt*

symbool

* VERVANGEND TEKEN, met **van** of **voor** (iets): *een kruis is het symbool van het christendom; de dubbelnul is het Tsjechische symbool voor wc*

sympathie

* WELWILLEND GEVOEL, met **voor** (iem., iets): *ik kan geen sympathie voelen voor zo iemand*
* BEGRIP, met **met** (iem.): *ik heb weinig sympathie met die terroristen*

sympathiseren

• ~ **met** (iem., iets), sympathie voelen met: *de buurtbewoners sympathiseerden met de vluchtelingen*

symptomatisch

* TEKENEND, met **voor** (iets): *de werkloosheid is symptomatisch voor de zwakte van de economie*

synchroon

* GELIJKTIJDIG, met **met** (iets): *de ontwikkelingen in het gezin lopen synchroon met die in de maatschappij*

synergie

* ONDERLINGE POSITIEVE BEÏNVLOEDING, met **met** (iets) of **tussen** (zaken): *er is een duidelijke synergie met onze overige activiteiten; een synergie tussen wiskunde en informatica*

synoniem <zn>

* WOORD MET MIN OF MEER DEZELFDE BETEKENIS, met **van** (woord, uitdrukking): *'chemie' is een synoniem van 'scheikunde'*
* WOORD DAT BEGRIPSMATIG IS VERBONDEN AAN EEN GEGEVEN WOORD, met **van** of **voor** (iets, iem.): *schoonheid is veelal een synoniem voor slankheid*

synoniem <bn>

* MIN OF MEER OVEREENKOMEND IN BETEKENIS, met **met** (woord, uitdrukking): *'chemie' is synoniem met 'scheikunde'*
* BEGRIPSMATIG VERBONDEN AAN EEN GEGEVEN WOORD, met **aan** of **met** (iets, iem.): *goed is voor hem synoniem met lekker*

T

taas

• **bij** zijn ~ grijpen/pakken, te grazen nemen: *hij heeft me lelijk bij mijn taas gepakt*

tabak

• ~ hebben **van** (iem., iets), genoeg hebben van: *hij had er tabak van, altijd thuis te moeten blijven*

taboe

* IETS DAT ONBESPREEKBAAR IS, met **op** (iets): *het taboe op incest*

tafel

• **aan** ~ gaan/zitten, aan de maaltijd gaan/zitten; (iem.) **onder** ~ drinken, samen met iemand op drinken, waarbij de ander ten slotte onmachtig wordt; de kaarten **op** ~ leggen, opening van zaken geven; **ter** ~ komen/brengen, ter sprake komen/brengen: *wil iemand verder nog iets ter tafel brengen?*; **van** ~ vegen, als ondeugdelijk afwijzen: *de voorstellen werden van tafel geveegd*

tak

* DEELGEBIED, met **van** (iets): *een tak van wetenschap*

• **van** de hak **op** de ~ springen, steeds van onderwerp veranderen

tal

• **zonder** ~, ontelbaar: *sterren aan de hemel, zonder tal ...*

• ~ **van** (iem., iets), vele: *tal van genodigden hadden zich afgemeld.*

talen

• ~ **naar** (iem.,iets), verlangen naar: *hij is opgehouden met roken en taalt er zelfs niet meer naar*

talent

* NATUURLIJKE AANLEG, met **voor** (iets): *zij heeft een groot talent voor muziek*

• het ~ **(om) te** (+ onbep. wijs), een handigheid of vaardigheid: *zij heeft het talent om onder mensen van zeer verschillende achtergrond te verkeren*

talmen

* TREUZELEN, met **met** (iets): *de commandant talmde met ingrijpen*

tamboere(re)n

• ~ **op** (iets), hameren op: *hij tamboereerde op de noodzaak van een consequent beleid*

tand

• **van** de hand **in** de ~ leven, zonder plan door het leven gaan

tap

• **op** de ~ liggen, uit getapt worden:

er lag een nieuw vat op de tap

tarten

* TERGEND UITDAGEN, met **om te** (+ onbep. wijs): *ik tartte hem om zijn beweringen te staven*

tarief

* VASTGESTELDE PRIJS, met **voor** (iets): *het tarief voor een uur trammen is te hoog*
• **tegen** (verlaagd/verhoogd e.d.) ~: *tegen een verminderd tarief kunt u bijboeken*

tasten

* MET HET GEVOEL VAN DE HANDEN ZOEKEN, met **naar** (iets): *zij tastte naar het lichtknopje*
• **in** het duister ~, gissingen (moeten) maken, met **over** of **omtrent** (iets): *over de doodsoorzaak tast de politie nog in het duister*

taxeren

* RAMEN, met **op** (waarde e.d.): *zijn huis werd getaxeerd op vijf ton*

tegelijk

• ~ **met** (iem., iets), op hetzelfde moment als: *hij kwam tegelijk met mij aan*

tegemoetkomen

* GEDEELTELIJK TOEGEVEN/REKENING HOUDEN, met **aan** (iets): *ik ben bereid aan uw bezwaren tegemoet te komen* of met **in** (kosten e.d.): *de firma zal u tegemoetkomen in de door u gemaakte kosten*

tegemoetkoming

* GEDEELTELIJKE VERGOEDING, met **aan** (iem., eisen e.d.): *de kabelbaan is een tegemoetkoming aan de luie toerist* en/of met **in** (kosten e.d.): *van het rijk ontving hij een gedeeltelijke tegemoetkoming in de studiekosten* en/of met **voor** (gemaakt of te maken kosten): *een fiscale tegemoetkoming voor de aanschaf van een stiller type vrachtwagen*

tegendeel

* OMGEKEERDE, met **van** (iets): *hij is het tegendeel van een activist, hij is zelfs niet in politiek geïnteresseerd*

tegengesteld

* TEGENOVERGESTELD, met **aan** (iets): *de belangen van bepaalde ondernemingen zijn tegengesteld aan die van de rest van de maatschappij*

tegengestelde

* HET TEGENOVERGESTELDE, met **van** (iets): *hij deed precies het tegengestelde van wat hij altijd geleerd had*

tegengif

* NEUTRALISEREND MIDDEL, met **tegen** of **voor** (iets): *een tegengif voor de beet van een adder*

tegenhanger

* IEMAND DIE/IETS DAT VERGELIJKBAAR IS MET DATGENE WAARVAN SPRAKE IS, met **van** (iem., iets): *sommigen beschouwen Vondel als de Nederlandse tegenhanger van Shakespeare*

tegenkanting

* TEGENWERKING, met **bij** of **tegen** (iets): *de nieuwe wethouder ondervond veel tegenkanting van de raad bij zijn benoeming*

tegenovergesteld

* TEGENGESTELD, met **aan** (iets): *de uitkomst van het onderzoek was precies tegenovergesteld aan de verwachtingen.*

tegenovergestelde

* DAT WAT TEGENGESTELD IS, met **van** (iets): *hij deed precies het tegenovergestelde van wat hij altijd geleerd had*

tegenpool

* VAN TEGENGESTELDE AARD, met **van** (iem., iets): *de bescheiden zoon is de tegenpool van de aanmatigende vader*

tegenspraak

• **in** ~ **met** (iets), niet te rijmen met: *zijn daden zijn in tegenspraak met zijn fraaie woorden;* een vonnis **op** ~, na een zitting waarbij de gedaagde aanwezig was om zich te verweren (contradictoir)

tegenstander

* OPPONENT, VIJAND, met **van** (iem., iets): *hij was een fel tegenstander van de nieuwe regeling*

tegenstelling

* HET TEGENGESTELD ZIJN, met **met** (iem., iets): *de tegenstelling met het buurland valt je op zodra je de grens over bent* of met **tussen** of **van** (zaken, personen): *de historische tegenstelling tussen socialisten en liberalen*
• **in** ~ **tot** (iem., iets), anders dan: *in tegenstelling tot zijn toezegging kwam hij niet opdagen*

tegenstreven

* TEGENWERKEN, met **in** (iets): *het bestuur van de partij streefde het raadslid tegen in zijn politieke ambities*

tegenstrijdig

* STRIJDIG, NIET LOGISCH SAMENGAAND, met **met** (iets): *de uitspraken van de president waren tegenstrijdig met de maatregelen die hij uitvaardigde*

tegenwicht

* COMPENSATIE, met **tegen** of **voor** (iets): *deze vrolijke compositie dient als tegenwicht voor de ernstige muziek die tot nu toe is gespeeld*

• een ~ bieden **aan** of **tegen** (iets), de kracht intomen: *deze wetgeving biedt een tegenwicht aan de tendens tot kartelvorming*

tegenwoordig

∗ AANWEZIG, met **bij** of **op** (bijeenkomst e.d.): *de burgemeester was tegenwoordig bij de ontvangst van de koningin* of met **in** (iets): *deze partij is sinds lang nadrukkelijk tegenwoordig in het politieke leven*

tegenwoordigheid

• **in** ~ **van** (iem.), in aanwezigheid van: *de prijsuitreiking vond plaats in tegenwoordigheid van vele hooggeplaatste vertegenwoordigers*

• ~ **van** geest, alert optreden: *dankzij zijn tegenwoordigheid van geest kon de schade beperkt blijven*

tegenzin

∗ (LICHTE) AFKEER, met **in** (iets): *hij had een enorme tegenzin in dat lesgeven* of met **(om) te** (+ onbep. wijs): *ik bespeur bij jullie een tegenzin om met ons in zee te gaan*

tegoed <zn>

∗ TE VORDEREN BEDRAG, met **bij** of **op** (instelling): *hij heeft flinke tegoeden bij de bank* of met **op** (rekening): *een tegoed op de rekening-courant*

te goed <bn> zie **goed**

tekeergaan

∗ RAZEN, TIEREN, met **tegen** (iem., iets): *waarom ging hij zo tegen je tekeer?* en/of met **over** (iets): *hij ging tekeer over haar wangedrag*

teken

∗ SEIN, met **voor** of **tot** (iets): *de trompetstoot was het teken voor de aanval* en/ of met **om** ... **te** (+ onbep. wijs): *hij gaf het teken om aan te vallen*

∗ AANWIJZING, met **van** (iets): *het hebben van meerdere vrouwen geldt hier als een teken van welvaart*

• **in** het ~ staan **van** (iets), in belangrijke mate gekenmerkt zijn door, of gewijd zijn aan: *dit jaar staat in het teken van de vrede;* **onder** een (on)gunstig ~ staan, onder (on)gunstig omstandigheden verlopen: *de hele operatie leek onder een ongunstig teken te staan;* **op** het ~ **van** (iem.): zodra (iem.) het teken geeft; **ten** ~ **van** (iets), als bewijs: *neem deze ring ten teken van onze vriendschap*

tekenen

∗ EEN TEKENING MAKEN, met **naar** (voorbeeld): *een tekening naar de natuur*

∗ EEN HANDTEKENING ZETTEN, met **voor** (overeenkomst, ontvangst e.d.): *hij tekende voor de bestelling; wilt u hier voor ontvangst tekenen?* of met **namens** of **voor** (iem., instelling): *namens de regering tekende de minister*

• **ervoor** ~, graag accepteren: *een rustig leventje, ik teken ervoor*

tekenend

∗ TYPEREND, KARAKTERISTIEK, met **voor** (iem., iets): *het is tekenend voor hem dat hij nog niet heeft gereageerd*

tekening

∗ AFBEELDING, met **naar** (voorbeeld): *een tekening naar een oude ets*

• **ter** ~, om te laten ondertekenen: *een stuk ter tekening voorleggen aan de directeur*

tekort

∗ DAT WAT ER TE KORT IS, met **aan:** *een tekort aan reserveonderdelen*

tekortschieten

• **in** iets ~, niet aan de verwachtingen voldoen: *in de afhandeling van deze kwestie is de minister ernstig tekortgeschoten;*

tel

• **in** een ~/**in** twee tellen, behoorlijk snel: *zij was in een tel/twee tellen terug;* **in** ~ zijn, geacht worden: *vrouwen zijn daar helemaal niet in tel*

telefoneren

∗ EEN TELEFONISCHE VERBINDING TOT STAND (PROBEREN TE) BRENGEN, met **naar** (iem., iets): *hij telefoneert naar het buitenland, naar zijn kantoor*

∗ EEN TELEFOONGESPREK VOEREN, met **met** (iem.): *hij telefoneert met zijn moeder* en/of met **om** (hulp e.d.): *de agent telefoneerde om assistentie*

telefoongesprek

∗ GESPREK VIA DE TELEFOON, met **met** (iem., instelling, gebied e.d., waarmee men belt of door wie/van waaruit men gebeld wordt): *een telefoongesprek met een oude vriend* of met **tussen** (personen): *een telefoongesprek tussen zakenlui*

telefoontje

∗ TELEFOONGESPREK, met **met** (iem., instelling, gebied e.d., waarmee men belt of door wie/van waaruit men gebeld wordt): *een telefoontje met Amerika* of met **naar** (iem., instelling e.d. die of waarheen opgebeld wordt): *een telefoontje naar premier Kok bracht geen uitsluitsel*

teletekst

• **op** ~, verspreid via teletekst: *de ondertiteling vindt u op teletekst, pagina ...*

teleurgesteld

∗ NIET TEVREDEN GESTELD, met **over** (iem.,

resultaat e.d.): *hij was teleurgesteld over de uitslag van de wedstrijd*
• ~ **in** (iem., iets), ernstig bedrogen in zijn verwachtingen omtrent (iem., iets): *is de Nederlander teleurgesteld in de Europese eenwording?*

teleurstellen
* NIET AAN DE VERWACHTINGEN VOLDOEN, met **in** (iets): *je hebt me daarin een beetje teleurgesteld* of met **over** (resultaat e.d.): *over de uitkomst zijn we lichtelijk teleurgesteld*

tellen
• ~ **onder** (personen), rekenen tot: *ik tel hem onder mijn beste vrienden;* ~ **voor** (waarde), waard zijn: *de boer telt voor 20; een gewaarschuwd mens telt voor twee*

tempo
• **in** (een bepaald) ~, met een bepaalde snelheid: *in dit tempo halen we het nooit:* **op** ~ liggen, de gewenste snelheid hebben: *eindelijk liggen we op tempo*

tendens
* NEIGING, met **naar** of **tot** (iets): *er is een tendens naar meer openheid bij de besluitvorming* of met **om te** (+ onbep. wijs): *een tendens om de achterban vaker te raadplegen*

tenderen
• ~ **naar** (iets), neigen naar: *dit gesprek tendeert naar achterklap*

terechtstaan
* ALS VERDACHTE VOOR DE RECHTER STAAN, met **voor** of **wegens** (iets): *hij stond terecht voor diefstal met geweld*

teren
• ~ **op** (iem., iets), leven van: *hij teerde op het geld van zijn vriendin*

termen
* REDENEN, AANLEIDING, met **voor** (iets): *er zijn inderdaad termen aanwezig voor herziening van onze positie*
• **in** ~ **van** (iets): *in termen van voetbal: een kans voor open doel;* **in** bedekte ~, niet al te openlijk: *ik heb hem in bedekte termen te verstaan gegeven dat er iets moest veranderen;* **in** of **onder** de ~ **van** (de wet e.d.), binnen het kader van de wet: *deze zaak valt niet onder de termen van de beschikking;* **in** de ~ vallen **voor** (iets), aan de voorwaarden voor iets voldoen

termijn
• **in** eerste e.d. ~, tijdens de eerste e.d. bespreking: *graag wil ik reageren op wat de geachte afgevaardigde daarover in eerste termijn heeft opgemerkt;* **in** termijnen betalen, een aantal afgesproken malen een gedeelte betalen; **op** ~, pas te effectueren na een vastgestelde tijdsduur: *geld op termijn lenen; op termijn leveren;* **op** korte/(middel)lange ~, binnen een korte e.d. tijdsperiode: *de regering overweegt op korte termijn maatregelen te nemen*

terts
• **in** (toon) grote/kleine ~: *de Mondscheinsonate staat in cis kleine terts*

terug <bw>
* WEERGEKEERD, met **van** (bezigheid e.d.): *ik ben terug van vakantie*
• ~ **van** weggeweest, terug na een periode van afwezigheid; hebt u ~ **van** (bedrag), hebt u wisselgeld?

terugblik
* EEN MOMENT VAN NAAR HET VERLEDEN KIJKEN, met **op** (iets): *de voorzitter gaf een terugblik op het afgelopen verenigingsjaar*

terugblikken
* NAAR HET VERLEDEN KIJKEN, met **op** (iets): *de voorzitter blikte terug op het afgelopen verenigingsjaar*

terugbrengen
* VERMINDEREN, met **tot** (iets): *de subsidie werd teruggebracht tot een halve ton* en/of met **met** (iets): *het bedrag werd met de helft teruggebracht*
* VERMINDEREN, met **van** (iets) **tot** (iets): *de inlevertermijn is van drie weken teruggebracht tot twee*
• iets ~ **tot** (iets), herleiden tot: *hij bracht het conflict terug tot zijn werkelijke proporties;* iemand ~ **van** (standpunt e.d.), doen afzien van: *na lang praten wisten we hem van zijn standpunt af te brengen*

terugdeinzen
* TERUGSCHRIKKEN, met **voor** (iem., iets): *de misdadiger deinsde voor niets terug*

terugdenken
• ~ **aan** (iem., iets), weer denken aan: *hij moest terugdenken aan al die mooie ogenblikken*

teruggaan
• ~ **op** (iets), ontstaan zijn uit: *ons schrift gaat terug op het Griekse alfabet;* ~ **tot** (periode), ontstaan zijn in: *deze techniek gaat terug tot de veertiende eeuw*

teruggeven
• ~ **van** (bedrag), wisselgeld geven voor: *kun je me teruggeven van een tientje?*

teruggrijpen
• ~ **op** (iem., iets), weer aansluiten bij een persoon of zaak uit het verleden: *hij greep terug op een oude traditie*

terughoudend
* GERESERVEERD, met **tegenover** (iem., iets): *hij is terughoudend tegenover vreemden*

terugkeren
* IN EEN BETOOG TERUGKOMEN OP IETS, met **naar** of **tot** (iem., iets): *laten we terugkeren naar de vraag die als uitgangspunt diende*
• ~ **op** zijn schreden, de onjuistheid van zijn handelingen/beslissingen inzien: *gelukkig keerde hij later terug op zijn schreden*

terugkijken
* IN DE HERINNERING TERUGROEPEN, met **naar** of **op** (iets wat men meegemaakt heeft): *hij kijkt met plezier terug op zijn schooltijd* of met **in** (de geschiedenis e.d.): *als je terugkijkt in het verleden, zie je dat dit verschijnsel bepaald niet nieuw is*

terugkomen
• ~ **op** (standpunt e.d.), 1 afstand nemen van: *hij kwam terug op een eerder gedane belofte;* 2 weer oppakken: *ik wil even terugkomen op wat Piet net zei;* ~ **van** (iets), laten varen, nogmaals beschouwen: *van die mening is hij later teruggekomen*

terugkoppelen
* OVERLEGGEN MET DE ACHTERBAN, met **naar** (iem., groep): *daarna zullen we weer terugkoppelen naar het personeel*

terugschrikken
• ~ **voor** (iets), niet aandurven: *hij schrok terug voor de grote risico's.*

terugslaan
• ~ **op** (iets), betrekking hebben op: *deze opmerking slaat terug op wat we al eerder bespraken*

terugtrekken
* zich ~, 1 in een militaire of vreedzame krachtmeting zijn positie opgeven, met **op** (stad, stellingen e.d.): *het peloton trok zich terug in een ondoordringbaar moeras; Vitesse trok zich terug op de eigen helft;* 2 niet langer actief zijn, met **uit** (iets): *de delegatie trok zich terug uit het overleg; hij trok zich terug uit de wielersport*

terugvallen
* (VAN EEN PERSOON) MINDER GOEDE PRESTATIES LEVEREN DAN VOORHEEN, met **naar** (een lagere plaats in de rangorde): *de geblesseerde renner viel uiteindelijk terug naar een roemloze dertiende plaats* en met **van** (positie, niveau e.d.): *de renner viel terug van de tweede naar de dertiende plaats*
* (VAN EEN WINST, OMZET ENZ.) ACHTERUITGAAN, met **van** (positie, niveau e.d.): *de afzet viel terug van een relatief hoog niveau tot het laagste peil van de laatste tien jaar* en/of met **naar** of **tot** (een lager peil: *de winst viel terug van 13 naar 7 procent* en/of met **met** (hoeveelheid): *de afzet viel terug met 8 procent*
* WEER IN EEN VORIGE – ONGUNSTIGER – TOESTAND TERECHTKOMEN, met **in** (toestand): *het gezin dreigde terug te vallen in de armoede van vroeger*
• ~ **op** (iem., iets), vertrouwen op, steunen op: *als er problemen zijn kan ze altijd op mij terugvallen*

terugvoeren
• ~ **naar** of **in** (een vroegere toestand, periode), terugbrengen: *dit economisch beleid voert ons land terug in de Middeleeuwen;* ~ **op** (iem., iets) of **tot** (iets), 1 te herleiden zijn tot: *alle talen voeren terug tot dezelfde onderliggende grammatische regels;* 2 herleiden tot: *de transfusie met besmet bloed kon worden teruggevoerd op een bepaalde donor; het probleem kan niet teruggevoerd worden tot één factor*

terugzien
• ~ **op** (iets), het beschouwen: *ons bedrijf kan terugzien op een goed jaar*

terzijde <zn>
* ZIJDELINGSE OPMERKING, met **naar** (iem., instelling): *een jaarverslag met veel terzijdes naar de vakbonden* en/of met **bij** (iets dat de aanleiding vormt): *als terzijde bij dit verhaal wil ik nog opmerken dat ...*

terzijde <bw>
* AAN DE ZIJKANT, met **van** (iets): *hij stond een beetje terzijde van het gevoel;*
• **van** ~, vanaf de zijkant: *hij sloeg haar van terzijde gade*

test
* ONDERZOEK NAAR DE DEUGDELIJKHEID VAN IETS, met **van** (iets): *een test van wasmachines* of met **op** (iets dat men wil ontdekken/controleren): *er werd een test op deugdelijkheid uitgevoerd*

testament
* LAATSTE WIL, met **op** (de langstlevende): *het is verstandig in deze situatie een testament op de langstlevende te maken*
• **bij** ~, op grond van het testament: *bij testament werd zij als enig erfgenaam aangewezen*

testen
* OP DEUGDELIJKHEID ONDERZOEKEN, met **op** (iets dat men wil ontdekken/contro-

leren): *de rekruten werden getest op hun doorzettingsvermogen; de kunststof werd getest op zijn elasticiteit* en/of met **op** (proefpersonen, proefdieren): *de onderzoekers testten hun theorie op drie ervaren ruimtevaarders*

teveel

* HET OVERTOLLIGE, met **aan** (personen, zaken, iets): *een teveel aan tomaten; een teveel aan pottenkijkers;* ~ **van** het goede, meer, mooier, fijner e.d. dan men aankan

tevreden

* VOLDAAN, met **over** (iem., resultaat e.d.): *hij was tevreden over het eindresultaat* of met **met** (iets wat men krijgt of bezit): *hij is tevreden met zijn karige salaris*

tevredenstellen

• zich ~ **met** (iets), genoegen nemen met: *hij stelde zich tevreden met een symbolische beloning*

teweerstellen

* zich ~, tegenstand bieden, met **tegen** (iets): *hij stelde zich hevig teweer tegen zijn arrestatie*

thee

• **op** de ~ komen, op theevisite komen, met **bij** (iem.): *kom je vanmiddag bij me op de thee?*

theewater

• **boven** zijn ~ raken/zijn, aangeschoten raken/zijn

theorie

* STELSEL VAN BEGINSELEN, met **van** (vakgebied): *de theorie van de muziek*
* (NOG NIET BEWEZEN) OPVATTING, met **over** (iets): *over zijn beweegredenen heb ik wel een theorie.*

• **in** ~ op grond van een theoretische redenering: *in theorie heeft hij gelijk, maar in de praktijk ligt het anders*

thuis

• **van** alle markten ~, allround zijn: *vraag het Piet maar, die is van alle markten thuis*

• ~ zijn **in** (iets), goed bekend zijn met: *hij is erg thuis in computers*

tien

• ~ **tegen** één, er is een grote kans dat ...

tijd

* TIJDSTIP VOOR EEN HANDELING E.D., met **voor** (iets): *en toen was het tijd voor koffie*

• **bij** ~ en wijle(n), af en toe: *bij tijd en wijle komt hij bij ons langs;* **bij** de ~ zijn, goed op de hoogte: *op zijn vakgebied is hij behoorlijk bij de tijd;* **met** de ~, op den duur: *met de tijd zal hij zijn wilde haren wel verliezen;* **op** ~, op het afgesproken tijdstip: *je moet de huur op tijd betalen;* **op** ~ kopen, met uitstel van betaling; **te** dien tijde, in die tijd; **te** zijner ~, als het zover is: *te zijner tijd komt er een brochure;* **te** gener/eniger ~, (n)ooit: *te eniger tijd verschijnt er een brochure;* **te** rechter/gelegener ~, als het gelegen komt: *te gelegener tijd zullen we met een erratalijstje komen;* **ten** tijde **van** (iem., iets), in de tijd van: *ten tijde van mijn grootmoeder*

tijde zie **tijd**

tijdsbestek

• **binnen** of **in** een kort ~, binnen korte tijd: *dit plan moet in een kort tijdsbestek te realiseren zijn;* **binnen** of **in** een ~ **van** (tijd): *dit alles kreeg zijn beslag binnen een tijdsbestek van enkele weken*

tijdsgewricht

• **in** dit ~, in dit tijdperk: *er verandert veel in dit tijdsgewricht*

tijdstip

• **op** een ~, op een ogenblik, moment: *je komt op een ongelegen tijdstip*

til

• **op** ~ zijn, eraan komen: *storm op til!*

tilt

• **op** ~ slaan, in het ongerede raken: *mijn computer is weer eens op tilt geslagen*

tippelen

• ~ **op** (iem., iets), gek zijn op: *hij tippelt op de dochter van zijn baas*

tippen

• ~ **aan** (iets), even aanraken: *zij tipte even aan het glas;* niet kunnen ~ **aan** (iem., iets), verre onderdoen voor: *aan die man kun jij niet tippen!*

tirade

* STORTVLOED VAN WOORDEN, met **over** (iets): *de wethouder hield een tirade over het beleid van links* en/of met **tegen** (iem., iets): *een tirade tegen de zedenverwildering.*

titel

• **onder** algemene ~, met alle rechten en verplichtingen; **onder** bijzondere ~, met bepaalde rechten en verplichtingen; **onder** bezwarende ~, met de verplichting tot het leveren van een tegenprestatie; **op** persoonlijke ~, als privépersoon: *ik kan hier alleen op persoonlijk titel spreken;* **ten** ~ **van** dwangsom, bij wijze van dwangsom

toast

• een ~ instellen of uitbrengen (**op** (iem., iets)), een dronk uitbrengen op:

hij bracht een toast uit op de toekomstige samenwerking

toasten

* EEN DRONK UITBRENGEN, met **op** (iem., iets): *laten we toasten op de goede resultaten van het afgelopen jaar*

tobben

* PIEKEREN, met **over** (iets): *hij tobde over zijn toekomst*

* PROBLEMEN ONDERVINDEN, met **met** (iem., iets): *hij tobt met zijn gezondheid*

tocht

• **op** de ~ staan, gevaar lopen: *door de recessie staan duizenden banen op de tocht*

toebehoren

• ~ **aan** (iem., iets), behoren aan: *een gevonden voorwerp behoort toe aan de vinder wanneer de eigenaar het na een jaar nog niet heeft opgehaald*

toebereidselen

* VOORBEREIDENDE HANDELINGEN, met **tot** of **voor** (iets): *hij trof al vast toebereidselen voor de expeditie naar Spitsbergen* en/of met **om te** (+ onbep. wijs): *zij trof toebereidselen om naar Spitsbergen te reizen*

toedichten

* TEN ONRECHTE TOESCHRIJVEN, met **aan** (iem., iets): *het gevonden manuscript werd aan Van Maerlant toegedicht*

toedoen

* BIJDRAGEN, met **aan** (iets): *de extra politiebewaking deed weinig toe aan de veiligheid in onze wijk*

toegang

* MOGELIJKHEID ERGENS TE KOMEN, ER DEEL VAN UIT TE MAKEN, IETS TE RAADPLEGEN E.D., met **tot** (iets): *de openbare bibliotheek verleent toegang tot de hele Nederlandse literatuur*

toegankelijk

* (VAN EEN ZAAK) TE BEREIKEN, TE BEZOEKEN, TE RAADPLEGEN E.D., met **voor** (iem.): *deze bibliotheek is toegankelijk voor iedereen*

* (VAN EEN PERSOON) ERGENS VOOR OPENSTAAND, met **voor** (iets): *hij was erg toegankelijk voor nieuwe ideeën*

toegerust

• ~ **voor** (iets), datgene hebbend wat men voor iets bepaalds nodig heeft: *voor die taak zijn wij onvoldoende toegerust;* ~ **met** (iets): *het ziekenhuis was onvoldoende toegerust met moderne apparatuur.*

zie ook: **toerusten**

toegeven

• ~ **aan** (iets), geen verzet bieden aan een neiging, wens e.d.: *hij begint te veel toe te geven aan zijn verslaving*

toekennen

• ~ **aan** (iets), geven, verlenen: *aan de val van het IJzeren Gordijn wordt terecht een grote historische betekenis toegekend*

toekomen

• ~ **aan** (iets), tijd of gelegenheid hebben voor; een bepaald stadium bereiken: *aan een behoorlijk gezinsleven kwam hij nauwelijks toe;* ~ **met** (iets), rondkomen van: *de bejaarde vrouw kwam toe met haar lage AOW;* doen ~, sturen, met **aan** (derde(n)): *kunt u dat document zo snel mogelijk aan ons doen toekomen? kunt u dat document zo snel mogelijk doen toekomen aan de afdeling comptabiliteit?*

toekunnen

• ~ **met** (iets), zich kunnen redden met: *met dit inkomen kan ik wel toe.*

toelaten

* TOEGANG GEVEN, met **bij** (iem., instelling, iets): *we werden niet bij de zieke toegelaten* of met **tot** (iets): *hij werd toegelaten tot de universiteit*

toeleggen

• ~ **op** (iets), meer betalen of investeren dan men ontvangt of verdient: *als we dat product willen maken moeten we erop toeleggen;* zich ~ **op** (iets), zich specialiseren in: *hij legde zich toe op de studie van bepaalde vogelsoorten*

toeleven

• ~ **naar** (iets), in gedachten al steeds bezig zijn met: *hij leefde toe naar zijn pensioen*

toelichting

* VERKLARING, met **op** (iets dat uitleg behoeft): *een toelichting op de regeringsnota* of met **bij** (een gebeurtenis e.d. die aanleiding geeft tot nadere mededelingen): *in de toelichting bij dit concert staat dat Paganini slechts vijf vioolconcerten schreef.*

toeloop

* HET SAMENSTROMEN, met **naar** (gebouw, gebied e.d.): *de toeloop naar het stadion is enorm; er was een grote toeloop naar Duitsland* en/of met **van** (mensen): *de toeloop van kijklustigen is wat minder geworden*

* AANMELDINGEN VAN GEGADIGDEN, met **naar**, **op** of **tot** (iets): *de toeloop op het hoger onderwijs* en/of met **van** (mensen): *de toeloop van nieuwe rekeninghouders*

toenadering

* NADER VRIENDSCHAPPELIJK CONTACT, met **tot** (iem.): *hij heeft nooit toenadering*

tot ons gezocht of met **tussen** (partijen): *de toenadering tussen Israël en de Palestijnen*

toenemen

* GROEIEN, met **in** (aantal, omvang e.d.): *Nederland is de laatste eeuwen in oppervlakte toegenomen* of met **met** (aantal, percentage e.d.): *de bevolking nam toe met tienduizend* of met (**van** (iets)) **tot** (iets): *ons marktaandeel nam toe van 10 tot 12 procent; ons marktaandeel nam met 2 procent toe tot 12 procent*

toepasselijk

* TOEPASBAAR, met **op** (iem., iets): *deze rechtsregels zijn niet toepasselijk op ons*

toepassen

* AANWENDEN, GEBRUIKEN, met **op** (iem., iets): *op het onderzoek van die eiwitten passen we geavanceerde technieken toe*

toepassing

* AANWENDING, GEBRUIK, met **op** (iem., iets): *de toepassing van moderne technieken op het onderzoek van die eiwitten betekent een flinke stap voorwaarts*

• **van** ~ zijn, gelden, met **op** (iem., iets): *op deze overtreding is artikel 5 bis van toepassing*

toeren <zn>

• **boven** zijn ~, met meer omwentelingen dan normaal/wenselijk: *zeker in het begin is het schadelijk als je de motor boven zijn toeren laat draaien;* **op** ~, op het juiste aantal omwentelingen; **op** volle ~, vol belast, met optimale inzet: *de verkiezingscampagne draaide nu op volle toeren;* **over** zijn ~, te zwaar belast, hypernerveus: *door de plotselinge gebeurtenis was zij finaal over haar toeren*

toereikend

* GENOEG, met **voor** (iets): *onze noodvoorraad is toereikend voor een week*

toerusten

• ~ **met** (iets), van het nodige voorzien, equiperen, outilleren: *we moeten dit vliegveld toerusten met spoor-, weg- en waterverbindingen*

* zich ~, zich uitrusten/voorbereiden, met **tot** of **voor** (iets): *zij rustten zich toe tot de strijd; wij moeten ons toerusten voor zeven magere jaren*

zie ook: **toegerust**

toeschrijven

• ~ **aan** (iem., iets), als gevolg beschouwen van: *het verlies werd toegeschreven aan de tegenvallende handel met Duitsland*

toeslag

* PREMIE, met **op** (iets): *de toeslag op een kaartje voor een D-trein*

* TOEVOEGSEL, met **bij** (iets): *kwarts is een mogelijke toeslag bij ijzererts om de vorming van slakken te verminderen*

toesnijden

• ~ **op** (iem., iets), afstemmen op, doen aansluiten op: *zijn lezing was perfect toegesneden op het niveau van zijn toehoorders*

toespeling

* ZINSPELING, met **op** (iem., iets): *hij maakte een toespeling op een conflict van enkele jaren geleden*

toespitsen

* MEER SPECIAAL OP IETS BEPAALDS RICHTEN, met **op** (iets): *het regeringsbeleid wordt toegespitst op de bestrijding van de werkloosheid*

• zich ~ **op** (iets), zich richten op: *de discussie spitst zich toe op de vraag of ...*

toespraak

* REDEVOERING, met **tot** (personen): *de commissaris van de Koningin hield een toespraak tot de Provinciale Staten*

toestemmen

* AKKOORD GAAN, met **in** (iets): *de overlegpartners hebben toegestemd in een aantal wijzigingen in het verdrag*

toestemming

* PERMISSIE, met **voor** (iets): *de generaals kregen toestemming voor het uitvoeren van kernproeven* of met **tot** (handeling): *na lang onderhandelen kreeg het Rode Kruis toestemming tot het verlenen van eerste hulp* of met **(om) te** (+ onbep. wijs): *hij kreeg geen toestemming om het land te verlaten*

toetreden

* ZICH VOEGEN BIJ, met **tot** (vereniging e.d.): *hij trad toe tot de Communistische Partij*

toetsen

* OP DE PROEF STELLEN, met **aan** (vereiste, criterium e.d.): *het nieuwe product werd getoetst aan de wettelijke milieueisen* of met **op** (gewenste eigenschap): *zij werden getoetst op hun taalvaardigheid*

toetssteen

* CRITERIUM, met **van** of **voor** (iets): *respect voor afwijkende meningen is een toetssteen voor de democratie in een land; de beste toetssteen van een relatie ligt in het samen op vakantie gaan*

toeval

• **bij** ~, (positief) toevallig: *bij toeval trof ik P. daar aan;* **door** (een) ~, toe te schrijven aan het lot: *door een ongelukkig toeval raakte de bestuurder de macht over het stuur kwijt*

toevertrouwen

• **aan** de zee ~, in zee gooien

• ~ **aan** de hoede **van** (iem.), overlaten aan iemands zorgen: *de moeder vertrouwde haar kinderen toe aan de hoede van een buurvrouw*

toevloeien

* TOESTROMEN, IN MENIGTE TOEVALLEN, met **naar** (iem., iets): *de winst van het overgenomen bedrijf blijft voor een deel naar de oude eigenaren toevloeien*

toevlucht

• zijn ~ zoeken **in** (iets), als (red)middel aangrijpen: *de oplichtster zocht haar toevlucht in het gebruik van een adellijke titel;* zijn ~ nemen **tot** (iets), als (red)middel aangrijpen: *hij nam zijn toevlucht tot zwaardere medicijnen*

toevoegen

* DOEN BIJ, met **aan** (iets): *aan uw woorden heb ik weinig meer toe te voegen*

toevoeging

* WAT TOEGEVOEGD WORDT, met **aan** of **bij** (iets): *ik heb nog een toevoeging aan de agenda*

toevoegsel

* TOEVOEGING, ADDITIEF, met **aan** of **bij** (iets): *een toevoegsel bij de koelvloeistof, die bevriezing moet voorkomen*

toewijden

• ~ **aan** (iem., iets), in dienst stellen van: *zijn hele leven heeft hij toegewijd aan de wetenschap*

toewijding

* LIEFDE WAARMEE MEN IETS DOET, met **aan** (iem., iets): *met een prijs werd hij beloond voor zijn toewijding aan de letterkunde*

toezicht

* HET ERGENS OP TOEZIEN, met **op** of **over** (iem., iets): *het toezicht op de naleving van de gedragscode; er is te weinig toezicht op de hoofddirectie*

• **onder** ~, terwijl iemand toezicht houdt, met **van** (iem., instelling): *het gebied werd onder toezicht van de Verenigde Naties gesteld;* een commissie **van** toezicht

toezien

* TOEZICHT HOUDEN, met **op** (iem., iets): *hij ziet toe op het onderhoud van het park*

tokkelen

* MUZIEK MAKEN OP EEN TOKKELINSTRUMENT, met **op** (instrument): *hij tokkelt wat op zijn gitaar*

tonele

• **ten** ~, op het toneel: *in het derde bedrijf verschijnt Mario ten tonele*

tong

• **over** de ~ gaan, voorwerp van roddel zijn: *reken maar dat je daar goed over de tong gaat*

tooien

* UITDOSSEN, met **met** (iets): *Mobutu tooit zich met een luipaardmuts*

toom

• **in** ~ houden, onder controle houden: *de leiders hadden de grootste moeite de actievoerders in toom te houden*

toon

• **op** ~, goed van stemming: *met nieuwe snaren blijft een instrument pas na enige tijd op toon;* **op** hoge/schelle e.d. ~, met hoge e.d. stem: *zij eiste op hoge toon genoegdoening;* **tegen** de ~ (**aan**), niet helemaal zuiver: *hij zingt steeds tegen de toon aan;* **ten** ~ spreiden, laten zien: *zij spreidde een opmerkelijke energie ten toon;* **uit** de ~ vallen, niet passen in een bepaalde omgeving: *met haar spijkerbroek viel ze op dat feest bepaald uit de toon*

toonaard

• **in** een ~: *in welke toonaard staat dat stuk?* **in** alle toonaarden ontkennen, met grote nadruk ontkennen

toonbeeld

* VOORBEELD VAN HOE IETS (WÉL OF NIET) MOET, met **van** (iets): *hij was het toonbeeld van hoffelijkheid; een toonbeeld van vrouw-onvriendelijkheid*

top

• **aan** de ~, op het hoogste punt van een hiërarchie: *leven aan de top schijnt niet mee te vallen;* **in** ~, op het hoogste punt van een mast: *het schip voer met de vlag in top;* **in** de ~, in het leidinggevend echelon: *X. zit ergens in de top van Philips;* **op** zijn ~ zitten, maximaal presteren, niet meer kunnen presteren: *Ritsma zat helemaal op zijn top; ik kan niet beter, ik zit op mijn top;* **ten** ~, absoluut: *dat is de dwaasheid ten top*

tornen

• ~ **aan** (iets), er veranderingen in aanbrengen: *als progressief politicus tornde hij aan de traditionele gezagsverhoudingen*

totaal <zn>

* GEHEEL, met **aan** of **van** (iets, zaken): *het totaal aan niet-inbare vorderingen bedraagt twee ton;* **in** ~, alles bij elkaar: *dat is in totaal dan vijftien euro*

touw

• **in** de touwen, in benarde positie: *ik*

moet toegeven, hij heeft me behoorlijk in de touwen; **in** ~, druk bezig: *de hele dag was zij voor de kinderen in touw*

touwtrekken <zn>

* HET ERGENS OM TWISTEN, met **tussen** (personen, instellingen): *het grote touwtrekken tussen de bouwbedrijven is begonnen* en/of met **om** (iets): *het touwtrekken om een grote opdracht*

trainen

* ZICH OEFENEN, met **voor** (wedstrijd e.d.): *hij traint voor de marathon*
* EEN ANDER OEFENEN, met **voor** (wedstrijd e.d.): *de coach traint zijn mannen voor de competitie*
* OEFENEN, met **in** (iets): *de behandelinrichting traint jonge delinquenten in sociale vaardigheid*
* AFRICHTEN, met **op** (iets): *deze hond wordt getraind op het opsporen van verdovende middelen*

trakteren

* ONTHALEN, met **op** (iets): *hij trakteert de kinderen op snoep* en/of met **voor** (gelegenheid): *Pietje trakteert vandaag voor zijn verjaardag op ijsjes*

transformeren

* EEN ANDERE VORM (DOEN) AANNEMEN, met **in** of **tot** (iets): *van een saaie ambtenaar transformeerde hij in een flitsende zakenman; de kunstenaar transformeerde het schroot tot een soort machine*

transplanteren

* EEN ORGAAN IN EEN ANDER LICHAAM OF IN EEN ANDER DEEL VAN HETZELFDE LICHAAM PLAATSEN, met **in** (het lichaam van een ander mens of dier): *de nier werd getransplanteerd in een rijke Amerikaan* of met **naar** (plaats in het eigen lichaam): *men transplanteerde een stukje ribvlies naar de defecte plek in het gewrichtskraakbeen*
* EEN SYSTEEM, MODEL E.D. ELDERS TOEPASSEN, met **naar** (ander gebied): *je kunt het Amerikaanse onderwijssysteem niet transplanteren naar de Nederlandse samenleving*

transponeren

* OVERZETTEN, 'VERTALEN', met **naar** (een andere situatie e.d.): *die Amerikaanse roman is moeilijk te transponeren naar de Nederlandse situatie* of met **tot** (iets dat eraan beantwoordt): *de kathedraal van Den Bosch wordt in deze satirische roman getransponeerd tot een soort Sint-Pieter*

transport

• **op** ~ stellen/zetten, dwingen zich te laten wegvoeren: *de gevangenen worden morgen op transport gesteld*

trant

• **in** de ~ **van** (iem.), op de wijze van: *het heerlijke gedicht van Kees Stip in de trant van Vondel*

trappelen

* DE BENEN STEEDS OP EN NEER BEWEGEN, met **van** (kou enz.): *ze trappelde van ongeduld*

• staan **te** ~ **om te** (+ onbep. wijs), popelen: *het Witte Huis staat niet te trappelen om extra soldaten naar Europa te sturen*

trappen

* EEN TRAP GEVEN, met **tegen** (iem., iets): *tegen een bal trappen*

• ~ **in** (iets), zich met iets laten bedotten: *daar trap ik niet in!*

treden

• ~ **in** (iets), 1 gaan behandelen: *ik wil niet in details treden;* 2 aangaan: *in onderhandeling treden;* 3 opvolgen: *de nieuwe firma treedt in de rechten van de vorige; in iemands voetsporen treden*

trek

* HET INZUIGEN, met **aan** (iets): *hij deed een trek aan zijn sigaar*
* (EET)LUST, met **in** (iets): *hij had trek in friet*

• **in** ~, gewild: *spijkerbroeken zijn nog steeds erg in trek*

trekken <zn>

• **in** grote ~, globaal beschouwd: *dit is in grote trekken wat er is gebeurd*

trekken <ww>

* KRACHT UITOEFENEN IN DE RICHTING VAN HET EIGEN LICHAAM, met **aan** (iem., iets): *hij trok krachtig aan het touw*
* ZUIGEN, met **aan** (iets): *hij trok aan zijn sigaar*

• ~ **aan** (iem.), iem. proberen over te halen een bepaalde functie e.d. te accepteren: *er werd hard aan hem getrokken, maar hij wil geen fulltime baan;* **eraan** ~, hard werken: *hij wilde die baan erg graag, daar heeft hij hard aan getrokken;* ~ **bij** (iets), tot één geheel maken: *hij trok de keuken bij de woonkamer;* ~ **in** (iets), (van een vloeistof) in iets dringen: *de inkt trok langzaam in het papier;* **in** twijfel ~, betwijfelen; ~ **naar** (iem.), zich aangetrokken voelen tot: *het meisje trekt erg naar haar vader;* ~ **naar** (iets), gaan in de richting van: *dat geel trekt naar oranje;* ~ **naar** (windstreek), (van de wind) draaien: *de wind trekt naar het noorden;* ~ **om** (iets), loten: *zij trokken om wie het eerste moest;* een wissel ~ **op** (iem., iets), een zwaar beroep doen op: *met dit economische beleid trekt het kabinet een wissel op de groei van de economie;* **ten** strijde ~, naar het oorlogstoneel trekken: *tot de tanden bewapend trokken de krijgers ten strijde;* ~ **uit** (iets), ontlenen aan: *hij trok een inkomen uit de rente van zijn kapitaal; hier kun je lering uit trekken;* ~ **van** (instelling), een uitkering ontvangen: *vroeger trok je van de steun*

trend

* NEIGING, met **in** (iets, zaken, handelingen e.d.): *verre bestemmingen zijn de nieuwste trend in reizen* of met **naar** (iets): *er was in de mode een trend naar pastelkleuren* of met **om te** (+ onbep. wijs): *er is een trend om later te trouwen en later kinderen te krijgen* of met **op het gebied van** (zaken, handelingen): *er is weer een nieuwe trend op managementgebied*

* een ~ zetten, een nieuwe mode introduceren, met **met** (iets): *met die manier van fotograferen heeft hij een trend gezet*

treuren

* DIEP BEDROEFD ZIJN, met **om** (iem., iets): *hij treurde om zijn overleden vrouw; ze treurt nog steeds om het verlies van haar kind* of met **over** (iets): *Rusland treurt over zijn verloren leiderschap*

treurig

* DIEP BEDROEFD, met **om** (iem., iets): *treurig om wat verloren ging;* of met **over** (iets): *treurig over de verloren kansen*

treuzelen

* TALMEN, met **bij**, **in** of **met** (iets): *hij treuzelt met alles wat hij doet*

tribune

• **voor** de ~, om indruk te maken op de massa: *de oppositieleider sprak voornamelijk voor de tribune*

trillen

* SNEL HEEN EN WEER BEWEGEN, met **van** (kou, schrik e.d.): *ze trilde van woede*

triomferen

* ZEGEVIEREN, met **over** (iem.): *Ajax triomfeerde over de Duitse landskampioen*

trippen

* EEN PSYCHEDELISCHE ERVARING ONDERGAAN, met **op** (drug): *we tripten op LSD*

troon

• **ten** ~ verheffen, op de troon zetten: *iemand ten troon verheffen;* **ten** ~ zitten, heersen: *domheid zit triomfantelijk ten troon;* **tot** de ~ roepen, verzoeken koning(in) te worden: *na Juliana werd Beatrix tot de troon geroepen*

troosten

* IEMAND IN EEN MINDER BEDROEFDE STEMMING BRENGEN, met **met** (iets): *de afgetreden partijleider werd getroost met een burgemeesterschap in een grote plaats*

• zich ~ **met** (iem., iets), (naast ondervonden leed) genoegen beleven aan: *de voetbalclubs die uit moesten spelen, troostten zich met een aantrekkelijke recette*

trots <bn>

* ZEER TEVREDEN, met **op** (iem., iets): *hij was trots op zijn prestatie*

trouw <zn>

* LOYALITEIT, met **aan** (iem., iets) of **jegens** (iem.): *de soldaten zwoeren trouw aan het vaderland; de trouw jegens de echtgenoot*

• **te** goeder/kwader ~, bona-/malafide: *ik zou deze handeling zonder meer als te kwader trouw willen bestempelen*

trouw <bn>

* ZONDER VERRAAD TE PLEGEN JEGENS IEMAND, met **aan** (iem.): *wees altijd trouw aan je echtgenoot*

• ~ **aan** (iets), niet afwijkend van: *hij bleef trouw aan zijn politieke standpunten*

trouwen

* EEN HUWELIJK AANGAAN, met **met** (iem.): *hij trouwde met een oudere vrouw*

• ~ **in** de kerk, het huwelijk kerkelijk laten inzegenen; ~ **op** (inkomen(sbron)), trouwen met (bron) als economisch uitgangspunt: *zij trouwden op zijn magere salaris/op een schoen en een slof;* ~ **op** huwelijkse voorwaarden, huwen met een vermogensrechtelijke overeenkomst; ~ **voor** de wet, het huwelijk sluiten voor de ambtenaar van de burgerlijke stand

tuin

• **om** de ~ leiden, misleiden: *de politie had zich om de tuin laten leiden*

tuk

• ~ **op** (iem., iets), het graag willende hebben: *hij is tuk op complimenten; zij is tuk op jonge kerels*

tureluurs

* DOL, met **van** (iem., iets): *ik word tureluurs van dat gezeur; ik ben er helemaal tureluurs van*

turen

* GESPANNEN KIJKEN, met **naar** (iem., iets) of **op** (iets): *hij zat maar naar haar te turen*

• ~ **op** (iets), gespannen kijken zonder iets te doen: *hij kan urenlang turen op zijn huiswerk*

tussenkomst

• **door** ~ **van** (iem.), door bemoeienis van: *de rel werd gesust door tussenkomst van de politie*

tussenpozen

• **bij** of **met** ~, met onderbrekingen, met **van** (periode): *hij schreef brieven met tussenpozen van drie weken.*

twijfel

∗ ONZEKERHEID, met **aan** (iem., iets) of **over** (iets): *niemand koesterde twijfel aan de juistheid van zijn inzichten; er is twijfel over de betrouwbaarheid van de informatie*

∗ KRITISCHE HOUDING, met **over** of **omtrent** (iets): *de gemeenteraad uitte zijn twijfel over de ingediende plannen*

• **boven** (alle/elke) ~, geen voorwerp van twijfel: *het staat boven elke twijfel dat hij de boel heeft beduveld;* **in** ~ staan, onzeker zijn; **in** ~ trekken, niet voetstoots willen aannemen; **zonder** ~, ongetwijfeld

twijfelen

∗ IN ONZEKERHEID VERKEREN, met **aan** (iem., iets) of **over** (iets): *hij twijfelde nooit aan de juistheid van mijn inzichten; we twijfelen nog over de betrouwbaarheid van de informatie*

∗ EEN KRITISCHE HOUDING AANNEMEN, met **over** of **omtrent** (iets): *de gemeenteraad twijfelt over de ingediende plannen*

twist

∗ FELLE ONENIGHEID, met **met** (iem.): *de twist met zijn broer duurde jaren* of met **tussen** (personen): *een twist tussen de familie en de overheid* en/of met **over** (iets): *een twist over een erfenis.*

twisten

∗ IN FELLE DISCUSSIE ZIJN, met **met** (iem.): *laten we niet langer met elkaar twisten)* en/of met **over** (iem., iets): *ze twistten jarenlang over een filosofische stelling* of met **om** (iets): *we twistten nog even om de hoogte van het bedrag*

∗ DANSEN, met **op** (muziek e.d.): *hij twistte de hele avond op Chubby Checker*

typerend

∗ KARAKTERISTIEK, met **voor** (iem., iets): *dat gebaar is typerend voor hem*

typisch

∗ KARAKTERISTIEK, met **voor** (iem., iets): *dat centralisme is typisch voor het Franse regeringssysteem*

U

uit <bw>

∗ AFGELOPEN, met **met** (iem., iets): *het is nu uit met de pret; het is uit met Jeanne* of met **tussen** (personen): *het is uit tussen Jeanne en mij.*

• ~ **op** (iets), erop belust: *zij is altijd uit op complimentjes;* niet ~ kunnen **over** (iem., iets), niet bekomen van verbazing: *Jan getrouwd, daar kan ik niet over uit*

uitbarsten

• ~ **in** (gelach, tirade e.d.), plotseling daarmee beginnen: *hij barstte uit in woede*

uitbesteden

∗ WERK LATEN UITVOEREN DOOR IEMAND ANDERS, met **aan** (iem., een instelling): *het werk werd uitbesteed aan een uitzendbureau*

∗ UIT LOGEREN STUREN, met **bij** (iem.): *voor deze week heb ik Pietje uitbesteed bij een tante*

uitblinken

∗ ZICH ZEER GUNSTIG ONDERSCHEIDEN, met **bij** (evenement e.d.): *hij blonk uit bij de Olympische Spelen* en/of met **in** (vak, vaardigheid): *hij blinkt uit in wiskunde* en/of met **boven** (iem.): *hij blinkt uit boven zijn concurrenten uit Rusland*

uitbouw

∗ UITGEBOUWD GEDEELTE, met **aan** (iets): *een vergunning voor een uitbouw aan mijn huis*

uitbreiden

∗ GROTER MAKEN, met **met** (iets): *de auteur breidde zijn oeuvre uit met een romancyclus* en/of met **tot** of met **naar** (iets): *de winkelketen breidde zijn gebied uit tot de Verenigde Staten*

• zich ~ **naar** of **over** (gebied), ook gaan bestrijken: *het oorlogsgeweld breidde zich uit naar het buurland*

uitbreken

∗ MET GEBRUIKMAKING VAN GEWELD ONTSNAPPEN, met **uit** (cel e.d.): *de gevangene is uitgebroken uit de zwaar bewaakte gevangeniscel*

uitdagen

∗ PRIKKELEN TOT IETS, met **tot** (handeling): *zijn rivaal daagde hem uit tot een duel* en/of met **(om) te** (+ onbep. wijs): *ik daagde haar uit om haar moed te bewijzen*

uitdaging

∗ HET UITDAGEN, met **tot** (iets): *een uit-*

daging tot een gevecht
∗ IETS DAT TOT EEN BEWIJS OF MET PRESTATIE PRIKKELT, met **aan (het adres van)** (iem., instelling die bewust geprovoceerd wordt): *deze opmerking werd algemeen gevoeld als een uitdaging aan het adres van de oppositie* of met **voor** (iem., instelling die zich geprovoceerd zou kunnen voelen): *deze situatie is een uitdaging voor de Kerk*

uitdelen
∗ IETS AAN EEN GROEP MENSEN UITREIKEN, met **aan** (groep): *de voedselpakketten werden uitgedeeld aan de uitgehongerde bevolking* of met **onder** (groep): *onder de inheemse bevolking werden medicijnen uitgedeeld*

uitdijen
∗ UITZETTEN, STEEDS MEER TOENEMEN, met **tot** (iets): *zijn lichaam is tot flinke proporties uitgedijd*

uitdossen
∗ (RAAR) DOSSEN, OPSCHIKKEN, met **met** (kleding(stukken), accessoires) of **in** (kleding(stukken)): *hij doste zich uit met dassen met harde kleuren; de regisseur doste het koor uit in jutezakken*

uitdraaien
• ~ **op** (iets), ermee eindigen: *het feest draaide uit op een vechtpartij*

uitdrukken
∗ UITEN, met **in** (iets): *een schrijver drukt zijn gedachten uit in woorden, een beeldhouwer in sculpturen*

uitdrukking
• ~ geven **aan** (iets), het uiten: *hij gaf uitdrukking aan zijn gevoelens van medeleven*

uiten
∗ IETS UITDRUKKEN, met **in** (iets): *een dichter uit zijn gevoelens in taal*
• zich ~ **in** (iets), tot uitdrukking komen: *de maatschappelijke onrust uitte zich in rellen;* zich ~ **over** (iets), zich uitspreken over: *hij uitte zich niet over zijn gezondheid*

uiterste
• **ten** ~, in bijzondere mate: *ik ben ten uiterste verbaasd dat te horen*

uitgaan
• ~ **naar** (iem., iets), zich richten op: *een woord van dank gaat hierbij uit naar de heer L.; onze gedachten gaan uit naar de overledene;* ~ **op** (iets), 1 gaan ondernemen: *'s nachts gingen zij op roof uit; ik denk dat ik maar eens op onderzoek uitga;* 2 (van een woord) eindigen op: *dat woord gaat uit op een e;* ~ **van** (iets), als beginsel hebben: *het socialisme gaat uit van de gedachte, dat alle mensen gelijk zijn;* ~ **van** (iem., instelling), een initiatief zijn van: *het buurtfeest gaat uit van de gemeente; het initiatief tot de collecte ging uit van de school*

uitgangspunt
∗ IETS DAT ALS BASIS DIENT BIJ EEN GESPREK E.D., met **van**, **voor** of met **bij** (iets): *de vakbonden nemen het inflatiepercentage als uitgangspunt voor de onderhandelingen met de werkgevers*

uitgeven
∗ GELD BESTEDEN, met **aan** (datgene wat men ervoor krijgt): *hij geeft enorme bedragen uit aan boeken; hij geeft veel geld uit aan vrouwen* of met **voor** (datgene waaraan iets ten goede komt): *de regering geeft veel geld uit voor het wetenschappelijk onderwijs*
• zich ~ **voor** (iem.), beweren dat men die persoon is: *de oplichter gaf zich uit voor een meteropnemer van het energiebedrijf*

uitglijden
∗ DOOR GLIJDEN VALLEN, met **over** (iets): *hij gleed uit over een bananenschil*

uitgroeien
∗ ZICH AL GROEIEND ONTWIKKELEN, met **tot** (iets, hoedanigheid): *een klein conflict groeide uit tot een oorlog; de jonge dichter groeide uit tot de grootste schrijver van zijn tijd*

uithaal
∗ FELLE SLAG, TRAP, met **naar** (iem., iets): *in zijn rede deed hij een felle uithaal naar de politiek*

uithalen
∗ EEN GRAP, EXPERIMENT, WREEDHEDEN ENZ. BEDRIJVEN, met **met** (iem., iets): *de musicus had een krachttoer uitgehaald met een sonate van Antheil* en/of met **bij** (iem.): *die geintjes hoef je bij mij niet uit te halen*
∗ EEN ARM, BEEN ENZ. UITSLAAN OM IEMAND TE TREFFEN, met **naar** (iem., iets): *de kat haalde uit naar een muis* en/of met **met** (lichaamsdeel): *de doelman haalde doeltreffend uit met zijn hoofd*
∗ FELLE KRITIEK UITEN, met **naar** of met **tegen** (iem., iets): *de rector magnificus haalde scherp uit naar het departement van onderwijs*

uithoren
∗ OP EEN SLINKSE MANIER AAN IEMAND VRAGEN, met **over** (iets): *ze hoorde hem uit over zijn conflict met A.*

uithuwelijken
∗ EEN DOCHTER LATEN TROUWEN MET EEN DAARTOE AANGEWEZEN PERSOON, met **aan** (iem.): *het meisje was al uitgehuwe-*

lijkt aan iemand uit haar vroegere dorp

uiting

• **tot** ~ brengen/komen: *in die stimulerende omgeving kwam zijn talent pas goed tot uiting*

• ~ geven **aan** (iets): *zij gaf uiting aan haar medeleven met de slachtoffers*

uitkammen

∗ GRONDIG CONTROLEREN, met **op** (iem., iets): *het bos werd uitgekamd op achtergebleven explosieven*

uitkiezen

∗ SELECTEREN, met **uit** (iets, een aantal): *hij koos uit de tekst enkele passages uit en las die voor*

uitkijken

∗ VOORZICHTIG ZIJN, met **met** (iem., iets): *met sterkedrank moet je altijd een beetje uitkijken* of met **voor** (iem., iets): *de inbreker moet uitkijken voor de bewaking*

∗ SPEUREND KIJKEN, met **naar** (iem., iets): *de politie vroeg iedereen uit te kijken naar een vermist kind*

• ~ **op** (meer, tuin e.d.), uitzicht bieden op: *mijn kamer kijkt uit op een park;* ~ **over** (zee, akkers, stad e.d.), van een onbelemmerde blik genieten: *je kunt hier uitkijken over de zee*

uitklaren

∗ EXPORTGOEDEREN AANMELDEN BIJ DE DOUANE EN ER UITVOERRECHTEN OVER BETALEN, met **naar** (buitenland): *de goederen waren uitgeklaard naar Frankrijk*

uitkomen

∗ ZICH AFTEKENEN, met **tegen** of met **op** (achtergrond): *het kunstwerk komt daar goed uit, tegen die witte muur*

∗ ALS SPORTBEOEFENAAR EEN WEDSTRIJD SPELEN, met **in** (team, wedstrijdklasse): *deze judoka komt uit in de lichtste klasse; Nederland komt uit in groep 2* en/of met **voor** of met **tegen** (club, land e.d.): *de club moet uitkomen tegen AC Milan; de tennisser komt dit weekend uit voor Nederland*

∗ (KAARTSPEL:) ALS EERSTE SPELEN, met **met** (een kaart): *ze kwam uit met een ruitenboer*

• ~ **bij** (conclusie e.d.), deze uiteindelijk trekken, er terechtkomen: *na lang onderhandelen kwamen zij uit bij een compromis;* ~ **met** (salaris e.d.), genoeg hebben aan: *met dat inkomen kom ik net uit;* ~ **op** (iets), 1 een resultaat bereiken: *na optelling kom je uit op het brutobedrag;* 2 eindigen in/op: *dit steegje komt uit op de Herenstraat;* ~ **voor** (iets), openlijk zeggen: *in een democratie kun je rustig voor je overtuiging uitkomen*

uitkristalliseren

∗ EEN UITEINDELIJKE VORM KRIJGEN, met **in** (iets): *de beeldhouwer liet zijn gevoelens uitkristalliseren in marmer en brons*

uitlaten

• zich ~ **over** (iem., iets), iets zeggen over: *hij liet zich zeer negatief uit over de prestaties van zijn tegenstander*

uitleg

∗ INTERPRETATIE, met **van** (iets): *er wordt getwist over de juiste uitleg van een zin in het contract*

∗ VERKLARING, met **over** (iets): *in een brochure staat uitleg over de nieuwe regels*

• (tekst en) ~ geven **over** (iets), toelichten: *de premier gaf het volk uitleg over zijn rol als crisismanager*

uitleggen

∗ VERKLAREN, met **aan** (iem.): *geduldig legde hij het probleem aan de klas uit*

uitlenen

∗ AFSTAAN VOOR TIJDELIJK GEBRUIK, met **aan** (iem.): *hij had zijn auto aan zijn vriendin uitgeleend*

uitleven

∗ (DRIFT, BEHOEFTE E.D.) BOTVIEREN, met **in** (bezigheid): *ze leeft haar gevoelens uit in het schilderen* of met **op** (iem., dier, iets): *de jongen leefde zijn jachtinstinct uit op stekelbaarsjes*

∗ zich ~, creativiteit, driften e.d. botvieren, met **op** of met **in** (iets): *in de muziek leeft hij zich uit* en/of met **tegen** (tegenstander): *in Chicago kon het Duitse middenveld zich uitleven tegen de Amerikanen*

uitleveren

∗ OVERDRAGEN, met **aan** (iem., instelling): *de oorlogsmisdadigers konden niet worden uitgeleverd aan het Internationale Hof van Justitie*

uitlokken

∗ VERLOKKEN, VERLEIDEN, PROVOCEREN, met **tot** (iets): *de verkeerssituatie daar lokt automobilisten uit tot gevaarlijk gedrag*

uitlopen

∗ EEN (GROTERE) VOORSPRONG NEMEN, met **op** (iem.): *de koploper liep uit op de rest van het peloton*

• ~ **in** (iets), als laatste onderdeel hebben, eindigen in: *het tennisduel liep uit in een vijfsetter;* ~ **in** of met **op** (iets), (van een weg, sloot e.d.) eindigen in/op: *de weg loopt uit op een drukke* autoweg; ~ **naar** (hogere score), weten te behalen: *Ajax liep uit naar 6-1;* ~ **op** (ongunstige gebeurtenis), eindigen met: *de rellen liepen uit op de bestorming van de Bastille;* ~ **voor** (iets), enthousiasme tonen: *in het seizoen 1972-'73 liep Rotterdam nog uit voor een groots elftal waarin Van Hanegem furore maakte*

uitloten

∗ (VAN EEN NUMMER, OBLIGATIE, PRIJS E.D.) DOOR LOTING AANGEWEZEN WORDEN, met **voor** (iets): *de premie van 1 miljoen euro is uitgeloot op obligatienummer 123456*

∗ DOOR LOTING VAN IETS UITGESLOTEN WORDEN, met **voor** of met **bij** (iets): *hij werd uitgeloot voor diergeneeskunde; zij werd uitgeloot voor de dopingcontrole*

uitloven

∗ EEN PRIJS OF BELONING TOEZEGGEN, met **voor** (iem.): *een literaire prijs uitloven voor debutanten* en/of met **voor** (iets): *het gemeentebestuur loofde een prijs uit voor het beste ontwerp*

uitmaken

∗ VERSCHIL MAKEN, met **voor** (iem.): *die paar dubbeltje maken voor mij niets uit*

• het ~ **met** (iem.), de relatie verbreken: *zij heeft het gisteren met Piet uitgemaakt;* ~ **voor** (iem., iets), scheldend noemen: *hij werd uitgemaakt voor alles wat mooi en lelijk was*

uitmonden

• ~ **in** (iets), eindigen in: *de Rijn mondt uit in de Noordzee; een ideetje mondde uit in een ambitieus plan*

uitmonsteren

∗ UITDOSSEN, met **met** (iets, personen): *de wethouder is steevast uitgemonsterd met vlinderdas*

uitmunten

∗ UITBLINKEN, met **door** of met **in** (iets): *hij muntte uit in scherpzinnigheid* en/of met **boven** (personen): *hij muntte uit boven de meesten van zijn vakgenoten*

uitnodigen

∗ VRAGEN TE KOMEN OF MEE TE DOEN, met **voor** (bijeenkomst, bezoek e.d.): *hij nodigde zijn vrienden uit voor de receptie* of met **op** (feest): *op dit partijtje had hij alle jongens uitgenodigd* of met **tot** (handeling): *de songs van deze popgroep nodigen nauwelijks uit tot beweging* of met **(om) te** (+ onbep. wijs): *hij was uitgenodigd om een toespraak te houden* of met **in** (huis e.d.): *de president nodigde zijn Russische ambtsgenoot uit in zijn buitenhuis*

∗ TOT IETS VERLEIDEN, met **tot** (iets): *het weer nodigt niet erg uit tot wandelen*

uitoefenen

∗ (INVLOED, GEWELD, DRUK, AANTREKKINGSKRACHT E.D.) DOEN GELDEN, met **op** (iem., iets): *deze kunstenaar heeft een grote invloed uitgeoefend op zijn tijdgenoten*

uitpakken

∗ VOOR DE DAG KOMEN MET, met **met** (iets): *met vijf doelpunten pakte Ajax weer eens goed uit*

∗ TEKEERGAAN, met **tegen** (iem., iets): *je hoeft niet direct zo tegen mij uit te pakken*

• gunstig/ongunstig e.d. ~ **voor** (iem.): *de loting pakte gunstig uit voor Oranje*

uitpraten

∗ DOOR PRATEN TOT EEN OPLOSSING BRENGEN, met **met** (iem.): *ik heb het al met haar uitgepraat*

uitgepraat

• ~ zijn, alles erover gezegd hebben, met **over** (iets): *over dat onderwerp ben ik nog lang niet uitgepraat*

uitproberen

∗ DE WERKING VAN IETS OP DE PROEF STELLEN, met **op** (iem., dier): *het nieuwe product werd uitgeprobeerd op een groep consumenten*

uitpuilen

∗ OVERVOL ZIJN, met **van** (iets): *zijn portemonnee puilde uit van het geld*

uitroepen

• ~ **tot** (iem., iets), officieel aanwijzen, proclameren: *de steeds opschuivende westgrens van de VS is wel eens uitgeroepen tot de meest kenmerkende eigenschap van de Amerikaanse beschaving; Bokassa riep zich uit tot keizer*

uitrusten

∗ VOORZIEN VAN HET NODIGE, met **met** (iets): *hij rustte de bemanning uit met nieuwe wapens* en/of met **voor** (iets): *de expeditie heeft zich op degelijke wijze voor haar taak uitgerust*

∗ RUST NEMEN NA, met **van** (iets): *ik rust uit van de vermoeienissen*

uitschakelen

∗ VERHINDEREN DAT IEMAND NOG LANGER MEEDOET, ACTIEF IS E.D., met **voor** (iets): *de school werd door de nederlaag uitgeschakeld voor de landelijke finale; de diagnose multiple sclerose houdt niet in dat iemand vanaf dat moment is uitgeschakeld voor het verrichten van arbeid*

uitscheiden

∗ OPHOUDEN, met **met** (iets): *je moet uitscheiden met die onzin*

uitschelden
∗ SCHELDWOORDEN TOEVOEGEN, met **voor** (scheldwoord): *hij schold me uit voor trut*

uitschrijven
∗ IEMANDS NAAM UIT EEN REGISTER VERWIJDEREN, met **uit** (register e.d.): *bij een verhuizing naar een andere stad moet je je laten uitschrijven uit het bevolkingsregister* en/of met **als** (lid, ingezetene e.d.): *hij heeft zich als lidmaat van de Kerk laten uitschrijven*

uitslaan
∗ WATER LOZEN, met **op** (meer, zee e.d.): *het gemaal slaat het polderwater uit op een boezem*

uitsloven
∗ ZICH ~, ZICH IN BIJZONDERE MATE INSPANNEN, met **voor** (iem., iets): *hij sloofde zich verschrikkelijk uit voor dat mens; heb ik me daar nou zo voor uitgesloofd?*

uitsluiten
∗ VERHINDEREN DAT IEMAND MEEDOET, met **van** (deelname, gemeenschap e.d.): *vanwege zijn crimineel verleden werd de presidentskandidaat uitgesloten van de verkiezingen*

uitsluiting
∗ HET UITSLUITEN, met **van** (personen, zaken): *de uitsluiting van niet-Franse films* en/of met **van** (activiteit): *de uitsluiting van het meedingen naar de César-filmprijs*
• **bij** ~, uitsluitend: *de bevoegdheid ligt bij uitsluiting bij de burgemeester;* **met** uitsluitingen, waarbij een risico is uitgesloten: *bij het afsluiten van een verzekering moet u na deze operatie rekening houden met een paar uitsluitingen;* **met** ~ **van** (personen, instellingen), niet erin begrepen: *een verzekering met uitsluiting van oorlog, molest en natuurrampen*

uitsluitsel
∗ DUIDELIJK ANTWOORD, met **over** of met **omtrent** (iets): *het rapport geeft geen uitsluitsel over de precieze toedracht*

uitsmeren
∗ KOSTEN, WERKZAAMHEDEN E.D. GELIJKMATIG OVER EEN PERIODE VERDELEN, met **over** (tijdsverloop): *de onderhoudswerken worden over enkele jaren uitgesmeerd*

uitsnijden
∗ SNIJDEND INNEMEN/WEGNEMEN/VORMEN, met **uit** (iets): *we gaan bloemen uitsnijden uit karton*

uitsparen
∗ EEN BESPARING REALISEREN, met **op** (iets): *misschien kun je nog wat op de kosten uitsparen*

uitspelen
∗ (iem.) ~ **tegen** (iem.), iemand in conflict brengen met een ander, om de eigen positie te versterken: *hij heeft zijn vijanden heel slim tegen elkaar uitgespeeld; hij speelde X. tegen Y. uit*

uitspraak
∗ BEWERING, met **over** (iem., iets): *de minister deed een opmerkelijke uitspraak over de monetaire crisis;* ~ doen **in** de zaak (omschrijving): *de rechter deed uitspraak in de zaak X. vs. Y.*

uitspreiden
∗ IETS OVER EEN OPPERVLAK UITLEGGEN, met **over** of **op** (iets): *zij spreidde het laken uit over de tafel; ze spreidde de tijdschriften uit op de tafel*
∗ DE ARMEN E.D. UITSTREKKEN, met **naar** (iem., iets): *het monster spreidde zijn tentakels naar mij uit*

uitspreken
∗ zich ~, een standpunt tot uiting brengen, met **over** (iem., iets): *daar heb ik me niet over uitgesproken* of met **voor** of **tegen** (iem., iets): *het kamerlid sprak zich uit tegen de korting op de uitkeringen; hij heeft zich in een stemadvies uitgesproken voor de andere kandidaat*

uitstaan
∗ GELD, AANDELEN E.D. UITGELEEND OF GEPLAATST ZIJN, met **tegen** (percentage): *bij de bank had hij geld uitstaan tegen een hoog percentage; mijn geld staat uit tegen 11,5%*

uitstaande
• ~ hebben **met** (iem., iets), te maken hebben met: *met dat conflict heb ik niets uitstaande*

uitstek
• **bij** ~, bij uitnemendheid: *dit is de gelegenheid bij uitstek om tot actie over te gaan*

uitsteken
∗ ZICH VERHEFFEN, met **boven** (iem., iets): *de kerktoren steekt boven het dorp uit*
∗ REIKEN, met **naar** (iem., iets): *zij stak haar hand naar mij uit*

uitstel
∗ VERSCHUIVING TOT EEN LATER TIJDSTIP, met **van** (iets): *uitstel van de vergadering was onvermijdelijk; uitstel van betaling* en/of met **tot** (tijdstip, jaar e.d.): *uitstel tot december is onvermijdelijk*

uitstellen
∗ PAS OP EEN LATER MOMENT WILLEN DOEN, met **tot** (een later tijdstip): *we stellen de bijeenkomst uit tot volgende week*

uitstijgen
• ~ **boven** (iem., iets), overtreffen: *de remake van die film stijgt uit boven het origineel; de heldin Medea stijgt uit boven de menselijke maat*

uitstralen
* (ENERGIE E.D.) ALS IN STRALEN DOEN UITGAAN, met **naar** (iem.): *jij moet je energie uitstralen naar de persoon die in de ellende zit*

uitstrekken
• zich ~ **over** (gebied), zich manifesteren: *de woestijn strekt zich uit over een groot deel van Afrika; de gevolgen van ons handelen strekken zich uit over vele tientallen jaren;* zich ~ **tot** (iets), reiken tot: *zijn invloed strekte zich uit tot ver buiten de landsgrenzen; de onderzoeksperiode strekt zich uit tot honderd jaar geleden*

uitsturen
* WEGSTUREN OM EEN OPDRACHT E.D. TE VERVULLEN, met **op** (onderzoek e.d.): *twee man werden op verkenning uitgestuurd*
• **erop** ~ **om te** (+ onbep. wijs): *we stuurden hem erop uit om een taxi te charteren*

uittocht
* MASSAAL VERTREK, met **uit** (iets): *de oorlog leidde tot een uittocht uit het frontgebied*

uittreden
* EEN AMBT E.D. NIET LANGER VERVULLEN, met **uit** (ambt e.d.): *ze zijn definitief uitgetreden uit het arbeidsproces*
* (VAN EEN MUNT) EEN MONETAIR SYSTEEM VERLATEN, met **uit** (systeem): *het Britse pond is uit het EMS getreden*

uittrekken
* EEN BEDRAG, TIJD E.D. ERGENS VOOR BESTEMMEN, met **voor** (iets): *voor dat gesprek trok hij veel tijd uit* en/of met **op** (begroting): *hiervoor is een flink bedrag uitgetrokken op de begroting*

uittreksel
* VERKORTE WEERGAVE, met **uit** of met **van** (geschrift, uitzending e.d.): *ik maakte een uittreksel van het nieuwste boek van Mulisch; hij las een uittreksel van het rapport*
* BEWIJS VAN OPNAME IN EEN REGISTER E.D., met **uit** (register): *een uittreksel uit het bevolkingsregister*

uitval
* PLOTSELINGE UITBARSTING, met **naar** of met **tegen** (iem., iets): *de generaal deed een uitval naar de NAVO; een uitval tegen het Europese subsidiesysteem*
* HET UITVALLEN, NIET MEER DEELNEMEN, met **naar** (uitkering e.d.): *in die bedrijfstak is er veel uitval naar de WAO*

uitvallen
* EEN UITVAL DOEN, met **naar** of met **tegen** (iem., iets): *hij viel scherp uit naar de oppositie; hij viel uit tegen de nieuwe belastingmaatregelen*
• ~ **in** het voordeel/nadeel **van** (iem.), voordelig/nadelig zijn: *de beslissing viel in mijn voordeel uit;* gunstig/ongunstig e.d. ~ **voor** (iem.): *de loting viel gunstig uit voor Oranje*

uitvaren
* TEKEERGAAN, met **tegen** (iem.): *waarom is hij zo tegen je uitgevaren?*

uitvechten
* IETS DOOR VECHTEN BESLECHTEN, met **met** (iem.): *dat moet je maar met hém uitvechten, daar sta ik buiten* of **onder** (elkaar): *dat moet je maar onder elkaar uitvechten*

uitverkiezen
* DE VOORKEUR GEVEN, met **als** of met **tot** (iem., iets): *de film werd uitverkozen tot de beste van het jaar*

uitvloeisel
* GEVOLG, met **van** (iets): *deze subsidie is een uitvloeisel van een besluit van de minister*

uitvoer
• **ten** ~ brengen/leggen, uitvoeren: *het vonnis werd terstond ten uitvoer gelegd*

uitvoeren
* (GOEDEREN) NAAR HET BUITENLAND BRENGEN, met **uit** (land): *bepaalde soorten elektronica mochten niet uit Nederland uitgevoerd worden* en/of met **naar** (land): *bepaalde soorten elektronica mochten niet uit Nederland uitgevoerd worden naar Oost-Europa*

uitvoering
• **ter** ~ **van** (iets): *nadere besluiten ter uitvoering van de wet zullen de Kamer nog bereiken*
• ~ geven **aan** (iets), uitvoeren, realiseren: *wij kunnen vooralsnog geen uitvoering geven aan uw besluiten*

uitvragen
* DOOR VEEL VRAGEN IETS TE WETEN PROBEREN TE KOMEN, met **over** (iets): *zij vroeg het kind uit over de ruzie tussen zijn ouders*

uitwateren
* WATER LOZEN, met **op** (boezem e.d.): *het overtollige polderwater wordt uitgewaterd op de wetering* of met **in** (zee, reservoir e.d.): *deze rivier watert uit in zee* en/of met **via** (uitwateringssluis e.d.): *de sloot watert uit via een spuisluis*

uitweg
* REDMIDDEL, met **uit** (probleem e.d.): *een uitweg uit de impasse*

uitweiden
* BREEDVOERIG PRATEN OF SCHRIJVEN, met **over** (iets): *hij weidde langdurig uit over de historische achtergronden.*

uitwerken
* DEFINITIEVE VORM GEVEN AAN EEN CONCEPT, met **tot** (iets): *ik moet mijn aantekeningen nog uitwerken tot een bruikbaar stuk*

uitwerking
* GEVOLG, EFFECT, met **op** (iem., iets): *deze gassen hebben een verwoestende uitwerking op de ademhalingsorganen*

uitwijken
* OPZIJGAAN, met **voor** (iem., iets): *de automobilist week uit voor een tegenligger* en/of met **naar** (iets): *hij week uit naar rechts*
* IN VERBAND MET PROBLEMEN NAAR EEN ANDER GEBIED OF MET LAND GAAN, met **uit** (iets, land e.d.): *een vluchteling die was uitgeweken uit het voormalige Joegoslavië* en/of met **naar** (ander land): *ze weken uit naar Nederland*

uitwisselen
* VOORWERPEN, INFORMATIE, BOODSCHAPPEN ENZ. AAN EEN ANDER GEVEN EN MIN OF MET MEER GELIJKSOORTIGE VOORWERPEN, INFORMATIE ENZ. TERUGKRIJGEN, met **met** (iem., instelling): *we hebben wat nieuwtjes met elkaar uitgewisseld*
* OVER EN WEER GEVANGENEN RUILEN, met **tegen** ('vijandelijke' gevangenen): *na de ondertekening van het vredesakkoord werden de krijgsgevangenen tegen elkaar uitgewisseld*

uitzenden
* VIA RADIO OF TELEVISIE BOODSCHAPPEN OF PROGRAMMA'S VERSPREIDEN, met **op** (radio- of televisiestation): *het interview werd uitgezonden op Radio 1* en/of met **via** (ether, kabel): *wie uitzendt via de ether, bereikt heel Nederland*

uitzetten
* AANDELEN OF GELD E.D. PLAATSEN OF BELEGGEN, met **op** (markt): *het bedrag zal op de internationale geldmarkt worden uitgezet* en/of met **tegen** (rente, tarief e.d.): *de verzekeraar zette de hem toevertrouwde middelen tegen een aantrekkelijk tarief uit op de geldmarkt*
* BALLINGEN E.D. VERWIJDEREN, met **naar** (land): *veel asielzoekers worden uitgezet naar het land van herkomst*

uitzetting
* HET VERWIJDEREN VAN BALLINGEN E.D., met **naar** (land): *de moord op de Israëlische officier leidde tot een massale uitzetting naar Libanon*

uitzicht
* MOGELIJKHEID OM UIT TE KIJKEN OP DE OMGEVING, met **op** (muur, rivier, tuin e.d.): *een prachtig uitzicht op het strand*
* ONBELEMMERDE BLIK, met **over** (zee, akkers, stad e.d.): *een kamer met een prachtig uitzicht over de stad*
• ~ **op** (iets), de kans iets te krijgen: *zijn nieuwe aanstelling bood uitzicht op een salarisverbetering*

uitzien
• **ernaar** ~, waarschijnlijk zijn: *het ziet ernaar uit dat we regen krijgen;* ~ **naar** (iem., iets), verlangen naar: *naar deze feestelijke dag heb ik erg uitgekeken;* ~ **op** (iets), uitzicht hebben: *de hotelkamer zag uit op de zee;* ~ **over** (iets), uitzicht hebben: *de kamer ziet uit over de stad*

uitzonderen
* NIET BIJ EEN BEREKENING, PLANNEN E.D. BETREKKEN, met **van** (iets): *twee rekruten werden uitgezonderd van deelname aan de sportdag*

uitzondering
* DAT WAT NIET ONDER DE REGEL VALT, met **op** (de regel): *dat is een uitzondering op de regel*
• **met** ~ **van** (iem., iets), uitgezonderd: *met uitzondering van A. is iedereen voor het examen geslaagd*
• een ~ maken **voor** (iem., iets), uitzonderen: *bij de lastenverzwaring wordt een uitzondering gemaakt voor de laagste inkomensgroepen*

uitzwermen
* VANUIT EEN BEPAALD PUNT IN VERSCHILLENDE RICHTINGEN VERTREKKEN, met **over** (gebied): *zijn kinderen zwermden over het hele land uit* of met **naar** (plaatsen): *na het eindexamen zwermden de oudleerlingen uit naar de stranden van Europa*

updaten
* OPWAARDEREN, met **naar** (versieaanduiding): *de consument wordt keer op keer gedwongen zijn programma's te updaten naar een hogere versie*

upgraden
* OPWAARDEREN, met **naar** (versieaanduiding): *de consument wordt keer op keer gedwongen zijn programma's te upgraden naar een hogere versie*

ure zie **uur**

uur
• **in** een ~, tijdens een uur: *hoeveel kun*

je in een uur produceren?; **om** acht e.d. ~, vrij precies op de aangegeven tijd: *om acht uur stond hij voor de deur;* **op** het hele/halve ~, precies op het aangegeven tijdstip: *kun je me op het halve uur even waarschuwen?;* **te** elfder ure, op het nippertje: *te elfder ure werd toch nog een wijziging aangebracht;* **tegen** tien ~, bijna op de aangegeven tijd: *tegen tienen gingen we naar bed*

uwent

• **te(n)** ~, bij u thuis: *ik zou u graag te uwent komen bezoeken*

uwentwille

• **om** ~, voor u, om u te helpen: *om uwentwille zal ik alles doen*

V

vaak

• praatjes **voor** de ~, beuzelarijen: *je moet me niet aankomen met praatjes voor de vaak*

vaandel

• **in** het/zijn ~ hebben, veel betekenis hechten aan: *hij heeft integriteit hoog in het/zijn vaandel;* hoog **in** het ~ staan, veel betekenen, met **bij** (iem.): *bij ons staat service hoog in het vaandel;* iets **in** het ~ dragen/hebben, belangrijk vinden: *deze koeriersdienst draagt snelheid in het vaandel;* **onder** het ~ **van** (iem.), onder de idealistische leiding van: *de Geuzen streden onder het vaandel van het huis van Oranje*

vaardig

∗ BEDREVEN, met **in** (vak e.d.) of met **met** (gereedschap): *hij is vaardig in het lassen; vaardig met de pen*

• de/een (nieuwe enz.) geest wordt ~ **over** (iem., instelling, land e.d.), zijn gezindheid verandert: *een nieuwe geest werd vaardig over Italië*

vaart

∗ HET VAREN, met **op** (bestemming): *de vaart op Oost-Indië*

• **in** de ~, in gebruik: *het schip komt volgende maand in de vaart;* **in** volle e.d. ~, met volle snelheid: *zij reed in volle vaart het bos in;* **op** de grote ~, op alle wereldzeeën: *Piet is kapitein op de grote vaart;* **uit** de ~, buiten gebruik: *de Neeltje Maria wordt binnenkort uit de vaart genomen.*

• ~ zetten **achter** (iets), bespoedigen: *het wordt tijd dat we wat meer vaart zetten achter onze plannen*

vaccineren

∗ INENTEN, met **met** (entstof) en/of met **tegen** (een ziekte): *de patiënten worden gevaccineerd met een nieuw middel; ze worden gevaccineerd tegen tbc*

vaderen

• **tot** de ~ gaan/vergaderd of verzameld worden, sterven: *heden is Jan tot de vaderen verzameld*

vakantie

• **met** ~ niet aanwezig wegens vakantie: *mevrouw X. is met vakantie;* **met** of **op** ~, op of naar een vakantiebestemming, met **bij**, **in**, **naar**, **op** (geografische aanduiding, vakantieadres): *zij is op vakantie bij haar zuster/in Frankrijk enz.*

vallen

* ZICH IN NEERWAARTSE RICHTING BEWEGEN, met **over** (iets): *hij viel over een losliggende tegel* of met **uit** (iets): *de boodschappen vielen uit haar tas* of met **van** (iets) neerkomen: *de glazenwasser viel van de ladder* en/of met **op** (de grond enz.): *het boek viel op de vloer*

• ~ **aan** (iem., instelling), ten deel vallen: *de erfenis viel in zijn geheel aan de oudste zoon;* ~ **buiten** (gebied, bereik, regeling e.d.), 1 niet onderhevig zijn aan de werking: *hij viel buiten de regeling;* 2 zich bevinden: *de kosten van de marathon vallen buiten ons budget;* ~ **in** (categorie), onderhevig aan/gerechtigd tot iets zijn: *vakantiegeld valt helaas in het hoogste belastingtarief; zoals altijd, val ik weer in de prijzen;* ~ **onder** of **binnen** (iets), onderhevig zijn aan, ressorteren onder: *het veroverde gebied viel onder het gezag van de Sovjet-Unie; als grensarbeider viel X. binnen een speciale fiscale regeling;* ~ **op** (iem., iets), 1 gecharmeerd worden: *hij viel op haar, zodra hij haar zag;* 2 toevallen aan: *het lot valt op nummer 12345;* 3 als dag van de week/datum hebben: *oudejaar valt op woensdag; hemelvaartsdag valt dit jaar op 21 april;* ~ **over** (iets), zijn ergernis uitspreken: *de directeur viel over de ongenuanceerde uitspraken van de ondernemingsraad;* ~ **over** (iem.) heen, veel kritiek hebben op: *als je zoiets zegt valt iedereen over je heen;* ~ **te** (+ onbep. wijs), kunnen ... worden: *uit het persbericht valt te lezen dat ...;* ~ **voor** (iets, iem.), gecharmeerd worden: *hij viel meteen voor haar/haar charmes; hij viel voor het grote geld*

valreep

• **op** de ~, helemaal aan het einde, bij het afscheid nemen: *op de valreep wist ze me nog een leuk nieuwtje te vertellen*

valsheid

• ~ **in** geschrifte, fraude in boekhouding e.d.: *de boekhouder kreeg twee jaar wegens valsheid in geschrifte*

valuta

• ~ **per** (datum), rente ingaand op de aangegeven datum

varen

* (ZICH, PASSAGIERS OF EEN LAST) MET EEN VAARTUIG VERPLAATSEN, met **op** (navigatiemiddel(en)): *tegenwoordig vaart men voornamelijk op navigatiesatellieten* of met **op** (bestemming): *de maatschappij voer vroeger op New York*

variant

* ENIGSZINS AFWIJKENDE VORM, met **op** (iets van menselijke oorsprong): *het Amsterdamse handschrift van de Lutgart is een variant op het handschrift te Kopenhagen* of met **van** (iets van natuurlijke of menselijke oorsprong): *u ziet hier de Bretonse variant van de Noorse fjord*

variatie

* KLEINE VERANDERING TEN OPZICHTE VAN EEN GRONDPATROON, met **op** (iets): *een variatie op een bekend spreekwoord; variaties op een thema*

* VERSCHEIDENHEID, met **in** (iets): *er was veel variatie in het programma van de schouwburg; variatie in stijl* of met **binnen** (categorie): *de variatie binnen de menselijke soort is een boeiend onderzoeksterrein* en/of met **aan** (zaken): *een grote variatie aan bloemmotieven*

variëren

* NIET STEEDS (OF ALLEMAAL) DEZELFDE HOEDANIGHEID HEBBEN, met **in** (opzicht): *het behang varieert in kleur* en/of met **tussen** (zaken) of **van** (iets) **tot** (iets): *de afstand van Pluto tot de zon varieert tussen 30 en 50 astronomische eenheden; het weer varieerde van warm tot zeer warm*

* EEN KLEINE WIJZIGING AANBRENGEN, met **op** (iets): *variëren op een thema*

vastgeroest

* NIET MEER FLEXIBEL, met **in** (gewoonte, traditie e.d.): *hij is vastgeroest in allerlei conventies*

vasthouden

• ~ **aan** (iets), blijven bij, niet afwijken van: *hij hield vast aan eerder gedane toezeggingen*

vastklampen

• zich ~ **aan** (iem., iets), zich krampachtig vasthouden: *hij klampte zich vast aan een stuk wrakhout; zich vastklampen aan een strohalm*

vastklemmen

• zich ~ **aan** (iem., iets), zich door te klemmen vasthouden: *toen hij dreigde uit te glijden, klemde hij zich vast aan een lantarenpaal*

vastleggen

* VASTMAKEN, met **aan** (iets): *een boot vastleggen aan een dukdalf* en/of met **met** (iets): *een boot vastleggen met een ankertouw*

* VEREEUWIGEN, met **in** (geschrift e.d.) of met **op** (schildersdoek e.d.): *Ovidius legde zijn ervaringen als balling vast in een triest werk*

• zich ~ **op** (iets dat afgesproken is),

een vaste toezegging doen: *ik wil me niet helemaal vastleggen op de exacte leveringsdatum*

vastroesten

* DE DYNAMIEK VERLIEZEN, met **in** (soort leven, werk e.d.): *voor je het weet, roest je vast in je werk*

vastzetten

* (GELD) STORTEN VOOR EEN BEPAALDE TERMIJN, met **op** (rekening): *je moet je geld op een obligatierekening vastzetten* of met **op** (begunstigde): *moeder had wat geld vastgezet op de kinderen* en/of met **voor** (periode): *je moet je geld minstens voor vijf jaar vastzetten*

vastzitten

* ZICH NIET LOS KUNNEN MAKEN/VERPLAATSEN, met **in** (iets): *haar rok zat vast in de kettingkast van haar fiets; we zaten vast in het verkeer.*

• ~ **aan** (iem., iets), door een kabel e.d. verbonden zijn: *de zweefvlieger zit vast aan een polyetheenkabel;* ~ **aan** (iets), 1 hecht verbonden zijn: *aan die functie zit een aardig salaris vast; het Britse zondagsblad zat niet vast aan een dagblad; de sportbond zit aan een sportdrankfabrikant vast;* 2 zich er niet van kunnen ontdoen of losmaken: *hij zit vast aan allerlei verplichtingen; heb je je handtekening op het contract gezet, dan zit je aan de koop vast;* ~ **op** (iets), niet verder kunnen door: *de onderhandelingen zitten vast op de weigering van de PLO*

vat

• ~ **op** (iem., iets), invloed: *we hebben weinig vat op die jongen*

vatbaar

* ONTVANKELIJK VOOR AANDOENINGEN, met **voor** (iets): *hij is zeer vatbaar voor ziekten*

vatten

* BEETPAKKEN, met **bij** (lichaamsdeel): *zij vatte hem bij de hand*

• **bij** of **in** zijn/de kraag ~, vastpakken, arresteren: *de politie vatte de dief in zijn kraag;* ~ **in** (materiaal), van een omlijsting voorzien: *een robijn, gevat in zilver*

vechten

* STRIJDEN, met **met** of **tegen** (tegenstander, iets): *honderden opstandige boeren vochten met/tegen de rijkspolitie; we vochten tevergeefs tegen de wantoestanden* en/of met **met** (wapen e.d.): *hij vocht met zijn blote handen/met een degen* of met **om** (iets dat men wil krijgen): *het team vocht om de tweede plaats* of met **voor** (iets): *zij vochten voor een ideaal*

veelheid

• een ~ **aan** of **van** (iets, zaken), heel veel van: *een veelheid aan informatie; een veelheid van verantwoordelijkheden*

veelvoud

* GEHEEL AANTAL MALEN VAN EEN GETAL OF GROOTHEID, met **van** of **aan** (iets): *duizend sporthallen en een veelvoud aan sportvelden*

• een ~ **van** (iets, zaken), heel veel van: *hij beschikt over een veelvoud van tactieken om zijn zin te krijgen*

vegeteren

• ~ **op** (iem., iets), teren op: *hij vegeteerde op oude roem*

veil

• zijn leven ~ hebben **voor** (iets), bereid zijn te offeren: *hij had zijn leven veil voor de goede zaak*

veilig

* BESCHERMD, met **voor** (iem., iets): *alleen thuis voelde hij zich veilig voor zijn plaaggeesten*

veiling

• **in** de ~ nemen, beduvelen: *je probeert me toch niet in de veiling te nemen?* **op** de ~: *op de veiling kocht zij een aardig theestel*

veld

• vallen **op** het ~ van eer, eervol sneuvelen: *velen vielen op het veld van eer bij het verdedigen van het vaderland;* **te** velde, op het (slag)veld: **te** ~ trekken **tegen** (iem., iets), bestrijden: *te velde trekken tegen het onrecht;* **uit** het ~ slaan, van zijn stuk brengen: *door deze opmerking was ik echt uit het veld geslagen*

• het ~ ruimen **voor** (iem.), zijn plaats afstaan voor: *hij moest het veld ruimen voor een nieuwe kracht*

velde zie **veld**

veldtocht

* OPMARS VAN EEN LEGER, met **tegen** (iem., iets, vijand): *Frederik Hendrik ondernam een veldtocht tegen de Spanjaarden*

* BESTRIJDING VAN EEN WANTOESTAND, ZIEKTE E.D., met **tegen**: *Albert Schweizer ondernam een veldtocht tegen de lepra in Afrika*

vennootschap

• **in** ~ **met** (iem., bedrijf), in bepaalde, wettelijk omschreven vorm van commerciële samenwerking

venten

* HUIS AAN HUIS TE KOOP AANBIEDEN, met **met** (iets): *hij ventte met afwasborstels*

langs de deuren

ver

∗ IN RUIMTE, TIJD E.D. VERWIJDERD, met **van** (iets): *we zijn hier ver van de bewoonde wereld; hij was nog ver van zijn doel verwijderd*

• **van** ~, van een grote afstand: *van ver zagen we de Domtoren al*

veranderen

∗ WISSELEN, met **van** (iets): *vorig jaar veranderde hij van partij; veranderen van adres*

∗ WIJZIGING AANBRENGEN, met **aan** (iets): *heb je nog iets aan dat rapport veranderd?*

∗ IN EEN ANDERE VORM (DOEN) OVERGAAN, met **in** (iem., iets): *de toverheks veranderde de prins in een kikker; water in wijn veranderen*

verankeren

∗ MET EEN ANKER VASTZETTEN, met **in** (iets): *de kabel werd stevig in een betonblok verankerd*

verantwoordelijk

∗ VERANTWOORDELIJKHEID DRAGEND, met **voor** (iem., iets): *hij is verantwoordelijk voor zijn kinderen; voor de goede gang van zaken* en/of met **jegens** of **tegenover** (iem., instelling): *ik ben hiervoor verantwoordelijk tegenover het bestuur*

verantwoordelijkheid

∗ HET VERANTWOORDELIJK ZIJN, met **voor** (iem., iets): *hij draagt de volledige verantwoordelijkheid voor de opvoeding van zijn kinderen; Libanon aanvaardde geen verantwoordelijkheid voor de Palestijnse terroristen die het binnen zijn grenzen had* en/of met **jegens** of **tegenover** (iem., instelling): *ik draag hiervoor de verantwoordelijkheid tegenover het bestuur*

• de ~ leggen **bij** (iem., instelling), als verantwoordelijke aanwijzen, met **voor** (iets): *hij legde de verantwoordelijkheid voor de computerstoring bij het elektriciteitsbedrijf*

verantwoorden

∗ zich ~, rekenschap afleggen, met **tegenover** of **voor** (iem., instelling): *hij moet zich voor de rechter verantwoorden; dat kan ik tegenover mijn kinderen niet verantwoorden* en/of met **voor** of **wegens** (iets): *in zijn autobiografie heeft hij zich verantwoord voor zijn politieke beleid*

verantwoording

∗ HET AFLEGGEN VAN REKENSCHAP, met **aan** of **tegenover** (iem., instelling): *de penningmeester is verantwoording schuldig aan het bestuur* en/of met **voor** (iets): *hij legde verantwoording af voor zijn beleid*

∗ HET VERANTWOORDELIJK ZIJN, met **voor** (iem., iets): *de kapitein draagt de verantwoording voor zijn schip*

• **ter** ~ roepen, rekenschap eisen, met **voor** (iets): *de minister wordt door de Kamer ter verantwoording geroepen voor zijn beleid*

verbaasd

∗ VERWONDERD, met **over** (iets): *hij was verbaasd over de bijzondere constructie van het gebouw*

verband

∗ BETREKKING, met **met** (iets): *longkanker kan verband houden met roken* of met **tussen** (zaken): *er is (een) verband tussen roken en longkanker*

• **in** (+ bn) ~, volgens een bepaalde metselstructuur: *de stenen worden in Vlaams verband gemetseld;* **in** ~ **met** (iem., iets), samenhangend met, wegens: *in verband met het slechte weer werd de wedstrijd afgelast;* **onder** hypothecair ~, met een hypotheek bezwaard

verbannen

∗ IN BALLINGSCHAP STUREN, met **uit** (land, woonplaats e.d.): *Napoleon werd verbannen uit Frankrijk* of met **naar** (land, plaats e.d.): *hij werd verbannen naar Sint-Helena*

verbasteren

∗ WOORDEN VERVORMEN; OOK: (VAN WOORDEN) VERVORMD WORDEN, met **tot** (iets): *mesjokke is verbasterd uit het Hebreeuwse woord meshugo 'krankzinnig'*

verbastering

∗ VERVORMD WOORD, met **van** (iets): *mesjokke is een verbastering van meshugo*

verbazen

∗ VERWONDEREN (IEM.), met **met** (iets): *hij verbaasde iedereen met zijn hoge cijfers*

∗ zich ~, zich verwonderen, met **over** (iem., iets): *hij verbaasde zich over de schoonheid van de streek*

verbazing

∗ VERWONDERING, met **over** of (zelden) met **om** (iem., iets): *onze verbazing over het voorval was niet gering*

verbergen

∗ WEGSTOPPEN, met **voor** (iem., instelling): *hij trachtte de problemen te verbergen voor zijn collega's*

verbeurte

• **onder** of **op** ~ **van** (bedrag e.d.), met verlies als straf: *het is verboden hier* *te vissen, onder verbeurte van het visgerei*

verbinden

* VERPLICHTEN, met **tot** (iets): *de verkoper verbindt zich tot het leveren van de bestelde goederen*

* EEN COMMUNICATIEKANAAL TOT STAND BRENGEN, met **met** (iem., iets): *kunt u mij verbinden met de heer X.?*

• ~ **aan** (iets), koppelen aan: *aan deze transactie verbindt het parlement nadere voorwaarden; aan dat ene voorval moet je niet te veel consequenties verbinden;* ~ **aan** of **met** (iets), combineren: *in zijn roman verbond hij erotiek aan een melancholisch levensgevoel; hij verbond het bijwonen van een congres aan een korte vakantie;* ~ **met** (iets), 1 een verbinding aanbrengen tussen voorwerpen: *je kunt je pc verbinden met een cd-romspeler;* 2 verkeer mogelijk maken, een verbinding vormen tussen: *een corridor verbindt Armenië met Nagorno-Karabach;* zich ~ **met** (iem.), een (organisatorische) band e.d. aangaan: *de offrerende aannemers verbonden zich met elkaar om een hogere prijs te kunnen bedingen;* ~ **tot** (iets), samenvoegen tot een nieuw geheel: *de componist verbond allerlei soorten geluiden tot een orkestraal geheel*

verbindend

* VERPLICHTEND, met **voor** (iem.): *deze cao is niet verbindend voor alle bedrijven*

verbinding

* AANSLUITING DOOR MIDDEL VAN EEN VERVOER- OF COMMUNICATIEMIDDEL, met **met** (plaats, iem.): *de verbinding per trein met Keulen; de verbinding met Piet Hein is helaas verbroken* of met **tussen** (plaatsen, personen): *een verbinding tussen Amsterdam en Keulen; men bracht een permanente verbinding tot stand tussen beide regeringsleiders*

verbintenis

* VERMOGENSRECHTELIJKE VERPLICHTING, met **met** (iem.) en/of met **tot** (iets): *een verbintenis met een schuldeiser; een verbintenis tot het afbetalen van een lening*

verbitterd

* VOL WROK, met **jegens** (iem.) en/of met **over** (iets): *hij was verbitterd jegens de oppositie; de premier toonde zich verbitterd over de tegenstemmen van de oppositie*

verblijden

* IN EEN BLIJE STEMMING BRENGEN, met **met** (iets): *met dat cadeau heeft hij me erg verblijd*

verblijden

• zich ~ **over** (iets), blij zijn om: *hij verblijdde zich over het behaalde resultaat*

verbluffen

* VERSTELD DOEN STAAN, met **door** of **met** (iets): *de violist verbluffte het publiek door een genuanceerde vertolking*

verbod

* BEVEL OM IETS NA TE LATEN, met **op** of **van** (iets): *een verbod van uitgifte van aandelen* of met **tot** (het + onbep. wijs): *een verbod tot het kweken van cannabis* of met **om te** (+ onbep. wijs): *een verbod om te roken in de kantine*

verbolgen

* VERONTWAARDIGD, met **op** (iem., instelling): *hij was verbolgen op de wethouder* of met **over** (iets): *hij was verbolgen over het parkeerverbod*

verbond

* OVEREENKOMST OM SAMEN TE WERKEN, met **met** (iem., instelling e.d.) of **tussen** (instellingen e.d.): *een verbond sluiten met de duivel; een verbond tussen de VS en Europa*

verbonden

* EMOTIONELE OF ANDERE BANDEN ONDERHOUDEND, met **met** (iem., instelling): *de twee kinderen voelden zich sterk met elkaar verbonden*

• ~ **aan** (iets), verband houdend met, horend bij: *aan arbeid zijn kosten verbonden; aan die functie zijn aantrekkelijke emolumenten verbonden;* ~ **aan** (instelling), werkend bij of samenwerkend met: *het Nederlandse detachement was verbonden aan een Oekraïens bataljon; deze onderzoeker is verbonden aan een gerenommeerd instituut*

verbouwen

* EEN GEBOUW VERANDEREN, met **tot** (iets): *een pakhuis verbouwen tot woningen*

verbreden

* BREDER MAKEN, met **naar** of **tot** (iets): *de weg werd verbreed naar driebaans; we moeten de discussie over het minimumloon verbreden naar een discussie over de inkomens in het algemeen* en/of met **van** (iets): *de weg werd verbreed van tweebaans naar driebaans*

verbroederen

* VRIENDSCHAPSBANDEN KWEKEN, met **met** (iem.): *de buitenlandse bezoekers verbroederden al snel met de stamgasten van het café; de bezoekers verbroederden zich al snel met de stamgasten*

verdacht
• ~ **op** (iets), op z'n hoede: *je moet daar op alle calamiteiten verdacht zijn*

verdagen
∗ UITSTELLEN, met **tot** of **naar** (tijdstip): *de voorzitter verdaagde de vergadering tot 12 juli; de president verdaagde zijn beslissing naar vrijdag* en met **van** (tijdstip) en **naar** (tijdstip): *het proces werd verdaagd van woensdag naar maandag* of met **voor** (tijd): *het proces werd voor twee weken verdaagd*

verdedigen
∗ EEN AANVAL PROBEREN AF TE SLAAN, met **tegen** (iem., iets): *de bewoners verdedigden hun stad tegen de belegeraars; de minister verdedigde zijn beleid tegen de aanvallen van de oppositie.*

verdeemoedigen
∗ zich ~, ootmoed tonen, met **voor** (iem.): *laten wij ons verdeemoedigen voor God*

verdelen
∗ INDELEN, met **in** (rubrieken e.d.): *de planten worden verdeeld in verschillende klassen; het land werd verdeeld in tien provincies; het in tweeën verdeelde Berlijn* en/of met **naar** (criterium): *de kinderen werden naar leeftijd in groepen verdeeld*
∗ UITDELEN, VERSTREKKEN, met **onder** (personen, instellingen): *dat clubje commissarissen verdeelt de baantjes onder elkaar; het stimuleringsgeld wordt verdeeld onder de gemeenten*
∗ SPREIDEN, met **over** (oppervlak, tijdsverloop, lengte e.d.): *de zweeftrein verdeelt zijn gewicht over zijn hele lengte*
∗ TEN GOEDE DOEN KOMEN, BESCHIKBAAR STELLEN, met **over** of **tussen** (personen, zaken): *de minister verdeelt zijn aandacht gelijkelijk over binnen- en buitenland*

verdenken
∗ ALS VERMOEDELIJKE DADER BESCHOUWEN, met **van** (iets): *de politie verdacht hem van een serie inbraken*

verdenking
∗ VERMOEDEN, met **jegens** of **tegen** (iem.): *de verdenking tegen hem berust op de verklaring van X.*
• **boven** of **buiten** ~ staan, niet verdacht worden; **onder** ~ staan, verdacht worden; **op** ~ **van** (iets), omdat men de betrokkene ervan verdenkt: *hij werd gearresteerd op verdenking van fraude*

verderf
• **in** het ~ storten, de ondergang veroorzaken: *hij leek erop uit mij in het verderf te storten;* **ten** verderve leiden/voeren, leiden tot ondergang

verderve zie **verderf**

verdichten
∗ zich ~, samengedrukt worden, met **tot** (iets): *de dampen in de ballon verdichtten zich tot water*

verdienen
∗ ALS LOON/WINST KRIJGEN, met **met** (werken, produceren, handelen, dienstverlening enz.): *zij verdient haar geld met timmeren* of met **aan** (transactie, handel, producten): *hoeveel verdient hij aan de handel in aandelen?* of met **op** (transactie, product in detailhandel): *Bols verdient meer op frisdrank dan op sterkedrank*
• het ~ **(om) te** (+ onbep. wijs), behoren te: *hij verdient het de Nobelprijs te krijgen*, met **aan** (iem.): *zij verdient het aan je in een gouden lijstje te worden gezet*

verdienste
∗ PRESTATIE, met **van** (iem., iets): *de grootste verdienste van deze president was dat hij de Koude Oorlog heeft weten te beëindigen* en/of met **voor** (iets, instelling): *hij werd geprezen om zijn bijzondere verdienste voor de amusementskunst*
∗ INKOMEN, met **uit** (arbeid): *verdiensten uit deelarbeid*
• lid **van** ~, lid op grond van verdienste, met **van** (instelling): *hij is lid van verdienste van de Asser TT*

verdiepen
• zich ~ **in** (iets), zich aandachtig bezighouden: *de administrateur verdiepte zich in een kostenberekening*

verdisconteren
∗ BIJ DE BEREKENINGEN BETREKKEN, met **in** (iets): *deze fiscale meevaller heeft hij niet in zijn onderzoek verdisconteerd*

verdoemenis
• **naar** de ~ gaan/zijn, verloren gaan: *verdorie, mijn hele werk is naar de verdoemenis*

verdoen
∗ (TIJD, GELD) VERKWISTEN, met **aan** of **met** (iets): *hij verdeed zijn tijd met zinloze gesprekken*

verdraagzaam
∗ TOLERANT, met **jegens** of **tegenover** (iem.): *laten we verdraagzaam zijn jegens andersdenkenden*

verdrag
∗ OVEREENKOMST, met **met** (iem., land e.d.): *Frankrijk sloot een verdrag met Duitsland* of met **tussen** (landen e.d.): *een verdrag tussen Frankrijk en Duits-*

land en/of met **tot** (doel): *een verdrag tot wederzijdse bijstand* en/of met **over** of **op het gebied van** (iets): *internationale verdragen over de mensenrechten*
• iets **bij** ~ regelen, door het sluiten van een verdrag

verdragen
• zich ~ **met** (iets), verenigbaar zijn met: *een hbo-mentaliteit verdraagt zich niet met wijsgerige vorming*

verdriet
* DROEFHEID, met **om**, **over** of **van** (iem., iets): *hij had veel verdriet om het overlijden van zijn vrouw*
• **tot** ~ **van** (iem.), met verdriet als gevolg: *tot verdriet van de vissers zijn de vangstquota verlaagd;* veel ~ hebben **van** (iem., die zich misdraagt, iets): *hij heeft veel verdriet van die jongen*

verdrijven
* VERJAGEN, met **uit** (gebied, macht): *de koning werd verdreven uit het machtscentrum; de Duitsers werden uit Silezië verjaagd* of met **van** (grond, plaats in een rangorde): *in de opiniepeilingen verdreef hij zijn tegenstander van de eerste plaats* en/of met **naar** (gebied, achtergrond, plaats in een rangorde): *de coach verdreef de spitsspeler naar de bank; de politicus werd verdreven naar het tweede plan*
• de tijd ~ **met** (iets), de tijd korten: *hij verdreef zijn tijd met kaarten en drinken*

verdringen
* VAN ZIJN PLAATS DRINGEN, met **van** (markt, plaats): *Ajax werd van de eerste plaats verdrongen door Feyenoord* of met **uit** (markt, bewustzijn): *het werk in de banenpool mag geen reguliere baan uit de arbeidsmarkt verdringen; sommigen verdringen hun zelfverwijt uit het bewustzijn*
• zich ~ **bij**, **om** of **voor** (iem., iets), te hoop lopen: *de kopers verdrongen zich voor de kassa;* zich ~ **voor** (baan), massaal belangstelling tonen: *politici verdringen zich voor hoge posities als secretaris-generaal van de NAVO*

verdrinken
* IN HET WATER OMKOMEN, met **in** (iets): *in de Noordzee verdronk een toerist.*
• ~ **in** (menigte, veelheid van iets), overstelpt worden: *ons groepje verdronk totaal in de grote mensenmassa*

verdrukking
• **in** de ~ komen, niet tot zijn recht komen: *met al die clubjes komt het huiswerk danig in de verdrukking;* **tegen** de ~ **in**, ondanks negatieve factoren: *zij bleef tegen de verdrukking in werken aan haar ontplooiing*

verdwijnen
* VERTREKKEN, met **door** (deur), **in** (gebouw, auto e.d.), **onder** (oppervlak, water), **over** (grens, muur e.d.) of met **uit** (plaats, toernooi): *het meisje verdween plotseling uit haar woonplaats* en/of met **naar** (gebied, instelling e.d.): *veel politieke vluchtelingen verdwenen naar West-Europa*
* NIET LANGER AANWEZIG ZIJN, met **uit** (lichaamsdeel, circulatie e.d.): *de film verdween uit de bioscopen; die bepaling is uit de wet verdwenen* of **van** (gezicht, aarde, toneel): *de dinosaurus is van de aarde verdwenen* en/of met **in** (lade, zak e.d.): *de nota verdween in een bureaula* of met **naar** (gebied enz.): *het woord 'nigger' verdween naar de lijst van politiek-incorrecte termen*

vereenzelvigen
• ~ **met** (iem., iets), gelijkstellen: *de jongen vereenzelvigde zich met zijn idool; je moet het maatschappelijk systeem niet vereenzelvigen met een bepaalde maatschappelijke groep*

vereffenen
* AFWIKKELEN, met **met** (iem.): *ik heb nog een zaak met hem te vereffenen*

vereisen
* NOODZAKELIJK MAKEN, met **van** (iem., iets): *de ondertiteling van buitenlandse films vereist van kinderen dat ze snel lezen*

vereiste
* STRIKTE VOORWAARDE, met **voor** (iets): *rust en eenzaamheid zijn een vereiste voor het schrijven van een boek*

verenigbaar
* COMBINEERBAAR, met **met** (iets): *zijn functie van voorzitter van het bestuur is niet verenigbaar met zijn wethouderschap*

verenigen
* COMBINEREN, met **met** (elkaar, iets): *hij verenigt doorzettingsvermogen met geduld* en/of met **in** (iem., zich, iets): *hij verenigt doorzettingsvermogen en geduld in zich; dit apparaat verenigt fax, pieper, draadloze telefoon en computer in een handzaam machientje* of met **tot** (iets, resultaat): *de kunstenaar verzamelde afval dat hij verenigde tot grote beelden;* zich kunnen ~ **met** (iets), het eens zijn: *met het voorstel van de ondernemingsraad kan ik me wel verenigen*

vereniging
* SAMENWERKINGSVERBAND, met **tot** of

voor (doel): *Koninklijke Vereeniging ter bevordering van de belangen des Boekhandels; de Vereniging voor het behoud van de Waddenzee*
• **in** ~, in samenwerking, met **met** (iem., elkaar): *de beide directeuren handelden in vereniging; zij realiseren het project in vereniging met andere belanghebbenden*

vereren
• ~ **met** (iets), respect betuigen: *de keizer werd vereerd met kostbare geschenken*

vererven
• ~ **aan** (iem.), (van een vermogen e.d.) geërfd worden: *zijn kapitaal vererfde aan zijn zoon;* ~ **op** (iem.), (van een titel) geërfd worden: *de titel van graaf vererft alleen op de oudste zoon*

verf
• **in** de ~, van verf voorzien: *zo, die deur zit goed in de verf;* **uit** de ~ komen, tot zijn recht komen: *verschillende details kwamen door het te hoge tempo niet goed uit de verf*

vergaan
∗ VERROTTEN, met **tot** (iets): *gevallen bladeren vergaan tot humus.*
• ~ **van** (iets), veel last hebben van: *ik verga van de honger*

vergalopperen
∗ zich ~, een grote fout maken, met **bij**, **in** of **met** (iets): *het bedrijf heeft zich vergaloppeerd bij de aankoop van een winkelketen in Frankrijk*

vergapen
∗ zich ~, met verbaasde bewondering kijken, met **aan** (iem., iets): *het kind vergaapt zich aan de wolkenkrabbers*

vergasten
• ~ **op** (iets), onthalen op: *hij vergastte de visite op een glas wijn; zij vergastte het personeel op een donderpreek;* zich ~ **aan** (iets), genieten van: *de bezoekers vergastten zich aan een welvoorzien buffet*

vergelding
∗ STRAF, met **voor** (iets): *de terroristen brachten een bom tot ontploffing als vergelding voor de arrestatie van een van hun leiders*
• **als (een)** of **ter** ~, om te vergelden: *ter vergelding voor de aanslag van vorige week*

vergeleken
• ~ **bij** of **met** (iem., iets), bij het maken van een vergelijking: *Azerbeidzjan deed het nog steeds goed, vergeleken met zijn buurlanden*

vergelijk
∗ SCHIKKING, COMPROMIS, met **met** (iem., instelling): *Frankrijk deed alles om tot een vergelijk te komen met Engeland* of met **tussen** (partijen): *een vergelijk tussen het klooster en het stadsbestuur*
∗ VERGELIJKING, met **met** (iets, iem.): *een vergelijk met de oorspronkelijke versie van de tekst is uitermate boeiend* en met **van** (iem., iets): *een vergelijk van de oude met de nieuwe versie* of met **tussen** (personen, zaken): *een vergelijk tussen de oude en de nieuwe versie; een vergelijk tussen de verschillende versies.*
• **tot** een ~ komen, een schikking treffen, met **met** (iem.): *X. kwam tot een vergelijk met Y.*

vergelijken
∗ OP OVEREENKOMSTEN EN VERSCHILLEN ONDERZOEKEN, met **met** (iem., iets): *als je hem vergelijkt met zijn broer, vallen vooral de verschillen op*

vergelijking
∗ HET VERGELIJKEN, met **met** (iem., iets): *hij maakte een vergelijking met het salaris dat hij twee jaar geleden verdiende* of met **tussen** (personen, zaken): *een vergelijking tussen zijn huidige salaris en dat van twee jaar geleden*
• **in** ~ **met** (iem., iets), bij een vergelijking: *Nederlandse ondernemers zijn over deze regeling goed voorgelicht in vergelijking met die in de andere landen van de EU*

vergen
∗ EISEN, met **van** (iem., iets): *hij vergde veel van zijn medewerkers; dat toneelstuk vergt wel erg veel van de toeschouwer*

vergenoegen
∗ EEN PLEZIER DOEN, met **met** (iets): *kan ik u vergenoegen met een borrel?*
• zich ~ **met** (iets), zich tevredenstellen met: *hij vergenoegde zich met een bescheiden schadeloosstelling*

vergeven
• ~ **van** (personen, dieren, iets, zaken), vol van: *het is hier vergeven van de muggen; de wielerwereld is vergeven van de achterklap*

vergewissen
• zich ~ **van** (iets), zich zekerheid verschaffen: *het bestuur van de bank heeft zich vergewist van de steun van 15 procent van de aandeelhouders*

vergezeld
• ~ **van** (personen, zaken), 1 in combinatie met: *het onweer ging vergezeld van zware regen;* 2 in gezelschap van: *hij was vergezeld van een mooie vrouw*

vergezicht
∗ WEIDS UITZICHT, met **op** of **over** (iets): *een kamer met een vergezicht op een rivierdal*

vergissen
∗ zich ~, een fout maken, met **in** of **omtrent** (iem., iets): *de wielrenner vergiste zich in het aankomstparcours, dat licht opliep; hij vergiste zich omtrent de omvang van de schade* of met **met** (handeling): *de grootmeester vergiste zich met 22. Td6*

vergissing
• **bij** ~, per ongeluk: *ik heb bij vergissing het gas uitgedaan*

vergoeden
∗ SCHADELOOS STELLEN, met **op** (som gelds): *de bank vergoedt vijf procent op het saldo*

vergoeding
∗ HET SCHADELOOS STELLEN, met **van** (iets): *hij eiste vergoeding van de proceskosten*
∗ BEDRAG WAARMEE IEMAND SCHADELOOS WORDT GESTELD, met **voor** (iets): *de vakbonden willen een betere vergoeding voor het werken in de avonden*
• **tegen** of **voor** een (kleine/zekere) ~: *tegen een kleine vergoeding bezorgen wij uw boodschappen thuis*

vergooien
∗ VERSPILLEN, met **aan** (iem., iets): *hij had zijn geld vergooid aan een dubieuze hobby*

vergrijp
∗ DELICT, met **tegen** (regels e.d.): *hij werd veroordeeld voor een vergrijp tegen de politieverordening; het innemen van efedrine is een vergrijp tegen de internationale dopingregels*

vergrijpen
• zich ~ **aan** (iem.), aanranden: *door de drank beneveld vergreep hij zich op weg naar huis aan een vrouw;* zich ~ **aan** (iets), stelen: *hij vergreep zich aan de eigendommen van zijn medeleerlingen*

vergroeid
• ~ **met** (iem., iets), onlosmakelijk verbonden met: *deze twee bomen zijn met elkaar vergroeid; de orkestleden zijn met elkaar vergroeid geraakt*

vergroeien
∗ ZICH OP EEN AFWIJKENDE MANIER ONTWIKKELEN, met **tot** (iets): *de ledematen van het dier leken te zijn vergroeid tot vreemde tentakels*

vergroten
∗ GROTER MAKEN OF VOORSTELLEN, met **van** (waarde) en/of met **tot** (waarde): *het bedrijf vergrootte zijn marktaandeel van 22 tot 32 procent*

verguld
∗ BLIJ, met **met** (iets): *zij voelde zich verguld met alle aandacht die ze kreeg*
• ~ **op** snee, de snijkant voorzien van bladgoud

vergunning
∗ TOESTEMMING, met **tot** of **voor** (iets): *het café kreeg een vergunning voor het tappen van sterkedrank*

verhaal
∗ VERGOEDING VOOR SCHADE, met **op** (iem., iets): *de gedupeerde kopers probeerden verhaal te nemen op de fabrikant*
∗ RELAAS, met **over** of **van** (iem., iets): *een prachtig verhaal over zijn reis naar het Paaseiland*
• ~ halen **bij** (iem., instelling), proberen schadevergoeding te krijgen of gedaan te krijgen dat rekenschap wordt afgelegd: *de gedupeerden probeerden verhaal te halen bij de huisbaas;* **op** ~ komen, zich herstellen

verhalen
∗ INNEN, OPEISEN, met **op** (iem., instelling): *ik kan de schade gelukkig verhalen op de tegenpartij*

verhandelen
∗ KOPEN EN VERKOPEN, met **op** (beurs, markt): *op deze beurs worden kleinere fondsen verhandeld; rentecontracten verhandelen op een gecombineerde termijnmarkt* en/of met **tegen** (koers): *de aandelen Koninklijke Olie werden tegen een lagere koers verhandeld*

verhandeling
∗ BETOOG, met **over** (iets, iem.): *een verhandeling over recente politieke ontwikkelingen*

verhapstukken
∗ VERRICHTEN, DOEN, met **aan** (iets): *het is noodzakelijk dat we iets verhapstukken aan onze lage positie op de ranglijst*
• iets/wat **te** ~ hebben **met** (iem), ernstig te bespreken hebben: *hij had nog iets met zijn zoon te verhapstukken*

verheerlijkt
• ~ **met** (iets), erg blij: *hij was ontzettend verheerlijkt met dat compliment*

verheffen
∗ DOEN UITSTIJGEN, met **boven** (iem., iets): *het filosoferen over verheven zaken verheft de intellectueel boven de massa*
• ~ **in** (rang e.d.), bevorderen: *hij werd in de adelstand verheven;* zich ~ **op** (iets), 1 prat gaan op: *hij verhief zich op zijn sportprestatie;* 2 oprijzen vanaf:

op een granieten sokkel verheft zich een standbeeld; ~ **tot** (iets), doen uitgroeien: *deze partij verheft het bezuinigen tot een principe;* ~ **tot** de (rangtelw.) macht, een getal een aantal malen met zichzelf vermenigvuldigen: *tien verheffen tot de vierde macht;* ~ **tot** (graaf e.d.), bevorderen: *hij werd tot hertog verheven;* zich ~ **van** (stoel, grond e.d.), opstaan van: *hij verhief zich van zijn troon*

verhelen

* VERBERGEN, met **voor** (iem.): *hij kon zijn treurige gevoelens niet voor haar verhelen*

verheugd

* BLIJ, met **over** (iets): *hij was verheugd over de uitkomst van het onderzoek* of met **te** (+ onbep. wijs): *ik ben verheugd je weer te kunnen ontmoeten*

verheugen

* zich ~, blij zijn, met **over** (iets): *hij verheugde zich over de genezing van zijn vrouw*
• zich ~ **in** (iets dat men bezit, ondergaat e.d.), 1 genieten van: *hij verheugt zich in het bezit van een stel lieve kinderen;* 2 blij zijn: *zich in de Heer verheugen;* zich ~ **op** (toekomstige gebeurtenis), bij voorbaat genieten: *hij verheugde zich op de komende vakantie;* zich ~ **over** (huidige of toekomstige gebeurtenis), er (alvast) van genieten: *hij verheugde zich over de frisheid van de zomerochtend*; het verheugt mij **(om) te** (+ onbep. wijs), ik ben blij dat ...: *het verheugt mij u dit te kunnen mededelen*

verheven

• ~ **boven** (iem.), hoger in waardigheid: *voor veel romantici was de dichter een halfgod, verheven boven de gewone burgers*

verhippen

• ~ **van** (kou e.d.), te lijden hebben van: *doe die deur dicht, ik verhip van de kou*

verhogen

* HOGER DOEN WORDEN, met **met** (bedrag, percentage) en/of met **tot** of **naar** (waarde, bedrag): *de prijs is met 10 procent verhoogd; de waarde is verhoogd tot meer dan het dubbele* en met **van** (oude waarde) en **tot** (nieuwe waarde): *de prijs is verhoogd van 300 tot 320 euro*
• ~ **in** (prijs, rang), van een hogere prijs enz. voorzien: *de artikelen worden in prijs verhoogd*

verhoor

• een ~ **op** vraagpunten, een verhoor door de rechter zelf

verhouden

• zich ~ **tot** of **ten opzichte van** (iets), 1 verband houden met: *hoe verhouden de bezuinigingsplannen zich tot het streven naar beter onderwijs?* 2 evenredig zijn met: *de lengte verhoudt zich tot de breedte als 4 tot 3*

verhouding

* RELATIE, met **met** of **tot** (iem., iets): *onze verhouding tot God; onze verhouding met de buren is maar zozo*
* SEKSUELE RELATIE, met **met** (iem.): *hij heeft een verhouding met een getrouwde vrouw*
• **buiten** elke ~, buiten alle proporties: *je kritiek is buiten elke verhouding;* **in** ~ **tot** (iets), in evenredigheid aan: *de kosten staan in geen verhouding tot de opbrengsten;* **in** de ~ **van** (getal) **op** (getal), volgens de aangegeven verdeelsleutel: *het concern wil de aandelen splitsen in de verhouding van twee nieuwe aandelen op een oud stuk;* **naar** ~ **van** (iets), gelet op/naar rata van: *de gemeente Den Haag krijgt naar verhouding van het inwonertal te weinig geld uit de Rijkskas*
• ~ **tot** (iets), houding tegenover: *mannen hebben vaak een schizofrene verhouding tot seksualiteit;* ~ **tussen** (zaken, personen), betrekking: *de verhouding tussen Frankrijk en Duitsland is vriendschappelijk;* ~ **tussen** (zaken), evenwicht: *we streven naar een goede verhouding tussen eenheid en verscheidenheid*

verhovaardigen

* zich ~, zich hoogmoedig beroemen, met **op** (iets): *de soldaten verhovaardigden zich op hun overwinning*

verhuizen

* VAN WONING OF PLAATS VERANDEREN, met **naar** (plaats): *hij moest verhuizen naar Heerlen; het boek moest verhuizen naar een andere kast*

verhuren

* IN HUUR GEVEN, met **aan** (iem., instelling): *de bedrijfsruimte was snel verhuurd aan een groot bedrijf*

verkeer

* HET ZICH VERPLAATSEN VAN VOERTUIGEN OF BERICHTEN, met **met** (plaats e.d.): *het verkeer met Duitsland is steeds intensiever geworden* of met **tussen** (plaatsen e.d.): *het verkeer tussen Keulen en Maastricht*

verkenning

* HET VERKENNEN, met **van** (iets): *een verkenning van het terrein*

• **op** ~ gaan/uitgaan, gaan verkennen: *'s middags gingen we op verkenning (uit)*

verkeren

• ~ **in** (omstandigheden, kringen e.d.), zich bevinden: *als verslaggever verkeert hij regelmatig in Haagse politieke kringen;* ~ **in** (iets anders), omslaan: *zijn geluk verkeerde in diepe ellende;* ~ **met** (iem.) of **onder** (personen), omgang hebben: *hij verkeerde regelmatig met de minister-president; ik verkeer weinig onder de mensen*

verkering

* VRIJAGE, met **met** (iem.): *hij had verkering met een meisje uit een ander dorp*

verkiesbaar

* GEKOZEN KUNNENDE WORDEN, met **als** (functionaris) of **voor** (vertegenwoordigend lichaam, functie, zetel): *allochtonen zijn niet verkiesbaar als kamerlid/voor de Staten-Generaal; hij is verkiesbaar voor het presidentschap*

verkiezen

* VOORKEUR HEBBEN, met **boven** (iem., iets): *sommige bedrijven verkiezen uitzendkrachten boven vaste krachten*

* IEMAND KIEZEN DOOR TE STEMMEN, met **bij** (wijze van stemmen, bijv. handopsteken): *de leden voor die commissie worden bij coöptatie verkozen* en/of met **tot** (functie): *zij werd tot voorzitter gekozen* en/of met **met** (meerderheid): *X. werd verkozen met absolute meerderheid*

verkiezing

* HET DOOR STEMMING KIEZEN, met **van** (functie): *de vergadering begon met de verkiezing van de voorzitter*

* HET VERKOZEN WORDEN, met **van** (winnende kandidaat): *de verkiezing van Clinton* en met **tot** (functie): *de verkiezing van Clinton tot president*

• **naar** ~, zoals men wil: *naar verkiezing met slagroom of een scheutje brandy*

verkijken

• zich ~ **op** (iem., iets), zich vergissen in: *je verkijkt je makkelijk op de afstanden in dit land*

verkikkerd

• ~ **op** (iem., iets), dol op: *hij was compleet verkikkerd op haar*

verklaren

* UITLEGGEN, met **uit** (iets): *de arts verklaarde het ziekteverschijnsel uit een storing in de werking van het hart* of met **als** (iets): *Freud verklaarde religieuze voorstellingen als illusies die de kleinheid van de mens moeten helpen bezweren*

* MEDEDELEN, met **te** (+ onbep. wijs): *hij verklaarde, geen drugs in zijn bezit te hebben*

• zich bereid ~ **(om) te** (+ onbep. wijs), meedelen bereid te zijn: *hij verklaarde zich bereid om een inleidend artikeltje schrijven;* zich **tegen** of **voor** (iem., iets) ~, zeggen tegen of voor te zijn: *hij verklaarde zich tegen het gevoerde beleid;* (iem.) **tot** winnaar e.d. verklaren, verklaren dat (iem.) winnaar is: *de jury verklaarde de jonge pianist tot winnaar van het concours;* de vergadering **voor** geopend/gesloten ~, zeggen dat de vergadering geopend/gesloten is

verklaring

* MEDEDELING, met **over** (iets): *de minister kwam met een verklaring over de gevolgde procedure*

* UITLEG, met **van** of **voor** (iets): *hij zocht naar een verklaring van/voor het feit dat ...*

* EEN OFFICIEEL SCHRIFTELIJK GETUIGSCHRIFT, met **omtrent** (zaak): *u dient een verklaring omtrent het gedrag over te leggen* of met **van** (zaak): *een verklaring van goed gedrag/geen bezwaar.*

• **ter** ~ **van** (iets), om te verklaren: *ter verklaring van zijn vergissing voerde hij aan dat ...*

• een ~ hebben/geven **voor** (iets), uitleg kunnen geven: *voor dit raadselachtige verschijnsel hebben de geleerden geen verklaring*

verkleden

* zich ~, door bepaalde kleding iemand anders uitbeelden, met **als** (iem., iets): *hij had zich verkleed als paus*

verkleefd

• ~ **aan** (iem., iets), gehecht: *hij was zeer aan bepaalde gewoonten verkleefd*

verkleumen

* VERSTIJVEN, met **van** (kou): *ik verkleum hier van de kou*

verknallen

* het ~, het bederven, met **bij** (iem.): *bij ons heeft hij het volledig verknald*

verkneukelen

* zich ~, innerlijk pret hebben, met **in**, **om** of **over** (iets): *het Hollandse publiek van de zeventiende eeuw verkneukelde zich in het gebral van Jerolimo* of met **van** (pret): *hij verkneukelde zich van voorpret*

verknocht

• ~ **aan** (iem., iets), sterk gehecht: *hij was verknocht aan zijn zelfgebouwde huis*

verknoeien
∗ VERSPILLEN, met **aan** (iets): *hij heeft aan die uitzichtloze onderneming veel tijd verknoeid* of met **met** (iets): *hij verknoeit zijn tijd met administratieve rompslomp*

verknollen zie **verknallen**

verkopen
∗ TEGEN BETALING LEVEREN, met **aan** (iem., instelling): *we verkopen alleen aan particulieren* en/of met **voor** (bedrag e.d.): *hij verkocht het meubilair voor een schappelijke prijs*

verkorten
∗ KORTER DOEN WORDEN, met **met** (periode) en/of met **tot** (andere periode): *de betalingstermijn is met een maand verkort; de termijn is verkort tot drie maanden* of met **van** (oude periode) **tot** (nieuwe periode): *de uitleenperiode is verkort van drie maanden tot één maand*

verkorven
• het ~ hebben **bij** (iem.), uit de gunst zijn: *hij heeft het helemaal bij mij verkorven*

verkwanselen
∗ VOOR EEN TE LAGE PRIJS VAN DE HAND DOEN, met **aan** (iem., instelling) en/of met **voor** (bedrag): *de Russische oppositie beweerde dat de president het land voor enkele zilverlingen had verkwanseld aan het westen*

verkwisten
∗ VERSPILLEN, met **aan** (iets): *de Russen verkwistten hun inkomsten uit olie aan militaire avonturen*

verlagen
∗ LAGER DOEN WORDEN, met **met** (bedrag, percentage): *we verlagen de prijzen met tien procent* en/of met **tot** of **naar** (waarde, bedrag): *de waarde is verlaagd tot minder dan de helft* of met **van** (oude waarde) **tot** (nieuwe prijs): *de prijs is verlaagd van 320 tot 300 euro*
• ~ **in** (prijs, rang), van een lagere prijs enz. voorzien: *de artikelen worden in prijs verlaagd*

verlangen <zn>
∗ WENS, met **naar** (iets, iem.): *een diep gevoeld verlangen naar innerlijke harmonie*
• **op** ~ **van** (iem.), op de wens of eis van: *op verlangen van de koningin werd de tafelschikking gewijzigd*

verlangen <ww>
∗ EEN WENS UITEN, met **van** (iem., instelling): *nu verlang je echt te veel van me*
∗ EEN WENS KOESTEREN, met **naar** (iem., iets): *hij verlangde naar een rustige vakantie*

verlaten
• zich ~ **op** (iem., iets), vertrouwen: *ik weet niet of ik me helemaal op hem kan verlaten*

verleden
∗ (VAN EEN AKTE) OPGEMAAKT, met **voor** (notaris): *de akte is verleden voor notaris X.*

verlegen
∗ TIMIDE, met **jegens** of **tegenover** (iem.): *hij is erg verlegen tegenover meisjes*
• ~ **met** (iets), zich ongemakkelijk voelend: *zij was duidelijk verlegen met de ontstane situatie;* ~ **om** (iem., iets), nodig hebbend: *het land zit verlegen om een krachtig leider; ben je verlegen om een praatje?;* ~ **onder** (iets), verlegen gemaakt: *hij was zeer verlegen onder de lof die hem werd toegezwaaid*

verleiden
• ~ **tot** (iets), brengen tot: *zijn vrienden verleidden hem tot het uithalen van gevaarlijke toeren*

verlekkerd
• ~ **op** (iets), dol op: *hij was verlekkerd op koffie met slagroom*

verlekkeren
∗ DOEN VERLANGEN, met **met** (iets): *hij heeft ons verlekkerd met allerlei mooie plannen*
• zich ~ **aan** (iem., iets), belust zijn op, genieten van: *hij verlekkerde zich aan de jonge vrouwen om hem heen; hij verlekkert zich graag aan visionaire filosofieën*

verlengen
∗ LANGER DOEN WORDEN, met **met** (periode, maat): *de betalingstermijn is met een maand verlengd* en/of met **tot** (andere periode/maat): *de termijn is verlengd tot drie maanden* of **van** (oude periode/maat) **tot** (nieuwe periode/maat): *de romp is verlengd van 47,5 meter tot 53,4 meter*

verlengde
• **in** het ~ liggen, aansluiten op, met **van** (iets): *zijn opmerking ligt in het verlengde van wat gisteren is opgemerkt*

verlichten
∗ BESCHIJNEN, met **met** (iets): *het sportveld werd met felle lampen verlicht*

verliefd
∗ VERVULD VAN EROTISCH VERLANGEN NAAR EEN BEPAALDE PERSOON, met **op** (iem.): *ik werd verliefd op mijn buurmeisje*
• ~ **op** (iets), dol op: *verliefd zijn op Amsterdam*

verlies
* HET MINDER WORDEN, met **aan** (personen, dieren, iets): *een groot verlies aan mensenlevens; de lijsttrekker vreesde voor een verlies aan steun van de kant van het electoraat*
* HET TELOORGAAN, met **van** (personen, dieren, iets): *het verlies van de economische suprematie is voor de Amerikanen een hard gelag; het verlies van onze dierbaren tijdens de Tweede Wereldoorlog; een verlies van marktaandeel*

verliezen
* KWIJTRAKEN, met **aan** (iem., iets): *hij verloor zijn hart aan een lieftallige brunette*
* GELD MOETEN TOELEGGEN, met **op** (iets): *hij verloor veel geld op een verkeerde investering*
• ~ **aan** (iets), inboeten: *na de eerste helft verliest de roman aan spankracht;* ~ **bij** (iets), nadeel hebben van: *je hebt niets te verliezen bij een wat mildere houding;* zich ~ **in** (iets), zich onbewust te buiten gaan aan: *hij verloor zich in eindeloze abstracte beschouwingen;* ~ **van** (iem.), verslagen worden: *Ajax verloor ten slotte met 3-2*

verlof
* VERGUNNING, met **tot** of **voor** (iets): *de kroeg had verlof tot het schenken van sterkedrank*
• **met** ~, niet aanwezig wegens verlof: *X. is met verlof;* **met** of **op** ~, op of naar een bepaalde bestemming, met **bij**, **in**, **naar**, **op** (geografische aanduiding, adres): *X. is op verlof bij zijn zuster/in Nederland enz.*

verlokken
* VERLEIDEN, met **tot** (handeling, mening): *de interviewster wist de premier niet tot opzienbarende politieke uitspraken te verlokken*

verloop
• **na** ~ **van** (tijd), na het verstrijken van (tijd): *na verloop van een paar dagen komt ze wel op andere gedachten*

verloren
• ~ gaan **aan** (tegenstander, iets), teloorgaan: *vele hectaren bouwland gingen verloren aan het water; aan die fiets is niet veel verloren,* is/was niet veel waard

verlossen
* BEVRIJDEN, met **uit** (isolement, situatie, gevangenis e.d.): *een gelukkig toeval verloste de politicus uit zijn isolement; de politie verloste de gijzelaars uit hun benarde situatie*
* BEVRIJDEN, met **van** (iem., verplichting, systeem): *wie bevrijdt ons van deze idioten? De Klerk bevrijdde Zuid-Afrika van de apartheid*

verlost
• ~ worden **van** (een kind), met (para)medische hulp een kind krijgen: *ze werd verlost van een tweeling*

verloven
* zich ~, zich door trouwbelofte verbinden, met **met** (iem.): *hij verloofde zich met een Amerikaans meisje*

verlustigen
* VERMAKEN, met **in** of **aan** (iets): *in zijn memoires verlustigt Casanova zich aan zijn eigen schelmenstreken*

vermaagschapt
* VERWANT, met **aan** of **met** (iem., iets): *zij waren aan elkaar vermaagschapt*

vermaak
* PLEZIER, met **in** (iets): *hij had veel vermaak in de verrichtingen van het kind*
• **tot** ~ **van** (iem.), zodat deze zich vermaakt: *tot vermaak van de kinderen maakte de clown de vreemdste capriolen; tot veleraller vermaak*

vermaan
* VERMANING, met **aan** (iem.): *een vermaan aan Moskou* of met **(om) te** (+ onbep. wijs): *een vermaan aan Moskou om de oorlog te beëindigen*

vermaard
* BEROEMD, met **om** (iets): *Keulen is vermaard om zijn oude kathedraal* of met **als** (hoedanigheid): *Casanova is vermaard als achttiende-eeuwse schuinsmarcheerder*

vermaken
* PRETTIG OF VROLIJK BEZIGHOUDEN, met **met** (iets): *hij vermaakte haar met zijn grappen*
* VERSTELLEN, met **tot** (iets): *ze vermaakte oude overhemden tot ondergoed voor de kinderen*
• ~ **aan** (iem., instelling), bij testament doen toekomen: *hij vermaakte zijn kapitaal aan een milieuorganisatie*

vermalen
* FIJNMALEN, met **tot** (iets): *de molen vermaalt het koren tot meel*

vermanen
* AANSPOREN, met **(om) te** (+ onbep. wijs): *hij vermaande ons, op tijd naar huis te gaan*
* WAARSCHUWEN, met **voor** (overtreding): *de bokser hield herhaaldelijk met zijn linkse vast en werd daar enkele malen voor vermaand*

vermeerderen
* MEER (DOEN) WORDEN, met **in** (aantal,

kracht e.d.): *de wind vermeerdert in kracht* of met **tot** (hoeveelheid e.d.): *het aantal medewerkers is vermeerderd tot 490; de inkomsten zijn tot het dubbele vermeerderd* of met **met** (hoeveelheid, percentage) **tot** (hoeveelheid, percentage): *het aantal medewerkers is vermeerderd van 490 tot 3700*

vermeien

• zich ~ **in** (object), zich verlustigen: *we vermeien ons in een boek* of met **met** (activiteit): *de jeugd vermeide zich met ganzenborden*

vermengen

* LATEN SAMENGAAN, met **met** (elkaar, iets): *waterstof en zuurstof kunnen zich niet met elkaar vermengen*

vermenigvuldigen

* HET VEELVOUD VAN EEN GETAL BEREKENEN, met **met** (factor): *vermenigvuldig acht eens met zestien*

verminderen

* MINDER (DOEN) WORDEN, REDUCEREN, met **in** (aantal, kracht e.d.): *de wind vermindert in kracht* of met **tot** (hoeveelheid e.d.): *het aantal medewerkers is verminderd tot 490; de inkomsten zijn tot de helft verminderd* of met **met** (hoeveelheid, percentage) **tot** (hoeveelheid, percentage): *het aantal medewerkers is verminderd van 3700 tot 490*

vermoeden

* VERONDERSTELLING, met **van** (iets): *er bestaat geen vermoeden van een strafbaar feit*

vermoeien

* TOT LAST ZIJN, met **met** (iets): *ik wil u niet vermoeien met een overmaat aan details*

vermogen <zn>

* CAPACITEIT, MACHT, met **tot** (iets): *als ondernemer had hij het vermogen tot het vinden van allerlei oplossingen*

• het ligt **in** zijn ~, hij kan ervoor zorgen: *het ligt niet in mijn vermogen deze regeling terug te draaien;* **naar** ~, naar beste kunnen: *laat ieder naar vermogen bijdragen*

vermogen <ww>

* DE INVLOED/KRACHT HEBBEN IETS TOT STAND TE BRENGEN, met **bij** (iem.): *zijn vrouw vermag nogal wat bij hem* of met **tegen** (iem., iets): *de kunst kan ons troosten maar ze vermag niets tegen de werkelijkheid*

• ~ **te** (+ onbep. wijs), erin slagen te: *het boek vermocht hem niet te boeien*

vernachelen

* VERKLEUMEN, met **van** (kou): *ik sta te vernachelen van de kou*

vernemen

* TE WETEN KOMEN, met **van** (iem.): *ik vernam het nieuws van mijn buurman* of met **uit** of **via** (iets): *hij vernam het nieuws uit de krant; uit betrouwbare bron verneem ik dat ...* en/of met **van** (nieuws): *op 3 augustus 1914 vernam hij van de fatale ontwikkelingen in Midden-Europa*

vernikkelen

* VERKLEUMEN, met **van** (kou): *ik sta te vernikkelen van de kou*

vernoemen

* EEN ZELFDE NAAM GEVEN, met **naar** (iem.): *het kind werd vernoemd naar zijn grootvader*

verontrust

* ONGERUST GEWORDEN, met **door** of **over** (iets): *het kabinet is verontrust over de onrust in de Gazastrook*

verontschuldigen

* zich ~, zijn excuses aanbieden, met **bij** of **tegenover** (iem.): *hij verontschuldigde zich bij de voorzitter* en/of met **voor** of **wegens** (iets): *...voor zijn late komst*

verontschuldiging

* EXCUUS, met **voor** (iets): *als verontschuldiging voor zijn late komst voerde hij de verkeersdrukte aan*

• **te** mijner/uwer/zijner/onzer/hunner ~, bij wijze van verontschuldiging: *te mijner verontschuldiging wil ik opmerken dat ...;* **ter** ~: *ter verontschuldiging diende de verkeersdrukte*, met **voor** (iets): *voor zijn late komst;* **tot** zijn ~ aanvoeren: *tot zijn verontschuldiging kun je aanvoeren dat het erg druk was*

verontwaardigd

* GEËRGERD, met **over** (iets): *de bewoners waren verontwaardigd over het feit dat de bomen in hun straat gekapt waren*

veroordeeld

• ~ **tot** (iets), gedoemd te ondergaan: *door zijn ziekte was hij veroordeeld tot een lang ziekbed*

veroordelen

* BIJ VONNIS STRAFFEN, met **tot** (straf): *hij werd veroordeeld tot de strop* of met **in** of **tot** (proceskosten): *zij werd veroordeeld in de kosten* en/of met **wegens** of **voor** (vergrijp): *hij werd veroordeeld tot tien jaar wegens roofmoord*

• **ter** dood ~, veroordelen te worden geëxecuteerd; ~ **als** (agressor e.d.), een negatief oordeel uitspreken: *de Veiligheidsraad veroordeelde Turkije als agressor;* ~ **tot** (iets), in een ongunstige situatie brengen: *door zijn politieke avonturen heeft Saddam Hoessein zijn land tot de bedelstaf veroordeeld*

verootmoedigen

* zich ~, zich deemoedig betonen, met **voor** (God, autoriteit): *verootmoedigen wij ons voor God de Heer en vragen wij vergiffenis voor onze zonden*

verordening

* DOOR DE OVERHEID OPGELEGDE REGELING, met **inzake**, **op**, **over** of **voor** (activiteit): *de verordening op het parkeren in de binnenstad; de verordening op kinderopvang* of met **over** (probleem): *de verordening van de EU over smog* of met **tot** (doel): *Jeltsin vaardigde verordeningen tot privatisering uit*

veroveren

* DOOR GEWELD IN ZIJN MACHT KRIJGEN, met **op** (iem., instelling): *Frederik Hendrik veroverde enkele steden op de Spanjaarden*

verpakken

* INPAKKEN, met **in** (iets): *de bonbons worden verpakt in sierlijke dozen*
* INKLEDEN, met **in** (verhullend spraakgebruik): *hij verpakte zijn voorstel in mooie woorden*

verpanden

* IN ONDERPAND GEVEN, met **aan** (bank): *hij verpandde zijn zilverwerk aan de lommerd; het bedrijf moest zijn bezittingen verpanden aan de banken*
• je hart verpand hebben **aan** (iets, iem.), dol zijn op: *ze heeft haar hart verpand aan middeleeuwse muziek*

verplaatsen

* VERHUIZEN, met **naar** (plaats): *het bedrijf verplaatste zijn productieafdeling naar een lagelonenland* en met **van** (plaats) en **naar** (andere plaats): *hij verplaatste zijn werkterrein van de Randstad naar Groningen*
• zich ~ **in** (iets, iem.), zich inleven: *hij kon zich goed verplaatsen in de leefomstandigheden van zijn pupillen*

verplicht

* DOOR REGELS OF MORAAL GEBONDEN, met **aan** (iem., zichzelf, iets): *dat ben je aan je maatschappelijke stand verplicht* of met **tot** (iets): *het bedrijf zag zich verplicht tot het uitkeren van een schadeloosstelling*

verplichten

* DWINGEN, met **tot** (iets): *de staat verplicht de burger tot het betalen van belasting*
• iemand **aan** zich ~, dankbaar stemmen: *met die daad heeft hij me erg aan zich verplicht;* zich ~ **tot** (iets), als plicht op zich nemen: *het land verplichtte zich tot het opnemen van een contingent vluchtelingen*

verplichting

* HET VERPLICHT ZIJN, met **tegenover** of **jegens** (iem.): *ouders hebben verplichtingen jegens hun kinderen* en/of met **tot** (iets): *er gold geen verplichting tot nachtdiensten*

verpozen

* zich ~, zich ontspannen bezighouden, met **met** (bezigheid, objecten): *hij verpoosde zich graag met schilderen*

verraad

* ONTROUW, met **aan** (iem., ideaal, ideologie, gemeenschap e.d.): *zijn handelwijze werd gevoeld als een verraad aan de groep* of met **jegens**, **tegen** of **tegenover** (iem., ideaal): *deze grove daad gold als verraad tegen de keizer*

verraden

* OP EEN LAFFE MANIER UITLEVEREN, met **aan** (tegenpartij e.d.): *Jezus werd verraden aan de Romeinen*
* GEHEIME GEGEVENS DOORSPELEN, met **aan** (tegenpartij): *de spion verraadde atoomgeheimen aan het Oostblok*
* zich ~, te herkennen zijn, met **in** (eigenschap): *een theologie verraadt zich in het heiligheidsideaal* of met **door** (gedrag, handeling): *de immigranten verraden zich door hun accent*

verrassen

* PLOTSELING VERBLIJDEN, met **met** (iets): *we verrasten haar met een zelfgemaakt lied*

verre

• **van** ~, van een grote afstand: *van verre zagen we de Domtoren al*
• ~ **van** (+ bn), bepaald niet: *hij is verre van rijk;* dat is/zij ~ **van** mij, daar wil ik niets mee te maken hebben

verrekenen

* IN AFTREK BRENGEN, met **met** (ander bedrag): *de sociale dienst verrekent het verdiende inkomen met de bijstandsuitkering*
* NADERHAND IN REKENING BRENGEN, met **met** (iem.): *de PTT verrekent de kosten met de bezitter van de creditcard*

verrekken

* CREPEREN, met **van** (kou e.d.): *we verrekken van de honger*

verrijken

* RIJKER MAKEN, met **met** (iets): *deze cabaretier heeft de taal met veel nieuwe woorden verrijkt*
* zich ~, op een min of meer onoorbare manier veel geld verdienen, met **met**

(iets): *hij verrijkte zich met zwarte handel* of met **ten koste van** (iem.): *de oliemaatschappij verrijkte zich ten koste van de plaatselijke bevolking*

verrijzen

* OPKOMEN, OMHOOG KOMEN, met **uit:** *de bloemen verrezen uit de grond; uit de puinhopen verrees een nieuwe stad*
* ZICH OP WONDERBAARLIJKE WIJZE VERHEFFEN, met **uit** (dood, graf e.d.): *Christus is uit het graf herrezen; de feniks verrijst telkens weer uit zijn as*
* OPSTAAN, met **van** (stoel, bed e.d.): *zij verrees van haar ziekbed*

verruilen

* RUILEN, met **voor** (iets): *tweemaal per jaar verruilt hij zijn comfortabele huis voor een eenvoudig optrekje in de bossen*

verrukt

* OPGETOGEN, met **over** of **van** (iets, iem.): *hij was verrukt over het goede nieuws; ze waren verrukt over de baby*

verscheidenheid

* GEVARIEERDHEID, met **aan** of **van** (zaken, personen; abstracta): *ons bezoek aan die streek leverde een grote verscheidenheid aan indrukken op; er kwam een verscheidenheid van onderwerpen ter sprake*

verschiet

• **in** het ~ liggen/zijn, te verwachten zijn: *er liggen nog heel wat problemen in het verschiet;* **met** (een naderende gebeurtenis) **in** het ~, in afwachting van: *met de reorganisatie in het verschiet is de sfeer hier om te snijden*

verschieten

* BLEEK WORDEN, met **van** (schrik e.d.): *hij verschoot van schrik;* **van** kleur ~, plotseling bleek worden: *bij die rechtstreekse vraag verschoot hij van kleur*
* IN EEN VUURGEVECHT VERBRUIKEN, met **op** (vijand, object): *de soldaten verschoten al hun munitie op de belegeraars*
* DOOR FILMEN/FOTOGRAFEREN VERBRUIKEN, met **aan** (algemeen onderwerp): *ik heb wel vijf rolletjes verschoten aan die ene week vakantie* of met **op** (iem., iets): *ik heb bijna een heel rolletje verschoten op de Notre Dame*

verschijnen

* ERGENS KOMEN OMDAT MEN GEDAAGD IS, met **voor** (iem., instelling): *de soldaat moest voor de krijgsraad verschijnen*

• **in** druk ~, in gedrukte vorm worden uitgebracht: *deze week verschenen de brieven van X. in druk;* **in** rechte ~, voor het gerecht verschijnen

verschil

* ONDERSCHEID, met **in** (opzicht): *de proefpersonen vertonen een groot verschil in gedrag* en/of met **met** (iem., iets): *het verschil met Amerika is, dat daar veel meer gevlogen wordt* of met **tussen** (personen, zaken): *het verschil tussen Fransen en Duitsers*
* VOOR- OF ACHTERSTAND BIJ EEN WEDSTRIJD, met **van** (tijdsduur, punten): *hij won de eindsprint met een verschil van negen seconden*
* RESULTAAT VAN AFTREKKING, met **van:** *het verschil van vijf en drie is twee.*

• ~ **van** mening/inzicht/opvatting, onenigheid: *over de oplossing bestaat nog verschil van mening*

verschillen

* NIET GELIJK ZIJN, met **in (opzicht):** *die schilderijen verschillen nogal in kleurstelling* en/of met **van**, **met** of **ten opzichte van** (iets, iem.): *de arbeidsmarkt in de horeca verschilt van die van Philips* of met **per** (zaak, persoon): *het uitgekeerde bedrag verschilt per individu; de olievervuiling verschilt per strand*

• **van** mening ~, het oneens zijn, met **met** (iem.): *de minister verschilde ernstig van mening met zijn staatssecretaris* en/of met **over** (iets): *we verschillen van mening over de juistheid van die beslissing*

verschonen

• ~ **van** (iets), iemand iets besparen: *wilt u mij verschonen van dit soort ongefundeerde beweringen?* zich ~ **met** (iets), zich excuseren: *hij verschoonde zich met het argument dat ...*

verschoond

• ~ blijven **van** (iets), vrij blijven van: *de jubilaris wenste verschoond te blijven van een toespraak door de directeur*

verschuilen

• zich ~ **achter** (iem., iets), de verantwoordelijkheid schuiven op: *de minister trachtte zich te verschuilen achter toezeggingen van een vorig kabinet*

versieren

* TOOIEN, VERFRAAIEN, met **met** (iets): *zijn werkkamer was met een fraaie lambrisering versierd*

verslaafd

* IN EEN TOESTAND VAN NIET MEER ZONDER KUNNEN, met **aan** (iets): *verslaafd aan drugs*

verslaan

* DE TEGENPARTIJ IN EEN WEDSTRIJD OVERWINNEN, met **met** (eindstand): *Feyenoord versloeg Ajax met 1-0*

* OVERTREFFEN, met **in** (opzicht): *X. verslaat al zijn collega's in domheid; de cd voor computers verslaat alle andere informatiedragers in prijs*

verslag

* BESCHRIJVING, RAPPORT, WEERGAVE, met **van** of **over** (iets): *het journaal kwam met een verslag over de toestand in Sarajevo*

verslijten

• ~ **voor** (iem., iets), denken dat iets of iemand ... is: *hij versleet haar voor een vroegere liefde; sommigen verslijten arrogantie voor eerlijkheid*

verslikken

* zich ~, verkeerd slikken, met **in** (iets); *hij verslikte zich in een graat; ze verslikte zich in de thee*

• zich ~ **in** (iem., iets), onderschatten: *in die klus heeft hij zich danig verslikt; VZC verslikte zich in Cambuur; de schaker verslikte zich in zijn Russische tegenstander*

verslingerd

• ~ **aan** (iem., iets), al te dol op: *hij was verslingerd aan voetbal*

verslingeren

• zich ~ **aan** (iem., iets), een grote (onberedeneerde) liefde opvatten voor: *in de jaren tachtig verslingerden de Amerikanen zich aan een stokoude president; de talentvolle pianiste verslingerde zich aan een louche punker*

versmachten

* HEVIGE DORST HEBBEN, met **van** (dorst): *ik versmacht van de dorst*

versmelten

* TOT EEN GEHEEL WORDEN, met **met** (iets anders): *de wolken versmolten met de opstijgende moerasdampen* en/of met **tot** (geheel): *de instrumentgroepen versmolten niet tot een eenheid*

* WEGSMELTEN, met **tot** (iets): *de sneeuw versmolt tot een kabbelend beekje*

* OMSMELTEN, met **tot** (iets): *munten versmelten tot metalen gebruiksvoorwerpen*

* zich ~, tot een eenheid worden, met **met** (iets, iem.): *bij dit concert versmolten toevallige geluiden zich op natuurlijke wijze met de klanken van de instrumenten*

versnijden

* DOOR SNIJDEN EEN ANDERE VORM GEVEN, met **tot** (iets): *wij versnijden riet tot fluitjes*

* DRANK AANLENGEN, met **met** (andere vloeistof(fen) e.d.): *deze bordeaux is versneden met goedkopere wijnen*

verspelen

* VERBEUREN, met **aan** (iets): *de regering heeft miljarden verspeeld aan een hersenschim*

verspillen

* VERKWISTEN, met **aan** (iets): *hij verspilt veel energie aan nutteloze bezigheden*

verspreid

• ~ **over** (gebied), uitgespreid, verbreid: *hij heeft 32 hectare grond, verspreid over vier lokaties.*

verspreiden

* NIEUWS, BERICHTEN E.D. VERBREIDEN, met **over** (oppervlakte e.d.): *het nieuws over de brand werd snel over de regio verspreid* of met **onder** (publiek e.d.): *het evangelie werd overal onder de mensen verspreid* en/of met **via** (medium): *televisiesignalen verspreiden via het telefoonnet*

verstaan

• zich ~ **met** (iem.), overleg plegen: *de stakingsleider verstond zich regelmatig met zijn achterban;* ~ **onder** (iets), definiëren als: *onder welzijn wordt onder meer verstaan het geestelijk en lichamelijk welbevinden van de mens*

verstand

• **bij** zijn ~ zijn, helder denken: *soms vraag ik me af of je wel helemaal bij je verstand bent;* **met** dien verstande, met dat voorbehoud: *ik ga akkoord, met dien verstande, dat aan mijn eisen wordt voldaan*

• ~ **van** (iets), kennis, begrip: *ik heb geen verstand van voetballen*

verstande zie **verstand**

verstandhouding

* ONDERLINGE BETREKKING, met **met** (iem.): *hij heeft een goede verstandhouding met zijn zoon* of met **tussen** (personen): *een goede verstandhouding tussen vader en zoon*

• **in** (een) goede/slechte ~: *de besprekingen vonden in een goede verstandhouding plaats*

verstarren

* VERSTIJVEN, met **tot** (iets): *elites moeten niet verstarren tot een gesloten kaste.*

verstek

• **bij** ~ veroordelen, bij afwezigheid van de gedaagde: *de voortvluchtige oplichter werd bij verstek veroordeeld tot twee jaar;* **in**, **met** of **onder** ~, met een zaagnaad van 45 graden: *de balken werden in verstek gelijmd*

versteld staan

* ZICH VERBAZEN, met **van** (iem., iets): *ik sta versteld van zijn brutaliteit*

versterf

• **bij** ~, als erfenis zonder testament:

het landgoed gaat bij versterf over op de oudste zoon; erfgenaam bij versterf

versterven

• ~ **aan** (iem.), (van erfenis) overgaan zonder testament: *het landhuis zal aan de zoon versterven*

verstijven

∗ STIJF WORDEN, met **van** (kou, schrik e.d.): *ze verstijfde van angst*

verstoken

• ~ **van** (iets), zonder het genoemde: *hij was verstoken van alle menselijk contact*

verstoppen

∗ VERBERGEN, met **voor** (iem.): *zij verstopten in hun huis joden voor de Duitsers*

verstouten

• zich ~ **tot** (iets) of **te** (+ onbep. wijs), het wagen: *hij verstoutte zich tot een kritische opmerking; hij verstoutte zich een kritische opmerking te maken*

verstrengeld

∗ (VAN LICHAMEN, OBJECTEN) MET ELKAAR VERVLOCHTEN, met **in** (elkaar): *de lichamen van zonnebaders die in elkaar verstrengeld zijn; het bladerdak van in elkaar verstrengelde bomen*

∗ (VAN ABSTRACTE ZAKEN) ONLOSMAKELIJK MET ELKAAR VERBONDEN ZIJN, met **met** (iets): *persoonlijke en zakelijke belangen raakten met elkaar verstrengeld; de Nederlandse economie is verstrengeld met de Duitse*

verstrikken

• zich ~ **in** (iets), geen uitweg hebben uit een probleem: *hij verstrikte zich in zijn eigen woorden; hij verstrikte zich in een fraudeaffaire*

verstrikt

• ~ **in** (iets, zichzelf), geen uitweg hebbend: *een in zichzelf verstrikte man*

vertalen

∗ IN EEN ANDERE TAAL OVERBRENGEN, met **uit** of **van** (taal): *een vertaling uit het Duits* en/of met **in** of (in vakjargon) **naar** (andere taal): *een vertaling uit het Duits in het Frans* of met **met** of **als** (woord e.d.): *'huis' moet worden vertaald met 'house'*

∗ OVERBRENGEN, OMZETTEN, met **in** of **naar** (praktijk, ander systeem e.d.): *hoe vertalen we dit idealisme in alledaagse politiek?* of met **voor** of **ten behoeve van** (iem., iets): *hoe vertalen we de oude waarden voor onze tijd?*

• zich ~ **in** (iets), leiden tot: *een hogere groei van de economie vertaalt zich niet automatisch in een groei van de werkgelegenheid*

vertegenwoordiger

∗ HANDELSAGENT, met **in** (iets, handelsartikel e.d.): *een vertegenwoordiger in scheepsproviand*

verteren

∗ VERGAAN, met **tot** (iets): *de pakking is na al die jaren helemaal verteerd tot een weke massa*

vertillen

∗ zich ~, zijn spieren beschadigen door iets te tillen dat te zwaar is, met **aan** (iets): *hij vertilde zich aan een krat bier*

• zich ~ **aan** (iets), iets ondernemen dat te moeilijk blijkt: *aan dat project heeft hij zich nogal vertild*

vertinnen

∗ VERKLEUMEN, met **van** (kou e.d.): *we zitten te vertinnen van de kou*

vertoon

• **op** ~ **van** (iets), door te tonen: *op vertoon van deze bon krijgt u 10 procent korting*

vertraging

• een ~ **van** (getal) **op** (getal), een overzetverhouding van: *de overdrive heeft een vertraging van 1,2 op 1*

vertrekken

∗ WEGGAAN, met **uit**, **van** of **vanuit** (plaats): *we vertrokken uit Den Haag* of met **naar** (bestemming): *we vertrokken naar Utrecht* of met **richting** (stad, streek, land): *we vertrokken richting Utrecht*

∗ DE DIENST VERLATEN, EEN BAAN OPGEVEN, met **op** of **per** (tijdstip): *hij vertrekt per 1 maart* en/of met **bij** (instelling): *bij de Waalwijkse eredivisieclub vertrekt binnenkort speler X.* of met **uit** (baan e.d.): *zij vertrok uit haar vaste baan om te gaan freelancen* en/of met **naar** (instelling, baan e.d.): *hij vertrekt naar de Voedingsbond FNV*

vertrouwd

• ~ **met** (iets), goed kennend: *de gids was zeer vertrouwd met de omgeving*

vertrouwelijk

• ~ **met** (iem.), op zeer persoonlijke wijze omgaand met: *zij zijn heel vertrouwelijk met elkaar*

vertrouwen <zn>

∗ GELOOF IN DE GOEDE KWALITEIT, BETROUWBAARHEID E.D., met **in** (iets, iem.): *ik heb weinig vertrouwen in de toekomst; het vertrouwen in eigen kunnen*

∗ GELOOF IN IEMANDS LOYALITEIT, met **tussen** (personen): *het vertrouwen tussen de beurshandel en de beleggers is afgenomen.*

• **in** goed ~, rekenend op loyaliteit: *ik*

had heb dit in goed vertrouwen meegedeeld

vertrouwen

• ~ **op** (iem., iets), rekenen op: *hij vertrouwt op God; de renner vertrouwde volledig op zijn materiaal*

vervaard

• **voor** geen kleintje ~, *niet gemakkelijk te intimideren*

vervaardigen

* FABRICEREN, met **van** (materiaal): *talloze soorten plastics worden vervaardigd van olie* of met **naar** (model): *deze tekening is vervaardigd naar een ets van Rembrandt*

vervallen <bn>

• ~ **van** (rechten), ontzet uit: *na de oorlog zijn veel NSB'ers vervallen verklaard van bepaalde burgerrechten*

vervallen <ww>

* BOUWVALLIG WORDEN, met **tot** (bouwval): *het kasteel verviel geleidelijk tot een ruïne*

* INGEVORDERD KUNNEN WORDEN, met **op** (vervaldag): *de eerste termijn vervalt op 1 maart*

• ~ **aan** (iem., instelling), het eigendom worden van: *na zijn dood vervalt zijn vermogen aan zijn broer;* ~ **in** (ongunstige situatie, activiteit), terechtkomen in: *hij vervalt steeds in jargon; het volk was in barbarij vervallen;* ~ **tot** (een slechtere 'versie', ongunstige activiteit), terechtkomen in: *sinds hij werkloos werd, is hij tot een ongeregeld leven vervallen; de bruisende hoofdstad verviel tot een grauw provinciestadje*

vervangen

* DE PLAATS VAN EEN ANDERE PERSOON OF ZAAK LATEN INNEMEN, met **door** (iem., iets): *in dit boek heeft hij de versvorm vervangen door proza*

vervat

• ~ **in** (bewoordingen), gesteld in: *de brief was vervat in uiterst diplomatieke bewoordingen*

verve

• **met** ~, geestdriftig, zwierig: *zij bracht de moeilijke partij met verve*

vervelen

* NIET BOEIEN, met **met** (iets): *zij verveelde hem met haar oneindig geklets*

vervelens

• **tot** ~ **toe**, totdat verveling toeslaat, niet boeien, met **met** (iets): *zij ging tot vervelens toe door met haar geklets*

vervlechten

* TOT EEN HECHTE COMBINATIE MAKEN, met **met** (iets): *in zijn autobiografie heeft hij zijn leven vervlochten met de grote gebeurtenissen van zijn tijd*

vervloeien

* ONMERKBAAR IN IETS ANDERS OVERGAAN, met **in** (iets): *in die filmscène vervloeien gruwelijke beelden in liefelijke*

vervoegen

• zich ~ **bij** (iem., instelling, gebouw), ernaartoe gaan om iemand te ontmoeten/zich te melden e.d.: *voor een paspoort dient men zich te vervoegen bij het bevolkingsregister; hij vervoegde zich bij het plaatselijke café;* zich ~ **in** (stad, land, gebouw e.d.): *de Palestijnse delegatie vervoegde zich in de Iraakse hoofdstad; het echtpaar vervoegde zich in de koninklijke loge;* zich ~ of met **op** (markt e.d.): *wie een mitrailleur wil kopen, kan zich in Warschau op de markt in het stadion vervoegen*

vervoer

* HET VERVOERD WORDEN, met **over** (land, water) of **door** (de lucht): *vervoer over water is nog steeds goedkoper dan over land of door de lucht*

vervoering

• **in** ~, in staat van verrukking, met **over** (iets): *in vervoering over de fraaie uitvoering raakte het publiek niet uitgeklapt*

vervolg

* VOORTZETTING, met **van** (proces, wording e.d.): *hij zag een vervolg van zijn tennisloopbaan niet meer zitten; het vervolg van de tweekamp verliep voor hem minder gunstig*

* BOEK, GESCHRIFT, FILM E.D. VOLGEND OP EEN EERDER BOEK ENZ., met **op** (iets): *de nota is een vervolg op twee eerdere nota's*

• **in** het ~, voortaan: *in het vervolg dient u zorg te dragen voor tijdige betaling;* **ten** vervolge **op** (brief e.d.), als reactie op: *ten vervolge op uw brief van 12 januari jl. ...*

vervolge zie **vervolg**

vervolgen

* VERDER GAAN, met **met** (iets): *de tentoonstelling vervolgde met een serie schilderijen over een geheel ander thema; de brief vervolgde met: ...*

* EEN PROCES AANSPANNEN TEGEN, met **wegens** (vergrijp): *de boekhouder werd vervolgd wegens valsheid in geschrifte*

* DE SPORTCOMPETITIE VOORTZETTEN, met (sporttaal) **tegen** (iem.): *Edberg vervolgt woensdag in de kwartfinale tegen een landgenoot*

vervolging

* STRAFPROCEDURE, met **van** (iem., instelling): *de officier heeft inmiddels*

vervolging van de daders aangekondigd en/of met **wegens** (vergrijp): *een vervolging wegens fraude*
* een ~ instellen, met **tegen** (iem.): *de officier van justitie stelde een vervolging in tegen de arts*
• **buiten** ~ stellen, niet verder gerechtelijk vervolgen: *wegens een vormfout werd de verdachte buiten vervolging gesteld*

vervreemden
* HET CONTACT/DE RELATIE (DOEN) VERLIEZEN, met **van** (iem., iets): *de recente gebeurtenissen hadden hem van zijn vrouw vervreemd*
• zich ~ **van** (iem.), het contact verliezen met: *de leiders hadden zich steeds meer vervreemd van hun achterban*

vervuld
• ~ **van** (gevoel), vol van: *bij het weerzien was zij van ontroering vervuld*

vervullen
* IEMAND VOL DOEN ZIJN VAN IETS, met **met** (gevoel): *de overwinning van het nationale team vervulde ons met vreugde*

verwaardigen
• zich ~ **(om) te** (+ onbep. wijs), zo genadig zijn: *eindelijk verwaardigde hij zich om van zijn paperassen op te kijken;* **met** geen blik ~, geen blik waardig keuren: *hij verwaardigde haar met geen blik*

verwachten
* MOGELIJK ACHTEN, met **van** (iem., iets): *het publiek verwachtte veel van het concert; van hem hoef je niets goeds te verwachten*

verwachting
• **beneden** of **onder** de ~, minder/slechter dan men verwachtte: *de winstcijfers bleven iets onder de verwachting;* **boven** (de) ~, meer/beter dan men verwachtte: *de winstcijfers waren boven verwachting gunstig;* **in** (blijde) ~, zwanger, met **van** (kind): *ze is in verwachting van een tweede kind;* **tegen** ~ of **tegen** de ~ **in**, anders dan men verwachtte: *tegen de verwachting in maakten we nog wat winst*

verwachtingen
* DAT WAT MEN VERWACHT, met **over**, **omtrent**, **van** of **ten aanzien van** (iem., iets): *de verwachtingen over de Verenigde Naties als vredestichter waren hooggespannen* of **voor** (tijdsspanne): *de verwachtingen voor het komende boekjaar zijn niet gunstig*

verwant
* FAMILIE ZIJND, met **aan** of **met** (iem.): *de mannen waren aan elkaar verwant; deze Afrikaanse stam is verwant aan het Tutsivolk*
* OVEREENKOMST VERTONEND, met **aan** of **met** (iets): *dit mysterieuze verschijnsel is verwant met het Baldwin-effect; deze muziek is verwant aan de minimal music* en/of met **in** (opzicht): *beide werken zijn aan elkaar verwant in stijl*
* OVEREENKOMST VERTONEND, met **aan** (andere persoon, instelling): *deze dichter ziet zich verwant aan Martinus Nijhoff*
* zich ~ voelen, overeenkomst voelen, met **met** (iets, iem.): *onze partij voelt zich verwant met de republikeinse partij; als kunstenaar voelde hij zich verwant met Kandinsky*

verwantschap
* NAUWE BETREKKING, met **met** (iem., iets): *in Westerbaens dichtwerk is verwantschap met Huygens te ontdekken* of met **tussen** (zaken, personen): *er is geen verwantschap tussen het Frans en het Chinees* en/of met **in** (opzicht): *zij tonen veel verwantschap in schrijfstijl*

verwarmen
• zich ~ **aan** (warmtebron), zich warm maken: *hij verwarmde zich aan het haardvuur*

verwarren
* VOOR EEN ANDER/IETS ANDERS AANZIEN, met **met** (iem., iets): *ik verwarde hem met zijn broer*

verwedden
* INZETTEN BIJ EEN WEDDENSCHAP, met **onder** of **om** (iets): *ik verwed er mijn hoofd/een tientje om; ik durf er een dubbeltje onder te verwedden dat hij binnenkort afhaakt*

verweer
* VERDEDIGING DOOR MIDDEL VAN WOORDEN, met **op** of **tegen** (iets): *op die beschuldigingen had hij geen verweer*
* VERDEDIGING MET NIET-VERBALE MIDDELEN, met **tegen** (iets, iem.): *tegen het schot van X. had de doelman geen verweer; tegen de Deense kampioene had de Amerikaanse vedette weinig verweer*

verwekken
* NAGESLACHT DOEN ONTSTAAN, met **bij** (vrouw): *bij haar verwekte hij twee kinderen*

verwelkomen
* ONTHALEN, met **met** (woorden, consumptie e.d.): *de gasten werden verwelkomd met een glas wijn*

verweren
* zich ~, zich verdedigen, met **met** (iets): *de belegerde stad verweerde zich met alle middelen* en/of met **tegen**

(iem., iets): *de stad verweerde zich tegen een nieuwe aanval van het leger*

verwerken

∗ GEBRUIKEN, met **in** (iets): *hij verwerkte de laatste gegevens in zijn nieuwe boek*

∗ OMVORMEN, met **tot** (iets): *de aardappelen worden verwerkt tot zetmeel; Debussy verwerkte een toneelstuk van Maeterlinck tot een opera*

verweven <bn>

∗ VERBAND HOUDEND, met **met** (iets): *die gebeurtenissen zijn nauw met elkaar verweven*

verweven <ww>

∗ OPNEMEN, GEBRUIKEN, met **in** (iets): *in dat toneelstuk heeft hij verschillende motieven verweven*

∗ OMVORMEN, met **tot** (iets): *hamer en sikkel had de kunstenaar verweven tot louter decoratieve patronen.*

verwijderen

∗ DOEN WEGGAAN, met **van** (iets, instelling): *hij werd wegens wangedrag van de universiteit verwijderd; de satelliet verwijdert zich drie centimeter per jaar van de aarde* of met **uit** (functie): *de ambtenaar werd uit zijn functie verwijderd*

∗ NAAR ELDERS BRENGEN EN/OF VERNIETIGEN, met **uit** (gebouw, ruimte e.d.): *de boeken zijn uit de bibliotheek verwijderd; het apparaat verwijdert ammoniak uit vervuilde lucht* of met **van** (oppervlak e.d.): *hij verwijderde de bananenschillen van de tafel*

verwijdering

∗ EMOTIONELE AFSTAND, VERKILLING, met **tussen** (personen): *in de loop der tijd was er een verwijdering tussen hen ontstaan*

verwijlen

• ~ **bij** (iets), stilstaan bij: *de spreker verwijlde bij een gedenkwaardige episode uit het leven van de jubilaris*

verwijt

∗ DAT WAT MEN KWALIJK NEEMT, met **aan**, **jegens** of **aan het adres van** (iem., instelling): *het was een verwijt aan de instellingen die hiervoor verantwoordelijk waren* en/of met **te** (+ onbep. wijs): *het verwijt, met twee maten te hebben gemeten* of met **van** (fout e.d.): *het verwijt van nalatigheid ligt voor de hand*

verwijzen

∗ MELDEN DAT IEMAND ELDERS MOET ZIJN, met **naar** (iets, iem.): *de ambtenaar verwees hem naar een andere afdeling van het stadhuis*

∗ VEROORDELEN, met **in** (de kosten): *de gedaagde werd tevens verwezen in de kosten*

verwijzing

∗ HET AANGEVEN WAAR MEN NAARTOE MOET, met **naar** (iem., iets): *een verwijzing naar een specialist*

∗ HET AANGEVEN NAAR WIE/WAARNAAR WORDT GEREFEREERD, met **naar** (iem., iets): *de werken van Poulenc zijn vol van verwijzingen naar andere componisten*

• **met** of **onder** ~ **naar** (iem., iets), verwijzend naar: *onder verwijzing naar de recente gebeurtenissen*

verwikkeld

• ~ **in** (iets), betrokken bij: *het bedrijf raakte verwikkeld in een felle concurrentiestrijd*

verwisselen

∗ VERWARREN, met **met** (iem., iets): *een ambtenaar had mijn dossier verwisseld met dat van een ander; adviesraden verwisselen vaak het willen met het weten*

∗ OVERSCHAKELEN, met **voor** (iets anders): *hij verwisselde zijn oude auto voor een nieuwe*

∗ VERANDEREN, met **van** (hoedanigheid): *290 miljoen aandelen verwisselden van eigenaar; de organisatie is het afgelopen jaar van gedaante verwisseld*

verwittigen

∗ MEEDELEN, met **van** (iets): *wij verwittigden de familie van haar overlijden*

verwonden

∗ WONDEN TOEBRENGEN, met **aan** (lichaamsdeel): *hij verwondde zijn tegenstander aan de schouder* of met **in** (lichaamsdeel): *hij verwondde hem in de borst;* zich ~ **aan** (voorwerp), een wond oplopen doordat men tegen een voorwerp stoot e.d.: *zij verwondde zich aan een spijker*

verwonderen

∗ zich ~, verbaasd zijn, met **over** (iem., iets): *daar heb ik me altijd over verwonderd*

verwondering

∗ HET ZICH VERWONDEREN, met **over** (iem., iets): *filosofie is ontstaan uit verwondering over de kosmos*

• **tot** zijn ~: *tot zijn verwondering zag hij een citaat van hem in de krant*

verworden

∗ ONTAARDEN, met **tot** (iem., iets): *in oorlogsgebieden verworden veel mensen tot armzalige bedelaars* of met **van** (iets, iem.) **tot** (iem., iets): *hij is van een gerespecteerd politicus verworden tot een criminele bendeleider*

verzadigen

• zich ~ **aan** (iets), zich te goed doen:

hij verzadigde zich naar hartenlust aan de uitgestalde lekkernijen

verzanden

∗ VASTLOPEN, met **in** (iets): *het debat verzandde in oeverloos geklets*

verzekerd

∗ DOOR EEN VERZEKERING GEDEKT, met **tegen** of **voor** (risico, schade e.d.): *verzekerd tegen brand* en/of met **bij** (instelling): *zij is verzekerd bij het ziekenfonds* en/of met **voor** (bedrag): *het schip is verzekerd voor 1 miljard euro* of met **tot** (bedrag): *schepen tot 5000 GRT zijn verzekerd tot 3,5 miljoen dollar* en/of met **tegenover** (derden): *we zijn ruim verzekerd tegenover derden*

• ~ **van** (iets), 1 in het veilige bezit/vooruitzicht: *doordat hij tijdig kaartjes gekocht had, was hij verzekerd van een plaats;* 2 kunnende rekenen op: *de partij is verzekerd van een positie in het centrum van de macht*

verzekeren

∗ TEGEN EEN PERIODIEK BEDRAG GARANDEREN DAT MEN EEN VERGOEDING KRIJGT BIJ SCHADE E.D., met **tegen** of **voor** (iets): *die maatschappij verzekert niet tegen brand; ze verzekeren je ook voor rechtsbijstand* en/of met **voor** (bedrag): *ze hebben ons voor 1 miljoen verzekerd* en/of met **tegenover** (derden): *met deze clausule hebben we ons verzekerd tegenover derden*

• (zich) ~ **van** (iets, iem.), maken dat iemand iets heeft: *de ineenstorting van het socialisme verzekert de rechtse partijen van een meerderheid*

verzenden

∗ (EEN BRIEF, DATA OF ANDER OBJECT) VERSTUREN, met **naar** (iem., instelling, plaats): *de Russische bond verzond de bokaal naar Napels* en/of met **over** of **via** (post, telefoon e.d.) *de computergegevens worden verzonden over het telefoonnet;* (uitsluitend van een brief:) met **aan** (iem., instelling): *een kattebelletje verzenden aan een familielid; de premier verzond een missive aan alle gouverneurs*

verzet

∗ TEGENSTAND, met **tegen** (iem., iets): *het verzet tegen de bezuinigingsmaatregelen is groeiende*

• **in** ~ komen, zich beginnen te verzetten, met **tegen** (iem., iets): *de onderdrukte bevolking kwam eindelijk in verzet tegen de dictator*

verzetten

∗ zich ~, tegenstand bieden, met **tegen** (iem., iets): *tegen die beslissing heeft hij zich altijd verzet*

verzinnen

∗ EEN OPLOSSING BEDENKEN, met **op** (probleem): *kun jij hier iets op verzinnen?*

verzinken

∗ WEGZAKKEN, met **in** (iets): *de kinderen verzonken in het steeds verder stijgende water*

• ~ **in** (iets), belanden in een bepaalde toestand: *de film verzonk in vergetelheid; het dorp verzonk in de avondstilte; Rusland verzonk in chaos; in gepeins verzinken*

verzoek

∗ MEEGEDEELDE WENS, met **aan** (iem., instelling): *zijn verzoek aan de gemeente werd niet toegewezen* en/of met **om** (hulp, object e.d.): *een verzoek om geldelijke steun/clementie* of met **tot** (activiteit): *een verzoek tot het plaatsen van een dakkapel* of met **om** (hulp): *een verzoek om geldelijke steun*

• **op** ~, op een geuite wens, met **van** (iem., instelling): *op verzoek sturen we u graag aanvullende informatie; de Bengaalse politie-eenheden waren ingezet op verzoek van India*

verzoeken

• ~ **om** (iets) of **(om) te** (+ onbep. wijs), een wens meedelen: *ik verzoek je om je steun; ik verzoek u onmiddellijk te vertrekken*

verzoeking

• **in** de ~ komen **om te** (+ onbep. wijs), in de verleiding komen: *ik kwam in de verzoeking om hem een pak rammel te geven*

verzoenen

∗ IN HARMONIE DOEN ZIJN, met **met** (iem., iets): *zo'n geweldige ervaring verzoent mij weer met de alledaagse werkelijkheid*

• zich ~ **met** (iem., iets), 1 accepteren: *zij verzoent zich met haar lot;* 2 vrede sluiten: *eindelijk hebben ze zich weer met elkaar verzoend*

verzonken

∗ GELIJK MET, OF ONDER HET OPPERVLAK LIGGEND, met **in** (oppervlak): *een in de vloer verzonken tweepersoonsbed*

verzot

• ~ **op** (iets), zeer gesteld: *verzot zijn op Belgisch bier*

verzwagerd

• ~ **aan** (iem.), familie zijnde van: *de monarchen waren aan elkaar verzwagerd*

verzwijgen

∗ MET OPZET NIET SPREKEN OVER, met **voor**

(iem.): *zij had dit al die tijd voor hem verzwegen*

vestigen

• zich ~ **in** (gebouw, plaats, land), gaan wonen, als vestigingsplaats kiezen: *de volksstam vestigde zich in een vruchtbaar dal;* ~ **op** (iem., iets), de blik, aandacht e.d. richten op: *mag ik uw aandacht vestigen op het feit dat ...;* zijn hoop ~ **op** (iets, iem.), zijn verwachtingen bouwen op: *al onze hoop was op hem gevestigd;* een hypotheek ~ **op** (een object als onderpand), een hypotheek doen rusten op: *er werd een hypotheek gevestigd op de bedrijfsgebouwen*

veto

∗ VERBOD, met **tegen** (iem., iets): *een veto tegen een meerderheidsbesluit;* zijn/een ~ uitspreken **over** of **tegen** (iets), door een veto verbieden: *de VS spraken hun veto uit over sancties tegen Israël*

viering

• **ter** ~ **van** (iets), om feestelijk te vieren/gedenken: *feestelijkheden ter viering van het 50-jarig bestaan*

vies

• ~ **van** (iets), afkerig van: *ik ben vies van kaviaar; hij was niet vies van een flinke dosis dramatiek*

vigeur

• **in** ~, van kracht: *de overige bepalingen blijven in vigeur*

vijand

∗ TEGENSTANDER, met **van** (iem., iets): *een vijand van het volk*

• een geslagen ~ zijn **van** (iets, iem.), vijandig staan tegenover: *hij was een geslagen vijand van gekonkel*

vijandig

• ~ **jegens** of **tegen** (iem.), ongunstig gezind: *hij gedroeg zich nogal vijandig jegens ons;* ~ **tegenover** (iem., iets), ongunstig gezind: *wij staan niet vijandig tegenover wie of wat dan ook*

vijandschap

∗ VIJANDIGE GEZINDHEID, met **jegens**, **tegen**, **tegenover** of **met** (iem., instelling): *de Russen streven niet naar een nieuwe vijandschap tegen de rest van de wereld* of **tussen** (personen, instellingen): *de vijandschap tussen Hutus en Tutsi's; Ik zal vijandschap zetten tussen u en deze vrouw*

vijl

• de ~ halen **over** (iets), verbeteren: *daar moet je nog eens de vijl over halen*

vijlen

• ~ **aan** (iets), vervolmaken: vijlen aan een tekst

vinden

∗ EEN MENING HEBBEN, met **van** (iets, iem.): *wat vind je van dit plan?*

• **te** ~ zijn **voor** (iets), een goed idee vinden: *we vertelden haar over de plannen, en ze was er meteen voor te vinden*

• ~ **aan** (iem., iets), aantrekkelijk vinden: *wat vindt zij toch aan die vent?* zich kunnen ~ **in** (iets), het eens zijn: *kun je je in dit voorstel vinden?* ~ **op** (probleem), een oplossing bedenken: *kun jij er wat op vinden?*

vingeroefening

∗ LICHTE OEFENING OM DE VAARDIGHEID TE BEHOUDEN, met **voor** (iets): *het concert in Vlaanderen is slechts een vingeroefening voor een grote tournee door de VS*

vinnig

• ~ **op** (iets), tuk op: *hij is erg vinnig op antiquarisch speelgoed*

virtuoos

∗ UITERST BEDREVEN PERSOON, met **in** of **op het gebied van** (domein): *Gould was een virtuoos in het bespelen van de piano* of met **op** (instrument): *een virtuoos op de piano*

visie

∗ ZIENSWIJZE, KIJK, met **op** (iets, iem.): *een nieuwe visie op de ontwikkelingen in het onderwijs*

• **ter** ~, ter inzage: *de stukken liggen tot maandag ter visie op ons kantoor*

visioen

∗ DROOMACHTIG BEELD, met **van** (iets, iem.): *het stralende visioen van een vreedzame wereld*

visite

∗ BEZOEK, met **aan** (iem., instelling): *na onze visite aan de buren gingen we nog even naar het café*

• **op** ~, op bezoek, met **bij** (iem.): *vanmiddag ga ik op visite bij mijn tante*

vissen

∗ SLINKS PROBEREN TE ACHTERHALEN, met **naar** (iets): *hij heeft zitten vissen naar de ware reden van onze komst*

∗ PROBEREN TE VANGEN, met **op** (soort vis): *hij vist op kokkels*

• **achter** het net ~, zijn kans verkeken hebben: *doordat hij te laat kwam viste hij achter het net;* **ernaast** ~, zijn kans verkeken hebben: *het bouwbedrijf heeft ernaast gevist bij de aanbesteding van die order;* ~ **uit** (iets), proberen omhoog te halen: *zij placht de balletjes uit de soep te vissen*

vitten

∗ KLEINZIELIGE KRITIEK UITEN, met **op** (iem.,

iets): *zit toch niet zo vitten op die man*

vizier

• **in** het ~ krijgen/hebben, in het zicht krijgen/hebben: *plots kreeg zij Peter in het vizier*

vlaag

• ~ **van** (iets), plotselinge aanval: *een vlaag van verstandsverbijstering*

vlag

• **onder** (een bepaalde) ~: *menig Nederlands schip vaart onder Liberiaanse vlag;* **onder** de ~ **van** (iets), onder de dekmantel van: *onder de vlag van de Verenigde Naties kan Amerika heel wat doelen van zijn buitenlandse politiek realiseren*

vlassen

• ~ **op** (iets), verlangen naar: *de kinderen zaten te vlassen op een spannend verhaaltje*

vlechten

* LANGE EN BUIGZAME ZAKEN KRUISELINGS DOOR ELKAAR WERKEN, met **door** of **in** (iets, elkaar): *biezen matten in elkaar vlechten* en/of met **tot** (iets); *hij vlocht de lange twijgen tot een krans*

vleet

• **bij** de ~, rijkelijk: *hij had vriendinnetjes bij de vleet*

vleien

• zich ~ **met** (gedachte), graag koesteren: *hij vleide zich met de gedachte dat de oorlog snel voorbij zou zijn*

vleug

• **met** de ~ (mee), in de richting van de haren: *fluweel moet je met de vleug mee borstelen;* **tegen** de ~ (**in**), tegen de haren in: *nooit tegen de vleug in borstelen*

vleze

• **naar** den ~, voorspoedig: *mij gaat het naar den vleze*

vloed

* FLINKE HOEVEELHEID, met **van** (iets, zaken): *een vloed van kritiek; een vloed van suggesties*

vloedgolf

* GROTE HOEVEELHEID, GROOT AANTAL, met **aan** (iets, zaken) of **van** (personen, zaken): *een vloedgolf van lawaai; een vloedgolf aan nieuwe projecten; een vloedgolf van immigranten*

vloek

• een ~ uitspreken **over** (iem., iets), vervloeken: *God sprak een vloek uit over Sodom en Gomorra*

vloeken

* VERWENSINGEN UITEN, met **op** (afwezige persoon): *hij vloekte op zijn kinderen* of met **tegen** (aanwezige persoon): *hij vloekte tegen iedereen die hij tegenkwam*

• ~ **met** (iets), lelijk afsteken: *het betonnen stadion vloekt met het fraaie park*

vlooien

* SPEUREN, PLUIZEN, met **in** (instelling) en/of met **naar** (gegevens e.d.): *hij vlooide in de archieven naar aanvullende gegevens*

vlucht

• **in** de/volle ~, tijdens het vliegen: *de jager trof de gans in de vlucht;* **op** de ~: *zij sloeg meteen op de vlucht; mensen op de vlucht voor de honger*

• ~ **in** (iets), poging iets veilig te stellen: *de vlucht in veilige obligaties;* ~ **uit** (iets), poging iets achter zich te laten: *de televisie biedt velen een vlucht uit de werkelijkheid*

vluchten

* (TRACHTEN TE) ONTKOMEN, met **voor** (iem., iets): *hij vluchtte voor de politie*

• ~ **in** (iets), zijn toevlucht nemen tot: *Karpov vluchtte in remise; zij vluchtte in een huwelijk met een succesvolle zakenman*

voeden

* ETEN GEVEN, met **met** (iets): *hij voedde het kind met pap*

* VERSTERKEN, VOORZIEN VAN, met **met** (iets): *met zulke berichten voed je de vooroordelen over asielzoekers*

• zich ~ **met** (iets), 1 eten: *hij voedde zich met veldvruchten;* 2 tot zich nemen, absorberen: *de literatuur voedt zich met bloed, zweet en tranen*

voedingsbodem

* GUNSTIGE OMSTANDIGHEID, met **voor** (iets): *armoede is een goede voedingsbodem voor sociale onrust*

voedsel

• ~ geven **aan** (iets), versterken: *dit voorval geeft voedsel aan het gerucht dat ...*

voege

• **in** dier ~ dat, zodanig dat: *de wet moet worden aangepast, in dier voege dat deze onbedoelde neveneffecten worden geëlimineerd*

voegen <ww>

* VERBINDEN, DOEN AANSLUITEN, met **aan** of **in** (elkaar): *planken aan elkaar voegen*

• ~ **bij** (iets), toevoegen aan: *voeg de uien bij de saucijsjes; de daad bij het woord voegen;* zich ~ **bij** (iem.), in een gezelschap gaan verkeren: *de renner voegde zich bij de achtervolgende groep; later voegde hij zich weer bij het* *reisgezelschap;* zich ~ **naar** (iem., iets), zich richten naar: *ik voeg me naar jou*

voelen

• ~ **aan** (iets, iem.), betasten: *ze voelde aan haar nek;* zich wel ~ **bij** (iets), baat vinden: *ik voel me wel bij dat nieuwe dieet;* ~ **voor** (iem., iets), sympathiek staan tegenover: *ik voel wel voor dat andere plan; ik voel meer voor de derde sollicitant*

voeling

* CONTACT, met **met** (iem., iets): *hij had weinig voeling met zijn achterban*

voer

• ~ **voor** (personen), iets dat aanleiding geeft tot beschouwingen: *voer voor psychologen; voer voor pessimisten*

voeren

* BRENGEN, met **naar** (iem., iets): *de excursie voert ons naar tien musea; hij werd naar de gevangenis gevoerd* of met **tot** (resultaat): *een academische opleiding is pas goed als zij tot wetenschap voert*

* EEN VOERING AANBRENGEN, met **met** (iets): *de jas was met bont gevoerd*

• **bij** de hand/teugel ~, leiden: *hij voerde het paard bij de teugel*

voet

• **op** de ~ volgen, nauwkeurig volgen: *we kunnen de schrijver op de voet volgen bij zijn beschrijving;* **op** dezelfde ~, op gelijke manier: *laten we op dezelfde voet met elkaar doorgaan;* **op** gelijke ~/**op** ~ van gelijkheid, uitgaande van evenwaardigheid: *de onderhandelingen vonden plaats op voet van gelijkheid;* **op** goede/kwade ~ staan **met** (iem.), een goede/slechte relatie hebben: *de corrupte inspecteur stond op goede voet met elementen uit de onderwereld;* **op** grote ~ leven, royaal geld uitgeven: *doordat ook de vrouw werkt, kunnen velen het zich veroorloven op grote voet te leven;* **op** ~ **van** oorlog, vijandig gezind: *de echtelieden leefden min of meer op voet van oorlog met elkaar;* **op** staande ~, onmiddellijk: *ontslag op staande voet;* **te** ~, lopend: *we moesten dat hele stuk te voet afleggen*

voeten

• **met** ~ treden, geen eerbied hebben voor: *hij treedt alle regels voor normaal intermenselijk verkeer met voeten;* **ten** ~ **uit**, op en top: *dat is nu typisch Jan, ten voeten uit;* zich **uit** de ~ maken, maken dat men wegkomt: *zodra hij de politiesirene hoorde, maakte de inbreker zich uit de voeten;* **uit** de ~ kunnen **met** (iets), goed kunnen omgaan met: *met dit nieuwe type racket kan ik prima uit de voeten*

voetlicht

• **over** of **voor** het ~ brengen, goed laten uitkomen: *de oppositieleider wist zijn ideeën niet goed over het voetlicht te brengen;* **over** het ~ komen, goed overkomen: *de socialisten komen niet goed over het voetlicht;* iets **over** het ~ krijgen, goed laten uitkomen: *we zullen hard werken om ons standpunt over het voetlicht te krijgen;* **voor** het ~ treden, zich duidelijk manifesteren: *eindelijk trad bij de Olympische Spelen weer een landgenoot voor het voetlicht*

voetspoor

• **in** het ~/de voetsporen treden **van** (iem.), navolgen: *met dit werk treedt de jonge componist in het voetspoor van zijn leermeester*

voetsporen zie **voetspoor**

vol

• **ten** volle, geheel: *we moeten zien onze capaciteiten ten volle te benutten*

• de handen ~ hebben **aan** (iem., iets), helemaal bezig worden gehouden: *het is een lastig kind, ik heb er mijn handen vol aan;* ~ **met** (iets), gevuld met, met veel ...: *de winkel lag vol met afgedankte kleding; de opvangkampen zitten vol met asielzoekers;* ~ **van** (iets), vervuld van: *ze was helemaal vol van de komende gebeurtenissen*

voldaan

* TEVREDEN, met **over** (iem., iets): *hij was voldaan over het behaalde resultaat*

• **voor** ~ tekenen, met een handtekening een gedane betaling bevestigen

voldoen

• ~ **aan** (iets), doen zoals gevraagd is: *graag voldoe ik aan het verzoek om het woord te nemen*

voldoende

* GENOEG, met **voor** (iets): *onze noodvoorraad is toereikend voor een week*

voldoening

* HET VOLDAAN ZIJN, met **over** (iets): *voldoening over het slagen van de manifestatie*

• **ter** ~ **aan** (wettelijke bepaling), ten einde te voldoen aan: *ter voldoening aan het in de wet bepaalde dient u jaarlijks een opgave te doen;* **ter** ~ **van** (rekening), om te voldoen: *ter voldoening van bovenstaand bedrag dient u de acceptgirokaart in te vullen;* **tot** zijn ~, hetgeen hem voldoening geeft

volgen

* NA IETS KOMEN, met **na** of **op** (iets): *na*

een koele ochtend volgde een warme middag; na elke mop volgde een lachsalvo; na de lunch volgde een tweede inspectieronde

• ~ **uit** (iets), logisch af te leiden zijn: *zijn arrestatie volgde uit de beslissing van de rechter*

volgorde

• **in** ~ **van** (criterium), opeenvolgend aan de hand van: *in volgorde van belangrijkheid;* stukken e.d. **op** ~ leggen

volharden

• ~ **in** (mening, houding, besluit e.d.), blijven bij, met **in** (iets): *hij volhardde in zijn standpunt; zij volhardde in haar passieve houding; hij volhardde in zijn besluit*

volle zie **vol**

volleerd

∗ NIETS MEER TE LEREN HEBBEND, met **in** (iets): *die jongen is volleerd in het vertellen van smoesjes*

volmacht

∗ TOESTEMMING OM NAMENS IEMAND TE HANDELEN, met **tot** (iets): *volmacht tot onderhandelen* of met **over** of **voor** (terrein, onderwerp): *de bondscoach kreeg geen volmacht over het technische beleid*

• **bij** ~, door middel van een volmacht: *bij volmacht stemmen*

volstaan

∗ VOLDOENDE ZIJN, met **voor** (iets): *voor een reis om de wereld in tachtig dagen volstaat een snelheid van dertien knopen*

• ~ **met** (iets), zich beperken tot: *hij volstond met het noemen van de namen van de prijswinnaars*

voltrekken

∗ zich ~, plaatsvinden, met **aan** (iem.): *er heeft zich een geweldige ramp voltrokken aan dit beklagenswaardige volk* of met **buiten** (iem.) **om:** *het voltrok zich helemaal buiten mij om*

vonnis

∗ UITSPRAAK IN EEN PROCES, met **over** (iem., iets) of **tegen** (iem.): *uiteindelijk werd er geen vonnis tegen hem uitgesproken; bij de laatste vergadering werd het definitieve vonnis geveld over het zwembad*

voogdij

∗ FUNCTIE VAN VOOGD, met **over** (iem.): *zij kreeg de voogdij over haar kleinzoon*

• **onder** ~: *de kinderen werden onder voogdij geplaatst,* met **van** (iem.): *onder voogdij van hun oom*

voorafgaan

∗ VÓÓR ANDERE(N) KOMEN, met **aan** (iets, iem.): *aan het concert ging een korte toelichting vooraf*

vooravond

• **in** de ~, in het begin van de avond: *in de vooravond kwam hij nog even langs;* **aan** de ~ **van** (gebeurtenis, periode), net voor het begin van: *we staan aan de vooravond van grote veranderingen*

voorbaat

• **bij** ~, vooraf al: *het plan was bij voorbaat gedoemd te mislukken*

voorbeeld

∗ SPECIMEN, met **van** (iets): *de werken van Rodin zijn een voorbeeld van moderne beeldhouwkunst*

∗ MODEL, met **voor** (iem.): *Rodin is een voorbeeld voor aankomende kunstenaars*

• **als** ~ dienen/stellen/gebruiken/voorhouden; **bij** wijze **van** ~, om een voorbeeld te geven; **ten** of **tot** ~ stellen/strekken, voorhouden/dienen als model

• een ~ nemen **aan** (iem., iets), tot richtsnoer nemen: *aan zijn gedrag/aan hem kun jij een voorbeeld nemen*

voorbehoud

• **met** ~ **van** (rechten e.d.), met een beperkende voorwaarde: *hij tekende met voorbehoud van alle rechten;* **onder** ~, met de beperkende voorwaarde dat er zich wijzigingen kunnen voordoen, met **van** (iets): *u kunt tekenen onder voorbehoud (van wijzigingen)*

voorbehouden

• ~ **aan** (iem., iets), uitsluitend toekomend aan: *deze beslissing is voorbehouden aan de minister*

voorbereiden

∗ ZORGEN DAT EEN PERSOON OF INSTELLING IN STAAT IS IETS TE DOEN, met **op** of **voor** (iets): *deze school bereidt de leerlingen goed voor op het examen*

∗ AAN EEN BESEF GEWEND DOEN RAKEN, met **op** (iets): *hij heeft hen nauwelijks op deze snelle ontwikkelingen kunnen voorbereiden*

voorbereiding

∗ HET (ZICH) VOORBEREIDEN, met **op** of **voor** (iets): *een juiste voorbereiding op de wedstrijden is noodzakelijk*

• **ter** ~, 1 als middel om zich voor te bereiden, met **op** (iets): *de noveen dient ter voorbereiding op een feestdag;* 2 als middel om iets voor te bereiden, met **van** (iets): *ter voorbereiding van de eerste vlucht naar deze planeet is uitgebreid onderzoek nodig*

voorbereidselen

∗ VOORBEREIDENDE BEZIGHEDEN, met **tot**

of **voor** (iets): *hij trof voorbereidselen voor de reis*

voorbeschikken

∗ VOORAF BESTEMMEN, met **tot** of **voor** (iets): *de voorzienigheid had hem voorbeschikt voor grote daden*

voorbestemd

• ~ **tot** of **voor** (iets), vanaf het ontstaan als bestemming hebben: *hij was voorbestemd voor de troon; zij was voorbestemd tot iets groots*

voorbijgaan

• **aan** zich laten ~, er niet aan deelnemen: *de tennisser liet het toernooi aan zich voorbijgaan;* iets **aan** zijn neus zien ~, er helaas geen deel aan hebben: *zij zag de overwinning aan haar neus voorbijgaan;* **in** het ~, zonder het lopen te onderbreken: *in het voorbijgaan streek hij met zijn hand langs de boomstam*

• ~ **aan** (iets), negeren: *de overheid kan niet ongestraft aan deze ontwikkeling voorbijgaan*; met (een) ~ **aan** (iets), zonder er aandacht aan te besteden: *met een voorbijgaan aan de elementaire logica beweerde hij dat ...*

voorbode

∗ VOORTEKEN, met **van** (iets): *een opstekende wind is vaak een voorbode van onweer*

voordeel

• **in** zijn ~, een extra steun: *deze ontwikkelingen zijn niet in ons voordeel;* **in** het ~ zijn, een overwicht hebben: *na de opening was Gasparov duidelijk in het voordeel; de thuisclub is altijd een beetje in het voordeel;* **ten** voordele **van** (iem., iets), in het voordeel van: *de nieuwe belastingregels zijn ten voordele van de hoogst betaalden*

• zijn ~ doen **met** (iets), profijt hebben: *met die kritiek kan hij zijn voordeel doen;* ~ halen **uit** (iets): *we kunnen veel meer voordeel halen uit onze technische voorsprong;* ~ trekken **uit** of **van** (iets): *je moet meer voordeel trekken uit de verbeterde weersomstandigheden*

voordele zie **voordeel**

voordelig

∗ VOORDEEL GEVEND, met **voor** (iem., iets): *de lage rente is voordelig voor onze economie*

voordoen

∗ zich ~, gebeuren, met **bij** (iem., iets): *dit probleem doet zich voor bij grote militaire operaties; de ziekte doet zich voor bij ganzen*

• zich ~ **als** (iem.), voorgeven te zijn: *de man deed zich voor als filmproducent maar bleek een gangster*

voordracht

∗ SPREEKBEURT, met **over** (iem., iets): *een voordracht over een taalkundig onderwerp* en/of met **voor** (publiek e.d.): *een voordracht voor vakgenoten*

• **op** de ~ staan, op de lijst van aanbevolen kandidaten staan: *er stond ook een vrouw op de voordracht;* **op** ~ **van** (iem., instelling), aanbevolen door: *hij werd benoemd op voordracht van de gemeenteraad*

voordragen

∗ AANBEVELEN VOOR EEN BENOEMING E.D., met **als** (functionaris): *de leiders van de politieke partijen droegen hem voor als leider van het land* of met **voor** (functie e.d.): *hij werd voorgedragen voor het premierschap; de burgemeester werd voorgedragen voor een koninklijke onderscheiding* en/of met **aan** (iem.): *de minister draagt de kandidaat voor aan de koningin*

∗ DECLAMEREN, met **uit** (werk): *hij droeg voor uit een van zijn dichtbundels.*

• **ter** benoeming ~, aanbevelen te benoemen

• ~ **voor** (iets), aanbevelen dat iemand het genoemde krijgt: *de frauderende burgemeester werd voorgedragen voor ontslag; ik zal je voordragen voor een salarisverhoging*

voorgaan

∗ HET VOORBEELD GEVEN, met **in** (iets): *zijn oudste broer ging hem voor in het uithalen van kattenkwaad*

• ~ **in** (gebed, kerkdienst e.d.), leiden bij/in: *de dominee ging de gemeente voor in het gebed*

voorgevoel

∗ INTUÏTIEF GEVOEL DAT IETS GEBEUREN ZAL, met **van** (iets): *hij had een voorgevoel van de gebeurtenissen die gingen komen*

voorhand

• **aan** of **op** de ~ zitten, op de plaats waar de speler de eerste kaart speelt

• **op** ~, vooraf al: *hij was het op voorhand (al) niet met ons eens*

voorhebben

• ~ **met** (iem., iets), op het oog hebben: *het is niet duidelijk wat de auteur met zijn lezer voorheeft; wat hij met die opmerking voorheeft ontgaat me;* ~ **op** (iem., iets), een voordeel hebben ten opzichte van: *deze aanpak heeft op de andere voor dat ...*

vooringenomen

∗ BEVOOROORDEELD, met **tegen** of **jegens**

(iem., iets): *bepaalde mensen zijn vooringenomen tegen allochtonen*

voorkennis

∗ HET VOORAF OP DE HOOGTE ZIJN, met **van** (iets): *de veiligheidsdienst had voorkennis van de aanslag op het vliegveld*

voorkeur

∗ HET VERKIEZEN, met **voor** (iem., iets): *ik heb voorkeur voor droge wijn* en/of met **boven** (iem., iets): *ik heb een voorkeur voor Italiaanse wijnen boven Franse; de eerste kandidaat geniet de voorkeur boven de anderen*

• **bij** ~, 't liefst: *ik drink bij voorkeur Rioja*

voorlichten

∗ INFORMATIE GEVEN, met **over** (iets, iem.): *wij werden voorgelicht over de gevolgen van het medicijngebruik*

voorlichting

∗ INFORMATIE, met **aan** (iem.) en/of met **over** (iets): *voorlichting aan het publiek over de wijzigingen in het sociale stelsel*

voorliefde

∗ STERKE VOORKEUR, met **voor** (iem., iets): *een voorliefde voor antieke auto's; een jonge homo met een voorliefde voor dikke, oude mannen*

voorliggen

∗ VERDER GEVORDERD ZIJN, met **op** (iets, iem.): *de kopgroep lag ver voor op het peloton; we liggen voor op het tijdschema*

voornemen

∗ PLAN, met **tot** (iets): *de gemeente maakt het voornemen tot bebouwing van een polder bekend*

vooronderzoek

∗ VOORBEREIDEND ONDERZOEK, met **in** (rechtszaak): *het vooronderzoek in de fraudezaak heeft nog weinig nieuwe gegevens opgeleverd* en/of met **tegen** (iem.): *een vooronderzoek tegen een lid van de marechaussee* en/of met **naar** (iets): *een vooronderzoek naar de toedracht van de ramp*

vooroordeel

∗ OORDEEL DAT NIET OP FEITEN BERUST, met **jegens** (iem.), **omtrent**, **over** of **tegen** (iets, iem.): *een vooroordeel jegens/tegen Chinezen; een vooroordeel over uiterlijkheden*

voorproefje

∗ ERVARING DIE EEN VOORLOPIGE INDRUK GEEFT, met **op** of **van** (iets): *dat was een voorproefje op de komende tienkampen*

• een ~ geven **van** (iets): *hij gaf een voorproefje van zijn komende show;* een ~ nemen **op** (iets): *hij nam een voorproefje op het WK van volgend jaar*

voorraad

• **bij** ~, (rechtstaal) bij voorbaat: *het vonnis is bij voorraad uitvoerbaar;* **in** ~, voorradig: *deze onderdelen heb ik niet in voorraad*

voorrang

∗ PRIORITEIT, met **boven** of **op** (iem., iets): *vrouwen hebben bij sollicitaties voorrang boven mannen*

• ~ geven **aan** (iets, iem.): *we geven voorrang aan politieke vluchtelingen* en/of met **boven** of **op** (iets, iem.): *we geven politieke vluchtelingen voorrang boven economische*

voorschot

∗ GEDEELTELIJKE VOORUITBETALING, met **op** (iets): hij vroeg een voorschot op zijn loon

voorschrift

∗ SCHRIFTELIJK VASTGELEGDE REGEL, met **voor**, **op het gebied van** of **over** (iets): *voorschriften voor de bouw en het onderhoud van schepen*

• **op** ~, voorgeschreven, met **van** (iem.): *wij leveren uitsluitend medicijnen op voorschrift; op voorschrift van de dokter bleef zij een paar dagen thuis*

voorspel

∗ INLEIDENDE GEBEURTENIS(SEN), met **van** of **tot** (iets): *het voorspel van de revolutie*

∗ INLEIDEND ORKESTSTUK, met **tot** (bedrijf e.d.): *het voorspel tot de derde akte*

voorspelling

∗ PROFETIE, met **omtrent** of **over** (iets): *een voorspelling over de ontwikkeling van de werkloosheid*

voorspraak

• **op** ~ **van** (iem.), op aanbeveling van: *op voorspraak van de voorzitter werd zij in de commissie benoemd*

voorsprong

∗ HET VÓÓR ZIJN, met **op** (iem.): *hij heeft een voorsprong op zijn concurrenten*

• **met** ~, verreweg: *hij is met voorsprong de beste coach van Nederland;* (elftal, ploeg) **op** ~ brengen/zetten, een voorsprong bezorgen: *de sterspeler bracht de ploeg met een fraai doelpunt op voorsprong*

voorstaan

∗ EEN VOORSPRONG HEBBEN, met **op** (iem.): *Ajax stond voor op Feyenoord.*

• zich laten ~ **op** (iets), zich beroemen op: *hij liet zich er graag op voorstaan dat hij de rijkste man van Europa was*

voorstander

∗ AANHANGER, met **van** (iets): *een voorstander van ontwapening*

voorstel
* SUGGESTIE, met **tot** (activiteit): *een voorstel tot een parkeerverbod; de wethouder deed een voorstel tot het voortzetten van de vergadering* of met voor (iets): *een voorstel voor een nieuwe richtlijn* of met **met betrekking tot** (terrein): *een voorstelling met betrekking tot de veiligheid van tankers*
• **op** ~ **van** (iem., instelling), volgens de suggestie van: *op voorstel van een van de leden werd de vergadering geschorst*

voorstellen <ww>
* INTRODUCEREN, met **aan** (iem.): *ik stelde de nieuwe medewerker voor aan de collega's* en/of met **als** (hoedanigheid): *hij werd voorgesteld als de broer van de premier*
• ~ **als** (iets, iem.), weergeven als: *hij wordt in de pers altijd voorgesteld als een halve fascist;* zich (iets) ~ **bij** (iets, iem.), zich een beeld vormen: *wat stel je je daarbij voor?* zich (iem., iets) ~ **als**, denken dat (iem., iets) ... is: *hij was niet het type dat je je voorstelt als de leider van een misdaadsyndicaat;* ~ **(om) te** (+ onbep. wijs), een voorstel doen: *we stelden voor om te vertrekken*

voorstelling
* BEELD, met **van** (iets, iem.): *ik heb wel een vage voorstelling van zijn reactie hierop; van zulke verschrikkingen kun je je geen voorstelling maken*

voortborduren
• ~ **op** (iets, iem.), verder uitwerken: *hij bleef eindeloos op het thema voortborduren; hij borduurt voort op andere schrijvers*

voortduring
• **bij** ~, voortdurend: *hij bleef bij voortduring hameren op dit punt*

voorteken
* VOORSPELLEND TEKEN, met **van** of **voor** (iets): *een vallende ster werd beschouwd als een voorteken van tegenspoed*

voortgaan
* VERDER GAAN, DOORGAAN, met **met** (iets): *onverstoorbaar ging hij voort met zijn verhaal*

voortkomen
• ~ **uit** (iem., iets), ontstaan zijn: *de kip is voortgekomen uit het bankivahoen*

voortmaken
* SNELLER OPSCHIETEN, met **met** (iets): *wil je voortmaken met het pakken van je bagage?*

voortouw
• het ~ nemen, het initiatief/de leiding nemen, met **bij**, **in** of **inzake** (doel): *een groepje economisch sterke landen nam het voortouw bij de integratie* en/of met **met** (maatregel): *levensverzekeraar X. nam het voortouw met een renteverlaging van 0,3 procent*

voortspruiten
• ~ **uit** (iets), voortkomen: *zijn gedrag spruit voort uit een minderwaardigheidscomplex*

voortvloeien
• ~ **uit** (iets), de consequentie zijn: *uit deze stelling vloeit voort dat ...*

vooruitlopen
• ~ **op** (iets), alvast of voortijdig reageren: *je moet niet op de conclusies vooruitlopen*

vooruitzicht
* VERWACHTING DAT IETS GAAT GEBEUREN, met **van** (iets): *het vooruitzicht van militair ingrijpen had een enorme invloed op de beurskoersen*
• (iets) **in** het ~ stellen, toezeggen: *de eerlijke vinder werd een beloning in het vooruitzicht gesteld*
• ~ **op** (iets), reële kans: *hij had met zijn nieuwe positie weer een vooruitzicht op salarisverbetering*

voorvechter
* FEL VOORSTANDER, met **van** (iets): *een voorvechter van het socialisme*

voorwaarde
* NOODZAKELIJKE OMSTANDIGHEID, met **tot** of **voor** (iets): *dagopvang van kinderen is een voorwaarde tot een grotere politieke participatie van vrouwen*
• **onder** of **op** geen enkele ~, absoluut niet; **op** één ~, mits hieraan voldaan wordt: **op** billijke/nader overeen te komen voorwaarden

voorwaarden
• **onder** of **op** zekere ~, mits hieraan voldaan wordt
• ~ **van** (betaling e.d.), regeling van: *onze voorwaarden van levering staan vermeld in de offerte*

voorwendsel
• **onder** ~ **van** (smoes), het doende voorkomen: *hij bleef thuis van zijn werk onder voorwendsel van ziekte;* **onder** het ~ dat ..., voorwendend dat: *hij bleef thuis van zijn werk onder het voorwendsel dat hij ziek was;* **onder** valse voorwendselen, met valse beweringen: *onder valse voorwendselen wist hij zich in de werkgroep in te dringen*

voorwerp
• ~ **van** (iets), datgene waarop een han-

deling gericht is: *het beleid van de staatssecretaris was het voorwerp van een felle discussie*

voorzichtig

* BEHOEDZAAM, met **met** (iets of iem. dat ontzien moet worden, of handeling): *de minister was heel voorzichtig met de keuze van zijn woorden; wees voorzichtig met de baby* en/of met **in** (handeling): *de diplomaat was voorzichtig in zijn uitlatingen*

voorzien

• ~ **in** (iets), zorgen voor: *zij kan in haar eigen behoeften voorzien;* ~ **in** een vacature, de vacature vervullen; het ~ hebben **op** (iem.), willen aanvallen: *die man heeft het op mij voorzien;* ~ **van** (iets), het nodige verschaffen: *hij voorzag zich van het nodige geld; we voorzagen de medewerkers van gereedschap*

voorziening

* MAATREGEL, met **ten behoeve van**, **tot** of **voor** (iets, iem.): *de voorzieningen voor recreanten zijn uitstekend* of met **tegen** (iets): *de regering treft voorzieningen tegen misbruik van uitkeringen*
* FINANCIËLE RESERVERING, met **van** (bedrag): *een voorziening van 49 miljoen voor slechte leningen*

vorderen

* OPSCHIETEN, met **met** (iets): *we vorderen niet erg met de werkzaamheden*
* OPEISEN, met **van** (iem.): *tijdens de bezetting werden de fietsen gevorderd van de bevolking*

vordering

* TEGOED, met **op** (iem., instelling): *wij hebben nog een vordering op een klant uitstaan* en/of met **van** (bedrag): *een vordering van 2,8 miljoen euro*
* MEDEDELING DAT MEN EEN VERSCHULDIGD BEDRAG OPEIST, met **over** of **voor** (bedrag): *hij stuurde een vordering over een zeer groot bedrag*
* RECHTSVORDERING, met **tot** (iets): *een vordering tot het nemen van adequate milieumaatregelen*

• **op** ~ **van** (iem.), zoals ... eist: *de getuige-deskundige werd aangezocht op vordering van de officier van justitie*
• een ~ **in** (kort geding e.d.), een eis

vorm

• **in** ~, fysiek en psychisch optimaal presterend; **uit** ~, (sporttaal) fysiek en psychisch slecht presterend: *Ajax was in Rome uit vorm;* **voor** de ~, omwille van de conventie: *ik vroeg het alleen maar voor de vorm*

vormen

* EEN VOORWERP OF PRODUCT MAKEN UIT EEN GRONDSTOF, met **uit** (iets): *hij vormde een vaas uit klei* en/of met **naar** (model): *God vormde de mens naar Zijn evenbeeld*
* GEESTELIJK TOT WASDOM BRENGEN, met **tot** (resultaat): *de school moet de leerlingen vormen tot verantwoordelijke burgers*

• ~ **tot** (iets), een grondstof verwerken tot een voorwerp, product e.d.: *hij vormde de klei tot een sierlijke vaas*

vorsen

• ~ **naar** (iets), onderzoeken: *al tientallen jaren vorst hij naar de geheimen van de sterrenhemel*

voteren

* BIJ STEMMING TOEWIJZEN, met **voor** (iets): *de gemeenteraad voteerde geld voor de aanleg van een trambaan*

vraag

* BEHOEFTE TOT KOPEN, met **naar** (iets): *de vraag naar olie is gestegen* of met **uit** (land): *de vraag uit Japan is vrijwel weggevallen*
* HET TE KENNEN GEVEN IETS TE WILLEN WETEN, met **omtrent** of **over** (iem., iets): *er werd nog een vraag gesteld over de bereikbaarheid van bepaalde voorzieningen*
* HET VASTSTELLEN VAN EEN MOGELIJK PROBLEEM, met **naar** (iets): *de vraag naar de eventuele schadelijkheid van hele-dagopvang voor kinderen is een luxeprobleem*

vraagtekens

• ~ plaatsen/zetten **bij** (iets), twijfel koesteren: *hij zette vraagtekens bij het voorgenomen beleid*

vragen

* UITNODIGEN, met **op** (feest): *zij was niet op het bal gevraagd* of met **(om) te** (+ onbep. wijs): *ik vroeg hem te komen kaarten* of met **voor** (functie): *we vragen haar voor het voorzitterschap* of met **als** (functie): *we vragen haar als voorzitter*
* ALS EIS STELLEN, met **van** (iem., instelling): *de Esten vragen van anderstaligen enige Estse taalkennis* en/of met **als** (prijs e.d.): *hij vroeg honderd euro als beloning* en/of met **voor** (iets): *hij vroeg honderd euro voor het repareren van de fiets*
* ALS PRIJS WILLEN HEBBEN, met **voor** (iets): *hoeveel vraag je voor dit barrel?*

• ~ **naar** (iem., iets), willen zien of spreken: *heeft er nog iemand naar mij gevraagd? niemand vroeg naar mijn paspoort;* ~ **om** (iem., iets), verzoeken: *de vrouwen vroegen om een abortus; u* *moet om dokter X. vragen, die is heel goed;* ~ **(om) te** (+ onbep. wijs), verzoeken: *de regering vraagt de samenleving, koopkracht in te leveren;* **te(n)** eten e.d. ~, vragen om te komen ...; **ten** dans/huwelijk ~, vragen om te ...

vrede

• ~ hebben **met** (iets), zich neergelegd hebben bij: *met dat compromis kon hij vrede hebben*

vreemd

* EIGENAARDIG, met **aan** (iem., iets): *er is iets vreemds aan haar*

* ONBEKEND, ONGEWOON, met **voor** (iem.): *zo'n pc is nog heel vreemd voor mij*

vrees

* ANGST, met **voor** (iem., iets): *de vrees voor nieuwe vijandelijkheden is gegrond*

vreten

• ~ **aan** (iem., iets), ondermijnen: *hij kan zijn gezin niet onderhouden, dat vreet aan hem; de economische recessie vrat aan zijn zakenimperium.*

vreugde

* BLIJDSCHAP, met **om** of **over** (iets): *vreugde over de overwinning*

• **tot** ~ **van** (iem.) blijdschap schenkend: *tot vreugde van de aanwezigen duurde de vergadering niet lang*

• ~ beleven **aan** (iets): *vreugde beleven aan het gezinsleven;* ~ scheppen **in** (iets): *hij schept veel vreugde in het maken van aquarellen;* de ~ **van** (iets), het plezierige: *de vreugde van het moederschap*

vrezen

• ~ **te** (+ onbep. wijs), bang zijn: *hij vreesde een arm te zullen moeten missen;* ~ **voor** (iem., iets), bang zijn dat iets zal gebeuren: *voor een ongeval wordt gevreesd; de psycholoog vreesde voor een emotionele kloof tussen ouders en kind;* het ergste ~ **voor** (iem.), niet gerust zijn op diens lot: *ik vrees het ergste voor de bergbeklimmers die door de mist overvallen zijn;* ~ **voor** (iets), bang zijn dat iets bedreigd wordt: *de premier vreesde voor de veiligheid van de uitgezonden militairen*

vriendelijk

* WELWILLEND, met **voor**, **tegen** of **jegens** (iem.): *de politie is hier heel vriendelijk tegen drugsverslaafden*

vriendschap

* HET VRIEND(INN)EN ZIJN, met **met** (iem., instelling): *mijn vriendschap met X. is mij veel waard* of met **tussen** (personen, instellingen): *de vriendschap tussen Frankrijk en Duitsland*

vrij

• ~ **in** (iets), onbelemmerd: *het nieuwe pak laat de piloot vrij in zijn bewegingen;* ~ **van** (iets), geen last hebbend van, niet bevattend: *we waren vrij van de dagelijkse zorgen; deze stof is vrij van schadelijke bestanddelen*

vrijbrief

* SIGNAAL DAT IETS GEOORLOOFD IS, met **voor** (iets): *het individualisme is geen vrijbrief voor egoïstisch gedrag* of met **(om) te** (+ onbep. wijs): *het wegvallen van de oude ethiek is geen vrijbrief om ons over te geven aan onze lusten*

vrijdom

• ~ **van** (iets), ontheffing: *een bijstandsmoeder krijgt soms vrijdom van onroerendgoedbelasting*

vrijen

* MINNEKOZEN, SEKS HEBBEN, met **met** (iem.): *hij vrijt met een meisje uit een ander dorp*

vrijgeleide

• **onder** ~, met een gewapend escorte, met **van** (personen): *de inwoners mochten de stad onder vrijgeleide verlaten*

vrijgeven

* TER BESCHIKKING STELLEN, met **voor** (activiteit): *het gebied werd vrijgegeven voor oliewinning; de regering geeft de gegevens vrij voor publicatie; de coach wilde de twee spelers niet vrijgeven voor de oefeninterland Nederland-Bulgarije*

vrijheid

* HET NIET BELEMMERD ZIJN, met **van** (iets): *vrijheid van drukpers/vergadering*

• de ~ hebben **(om) te** (+ onbep. wijs), de bevoegdheid: *ik heb niet de vrijheid dat te beslissen*

vrijhouden

* ZORGEN DAT IETS BESCHIKBAAR IS VOOR ANDERE BESTEMMINGEN E.D., met **van** (iets): *de atletiekfederatie hield het weekend opzettelijk vrij van grote wedstrijden* of met **voor** (bestemming e.d.): *we houden deze dag ruimte vrij voor opslag van goederen*

• de handen ~, zorgen dat men zich (ook) op andere zaken kan richten, met **voor** (activiteit): *hij hield de handen vrij voor allerlei nevenactiviteiten*

vrijlaten

* GEEN BEPERKINGEN OPLEGGEN, met **in** (iets): *het Rijk laat de gemeenten vrij in het besteden van de gelden voor sociale vernieuwing*

vrijloten

* DOOR LOTING VRIJSTELLEN, met **voor** of

in (wedstrijdronde): *hij werd vrijgeloot voor de eerste ronde*

vrijmaken

∗ BESCHIKBAAR STELLEN, met **voor** (iets, iem.): *er moet geld worden vrijgemaakt voor een sociaal plan; een krediet vrijmaken voor exporteurs*

• de weg ~ **voor** (iem., iets), in de gelegenheid stellen: *dit wetsontwerp maakt de weg vrij voor een totalitaire staat* of met **(om) te** (+ onbep. wijs): *de opheffing van het uitstel van betaling maakte voor X. de weg vrij om een punt te zetten achter het noodlijdende bedrijf*

vrijpleiten

∗ BEWIJZEN DAT IEM. NIET SCHULDIG IS, met **van** (schuld, beschuldiging): *dit alibi pleit hen vrij van schuld*

vrijspreken

∗ ONSCHULDIG VERKLAREN, met **van** (iets): *de rechter sprak de verdachte vrij van diefstal*

vrijstellen

∗ ONTHEFFEN, met **van** (iets): *een eeuwenoude traditie stelde het vorstenhuis vrij van fiscale verplichtingen*

vrijstelling

∗ ONTHEFFING, met **van** (plicht, belastingen): *hij kreeg vrijstelling van dienstplicht; vrijstelling van rentebelasting* of met **voor** (examengedeelte, belastingen): *hij profiteerde van de vrijstelling voor de vermogensbelasting*

vrijwaren

• ~ **tegen** of **van** (claims e.d.), indekken tegen: *met deze clausule vrijwaren we ons tegen eventuele claims;* ~ **voor** of **van** (iets, iem.), behoeden voor: *verhoogde dijken moeten de bevolking vrijwaren voor overstromingen*

vrucht

• **met** ~, met succes: *Piet Jansen heeft de lagere school met vrucht doorlopen*

vruchtgebruik

∗ RECHT OP HET GEBRUIK, met **van** (iets): *van dit stuk land heeft hij het vruchtgebruik*

vuren

∗ SCHIETEN MET EEN VUURWAPEN, met **op** (iem., iets): *de soldaten vuurden op een sluipschutter.*

vuur

• **onder** ~ liggen, blootgesteld zijn aan een beschieting: *het dorpje lag urenlang onder Russisch vuur;* **onder** ~ nemen, blootstellen aan een beschieting: *de Russen namen het dorpje met mortieren onder vuur*

W

waagschaal

• **in** de ~ stellen, op het spel zetten: *ik ben niet van plan mijn positie in de waagschaal te stellen*

waan

• **in** de ~, met de illusie: *hij verkeerde in de waan dat hij op rozen zat*

waarborg

∗ ONDERPAND, met **voor** (lening): *het gebouw dient als waarborg voor de banklening*

∗ GARANTIE, met **voor** (iets wenselijks): *de wet is een waarborg voor de veiligheid van de burgers* of met **tegen** (iets verwerpelijks): *de ambtseed is een waarborg tegen machtsmisbruik*

waarborgen

∗ BESCHERMEN, met **tegen** of **tegenover** (iets): *de overheid waarborgt het algemeen belang tegenover het eigenbelang*

waarde

• (iem.) **in** zijn ~ laten, respecteren: *je moet hem in zijn waarde laten;* **ter** ~ **van** (bedrag): *een cheque ter waarde van 1000 euro;* **van** ~ **voor** (iem., iets), belangrijk: *de eigen familie is voor velen nog steeds van grote waarde*

• ~ hechten **aan** (iets), veel waarde toekennen aan: *zij hecht veel waarde aan goede manieren*

waarderen

• ~ **met** (cijfer e.d.), de waardering uitdrukken met een waarde op een schaal: *de kijkers waardeerden het programma met een 7,2;* ~ **op** (geldbedrag), de waarde uitdrukken met een bedrag: *het huis werd gewaardeerd op drie ton;* ~ **tegen** (marktwaarde enz.), de waarde uitdrukken in bepaalde termen: *het bedrijf waardeert zijn beleggingen tegen marktwaarde*

waardering

∗ HET GEWAARDEERD WORDEN, met **van** of **voor** (iem., iets): *we streven naar een betere maatschappelijke waardering van huishoudelijke taken*

∗ HET WAARDEREN, met **voor** (iem., iets): *hij had veel waardering voor de betoonde inzet*

waardigheid

• (iets) **beneden** zijn ~ achten, minderwaardig vinden: *zij achtte het beneden haar waardigheid op deze beschuldiging in te gaan*

waarheid

• **achter** de ~ komen, de waarheid achterhalen: *met wat slim speurwerk wist ik achter de waarheid te komen;* **bezijden** de ~, in strijd met de waarheid: *dat zulks het geval zou zijn, is lichtelijk bezijden de waarheid;* **naar** ~, overeenkomstig de waarheid: *de getuige dient naar waarheid te antwoorden*

waarnemen

* EEN PLICHT E.D. TIJDELIJK VERVULLEN IN IEMANDS PLAATS, met **voor** (iem.): *ik zal wel even voor je waarnemen*

waarschuwen

* ATTENT MAKEN OP GEVAAR, met **voor** of **tegen** (iets): *de vakbonden waarschuwden de regering voor/tegen een nieuwe stakingsgolf* of met **voor** (iem.): *ik heb je nog zo voor hem gewaarschuwd*

wacht

• **in** de ~ slepen, bemachtigen: *dit was de eerste grote prijs die zij in de wacht sleepte;* **op** ~, als wachtpost: *we stonden telkens vier uur op wacht;* de officier **van** de ~, de dienstdoende officier

wachten

* BLIJVEN TOT IEM. OF IETS KOMT, met **op** (iem., iets): *hij wachtte op de bus*
* NOG NIET BEGINNEN, met **met** (iets): *hij wachtte met de les tot iedereen binnen was*

• zich ~ **voor** (iem., iets), oppassen: *hij wachtte zich voor het doen van een duidelijke uitspraak*

wachtgeld

• **op** ~, in het genot van een uitkering: *hij is al een paar maanden op wachtgeld*

wagen <ww>

* DURVEN TE RISKEREN, met **aan** (iets): *hij waagde zijn geld aan een riskante onderneming*

• het **erop** ~, het aandurven: *zullen we het er maar op wagen?*

waken

* DE NACHT ZONDER SLAPEN DOORBRENGEN BIJ EEN ZIEKE, STERVENDE E.D., met **bij** (iem.): *hij waakte bij de dode*

• ~ **over** (iem., iets), zorgen voor: *de politie waakt over de veiligheid van de burgers;* ~ **voor** (iets), behoeden: *zij waakte angstvallig voor haar eer;* ~ **voor** of **tegen** (iem., iets), proberen te vermijden: *we moeten waken tegen vergissingen*

wakker

• ~ maken **bij** (iem.), in iemand oproepen: *de situatie maakte herinneringen bij hem wakker;* ~ liggen **van** (iem., iets), zich zorgen maken over: *van dat probleem lig ik echt niet wakker*

wal

• **aan** lager ~, verarmd: *door tegenslagen was hij aan lager wal* geraakt; **van** ~ steken, beginnen te vertellen: *kom op, steek maar van wal*

walg

• een ~ hebben **van** (iem., iets), een afschuw hebben van: *een walg hebben van grootspraak*

walgen

* AFSCHUW HEBBEN, met **van** (iem., iets): *ik walg van die man*

wandel

• **aan** de ~, zich doelloos verplaatsend: *plotseling ging mijn motorgrasmaaier aan de wandel;* **aan** de ~ gaan **met** (iem., iets), weggaan met medeneming van (iem., iets): *jij gaat toch niet met mijn hamer aan de wandel?!*

wandelen

• ~ **in** of **naar** (iets), (bijbeltaal) zich houden aan: *wandel niet in de raad der goddelozen*

wandeling

• **in** de ~, gewoonlijk: *in de wandeling wordt zo'n gedwongen huwelijk een 'moetje' genoemd*

wandelgangen

• **in** de ~, in de informele circuits: *in de wandelgangen gonsde het van de geruchten*

wanhopen

* DE HOOP VERLOREN HEBBEN, met **aan** (iets): *hij wanhoopt aan het herstel van zijn zieke moeder*

wankelen

* IN EEN ONZEKERE POSITIE VERKEREN, met **onder** of **door** (iets): *de Italiaanse regering wankelt door de corruptieaffaires*

• doen ~ **in** (iets), twijfel veroorzaken: *de nieuwe gegevens deden hem wankelen in zijn eerder genomen besluit*

wantrouwen

* ACHTERDOCHT, met **jegens, tegen** (iem.): *hij koestert een krachtig wantrouwen tegen de overheid* of met **tussen** (personen, instellingen): *het wantrouwen tussen hen groeide* en/of met **in** of **omtrent** (iets): *dat getuigt van een groot wantrouwen in ons beleid*

wapen

• **te** ~ lopen, zich verzamelen om te vechten: *de tegenstanders van de president liepen massaal te wapen;* **bij** een ~ dienen, bij een legeronderdeel dienen: *bij welk wapen heb jij gediend?* **onder** de wapenen, in actieve dienst: *de laatste lichting werd onder de wapenen geroepen*

wapenen

∗ zich ~, zich van wapens voorzien, met **met** (iets): *hij wapende zich met een mes* en/of met **voor** (gevecht e.d.): *we wapenden ons voor de strijd*

• zich ~ **tegen** (iets), zorgen dat men ertegen bestand is: *de gemeente wapende zich tegen de plannen van de regering*

war

• **in** de ~, 1 ordeloos dooreen: *het breiwerkje raakte in de war;* 2 emotioneel aangeslagen, met **van** (iets): *zij was nog helemaal in de war van het ongeluk;* **uit** de ~ halen, ontwarren

warmen

∗ (ZICHZELF, IEM., IETS) WARM MAKEN, met **aan** (warmtebron): *we warmden ons aan een vuurtje; we warmden onze handen aan de kachel*

• zich ~ **met** (drank e.d.), zich warm maken, *hij warmde zich met glühwein*

warmlopen

∗ ALVAST OEFENEN, met **voor** (iets): *het warmlopen voor de grote overheidsopdracht begon in het voorjaar*

• ~ **voor** (iets), enthousiast worden: *voor die opvattingen kan hij niet erg warmlopen*

wars

• ~ **van** (iets), afkerig: *hij is wars van alle formaliteit*

was

• **in** de ~ doen, gaan wassen; **in** de ~ zetten, een waslaag aanbrengen; goed **in** de slappe ~ zitten, rijk zijn

waslijst

∗ (SCHERTSEND) LANGE LIJST, met **van, met** of **aan** (iets, zaken): *de vertegenwoordiger van de vakbond overhandigde de directie een waslijst van eisen.*

water

• spijkers **op** laag ~ zoeken, op onredelijke wijze punten van kritiek zoeken; **te** ~, in/op het water: *de auto raakte te water; Rijkspolitie te water*

watertanden

∗ ZIN KRIJGEN IN, met **van** (iets, iem.): *een tenor om van te watertanden; een sketch waar André van Duin van zou watertanden*

wedden

∗ EEN WEDDENSCHAP AANGAAN, met **met** (iem.): *ik heb met hem gewed dat Ajax ging winnen* en/of met **om** (inzet): *wedden om een krat bier* en/of met **op** (uitkomst, winnaar e.d.): *hij wedde op de overwinning van Ajax; hij wedde op Ajax*

wederopzeggens

• **tot** ~, totdat het geannuleerd wordt: *het contract loopt tot wederopzeggens*

wederopzegging

• **tot** ~, totdat het geannuleerd wordt: *het contract loopt tot wederopzegging*

wedijver

∗ HET WEDIJVEREN, met **tussen** (personen, groepen): *de wedijver tussen de broertjes nam onaangename vormen aan*

wedijveren

∗ ELKAAR PROBEREN TE OVERTREFFEN, met **met** (iem.): *vijf scholen wedijverden met elkaar*, en/of met **om** (prijs e.d.): *wedijveren om de trofee* of met **in** (opzicht): *de wasmiddelen wedijveren met elkaar in milieuvriendelijkheid*

wedstrijd

∗ KRACHTMETING, met **in** (iets) of **op** (toestel, wapen): *de jongetjes hielden een wedstrijd in vérplassen; een wedstrijd op de brug ongelijk* en/of met **tegen** (andere partij): *een wedstrijd tegen België* of met **tussen** (partijen): *een wedstrijd tussen Nederland en België*, en/of met **om** (beker, kampioenschap e.d.): *een wedstrijd om de Europabeker*, en/of met **over** (traject, ronden): *een wedstrijd over 168 km; een wedstrijd over 150 ronden*

week

• **door** de ~, tussen maandag en vrijdag: *door de week zit ik in Arnhem;* **in** de ~ zetten, te weken zetten; **van** de ~, deze week: *kom je nog van de week?*

• ~ **in** ~ **uit**, weken achtereen: *week in week uit steeds maar hetzelfde werk*

weemoed

∗ DROEF VERLANGEN, met **om** of **over** (gebeurtenis, handeling): *weemoed om het naderende afscheid* of met **naar** (iets uit het verleden): *weemoed naar het land waarvan je weet dat het nooit bestaan heeft*

weer

• **in** de ~, actief, met **met** (iem., iets): *zij was de hele dag in de weer met de kinderen*

• zich **te** ~ stellen, zich verdedigen, met **tegen** (iem., iets): *de regering stelde zich te weer tegen de kritiek op haar beleid*

weerhouden

∗ BELETTEN IETS TE DOEN, met **van** (iets): *de recente ramp weerhield hen ervan, feest te gaan vieren*

weerloos
∗ ZONDER BESCHERMING, met **tegen** of **tegenover** (iem., iets): *de dwergstern is weerloos tegen wezels en hermelijnen; weerloos tegen aids*

weerskanten
• **aan** ~, aan beide kanten; **van** ~, van beide kanten

weerspiegelen
• zich ~ **in** (iets), verbeeld worden: *de idealen van de Atheners weerspiegelen zich in de tempels op de Akropolis*

weerstand
∗ TEGENZIN, met **tegen** (iem., iets): *zij koesterden een sterke weerstand tegen de dictatuur* en/of met **bij** (iem.): *bij het CDA is de weerstand tegen de koppeling tussen uitkeringen en lonen verminderd*
∗ HET BESTAND ZIJN TEGEN ZIEKTES, met **tegen** (ziekte): *weerstand tegen griep*
• ~ bieden **aan** (iets), zich verzetten tegen: *aan die verleiding kon ik geen weerstand bieden*

weerszijden
• **aan** ~, aan beide zijden; **van** ~, van beide zijden

weerwerk
∗ TEGENSPEL BIEDEN, met **aan**, **tegen** of **tegenover** (iets, iem.): *een krachtige organisatie biedt beter weerwerk aan aanvallen van buitenaf*
• ~ krijgen **van** (iem.), tegenspel krijgen: *de Belgen kregen weinig weerwerk van de Nederlanders*

weerzin
∗ AFKEER, met **tegen** (iets): *hij had een weerzin tegen vergaderen*

weet
• **aan** de ~ komen, te weten komen: *zo kom je nog eens iets aan de weet;* ~ hebben **van** (iets), 1 op de hoogte zijn: *van die feiten had ik geen weet;* 2 berouw/verdriet hebben: *nou, ik kan je verzekeren dat ze er weet van heeft*

weg <zn>
• **in** de ~ zitten/lopen/leggen, hinderen: *die tas zit me behoorlijk in de weg; loop me niet steeds in de weg; zij legde hem nogal wat moeilijkheden in de weg;* **langs** deze ~, op deze manier: *langs deze weg moet het lukken;* **op** ~, 1 reizend, met **naar** (iem., iets): *we zijn op weg naar* Antwerpen; 2 aan de gang: *ik help je graag op weg;* het ligt **op** zijn ~, het is zijn taak: *het ligt niet op mijn weg hierover te beslissen;* **uit** de ~, aan de kant, kwijt: *ga eens uit de weg;* **uit** de ~ gaan, vermijden: *sindsdien gaat hij mij altijd uit de weg;* **uit** de ~ ruimen, elimineren: *men probeerde hem uit de weg te ruimen; een obstakel uit de weg ruimen*

weg <bn>
∗ NIET MEER AANWEZIG, met **uit** (land, plaats): *sinds wanneer is hij uit Alkmaar weg?* of met **van** (terrein, straat e.d.; iem.): *weg van de snelweg* of met **bij** (partner): *na twee jaar ging hij bij haar weg;* ~ **met** (iem., iets): *weg met de regering!*
• (iets, veel e.d.) ~ hebben **van** (iem., iets) er enigermate/sterk op lijken: *hij heeft veel weg van zijn vader;* ~ zijn **van** (iem., iets), enthousiast zijn over: *hij was helemaal weg van die auto*

wegkomen
• ~ **met** (iets), ontkomen aan nare gevolgen: *met alleen een reprimande ben je goed weggekomen;* ~ **uit** (plaats), ontsnappen: *uit de gevangenis wegkomen;* ~ **van** (iem.), zich losmaken van: *hij kan niet van haar wegkomen*

weggelegd
• ~ **voor** (iem.), bestemd voor: *die carrière was niet voor hem weggelegd*

weglopen
∗ ZICH GEÏRRITEERD/BOOS VERWIJDEREN, met **bij** (vertrek, bijeenkomst e.d.): *zij is boos bij hem weggelopen*
• ~ **met** (iem., iets), dwepen met: *ze loopt nogal met hem weg;* ~ **van** (iets), zich distantiëren van: *de PvdA loopt weg van het kabinetsbeleid;* ~ **voor** (probleem e.d.), uit de weg gaan: *hij is niet iemand die voor de moeilijkheden wegloopt*

wegroepen
∗ NAAR ELDERS ROEPEN, met **uit** (bijeenkomst, plaats) *hij werd uit de vergadering weggeroepen* of met **van** (standplaats): *hij werd van zijn post weggeroepen*

wegstrepen
∗ ELIMINEREN, met **tegen** (iets): *je kunt de voor- en nadelen tegen elkaar wegstrepen.*

wegvallen
∗ VERDWIJNEN, met **tegen** (iets): *de belangen van de buurt vielen weg tegen de belangen van de gemeente*

wegwijs
∗ DE WEG WETEND, met **in** (iets): *wegwijs in woordenboeken*

weiden
• zijn blik(ken) laten ~ **over** (personen, zaken, iets), lang en met welbehagen kijken naar: *hij liet zijn blikken weiden over de welgevulde rekken*

weifelen

∗ AARZELEN, met **over** (iets): *tien procent van de kiezers weifelt nog over de te maken keus* of met **tussen** (keuzemogelijkheden): *de regering weifelde tussen een traject door het Groene Hart en een traject over bestaand spoor*

weigering

∗ HET WEIGEREN, met **tot** (iets): *een weigering tot uitlevering van criminelen*

welbehagen

∗ GENOEGEN, met **in** (iets): *hij schiep veel welbehagen in tuinieren*

welgevallen

• ~ hebben **in** (iem., iets), genoegen scheppen in: *de voorbijgangers hadden duidelijk welgevallen in het tafereeltje*

welvaren

• ~ **bij** (iets), voordeel hebben: *zwarthandelaren voeren wel bij de oorlog*

welwillend

∗ VRIENDELIJK, met **jegens**, **tegen** of **tegenover** (iem.): *zij gedroeg zich heel welwillend jegens ons* of met **tegenover** (iets): *zij stond welwillend tegenover ons voorstel*

wemelen

• ~ **van** (iets, zaken, mensen, dieren), vol zijn van: *de stad wemelt van de toeristen*

wenden

∗ ANDERS RICHTEN, DRAAIEN, met **naar** (iets): *het schip wendt de steven naar het noorden; de koers naar het noorden wenden*

• zich ~ **naar** (iets), het lichaam draaien: *de dirigent wendde zich beurtelings naar links en naar rechts;* zich ~ **tot** (iem., instelling), zich in verbinding stellen met: *de soldaat wendde zich tot de legerarts*

wenken <zn>

• **op** iemands ~, op zijn bevel of aanwijzing; **op** zijn ~ bedienen, prompt bedienen

wennen

∗ LEREN IETS NORMAAL TE VINDEN, met **aan** (iem., iets): *zij moet nog wennen aan de nieuwe omgeving*

wens

∗ VERLANGEN, met **tot** (handeling): *de wens tot harmonisatie van de verschillende voorschriften*

• **naar** ~, overeenkomstig iemands verlangen: *is het eten naar wens?;* **tegen** zijn ~ **in**, in strijd met zijn wens

wereld

• hoe, waar e.d. **in** de ~, in 's hemelsnaam: *hoe in de wereld is dat mogelijk;* hoe, waar e.d. **ter** ~, in 's hemelsnaam: *hoe ter wereld is hij ontsnapt;* **ter** ~ brengen, baren: *zij bracht een wolk van een meisje ter wereld;* **naar** de andere ~ helpen, doden; **uit** de ~ helpen, elimineren: *laten we deze kwestie meteen uit de wereld helpen; dit soort geruchten moeten we meteen uit de wereld helpen*

weren

∗ BELETTEN BINNEN TE KOMEN, met **uit** (stad, gebied, instelling, boek e.d.): *de politie probeerde voetbalfans uit de binnenstad te weren* of met **van** (bijeenkomst, markt, agenda e.d.): *Europese bedrijven werden van de Japanse markt geweerd*

• zich ~, tegenstand bieden, met **tegen** (iets, iem.): *het elftal weerde zich uitstekend tegen de veel sterkere bezoekers*

werk

• **aan** het ~ zijn, bezig zijn met werken; **in** het ~, tijdens de constructie (bouwkunde): *de maten van dat kozijn kunnen pas in het werk worden opgenomen;* **in** het ~ stellen, zijn best doen, met **(om) te** (+ onbep. wijs): *hij zal alles in het werk stellen om je terwille te zijn;* **te** ~ gaan, handelen, met **bij** (iets): *hoe ga je te werk bij dit soort zaken?*

• er is ~ **aan** de winkel, er moet flink gewerkt worden; ~ maken **van** (iets), zorgvuldig voorbereiden/uitvoeren: *zij had veel werk van het etentje gemaakt*

werken <ww>

∗ BEÏNVLOEDEN, met **op** (iem., iets): *zijn aanwezigheid werkte ongunstig op het verloop van het gesprek*

∗ ARBEID VERRICHTEN, met **aan** (product e.d.): *zij werkt aan een nieuwe roman* en/of met **aan** of **op** (instelling: *hij werkt aan de universiteit* of met **bij** (firma, baas), **in** (gebouw) of met **onder** (superieur): *hij werkt bij Unilever/in het ziekenhuis/onder de directeur* en/of met **voor** (iets): *ik werk voor mijn examen*

∗ BEGELEIDEN, met **met** (mensen): *hij werkt met gehandicapten*

• ~ **met** (iem.), samenwerken: *ik werk al jaren met hem;* ~ **met** (iets), zich bedienen van: *ik werk al jaren met WordPerfect; zij werken daar met allerlei lokkertjes;* ~ **op** (energiebron), functioneren: *het toestel werkt op een batterij*

werking

∗ INVLOED, met **op** (iets): *het weer heeft een sterke werking op zijn stemming*

• **buiten** ~, niet functionerend: *de lift*

is buiten werking; **in** ~, functionerend: *hij zette de machine in werking;* **zonder** ~, zonder invloed: *een placebo is een geneesmiddel zonder werking*

werpen

• zich ~ **op** (iets), zich enthousiast wijden aan: *hij wierp zich meteen op zijn nieuwe taak*

westelijk

∗ TEN WESTEN VAN IETS, met **van** (iets): *Haarlem ligt westelijk van Amsterdam*

westen

• **in** het ~, in het westelijk gedeelte van een stad of gebied: *Zeebrugge ligt in het westen van België;* **op** het ~, in westelijke richting: *een tuin op het westen;* **ten** ~ **van** (iets), westelijk van: *de rivier stroomt ten westen van de stad*

wet

∗ VOORSCHRIFT VAN DE RIJKSOVERHEID, met **op** (iets): *de wet op het onderwijs* of met **inzake** (iets): *de wet inzake de luchtverontreiniging* of met **tot** (doel): *een wet tot het terugdringen van de luchtvervuiling*

• **bij** de ~ bepalen, door een wet(sbepaling) vaststellen: *de spelling is in Nederland bij de wet bepaald;* **binnen** de ~, zoals bedoeld in de wet: *volgens mij valt dit binnen de wet Geluidhinder;* **boven** de ~ staan/stellen, niet aan wetten gebonden (doen) zijn: *de VS staan boven de internationale wet;* **buiten** de ~, zich niet houdend aan de wet: *door in opstand te komen plaatsten de rebellen zich buiten de wet;* **krachtens** de ~, overeenkomstig de wet; **onder** de (islamitische e.d.) ~ leven, onderhevig zijn aan de (islamitische) regels; **onder** en **boven** de ~, niet vallend onder welke wet dan ook: *hij denkt zeker dat hij onder en boven de wet staat;* **voor** de ~, overeenkomstig de bedoeling van wet: *voor de wet zijn alle burgers gelijk*

weten <zn>

• **bij** mijn ~, voor zover ik weet: *bij mijn weten heeft zij nog geen contact opgenomen;* **buiten** zijn ~, zonder dat hij ervan afweet: *dit is allemaal buiten mijn weten bekokstoofd;* **tegen** beter ~ **in**, hoewel de risico's bekend zijn: *zij hebben tegen beter weten in die overjarige auto gekocht*

weten <ww>

• er iets **op** ~, een oplossing weten; ~ **van** (iets), bekend zijn met: *de politie wist van de onrust in de buurt;* niets willen ~ **van** (iem., iets), niets te maken willen hebben met: *ze is zo boos, ze wil niets van me weten*

wetenschap

∗ METHODISCH VERGAARDE KENNIS, met **van** (iets): *hij houdt zich bezig met de wetenschap van de bouw van de aardkorst*

• **in** de ~ dat, beseffend dat: *ik verliet haar in de wetenschap dat ik haar nooit meer zou zien;* **vanuit** de ~ dat, ervan overtuigd: *hij handelde vanuit de wetenschap dat hij een goede zaak diende*

• ~ hebben **van** (iets), iets weten: *het bestuur had wetenschap van de plannen van de directie*

weven

∗ DRADEN VERVLECHTEN, met **op** (werktuig): *weven op een weefgetouw;* ~ **door** (iets), **door** (iets) **heen**, **tussen** (zaken) of **tussen** (zaken) **door**, onstoffelijke zaken op allerlei manieren met elkaar verbinden: *in dat verhaal weeft de schrijver actie door wetenschappelijke informatie; tussen de beelden van de oorlog weefde hij een zoetsappig liefdesverhaaltje* of met **om**, **rond** (iets) of **om** (iets) **heen:** *rond deze drie thema's weefde hij een roman*

wezen

• **in** ~, teruggebracht tot de essentie: *in wezen gaat het hier om een stuk partijpolitiek*

wijden

∗ INWIJDEN, met **tot** (priester e.d.): *veertig jaar geleden werd hij tot priester gewijd*

• ~ **aan** (iem., iets), besteden aan: *hij wijdt veel tijd aan het schrijven van rapporten*

wijk

∗ de ~ nemen, zijn toevlucht nemen, met **naar** (stad, land): *hij nam de wijk naar het buitenland*

wijken

∗ ZWICHTEN, met **voor** (iem., iets): *de gemeente week niet voor de talloze bezwaren; de logica moest wijken voor politieke belangen*

∗ ZICH VERWIJDEREN, met **van** (iem., iets): *zij week niet van het ziekbed van haar man*

• **van** geen ~ (willen) weten, standhouden: *de zwaar belaagde defensie wist van geen wijken*

wijle

• **bij** tijd en ~, af en toe: *bij tijd en wijle komt hij bij ons langs*

wijs <zn>

• **van** de ~ raken, de melodie kwijtraken, in de war raken, met **van** (iem., iets): *houd even je mond, ik raak van de wijs door je gepraat*

wijs <bn>

• ~ worden **uit** (iets), begrijpen: *uit dat handschrift kan ik niet wijs worden*

wijten

• **aan** zichzelf **te** ~ hebben, er zelf de schuld aan hebben: *dat heb je aan jezelf te wijten;* **te** ~ zijn **aan** (iem., iets), toegeschreven kunnen worden aan: *de verliezen zijn te wijten aan de lage koers van de dollar*

• ~ **aan** (iem., iets), toeschrijven aan: *hij wijt zijn falen aan de tegenwerking van de autoriteiten*

wijze

• **bij** ~ **van** (iets), als: *laten we bij wijze van proef eens het volgende doen;* **bij** ~ **van** spreken: om het zo uit te drukken; **op** (een bepaalde) ~: *het jurkje was op amateuristische wijze in elkaar gezet*

wijzen

* ARM EN HAND UITSTREKKEN OM DE AANDACHT OP IETS TE VESTIGEN, met **naar** (iets, iem.): *hij wees naar het affiche* of met **op** (iem., iets): *hij wees op de baby* of met **in** (richting): *ze wees in een andere richting*

• ~ **op** (iets), de aandacht vestigen op: *de minister wees op de consequenties van het voorstel*

wijziging

* VERANDERING, CORRECTIE, met **in** of **van** (iets): *we verwachten geen wijziging in de tarieven*

wikkelen

• ~ **in** (iets), inpakken: *hij wikkelde het boek in een stuk papier;* ~ **om** (iets, klos e.d.) of **om ... heen**, winden: *hij wikkelde de kabel om een haspel*

wil

* WENS, met **(om) te** (+ onbep. wijs): *de wil om prestaties te leveren* of met **tot** (iets): *de wil tot prestaties*

• **buiten** zijn ~, zonder dat hij dat wil: *dit is allemaal buiten mijn wil gebeurd;* **om** of **ter** wille **van** (iets), om: *om/ter wille van de lieve vrede gaf zij maar toe;* **tegen** zijn ~ (**in**), tegen zijn verlangen in: *tegen zijn uitdrukkelijke wil (in) werd de maatregel doorgevoerd;* **ter** wille zijn, goedgunstig zijn: *ik ben bereid u in deze kwestie ter wille te zijn;* **ter** wille **van** (iem., iets), in het belang van: *ter wille van de lieve vrede gaf hij maar toe;* **van** goede ~, met goede bedoelingen: *hij is van goede wil*

wild <zn>

• **in** het ~, in de vrije natuur: *dit dier zou niet meer in het wild kunnen leven*

wild <bn>

• ~ **op** of **van** (iets), dol op: *zij is wild op paardrijden*

wille zie **wil**

willen

• ~ **aan** (iets), wensen te accepteren: *ik wil nog niet aan een nieuwe wasmachine;* erin ~ **bij** (iem.), willen geloven: *het wil er bij mij niet in dat hij van niets wist*

wind

* LUCHTVERPLAATSING, met **uit** (windrichting): *zware wind uit het zuidwesten*

• **beneden** de ~, aan de kant waar de wind heen waait; **boven** de ~, aan de kant waar de wind vandaan komt; **door** de ~ gaan, overstag gaan; **op** de ~ liggen, met de boeg naar de wind toe; **voor** de ~ varen, met de wind van achteren; het gaat (iem.) **voor** de ~, het gaat goed: *het is hem de laatste jaren voor de wind gegaan*

winden

• ~ **om** (iets, iem.), draaiend leggen om: *hij wond de draad om een stuk hout;* ~ **op** (klos, haspel e.d.), draaien leggen om: *ik wind de kabel op de haspel*

winkel

• er is werk **aan** de ~, er moet flink gewerkt worden

winnen

* DE BESTE ZIJN BIJ EEN WEDSTRIJD, GEVECHT E.D., met **van** (tegenpartij): *Ajax won van Feyenoord* en/of met **met** (score): *ze wonnen met 7-0*

* DE ACHTERSTAND VERKLEINEN DAN WEL DE VOORSPRONG VERGROTEN, met **op** (iem., iets): *we hebben weer een paar minuten op hen gewonnen*

• ~ **aan** (iets), sterker/beter worden in een bepaald opzicht: *de alternatieve geneeskunde wint sterk aan populariteit;* ~ **bij** of **met** (iets), voordeel hebben van: *Nederland heeft niets te winnen bij/met een 24-uursrechtspraak;* ~ **op** (iets), winst maken: *op dat huis heeft hij enkele tonnen gewonnen;* ~ **uit** (stof, gebied), halen uit: *uit de Noordzee wordt gas en olie gewonnen; aardolie wordt gewonnen uit afzettingsgesteenten; zout winnen uit zeewater;* het ~ **van** (iets, iem.), de overhand krijgen ten opzichte van: *zijn nuchterheid won het uiteindelijk van zijn trots; hij heeft het van me gewonnen;* iemand ~ **voor** (zich, iem., iets), de sympathie/instemming winnen: *met een charmante glimlach* *wist zij hem voor zich te winnen; uiteindelijk wisten zij hem voor de zaak te winnen*

winst

∗ VOORDEEL, met **aan** (iets): *de winst aan doelmatigheid was niet groot*

∗ POSITIEF VERSCHIL TUSSEN KOSTEN EN OPBRENGST, met **in** of **over** (periode): *de winst over 1996 zal lager uitvallen* en/of met **van** (bedrag): *een winst van enkele duizenden euro's* en/of met **uit** (activiteit): *de winst uit gewone bedrijfsuitoefening steeg met 12 procent*

∗ HOGERE WAARDE VAN EEN BEURSKOERS, met **op** (bedrag): *Philips boekte een fraaie winst op 21,60 euro*

∗ TIJDVOORDEEL, met **op** (iem., iets): *de renner boekte vijftien seconden winst op (de tijd van) zijn rivaal*

wissel

∗ SCHRIFTELIJK OPDRACHT TOT UITBETALING, met **aan** (toonder) en/of met **op** (zicht, datum): *een wissel aan toonder op 30 dagen*

∗ HET VERVANGEN WORDEN DOOR EEN ANDERE SPELER, met **van** (speler die vervangen wordt): *verrassend was vooral de wissel van Bergkamp*

• een ~ trekken **op** (iets, iemand), een zwaar beroep doen op, veel vergen van, het laten aankomen op: *daarmee trekken we een wissel op de kredietruimte; een wissel trekken op de toekomst*

wisselen

∗ GELD VAN EEN BEPAALDE MUNTSOORT VERVANGEN EEN ANDERE VALUTA, met **in** of **tegen** (andere munt): *dollars wisselen in euro's*

∗ een woord/paar woorden ~, spreken met, met **met** (iem.): *ik heb maar een paar woorden met haar gewisseld*

• ~ **van** (iets), een andere ... nemen/krijgen: *hij wisselt dikwijls van baan; de gele trui wisselde van drager;* **van** gedachten ~, discussiëren, met **met** (iem.): *tijdens de pauze kunt u met elkaar van gedachten wisselen*

wisselwerking

∗ WEDERZIJDSE INVLOED, met **met** (iets, iem.): *de wisselwerking van deze speler met de rest van het team moet nog verbeteren* of met **tussen** (zaken, personen): *een goede wisselwerking tussen leermeester en pupil*

• **in** ~ **met** (iem., iets), zo, dat er een wederzijdse beïnvloeding is: *de erfelijke factoren spelen een belangrijke rol, in wisselwerking met omgevingsfactoren*

woede

∗ BOOSHEID, met **om** of **over** (iets): *woede over een onheuse behandeling* of met **op** (iem.): *het publiek gaf uiting aan zijn woede op de organisatoren*

• **in** ~, in een toestand van woede: *hij smeet in woede de spullen het raam uit;* **tot** ~ **van** (iem.): met woede als gevolg: *de jongen spijbelde vaak, tot woede van zijn ouders;* **uit** ~, doordat men woedend geworden is: *hij handelde uit woede*

woedend

∗ ZEER BOOS, met **op** (iem.): *hij was woedend op me* en/of met **om** of **over** (iets): *zij was woedend over wat men haar had aangedaan*

woekeren

∗ ZOVEEL MOGELIJK NUT UIT IETS HALEN, met **met** (iets): *we moeten woekeren met de ruimte*

woest

∗ ZEER BOOS, met **op** (iem.): *hij was woest op me* en/of met **om** of **over** (iets): *zij was woest over wat men haar had aangedaan*

wol

• **door** de ~ geverfd zijn, veel ervaring hebben

wolken

• **in** de ~ zijn, erg verheugd zijn

wond

∗ BESCHADIGING VAN HET WEEFSEL, met **aan** of **in** (lichaamsdeel): *een wond aan het rechterbeen; een wond on het gezicht.*

wondermiddel

∗ MIDDEL WAARAAN EEN KRACHTIGE WERKING WORDT TOEGESCHREVEN, met **voor** (iets): *het marktbeginsel is geen wondermiddel voor alle maatschappelijke problemen*

woord

∗ HET SPREKEN, met **van** (iets): *een woord van troost/dank*

• **aan** het ~, aan het spreken: *aan het woord is de heer Jansen;* **in** ~ en beeld, in tekst en afbeeldingen: *de bijbel in woord en beeld;* **op** zijn ~, uitgaande van zijn betrouwbaarheid: *we moeten hem maar op zijn woord geloven;* **te** ~ staan, toestemmen in een gesprek: *de notaris kan u nu te woord staan*

• een ~ **op** (uitgang), eindigend op: *voor woorden op -e is een ingewikkeld systeem bedacht;* het ~ richten **tot** (iem.), spreken tot: *hij richtte het woord tot de jubilaris;* geen ~ afdoen **van** (iets), niets terugnemen van: *ik doe geen woord af van wat ik gezegd heb;* geen goed ~ hebben **voor** (iem., iets), een uiterst ongunstig oordeel hebben over: *voor zijn gedrag heb ik geen goed woord*

woorden

• **in** ~: *dat is moeilijk in woorden uit te drukken;* **met** andere ~, anders uitgedrukt, samenvattend: *met andere woorden, we zijn thuis gebleven;* **onder** ~ brengen, woorden vinden voor: *hij heeft het moeilijk zijn gedachten onder woorden te brengen;* **uit** zijn ~ komen, zich kunnen uiten: *van pure emotie kon zij niet uit haar woorden komen*

woordenlijst

∗ LIJST VAN GEBRUIKTE WOORDEN, met **op** (schrijver, werk): *de woordenlijst van Mehler op Homerus; een woordenlijst op de bijbel*

worden

• ~ **tot** (iets), een nieuwe vorm/toestand aannemen: *tijdens misviering wordt het brood tot het lichaam van Christus;* ~ **van** (iem.), terechtkomen: *wat moet er van deze jongen worden*

worstelen

• ~ **met** (iets), 1 te kampen hebben met: *de gemeente worstelt met een begrotingstekort;* 2 problemen hebben met: *deze krant worstelt met zijn identiteit;* 3 vechten: *maandenlang worstelde zij met de kanker;* zich ~ **naar** (overwinning e.d.), met veel inzet weten te behalen: *met 6-5 worstelde hij zich naar de kop van de ranglijst;* zich ~ **door** (iets) **(heen)**, met veel inspanning een doel bereiken of resultaat behalen: *zij worstelde zich door het boek heen;* ~ **tegen** (gemoedsgesteldheid e.d.), zich verzetten tegen: *hij worstelde tegen mijn slaap*

wortel

• de bijl **aan** de ~ leggen, met **van** (iets), beginnen met het vernietigen van iets: *hiermee leggen we de bijl aan de wortel van het kwaad*

wortelen

∗ WORTEL SCHIETEN, met **in** (aarde): *de plantjes wortelen in de humuslaag*

• ~ **in** (iets), (van een zaak, instelling) zijn oorsprong vinden: *onze moderne wereld wortelt in de Verlichting; die vakbond wortelt in de linkse traditie;* zich ~ **in** (iets), (van een organisme) zich nestelen: *dit virus wortelt zich in de hersencellen*

woud

• ~ **van** of **aan** (zaken), een grote hoeveelheid: *een woud van televisieantennes; een woud aan vraagtekens; het woud aan voorstellen beneemt ons het zicht op de grote lijn*

wraak

∗ VERGELDING, met **op** (iem., iets): *hij nam wraak op de man die zijn familie had vermoord; nadat de Bulgaarse regering een embargo had aangekondigd tegen Servië, namen de Serviërs wraak op Bulgaarse schepen op de Donau* en/of met **voor** of **wegens** (iets): *wraak nemen voor een schanddaad*

wreed

∗ HARDVOCHTIG, met **tegen**, **jegens**, **tegenover** of **voor** (iem.): *je bent wel erg wreed tegen hem*

wreken

∗ zich ~, iets vergelden, met **op** (iem.): *hij wreekte zich op zijn oude vijanden* en/of met **voor** (iets): *Griekenland wilde zich wreken voor de uitwijzing van zijn ambassadeur*

wrevel

∗ MISNOEGDHEID, met **over** (iets, iem.): *de wrevel over het beleid van Den Haag was groot* en/of met **jegens**, **tegen** of **tegenover** (iem.): *hij gaf uiting aan zijn wrevel jegens de autoriteiten* of met **tussen** (personen, instellingen): *er is wrevel ontstaan tussen de trainer en de bondsvoorzitter*

• **tot** ~ **van** (iem.), zo, dat deze boos wordt: *tot wrevel van de veroordeelde delinquent ging ook de officier van justitie in beroep tegen het vonnis*

wroeten

∗ WOELEN, met **in** (iets): *de mol wroet in de grond*

∗ MET VIJANDIGE BEDOELINGEN SPEUREN, met **in** (verleden, leven e.d.): *de journalist wroette in het leven van de popster* en/of met **naar** (gegevens): *de BVD wroette naar informatie over verdachte personen*

wrok

∗ RANCUNE, met **tegen** of **jegens** (iem., instelling): *hij koesterde een diepe wrok tegen de samenleving* en/of met **over** (iets): *wrok over het aangedane onrecht*

wrokken

∗ WROK KOESTEREN, met **over** (iets): *wrokken over het aangedane onrecht*

wuiven

∗ MET DE ARMEN ZWAAIEN, met **naar** (iem., iets): *hij wuifde naar zijn kinderen*

Z

zaak
∗ VERKOOPPUNT, met **in** of **voor** (artikelen): *een zaak in mode-accessoires; een zaak voor kinderspeelgoed*

zaal
∗ **op** ~ liggen, op een kamer met meerdere patiënten liggen

zagen
∗ MET EEN ZAAG BEWERKEN, met **in** (delen): *de timmerman zaagt het hout in stukken* of met **tot** (iets): *hij zaagt het hout tot planken*

zak
• **op** ~ hebben, bij zich hebben: *ik heb te weinig geld op zak;* **op** andermans ~ teren, een ander (steeds maar) laten betalen: *je moet werk zoeken, je kunt niet op andermans zak blijven teren;* **uit** eigen ~ betalen, zelf betalen: *ik heb die postzegel maar uit eigen zak betaald*

zake
• **ter** ~, (terug) naar eigenlijke onderwerp; niet **ter** ~ doen, niets met de zaak te maken hebben: *wat jij daar opmerkt, doet hier helemaal niet ter zake;* niet **ter** ~ dienende, niets met de zaak te maken hebbend; **ter** ~ **van** (iets), wat betreft: *ter zake van de arbeidstijdverkorting werd nog niets besloten*

zaken
• **in** ~, in commerciële activiteiten: *na zijn ontslag is hij in zaken gegaan*
• ~ doen **met** (iem., instelling): *het is plezierig zaken doen met u* of met **op** (land): *Nederlandse bedrijven doen te weinig zaken op Japan*

zakken
∗ OMLAAG GAAN, met **naar** (niveau): *de uitkering zakt naar een lager niveau* of met **onder** (niveau): *de verkoop zakt onder de duizend stuks* of met **tot** (niveau): *de temperatuur zakt tot tien graden* en/of met **met** (hoeveelheid): *de rente zakt met een half procent* en/of met **in** (opzicht): *het artikel is in waarde gezakt*
∗ NIET SLAGEN, met **op** (examenonderdeel, punt): *hij is gezakt op wiskunde; hij is gezakt op één punt,* of met **voor** (examen): *hij zakte voor zijn rijexamen*

zalven
∗ WIJDEN MET SPECIALE OLIE, met **tot** (functie): *hij werd tot priester gezalfd*

zee
• **in** ~ gaan **met** (iem.), gaan samenwerken: *ze zijn met de concurrent in zee gegaan;* **ter** ~, op (de) zee: *te land en ter zee; kapitein ter zee*
• een ~ **van** (mensen, iets), een heleboel: *je komt terecht in een zee van mogelijkheden*

zeep
• **om** ~ helpen/brengen, doden: *Serviërs en moslims brachten elkaar op grote schaal om zeep*

zeerste
• **ten** ~, in de hoogste mate: *ik betreur dit ten zeerste*

zege
∗ OVERWINNING, met **op**, **over** (iem., instelling) of **tegen** (sportieve tegenstander): *het leger behaalde de zege op de vijand; de grootmeester dammen zorgde voor een zege tegen X.* en/of met **van** (wedstrijdscore): *een soepele zege van 2-0*

zegel
• **onder** ~, verzegeld: *de opgaven worden onder zegel verzonden naar de scholen*

zegen
∗ IETS DAT ZEER GUNSTIG IS, met **voor** (iem., iets): *die nieuwe wet is een zegen voor de samenleving*
• **op** dit plan rust geen ~, het is gedoemd te mislukken; zijn ~ geven **aan** (iem., iets), steunen: *ik geef jullie mijn zegen!; de minister-president gaf zijn zegen aan het akkoord;* de ~ hebben **van** (iem.), gesteund worden door: *het akkoord had de zegen van de premier*

zegevieren
∗ DE OVERWINNING BEHALEN, met **over** (iem., iets): *Ajax zegevierde over PSV* of met **bij** (tegenpartij die thuiswedstrijd speelt): *Norwich zegevierde bij Everton*, en/of met **met** (wedstrijdscore): *Ajax zegevierde met 2-0* en/of met **op** (wedstrijdonderdeel): *de Zwitser zegevierde in Sankt Anton op de afdaling*

zeggen <zn>
• **naar** of **volgens** zijn ~, naar hij beweert: *naar zijn zeggen heeft hij niets gehoord;* (iets) **voor** het ~ hebben, beslissingsbevoegdheid hebben: *gelukkig heeft hij het hier niet voor het zeggen*

zeggen <ww>
∗ MONDELING UITEN, met **tegen** of (in formele stijl) **tot** (iem.) en/of met **over** (iem., iets): *tegen ons hebben ze niks gezegd over de vakantie*
• **te** ~ hebben, met **in** (iets): *in deze zaak heeft hij niets te zeggen;* er valt (iets, veel) **te** ~ **voor** (iets), er zijn ar-

gumenten voor: *er valt wel iets te zeggen voor het afschaffen van het huurwaardeforfait*
• ~ **aan** (iem.), zien aan: *je zou aan hem niet zeggen dat hij al zestig is;* ~ **op** (iets), bij wijze van reactie opmerken: *ze zei weinig op mijn voorstel;* ~ **van** (iem., iets), oordelen: *wat zeg je van mijn nieuwe jas?*

zeggenschap
∗ RECHT OM TE BESLISSEN, met **over** (iets): *alleen de directie heeft zeggenschap over de fusie*

zeker
• ~ **van** (iem., iets), overtuigd: *ze zijn volkomen zeker van hun zaak*

zekerheid
∗ HET WETEN DAT IETS ZO IS, met **over** of **omtrent** (iets): *hij heeft nog geen zekerheid over zijn benoeming: daaromtrent hebben we nog geen zekerheid*

zending
∗ HET VERBREIDEN VAN HET EVANGELIE, met **onder** (doelgroep): *de zending onder de heidenen*

zet
• **aan** ~ zijn, een actie moeten uitvoeren: *ik heb mijn portie gedaan, nu ben jij aan zet*

zetten
∗ KOPIJ DRUKTECHNISCH VOORBEREIDEN OP HET DRUKPROCES, met **in** (letterkorps, -type, onderkast, bovenkast, lood): *dat boek is gezet in de Times Roman* en/of met **uit** (letterkorps, -type, lood): *de tekst was uit lood gezet*
• ~ **aan** het (+ onbep. wijs), laten beginnen met: *die opmerking heeft me wel aan het denken gezet;* ~ **op** (iem., iets), geld inleggen bij weddenschap: *hij zette al zijn geld op rugnummer zes;* ~ **op** (activiteit), iemand laten werken aan iets: *de commissaris zette twee rechercheurs op de zaak;* ~ **op** (vervoermiddel), iemand naar trein, bus enz. begeleiden: *ik heb haar vanmorgen op de trein gezet;* **op** (rantsoen, een dieet e.d.) ~, onderwerpen aan een dieet: *je wordt te dik, ik zal jou eens op rantsoen zetten; op water en brood zetten;* zich ~ **tot** (iets), met enige tegenzin beginnen: *ze zette zich tot de grote schoonmaak;* zich **over** (iets) **heen** ~, van zich af zetten: *het is een tegenvaller, maar je moet je erover heen zetten*

zeulen
∗ SJOUWEN, met **met** (iem., iets): *de toeristen zeulden met hun koffers; ze liep te zeulen met de baby*

zeuren
∗ STEEDS VERVELEND KLAGEN, met **tegen** (iem.): *wat zeur je toch tegen me?* en/of met **over/om** (iets): *wat zeur je toch over die vent?*

zicht
• **in** ~, zichtbaar: *land in zicht!* **in** het ~, zichtbaar: *ik wil die steunconstructie niet in het zicht hebben;* **in** het ~ **van** (iets), terwijl het bijna bereikt is: *in het zicht van de haven stranden; in het zicht van Europa zonder grenzen is deze regeling niet meer haalbaar;* **op** ~, ter beoordeling: *u kunt het artikel tien dagen op zicht houden*
• ~ **op** (iem., iets), inzicht: *hij heeft een goed zicht op mensen; dat is een probleem waar ik weinig zicht op heb;* ~ **op** (iets), 1 mogelijkheid ernaar te kijken: *alle kamers bieden zicht op de zee;* 2 mogelijkheid iets te overzien, te controleren: *door de ruimtenood had de museumdirectie ieder zicht op de collectie verloren;* 3 verwachting: *er is zicht op verbetering*

ziek
• ~ **van** (iem., iets), vervuld van grote tegenzin: *ik ben ziek van dit hele gebeuren!*

ziekte
∗ HET ZIEK ZIJN, met **van** (lichaamsdeel): *begeerte is een ziekte van de geest; ziekten van de maag*

ziel
• **ter** ziele gaan, sterven: *zonder voldoende water gaat deze planten ter ziele*

zien
∗ OPMERKEN, met **aan** (iem., iets): *zie je niets aan me?* of met **van** (iem., iets): *ik heb niets van het ongeluk gezien*

ziens
• **tot** ~, tot een volgende keer

zijde
• **ter** linker-/rechterzijde, aan de linker-/rechterkant
• de ~ kiezen **van** (iem.), partij kiezen: *hij koos de zijde van de Duitse bezetter;* ~ spinnen **bij** (iets), voordeel hebben van: *daar zal hij geen zijde bij spinnen*

zijn
• ~ **met** (iem.), een relatie hebben: *hoe lang is ze met hem geweest?*

zijnent
• **te(n)** ~, bij hem thuis: *hij zal u graag te zijnent begroeten*

zijnentwille
• **om** ~, voor hem, om hem te helpen: *als u zelf niet wilt, doe het dan om zijnentwille*

zin
∗ NUT, met **van** (iets): *ik zie de zin van deze onderneming niet goed in* of met **(om) te** (+ onbep. wijs): *het heeft geen zin nog meer mensen op te leiden als het voortbestaan van het bedrijf onzeker is*
∗ VERLANGEN, met **in** (iets, iem.): *heb je zin in koffie?* of met **om te** (+ onbep. wijs): *ik heb zin om te gaan gillen*
• **in** die, zekere e.d. ~, in dat/een zeker opzicht: *in zekere zin heeft zij wel gelijk met haar opmerking* ; **in** de ~ hebben, van plan zijn: *zij had niet veel goeds in de zin;* **naar** zijn ~, overeenkomstig zijn wens: *is alles naar uw zin?;* **tegen** de ~ **van** (iem.), in strijd met diens wens: *hij werd tegen zin in overgeplaatst naar een andere stad; ik moest tegen mijn zin nog een uur blijven*
• ~ **voor** (iets), onderscheidingsvermogen: *ze heeft veel zin voor kleur*

zinnen <zn>
• **bij** ~: bij (zijn) verstand: *als ze weer bij zinnen is, draait ze wel bij;* **tot** ~ komen, weer redelijk denken: *laat hem eerst tot zinnen komen;* **uit** zijn ~ zetten, afzien van: *nou, dat moet je maar uit je zinnen zetten*

zinnen <ww>
• ~ **op** (iets), nadenken over: *ze zon op wraak*

zins
• **van** ~ zijn, van plan zijn: *hij was niet van zins naar huis te komen*

zinspelen
• ~ **op** (iets), een toespeling maken op: *de generaal zinspeelde op een mogelijk militair ingrijpen*

zinspreuk
• **onder** de ~, met het devies: *een illuster oratorisch dispuut onder de zinspreuk 'Quo usque tandem'*

zitten
∗ OP HET ZITVLAK RUSTEN, met **aan** (meubel, maaltijd e.d.): *we zitten aan tafel/ aan het eten*
∗ BEVESTIGD, AANGEBRACHT ZIJN, met **aan** of **op** (iets): *er zit een knopje aan het apparaat*
• ~ **aan** (iem., iets), aanraken: *Jantje, zit niet aan je wondje;* ~ **achter** (iets), 1 een verborgen bedoeling hebben: *volgens mij zit er iets achter zijn ommezwaai;* 2 de verborgen aanstichter zijn: *volgens mij zit Piet hier achter;* **achter** (iem., iets) **aan** ~, jacht maken: *ze zit achter een vette opdracht aan;* **achter** (iem.) **heen** ~, er veel moeite voor doen dat een ander iets doet: *ik moet wel erg achter hem heen zitten;* **achter** (iets) **heen** ~, er veel moeite voor doen dat iets gedaan wordt: *ik zit erachter heen dat ze de spullen leveren;* ~ **met** (iem., iets), een probleem hebben met: *we zitten met oma, straks met de kerst;* ~ **onder** (iets), bedekt zijn door: *de kaas zit onder de schimmel;* ~ **op** (cursus e.d.), 1 als (onverplicht) onderwijs volgen, meedoen aan een georganiseerde activiteit: *ze zit op pianoles/ ballet/voetbal;* 2 in een bepaalde toestand verkeren: *ik zit al een half uur op een droogje; hij zit voorlopig op water en brood; op zware lasten zitten;* ~ **te** (+ onbep. wijs), (al dan niet zittend) bezig zijn met: *zit niet zo te jengelen; Pa zit te vissen*

zoekbrengen
• ~ **met** (iets), tijd besteden: *hij bracht al zijn tijd zoek met computerspelletjes*

zoek
• **op** ~, zoekend, met **naar** (iem., iets): *ik ben al dagen op zoek naar mijn zonnebril*

zoeken
∗ TRACHTEN TE VINDEN, met **naar** (iem., iets): *ik zoek al dagen naar mijn zonnebril*
• ~ **achter** (iem.), verwachten: *deze talenten had ik niet achter haar gezocht;* ~ **achter** (iets), argwanend benaderen: *zoek je daar nu ook al iets achter?;* ~ **op** (criterium, in een dataverzameling gegevens proberen te vinden die beantwoorden aan het criterium: *hiervoor moet je zoeken op de uitgang -en*

zon
• **onder** de ~: *er is voor ieder van ons een plaatsje onder de zon;* **met** de ~ **mee**, **tegen** de ~ **in:** *zonnebloemen draaien met de zon mee*

zonde <zn>
∗ OVERTREDING, VERGRIJP, met **tegen** (iets): *een zonde tegen Gods wet*
• **in** ~ leven, ongehuwd samenleven

zonde <bw>
∗ JAMMER, met **van** (iem., iets): *zonde van het geld; zonde van dat meisje zich te vergooien aan zo'n nietsnut*

zondigen
∗ EEN OVERTREDING BEGAAN, met **tegen** (iem., iets): *ze zondigt tegen de regels van het dieet*

zondvloed
∗ GROTE HOEVEELHEID, met **aan** of **van** (iets): *we werden blootgesteld aan een zondvloed van kritiek*

zoomen

• ~ **naar** (iem., iets), met een zoomlens opnemen: *de camera zoomt vanaf de Big Ben dwars door het dak van de studio naar de presentator*

zorg

• **onder** de ~ **van** (iem., instelling): *de kinderen werden onder de zorg van een voogd geplaatst;* **in** (de) ~ zitten, ongerust zijn, met **om** of **over** (iem., iets): *ze zat in zorg om haar broer*

• ~ **voor** (iem., iets): *ouders hebben de zorg voor hun kinderen;* ~ dragen **voor** (iem., iets), verantwoordelijk zijn voor: *de loodgieter draagt zorg voor nieuwe leidingen*

zorgen <zn>

* zich ~ maken, ongerust zijn, met **om** of **over** (iem., iets): *ik maak me zorgen om haar gezondheid*

• **in** (de) ~ zitten, problemen hebben: *ze zitten in zorgen vanwege de verbouwing*

zorgen <ww>

• ~ **voor** (iem., iets), het nodige verschaffen: *het kantinepersoneel zorgde voor verfrissingen*

zorgvuldig

* MET ZORG, NAUWKEURIG, met **op** (voorwerpen e.d.): *ze is erg zorgvuldig op haar spullen* of met **in** of **met** (iets onstoffelijks): *daar moet je zorgvuldig mee zijn*

zover

• **tot** ~, tot dit punt: *tot zover de tweede lezing;* **voor** ~, alleen wat betreft: *voor zover ik weet, is er nog genoeg suiker in huis*

zoverre

• **in** ~, 1 in die mate: *je hebt in zoverre gelijk, dat ...;* 2 in de mate waarin: *in zoverre het mijn belangen raakt, wil ik van tevoren in alles gekend worden*

zucht

• ~ **naar** (iets), begeerte, neiging: *een zucht naar sensatie;* ~ **tot** (handeling), begeerte, neiging: *een grote zucht tot het gebruiken van dikke woorden;* een ~ **van** (verlichting, voldoening e.d.), een diepe ademhaling: *zij slaakte een zucht van opluchting*

zuchten

* EEN ZUCHT SLAKEN, met **van** (emotie e.d.): *ze zuchtten van opluchting, van vermoeidheid* of met **over** (iets, iem.): *zij zuchtte over zoveel onbegrip*

• ~ **onder** (iem., iets), gebukt gaan onder: *de bevolking zuchtte onder een tiranniek bewind*

zuid

• **om** de ~, via de zuidelijke poolzee: *het Panamakanaal werd aangelegd om de gevaarlijke route om de zuid te vermijden*

zuidelijk

• ~ **van** (iets), ten zuiden van: *zuidelijk van de snelweg ligt het dorp*

zuiden

• **in** het ~, in het zuidelijk gedeelte van een stad of gebied: *Mons ligt in het zuiden van België;* **op** het ~, in zuidelijke richting: *een tuin op het zuiden;* **ten** ~ **van** (iets), zuidelijk van: *de rivier stroomt ten zuiden van de stad*

zuigen

* MET DE MOND EEN VLOEISTOF ONTTREKKEN, met **uit** (iets): *de baby zoog melk uit de moederborst*

* SABBELEN, LIKKEN, met **op** (iets dat men in de mond heeft): *het kind zuigt op een lolly*

• ~ **aan** (iets), met de mond rook, smaakstof e.d. onttrekken aan iets waarvan men het uitende in de mond heeft: *zij zoog aan haar sigaret, aan haar lolly;* ~ **uit** of **van(uit)** (iets), (van lucht e.d.) door een trekkende werking doen verplaatsen: *de lucht wordt uit de kamer gezogen* en/of met **naar** (iets): *de lucht wordt van(uit) de kamer naar de gang gezogen*

zuinig

• ~ **met** (iets), weinig verbruikend van: *doe zuinig met de boter;* ~ **op** (iem., iets), goed zorgend voor: *wees zuinig op dat horloge, het is een erfstuk.*

zuiver

• ~ **in** de leer, orthodox: *haar ouders bleken heel zuiver in de leer, wat onze relatie er niet gemakkelijker op maakte*

zuiveren

* ZUIVER, SCHOON MAKEN, met **van** (iets dat er niet hoort): *het water wordt hier gezuiverd van vuil; het deeg moet worden gezuiverd van klonten*

• ~ **van** (blaam e.d.), ontdoen van: *dank zij zijn heldere uitleg was hij gezuiverd van alle blaam*

zwaaien

* MET DE HAND OF IETS ANDERS WAPPEREN, met **met** (iets) en/of met **naar** (iem.): *hij zwaait met zijn zakdoek naar je*

zwak <zn>

• ~ **voor** (iem., iets), voorliefde: *ze heeft een zwak voor die zanger*

zwak <bn>

* NIET BEDREVEN, met **in** (iets): *de leerling is zwak in aardrijkskunde* of met

van (lichaam(sdeel)): *zij is zwak van hart*

zwang
• **in** ~, in gebruik: *langzaamaan kwamen andere gebruiken in zwang*

zwanger
* EEN KIND IN DE BUIK DRAGEND, met **van** (kind): *zij is zwanger van een dochter* of met **van** (verwekker): *ze is zwanger van haar verloofde*
• ~ **van** (iets), vervuld van, verzadigd: *de lucht is zwanger van bloemengeuren*

zweem
• een ~ **van** (iets), een lichte mate: *zonder zweem van twijfel; een zweem van overbodigheid*

zwelgen
• ~ **in** (iets), het in overvloed hebben: *hij zwelgt in zelfmedelijden*

zwemen
• ~ **naar** (iets), een beetje lijken op: *dat geel zweemt naar oranje*

zwemmen
• ~ **in** (iets), in overvloed hebben: *die mensen zwemmen in het geld*

zweren <ww>
* EEN EED DOEN, met **bij** (iem., iets): *ze zwoer bij haar overleden grootmoeder dat ze de waarheid sprak* en/of met **op** (heilig geschrift e.d.): *ze zweert op de bijbel dat ze de waarheid spreekt* en/of met **te** (+ onbep. wijs): *hij zwoer, die misdaad te zullen wreken*
• trouw ~ **aan** (iem., iets), door een eed trouw beloven: *de Amerikaanse schoolkinderen zweren dagelijks trouw aan de vlag;* ~ **bij** (iem., iets), 1 met de grootste nadruk beweren, onder aanroeping van: *hij zwoer bij zijn oude moeder dat ...;* 2 verkiezen boven al het andere: *ik zweer bij kunststof kozijnen; zij zweert bij Ry Cooder*

zweten
* TRANSPIRATIEVOCHT AFSCHEIDEN, met **van** (oorzaak): *het paard zweette van inspanning*
• ~ **op** (iets), ingespannen bezig zijn met: *ze zit te zweten op haar huiswerk*

zwichten
* ZICH GEWONNEN GEVEN, met **voor** (iem., iets): *voor dat argument zijn we ten slotte gezwicht*

zwijgen <zn>
• **tot** ~ brengen, laten zwijgen: *de arrestant werd hardhandig tot zwijgen gebracht; de stoottroepen wisten de artillerie tot zwijgen te brengen*

zwijgen <ww>
* NIETS ZEGGEN, met **over** (iem., iets): *zwijg alsjeblieft over die vent*
• **om** maar **te** ~ **van** (iets), en dan laat ik ... buiten beschouwing: *ons honorarium is er totaal bij ingeschoten, om nog maar te zwijgen van de hoeveel tijd die we eraan besteed hebben*

zwijm
• **in** ~, in een toestand van (gedeeltelijke) bewusteloosheid: *bij het zien van Michael Jackson vielen de meisjes bijkans in zwijm*

zwoegen
* INGESPANNEN BEZIG ZIJN, met **op** (iets): *hij zwoegt op zijn tentamen* of met **onder** (last e.d.): *de ossen zwoegden onder de last van de zware kar*